英漢
機械工程詞滙

ENGLISH-CHINESE DICTIONARY OF
MECHANICAL ENGINEERING

商務印書館

英漢機械工程詞滙

出 版 …… 商務印書館（香港）有限公司
香港筲箕灣耀興道3號東滙廣場8樓
印 刷 …… 中華商務彩色印刷有限公司
香港新界大埔汀麗路36號中華商務印刷大廈
版 次 …… 1975年3月第1版
1998年6月第6次印刷

ISBN 962 07 2021 0
Printed in Hong Kong

前　　言

本编是在刘仙洲先生的《英汉对照机械工程名词》基础上进行编订的。包括词汇约40,000条。编订工作系请薛祉镐、范迪允、盛玟、李国栋等先生担任。在印出草案后，向全中国有关高等学校和有关研究单位、生产部门广泛征求意见。各方意见汇总后，我们又请中国科学院动力研究室吴仲华先生对有关原子能动力、燃气轮机等方面的词汇作了增订。最后由吴忠葵先生整理定稿。

机械工程范围包括很广，本词汇虽广泛征求意见，经过审查，但一时尚难订得完整无疵，在某些词汇的收集上可能还有欠妥之处，现在我们先将这部词汇作为试用本付印出版，请讀者们在使用过程中多多提供宝贵意见，以便将来修订和增订。

1959年8月

凡　例

1.本詞汇以英文与汉文对照。全書包括詞汇約40,000条。

2.本詞汇系按英文字母順序排列。

复合詞汇中的主要单詞以横綫"—"代表，并放在說明詞的前面，說明詞与横綫之間以逗号"，"分开。排列时縮进两个字母。例如：axis 軸綫

——，central 中心軸綫

——，crank 曲柄軸綫

3.一条英文詞汇有几个不同意义时，分别訂出不同的汉文譯名，在譯名之間以分号";"分开，并用 1.，2.， 3.…作区别。

4.一条英文詞汇有几个同义譯名但一时难以取舍时，本書适当予以并存，在譯名之間以逗号"，"分开。

5.汉文詞汇中圓括号( )里的字是注释，方括号〔 〕里的字在翻譯时可以省略。

6.某些汉文詞汇的后面有波形括号{ }，波形括号里的字是該詞汇所属专业的略語。

A

A-frame A形架
abatement, smoke 除烟法
ability 能力
— **, cutting** 切削能力
— **, working** 工作能力
abnormal 不正常的
abrasion 磨損
abrasive 同 material, grinding
abscissa 横坐标{数}
absolute 絕对的
absorb 1.吸收;2.減震
absorbed 1.吸收的;2.減震的
absorber 1.吸收器;2.吸收体;3.減震器
— **, air cushion shock** 同 absorber, pneumatic cushion shock
— **, four lever arm type double-acting hydraulic shock** 四杆臂式双动水力減震器
— **, friction disk shock** 摩擦盘減震器
— **, friction shock** 摩擦減震器
— **, hydraulic shock** 水力減震器
— **, oil shock** 油減震器
— **, oleo-pneumatic shock** 油气減震器
— **, oleo-shock** 同 absorber, oil shock
— **, pneumatic cushion shock** 气垫減震器
— **, pneumatic shock** 气力減震器
— **, rubber disk shock** 橡皮盘減震器
— **, rubber ring shock** 橡皮圈減震器
— **, rubber shock** 橡皮減震器
— **, shock** 減震器
— **, skid shock** 橇形減震器
— **, spindle shock** 心軸減震器
— **, spring shock** 弹簧減震器
— **, vibration** 減振器
— **, water jet dust** 水射吸尘器
absorption 吸收
— **of heat** 热的吸收
— **, shock** 減震〔法〕
abstraction of heat 热的散失
abutment 座
— **, spring** 簧座
— **, support** 支座
accelerate 加速{物}
accelerating 加速的{物}
acceleration 加速度{物}
— **, angular** 角加速度{物}
— **, centrifugal** 离心加速度{物}
— **, centripetal** 向心加速度{物}
— **, constant** 等加速度{物}
— **, constant angular** 等角加速度{物}
— **, linear** 綫加速度{物}
— **, negative** 負加速度{物}
— **, normal** 法向加速度{物}
— **, relative** 相对加速度
— **of falling body** 落体加速度{物}
— **of gravity** 重力加速度{物}
— **, piston** 活塞加速度
— **, radial** 径向加速度{物}

acceleration, radius 半径加速度{物}
—, tangential 切向加速度{物}
—, total 总加速度{物}
—, uniform 匀加速度{物}
—, valve 閥加速度
—, variable 变加速度{物}
accelerator 加速器
—, foot 脚踏加速器
—, particle 質点加速器
—, pedal 同 accelerator, foot
accelerometer 加速度計
—, recording 記录加速計
accessibility 可达性
accessories, boiler 鍋炉补助設备
accessory 附件
—, boiler 鍋炉附件
accident 事故
accumulation 累积
— of heat 热的累积
— of pressure 压力的累积
accumulator 1.儲蓄器;2.同 battery, storage
—, air loaded 压气〔压水〕蓄力器
—, bell type 鐘型儲蓄器
—, differential 差动蓄水器
—, electric 同 battery, storage
—, gravity loaded 重力蓄力器
—, heat 蓄热器
—, high pressure 高压蓄力器
—, hydraulic 水压蓄力器
—, hydropneumatic 同 accumulator, air loaded
—, low pressure 低压蓄力器
—, regenerative 回热儲蓄器
—, steam 蓄汽器
accuracy 准确〔度〕
— of manufacture 制造准确度
—, over all 全部准确度
acetate, amyl 醋酸戊酯
acetone 丙酮{化}
acetylene 乙炔{化}
acid 酸{化}
—, battery 电池酸液{化}
—, chromic 銘酸{化}
—, dilute 淡酸{化}
—, hydrochloric 盐酸{化}
—, hydrofluoric 氢氟酸{化}
—, hydrofluosilicic 氟硅酸{化}
—, oleic 油酸{化}
—, soldering 焊酸{化}
—, sulphuric 硫酸{化}
—, tannic 丹宁酸{化}
acidimeter 同 acidometer
acidity 1.酸度;2.酸性
—, free mineral 游离矿物酸度{化}
—, theoretical mineral 理論矿物酸度{化}
acidometer 酸〔液〕比浮計{化}
acorn 整流罩{航空}
acrobatics 特技飞行
acting 1.动作的;2.作用的
—, direct 直接作用的,直接傳动的
—, double 1. 双动式; 2. 双作用的;3.双动的
—, self 自动的
—, single 1. 单动式;2.单作用的; 3. 单动的
actinometer 露光計
action 1.动作;2.作用

action, accumulative 累积作用
— **at a distance** 远距作用
—, **braking** 制动作用，刹車作用
—, **choking** 阻塞作用
—, **cutting** 切削作用
—, **cyclic** 循环动作
—, **differential** 差动作用
—, **direct** 1.直接动作；2.直接作用
—, **eccentric** 1.偏心动作；2.偏心作用
—, **influential** 感应作用
—, **joint** 1.接合动作；2.接合作用
—, **knee** 膝〔形〕杆动作；膝〔形〕杆作用
—, **mutual** 互相作用
—, **reciprocating** 往复动作
—, **scavenging** 清除作用
—, **secondary** 副作用
—, **slot** 翼縫作用
activation 激活
active 主动的
activity 1.作用；2.活动
—, **chemical** 化学活动性{化}
—, **molecular** 分子活动性
actual 实际的
actuate 使动
actuating, self 同 acting, self
actuation, valve 閥动
actuator 促动器
adapter 接头，接合器
—, **air cleaner** 滤气器接头
—, **cam lock** 凸輪压紧接头
—, **grease gun** 滑脂枪接头
—, **hand brake lever** 手閘杆接头
—, **hoist control valve** 升降机控制閥接头
—, **lubricating gun** 同 adapter, grease gun
—, **phase** 换相器{电}
—, **pump** 泵的接合器
—, **radiator core** 散热器心子接头
—, **speedometer shaft** 速度計軸接头
—, **speedometer two-speed** 速度計双速接头
—, **two speed** 双速接头
addendum 齿頂高，齿頂
—, **chordal** 弦綫齿頂高
—, **nominal** 标称齿頂高
adhesion 1.附着；2.附着力
— **of locomotive** 机車附着力
adhesive 附着的
adiabatic 絕热的
—, **irreversible** 不可逆的絕热綫
adjust 調准
adjustable 可調准的，可调整的
adjuster 1.調整器；2.調整工
—, **automatic slack** 自动松紧調整器
—, **automatic stroke** 自动冲程調整器
—, **automatic tappet** 自动挺杆調整器
—, **axle** 整軸器
—, **brake** 整閘器
—, **brake beam** 閘樑調整器
—, **brake shoe** 閘瓦調整器
—, **brush spring** 电刷簧調整器〔电〕
—, **chain** 鏈調整器
—, **rudder pedal** 舵板調整器
—, **slack** 松紧調整器
—, **stroke** 冲程調整器
—, **tail** 尾翼調整器

adjuster, tyre chain 胎鏈調整器
—, worm bearing 蝸杆軸承調整器
adjusting 調整的,調准的
adjustment 調整,調准
—, bracket 托架調整
—, end 端面調整
—, fire 同 adjustment of ignition
—, high speed 高速調整
—, idling 空轉調整
—, low speed 低速調整
— of ignition 发火調整
—, pedal 踏板調整
—, spark 火花調整
administration 管理
—, railway 鉄路管理
admission 进汽
—, external 外进汽
—, high pressure 高压进汽
—, inside 內进汽
—, internal 同 admission, inside
—, low pressure 低压进汽
—, outside 同 admission, external
—, partial 局部进汽
—, repeated 重复进气
—, retarded 迟延进气
admit 同admission
adsorber, acid 酸类吸附器
adsorption 吸附〔作用〕
advance 1.前进;2.提前〔角〕
—, angular 角度提前
—, automatic 自动提前
—, automatic spark 自动火花提前
—, exhaust 排气提前
—, ignition 发火提前
—, incipient detonation spark 初期爆燃火花提前
—, injection 噴射提前
—, intake 进气提前
—, magneto spark 磁电机火花提前
—, optimum spark 最适宜的火花提前
—, propeller 螺旋桨进程
—, spark 同advance, magneto spark
advanced 前进的
advancing 前进
advantage 1.利益;2.优点
—, mechanical 机械利益
adz 1.横口斧;2.刮刀
adze 同 adz
aeolipile 汽轉球
—, Hero's 希洛汽轉球
aeolipyle 同aeolipile
aeration 充气〔法〕
aerator 充气器
aerial 1.空气的; 2.航空的; 3.天綫
—, collapsible (collapsable) 可卸天綫
—, fixed 固定天綫
—, loop 环形天綫
—, trailing 垂下天綫
aerification 参〔入空〕气
aerobat 飞行器
aero-boat 1.同 aerohydroplane; 2.飞艇
aero-bus 同 bus, air
aero-carburetor 航空汽化器
aeroclinosope 天候信号器
aerocurve 曲翼面
aerodiesel 狄賽尔航空发动机
aerodone 滑翔机

aerodonetics 滑翔学
—, experimental 实驗滑翔学
aerodromics 同aerodonetics
aerodromometer 气速計
aerodynamic 气体动力学的，空气动力学的
aerodynamics 气体动力学，空气动力学
—, applied 应用气体动力学，应用空气动力学
aerodyne 飞升〔航空〕器
aeroengine 航空发动机
—, diagonal 同 aeroengine, vee type
—, fan type 扇型航空发动机
—, radial 星形航空发动机
—, rotary 轉缸式航空发动机
—, rotary type 同 aeroengine, rotary 轉缸式航空发动机
—, vee type V 型航空发动机
aerofoil 翼剖面
—, bottom 下部翼剖面
—, cambered 〔弯〕曲翼面
—, curved 同 aerofoil, cambered
—, double cambered 双曲翼面
—, double curved 双曲翼剖面
—, front slot 前縫翼面
—, high speed 高速翼面
—, laminar flow 层流翼面
—, lower 下〔部〕翼面
—, non-tapered 等弦翼面
— of finite span 有限展翼
— of infinite 无限展翼
—, reflex curvature 上翹翼面
—, single cambered 单曲翼面
—, supersonic 超声速翼面
—, symmetrical 对称翼面
—, tapered 不等弦翼面
—, top 上翼面
—, triple cambered 三曲翼面
—, upper 同 aerofoil,top
—, Y-type Y 形翼面
aerograph 航空气象記录仪
aerohydroplane 水上飞机
aerohypsometer 高空測高計
aerology 高空气象学
aero-marine 同 aerohydroplane
aeromechanics 航空力学
aero-meteorograph 同 aerograph
aerometer 量气計
aerometry 量气学
aero-motor 同 aeroengine
aeronaut 1.浮升家;2.浮升器
aeronautic(al) 航空的
aeronautics 航空学
aeronef 航空器
aeroplane 飞机
—, all metal 全金屬飞机
—, ambulance 救护〔飞〕机
—, armored 装甲飞机
—, attack 攻击机
—, bomb carrying 同 aeropiane, bombing
—, bombing 轟炸机
—, cabin 轎式飞机
—, canard 同 aeroplane, duck type
—, canard type 同 aeroplane, duck type
—, cargo 运貨〔飞〕机
—, civil 民航机
—, close coupled type 短型飞机
—, commercial 商用〔飞〕机
—, day bombing 白晝轟炸机

aeroplane, deck landing 艦上飞机
—, **diminutive** 小型飞机
—, **duck type** 鴨形飞机
—, **experimental**实驗〔用〕飞机
—, **externally braced** 外〔部〕拉撑〔式〕飞机
—, **fast** 同 aeroplane, high speed
—, **fighter** 战斗机
—, **fighting** 同 aeroplane, fighter
—, **folding wing** 折翼飞机
—, **general purpose** 通用飞机
—, **giant** 巨型飞机
—, **high power** 大动力飞机, 大馬力飞机
—, **high speed** 高速飞机
—, **jet** 噴气飞机
—, **jet propelled** 同 aeroplane, jet
—, **jet propeller** 螺旋桨噴气飞机
—, **land** 陆上飞机
—, **light** 同aeroplane, diminutive
—, **long type** 长型飞机
—, **merchantile** 同 aeroplane, commercial
—, **metal** 金屬飞机
—, **military** 軍用飞机
—, **mixed type** 混合式飞机
—, **model** 模型飞机
—, **motorless** 无发动机飞机
—, **multi-engined** 多发动机飞机
—, **multiple engined** 同 aeroplane, multi-engined
—, **naval** 海軍飞机
—, **night bombing** 夜間轟炸机
—, **observation** 观測机
—, **open** 敞式飞机
—, **open sea** 海上飞机
—, **overhanging** 伸翼飞机
—, **paddle wheel** 蹼輪式飞机
—, **passenger** 〔載〕客〔飞〕机
—, **patrol** 巡邏〔飞〕机
—, **postal** 邮航〔飞〕机
—, **pursuit** 驅逐〔飞〕机
—, **pusher** 推进式飞机
—, **racing** 賽速飞机
—, **radio controlled** 无綫电操縱飞机
—, **research** 研究用飞机
—, **school** 同aeroplane, training
—, **scout(ing)** 偵察〔飞〕机
—, **ship** 同 aeroplane, deck landing
—, **short type** 同 aeroplane, close coupled type
—, **single boat type** 单船式飞机
—, **single engined** 单发动机飞机
—, **single float type** 单浮筒式飞机
—, **single motor** 同 aeroplane, single engined
—, **single seater** 单座飞机
—, **sleeper** 臥座飞机
—, **soaring** 滑翔机
—, **spotting** 射弹观測〔飞〕机
—, **tail first** 同 aeroplane, duck type
—, **tailless** 无尾飞机
—, **tandem** 串翼式飞机

aeroplane, testing 試驗用飞机
—, three engined 三发动机飞机
—, torpedo 魚雷飞机
—, totally inclosed 閉艙式飞机
—, touring 旅行〔飞〕机
—, tractor 牵引式飞机
—, training 教練〔飞〕机
—, transport 运輸飞机
—, trimotor 同 aeroplane, three engined
—, turbo-propeller 透平螺旋桨飞机
—, twin boat type 双船式飞机
—, twin engined 双发动机飞机
—, two motored 同 aeroplane, twin engined
—, two seater 双座飞机
aero-radiator 航空散热器
aeroradio 航空无綫电
aerostat 浮空器
aerostatics 气体静力学
aerostation 浮空术
aerostructure 升面构造
agent 剂{化}
—, alloying 合金剂{化}
—, cooling 冷却剂
—, desiccating 同desiccant
—, emulsifying 乳化剂
aggregate 1.集合的; 2.集合; 3.集合体; 4.机组
—, fine 細集合体
aging 1.衰老,变質; 2.时化,定性
agitation 攪动
agitator 攪拌器
agricultural 农业的
aid 援助
—, first 急救
aiguille 石鑽头
aileron 副翼
—, ballanced 平衡副翼
—, bottom 下部副翼
—, compound floating 复式浮动副翼
—, differential 差动副翼
—, external 外加副翼
—, floating 浮动副翼
—, floating type 同 aileron, floating
—, interplane 翼間副翼
—, lower 同 aileron, bottom
—, negative 負角副翼
—, non-balanced 不平衡副翼
—, skew 歪扭副翼
—, slot (ted) 开縫副翼
—, top 上部副翼
—, upper 同aileron, top
aim 1.瞄准;2.目的
aiming 瞄准
air 空气
—, atmospheric 大气
—, auxiliary 补給空气
—, carburetted 摻汽空气; 汽化空气
—, clearance 余隙空气
—, cold 冷空气
—, compressed 压縮空气
—, dead 静气
—, deflected 偏流空气
—, Diesel scavenging 狄賽尔清除空气
—, dry pure 干淨空气
—, excess 过量空气
—, free 自由空气

air, hot 热空气
 — in the core心子〔里的空〕气道
 —, liquid 液态空气
 —, main 主空气
 —, primary 同 air, main
 —, saturated 飽和空气
 —, scavenging淸除空气
 —, secondary 二次空气
 —, standard 标准空气
 —, starting 起动空气
 —, still 同 air, dead
 —, tertiary 三次空气
airborne 空运的
airbound 同 bound, air
air-casing 同 casing, air
aircraft 航空器
 —, all purpose 通用航空器
 —, bombing 同 aeroplane, bombing
 —, civil 同 aeroplane, civil
 —, commercial 同 aeroplane, commercial
 —, diving attack 俯冲攻击机
 —, fighter 同 aeroplane, fighter
 —, gliding 同 aerodone
 —, marine 同 aeroplane, open sea
 —, military 同 aeroplane, military
 —, moving wing 搖翼飞机
 —, multi-motored 同 aeroplane, multi-engined
 —, power driven 动力航空机
 —, seagoing 同 aircraft, marine
airfoil 同aerofoil
airfone 傳話筒
airframe 同frame, air
air-gage 同 gage, air pressure
airing 1.气曝;2.空气干燥法
airless 无空气的
airmotor 同motor, air
airometer 1.空气流速計;2.空气流量計
airplane 同 aeroplane
airpocket 气阱
airpoise 空气重量計
airproof 不透气的
airscrew 〔航空〕螺旋桨
 —, adjustable pitch 調距螺旋桨
 —, clockwise 順时針〔航空〕螺旋桨
 —, constant pitch 定距〔航空〕螺旋桨
 —, constant speed 定速〔航空〕螺旋桨
 —, counter-clockwise 反时針〔航空〕螺旋桨
 —, fixed pitch 同airscrew, constant pitch
 —, left hand 同 airscrew, counter clockwise
 —, lifting 上升〔航空〕螺旋桨
 —, metal 金屬〔航空〕螺旋桨
 —, pusher 推进式〔航空〕螺旋桨
 —, right hand 同 airscrew, clockwise
 —, swivelling 迴轉〔航空〕螺旋桨
 —, tandem 串置〔航空〕螺旋桨
 —, tractor 拉进式〔航空〕螺旋桨
 —, two pitch 双〔螺〕距〔航空〕螺旋桨

airscrew, variable pitch 同airscrew, adjustable pitch
airship 飞艇
—, fabric covered 蒙布飞艇
—, metal clad 金属飞艇
—, model 模型飞艇
—, non-rigid 軟式飞艇
—, pressure 压力飞艇
—, pressure rigid 压力硬式飞艇
—, rigid 硬式飞艇
—, semi-rigid 半硬式飞艇
airspeedmeter 同anemometer
—, recording 同meter, recording air speed
airtight 同tight, air
airworthiness 适航性
airworthy 适航的
ajutage 放水管
alarm 1.警器;2.警报
—, automatic 自动警器,自动警报
—, bilge water 船漏警器
—, boiler 鍋炉警器
—, electric 电〔力〕警器
—, fire 失火警器,失火警报
—, frost 冻結警器,冻結警报
—, gas cell 气囊警器
—, high and low water 高低水位警器,高低水位警报
—, high water 高水位警器,高水位警报
—, leak 滲漏警器
—, low water 低水位警器,低水位警报
—, pressure 压力警器
—, safety 安全警器,安全警报
alclad 鍍鋁的
—, duralumin (ium) 皮强鋁
alcohol 1.醇;2.乙醇;酒精{化}
—, amyl 戊醇{化}
—, denatured 变性酒精{化}
—, ethyl 乙醇{化}
—, grain 谷类酒精
—, methyl 甲醇{化}
—, wood 木醇{化}
alembic 蒸餾器{化}
alidade 指方規
alight(ing) 降落
align 〔直綫〕对准
aligner 直綫对准器
—, connecting rod 連杆对准器
—, universal connecting rod 通用連杆对准器
—, wheel 車輪对准器
aligning, self 自动对准
alignment 〔直綫〕对准
—, front wheel 前輪对准
—, wheel 輪位对准
aline 同align
alinement 同alignment
alkali 碱{化}
alkaline 碱性{化}
alkalinity 碱度{化}
alligation 混合法
alligator 1.鰐式碎石机;2.鰐式压軋机;3.同truck, amphipian armored
all-metal 全金属的
allotrope 同素体{化}
allowable 許可的
allowance 1.〔配合〕公差;2.〔加工〕留量
— for finish 完工留量
— for shrinkage 收縮留量
—, grinding 磨加工留量

allowance, impact 冲击留量
—, negative 負留量
—, pattern 模型留量
—, positive 正容差
—, wear 磨損留量
—, zero 无容差
alloy 合金
—, aluminium (aluminum) 組合金{冶}
—, aluminium base 鋁基合金{冶}
—, aluminium magnesium 鋁鎂合金{冶}
—, copper 銅合金{冶}
—, copper base 銅基合金{冶}
—, ferro-nickle 鎳鉄合金{冶}
— for die casting 鋼型鑄用合金
—, fusible 易熔合金
—, heat resisting 耐热合金
—, heterogenous 1.多相合金;2.不匀合金
—, homogeneous 均質合金
—, light metal 輕合金{冶}
—, low expansion 低〔膨〕脹合金{冶}
—, magnesium 鎂合金{冶}
—, magnesium base 鎂基合金{冶}
—, magnetic 磁性合金{冶}
—, marine 船用合金{冶}
—, piston 活塞合金
—, steel 鋼合金
—, ternary 三元合金
—, wrought aluminium (aluminum) 煅鋁合金
allumage 点火
alternate 1.交流;2.变更
alternation of length 长度变更
alternator 交流发电机
altigraph, 高度記录器
altimeter 高度計
—, aneroid 无液高度計
—, electric(al) 电測高度計
—, electric(al) capacity 电容高度計
—, gravimetric 重力高度計
—, landing 降落高度計
—, master 校正用高度計
—, optical 光測高度計
—, radio 无綫电測高度計
—, recording 高度記录計
—, sensitive 灵敏高度計
—, sonic 声測高度計
—, sound ranging 同 altimeter, sonic
altitude 高度
—, absolute 絕对高度
—, calibrated 校准高度
—, computed 計算高度
—, corrected 修正高度
—, critical 临界高度
—, cruising 巡航高度
—, dead reckoning 推測高度
—, density 密度高度
—, high 高空
—, indicated 指示高度
—, maximum power 最大动力高度
—, observed 观測高度
—, pressure 1.压力高度;2.气球上升高度
—, rated 額定高度
—, sextant 六分仪高度
altitude, true 实际高度
alum 明矾{化}
aluminium 鋁{化}
aluminum 同 aluminium

aluminium, cast 铸鋁{冶}
amalgam 汞齐,汞合金{化}
amalgamation 汞齐化{化}
amidships 横中部(船的)
ammeter 安培計
  —, universal test 交直流試驗安培計
ammonia 氨{化}
  —, liquid 液体氨{化}
ammoniac, sal 氯化氨{化}
ammoniun 氨{化}
amortization 折旧
amount of contraction 收縮量
amperage 安培数{电}
  — of the current, collectable 可取电流量{电}
ampere 安培{物}
  —, international 国际安培
amperehour 安〔培小〕时{物}
amperemeter 同 ammeter
amphibian 1.同 plane,amphibian; 2.水陆两用的
amphibian, boat 船形水陆〔两用〕飞机
  —, float 浮筒式水陆〔两用〕飞机
amplifier 放大器{电信}
  —, audio-frequency 声頻放大器{电信}
  —, inter-phone 內話扩大器{电信}
  —, power 功率放大器{电信}
  —, radio frequency 无綫电頻放大器,射頻放大器{电信}
amplitude 1.幅;2.振幅{物}
  — of oscillation 摆幅{物}
  — of vibration 振幅{物}
analogy, Karman 卡門比拟
  —, Reynolds 雷諾耳比拟
analysis 分析
  —, coal 煤分析{化}
  —, dimensional 因次分析
  —, exhaust gas 排气分析
  —, feed water 給水分析
  —, flue gas 焰〔道〕气分析
  —, fuel oil 燃料油分析
  —, gas 气体分析
  —, gravimetric(al) 重量分析
  —, lubricating oil 滑油分析
  —, mechanical 机械分析
  —, proximate 組份分析{化}
  —, qualitative 定性分析{化}
  —, quantitative 定量分析{化}
  —, scale 水垢分析
  —, solid fuel 固体燃料分析
  —, stress 应力分析
  —, ultimate 元素分析{化}
  —, vector 矢量分析{数}
  —, volumetric (al)容量分析
  —, weight 重量分析
analyzer 分析器
  —, electric(al) 电〔力〕分析器
  —, surface 表面分析器
anchor 錨
  —, boring 鑽座
  —, floating 同anchor, sea
  —, guy 拉索錨
  —, kedge 同kedge
  —, sea 浮錨
anchorage 1.抛錨;2.錨具;3.〔用椿〕拉牢
anemobarometer 风速风压計
anemogram 风力記录表
anemograph 风力記录仪
  —, recording 同 anemograph
anemography 測风术
anemology 风学

anemometer 风速計

—, **hot wire** 热綫风速計

—, **pressure** 压力风速計

—, **wind wheel** 风輪风速計

anemometrograph 記风仪

anemometry 測风法

anemoscope 风向指示仪

aneroid 1.无液气压計;2.无液的

—, **capsule** 同aneroid 1.

angle 1.角;2. iron, angle

—, **acute** 銳角{数}

—, **addendum** 齿頂角(伞輪的)

—, **advance** 提早角

—, **aerofoil section** 翼面角

—, **aileron** 副翼角

—, **ash-pan-sheet** 灰盘板角鉄

—, **ash-pan slide guide** 灰盘滑板导角鉄

—, **axial rake** 同 angle, hexical rake

—, **back head brace**〔机車〕外門板撑杆角鉄

—, **back rake** 縱向角(刀面的)

—, **back-off** 后讓角,后角

—, **best climbing** 最好上升角

—, **bevel** 斜角

—, **blade** 桨叶角

—, **blind** 遮蔽角

—, **boom** 箍用角条

—, **bottom** 齿夾角

—, **brace** 撑杆角鉄

—, **bracket** 托架角鉄

—, **bulb** 圓头角鉄

—, **bumper** 緩冲角鉄

—, **burble** 失速角

—, **camber** 中心綫彎曲角

—, **caster** 后傾角(自动車)

—, **central** 中心角

—, **chain** 鏈角

—, **chamfer** 倒稜角

—, **chisel edge** 凿尖角(鑽头的)

—, **clearance** 留隙角,后角

—, **climbing** 上升角

—, **complementary** 余角{数}

—, **coning** 圓錐角

—, **constant** 定角

—, **conversion** 轉換角

—, **correction** 修正角

—, **cradle** 搖角(搖架的)

—, **crank** 曲柄角

—, **critical** 临界角

—, **critical attack** 同angle of attack, critical

—, **cutter blade setting** 刀片装置角

—, **cutting** 切削角

—, **danger** 危险角

—, **dedendum** 齿根角(齿輪的)

—, **deflection** 偏轉角

—, **deflector** 偏导角鉄

—, **dihedral** 1.二面角;2.上反角{航空}

—, **downwash** 下冲角{航空}

—, **drag clearance** 同 angle, end cutting edge

—, **drift** 偏航角{航空}

—, **drill point** 鑽尖角

—, **dropping** 投下角

—, **eccentric(al)** 偏心角

—, **edge** 边緣角

—, **effective** 有效角

—, **effective helix** 有效螺旋角

—, **effective pitch** 有效螺距角

—, **elevator** 升降舵角{航空}

—, **end clearance** 前鋒留隙角

—, **end cutting edge** 前鋒緣角

angle, end relief 前鋒后讓角
—, engaging 同 angle of pressure
—, entrance 进入角
—, face 面角(伞齿輪)
—, face blade setting 面銑刀片裝置角
—, face clearance 面銑留隙角
—, face cutting edge 面鋒緣角(銑刀)
—, face relief 面后讓角(銑刀)
—, fall(ing) 落角
—, fastening 連接角鉄
—, first peripheral clearance 外周第一留隙角(銑刀)
—, flange 凸緣角鉄
—, flying 飞行角
—, foot step fastening 踏阶連接角鉄
—, for zero lift 同angle of no lift
—, front clearance 同 angle, end clearance
—, front rake 同 angle,back rake
—, gash 齿縫角(銑刀)
—, glide (gliding) 滑翔角{航空}
—, groove 槽角
—, ground 地面角
—, half 半角
—, helical rake 軸向刀面角(銑刀片的)
—, helix 螺旋〔綫〕角
—, hexagonal 六角形角尺
—, high 高角
—, high attack 大攻角
—, horizontal 地平角
—, incident 同angle of incidence
—, included 夾角
—, injection 噴射角
—, keel 龙骨角鉄
—, lacing 角〔鉄〕牵条
—, landing 降落角
—, lateral dihedral 横上翘角
—, lead 同 angle of lead
—, lead cutting edge 外鋒导緣角(面銑刀)
—, lift 升力角
—, limiting 极限角
—, lip 鑽緣角
—, lip relief 鑽緣后讓角
—, longitudinal dihedral 縱上翘角
—, magnetic track 磁迹角
—, main surface dihedral 主翼面上翘角
—, minimum gliding 最小滑翔角
—, natural gliding 固有滑翔角
—, negative dihedral 下翘角
—, negative rake 同 rake, negative
—, normal end clearance 前鋒正留隙角
—, normal end rake 前鋒正刀面角
—, normal end relief 前鋒正后讓角
—, normal pressure 正压力角
—, normal side clearance 旁鋒正留隙角
—, normal side rake 旁鋒正刀面角

angle, normal side relief 旁鋒正后讓角
—, normal thread 垂直螺蚊角
—, nose 刀的鼻角
—, nozzle 噴咀〔傾斜〕角
—, oblique 斜角
— of action 作用角
— of advance 同 angle, advance
— of application 加力角
— of approach 漸近角(齿輪的)
— of attack 攻角;冲角
— of attack, actural 实际攻角
— of attack, critical 临界攻角
— of attack, effective 有效攻角
— of attack, induced 誘导攻角
— of attack of minimum drag 最小阻力攻角
— of attack, optimum 最好攻角
— of balance 平冲角
— of bank 傾側角
— of bosh 炉腰角
— of bottom 同angle, bottom
— of chord 弦角
— of climb (ing) 同 angle, climbing
— of contact 接触角
— of curvature 曲率角
— of cutting action 切削作用角
— of decrement 减角
— of deflection 同 angle of deviation
— of descent 同 angle, fall
— of deviation 偏向角
— of displacement 位移角{数}
— of distortion 歪角,扭轉角
— of downwash 同 angle, downwash
— of draft 同 angle of traction
— of eccentricity 同 angle, eccentric
— of elevation 仰角
— of firing 射角
— of flanks of thread 螺面角
— of flap 摺翼角
— of flight 同 angle, flying
— of friction 摩擦角
— of glide 同 angle, glide
— of heel 傾側角(船的)
— of incidence 1.入射角; 2.同 angle, attack
— of incidence of minimum drag 同 angle of attack of minimum drag
— of incidence of maximum lift 最大升力冲角
— of incidence of wing 翼冲角
— of incidence of zero lift 无升力冲角
— of inclination 傾角
— of keenness 銳利角
— of lag 移后角{物}
— of landing 同 angle, landing
— of lead 导程角
— of lift 同angle, lift
— of no lift 无升力角
— of obliquity 1.傾斜角;

2. 同angle of pressure
angle of oscillation 摆动角
— **of pitch** 1.翼間角; 2.螺距角
— **of pressure** 压力角
— **of projection** 投射角
— **of rake** 同angle, rake
— **of recess** 漸远角(齿輪的)
— **of refraction** 折射角{物}
— **of repose** 靜止摩擦角
— **of ricochet** 反跃角
— **of roll** 同 angle of bank
— **of rotation** 轉动角
— **of rupture** 断角
— **of shear** 剪角
— **of side slip** 側滑角
— **of slope** 傾斜角
— **of stability** 同 angle of friction
— **of stagger** 斜罩角
— **of stall(ing)** 同 angle, burble
— **of sweepback** 后掠角
— **of the crossing** 轍叉角
— **of thread** 同 angle of flanks of thread
— **of torque** 同angle of torsion
— **of torsion** 扭轉角
— **of traction** 牵引角
— **of trail** 后緣角
— **of trim** 修角
— **of twist** 同 angle of torsion
— **of valve seat** 閥座角
— **of wedge**楔角
— **of yaw** 同 angle, drift
— **of zero lift** 同 angle of no lift
—, **optimum** 最好角
—, **optimum attack** 同 angle of attack, optimum
—, **optimum gliding** 最好滑翔角
—, **peripheral** 外周角(銑刀)
—, **peripheral clearance** 外周留隙角(銑刀)
—, **peripheral cutting edge** 外周鋒緣角(銑刀的)
—, **peripheral relief** 外周后讓角(銑刀)
—, **pilot** 排障器角鉄
—, **pressure** 同angle of pressure
—, **positive dihedral** 正二面角
—, **positive rake** 同 rake, positive
—, **point** 錐尖角(鑽头的)
—, **pitch** 节面角(伞齿輪的)
—, **propeller blade** 螺桨叶角
—, **propeller pitch** 桨距角
—, **radial rake** 刀面的径向角(銑刀)
—, **rake** 刀面角,前角
—, **recess** 同 angle of recess
—, **relief** 后讓角,后角
—, **right** 直角
—, **root** 伞齿底角
—, **rudder** 舵角
—, **safety** 安全角
—, **salient** 凸角
—, **second clearance** 第二留隙角(銑刀)
—, **setting** 装置角
—, **shank** 刀柄角
—, **shear** 剪角
—, **side clearance** 旁鋒留隙角

angle, side cutting edge 旁鋒緣角
—, side rake 副前角
—, side relief 副后角
—, slant 同angle of slope
—, smoke box fastening 烟箱装牢角鉄
—, spark ignition advance 同 advance, ignition
—, spiral 同 angle, helix
—, stagger 同 angle of stagger
—, stalling 同 angle, burble
—, supplementary 补角
—, tail 尾翼傾角
—, throat 1.前端斜角（螺絲鋼板);2.喉角
—, tooth 齿角
—, tooth spacing 齿間角
—, torsion 同 angle of torsion
—, track 軌跡角
—, trail 投弹后曳角
—, traverse dihedral 同 angle, lateral dihedral
—, true track 眞軌跡角
—, tube sheet brace 同 tee, tube sheet brace
—, vertex 頂角
—, vertical 直角
—, waist sheet 鍋炉托板角鉄
—, wede 楔角
—, wing dihedral 翼上反角
—, zero lift(ing) 同 angle of no lift
—, turning 折轉角
angular 角的{数}
angularity of connecting rod 連杆斜度
anhydrous 无水〔的〕
aniline 苯胺{化}
anion 阴离子{化}
anneal(ing) 1.煆；2.退火
annealed 1. 煆过的； 2. 退火的
annealing, cycle 循环退火{冶}
—, full 完全退火{冶}
—, intermediate 还軟退火
—, isothermal 等温退火
—, post 同 post-annealing
—, process 定法退火
annihilator 熄灭器
—, fire 灭火器
annular 环状
annulet 环状平緣
annulus 1.环状通路；2.同 gear, annular
annunciator 报号器{电信}
anode 阳极{物}
anodizing 阳极防腐法
antenna 天綫{电信}
—, built-in 机内天綫{电信}
—, coil 綫圈天綫{电信}
—, ground 埋地天綫{电信}
—, loop 同 antenna, coil
—, skid fin 翼上天綫{电信}
—, vertical 垂直天綫{电信}
anthracite 无烟煤{化}
—, graphitic 石墨状无烟煤{化}
anti-bouncer 防跳装置
anti-clockwise 同 clockwise, counter
anti-corrosive 防蝕的
anti-creeper 防爬器{鉄路}
anti-cyclone 反旋风
anti-detonation 抗爆
anti-detonator 抗爆剂

anti-drag 減阻
anti-fluctuator 緩冲器
anti-fouling 防塞
anti-freezing 防冻
anti-friction 减摩
anti-icer 防冰器
—, **carburetor** 汽化器的防冰器
—, **pitet mast** 空速管柱的防冰器
—, **propeller** 螺旋桨防冰器
—, **wind shield** 风挡防冰器
anti-induction 防感应{物}
anti-knock 抗爆
anti-knock(ing) 同 anti-detonation
antilogarithm 反对数{数}
antimony 銻{化}
anti-rattler 减声器
—, **wheel carrier support** 輪架支柱减声器
anti-rolling 防滚
anti-rumble 减声器
anti-rust 防锈
antiseptic 1.防腐的; 2.同 substance, antiseptic
anti-septical 同 anti-septic
antiskid 防滑
anti-squeak 减声器
—, **fender** 保护板减声片
—, **fuel tank** 燃料箱减声片
—, **hood** 发动机罩减声片
—, **spring** 弹簧减声器
anti-stall 防止失速
anvil 砧
—, **bench** 台砧
—, **bottom** 底砧
—, **double beak** 双臂鉄砧
—, **file cutting** 鏨銼砧
—, **hand** 手砧
—, **rising** 活动台砧
—, **side beak** 同 beakiron
—, **single arm** 单臂砧
—, **small** 小砧
—, **smith** 鍛砧,鉄工砧
—, **steam hammer** 汽鎚砧
—, **tyre** 輪胎砧
—, **two beaked** 双臂砧
aperture 口,开口
—, **atomizer** 噴霧嘴
— **of oil chamber** 油室口
apex 頂点{数}
apiquage 横軸迴轉(航空器的)
apparatus 1.器具;2.仪器;3.装置,設备
—, **absorption** 吸收器
—, **air volume measuring** 量空气体积器
—, **aircraft launching** 飞机起飞装置
—, **alarming** 警报装置
—, **armature testing** 电轉子試驗仪器
—, **automatic regulating** 自动調整器
—, **auxiliary-** 輔助設备
—, **base** 基础装置
—, **bending** 弯曲器
—, **block** 区截机(电話的)
—, **blue print** 晒藍图器
—, **boring** 同 tool, boring
—, **brake** 刹車装置
—, **centering** 定〔圓〕心器
—, **clamping** 夾具

apparatus, combustion fule gas, Orsat 奥煞脫式燃燒排气測定仪
—, continuous sand blast 連續噴砂装置
—, cooling 冷却器
—, curve planing 鉋弧面装置
—, distilling 蒸餾器
—, double chamber sand blast 复室噴砂装置
—, draft 通风設备
—, feed 1.給水器；2.进給装置
—, float feed 浮筒式給水器
—, flying 飞行用具
— for ash pan, drenching 灰盘噴水器
— for ash pan, spraying 同 apparatus for ash pan, drenching
— for butt welding, clamp 平接〔熔〕压焊夾具
— for driving in mandrels 鏇軸压入器
— for lathe centers, grinding 車床頂尖磨具
—, gripping 1.抓取器；2.固定器
—, heating 加热器
—, induction 感应器
—, life saving 救生器
—, magnetizing 充磁器
—, oxygen 氧气装置
—, reciprocating- 往复〔运动的〕装置
—, regulating 同 regulator
—, reversing 换向器
—, sand blast 噴砂机，噴砂装置
—, self centering 自动定心装置
—, signalling 信号装置
—, smoke burning 燒烟器（鍋炉的）
—, starting 起动器
—, steam drying 蒸汽干燥器
—, steam paraffining 石蜡蒸餾器
—, water jet suction 水流射吸器
—, water recovery 还水器，迴水装置
apparant 1.明显的；2.外表的
appearance 外貌
appendage 附屬部分
appendix 1.輸气管{航}；2.附录
appliance 1.用具；2.设备
—, railway 鉄路用具
—, weighing 秤具
—, workshop 車間用具
application 应用
—, emergency 紧急应用
apprentice 学徒
apron 1.挡板；2.旋床〔刀座下的〕拖板箱；3.围裙
—, cab 〔司机室的〕渡板
—, carriage 同 apron 2.
—, diaphragm 隔膜調节板
—, fender 1.保护板；2. 同 apron, splash
—, mud 同 apron, fender 2.
—, radiator shell 散热器的挡板
—, rear 后挡板
—, skin 皮围裙
—, splash 挡濺板，挡泥板
—, tool 刀座
—, wind shield 玻璃风挡（汽

車的)
aquometer 同 pulsometer
arbor 柄軸
—, conical 圓錐柄軸
—, cutter 同 spindle, cutter
— for drill chuck 鑽头夾盘軸
— for face milling cutter 平面銑刀軸
— for shell reamer 套状鉸刀軸
— for spacing piece 定距片軸
—, grinding wheel 同 spindle, grinding wheel
—, milling 同 arbor, milling cutter
—, milling cutter 銑刀軸
—, milling machine 銑〔床〕刀軸
— with cross-key 有横向鍵的柄軸
arc 1.圓弧；2.电弧
—, break 断流电弧
—, circular 圓弧
—, interruption 同 arc, break
—, intersecting 交弧
— of action 作用弧
— of approach 漸近弧
— of contact 接触弧
— of fire 火焰弧
— of recess 漸远弧
— of rotation 轉动弧
—, propeller 螺旋桨弧
—, strike 打火
arch 拱
—, brick 磚拱
—, fire brick 火磚拱
—, furnace 炉拱
—, right 正拱
—, segmental 扇〔形〕拱
—, smoke 烟拱
architect, naval 同 engineer, naval
architecture, naval 造船学
arcograph 圓弧規
area 面积
—, aerodynamic 气动力面积
—, aileron 副翼面积
—, balanced 平衡面积
—, bearing 軸承面积
—, blade 叶片面积
—, boiler grate 鍋炉炉篦面积
—, cross-sectional 横剖面积
—, dead 遮蔽面积
—, developed 展开面积
—, developed blade 展开叶片面积
—, disk 圓盘面积
—, drag 阻力面积
—, effective 有效面积
—, effective disk 有效圓盘面积
—, elementary 微分面积
—, equivalent 当量面积
—, equivalent flat plate 相当平板面积
—, equivalent parasite 相当废阻面积
—, exclusion 禁戒区，禁止区
—, flame front 火焰前鋒面积
—, flange 凸緣面积
—, flow 流动面积
—, friction 摩擦面积
—, frontal 前面面积
—, grate 炉篦面积
—, heating 受热面积
—, helicoidal 螺旋面积
—, high pressure 高压面积
—, lifting 升力面积

area, loading 負載面积
—, low pressure 低压面积
— of aileron 同 area, aileron
— of balance 同 area, balanced
— of bearing 同 area, bearing
— of cooling surface 冷却面积
— of counter pressure 反压面积
— of elevator 升降舵面积
— of fire grate 同 area, grate
— of injection orifice 噴口面积
— of piston 同 area, piston
— of plane 1.平面面积; 2.主翼面积(飞机的)
— of pressure 受压面积
— of rudder 舵面积
— of section 剖面面积
— of tail plane 尾面面积
— of thrust surface 推力面积
— of water plane 水平面积{物}
—, parasite 废阻力面积
—, passage 通路面积
—, piston 活塞面积
—, projected 投射面积
—, projected propeller 螺旋桨投影面积
—, projected propeller blade 螺旋桨叶投影面积
—, propeller 螺旋桨面积
—, propeller blade 螺旋桨叶面积
—, propeller disk 螺旋桨盘面积
—, rubbing 摩擦面积
—, slewing 轉动面积
—, stack 1.烟囱面积; 2.炉身面积
—, step 分段面积
—, surface 表面面积
—, target 靶面积
—, throat 喉面积
—, tip clearance 頂部間隙面积
—, total lifting 总升力面积
—, total propeller-disk 螺旋桨盘总面积
—, total surface 表面总面积
—, variable 可变面积
—, water plane 同 area of water plane
—, wetted 沾湿面积
—, wing 翼面积
areometer 液体比重計
areometry 液体比重測法{物}
argentalium 銀鉛
argon 氬{化}
arm 1.輻;2.臂,柄;3.杆
—, anchoring 錨臂
—, articulated 关节杆
—, balance 平衡臂
—, ball 球杆
—, bogie 地輪臂
—, bogie rocker 地輪搖臂
—, bracket 托架臂
—, brake cylinder lever shaft 閘缸槓軸臂
—, brake rocker 閘搖臂
—, breaker 断电臂{电}
—, brush 〔电〕刷臂
—, bumper 同 bar, bumper
—, caliberation 校准臂
—, chock absorber 減震器臂
—, clutch adjusting 离合器調

整臂

arm, clutch pedal 离合器踏〔板〕臂

—, clutch pedal release 同 arm, clutch release shaft

—, clutch release shaft 离合器放松軸臂

—, compound swivel 复式轉臂

—, contact 接触臂

—, crank 曲柄〔臂〕

—, cross 横臂

—, cross head 十字头臂

—, crusher 軋碎机臂

—, damper cylinder 减震筒臂

—, damper shaft 减震器軸臂

—, distributing 分配杆

—, distributor 1.分佈器臂; 2.配电器臂

—, distributor breaker 配电器断电臂

—, distributor control 配电器控制臂

—, dividing 分度柄

—, door check 門止开臂

—, double hinged swivel 同 arm, compound swivel

—, double jointed swivel 同 arm, compound swivel

—, double sided 双側臂

—, drop 轉向臂

—, drop shaft 傾卸軸臂

—, effective lever 有效杆臂

—, electric wind shield wiper 电动风挡刮水臂

—, engine stabillizer 发动机安定臂

—, facing 横旋轉刀架

—, fire door shaft 炉門軸臂

—, float 浮子臂

—, foot rest crank 脚踏曲柄臂

—, forks 叉臂

—, front bumper 前保险杆臂

—, fuel pump rocker 燃料泵搖臂

—, generator adjusting 发电机調整臂

—, generator brush 发电机电刷臂

—, governor 調速器杆

—, guard 护臂

—, hand brake lever 手閘杆;手刹車杆

—, hinged 同 arm, pivoted

—, knuckle 1.关节臂;2.羊角臂(汽車)

—, landing gear torque 起落架防扭臂(飞机)

—, lever 杆臂

—, lever shaft 槓軸臂

—, lifting 提升杆

—, lifting shaft 提軸臂

—, link 連杆臂

—, locking 鎖臂

—, magneto breaker 磁电机断电臂

—, main steering 总轉向杆

—, mooring 同arm, anchoring

— of couple 力偶臂

— of fly wheel 飞輪輻

— of force 力臂

— of lever 槓杆臂

— of ratchet 棘輪爪臂

— of wheel 輪輻

—, operating 操作杆

—, operating rod 操作杆臂

arm, operating shaft 操作軸臂
—, **over** 横桿
—, **overhanging** 外伸臂
—, **pedal** 踏板臂
—, **pick-up** 拾取臂
—, **pitman** 連接杆臂
—, **pivoted** 枢杆
—, **radial** 旋臂
—, **radius** 同 arm, radial
—, **ratio** 比率杆
—, **rear bumper** 后保险杆
—, **rear mirror extension** 望后鏡伸长臂
—, **rear view mirror** 后鏡臂
—, **release** 放松臂
—, **reverse** 回动杆
—, **reverse cylinder valve** 回动閥臂(汽缸的)
—, **reverse shaft** 回动軸臂
—, **rock** 搖臂
—, **rocker** 同 arm, rock
—, **rocking** 同 arm, rock
—, **rotor** 轉动臂
—, **semaphore** 信号机臂
—, **shaft** 1.同 arm, spindle; 2.柄臂
—, **shaking grate** 搖动炉篦臂
—, **shift bar** 換挡杆臂
—, **shift rail** 換轍臂
—, **shock absorber** 减震器臂
—, **side car connecting** 边車联接臂
—, **slide** 滑板臂
—, **sliding drill** 滑动鑽座
—, **spindle** 抽臂
—, **steering** 轉向臂
—, **steering clutch push rod** 轉向离合器推桿臂
—, **steering gear** 轉向装置臂
—, **supplementary radial** 輔助旋臂
—, **support** 支架臂
—, **swing** 摆臂
—, **table** 台臂
—, **throttle shaft** 节汽閥柄臂
—, **torque** 轉矩臂
—, **track wheel** 履带輪臂
—, **train** 系杆
—, **uncoupling lever** 开放杆臂(車鈎)
—, **vacuum wind shield wiper swing** 眞空风挡括水摆臂
—, **valve rock** 气閥搖杆
—, **valve rocker** 同 arm, valve rock
—, **vibrating** 振动杆
—, **whirling** 旋轉杆
—, **whistle lever shaft** 汽笛槓柄臂
—, **wind shield adjusting** 风挡調整臂
—, **wind shield wiper** 风挡括水臂
—, **wiping** 擦臂
— **with split boss, facing** 分轂横旋刀架

armature 1. 电枢; 2.附件
—, **current regulator** 电流調节器附件
—, **cutout relay** 断流电驛附件
—, **drum** 鼓形电枢{电}
—, **generator** 发电机电枢
—, **ring** 环形电枢
—, **starter** 起动机电枢
—, **vibrating** 震动电枢
—, **voltage regulator** 电压調节器附件

armor 装甲
　—, **welded** 焊接甲板
armored 装甲的
armour 同 armor
armoured 同 armored
aromatic 芳香〔的〕{化}
around, weld all 围焊
arrangement 1.佈置;2.装置
　—, **automatic stop** 自停装置
　—, **bearing** 軸承佈置
　—, **belt lifting** 皮带起重装置
　—, **center-crank** 中間曲柄装置
　—, **constant pressure** 定压装置
　—, **cylinder** 气缸佈置
　—, **differential aileron linkage** 差动軸翼鏈系
　—, **floating aileron linkage** 浮动輔翼鏈系
　—, **general** 总布置
　—, **guiding** 引导装置
　—, **hot bulb** 热球装置
　—, **interior** 內部装置
　—, **life-saving** 救生装置
　—, **lubricating** 潤滑装置
　—, **molecular** 分子排列
　—**of feed water heater, general** 給水加热器总图
　— **of marine, boiler** 舶用鍋炉的装置
　—, **reversing** 換向装置
　—, **sanitary** 卫生設备
　—, **side crank** 軸端曲柄装置
　—, **super-compression** 超压縮装置
　—, **switching** 开关装置
arrester 1.避雷器; 2.制止器
　—, **airplane** 飞机止动器
　—, **back fire** 回火制止器
　—, **car lightning** 車輛避雷器
　—, **carburetor backfire** 汽化器回火制止器
　—, **dust** 1.挡尘器;2.同 collector, dust
　—, **flashback** 同 arrester, back-fire
　—, **spark** 火花制止器
arsenal 兵工厂
articulated 铰的, 有关节的
articulation 铰, 关节
artificial 人工的
asbestos 石棉{化}
ash 1.灰;2.槐木
　—, **black** 1.黑槐; 2.黑灰{化}原碱
　—, **soda** 純碱,碱灰{化}
　—, **white** 白槐
ashpan 同 pan, ash
asphalt 〔地〕瀝青;柏油{化}
　—, **powdered** 〔地〕瀝青粉{化}
　—, **road** 筑路瀝青
asphaltic 瀝青的{化}
asphaltum 溶剂瀝青
aspirator 吸气器{化}
　—, **steam** 汽吸器
assemble 装配
assembler 装配工
assembling 同 assemble
assembly 1.同 assemble; 2.組合〔体〕
　—, **connecting rod** 連杆組合
　—, **master and articulated connecting rod** 主副連杆組合
　—, **selective** 选择装配
　—, **steering damper** 轉向减震

器組合

assembly, steering damper friction 轉向减震器摩擦片組合

—, tappet 挺杆組合

astro-compass 星家罗盘

asymmetric 不对称的{数}

asymptote 漸近綫{数}

asynchronous 异步的

atmosphere 1.大气;2.大气压〔单位〕

atmosphere, absolute 絕对大气压

—, international standard 国际标准大气压

—, metric 米制大气压

—, standard 标准大气压

atmospheric 大气的

atom 原子{物}

atomic 原子的

atomization 1.噴霧作用; 2. 霧化

—, fuel oil 燃料油的霧化

atomize 噴霧

atomizer 噴霧器

—, exhaust heated 排气加热噴霧器

—, fan 扇式噴霧器

—, fuel 燃料噴霧器

—, notched flat headed 缺口平头噴霧器

—, oil 油噴霧器

—, sleeve 套式噴霧器

—, vaned 同 atomizer, fan

attachment 1.附件; 2.联結法

—, backing-off 1. 鏟工附件(在車床上用于銑刀的); 2.磨工附件(在磨床上用于銑刀的)

—, circular 銑圓附件

—, grinding 磨工附件

—, high speed milling 高速銑工附件

—, internal grinding 內磨附件

—, inverted-T 倒丁形联結法

—, key seating 銑鍵槽附件

—, lead 导引附件

—, magnetic 磁吸引

— of the current collector 集电器联結法

—, rack cutting 切削齿条附件

—, rack milling 銑齿条附件

—, relieving 同 attachment, backing-off

—, slotting 銑槽附件

—, straddle 跨装法

—, strut 支柱附件

—, taper 車圓錐附件

—, taper turning 同 attachment, taper

—, tapping 攻內螺紋附件

—, universal milling 万能銑工附件

—, universal spindle milling 轉动立銑附件

—, valve body 閥体連接头

—, vertical spindle milling 立銑附件

attrition 1.磨;2.摩擦(同 friction);3.磨损(同 wear)

auger 鑽

—, annular 环孔鑽

—, carpenter's 木工〔用的〕鑽

—, cylindrical 筒形鑽

—, earth 地鑽

—, earth boring 同 auger, earth

auger, expanding 扩孔鉆
　—, flue 烟道通条
　— for sleepers 軌枕鑽
　—, ground 同 auger, earth
　—, half twist bit 同 auger, screw
　—, half twisted 半螺旋鑽
　—, long 长鑽
　—, long borer 同 auger, long
　—, long eye 深眼鑽
　—, screw 螺旋鑽
　—, shell 殼鑽
　—, slotting 筍孔鑽
　—, spiral 同 auger, screw
　—, square 方〔孔〕鑽
　—, twisted 同 auger, screw
augement of resistance 阻力的增加
augmentor 增强器
austempering 奥氏回火
austenite 奥氏体{冶}
autobus 公共汽車
autocar 汽車
autocollimator 自动照准仪
autocycle 机器脚踏車
auto-giro 同 autogyro
autogyro 旋翼飞机
autogyro, cabin 轎式旋翼机
　—, pusher 推进式旋翼机
　—, wingless 无〔定〕翼旋翼机
autohoist 汽車起重机
auto-ignition 自动点火
　—, multi-stage 多級自燃
auto-induction 自动感应
auto-lift 汽車升降机
automat 自动机
automatic(al) 自动的
automation 自动器
autometer 速度計(自动車的)
automobile 1.自动的;2.汽車;3.自动車
　—, agricultur(al) 农用汽車
　—, armored 装甲汽車
　—, orude oil 柴油汽車
　—, electric 电动汽車
　—, gas electric 气电自动車
　—, gasoline 汽油汽車
　—, passenger 載客〔汽〕車
　—, steam 蒸汽汽車
automobilist 汽車司机
automotive 自动車的
autopilot 自动駕駛仪{航}
autoplane 自动〔控制〕飞机
autorotation 自动旋轉
autospotter 着弹自报机
auto-stable 自动稳定
auto-truc 运貨汽車
auto-valve 自动閥
auxiliary 輔助的
availability 可用性
available 可用的
average 1. 平均的;2.平均
aviation 航空
　—, civil 民用航空
avigraph 計航器
avion 同 aeroplane
awl 鑽子(木工或革工的)
　—, brad 錐鑽
　—, scratch 画針
ax 同 axe
axe 斧
　—, bench 木工〔用的〕斧
　—, felling 伐木斧
　— for coaches 客車〔救险〕用斧
　—, hammer 鎚斧
　—, hand 手斧
　—, mortise 筍孔斧

axe, pitch 鶴嘴斧
axial 軸向的
axis 軸綫
—, anticlinal (anticlinic, or anticlical) 逆斜軸綫
—, auxiliary 輔〔助〕軸綫
—, body 物体的軸綫
—, central 中心軸綫
—, centroidal 質量中心軸綫
—, common 公共軸綫
—, conjugate 共軛軸綫{数}
—, crank 曲柄軸綫
—, cross wind 横风軸綫
—, drag 阻力軸綫
—, fixed 固定軸綫
—, focal 焦点軸綫
—, instantaneous 瞬时軸綫
—, isometric 等角軸綫{数}
—, lateral 横軸綫
—, lift 升力軸綫
—, longitudinal 縱軸綫
—, major 长軸綫
—, minor 短軸綫
—, neutral 中和軸綫
—, normal 垂直軸綫
—, oblique 斜軸綫{数}
— of aircraft 飞机軸綫
— of boiler 鍋炉軸綫
— of centres 同 axis,-central
— of direct elasticity 直弹軸
— of elasticity 强性軸
— of flight 飞行軸綫
— of floating 浮力軸綫
— of inertia 慣性軸綫
— of magnet 磁軸綫
— of oscillation 摆动軸綫
— of perspective 透視軸綫
— of pressure 压力軸綫
— of revolution 迴轉軸綫
— of rotation 轉动軸綫
— of screw 螺旋軸綫
— of spin 围轉軸綫
— of spindle 軸〔的中〕綫
— of strain 应变軸綫
— of stress 应力軸綫
— of symmetry 对称軸綫
— of the couple 力偶軸綫
— of vortex 渦〔动〕軸綫
— of weld 焊接軸綫
—, permanent 恆軸綫
—, pitching 俯仰軸綫
—, pivot 枢軸綫
— principal 主軸綫
—, propeller 螺旋桨軸綫
—, reference 参考軸綫
—, rolling 滚动軸綫
—, secondary 副軸綫
—, spiral 螺旋軸綫
—, synclinal 向斜軸綫
—, temporary 同 axis, inptantaneous
—, transverse 同 axis, lateral
—, vertical 立軸綫,竖直轴线
—, visual 視軸綫
—, wind 风軸心
—, wing 翼軸綫
—, X 同 X–axis
—, Y 同 Y–axis
—, yawing 偏轉軸綫
—, Z 同 Z–axis
axle 車軸
—, aileron 副翼軸
—, beam 樑形横軸
—, bent 曲軸
—, blind 同 axle, dead
—, built up crank 組合曲柄軸
—, cambered 弯軸

axle, car 車軸
—, carriage 同 axle, car
—, chain 鏈軸
—, clutch disengaging 离合器分离軸
—, continuous 連續軸
—, couple 連动軸
—, coupled 同 axle, couple
—, crank(ed) 曲柄軸
—, cross 横軸
—, dead 靜軸
—, divided 分軸
—, double reduction 复式減速軸
—, drive 主动軸
—, driving 同 axle, drive
—, drum 鼓輪軸
—, fixed 固定軸
—, flexible 軟軸
—, float(ing) 浮軸
— fore 同 axle, front
—, forked 叉〔形〕軸
—, forward 前进軸
—, forward rear 前进后軸
—, front 前〔輪〕軸
—, full floating 全浮軸
—, full floating rear 全浮后〔輪〕軸
—, hind 后〔輪〕軸
—, hollow空心軸
—, horizontal 水平軸
—, intermediate 中軸
—, lateral 同 axle, cross
—, leading 引导軸
—, live 傳动力的軸
—, locomotive 机車軸
—, locomotive crank 机車曲柄軸
—, main driving 同 axle, drive
—, middle 同 axle, intermediate
—, movable 可移动的軸
—, oscillating 摆动軸
—, pivoted 同 axle, oscillating
—, plain live rear 普通傳动后〔輪〕軸
—, pulley 滑車軸
—, radial 轉向軸
—, rear 1.同axle,hind; 2.后桥
—, revolving 迴轉軸 L{汽}
—, rigid 强固軸
—, sagging 垂弯軸
—, semi-floating 半浮軸
—, semi-floating rear 半浮式后〔輪〕軸
—, side car wheel 边車的輪軸
—, simple live 簡单傳动軸
—, single 单軸
—, single speed 单速軸
—, sliding 滑动軸
—, solid 实心軸
—, split 分軸
—, standard 标准軸
—, steering 轉向軸,操縱杆
—, straight 直軸
—, stub 短軸
—, supporting 支承軸
—, telescopic 套筒軸
—, three quarter float(ing) 3/4浮〔式〕軸
—, trailer 拖車軸
—, trailing 1.同 axle, hind; 2.从軸(机車的)
—, truck 轉向架軸
—, tubular 管軸
—, tubular front 管式前軸

axle, turning 轉軸
—, **uncoupled** 不連軸
—, **wagon** 貨車軸
—, **wheel** 輪軸
—, **with inside journals** 內頸軸
—, **with outside journals** 外頸軸
—, **worm driven rear** 蝸杆傳动后〔輪〕軸
—, **X-** 同 X-axle
—, **yoke** 軛軸
axlebox 同 box, axle

B

b.hp.-hr. 同 horse-power-hour, brake
b.t.u. 同 unit, British thermal
babbitt 巴氏合金
babbitting 鑲巴氏合金
back 背,后
—, **blade** 〔桨〕叶背
—, **center socket** 后中心座
—, **flash** 返火
—, **floating strong** 活动强力垫板
—, **kick** 逆轉
— **of the saw** 鋸背
— **of tool** 刀背
— **of tooth** 齿背
—, **popping** 同 fire, back
—, **saw** 同 back of the saw
—, **sneezing** 同 fire, back
—, **spring** 弹回
back-fire 同 fire, back
backfiring 同 fire, back
backgear 背輪,后齿輪,慢盘齿輪
backing 背材〔甲板的〕{焊}
backing-off 1.铲齿;2.消除(应力的)
back-lash 同 lash, back
backstay 1.后支索 〔帆船的〕; 2.后撑条
backswept 1.后掠;2.后掠角{航}
backwash 背洗流
backwashing 反濺
baffle 1.遮护物;2.挡板;3.导流片
—, **brake grease** 刹車遮油圈
—, **brick** 阻墻
—, **cylinder** 汽缸外壳
—, **grease** 遮油物
—, **hot** 挡热板
—, **main shaft oil** 主軸挡油圈
—, **oil** 挡油圈
—, **oil cooler** 冷油器折板
—, **piston** 活塞折流頂
—, **radiator** 散热器阻板
—, **radiator air** 散热器阻气板
bag 袋,囊
—, **air** 空气囊
—, **ballast** 1.压艙袋;2.沙囊(輕气球的)
—, **buffer** 緩冲袋
—, **bump(ing)** 同 bag, buffer
—, **buoyancy** 浮袋
—, **gas** 气囊
—, **grease** 滑脂袋,牛油袋
—, **rudder** 安定袋
—, **sand** 砂包
—, **stabilizing** 安定囊
—, **tool** 工具袋
bail 1.戽斗;2.卡釘
—, **fuel pump bowl** 燃料泵油杯攀
—, **switch** 开关圈
bainite 本尼体{冶}
bakelite 胶木;电木

balance 1.秤,天平;2.平衡;3.对照表
—, aerodynamic 1.气动秤;2.气体动力平衡
—, airscrew 〔飞机〕螺旋桨平衡
—, auxiliary 輔助平衡
—, back 后平衡
—, compensation 补整平衡
—, correct 正确平衡
—, counter 抗衡
—, dovetailed 鳩尾式平衡
—, dynamic 动力平衡
—, engine 发动机平衡
—, explosion 爆发平衡
—, faired contour 流綫形减阻平衡
—, float counter 浮筒槓杆
—, flotation 浮力秤
—, gravity 重力秤
—, handing weight 手用秤
—, heat 热量平衡
—, heater valve 加热〔器的〕閥平衡器
—, hydraulic 測功水力秤
—, hydrostatic 比重秤{化}
—, inset hinge 同 balance, dovetailed
—, longitudinal 縱平衡
—, main aerodynamic 主气体动力平衡
—, mass 質量平衡
—, measuring 同 balance 1.
— of moving part 运动部分的平衡
—, over 超〔出〕平衡
—, overhang 同 balance, horn
—, paddle 桨平衡
—, platform 台秤
—, propeller 螺旋桨平衡
—, rolling 1.横傾天平;2.滚动平衡(飞机)
—, rotary 轉动平衡
—, rotational 同 balance, rotary
—, simple 簡单平衡
—, specific gravity 同 balance, hydrostatic
—, spiral 同 balance, spring
—, spring 弹簧秤
—, static 靜力平衡
—, torsion 扭秤
—, wind tunnel 风洞天平
balanced 平衡的
balancer 平衡器
—, crankshaft 曲〔柄〕軸平衡器
—, crankshaft harmonic 曲〔柄〕軸諧和平衡器
—, dynamic 动〔力〕平衡器
—, harmonic 諧和平衡器
—, static 靜〔力〕平衡器
balancing 平衡〔法〕
—, counter 抗衡
—, engine 发动机平衡
— in locomotive 机車的平衡
—, static 靜力平衡法
—, vibration 振动平衡
ball 球
—, bearing 軸承鋼珠
—, brass 黄銅球
—, cam follower 凸輪从动球
—, check valve 止回閥球
—, discharge check 出口止回球
—, drag link 拉杆球〔端〕
—, drain valve 洩閥球

ball, friction 摩擦球
—, **gear shift lever**变速杆球端
—, **gear shift rail interlock** 变速杆联鎖球
—, **gear shift rod lock** 变速杆鎖球
—, **gear shift shaft lock** 同 ball, gear shift rod lock
—, **intake check** 进口止回球
—, **lock** 鎖球
—, **prelubricated** 預潤球
—, **puddle** 同 puddle-ball
—, **pump check valve** 同 ball, check valve
—, **refill check** 同 ball, intake check
—, **relief valve** 保险閥球
—, **shifting lever** 变速杆球端
—, **slack adjuster worm lock** 减速調整器的蝸杆鎖球
—, **steel** 鋼珠
—, **steering** 轉向球
—, **steering arm** 轉向杆球端
—, **stop valve** 停止閥球
—, **tie rod** 系杆球端
—, **universal** 同 ball, universal joint
—, **universal joint** 万向节球
—, **worm** 蝸杆球
ballast 1.压載物;2.石碴;3.石砾
— **for cruising** 航行压載
— **for landing** 着地压載
—, **hydrolith** 水分解压載物
—, **lead** 鉛压載
—, **liquid** 液体压載
—, **sand** 砂压載
—, **solid** 固体压載
—, **water** 水压載
ballasting(-up) 压載調整
ballistic 弹道〔学〕的
—, **exterior** 膛外弹道学
—, **interior** 膛內弹道学
ballonet 副〔气〕囊
balloon 气球
—, **air** 同 balloon
—, **barrage** 阻塞气球
—, **captive** 系留气球
—, **ceiling** 測升限气球
—, **constant pressure** 定压气球
—, **dirigible** 飞艇
—, **fixed** 同 balloon, captive
—, **free** 自由气球
—, **hot air** 热气球
—, **kite** 紙鳶式气球
—, **non-rigid** 同 airship, nonrigid
—, **nurse** 补助气球
—, **observation** 观測气球
—, **pilot** 測风气球
—, **propaganda** 宣傳气球
—, **registering** 記录气球，探測气球
—, **rigid** 同 airship, rigid
—, **sausage** 紙鳶式气球
—, **semi-rigid** 同 airship, semirigid
—, **sounding** 探測气球
—, **spherical** 球形气球
—, **supply** 供应气球
—, **triangulation** 測量气球
—, **vacuum** 眞空气球
balloonet 同ballonet
band 带
—, **belly** 〔球〕腹带
—, **boiler** 鍋炉带
—, **boiler lagging** 鍋炉外套带

band, boiler lagging plate 同 band, boiler lagging
—, **brake** 閘带
—, **collecting** 聚集带
—, **color** 色带
—, **drip** 滴水带
—, **driving** 傳动带
—, **eccentric** 偏心环
—, **emergency brake** 紧急閘带
—, **friction** 摩阻带
—, **gear** 齿輪带
—, **generator cover** 发电机罩带
—, **generator head** 同 band, generator cover
—, **hand brake** 手閘带
—, **lower steam cylinder jacket** 下部汽缸套带
—, **mooring** 系留带
—, **motor cover** 电动机罩带
—, **optical interference** 干涉光带
—, **outer brake** 外閘带
—, **parachute sublateral** 降落伞副横带
—, **pipe** 管夾带
—, **reverse** 回行带
—, **rigging** 装吊带
—, **rim** 輪緣带
—, **rubber** 橡皮圈
—, **safety** 安全带
—, **saw** 鋸带
—, **slow speed** 低速带
—, **spanner** 束带
—, **spring** 弹簧箍
—, **starter cover** 起动机罩带
—, **starter head** 同 band, starter cover
—, **steam cylinder jacket** 汽缸套带
—, **steel** 鋼带
—, **suspension** 吊带
—, **tank hose** 水箱軟管带
—, **trajectory** 弹道带, 軌道带
—, **upper steam cylinder jacket** 上部汽缸套带
—, **wave** 波带
bandage, cover 盖的带束
bank 傾斜(飞机飞行时)
— **of cylinders** 同 block, cylinder
—, **vertical** 垂直傾斜{航空}
bar 杆
—, **anchorage** 紧固杆
—, **angle** 同 iron, angle
—, **arc** 弓形杆
—, **arch** 拱杆
—, **balance** 1.平衡杆;2.秤杆
—, **bearing** 承受杆
—, **beater** 拍打杆
—, **boring** 鏜杆
—, **bottom guide** 下端导杆
—, **brake** 閘杆
—, **brake beam safety chain eye** 閘樑安全鏈眼鉄
—, **brake lever coupling** 閘槓联杆
—, **brake truss** 构架式閘杆
—, **buffer** 緩冲杆
—, **bulb** 圓头鉄条
—, **bumper** 保险杆
—, **capstan** 絞盘杆
—, **car suspension** 悬艇吊杆
—, **changeable boring** 〔可〕調整鏜杆
—, **channel** 同 iron, channel
—, **clamping** 夾杆
—, **claw** 爪杆

bar, clip 同 bar, clamping
—, commutator 整流器銅片
—, contact 接触架
—, copper 銅条
—, core 心杆(压挤金屬管用的)
—, corrugated steel 竹节鋼条
—, coupler draw 車鈎拉杆
—, coupling 联接杆
—, cross 横杆
—, cross-head guide 十字头导桿
—, crow 同 crow
—, crown 頂杆
—, cup 杯端杆
—, cutter 刀杆;刀軸
—, detector 检驗器杆
—, door 門閂
—, draft 同 bar, draw
—, drag 同 bar, draw
—, draw 1.牵引杆,拉杆;2.挂钩
—, drift 偏航尺
—, engine support 发动机支杆
—, equalizer supporting 平衡器支杆(車輛的)
—, equalizing 平衡杆
—, eye 眼鉄
—, feed 进給杆，进程杆(刀具)
—, fire 同 bar, grate
—, fish 夾杆
—, flat iron 扁鉄条
—, flat pummel 球端扁杆
—, flat steel 扁鋼条
—, foot 踏杆
—, foot, board side 踏板边杆
— for adjustable cutter, boring 〔用于〕調整〔刀的〕鏜杆
—, front spring clip 前簧夾杆
—, front truck radius 前轉向架径杆
—, fulcrum 支杆
—, furnace 同 bar, grate
—, gauge 1.規杆; 2.軌距杆(鉄路)
—, gear shift 同 lever, gear
—, grate 炉条
—, guide 导杆
—, handle 同 handlebar
—, hatch battening 艙盖压条
—, hatch locking 艙盖鎖条
—, hexagon 六角鉄条
—, hexagonal steel 六角鋼条
—, hoist piston rod tie 起重机活塞桿夾杆
—, horizon 水平杆
—, ice 冰杆
—, inner splice 同 plate, inner fish
—, intermediate draw 中間拉杆
—, iron 鉄条
—, journal box bolt tie 軸箱螺栓系杆
—, lacing 系杆
—, lattice 格条
—, lewis 吊楔杆
—, lifting 举杆
—, lock 鎖杆
—, locking 同 bar, lock
—, longitudinal crown 縱頂杆
—, longitudinal roof 同 bar, longitudinal crown
—, loop 套杆
—, lower 下杆
—, lower arch 下拱杆

base, distributor 配电器底座
—, **dome** 汽室垫圈
—, **ebonite** 橡皮座
—, **engine** 机座
—, **fixed wheel** 固定車軸距
—, **flat** 平底
—, **flexible wheel** 变車軸距
—, **gear shift** 变速箱座
—, **horn** 喇叭座
—, **inflexible wheel** 同 base, fixed wheel
—, **key** 鍵座
—, **magneto** 磁电机座
—, **mixed** 混合基{化}
— **of the rail** 軌基
— **of tool** 刀具底面
—, **oil filter** 同 bracket, oil filter
—, **paraffin** 石蜡基{化}
—, **pedal** 踏板座
—, **pedestal** 軸架底座
—, **petticoat pipe** 烟罩座
—, **pilot** 排障底板
—, **radiator** 散热器座
—, **regulator** 調节器座
—, **rest** 架底
—, **right wheel** 同 base, fixed wheel
—, **rotatable** 可轉底座
—, **screw** 螺釘座
—, **serrated** 齿状底座
—, **sight feed glass** 側望鏡座
—, **smoke stack** 烟囱座
—, **speedometer** 速度表座
—, **spring** 弹簧座
—, **swinging** 罗差調正座
—, **swivelling** 旋轉底座
—, **tailstock** 頂尖座板
—, **total wheel** 总車軸距
—, **track adjusting** 履带調整座
—, **traversing** 横行底座
—, **valve** 閥座
—, **wheel** 〔車〕軸距
basic 1.碱性的;2.基本的
basil 斜刃面
basin 1.承盘;2.水槽
—, **catch** 盛盘; 蓄水槽
—, **pouring** 澆注槽
—, **splash** 濺盘
—, **towing** 模型航槽
—, **wash** 洗盘
basis on a production 在大量生产基础上
basket 籃
—, **coal** 煤筐
— **of the balloon** 气球吊籃
basswood 美国菩提树
bath 1.浴〔器〕;2.电鍍槽
—, **carburizing** 加炭〔液〕池
—, **electric salt** 电热盐浴
—, **lead** 鉛浴
—, **oil** 油浴
—, **oil quenching** 淬火油池
—, **salt** 盐浴
bathometer 測深計
batonet 系索棍
batten 1.狹板;2.撑条
—, **half round** 半圓狹板
—, **nose** 头部支肋
battery 1.蓄电池;2.組
—, **car** 車用蓄电池
—, **discharged** 用完的蓄电池
—, **dry** 干电池
—, **floated storage** 浮动蓄电池
—, **frozen** 不充电电池
—, **ignition** 发火电池

battery, interchangeable 可〔互〕换电池
— of boiler 鍋炉組
—, secondary 第二电池組
—, spare 备用蓄电池
—, stamp 搗鎚組
—, storage 同 battery 1.
baume 波美〔比重〕計
bay 1.湾;2.間距;3.支柱;4.堤
bay work 結构
beacon 标灯
—, aerodrome light 飞机場标灯
—, airway 航路标灯
—, directive radio 无綫电指向标
—, flashing 閃光标灯
—, landmark 界标灯
—, location 定位标灯
—, marker 示标电台
—, portable 移动标灯
—, radio 无綫电指向台
—, radio marker 无綫电信号标
—, radio range 无綫电航程标
—, revolving 旋轉标灯
—, search light 探照标灯
bead 1.卷边;2.車輪圓緣;3.焊蚕(焊滴凝成蚕形的行列)
—, cover 外胎唇
— of tyre 輪胎緣
—, smoke stack 烟囱头
—, straight side tyre 直边輪胎緣
—, stringer 焊蚕
—, welding 焊球
beader, tube 管子卷边工具
beak 咀
—, anvil 砧角
beakiron 小的角砧
—, little 同 anvil. bench
beam 樑，横杆
—, axle "I" 工字樑
—, balance 平衡杆
—, brake 閘杆
—, breast 前横樑(机車的)
—, buffer 緩衝杆
—, built-in 固定樑
—, built-up 組合樑
—, bumper 同 beam, buffer
—, cantilever 悬樑
—, compensating 同 beam, balance
—, continuous 連續樑
—, cross 横樑
—, curved 曲樑
—, end 端樑
—, filled with Wood iron 鑲木鉄樑
—, fixed 同 beam. built-in
—, floor 地板樑
—, hammer 鎚柄
—, hollow 空心樑
—, I 工字樑
—, ice 冰樑
— of light 光束
—, safety 安全樑
—, springs and compensating 弹簧平衡杆
—, starboard 右舷樑
—, steel I 工字鋼樑
—, supported 支持樑
—, sway 同 beam, cross
—, T 丁字樑
—, tie 系樑
—, track 軌〔樑〕
—, trussed brake 同 car, braks truss

beam, two subsidiary 双附樑
—, uniform 均等樑
—, walking 动梁
—, weigh 秤杆
—, wing 翼樑
bear 1.打孔器;2.小型冲机
—, punching 同 bear
bearer 1.托架;2.支座
—, boiler 鍋炉座
—, carrier 承載器的架
—, cross 横架
—, engine 发动机座
—, fire 同 bearer, grate
—, fire bar 同 bearer, grate
— for the grate bars 炉条托
—, grate 炉篦托架
—, grate bar 同bearer, grate
—, intermediate 中間托架
—, motor 同 bearer, engine
—, rail 軌托
—, side 側架
bearing 1.軸承;2.承受;3.支座
—, adjusting spring rod 調准簧杆軸承
—, angle pedestal 斜軸承
—, angular contact ball 角面接触的滚珠軸承
—, annular 环形軸承
—, anti-friction 減摩軸承，滚动軸承
—, armature 电轉子軸承
—, axle 同 bearing 1.
—, back 后軸承
—, ball 滚珠軸承
—, ball and roller 滚珠和滚柱軸承
—, ball and socket 球窩軸承
—, ball collar thrust 〔环形〕滚珠止推軸承
—, base 底軸承
—, bevel drive pinion ball 小伞齿輪滚珠軸承
—, big end 大端軸承
—, blade 刀片座
—, brass 黃銅軸承
—, bronze 青銅軸承
—, cam shaft 凸輪軸承
—, cam shaft ball 凸輪軸滚珠軸承
—, cam shaft thrust 凸輪軸止推軸承
—, center 中心軸承
—, centering spring rod 同 bearing, adjusting spring rod
—, clutch 离合器軸承
—, clutch operating shaft 离合器操縱軸承
—, clutch pilot 离合器导軸承
—, clutch release 离合器分离軸承
—, clutch roller 离合器滚柱軸承
—, clutch shaft 离合器軸承
—, clutch thrust 离合器止推軸承
—, collar 同 bearing, collar thrust
—, collar step 环形阶式軸承
—, collar thrust 环形止推軸承
—, combination 組合軸承
—, commutator end 整流器端軸承
—, compound 同 bearing, combination
—, concentric adjustable 同心調整軸承

bearing, cone 錐形軸承
—, **conical** 同 bearing, cone
—, **conical roller** 錐形滚柱軸承
—, **connecting rod** 連杆軸承
—, **conveyor end** 輸送机端承
—, **countershaft** 副軸軸承
—, **countershaft gear** 副軸齿輪軸承
—, **countershaft gear cluster** 副軸齿輪組軸承
—, **counter-shaft roller** 副軸滚柱軸承
—, **crank** 曲柄軸軸承
—, **crank pin** 曲柄銷承
—, **crankshaft** 曲柄軸承
—, **crankshaft pilot** 曲柄輔导轴承
—, **cylindrical** 圓筒軸承
—, **cylindrical roller** 圓筒滚柱軸承
—, **cylindrical roller thrust** 圓筒滚柱止推軸承
—, **declutch shaft** 同 bearing, clutch operating shaft
—, **die cast** 模鑄軸承
—, **differential** 差速器軸承
—, **differential cone** 差速器錐形軸承
—, **differential drive pinion** 差速器主动小齿輪軸承
—, **distributor lower** 配电器下軸承
—, **distributor upper** 配电器上軸承
—, **double** 双軸承
—, **dovetail slide** 燕尾式导軌
—, **drag link** 拉杆球座
—, **drive end** 主动端軸承
—, **drive pinion cone** 主动小齿輪錐形軸承
—, **drive shaft** 主动軸軸承
—, **driven shaft** 从动軸軸承
—, **elastic** 弹性軸承
—, **elastically yielding** 弹性退讓軸承
—, **end** 端軸承
—, **end journal** 端枢軸承
—, **fan end thrust ball** 风扇端止推滚珠軸承
—, **fan shaft** 风扇軸承
—, **fast step** 稳固立軸承
—, **feeder drive link** 进給器的傳动連杆軸承
—, **feeder ratchet stop** 进給器的棘輪停止器座
—, **feeder shaft** 进給器軸承
—, **flexible** 撓性軸承
—, **floating bush** 浮动衬套轴承
—, **flywheel** 飞輪軸承
—, **footstep** 立軸承
—, **front** 前軸承
—, **front wheel spindle inner** 前輪〔心軸〕内軸承
—, **front wheel spindle outer** 前輪〔心軸〕外軸承
—, **fulcrum** 同 bearing, knife edge
—, **gear shaft roller** 齿輪軸滚柱軸承
—, **gear side** 齿輪边軸承
—, **generator ball** 发电机滚珠軸承
—, **governor roller** 調速器滚柱軸承
—, **guide spindle** 导軸軸承

bearing, gun metal 炮銅軸承
—, **half** 半軸承
—, **idler shaft** 空轉輪軸承
—, **inner** 內軸承
—, **inside** 同 bearing, inner
—, **intermediate main** 中間主軸承
—, **jewel** 宝石軸承
—, **journal** 軸頸軸承
—, **kickstarter crank** 冲式起动器的曲柄軸承
—, **king pin thrust** 中心立軸止推軸承
—, **knife edge** 刀口承
—, **knuckle thrust** 关节止推軸承
—, **lock nut** 鎖紧螺帽座
—, **lower** 下軸承
—, **main** 主軸承
—, **main drive gear** 主动齿輪軸承
—, **main rod** 主杆軸承
—, **main shaft** 主軸軸承
—, **main shaft ball** 主軸滾珠軸承
—, **main shaft driven gear** 主軸从动齿輪軸承
—, **main shaft pilot** 主軸导軸承
—, **main shaft rear** 主軸后軸承
—, **main shaft roller** 主軸滾柱軸承
—, **middle** 中軸承
—, **motor** 电动机軸承
—, **multi-collar thrust** 多环式止推軸承
—, **neck-journal** 頸軸承
—, **needle** 滾針軸承
— **of bow** 弓軸承
— **of journals** 同 bearing, journal
— **of motor** 同bearing, motor
— **of shafts** 同bearing, shaft
— **of the connecting rod** 同 bearing, connecting rod
— **of the crank pin** 同 bearing, crank pin
— **of the crankshaft** 同 bearing, crank-shaft
— **of the cross head pin** 十字头銷軸承
—, **oil saving** 省油軸承
—, **oil-less** 无油軸承
—, **operating rod** 操縱杆座
—, **operating tube guide** 操作管导承
—, **oscillating journal** 摆动軸頸軸承
—, **outboard** 外置軸承
—, **outer** 外軸承
—, **outside** 同 bearing, outer
—, **over drive shaft** 超速傳动軸軸承
—, **pedestal** 架座
—, **pillow block** 同 bearing, pedestal
—, **pilot** 导軸承
—, **pin** 1.銷轴承;2.滚柱轴承
—, **pinion** 小齿輪軸承
—, **piston pin** 活塞銷承
—, **pivot** 枢〔軸〕承
—, **plain** 普通軸承
—, **planing slide** 鉋台导軌
—, **plummor block** 同 bearing, pedestal
—, **post hanger** 柱〔式吊〕架軸

承

bearing, power take-off lever 脫力杆軸承

—, propeller shaft 螺旋桨軸承

—, pump 泵軸承

—, radial 橫力軸承

—, rail 1.軌枕；2.軌承

—, rear 后軸承

—, rear axle cone 后〔輪〕軸錐形軸承

—, rear main 后部主軸承

—, reciprocal 往复軸承

—, reciprocating 同 bearing, reciprocal

—, release 分离軸承

—, reverse idler gear shaft 換向空轉齿輪軸承

—, reverse shaft 回动軸軸承

—, rim 輪緣座

—, ring lubricating 油环〔潤滑〕軸承

—, ring oiled 同 bearing, ring lubricating

—, rocker 搖杆〔軸〕承

—, rod 杆軸承

—, roller 滾柱軸承

—, rotating journal 轉动軸頸軸承

—, sand 型心撑

—, sector gear 扇形齿輪軸承

—, self adjustable sliding 自調滑动軸承

—, self aligning 自位軸承

—, self aligning double row ball 自位对排滾珠軸承

—, self lubricating 自潤軸承

—, shaft 軸承

—, shock absorber 减震器座

—, side 側軸承

—, side car wheel axle 边車輪軸軸承

—, side rod 边杆軸承

—, single row ball 单排滾珠軸承

—, sleeve 套筒軸承

—, sliding 滑动軸承

—, sliding double 滑动复式軸承

—, solid journal 整体軸承

—, special guide 特种导承

—, spherical center 球心軸承

—, spherical roller 鼓形滾柱轴承

—, spider needle 星形輪的滾針軸承

—, spindle 心軸軸承

—, spindle bolt 心軸螺栓軸承

—, spring 弹簧座

—, spring rod 簧杆軸承

—, sprocket shaft 鏈輪軸承

—, stern 船尾軸承

—, starter main shaft 起动机主軸軸承

—, starter pinion housing 起动机驱动端軸承

—, starting crank 起动曲柄軸承

—, starting handle 同 bearing, starting crank

—, steering shaft 換向軸座

—, steering worm 換向蝸杆軸承

—, steering worm roller 換向蝸杆滾柱軸承

—, steering worm sector 換向扇形蝸輪軸承

—, step 立式止推軸承

—, stepped 同 bearing, step

bearing, straight roller 普通滚柱軸承
—, supplementary 副軸衬
—, suspension 吊軸承
—, swivel 旋轉軸承
—, tail 尾軸承
—, taper roller 錐形滚柱轴承
—, tapered 同 bearing, cone
—, tapered roller 同 bearing, taper roller
—, tapered roller thrust 錐形滚柱止推軸承
—, thrust 止推軸承
—, toe 同 bearing, step
—, tooth 輪齿的接触面
—, trunnion 耳軸承
—, turret 轉塔座
—, two part 分軸承
—, uncoupling lever shaft 互鈎开关杆軸承
—, universal joint 万向接头軸承
—, universal joint cross 同 bearing, universal joint
—, water pump 水泵軸承
—, water pump shaft 水泵軸軸承
—, wheel 輪軸承
—, winch worm shaft 絞車蝸杆軸承
— with annular lubrication 同 bearing, ring lubricating
— with oil rings 同 bearing, ring lubricating
—, worm thrust 蝸杆止推軸承
beat 同 frequency
—, dead 非周期性
—, single 单击式
beater 1.拍打器;2.打棉机
beckern 同 beakiron
bed 1.床; 2.座
—, anvil 砧座
—, balloon 气球系台
—, box 箱形底座
—, charge 炭床
—, cinder 煤渣床
—, coke 焦炭床
—, engine 发动机座
—, flame 火焰床
—, fluidized 流体化床
—, fuel 燃料床
—, key 鍵座
—, lathe 車床床身
—, locomotive 机車試驗台
— of boiler 鍋炉座
—, packed 密結温床
—, pig 生鉄場,生鉄槽
—, roller 滚柱床
—, sand casting 砂〔型〕铸〔造〕場
—, straight 直床
— with gap 中断床面(車床)
bedding, boiler 同 bed of boiler
bedplate 同 plate, bed
beetle 1.木鎚;2.槌布机
bell 鐘,鈴
—, alarm 警鈴;警鐘
— and hopper 炉口装料斗和盖
—, diving 潜水鐘
—, end 端框
— of the steam whistle 汽笛鐘
—, steam 蒸汽警鐘
bellcrank 同crank, bell
bellows 手用吹风器;皮老虎
—, flexible gangway

过道摺棚
bellows, forge鍛炉风箱
—, **hand** 同 bellows
belly, crucible 熔罐腹
belt 1.皮带;2.带
—, **abrasive** 砂布带
—, **back** 倒車皮带
—, **backing** 同 belt, back
—, **canvas** 帆布带
—, **chain** 鏈带
—, **compressor** 压縮机皮带
—, **cotton** 棉带
—, **cross** 交叉皮带
—, **crossed** 同 belt, cross
—, **double** 双层皮带
—, **driving** 傳动皮带
—, **endless** 环带
—, **fan** 风扇皮带
—, **feed** 进給皮带
—, **half cross** 半交皮带
—, **halving** 交带
—, **hick** 鏈带
—, **horizontal** 平置皮带
—, **hydraulic** 揚水带
—, **leather** 皮带
—, **link** 鏈带
—, **oblique** 斜置皮带
— **of cone pulley** 宝塔輪皮带
—, **open** 开口皮带
—, **quadriple** 四层带
—, **quarter-turn** 直角迴轉带
—, **quarter-twist** 同 belt, quarterturn
—, **radiator fan** 散热〔器〕扇带
—, **return** 回程皮带
—, **reverse** 反向带
—, **rope** 繩带
—, **rubber** 胶布带
—, **safety** 保险带
—, **saw** 同 band, saw
—, **single** 单层带
—, **speed** 調速带
—, **steel** 鋼带
—, **triangle** 三角皮带
—, **triple** 三层带
—, **V-type fan** V形扇带
—, **wedge shaped** 同 V-belt
belting, 傳动带装置
—, **angular** 〔皮〕带〔轉〕角装置
—, **double** 双带装置
—, **round** 圓带装置
—, **single** 单带装置
—, **wire** 线带装置
bench 工作台
—, **carburetor flow** 汽化器試验台
—, **carpenter's** 木工台
—, **circular saw** 圓鋸架
—, **draw** 拉拔台
—, **electrical test** 电工試驗台
—, **file** 銼工台
—, **hand** 手工台
—, **joiner's** 同bench, carpenter's
—, **push** 推拔床 (拔无縫鋼管用)
—, **repair** 修理台
—, **saw** 鋸台
—, **saw sharpener's** 整鋸台
—, **test** 試驗台
—, **turn** 1.枱用小車;2. 鐘表車床
—, **universal test** 通用試驗台
—, **vice** 同 bench, file
—, **work** 同 bench
—, **working** 同 bench
bend 1.弯曲;2.弯头;3.弯管
—, **cast iron** 铸鉄弯头

bend, cast steel 鑄鋼弯头
— , **cold** 冷弯曲
— , **double** 双弯头
— , **flexible** 軟弯头
— **in exhaust pipe** 排气管弯头
— , **loop expansion** 膨脹弯管
— , **pipe** 管弯头
— , **quarter** 同bent, square
— , **return** 回轉弯头,U 形弯头
— , **sharp** 突轉弯头
— , **socket** 管节弯头
— , **square** 直角弯头
— , **suction** 吸筒弯头
— , **wrought iron** 熟鉄弯头
bender 折弯机
— , **bar** 弯条机
— , **hydraulic** 水力折弯机
— , **hydraulic plate** 水力弯板机
— , **hydraulic rail** 水力弯軌机
— , **pipe** 弯管机
— , **plate** 弯板机
— , **rail** 弯軌机
— , **tyre** 弯胎机
bending 1.同 bend 1.; 2.弯曲度
bent, square 直角弯头
benzene 苯{化}
benzine 揮发油{化}
benzol 同 benzene{化}
benzoline 苯汽油
berline 大四輪車
bessemerizing 轉炉冶炼法{冶}
bevel 1.斜面; 2.斜的;3. 斜角規
— , **double** 双斜式
— , **single** 单斜式
— , **universal** 通用斜角規
bevelling 做成斜边
bezel 玻璃框(仪器的)
— , **instrument** 同 bezel
bib 同 bibcock
bibb 同 bibcock
bibcock 弯管旋塞,龙头
bichromate of potash 同 bichromate, potassium
— , **potassium** 重鉻酸鉀
— , **sodium** 重鉻酸鈉
bicycle 自行車
bifilar 双絲的
bill 1.单;2.鐮刀
— **of materials** 材料表
billet 1.坯段(金屬的);2.钢坯
bimetallic 双金屬的
bi-motor 双发动机
bin 1.仓; 2.箱
— , **ash** 灰仓
— , **coal** 煤仓
— , **dust** 尘箱
binary 双的
bind 結合
binder 1.粘合剂{化}; 2.〔砂箱〕夾;夾子
— , **core** 型心粘合剂
— , **pedestal** 軸架夾板
binding 結合
binocular 双眼望远鏡
bi-pass 双通
biplane 双翼飞机
— , **orthogonal** 平正双翼飞机
— , **pusher** 推进式双翼飞机
— , **staggered** 交錯式双翼飞机
— , **tandem** 串翼式双翼飞机
— , **tractor** 牵引式双翼飞机
— , **training** 双翼教練〔飞〕机
bipolar 双极
bisect 平分

bisector 平分綫
bit 1.鑽,錐;2.刀片,刀头
—, **angular** 角鑽
—, **annular** 环孔錐
—, **auger** 木螺鑽
—, **bore** 鏜孔鑽头
—, **boring** 同 bit, bore
—, **brace** 鑽孔器;搖鑽
—, **center** 中心鑽
—, **common** 带尖鑽
—, **copper** 同 copper, soldering
—, **core** 空心鑽
—, **counter sinking** 埋头鑽
—, **cylinder re-boring bar cutting** 鏜缸刀头
—, **expanding** 扩孔錐
—, **finishing** 光刨刀头
— **for ratchet brace** 棘輪搖鑽鑽头
—, **gimlet** 手用螺旋尖鑽
—, **groove** 槽形鑽
—, **half twist** 同 auger, half twist
—, **hollow boring** 空心鑽头
— **in three pieces, counter sinking** 三件埋头鑽
—, **machine** 机器鑽头
— **of the vice** 〔老〕虎鉗口
—, **pod** 莢形鑽头
—, **ratchet brace** 同 bit for ratchet brace
—, **reaming** 鉸孔錐
—, **ring auger** 环形木螺鑽
—, **rose** 菊花鑽
—, **routing** 刳鑽(木工用)
—, **spiral** 螺旋鑽
—, **spoon** 匙头鑽
—, **taper** 錐形铰刀
—, **tool** 刀头
—, **twisted** 同 bit, spiral
—, **twisted eye** 同 bit, spiral
bit-stock 同 stock, bit
bitumen 〔地〕瀝青{化}
black, bone 骨炭粉
—, **soot** 烟,炱
blackening 1.涂炭粉;2.炭粉
blacking 同 blackening
—, **coke** 1.涂焦炭粉; 2.焦炭粉
—, **soapstone** 1. 涂黑滑石粉; 2.黑滑石粉
—, **wet** 1.涂炭粉浆;2.炭粉浆
blacksmith 鍛工
blackspot 斑痕
blade 1.刀片;2.叶片
—, **adjustable** 活〔距〕桨叶
—, **advancing** 前进〔桨〕叶
—, **airscrew** 螺旋桨叶
—, **bottom shear** 下剪刀片
—, **cambered** 曲面桨叶
—, **circular saw** 圓鋸片
—, **cleaner** 清洁器〔的〕叶片
—, **cross cut arch saw** 木工拉鋸鋸条
—, **cross cut shear** 机侧剪刀片
—, **cutter** 〔銑〕刀片
—, **detachable** 可拆桨叶
—, **divided flow** 分流叶片
—, **fan** 风扇叶〔片〕
—, **fixed** 固定叶〔片〕,靜叶
—, **fixed shear** 固定剪刀片
— **for earth borer** 地鑽叶片
—, **guide** 导叶
—, **hack-saw** 弓鋸片
—, **hand arch saw** 手拱鋸片(木工用)

blade, hand hack saw手弓鋸片
　—, **hollow** 空心桨叶
　—, **machine hack saw** 机用弓鋸片
　—, **movable** 动叶
　—, **moveable shear** 活装剪刀片
　—, **moving** 轉动叶片
　—, **multiple** 多叶
　— **of propeller** 同 blade, propeller
　— **of T-square** 丁字尺身
　—, **one piece** 整片叶
　—, **planing** 鉋刀〔片〕
　—, **profile** 〔渦輪〕定形叶
　—, **propeller** 螺旋桨叶
　—, **reaction** 反作用叶片,反击式叶片
　—, **retreating** 同wing, sweep-back
　—, **rotor** 同 blade, moving
　—, **saw** 鋸片
　—, **shear** 剪刀片
　—, **side entry** 侧装叶片
　—, **stalled** 失速叶
　—, **stationary** 同 blade, fixed
　—, **switch** 1.轍尖,岔尖;2.閘刀开关銅片
　—, **thermostat** 恆温器开关叶
　—, **top shear** 上剪片
　—, **treambler** 震顫片
　—, **turbine** 渦輪叶,透平叶
　—, **twisted** 扭叶
　—, **wheel** 輪叶
　—, **wind shield wiper** 风挡刮水片
　—, **wiper** 刮水片
blades 1.刀片(复); 2.叶片(复)
　—, **camber** 弯曲叶片
　—, **constant reaction** 等反应度叶片
　—, **corrosion of** 叶片〔的〕腐蝕
　—, **impulse** 冲击式叶片
　—, **leakage of** 叶片的漏气
　—, **overlapped** 重迭叶片
　—, **pitch of** 叶片〔的〕柵距
　—, **solidity of** 叶片〔的〕稠度
　—, **taper** 錐形叶片
　—, **trailing edge of** 叶片〔的〕尾端
　—, **twist** 扭轉叶片
blading 叶片的装置
　—, **turbine** 同 blade ,turbine
blank 坯件
　—, **bolt** 螺栓坯件
　—, **screw** 螺釘坯件
blanket 1.鋪布;2.毡
　—, **sludge** 泥毡
blanking 切料
blast 鼓风
　—, **air** 气噴淨法
　—, **cold** 冷鼓风
　—, **fan** 扇风
　—, **free jet** 1.无遮噴淨法;2.无遮噴淨装置
　—, **hot** 热鼓风
　—, **sand** 1.噴砂;2.噴砂器
　—, **shot** 噴淨法
　—, **steam** 蒸汽噴淨法
　— **with tumbling barrel, sand** 滾筒式噴砂机
blasting, free sand 无遮噴砂法
　—, **sand** 1.噴砂法;2.同blast, sand 1.
bleed 放出(液体或气体)
bleeder 1.放出閥;2.放出管
　—, **air** 1.放气閥;2.放气管
bleeding 1.分級加热法; 2.放出(液体或气体)

blended 混合的
blimp 軟式小飞艇
—, **window** 窗簾
blinker 同 fork, belt
blister 气泡
—, **sand** 砂泡
block 1.块；2.同 pulley 3.枕
—, **adjustable brake** 調整閘瓦
—, **air compressor cylinder** 空气压縮机缸体
— **and tackle** 滑車組
—, **antifriction** 減摩滑車
—, **anvil** 砧座
—, **apron** 挡板座
—, **axle** 輪軸座
—, **backing** 靠枕
—, **bending** 弯型块
—, **bogie spring plunger** 轉向架弹簧柱塞块
—, **boiler mounting** 鍋炉架座
—, **bottom** 1.下滑車；2.底座
—, **bracket** 托架垫块
—, **brake** 同 shoe, brake
—, **break down** 旋压預形模
—, **buffer** 緩冲块
—, **bumper** 弹性垫座
—, **centre plate oak** 中心板橡木〔垫〕块
—, **chafing** 同 plate, chafing
—, **chain** 1.链滑车；2.神仙葫蘆
—, **chain tackle** 鏈滑車
—, **chaplet** 同 chaplet
—, **clamping** 压板垫鉄
—, **clapper** 拍板
—, **clump** 粗笨滑車
—, **collapsible spinning** 拼成的旋压模
—, **cutter** 組合銑刀
—, **cutting** 同 anvil, file cutting
—, **cylinder** 汽缸組
—, **die** 1.同 block, slide; 2.同 plate, screw
—, **differential** 差动滑車
—, **differential drive gear thrust** 差速傳动齿輪止推承
—, **differential pulley** 差动滑車
—, **double** 双輪滑車
—, **double iron pulley** 双輪鉄滑車
—, **double scored** 双沟滑車
—, **electric pulley** 电滑車
—, **feeder shaft bearing** 喂煤軸承座
—, **fiddle** 提琴式滑車
—, **filing** 銼座
—, **filler** 衬块
—, **final spinning** 旋压成形模
—, **fixed** 固定滑車
—, **fixed pillow** 固定軸台
—, **flat lapping** 精研平台
—, **follow** 抵板(用于旋压的)
—, **foot** 頂尖座
—, **fourfold** 四輪滑車
—, **four-way tool** 四向刀架
—, **fuse** 保險絲盒
—, **gage** 規块，量块
—, **gin** 单輪滑車
—, **guide** 导块
—, **hammer** 鎚体
—, **headlight cable terminal** 头灯接綫板
—, **hoist piston rod head** 起重机活塞杆块
—, **hollow spinning** 空心旋压模

block, hook 带鈎滑車
—, **horn** 1.角块;2.軸箱架(机車的)
—, **horseshoe thrust** 蹄鉄式止推座
—, **hydraulic** 水压台(船渠的)
—, **ignitor** 点火块
—, **intermediate** 砧面托
—, **intermediate chafing** 中間防擦块
—, **junction** 接綫块
—, **leading** 同 block, guide
—, **link** 連接滑块
—, **load pulley** 載重滑車架
—, **long tackle** 长繩滑車
—, **lower** 同block, bottom
—, **made** 組成滑車
—, **mandrel** 拆旋軸垫座
—, **movable** 移动滑車
—, **non-slipping** 防滑块
—, **notch** 凹槽滑車
—, **nozzle tube lever** 咀管桿垫块
—, **oak** 橡木〔垫〕块
—, **oil pan filler** 油盘油封座推座
—, **oscillating rod end** 往复杆头块
—, **packing** 填块
—, **packing up** 同 block, packing
—, **parallel gage** 平行精密量块
—, **pillow** 軸台
—, **plumber** 同 block, plumber
—, **pulley** 滑車組
—, **purchase** 起重滑車
—, **quarter** 舵炼轉角滑輪
—, **radiator** 散热器組
—, **radius** 半径杆块
—, **raising** 垫高块
—, **rocker trunnion** 搖軸座
—, **roller** 滑滚体
—, **rope tackle** 繩滑車
—, **running** 同 block, movable
—, **saw** 鋸機
—, **scotch** 制轉楔
—, **screw** 千斤頂，螺旋頂高器
—, **scribing** 画綫架
—, **set** 規块(定工具地位用)
—, **sheave** 同 block, pulley
—, **side bearing oak** 側〔軸〕承橡木垫块
—, **sill filler** 檻形塡块
—, **single** 单輪滑車
—, **single iron pulley** 单輪鉄滑車組
—, **single scored** 单沟滑車
—, **size** 同 block, gage
—, **slack adjuster** 緩速調准块
—, **slide** 滑块
—, **sliding** 滑块
—, **snatch** 开口滑車
—, **spinning** 旋压模
—, **standard gage** 标准規块
—, **starter frame** 起动机座
—, **step** 級形垫鉄
—, **stop** 阻块
—, **swage** 型砧
—, **swing** 搖块
—, **swivel** 轉枕
—, **tackle** 鋼繩滑車
—, **tail** 同block, foot
—, **tender chafing** 煤水車防擦板
—, **three sheave** 三輪滑車
—, **thrust** 止推座
—, **tool** 刀架

block, track 履带蹄块
- **—, treble** 同 block, three sheave
- **—, turning** 轉块
- **—, two sheave** 同 block, double
- **—, universal center** 活节中心块
- **—, universal joint** 活节块
- **—, upper** 上导輪(滑車的)
- **—, V** 同 V-block
- **—, wood filler** 木塡块
- **—, wooden brake** 木閘瓦
- **—, wrist pin brass wedge** 肘銷銅衬楔垫块

blocking 閉塞{鉄路}
block-chain 同 chain, block
blocking, wood 木枕
blowing 吹
blow, air sand 空气噴砂
- **—, arc** 电弧偏吹
- **—, hammer** 鎚击
- **— of hammer** 同 blow hammer
- **—, side** 旁击

blow-by of piston 活塞漏气
blower 1.鼓风机；2增压器
- **—, air** 同 blower 1.
- **—, belt dirven** 〔皮〕带〔傳〕动鼓风机
- **—, centrifugal** 离心式鼓风机
- **—, electric** 电动鼓风机
- **—, fan** 扇风机
- **—, forge** 同 bellows, forge
- **—, gear driven** 齿輪傳动鼓风机
- **—, handle air** 手用吹风器；皮老虎
- **—, high** 高增压器
- **—, high pressure** 高压鼓风机
- **—, high pressure positive** 高压正鼓风机
- **—, jet** 噴气鼓风机
- **—, low** 低增压器
- **—, motor driven** 电动鼓风机
- **—, piston** 活塞鼓风机
- **—, positive** 正鼓风机
- **—, reciprocating** 往复式鼓风机
- **—, Root's** 鲁脫式鼓风机
- **—, rotary** 同 blower, centrifugal
- **—, sand** 噴砂机
- **—, soot** 除炱器
- **—, steam jet** 噴汽鼓风机
- **—, steam sand** 蒸汽噴砂器

blowhole 同 hole, blow
blowing-off 吹除
blowing-out, finger spark 同 extinguisher, finger spark
blow-off 1.噴出；2.放气；3.吹除
blow-out 1.吹出； 2.烟管扫除；3.〔輪胎〕爆裂
blow-out, magnetic spark 同 extinguisher, magnetic spark
- **—, spark** 同 extinguisher, spark

blowpipe 噴焊器
- **—, cutting** 噴割器
- **—, injector** 同 blowpipe, low pressure
- **—, low pressure** 低压噴焊器
- **—, medium pressure** 中压噴焊器

blueprint 同 print, blue
board 板，鈑
- **—, auger** 鑽架
- **—, bottom** 底板

board,bucking 磨矿板
—, cab back weather 司机室后挡风板
—, cabfront weather 司机室前挡风板
—, cab roof 司机室頂蓬
—, cab side weather 司机室側挡风板
—, checker 万格盘
—, connection 連接板
—, core 型心板
—, dash 1.挡泥板(車輛的); 2.遮水板(船的);3.仪表板
—, drawing 絵图板
—, drop indicator 低落指示器(用于汽压电压功率等)
—, fender 同 fender
—, filing 銼板
—, flat surface 平面板
—, flood 底板
—, floor 同 board, bottom
—, follow 模板
—, foot 踏板
—, free 干舷(船的)
—, gagger 鉄骨板
—, gage 表板
—, guide 同 plate, guide
—, indicator 指示板
—, instrument 仪表板
—, level 水平板
—, loam 括板
—, match 假型板
—, mold 造型板
—, notch 凹板
—, paddle 1.桨板;2.踏板
—, paraffin 蜡板
—, roof 頂蓬
—, run(ning) 1.机車两側的平台;2.登車板(汽車的)
—, side car foot 边車踏板
—, sighting 測視板
—, sluice 同 gate, sluice
—, splash 同 board, dash
—, strickling 括型板
—, switch 开关板
—, tender coal 煤水車挡煤板
—, toe 趾板,擱脚板
—, tread 同board, foot
—, trestle 大图板
—, turning over 底板
—, weather 挡风板
boarding 板条
boat 船
—, commercial 商用船
—, double flying 双艇飞船
—, dredge 挖泥船
—, fire 救火船
—, landing 船形起落架
—, motor 汽艇
—, sea 海船
—, seaplane 水上飞机的浮船
—, side-car 边車身
—, single 单船
—, sponson 同 boat, seaplane
—, steam 汽船
—, submarine 潜水艇
—, twin 双船
—, twin-hull flying 双身飞船
bob 1.振子墜;2.擦光毡布輪
—, felt polishing 同 bob 2.
—, plumb 垂标墜
bobstay 船头横桅牵索
bod 砂塞
body 1.身;2.体;3.物体;4.車身
—, air cleaner 滤气器体
—, air valve 气閥体
—, application valve 控制閥

体
body, armature 电轉子体
—, automatic control valve 自动控制閥体
—, axle 軸身
—, axle box 軸箱体
—, black 黑体
—, blower 鼓风机体
—, boiler 鍋炉体
—, brake valve 閘閥体
—, by-pass valve 旁通閥体
—, car 車身
—, carbon 电刷
—, check valve 止回閥体
—, choke valve 阻塞閥身
—, cleaning plug 油表堵
—, closed 轎式車身
—, clutch 离合器体
—, coal 煤〔車〕車身
—, cock 塞体
—, commercial 商用車身
—, condenser valve 凝汽閥体
—, coupler 互鈎体
—, cross head 十字头体
—, cylinder 缸体
—, cylinder cock 汽缸旋塞体
—, damper cylinder 减震筒体
—, diaphragm 隔膜体
—, distributor 分电盘身
—, drain cock 洩水塞体
—, drain valve 洩水閥体
—, dump 傾卸車身
—, elastic 弹性体
—, fabric 編織体
—, falling 落体
—, feed valve 进給閥体
—, floating 浮体
—, flush sided 平边車身
—, folding roof 摺頂車身
—, free 自由体
—, free falling 自由落体
—, fuel pump 燃料泵体
—, gage cock 驗水位塞体
—, governor 調节器体
—, grain 装谷車身
—, gravity dump 重力傾卸車身
—, hammer 同 frame, hammer
—, hand control valve 手控制閥体
—, hand oiler 手注油器体
—, head light 头灯壳
—, heterogeneous 不匀体
—, hexagon 六方帽(鉄路)
—, high lift hydraulic coal 水力升高煤車〔車〕身
—, hoist pump 起重机油泵体
—, hoist pump check valve 起重体油泵止回閥体
— homogenous 均匀体
—, hydraulic relay valve 水力継动閥体
—, injector 注吸器体，噴射器体
—, lamp 灯身
—, limiting valve 限制閥体
—, master cylinder 主缸体
—, metal 金屬車身
— of axle 同 body, axle
— of bolt 螺栓体
— of car 同 body, car
— of lathe bed 車床床身
— of regulator 調节器体
— of rod 杆体
— of saw 同 frame, saw
— of the crank 曲柄〔体〕
— of valve 同 body, valve

body, oil filter 濾油器体
—, oil pressure relief valve 油压保險閥体
—, oil pump 油泵体
—, open 敞車身
—, operating valve 操作閥体
—, pedestal 軸架体
—, piston 活塞体
—, piston valve 活塞閥体
—, plastic 塑胶体
—, platform 平台車身
—, pump 泵体
—, quick release valve 快放閥体
—, reference 基准物件
—, refrigerated 冷藏車身
—, relay valve 継动閥体
—, reverse cylinder valve 回动閥体
—, revolving 迴轉体
—, rigid 1.刚体;2.刚性车身
—, sight feed 显給器体
— solid 固体
—, stay bolt 撑螺体
—, steam cock 汽塞体
—, steam valve 汽閥体
—, steel 鋼質車身
—, stop and tail light 停車灯及尾灯体
—, straight line 直綫車身
—, streamline(d) 流綫体
—, tank cock 水柜塞体
—, tank valve 水柜閥体
—, three axile girder 三軸桥樑絞車架
—, three way dump 三向傾卸車身
—, throttle valve 1. 节汽閥体;2.减压閥体
—, triple 同body, triple valve
—, triple valve 三通閥体
—, two speed adapter shift chamber 双速接头变速室体
—, union 联結体
—, universal joint 万向接头
—, upper 上身
—, valve 閥体
—, waste cock 排泄塞体
—, water cock 水塞体
—, water pump 水泵体
—, welded 焊接車身
—, wheel 輪体
bodywork 同work, body
bogie 轉向架
—, leading 前轉向架
—, motor 自动轉向架
— of car 同 truck, car
—, single axle 单軸轉向架
—, six wheel 同truck, three axle
—, tender 煤水車轉向架
—, three axle 同 truck, three axle
—, trailing 后轉向架
boiler 鍋炉
—, barrel 筒形鍋炉
—, coil 盘管鍋炉
—, concurrent 順流鍋炉
—, conical 錐形鍋炉
—, counter-current 逆流鍋炉
—, cross drum 横鼓式鍋炉
—, cross tube 横管鍋炉
—, cylindrical 同 boiler, barrel
—, donkey 輔助〔机关用的〕鍋炉
—, double combustion chamber 双燃燒管鍋炉
—, double ended 双头鍋炉

boiler, double fired 同 boiler, double combustion chamber
—, double flue 同 boiler, double combustion chamber
—, double furnace 同 boiler, double combustion chamber
—, egg end 同 boiler, single ended
—, elephant 象形鍋炉
—, extended wagon top 伸长錐式鍋炉
—, externally fired 外燃鍋炉
—, externally fired fire tube 外燃火管鍋炉
—, externally fired water tube 外燃水管鍋炉
—, fire tube 火管鍋炉
—, fire tubular 同 boiler, fire tube
—, flash 快速发汽鍋炉
—, flue 燃燒管鍋炉
—, forced circulation 压力循环鍋炉
—, gunboat 炮艇鍋炉
—, high pressure 高压鍋炉
—, horizontal 卧式鍋炉
—, horizontal return tubular 卧式回管鍋炉
—, horizontal tubular 卧式火管鍋炉
—, hot water 热水鍋炉
—, internally fired 內燃鍋炉
—, land 陆地鍋炉
—, locomotive 机車鍋炉
—, low pressure 低压鍋炉
—, main 主鍋炉
—, marine 船用鍋炉
—, marine return tube 船用回管鍋炉
—, marine tubular 船用火管锅炉
—, multitubular 多管鍋炉
—, one flue 单燃燒管鍋炉
—, portable 輕便鍋炉
—, return flame 回焰鍋炉
—, return flue 同 boiler, return flame
—, return tube 同 boiler, return flame
—, return tubular 同 boiler, return flame
—, saddle 鞍形鍋炉
—, section(al) 分节鍋炉
—, self-contained 整装鍋炉
—, single ended 单头鍋炉
—, single fired 单火鍋炉
—, single pass 一次通过式鍋炉
—, stationary 固定鍋炉
—, steam 蒸汽鍋炉
—, straight 同 boiler, straight top
—, straight top 平頂鍋炉
—, tank 柜形鍋炉
—, telescopic 长身鍋炉
—, triple flue 三燃燒管鍋炉
—, tube 管式鍋炉
—, tubular 同 boiler, tube
—, tubulous 同 boiler, tube
—, upper 同 drum, steam
—, vertical 立式鍋炉
—, vertical cross tube 立式横管鍋炉
—, vertical cylindrical 立式圓筒鍋炉
—, vertical fire tube 立式火管鍋炉
—, vertical multitubular 立

式多管鍋炉
boiler, vertical tubular 立式管式鍋炉
—, vertical water tube 立式水管鍋炉
—, wagon 車式鍋炉
—, wagon head 同 boiler, wagon
—, wagon top 同 boiler, wagon
—, waste heat 废热鍋炉
—, water tube 水管鍋炉
— with large water space 多水鍋炉
boiling 沸騰
—, film 膜沸騰
—, nucleate 成核沸騰
bolb, resistance 电阻器
bollard 系索柱
bolster 1.軟垫;2.垫木;3.車架承樑
—, body 車身承樑
—, bogie 轉向架承樑
—, cellar 用品箱下的垫木
—, check 防松承樑
—, compound 复式承樑
—, spring 弹簧承樑
—, swing 摆动承樑
—, tender, body 煤水車身承樑
—, truck 同 bolster, bogie
bolt 1.螺栓;2.栓
—, adjustable 調整螺栓
—, anchor(age) 系紧螺栓
—, arch bar column 拱板撑螺栓
—, assembling 組合螺栓
—, axle 軸螺栓
—, back cap and quadrant tap 后盖及齿节弧形板
—, ball head 球头螺栓
—, ball headed conical 球头錐形螺栓
—, barb(ed) 同stud, stone
—, bat 同 stud, stone
—, bearing 軸承螺栓
—, binder 連結螺栓
—, body shear 車身保險螺栓
—, boiler band joining 鍋炉带連接螺栓
—, boiler band joining eye 鍋炉带連接眼螺栓
—, bottom fastening 底螺栓
—, bracket 托架螺栓
—, brake equalizer fulcrum 閘补整桿支架螺栓
—, brake shoe anchor 閘瓦紧固螺栓
—, brush holder 同 pin, brush holder
—, cap 盖螺栓
—, carriage 車身螺栓
—, catch 挡住螺栓
—, cellar 用品箱螺栓
—, center 中心螺栓
—, check 防松螺栓
—, cheese head 圓头螺栓
—, clamp(ing) 夾紧螺栓
—, clip 夾箍螺栓
—, clutch 离合器螺栓
—, coach 方头螺栓
—, collar 环螺栓
—, column 立柱螺栓
—, common short stay 普通短螺撐
—, conical 錐形螺栓
—, connecting 連接螺栓
—, connecting rod 連杆螺栓

bolt, connecting sleeve 連接套筒螺栓
—, **copper** 同 copper, soldering
—, **copper stay** 銅撑螺栓
—, **cotter** 带銷栓
—, **countersunk (countersink)** 埋头螺栓
—, **countersunk head** 同bolt, countersunk
—, **coupling** 联結器螺栓
—, **cover tap** 盖螺栓
—, **crab** 同bolt, fang
—, **crank case** 曲柄箱螺栓
—, **crank disc** 曲柄盘螺栓
—, **crosshead shoe fastening** 十字头滑瓦螺栓
—, **crown sling stay eye** 活节撑眼螺栓
—, **cup head** 杯头螺栓
—, **cylinder** 同 bolt, cylinder head
—, **cylinder head** 〔汽〕缸盖螺栓
—, **distance sink** 牵条螺栓
—, **door** 門螺栓
—, **door shield** 〔炉〕門挡〔板〕螺栓
—, **double end** 同 stud
—, **drag** 1.牵螺栓; 2.下型箱定位螺栓
—, **draw** 牵引螺栓
—, **draw-bar carrier** 挽杆托〔板〕螺栓
—, **draw-in** 拉紧螺栓
—, **dray** 联釘
—, **drift** 系栓
—, **drive (driving)** 傳动螺栓
—, **eccentric strap** 偏心环螺栓
—, **expansion** 扩开螺栓
—, **expansion crown stay** 活节頂撑螺
—, **eye** 有眼螺栓
—, **fang** 1.板座栓;2.錨栓
—, **fastening** 椿栓
—, **fillister head** 槽头螺栓
—, **fish** 魚尾板螺栓
—, **fixing** 固定螺栓
—, **flange** 凸緣螺栓
—, **flat head stove** 火炉式平帽螺栓
—, **flat slotted head** 平槽头螺栓
—, **flattend square head** 平頂方头螺栓
—, **flexible stay** 伸縮撑螺
—, **flush** 1.平头插銷; 2.平头螺栓
—, **fly wheel** 飞輪螺栓
— **for feed arm support** 給臂支架螺栓
—, **fore-lock** 同 bolt, cotter
—, **fork expander** 車前叉調准螺絲
—, **foundation** 底脚螺栓
—, **fox** 端縫螺栓
—, **fulcrum guide bracket** 支架导托螺栓
—, **galvanized** 鍍鋅螺栓
—, **generator through** 同 screw, generator frame through
—, **gland** 压盖螺栓
—, **guide** 导螺栓
—, **guide bar** 导杆螺栓
—, **hand brake adjusting** 手閘調准螺栓

bolt, handhole plate 手孔板螺栓
—, handle bar 手杆螺栓
—, handle lever fastening 手柄杆〔結牢〕螺栓
—, hanger 吊架螺栓
—, hexagon 同 bolt, hexagon head
—, hexagon (al) head 六角头螺栓
—, hexagonal head tap 六角头螺栓
—, hinge bracket 絞鏈托架螺栓
—, hinge guide bracket 同 bolt, hinge bracket
—, holding down 压栓
—, hollow stay 空心螺撑
—, hook 鈎头螺栓
—, hub 輪轂螺栓
—, iron cased 鉄包螺栓
—, iron stay 鉄撑螺
—, jag 同stud, stone
—, jaw 叉头螺栓
—, joint 接合螺栓
—, junk ring 压环栓螺
—, key 鍵螺栓
—, key head 鍵头螺栓
—, king中心立軸
—, lewis 吊楔螺栓
—, lock 鎖紧螺栓
—, lug 扁尾螺栓
—, main rod brass wedge 主杆銅楔螺栓
—, main rod strap 主杆套螺栓
—, milled 銑螺栓
—, motor frame through 电动机长螺栓
—, mounting 装架螺栓
—, nut lock鎖紧螺母的螺釘
—, operation lever 操作杆螺栓
—, oval head 卵头螺栓
—, oval head split 卵头裂口螺釘
—, oval head tubular 卵头管螺栓
—, oval hexagon head 卵形六角头螺栓
—, packing 塡密螺栓
—, pan head 盘形头螺栓
—, pedestal 軸架螺栓
—, pedestal tie 軸架系紧螺栓
—, pedestal tie bar 軸架系桿螺栓
—, pillar 同 bolt, stay
—, piston 活塞栓
—, piston-follower 同 bolt, piston
—, pivot 軸枢螺栓
—, plate 板螺栓
—, plumber block 軸台螺栓
—, propeller 螺旋桨螺栓
—, quadrant tap 齿节弧形板
—, radius bar brace 径杆撑臂螺栓
—, rag 同 bolt, stone
—, raised head 凸头螺栓
—, reamed 准合螺栓
—, recoil check spring 后座弹簧栓;复位弹簧栓
—, rectangular head 矩〔形〕头螺栓
—, retaining ring 扣环螺栓
—, reverse lever latch 回动杆閂螺栓
—, reverse lever latch connection 回动杆弹鍵連接栓

le 回动杆弹鍵柄栓
bolt, reverse lever latch handle 回动杆弹鍵柄栓
—, reversing valve plate 回动閥板螺栓
—, rim 輪緣螺栓
—, rim joint 同 bolt, rim
—, ring 环端螺栓
—, rough 栓坯
—, round head 圓头螺栓
—, round slotted head 圓槽头螺栓
—, safety 保险螺栓
—, screw 同 bolt I.
—, seat post rod 座杆螺栓
—, set 固定螺栓
—, shackle 連鈎螺栓
—, shear 保险螺栓
—, shoe fastening 瓦栓
—, shouldered tap 带肩螺塞
—, side cap 側帽螺栓
—, side fastening 側紧螺栓
—, slide 滑动螺栓
—, sliding locking 滑鎖螺栓
—, slit stay 槽紋撑螺
—, smoke box door clamp 烟箱門扣螺栓
—, smoke box front 烟箱盖螺栓
—, spring 同 pin, spring
—, spring center 弹簧中心螺栓
—, spring clamp 弹簧夾螺栓
—, spring eye 环端螺栓(弹簧的)
—, spring shackle 簧鈎螺栓
—, square head 方头螺栓
—, square neck 方頸螺栓
—, starter frame through 起动机长螺栓
—, stay 撑螺栓
—, steam chest cover stud 汽柜盖柱头螺栓
—, steering adjusting 轉向調准螺栓
—, step 級形螺栓
—, step board fastening 踏板結合螺栓
—, stone 棘螺栓
—, stove 炉用螺栓
—, strap 带栓
—, stud 同 stud
—, stuffing box 同 bolt, gland
—, superheater unit anchorage 过热器紧固螺栓
—, support 支栓
—, support bracket 支托〔架〕螺栓
—, swing 活节螺栓
—, tank suction hose coupler 水柜吸水軟管結合螺栓
—, tap 螺基
—, tapered 錐形螺栓
—, Tee head 同 T-bolt
—, T-head 同 T-bolt
—, threaded 同bolt 1.
—, throat brace eye 喉撑眼螺栓
—, throttle lever latch 节流杆弹鍵螺栓
—, throttle lever latch guide 节流杆弹鍵导螺栓
—, through 貫穿螺栓
—, tie 系紧螺栓
—, top fastening 頂螺栓
—, track 軌条螺栓

bolt, track rod 横联杆螺栓
 —, transom 横樑螺栓
 —, triple clamp 三角軋头螺釘
 —, turned 车制螺栓
 —, tyre 輪箍螺栓
 —, U-shaped 同U-bolt
 —, unit clamp 过热管夾螺栓
 —, upset 膨径螺栓
 —, ventilator link bracket 通风器連杆托螺栓
 —, wedge 楔形螺栓
 —, wheel hub 輪轂螺栓
 —, with countersunk collar 有錐緣的螺栓
 —, with feather 带鼻螺栓
 —, wrist pin brass wedge 肘銷銅衬楔螺栓
bomb 炸弹
 —, dummy 假炸弹
 —, smoke 烟幕弹
bomber 同 aeroplane, bombing
 —, day 同 aeroplane, day bombing
 —, driving 俯冲轟炸机
 —, heavy 重轟炸机
 —, light 同 aeroplane, diminutive
 —, long distance 远程轟炸机
 —, night 同 aeroplane, night bombing
 —, ship plane torpedo 艦上魚雷机
 —, torpedo 魚雷轟炸机
bond 1.黏結料;2.障
 —, air 气障
 —, ceramic 粘土結合剂
 —, heart 中心結合
 —, inorganic 无机結合剂
 —, rail 軌銕
 —, resinoid 树脂胶結
 —, rubber 橡胶胶結
 —, shellac 虫胶結合剂
 —, silicate 硅土燒結
 —, sodium silicate 硅酸鈉結合剂
 —, synthetic resin 合成树脂結合剂
 —, vitrified 粘土燒結
bone 骨〔架〕
bone-black 同black, bone
bonnet 1.烟囱罩; 2.閥帽; 3.机罩
 —, air cylinder valve 气筒閥帽
 —, feed gear 进刀齿輪罩
 —, oil cut-off valve 断油閥帽
 —, regulating valve 調节閥帽
 —, steam 同bonnet, steam valve
 —, steam valve 汽閥帽
 —, valve 同cap, valve
 —, water valve 水閥帽
book, engine 发机动記录簿
 —, instruction 說明書
 —, log 航行日記
boom 桁
 —, bottom 底桁
 —, bottom tail 下尾桁
 —, tail 尾桁
 —, top tail 上尾桁
boost 1.发展; 2.升压
 —, rated 1.額定发展; 2.額定升压
booster 1.升压器{电};2.助力器
 —, ground 地面升压器

booster, hand 手摇升压器
—, ignition 发火升压器
—, two wheel trailer 双輪后推助力器
—, vacuum 眞空助力器
—, wiper vacuum 刮水器眞空助力器
boot 1.行李箱(汽車的);2.保护罩
—, booster cylinder 助力汽缸罩
—, brake chamber push rod 閘室推杆〔保护〕罩
—, brake cylinder 閘缸〔保护〕罩
—, control lever 控制杆〔保护〕罩
—, de-icer 去冰器〔保护〕罩
—, magneto 磁电机〔保护〕罩
—, master cylinder 主缸〔保护〕罩
booth, paint spray 噴漆房
bore 1.鏜;2.膛;3.內径;4.孔
—, center 中心孔
—, counter 同 counterbore
—, cylinder 气缸內径
—, hub 轂孔
— of pipe 管的內径
borehole 同 hole, bore
borer 1.鏜床;2.鏜孔刀具
—, annular 1.环孔鏜床;环孔鏜刀
—, cylinder 鏜缸机
—, diamond 1.金刚石鑽刀;2.金刚石鑽机
—, earth 地鑽
—, hub 轂孔鏜床
—, jig 鑽模鏜床
—, long 同auger, long
—, rail 軌条鑽
—, rock 岩石鑽
—, self emptying 自动出屑鑽
—, slot 同 driller, slot
—, tap 螺孔鑽
—, well 鑽井鑽头
—, wood 木鑽
boring 鏜〔孔〕
—, concial 鏜圓錐孔
—, cylindrical 鏜圓筒孔
—, jig 鏜鉆模
—, taking 同boring, test
—, test 試鑽
—, trial 同boring, test
—, wash 冲洗鑽
borings 鏜屑
borne, air 同airborne
boron 硼{化}
bosh 1.炉腰;2.浸冷〔用的〕水槽
boshing 浸水使冷
boss 1.輪轂;2.凸起部
—, airscrew 〔飞机〕螺〔旋〕桨轂
—, crank 曲柄轂
—, gudgeon pin 1.耳軸銷轂;2.同 boss, piston-pin
— of wheel 同 hub, wheel
—, piston 同boss, piston-pin
—, piston-pin 活塞銷轂
—, piston rod 活塞杆轂
—, pressed-out 压制轂
—, propeller 螺旋桨轂
—, pulley 滑車轂
—, sheave 滑輪轂
—, wheel 輪心
bottle, air 气瓶
—, oxygen 氧瓶

bottom 1.底;2.下部
—, **boiler** 鍋炉底
—, **cellular double** 分格双层底(船的)
—, **crank case** 曲柄箱底
—, **cylinder** 〔汽〕缸底
—, **double** 双层底
—, **furnace** 炉底
—, **hull** 船底
— **of crank case** 同bottom, crank case
— **of the rail** 軌〔条〕底
—, **piston** 活塞底
—, **plumber block** 軸台底
—, **sand box** 砂箱底
—, **screen** 篩底
—, **straight-line vee** 直綫V形底
—, **vee** V形底
bound 界限
—, **air** 气隔
—, **arch** 拱式
boundary 边界的
—, **grain** 顆粒周围
bow 1.鋸框; 2,弓; 3.船头
—, **bulbous** 球茎式船头
—, **drill** 手鑽弓柄
—, **end** 尾弓
—, **horizontal** 横弓
—, **revolving** 同 bow, swivel
—, **roof** 車篷弓
—, **rotating** 同 bow, swivel
—, **saw** 同 frame, saw
—, **sliding** 滑弓
—, **spring** 弹〔簧〕弓
—, **starboard** 右舷头
—, **swivel** 轉弓
—, **vertical** 立弓
bowl 1.滚球;2.杯
—, **cam** 凸輪滚子
—, **filter** 滤杯
—, **float** 浮筒
—, **fuel** 燃料杯
—, **fuel drain cock** 燃料油洩塞杯
—, **fuel pump** 燃料油泵杯
—, **glass** 玻璃杯
—, **oil** 油杯
bow-line 同line, bow
bow-pen 同pen, bow
bowsprit 船头横桅
box 箱,盒
—, **accumulator** 蓄电池箱
—, **annealing** 退火箱
—, **antifriction** 灭摩軸箱
—, **ash** 灰箱
—, **auxiliary** 輔件箱
—, **axle** 軸箱
—, **bearing** 軸承箱
—, **bottom** 底箱
—, **cam** 凸輪箱
—, **capstan** 絞盘箱
—, **casting** 砂箱,型箱
—, **change gear** 变速輪箱
—, **clapper** 拍板座
—, **clutch** 离合器箱
—, **coil** 綫圈盒
—, **connected journal** 結合軸箱
—, **control** 控制器
—, **copper fire** 銅板火箱
—, **core** 〔做〕型心盒,砂心盒
—, **corrugated fire** 波紋火箱
—, **coupling** 联結器箱
—, **diagram** 图表箱
—, **distribution** 配电箱{电}
—, **draft** 水車〔的〕尾箱
—, **draft distributing** 分风箱

box, drag 下型箱
—, draw bar 拉桿箱
—, draw coupling 同 box, draw bar
—, driving axle 主动軸箱
—, driving wheel 传动齿轮箱
—, ebonite 胶木箱
—, exhaust 排气箱
—, expansion 儲气箱
—, extended fire 下涨〔式〕火箱
—, feed 进給箱,进刀箱
—, feeding 进刀〔齿輪〕箱
—, fire 机車鍋炉〔的〕火箱
—, fixed on boiler sand 鍋頂砂箱
— for excess pressure head, spring 超压簧箱
— for maximum pressure head, spring 高压〔头〕簧箱
—, four part 四部型箱
—, fuse 保险盒
—, gear 齿輪箱
—, gear case stuffing 齿輪箱填密函
—, gland 填料函
—, gland stuffing 同box, gland
—, governor control 調速器操縱箱
—, grease 滑脂盒
—, grinding wheel driving 磨輪傳动箱
—, guide 导箱
—, half 无蓋軸箱
—, hind drag 同car, trail
—, horse 牲畜車(鉄路的)
—, housing 壳箱
—, inner fire 內火箱
—, inside axle 內軸箱
—, inside fire 同box, inner fire
—, inside journal 同box, inside axle
—, journal 軸頸箱
—, junction 接綫盒
—, lower 下箱
—, lubricator 潤滑器箱
—, metallic stuffing 金屬填料函
—, mild steel fire 軟鋼板火箱
—, miter (mitre) 軸鋸箱
—, mold (ing) 型箱
—, mud 泥箱
—, narrow fire 窄式火箱
—, nave 轂函
—, nozzle 噴咀箱
— of block instrument 閉塞器箱
—, oil 油箱
—, oil distributing 配油箱
—, outer fire 外火箱
—, outside axle 同box, journal
—, outside fire 同box, outer fire
—, packing 1.填密函;2.装料箱
—, paddle 船輪蓋
—, pin 銷箱
—, piston rod stuffing 活塞杆填密函
—, piston stuffing 活塞填密函
—, pouring 浇注箱
—, protecting 护箱
—, pull 分綫盒

box, quick change gear 速变齿輪箱
—, radial axle 轉向軸箱
—, reducing gear 减速齿輪箱
—, remote control 遙控箱
—, resistance 电阻箱{电}
—, return gear 回行齿輪箱
—, reversing gear 反向齿輪箱
—, rocker 搖杆箱
—, runner 同 box, pouring
—, sand 砂箱
—, screw 螺絲盒
—, screw coupling 螺旋联結箱
—, shovel 鏟箱
—, slag 熔渣箱
—, smoke 烟箱
—, speed change 变速箱
—, spring 〔弹〕簧箱
—, steam 蒸汽箱
—, steam stuffing 汽缸填密函
—, stuffing 同 box, gland
—, superheater collector 过热器聚汽箱
—, switch 1.开关盒;2.转轍器; 3.配电箱; 4.转换器
—, tender journal 煤水車軸箱
—, terminal 接綫盒
—, three speed gear 三速齿輪箱
—, thrust 止推軸承箱
—, timing gear 定时齿輪箱
—, tip 傾卸箱
—, tool 工具箱
—, top 上型箱
—, trailing 同car, trail
—, transmission gear 1.傳动齿輪箱;2.变速箱
—, truck journal 轉向架軸箱
—, tuner 配諧盒{电訊}
—, turbine cover stuffing 渦輪盖填密函
—, valve 同 cage, valve
—, valve relay 眞空管継动盒
—, vanderbilt fire 同 box, corrugated fire
—, wall instrument 墻装仪器箱
—, water 水箱
—, water pump 水泵箱
—, water stuffing 水閥帽
—, wheel 輪箱
—, wide fire 同 box, extended fire
—, wind 风箱
boxwood 黃楊木
brace 1.拉条;2.撑臂;3.手搖曲柄鑽
—, angle 角撑
—, back head 外門板拉条
—, batter 斜拉条
—, belly 同 drill, breast
—, bit 搖鑽柄
—, bit stock 〔木工〕摆鑽
—, boiler 鍋炉拉条
—, breast drill 同 drill,breast
—, cab 司机室托架
—, counter 1.副撑臂;2.轉帆索(船的)
—, cowl ventilator 車头〔罩〕通风器拉条
—, crank 曲柄鑽
—. cross 1.橫拉条; 2.交叉拉条
—, cross member 橫档撑板
—, diagonal 对角拉条
—, diagonal frame 〔車〕底架

对角拉条
brace, expansion 伸縮拉条
—, fender 保护板拉条
—, frame 底架拉条
—, fulcrum guide 支架导拉条
—, hand 手鑽
—, knee 膝形拉条
—, lever 挺穿孔器
—, oil filter tube 濾油器油管拉条
—, pedestal 軸架拉条
—, pedestal cross 軸架横拉条
—, pilot 排障器拉条
—, principal 主要拉条
—, radiator core support 散热器心子支条
—, radius bar 径杆拉条
—, rail 軌撑
—, ratchet 棘輪搖鑽
—, side car frame 边車架撑
—, sill and bolster 承樑拉条
—, straight 直拉条
—, tank cross 水柜横拉条
—, tank diagonal 水柜对角拉条
—, throat 喉撑
—, transom 横樑拉条
—, tube sheet 管板拉条
—, wheel carrier support 輪架支座拉条
braced 1.拉牢的; 2.撑牢的
—, externally 外撑的
—, internally 內撑的
brachistochrone 最速落径{物}
bracing 1.同 brace; 2.拉紧
—, cross 同 brace, cross
—, diagonal 同brace, diagonal
—, external 1.外拉;2.外部拉条
—, float 浮力拉条
—, internal 1.內部拉条;2.內拉
—, internal cross 1.內部交叉拉条;2.內部交叉拉紧
—, interplane 〔飞机〕翼間拉条
—, K-type side K 形側拉条
—, lift 升力拉条
—, N-type N 型拉条
—, side 側拉条
—, strut 支柱撑条
—, tie rod 系杆拉条
—, torsion 扭力拉条
—, under-carriage 起落架拉条
—, V-type V 形拉条
—, wing 翼拉条
—, wire 綫拉条
—, X-type 1.X形拉条; 2.张线（飞机的）
—, X-type side X形側拉条
bracket 托架
—, adjustable 可調整的托架
—, air compressor 空气压縮机托架
—, air pump 〔空〕气泵托架
—, angle 角撑架
—, application valve 控制閥托架
—, ashpan slide rod 灰盘滑杆托架
—, ashpan slide rod shaft 灰盘滑杆軸〔托〕架
—, auxiliary spring 副弹簧托架
—, battery 电池〔組〕托架
—, bearing 軸承架
—, bell crank 角杆托架
—, body hold down 車身托架
—, body shear bolt 車身保险螺栓架

bracket, body truss rod 車身內柱架
—, bogie 轉向架托
—, bogie wheel 轉向架輪壳
—, booster cylinder 升压缸托架
—, booster hose support 升压器軟管支架托
—, bottom 底托架
—, brake cylinder 閘缸托架
—, brake hanger 閘吊托架
—, brake shaft 閘軸架
—, brake tube 閘管托架
—, cab 司机室托架
—, cast iron 鑄鉄架
—, center bearing 中心軸承托架
—, center bearing housing 同 bracket, center bearing
—, change gear 变速齿輪架
—, check valve mounting 止回閥〔裝置〕托架
—, choke valve 阻气閥托架
—, clutch foot lever 离合器〔脚〕踏杆座
—, clutch pedal shaft 离合器踏板軸托架
—, control lever 控制杆架
—, control valve 控制閥托架
—, coupling 1.联結器托架；2.車鈎架
—, cowl lamp 罩灯架
—, cross shaft 横軸托架
—, crown bar 頂杆托
—, crown bar link 頂杆系条托
—, current regulator contact 电流調整器接触点托架
—, cutout relay contact 断电器接触点托架
—, cylinder 汽缸托架
—, cylinder cock lever shaft 汽缸旋塞槓軸托
—, cylinder cock reach rod 汽缸旋塞拉杆托
—, detachable lever 分离杆托架
—, differential 差动輪架
—, door rod 門撑托
—, duplex 复式架
—, electric horn 电喇叭托
—, engine 发动机托架
—, engine radius rod 发动机半径杆托架
—, engine stabilizer 发动机安定架
—, engine support 发动机支架
—, exhaust pipe 排气管托架
—, expansion 伸縮架
—, fan 扇架
—, feed pipe 进給管托架
—, fender 保护板架
—, foot board 踏板托架
—, fuel tank 燃料箱托架
—, fulcrum 支枢托
—, gas tank 1.儲气箱架；2.汽油箱架
—, gage glass 1.油位玻璃托架；2.水位玻璃托架
—, gear shift lever 变速杆架
—, gear shift shaft 变速軸托架
—, generator 同 bracket, generator support
—, generator support 发电机支架
—, guide 导架

bracket, guide bearing 导〔軸〕承托架
—, hand brake adjusting bolt 手閘調整螺栓托架
—, hand brake band 手閘箍端托架
—, hand brake band anchor 同 bracket, hand brake band
—, hand brake lever 手閘杆托架
—, hand brake locating 手閘定位托架
—, hand-rail 扶栏托架
—, hanger 吊架座
—, hanging 吊架
—, head lamp 头灯架
—, head light 同 bracket, head lamp
—, hinge 鉸鏈托架
—, hoist control lever 起重机控制杆托架
—, hoist control valve 起重机控制閥托架
—, hoist pump 起重机油泵托架
—, hood 罩架
—, hood lock catch 罩釦托架
—, horn 喇叭托架
—, ignition coil 发火綫圈托架
—, knuckle pin 叉节銷托
—, lamp 灯托
—, latch 1.閂托;2.弹鏈托
—, lever 杆托
—, lifting shaft 升軸托
—, lubricator 潤滑器托
—, master cylinder 主缸托架
—, mounting 装置架
—, muffler 消声器托架
—, muffler outlet pipe 消声器出管托架
—, oil filter 滤油器托架
—, pedal 同 bracket, foot board
—, pedal rod 踏板杆托架
—, petticoat pipe 烟罩托
—, petticoat pipe base 烟罩座托
—, pipe 管托
—, pulley 滑輪托架
—, pump 泵架
—, quadrant 扇形托架
—, radiator 同bracket, radiator support
—, radiator support 散热器托架
—, radiator tie rod 散热器系杆托
—, radius rod 半徑杆托
—, rear brake 后閘托架
—, rear lamp 后灯托架
—, rear view mirror 照后鏡架
—, remote control cable 遙控索托架
—, reversing gear control 換向控制架
—, rocker 搖杆托架
—, running board 同bracket, foot board
—, sand box 砂箱托架
—, shackle 鉤环架
—, shafting 軸架
—, shift lever 变速杆托架
—, shock absorber 减震器托架
—, slide bar 滑杆托
—, slide guide 滑导承托架

bracket, spare tyre 备胎托架
—, speedometer adapter 1.速度計接头托架；2.里程表接头托架
—, spring 〔弹〕簧托〔架〕
—, spring pivot 弹簧枢架
—, spring shackle 弹簧环鈎托架
—, steering post 操向軸座托架
—, step bearing 立式止推軸承托架
—, suction pipe 吸管托架
—, support(ing) 托架
—, suspension 吊架
—, throttle control wire tube 节汽操縱綫管托架
—, timer control 定时控制托架
—, torque rod 扭杆托架
—, transmission support 变速器支架
—, two speed adapter shift chamber 双速接头变速室托架
—, valve rocker arm shaft 閥的搖臂軸托架
—, ventilator clamp 通风器夾托
—, ventilator link 通风器联杆托
—, voltage regulator contact 电压調整器接触点托架
—, wall 墙上托架
—, wheel carrier 輪托架
—, whistle lever shaft 号笛杆軸托
brad 〔中国〕土釘
braided 編織的
brake 1.閘，刹車；2.閘式測功器
—, air 气閘；风閘
—, air cooled 气冷〔式〕閘
—, atmospheric(al) 同 brake, air
—, automatic 自动閘
—, automatic air 自动气閘
—, auxiliary 副閘
—, band 带閘
—, block 块閘
—, centrifugal 离心力閘
—, chain 鏈閘
—, clam-shell 鉗夾閘
—, clutch 离合器閘
—, coil 盘簧閘
—, compressed air 同 brake, air
—, compressed air spring 气压簧閘
—, cone 錐形閘
—, conical 同 brake, cone
—, continuous 連續閘
—, counter pressure 均压閘
—, counter weight 配重閘
—, damper 制动閘
—, differential 差动閘
—, disk 圓盘閘
—, double acting 双动閘
—, double block 双瓦閘
—, double lever 双杆閘
—, driver 主动輪閘
—, driving wheel 同 brake, driver
—, dual hydraulic (al) 双組水力閘
—, eddy current 渦流閘
—, electric 电閘
—, electro-magnetic 电磁閘
—, electro-magnetic rail 电磁

軌閘
brake, electro-pneumatic 电动气閘
—, **emergency** 紧急閘
—, **end** 端閘
—, **expanding** 脹閘
—, **external contracting** 外縮閘
—, **external contraction** 同 brake, external contracting
—, **fan** 扇閘
—, **flexible** 〔軟〕带閘
—, **foot** 脚踏閘
—, **four wheel** 四輪閘
—, **friction** 摩擦閘
—, **front** 前閘
—, **front wheel** 同 brake, front
—, **hand** 手閘
—, **high speed** 快閘
—, **hydraulic** 1.水力閘；2.閘式水力測功器
—, **inner** 內閘
—, **inside** 同 brake, inner
—, **internal** 同 brake, inner
—, **internal band** 內带閘
—, **internal expanding** 內脹閘
—, **internal hydraulic** 內水力閘
—, **lever** 杆閘
—, **lifting** 起重閘
—, **lining** 衬面閘
—, **magnetic** 磁閘
—, **mechanical** 机力閘
—, **motor car** 自动車閘
—, **multiple disk** 复盘閘
—, **oil** 油压閘
—, **oil pressure** 同 brake, oil
—, **outer** 外閘
—, **outer band** 外带閘
—, **parking** 停車閘
—, **pedal** 脚踏閘
—, **pneumatic** 同 brake, air
—, **power** 机动閘
—, **press** 压弯机(板的)
—, **quick acting** 快动閘
—, **rail** 軌閘
—, **railway** 鉄道用閘
—, **rapid acting** 同 brake, quick acting
—, **rear wheel** 后輪閘
—, **ribbon** 带状閘
—, **rope** 1.繩閘；2.用繩測功器
—, **safety** 保險閘；安全閘
—, **screw** 螺杆閘
—, **self adjusting** 自动調整閘
—, **service** 脚踏閘(汽車的)
—, **shoe** 同 brake, block
—. **shunting hand** 調車手閘
—, **side** 边閘
—, **single block** 单块閘
—, **single lever** 单杆閘
—, **solenoid** 螺綫管閘{电}
—, **spindle** 螺杆閘
—, **steam** 汽閘
—, **steering** 轉向閘
—, **straight air** 直通气閘
—, **strap** 同 brake, band
—, **three shoe** 三瓦閘
—, **toggle joint** 肘接閘
—, **track** 同 brake, rail
—, **trailer** 拖車閘
—, **trailer car** 列車閘
—, **transmission** 傳动閘
—, **two chamber** 双室閘

brake, two shoe 同 brake, double block
—, two wheel 双輪閘
—, under-carriage 起落架閘
—, V-shaped V 形閘
—, vacuum 眞空閘
—, vacuum power 眞空机动閘
—, wagon 貨車閘
—, water 同 brake, hydraulic
—, wedge 楔形閘
—, wheel 輪閘
—, winch drag 絞車閘
—, with electric control, pneumatic 电控制的气閘
— with spindle 螺杆閘
—, worm wheel friction 蝸輪摩擦閘
braked 制动的，閘止
brakeman 同 brakesman
brakesman 司閘員
braking 制动的，刹車的
—, electric 电制动〔法〕
—, short circuit 短路閘{电}
branch 1.支管；2.支綫
—, blow-off 放水支管
—, flanged 凸緣支管
—, manifold 歧管支管
—, right angled 直角支管
brass 1.黃銅{冶}；2.黃銅軸衬
—, aluminum 鋁黃銅
—, armature bearing 电轉子軸承銅衬
—, axle 銅軸衬
—, bearing 軸承銅衬
—, brazing 硬焊黃銅
—, cast 鋳黃銅
—, crank pin 曲柄銷銅衬
—, crown 輪軸銅衬
—, hard 硬黃銅
—, high 同 brass, hard
—, journal 軸頸銅衬
—, leaded 鉛黃銅
—, low 軟黃銅
—, main pin 主銷銅衬
—, red 紅銅
—, rolled 輾黃銅
—, rolled section 形輾黃銅条
—, trunnion 耳軸銅衬
—, white 白銅
—, wrist pin 肘节銷銅衬
—, yellow 黃銅
brazed 銅焊的，硬焊的
brazier 火缽
brazing 硬焊；銅焊
—, arc 弧銅焊
—, capillary 紧隙銅焊法
—, electric 电热銅焊
—, silver alloy 銀合金銅焊
breadth 寬度
—, half 中軸距离(船的)
— of tooth 齿寬
break 1.断裂；2.断电
breakdown 故障
—, mechanical 机械故障
breaker 1.軋碎机；2.同 breaker, current
—, automatic advanced 自动提前断电器
—, automatic circuit 自动断电器
—, chip 1.断屑边；2.分屑槽
—, circuit 1.开关{电}；2断路器{电}
—, coke 軋〔碎〕焦〔炭〕机
—, contact 刀形开关
—, current 电流开关

breaker, eccentric 偏心軋碎机
—, **ice** 破冰船
—, **magneto contact** 磁电机的断路器
—, **overload**过載断路器
—, **pig** 生鉄打碎机
—, **primary** 总电路断路器
—, **reverse current circuit** 回电断路器
—, **rock** 碎石机
—, **stone** 同 breaker, rock
—, **synchronized** 同步断路器
—, **tyre** 輪胎隔层
—, **vacuum** 眞空破坏器
—, **vibrating type circuit** 振动式断路器
breaking 断,軋碎
—, **cross** 横断
— **of contact** 断接,断电路
breaks, conventional 习用折断表示法
break-water 船头防波栏
breast 1.〔熔〕炉胸〔部〕(出金属口的部份);2.胸部
breast-drill 同 drill, breast
breasting 〔水輪的〕中部冲水法
breast-wheel 腰部进水水輪
breather 1.通气装置; 2.通气孔
—, **control valve** 控制閥通气孔
—, **crank case** 同 breather, crankcase
—, **crankcase** 曲柄箱通气管
—, **oil tank** 油箱通气管
—, **pillow block** 軸台通气管
—, **transfer case** 分动箱通气管
breathing 通气
breechblock 炮閂
breeching 烟道
breeding 增殖
brick 磚
—, **acid** 酸性磚
—, **air** 1.空心磚;2.干磚坯
—, **arch** 拱磚
—, **basic** 碱性磚
—, **chrome** 鉻磚
—, **chromite** 同 brick, chrome
—, **dolomite** 云石磚
—, **fire** 火磚
—, **fireclay** 同 brick, fire
—, **flue** 焰道磚
—, **furnace** 同 brick, fire
—, **hollow** 同 brick, air 1.
—, **loam** 泥磚
—, **magnesite** 鎂磚
—, **neutral** 中性磚
—, **perforated** 多孔磚
—, **radial** 弧磚
—, **refractory** 同 brick, fire
—, **reinforced** 鋼筋磚
—, **silica** 硅磚
—, **slag** 熔渣磚
—, **tubular** 管磚
—, **ventilating** 同brick, air 1.
brickwork 磚砌
—, **furnace** 炉內磚砌
bridge 桥
—, **boiler** 同 bridge, fire
—,**cable suspension** 索桥，吊桥
—, **conducting** 导桥{电}
—, **control** 1.舵楼; 2.控制台
—, **crane** 起重机桥
—, **fire** 火壩
—, **flame** 同 bridge, fire
—, **flue** 同 bridge, fire

bridge, furnace 同 bridge, fire
 — in furnace 同 bridge, fire
 — of boiler 同 bridge, fire
 —, pilot 舵楼(船的)
 —, port 汽门坝
 —, steam port 同 bridge, port
 —, suspension 同 bridge, cable suspension
 —, weigh 地秤
 —, Wheatstone 惠斯顿电桥
bridle 1.束带；2.限动物
briguette 砖形块
brine 盐水
brittleness 脆性
 —, cold 冷脆性
 —, temper 回火脆性
broach 1.拉刀；2.拉削
 —, built-up 拼成〔式〕拉刀
 —, burnishing 挤拉刀
 —, combined 组合拉刀
 —, finishing 精削拉刀
 — for circular hole 圆拉刀
 — for external broaching 外拉刀
 —, form 定形拉刀
 —, keyway 键槽拉刀
 —, prolile 同 broach, form
 —, pull type 拉刀
 —, push type 压刀
 —, roughing 粗削压刀
 —, round 圆孔拉刀
 —, serration 细齿拉刀
 —, shape 同 broach, form
 —, sizing 准削拉刀
 —, solid 整体拉刀
 —, spiral 螺旋拉刀
 —, spiral spline 螺旋多键形拉刀
 —, spline 多键形拉刀
 —, surface 表面拉刀
broaching, burnish 挤拉内孔
broaching, internal 内拉法
broad 扩孔刀具
broadcloth 粗绒布
broadside 宽边
bronze 青铜{冶}
 —, aluminium 铝青铜
 —, antimony 锑青铜
 —, bearing 轴承青铜
 —, cast 铸青铜
 —, gear 齿轮青铜
 —, iron 铁青铜
 —, lead 铅青铜
 —, manganese 锰青铜
 —, phosphor 磷青铜
 —, plastic 塑性青铜
 —, red 红铜
 —, silicon 硅青铜
 —, steel 钢性青铜
 —, vanadium 钒青铜
brougham 四轮车
brush 1.刷子；2.电刷{电}
 —, air 气刷
 —, bent radiator 散热器弯刷
 —, boiler tube 锅炉管刷
 —, brass wire 铜丝刷
 —, bristle plate 鬃毛镀刷
 —, bristle scouring 鬃毛擦刷
 —, camel's haif 驼毛刷
 —, carbon 炭精刷
 —, cast steel wire 同 brush, steel wire
 —, circular 圆刷
 —, commutator 同 brush, carbon
 —, contact 接触电刷
 —, distributor 配电器电刷

brush, distributor rotor 同brush, distributor
—, **dynamo** 同 brush, carbon
—, **fiber (fibre)** 棕毛刷
—, **file** 銼刷
—, **flat paint** 扁油刷
—, **flue** 焰管刷
—, **generator** 同 brush, carbon
—, **generator main** 发电机主电刷
—, **generator third** 发电机第三电刷
—, **glue** 胶刷
—, **gum** 胶水刷
—, **hearth** 炉刷
—, **lamp** 灯刷
—, **line drawing** 划綫笔刷
—, **magneto** 磁电机电刷
—, **oil** 油刷
—, **paint** 漆刷
—, **painting** 同 brush, paint
—, **rail** 軌刷
—, **rheostat** 变阻器电刷
—, **scrub** 擦洗刷
—, **secondary** 副电刷
—, **starter** 同brush, carbon
—, **starter field coil** 起动机磁場綫圈电刷
—, **starter ground** 起动机地綫电刷
—, **steel wire** 鋼絲刷
—, **tar** 柏油刷
—, **third** 第三电刷
—, **tube** 管刷
—, **typewriter** 打字机刷
—, **varnish** 同 brush, paint
—, **wire** 綫刷
bubble 泡
—, **spirit** 水平泡
—, **steam** 汽泡
bucket 1.桶;2.斗
—, **ash** 灰斗
—, **coal** 煤斗
—, **tractor cram-shell** 曳車蟹壳桶
buckle 扣;箍
—, **coupling** 車鈎环舌
—, **slide valve** 滑閥套
—, **spring** 同 band, spring
—, **turn** 同 turnbuckle
—, **valve** 閥框
buckplate 同 board, bucking
buckstay 支柱
buff 抛光輪；擦光輪
buffer 1.緩冲器;2.保险杆
—, **air** 空气緩冲器
—, **central** 中心緩冲器
—, **compensating** 同 buffer equalizing
—, **elastic** 弹性緩冲器
—, **equalizing** 平衡緩衝器
—, **friction** 磨擦緩冲器
—, **intermediate** 中間緩冲器
—, **knee** 护膝緩冲器
—, **plate** 圓板緩冲器
—, **radial** 球形緩冲器
—, **rubber** 橡皮緩冲器
—, **side** 側緩冲器
—, **spring** 弹簧緩冲器
—, **stop** 停車緩冲器
—, **weed** 木緩冲器
buffing 抛光,擦光
builder 制造者;建筑师
—, **road** 筑路机
buildup, xenon 氙气产生（是反应堆中一种分裂产物）
built-in 內装的

bulb 1.球形物;2.灯泡
—, air 气泡
—, battery charger 同 bulb, battery control lamp
—, battery control lamp 蓄电池充电指示灯泡
—, cowl lamp 罩灯泡
—, dim light 小光灯泡
—, double contact 双头灯泡
—, drying 烘灯泡
—, electric 电灯泡
—, electric lamp 同 bulb, electric
—, gas filled lamp 充气灯泡
—, head lamp 头灯灯泡
—, head lamp dimming light 〔汽車〕头灯小光灯泡
—, head lamp driving 头灯大光灯泡
—, head lamp parking 同 bulb, head lamp dimming light
—, head light 同 bulb, head lamp
—, hot 热球
—, instrument panel light 仪表板灯泡
—, lamp 灯泡
—, mudgard lamp 挡泥板灯泡
—, neon 霓虹灯
—, parking light 同 bulb, dim light
—, rear lamp 〔汽車〕后灯灯泡
—, sediment 沉澱器
—, single contact 单头灯泡
—, spare 备份灯泡
—, stop light 停車灯泡
—, tail light 〔汽車〕尾灯灯泡
—, telescope 望远鏡灯泡
bulge 膨脹,凸出
bulging 1.使膨脹,使凸出;2.撑压內形法
bulk 容积
bulkhead 船艙隔壁
—, collision 冲突框
—, fireproof 防火壁
—, flexible 軟性隔壁
—, forward 最前框
—, upper 上隔壁
—, watertight 防水隔壁
bulldozer 1.开土机;2.压弯机
—, hydraulic 水力开土机
bullgrader 平路机
—, hydraulic 水力平路机
bulwark 甲板栏柵
bump 撞
—, hood 1.发动机罩挡;2.車篷挡
bumper 同 buffer 1.2.
—, axle 軸挡
—, car 車挡
—, door 車門軟垫
—, drag link spring 拉杆弹簧座
—, front 前挡
—, front axle 前軸挡
—, hood support 发动机罩托架防撞器
—, rear 后挡
—, rear axle 后軸挡
—, rubber 橡皮緩冲器
—, side 边挡
—, spring 弹簧避震垫
—, track 履带防撞器
—, window glass 窗玻璃軟垫
bumping 1.剧沸;2.冲震
bung 1.桶盖;2.桶口
bunker 1.儲藏庫;2.煤艙

bunker, coal 同 bunker 2.
—, **ice** 冰庫
buoy 1.浮标;2.設置浮标
buoyage 同 buoy
buoyance 同buoyancy
buoyancy 浮力
—, **available** 可用浮力
—, **disposable** 同 buoyancy, available
—, **effective** 有效浮力
—, **excess** 过量浮力
—, **float** 浮筒浮力
—, **gross** 总浮力
—, **net** 凈浮力
—, **reserve** 儲备浮力
buoyant 能浮的
bur 同burr
buret 同burette
burette 1.滴定管;2.量管{化}
burn 燃燒
burner 1.噴灯;2.噴燒器;3.燃燒器
—, **acetylene** 1.乙炔灯{化};2.乙炔燃燒器
—, **charcoal** 木炭炉
—, **fuel** 同burner 3.
—, **fusing** 燒割噴嘴
—, **gas** 煤气噴灯
—, **injector gas** 高压煤气噴燒器
—, **liquid fuel** 液体燃料燃燒器
—, **low pressure gas** 低压煤气噴燒器
—, **oil** 油类燃燒器
—, **paint** 燒涂器
—, **tilting** 傾斜式燃燒器
—, **welding** 焊工噴燒器
burning 同 burn
—, **after** 迟燃
—, **lead** 鉛焊
—, **progressive** 級进式燃燒
—, **quick** 急燃
burnisher 摩擦拋光器
—, **bloodstone** 紅石磨光器
—, **steel** 鋼磨光器
burnishing 摩擦拋光
—, **gear** 齿面擦准法
burnup 燃耗
burr 1.毛口,毛头;2.圈;3.磨石
—, **tinned iron** 鍍錫鉄圈
burring 去毛口,去毛头
burst 破裂
burton 复滑車
bus 公共汽車
—, **air** 客机
—, **coach** 长途客車
—, **double deck** 双层公共汽車
—, **motor** 同bus
—, **rear engine** 后置发动机公共汽車
—, **single deck** 单层公共汽車
—, **trolley** 无軌电車
bush 1.衬套;2. 軸衬,軸瓦
—, **adjustable** 可調整軸衬
—, **axle** 軸衬
—, **bearing** 軸承衬
—, **bottom** 底衬
—, **brass** 銅衬
—, **commutator** 电机整流器体
—, **contact** 接触盖
—, **control valve** 控制閥衬套
—, **conveyor drive shaft** 輸送机傳动軸衬套
—, **cylinder** 同 liner, cylinder
—, **eccentric** 偏心軸衬
—, **elevator shaft** 升降机軸衬

bush, floating 浮动衬套
—, floating big-end 大端浮动軸衬套
—, gland 同gland
—, guide 导軸衬
—, gun metal 炮銅軸衬
—, keyed 加键軸衬
—, large reverse body 回动体大衬套
—, main valve 主閥衬套
—, neck 内衬套
—, piston 活塞衬套
—, piston valve 活塞閥衬套
—, reducing 縮口衬套
—, reversing valve chamber 回动閥室衬套
—, reversing valve rod 回动閥杆衬套
—, screw thread 同 bush, threaded
—, slide valve 滑閥衬套
—, small reverse body 回动体小衬套
—, spherical 球形衬
—, taper 同 bushing, conical
—, threaded 螺紋衬套
—, valve 閥衬
—, valve stem 閥杆衬套
bushing 同bush
—, arm 臂銷衬套
—, armature terminal insulating 电轉子电极絕緣衬套
—, axle 同 bush, axle
—, back drive shaft 后主动軸衬套
—, bearing 同 bush, bearing
—, body 体衬套
—, brake anchor pin 錨定螺杆衬套
—, brake camshaft bracket 刹車凸輪軸托架衬套
—, brake pedal 刹車踏板軸衬
—, brass cylinder 銅筒衬套
—, brush holder insulating 电刷柄絕緣衬套
—, cam gear cover 凸輪盖的衬套
—, camshaft 凸輪軸衬套
—, clutch foot lever 离合器脚踏杆衬套
—, clutch pedal 同bushing, clutch pedal shaft
—, clutch pedal shaft 离合器踏板軸衬套
—, clutch release shaft 离合器分离軸衬套
—, conical 錐形軸衬
—, connecting rod 連杆衬套
—, conveyor drive shaft 同 bush, conveyor drive shaft
—, conveyor end bearing cover 輸送机端承盖衬套
—, crank case cam gear 曲柄箱凸輪傳动軸衬套
—, crank pin 曲柄銷衬套
—, crank shaft 曲柄軸衬套
—, cross shaft 横軸衬套
—, cylinder 同liner, cylinder
—, distributor lower drive shaft 配电器下傳动軸衬套
—, dividing 隔离衬套
—, door plate pin 門板銷衬套
—, drive shaft 主动軸衬套
—, ebonite 硬橡皮衬套

bushing, eccentric 同 bush, eccentric
—, **elevator casing** 升降机罩衬套
—, **elevator shaft** 同 bush, elevator shaft
—, **expanding** 扩张式衬套
—, **feeder ratchet casing** 进料器棘輪罩衬
—, **field terminal insulating** 磁場电极絕緣衬套
— **for feed arm support** 进料臂架衬套
—, **front spring** 前弹簧衬套
—, **fuel pump rocker arm** 燃料泵搖杆衬套
—, **gear shaft roller bearing** 齿輪軸滾柱軸承衬套
—, **governor** 調节器衬套
—, **governor sleeve** 調节器套筒衬套
—, **graduated** 有刻度的衬套
—, **hand brake lever bracket** 手刹車杆托架衬套
—, **handle bar** 手杆衬套
—, **heater valve shaft** 加热器閥軸衬套
—, **hoist pump body** 起重机泵体衬套
—, **hoist pump drive shaft** 起重机泵傳动軸衬套
—, **insulating** 絕緣衬套
—, **jig** 鑽件夾具的导套,鑽套
—, **knuckle** 关节衬套
—, **knuckle pin** 关节銷衬套
—, **light cable** 灯綫衬套
—, **lighting switch** 灯开关衬套
—, **main shaft** 主轴衬套
—, **main shaft gear** 主轴齿輪衬套
—, **main shaft overdrive gear** 主軸超速傳动齿輪衬套
—, **main valve** 同bush,main valve
—, **master cylinder lever** 主缸杆衬套
—, **oil pump body** 油泵体衬套
—, **oil pump idler gear** 油泵空转輪衬套
—, **pedal** 踏板軸衬
—, **pipe reducing** 縮小管径的衬套
—, **piston** 同bushing, piston pin
—, **piston pin** 活塞銷衬套
—, **pitman shaft** 联接杆衬套
—, **power take-off** 脫力衬套
—, **pump** 泵衬套
—, **ratchet casing** 棘輪罩套
—, **rear bearing** 后軸承衬套
—, **rear screw shaft** 后螺軸衬套
—, **reverse idler gear** 回动空轉齿輪衬套
—, **reversing valve chamber** 回动閥室衬套
—, **reversing valve rod** 回动閥杆衬套
—, **rocker arm** 搖杆衬套
—, **rubber** 橡皮衬套
—, **safety spring** 保险弹簧套
—, **screw shaft** 螺旋軸衬套
—, **sealing ring** 鎖紧圈衬套
—, **seat post rod** 座墊杆衬套
—, **shaft** 同bush 2.

bushing, shifting finger 变换指衬套
—, shock absorber arm 减震器臂衬套
—, shock absorber eye bolt 减震器有眼螺栓衬套
—, shock absorbing 减震衬套
—, shock absorber link 减震器联杆衬套
—, side car wheel axle bearing 边車輪軸軸承衬套
—, speedometer 里程計衬套
—, spider 十字叉衬套
—, spindle 同 bush 2.
—, split 拼合衬套
—, spring 弹簧衬套
—, spring bracket 弹簧托架衬套
—, spring eye 弹簧圓眼衬套
—, spring guide 〔弹〕簧导衬套
—, spring pivot seat 弹簧枢座衬套
—, spring rod 弹簧杆衬套
—, spring rubber 弹簧橡皮衬套
—, sprocket shift claw 鏈輪換爪衬套
—, spring shackle 弹簧挂鈎衬套
—, starter center bearing 起动机中心軸承衬套
—, starter drive housing 起动机軸壳衬套
—, starter pedal 起动机踏板衬套
—, starter terminal insulating 起动机电极絕緣衬套
—, steam chest 汽柜衬套
—, steering gear column 轉向齿輪柱衬套
—, steering gear housing 同 bushing, steering gear column
—, steering head 轉向头衬套
—, steering knuckle 轉向关节衬套
—, throttle shaft 节汽閥軸衬套
—, turbine case 渦輪机罩衬套
—, tie rod yoke 紧杆軛衬套
—, universal joint 万向节衬套
—, universal joint bearing 万向节軸承衬套
—, upper elevator screw 升降机螺旋上端套
—, valve guide 閥道衬套
—, valve lever 閥杆衬套
—, valve rocker arm 閥搖杆衬套
—, water pump 水泵衬套
—, winch worm gear case 絞車蝸輪壳衬套
—, winch worm shaft 絞車蝸桿衬套
buster, rivet 鉚釘机
butt 平接〔合〕
—, scalloped strap 波形边搭板平接
button 鈕
—, brake lever pawl 刹車杆止动爪鈕
—, contact 接触鈕{电}
—, catch 挡鈕
—, diaphragm 隔膜鈕
—, horn 喇叭按鈕
—, pedal rod 踏桿头

button, press 按鈕
— , **pressure** 同 button, press
— , **push** 同button, press
— , **rest** 擱釘
— , **snap** 同 button, press
— , **spark** 火花鈕
— , **starter** 起动〔机〕鈕
— , **starter switch push** 同 button, starter
— , **starting** 同 button, starter
— , **steel** 鋼鈕
— , **throttle** 节汽閥鈕
— , **tool-maker's** 鈕形孔距規
buttoning 圓鈕定位法
buzzer 蜂音器
bye-pass 同 by-pass
by-pass 旁通管,支路
— , **-path** 同 by-pass
— , **-product** 副产物

C

C-clamp C形夾
C-washer C形垫圈
C-washer, swing 鈎形垫片
cab 1.司机室;2.公用汽車
— , **closed** 1.轎式車座; 2.轎車
— , **driver's** 同 cage, driver's
— , **locomotive** 机車司机室
cabane 翼間架,頂架
cabin 艙
— , **air tight** 气密艙
— , **closed** 閉艙
— , **driver's** 司机艙
— , **passenger** 客艙
cabinetwork 細木工; 家具木工
cable 1.索纜;2.电纜
— , **aileron balance** 副翼平衡索
— , **aileron control** 副翼控制索
— , **anchorage** 系索
— , **armored** 装甲电纜
— , **axial** 中心索
— , **balloon flying** 气球飞行纜
— , **battery** 蓄电池綫
— , **battery ground** 蓄电池地綫
— , **bracing** 拉索
— , **brake** 閘索
— , **car** 车辆用电纜
— , **chain** 1.鏈索;2.錨鏈
— , **chassis wiring** 底盘电綫
— , **control** 控制索
— , **double control** 两联控制索
— , **drag** 牵索
— , **drag slide** 同 cable, drag
— , **elevator** 1.升降机用索; 2.升降舵控制索
— , **elevator control** 升降舵控制索
— , **feed** 饋电纜
— , **field** 被复綫(野外用)
— , **flying** 昇力綫
— , **follow up** 从动纜
— , **ground** 地下电纜
— , **guy** 同 cable, bracing
— , **headlight** 头灯电綫
— , **high tension** 高压綫
— , **hoisting** 起重索
— , **horn push button** 喇叭按鈕电綫
— , **ignition** 发火电綫
— , **ignition coil feed** 发火綫圈饋电綫
— , **ignition coil high tension** 发火綫圈高压綫
— , **ignition coil low**

tension 发火綫圈低压綫
cable, ignition coil primary 同 cable, ignition coil low tension
—, **ignition coil secondary** 同 cable, ignition coil high tension
—, **lift** 升力索
—, **lighting** 灯綫
—, **locked** 鎖紧纜
—, **low tension** 低压电纜
—, **mooring** 系留索
—, **parking light** 停車灯綫
—, **remote control gear shift** 遙控变速綫
—, **screened ignition** 遮护发火电綫
—, **serving**
—, **spare** 备份电纜
—, **spark plug** 火花塞电綫
—, **speedometer** 里程計軟軸
—, **starter** 起动机电綫
—, **starting** 起动电綫
—, **starting motor** 同 cable, starter
—, **suspension** 吊索
—, **suspension bridge** 吊桥索
—, **tow** 同 cable, drag
—, **traction** 同 cable, drag
—, **trailing** 同 cable, drag
—, **winch** 絞車纜
cableway 索道
caboose 1.守車;2.輪船厨房
cabriolet 活頂小轎車
cadmium 鎘{化}
cage 1.籠,盒,罩;2.升降机箱
—, **air valve** 气閥盖座
—, **bearing** 軸承罩
—, **cleaning** 同barrel, tumbling,
—, **differential drive pinion bearing** 分速器主动小齿輪軸承罩
—, **driver's** 司机室
—, **dust** 集尘罩
—, **intake valve** 进气閥罩
—, **main shaft driven gear bearing** 主軸从动齿輪軸承罩
—, **overdrive pinion** 超速小齿輪罩
—, **piston governor valve** 活塞調节閥座
—, **valve** 閥盒
caging 上鎖
caisson 沉箱
—, **vice table** 鉗工箱
caking 1.結块;2.粘結{化}
—, **bituminous coal** 烟煤結块
calciner 焙燒炉
calcium 鈣{化}
calculagraph 記时器
calculate 計算
calculation, hydrostatic 静水力計算
calculator 計算器
—, **course** 航路計算器
—, **course and distance** 航路航程計算器
—, **course and drift** 航路偏流計算器
—, **proportion** 比例計算器
—, **wind** 风速計算器
caliber 1.口径; 2.圓柱径; 3.軋輥型縫
—, **roll** 同caliber 3.
calibrate 校准
calibrating, roll 軋輥型縫校准
calibration 同calibrate

calibre 同 caliber 「鉗
caliper 1.同 caliper,sliding;2.卡
—, **beam** 大卡尺
—, **center** 測径規
—, **circumference slide** 圓周滑动卡尺
—, **combination** 內外卡鉗
—, **compass** 弯脚卡鉗
—, **divider** 等分卡鉗
—, **double** 同 caliper, combination
—, **dovetail slide** 鳩尾式滑动卡尺
—, **firm joint** 固接卡鉗
—, **gear tooth** 同caliper, gear tooth slide
—, **gear tooth slide** 輪齿滑动卡尺
—, **globe** 球径規
—, **graduated inside** 〔有〕刻度〔的〕內卡鉗
—, **graduated outside** 〔有〕刻度〔的〕外卡鉗
—, **hermaphrodite** 同caliper, combination
—, **inside** 內卡鉗
—, **inside micrometer** 內測千分卡尺
—, **inside plain** 同 caliper, inside
—, **inside transfer** 移动內卡鉗
—, **inspecters' micrometer** 检驗用千分卡尺
—, **key hole** 鍵孔卡尺
—, **large inside micrometer** 大內測千分卡尺
—, **micrometer** 千分卡尺
—, **micrometer slide** 千分滑动卡尺
—, **outside** 外卡鉗
—, **outside micrometer** 外測千分卡尺
—, **outside plain** 同 caliper, outside
—, **outside transfer** 移測外卡鉗
—, **pipe** 測管厚卡鉗
—, **rail head** 測軌头卡鉗
—, **screw** 螺旋卡尺
—, **screw adjusting double** 螺釘調整內外卡尺
—, **screw adjusting inside** 螺釘調整內卡尺
—, **screw adjusting outside** 螺釘調整外卡尺
—, **screw thread micrometer** 螺紋千分卡尺
—, **sliding** 卡尺
—, **small inside micrometer** 小內測千分卡尺
—, **spherometer** 同 caliper, globe
—, **spring** 弹簧卡鉗
—, **spring inside** 弹簧內卡鉗
—, **spring joint** 同 caliper, spring
—, **spring outside** 弹簧外卡鉗
—, **thread** 螺紋卡尺
—, **thread inside** 內螺紋內卡尺
—, **thread micrometer** 〔量〕螺紋千分卡尺
—, **transfer** 移測卡鉗
—, **vernier** 游标卡尺
—, **vernier slide** 游标滑动卡尺
calk 同 caulk

calker, pneumatic 风动密縫凿
calking 同 caulking
calorie 卡〔路里〕
—, **gram** 克卡
—, **great** 同 calorie, kilogram
—, **kilogram** 仟卡
—, **large** 同 calorie, kilogram
—, **pound** 磅卡
calorific 发热的
calorimeter 量热器
—, **bomb** 燃弹量热器
—, **constant pressure** 定压量热器
—, **constant volume** 定容量热器
— **for gaseous and liquid fuels** 用于气体液体燃料量热器
—, **ice** 冰量热器
—, **separating** 分水量热器，分离式干度測量器
—, **steam** 蒸汽量热器，蒸汽干度測量器
—, **superheating** 高温測量器
—, **throttle** 节流式量热器，节流式干度測量器
—, **throttling** 节流量热器
—, **universal** 通用量热器
—, **water** 水量热器
calorimetry 測热法
calorizing 滲鋁法
cam 凸輪
—, **acceleration** 加速凸輪
—, **actuating** 推动凸輪
—, **adjustable** 〔可〕調整凸輪
—, **admission** 进气凸輪
—, **anchor pin** 錨定螺杆凸輪
—, **axial** 凸輪軸
—, **brake** 閘凸輪
—, **brake shoe adjusting** 閘瓦調整凸輪
—, **breaker** 断电器凸輪
—, **clover-leaf** 三星凸輪
—, **clutch** 离合器凸輪
—, **concave flank** 凹腹凸輪
—, **conical** 錐形凸輪
—, **constant acceleration** 等加速凸輪
—, **constant breadth** 等寬凸輪
—, **constant diameter** 等径凸輪
—, **convex flank** 凸腹凸輪
—, **cylindrical** 同 cam, axial
—, **disk** 盘形凸輪
—, **distributor** 分配凸輪
—, **eccentric** 偏心凸輪
—, **exhaust** 排气凸輪
—, **expansion** 膨脹凸輪
—, **grooved** 有槽凸輪
—, **grooved disk** 有槽盘形凸輪
—, **grooved heart** 有槽心形凸輪
—, **half compression** 半压縮凸輪
—, **hand brake** 手閘凸輪
—, **harmonic motion** 諧和运动凸輪
—, **heart** 心形凸輪
—, **ignition** 发火凸輪
—, **inlet** 吸进凸輪
—, **inverse** 反凸輪
—, **involute** 漸开綫凸輪
—, **involute heart** 漸开綫心形凸輪
—, **knock-off** 停汽凸輪
—, **lifting** 升起凸輪

cam, main and return 主回凸輪
—, make and break 电路断續凸輪
—, master 范凸輪,主凸輪
—, multiple turn cylindrical 多次軸向凸輪
—, mushroom type 蕈状凸輪
—, needle 針凸輪
—, over head 上凸輪
—, overflow valve 溢閥凸輪
—, parking brake 停車閘凸輪
—, planetary 行星凸輪
—, plate 平板凸輪
—, positive motion 确动凸輪
—, positive motion disk 确动盘形凸輪
—, positive motion plate 确动平板凸輪
—, positive plate 同 cam, positive motion plate
—, power 动力凸輪
—, quick lift 急升凸輪
—, radial 径向凸輪
—, roller 滾子凸輪
—, rolling 同 cam, roller
—, safety 安全凸輪
—, shifting 換挡凸輪
—, sliding 滑动凸輪
—, spherical 球形凸輪
—, steering gear tube 轉向装置蝸杆凸輪
—, swash 同 plate, swash
—, tangential 切綫凸輪
—, timer shaft 分电軸凸輪
—, translation 直动凸輪
—, triangular 三角凸輪
—, uniform motion 等速〔运动〕凸輪
—, valve 閥凸輪
—, waste valve 溢水閥凸輪
—, with variable lift 斜凸輪
camber 1.弯度;2.曲面
—, aerofoil 翼面曲面
—, bottom 下曲面
—, circular arc 圓弧曲面
—, lower 同 camber, bottom
—, lower surface 同camber, bottom
—, mean 中曲面
—, multiple 多段曲面
—, negative 內曲面
— of beam 梁曲面
— of wheels 同 camber, wheel
—, positive 外曲面
—, single 单段曲面
—, top 上曲面
—, top surface 同 camber, top
—, under 同 camber, bottom
—, under surface 同camber, bottom
—, upper 同camber, top
—, variable 变曲面
—, wheel 輪曲面
cambered 1.曲面的; 2.弧形的
camel, air 浮柜
camelback 胎面补料胎条
camera 摄影机,照相机
camphor 樟脑
camshaft 同 shaft, cam
—, brake 閘凸輪軸
can 罐,壶
—, double spring bottom oil 复簧底油壺
—, long spout oil 长嘴油壺
—, oil 油壺

can, paint 漆罐
—, single spring bottom oil 单簧底油壶
—, spray 噴壶
—, valve oil 带閥油壶
—, water 水罐
—, watering 噴水壶
— with thumb button 同 can, valve oil
—, zinc 鋅罐
canal 槽,沟
—, guide 导〔汽〕槽
—, feed 传动塔軸
cannon 空心軸
canopy, parachute 降落伞主支持面
cantalever 同 cantilever
cantaliver 同 cantilever
canteliver 同 cantilever
cantilever 悬臂
—, full 全悬臂
cantiliver 同 cantilever
canvas 帆布
—, tyre 輪胎帆布
cap 1.帽;2.盖
—, air valve 气閥盖
—, auxiliary reservoir 儲气副筒盖
—, axle 軸帽
—, axle housing 軸套帽
—, back 后盖
—, ball bearing 滾珠軸承盖
—, ball bearing thrust 滾珠軸承抵盖
—, bearing 軸承盖
—, blast 鼓风盖
—, bolster spring 承梁弹簧帽
—, bottom 底盖
—, bow 头罩(飞机的)
—, bracket 托架帽
—, breather filler 通气管加油口盖
—, breather pipe 通气管盖
—, center bearing housing 中心軸承壳盖
—, center pin 中心枢盖
—, chamber 室盖
—, check valve 止回閥盖
—, check valve body 止回閥体盖
—, chimney 烟囱帽
—, cock 塞帽
—, connecting rod bearing 連杆軸承盖
—, control valve 控制閥盖
—, countershaft bearing 副軸軸承盖
—, cover 罩盖
—, crank 曲柄盖
—, crankshaft bearing 曲柄軸軸承盖
—, crosshead pin 十字头銷盖
—, cylinder 汽缸盖
—, declutch shaft bearing 离合軸軸承盖
—, detachable 活盖
—, diaphragm 隔膜帽
—, differential carrier 分速器座架盖
—, differential cone bearing 分速器錐形軸承盖
—, distributor 配电器盖
—, dome 汽包盖
—, drain 〔积〕漏盘
—, driven shaft bearing 从动軸軸承盖
—, dust 防尘盖
—, exhaust valve 排气閥盖

cap, expansion pad 伸縮墊盖
—, feed 进料盖
—, feeder ratchet ball spring 进料棘輪球簧盖
—, filler 1.漏斗盖；2.加油口盖
—, filler locking 加油口鎖帽
—, float chamber 浮子室盖
—, float valve 浮閥帽
— for plugging oil cut-out valve 給油总閥盖
—, front 前部帽
—, front wheel hub 前輪轂盖
—, fuel oil tank 燃料油箱盖
—, fuel tank filler 油箱加油口盖
—, fulcrum pin 支銷盖
—, gage glass 玻璃示位表盖
—, gas tank 1.汽油箱盖；2.儲气箱盖
—, gear oil filler 齿輪油进口盖
—, gear shift lever dust 变速杆防尘罩
—, governor 調节器盖
—, governor adjusting screw 調速器調整螺釘帽
—, hand oiler 手加油器盖
—, handhole nipple 手孔接头盖
—, hoist cylinder 起重机缸盖
—, horn button 喇叭按鈕盖
—, hub 轂盖
—, idler shaft bearing 空轉軸軸承盖
—, inlet valve 进給閥盖
—, inner 內盖
—, knuckle bearing 关节軸承盖
—, limiting valve 限制閥盖
—, lower 底盖
—, lubricator 潤滑器盖
—, lubricator air hole 潤滑器气孔盖
—, main drive gear bearing 主动齿輪軸承盖
—, main reservoir chamber 儲气主室盖
—, main shaft 主軸盖
—, main shaft bearing 主軸軸承盖
—, main shaft thrust 主軸推压盖
—, master cylinder filler 主气缸加油口盖
—, nose 同 cap, bow
— of screw 螺釘帽
—, oil cup 油盅盖
—, oil filler 加油口盖
—, oil pan filler 油盘加油口盖
—, oil pressure relief valve 油压安全閥盖
—, oil reservoir 儲油器盖
—, operating valve 操作閥盖
—, operating valve body 操作閥体盖
—, pedestal 軸架盖
—, plain cylinder 簡单汽缸盖
—, pole spring 簧杆盖
—, pressure spring 压力弹簧帽
—, protective 护帽
—, punch 压头(压机的)
—, quick action cylinder 快动气缸帽
—, quick release valve 快放

閥蓋
cap, radiator 散热器蓋
—, radiator filler 散热器〔加水口〕蓋
—, radius rod 半径杆帽
—, rear wheel hub 后輪轂帽
—, reservoir, 儲蓄器蓋
—, retaining 抵蓋
—, reverse cylinder valve body 回动气缸閥体蓋
—, reversing valve chamber 回动閥室蓋
—, sandbox 砂箱蓋
—, screen 濾篩蓋
—, screw 1.同 screw; 2.螺钉帽
—, seal 加封帽
—, sealing ring 鎖緊圈蓋
—, sediment 沉澱帽
—, shock absorber end 减震器端蓋
—, side 側帽
—, smoke stack 烟囱帽
—, spark plug 火花塞帽
—, spring 弹簧帽
—, spring buffer 弹簧緩冲器帽
—, spring seat bearing 弹簧座軸承蓋
—, steam chest 汽柜蓋
—, steering ball 操向球节蓋
—, supply valve 〔供〕給閥帽
—, support screen 結合螺帽
—, tank 箱蓋
—, tank well 箱的集垢室蓋
—, thrust 推压蓋
—, tyre valve 輪胎閥帽
—, top 柵接头(真空管頂上的)
—, top lock lift hole 鎖銷頂提臂孔蓋
—, track pin locking 履带銷鎖帽
—, triple valve 三通閥蓋
—, turbine cover 渦輪蓋帽
—, turbine cover screw 渦輪蓋螺旋帽
—, universal joint 万向节蓋，活节蓋
—, universal joint housing 万向节壳蓋
—, upper 上部蓋
—, upper valve 上部閥蓋
—, valve 閥蓋
—, valve spring 同 retainer, valve spring
—, valve stem 閥杆蓋
—, ventilator 通风器帽
—, water relief winged 带翼放水塞
—, wheel 輪蓋
—, wheel hub 輪轂帽
—, wheel hub dust 輪轂防尘帽
—, wheel hub grease 輪轂防油帽
—, winch worm shaft bearing 絞車蝸杆軸軸承蓋
—, winged 带翼蓋
—, yoke bearing 軛承蓋
capacitance 电容
capacity 1.容量; 2.能量
—, air 气容量
—, ampere hour 安培小时容量
—, available 有效容量
—, battery 蓄电池容量
—, boiler 鍋炉容量
—, burning 燃燒量

capacity, calorific 热容量
—, **carrying** 載量
—, **ceiling** 1.最大能量；2.上升能量
—, **chip** 同 capacity, cutting
—, **cubic** 立体容量
—, **cutting** 切削能量
—, **cylinder** 气缸容量
—, **damping** 減震能量
—, **dead weight carrying** 实載量
—, **engine** 发动机能量
—, **evaporative** 蒸发能量
—, **fuel** 燃料容量
—, **gasoline** 汽油容量
—, **hardening** 硬化量
—, **hauling** 牵引能量
—, **heat** 同 capacity, calorific
—, **heat absorption** 吸热量
—, **heat dissipating** 散热量
—, **hill climbing** 上坡能力
—, **joint** 合成容量
—, **load** 載〔重〕量
—, **maximum** 最大容量
—, **nominal gas** 标称气量
— **of boiler** 同capacity, boiler
— **of carriage** 車載量
— **of furnace** 炉能量
— **of locomotive** 机車能量
—, **oil** 油容量
—, **over load** 过載〔能〕量
—, **production** 生产量
—, **productive** 同 capacity, production
—, **radiating** 輻射能量
—, **rated** 額定量
—, **safety carrying** 安全載量
—, **specific** 比容量
—, **stroke** 同 volume, stroke
—, **tank** 油箱容量
—, **thermal** 同 capacity, calorific
—, **vapor** 汽容量
—, **voltage and amperehour** 电压及安培小时容量

capillarity 1.毛細作用{物}；2.毛細現象{物}

capstan 絞盘
—, **anchor** 起錨絞盘
—, **bar** 推杆絞盘
—, **control** 操縱絞盘
—, **double headed** 双头絞盘
—, **electric** 电力絞盘
—, **hand** 手搖絞盘
—, **hydraulic** 水力絞盘
—, **steam** 汽力絞盘
—, **radiation** 射輻浮获

car 1.車輛；2.同 car, aerial
—, **accumulator** 同 car, storage battery
—, **aerial** 悬艇
—, **airship** 同 car, aerial
—, **all equipped** 全备車
—, **ambulance** 救护車
—, **armored** 装甲車
—, **armored motor** 同 automobile, armored
—, **armored scout** 装甲偵察車
—, **ash** 灰車
—, **assembled** 装合車
—, **baggage** 行李車
—, **ballast** 石渣車
—, **bargain** 旧車
—, **barrel** 筒車
—, **billet** 低框鋼車
—, **bogie** 轉架車

car, box 棚車
—, **box-body dump** 侧卸箱車
—, **box freight** 同 car, box
— **cable** 悬空纜車
—, **caboose** 同 caboose
—, **closed** 轎車
—, **coal** 煤車
—, **commercial** 商車
—, **control** 操縱悬艇
—, **convertible touring** 活頂旅行車
—, **covered** 同 car, box
—, **delivery** 送貨車
—, **derrick** 起重車
—, **dining** 餐車
—, **double motor** 同 car, two motor
—, **dummy** 1.同 dummy; 2.无声自动客車; 3.纜車
—, **electric** 电动車
—, **electric motor** 同 car, electric
—, **electrically operated motor** 同 car, electric
—, **emergency** 救急車
—, **engine** 发动机悬艇
—, **field operation** 野外手术車
—, **flat** 平車,敞車(鉄路)
—, **foreign** 外路車
—, **freight** 同 wagon
—, **gable bottom** 尖底車
—, **gasoline motor** 汽油〔汽〕車
—, **gondola** 高边車
—, **hand** 同 cart
—, **heater** 暖气車
—, **heavy service** 大型服务車
—, **high wheeled** 高輪車
—, **hopper** 漏底車
—, **hopper bottom** 同 car, hopper
—, **horse** 1.馬車; 2.同box, horse
—, **horse tramway** 鉄軌馬車
—, **hospital** 医务車
—, **industrial** 工业用車
—, **inspection** 査道車
—, **kitchen** 厨車
—, **left hand control** 左边駕駛汽車
—, **left hand drive** 同 car, left hand control
—, **light service** 小型服务車
—, **locomotive** 机〔动〕車
—, **mail** 邮車
—, **mine** 运矿車
—, **motor** 1.同 automobile; 2.自动客車
—, **motorcycle side** 机器脚踏車边車
—, **observation** 了望車
—, **oil tank** 油箱車
—, **open** 敞車
—, **passenger** 客車
—, **passenger train** 鉄路客車
—, **petrol electric** 汽油电車
—, **pleasure** 娛乐車
—, **postal** 同 car, mail
—, **power** 电力机車
—, **private** 包車,专車
—, **push** 手推車
—, **racing** 賽快車
—, **railroad motor** 有軌自动車
—, **railway** 軌道車
—, **refrigerator** 冷藏車
—, **right hand control** 右边

駕駛汽車
car, right hand drive 同 car, right hand control
—, saloon 轎車
—, second hand 旧車
—, self-propelled 自动車
—, service 公务車
—, side 边車
—, single motor 单电动机車
—, sleep 臥車
—, sleeping 同 car, sleep
—, spraying 洒水車
—, staff 指揮車
—, standard weight 标准較重車
—, steam 蒸汽車
—, steam motor 同 car, steam
—, steam railway 同 coach, steam railway motor
—, stock 牲畜車
—, storage battery 蓄电池車
—, street 电車
—, suspended 悬空車
—, testing 試驗車
—, tool 工具車
—, touring 旅行車
—, track defect indicator 同 car, inspection
—, trail 拖車
—, two motor 双电动机車
—, water tank 同 truck, water tank
—, wing 同 car, side
—, wing-side 同 car, side
caravan 大篷車
carbide, calcium 碳化鈣,电石{化}
—, cemented 胶結碳化物
— of calcium 同 carbide, calcium
— of tungsten 碳化鎢
—, tungsten 同 carbide of tungsten
carbo-charger 混气器
carbon 碳{化}
—, amorphous 非晶質碳
—, combined 化合碳
—, elemental 元素碳
—, fixed 固定碳
—, free 游离碳
—, graphite 石墨碳
—, graphitic 同 carbon, graphite
—, hardening 硬化碳
—, low 低炭的
—, motor 电动机碳刷
—, powdered 碳粉
—, retort 蒸餾碳
—, temper 非結晶碳
—, sodium 碳酸鈉
carbonization 碳化
carbonizing 碳化法
carborundum 金刚砂，碳化硅{化}
carburation 1.滲碳;2.汽化
—, down draft 下风汽化
—, up draft 上风汽化
carbureter 同 carburetor
carburetor 汽化器
—, aircraft 航空汽化器
—, atmospheric control 气压控制汽化器
—, automatic 自动汽化器
—, auxiliary jet 双咀汽化器
—, bubbling 气泡式汽化器
—, commercial 商用汽化器
—, compensated 补整汽化器

carburetor, concentribally built 同心式汽化器
—, constant vacuum 定眞空汽化器
—, diaphragm 隔膜汽化器
—, double barrel 双筒汽化器
—, double jet 同carburetor, auxiliary jet
—, down draft 下风汽化器
—, dual 同 carburetor, duplex
—, duplex 双汽化器
—, evaporating 蒸发汽化器
—, float 浮筒式汽化器
—, gravity fed 重力給油汽化器
—, idling 空轉汽化器
—, injection 噴射式汽化器
—, inverted 倒置汽化器
—, jet 同caburetor, injection
—, jet type 同 carburetor, injection
—, mechanical 机力汽化器
—, metering pin 針塞式汽化器
—, multiple jet 多咀汽化器
—, plain tube 簡单管式汽化器
—, pressure fed 压力給油汽化器
—, primary 起动汽化器
—, priming 同 carburetor, primary
—, restricted air bled 受制滲气式汽化器
—, reversing 同 carburetor, inverted
—, simple 簡单汽化器
—, single barrel 单筒式汽化器
—, single jet 单嘴汽化器
—, spray 噴霧式汽化器
—, surface 表面汽化器
—, three jet 三嘴汽化器
—, triple barrel 三筒汽化器
—, updraft 上风汽化器
—, variable fuel orifice 可变燃料口式汽化器
—, water 化水器
—, wick 灯心式汽化器
carburettor 同 carburetor
carburization 滲碳
carburizer 滲碳剂
carburizing 滲碳
—, gas 气体滲碳
—, pack 包围滲碳法
carcase 同 carcass
carcass 汽車骨架
—, tyre 胎壳
card 1.卡片;2.图;3.刷
—, actual indicator 实际示功图
—, compass 罗盘方位牌
—, correction 修正罗盘面图
—, Diesel 狄賽尔发动机示功图
—, file 同 brush, file
—, indicator 示功图
—, instruction 說明片
—, shop 車間工作卡片
—, theoretical indicator 理論示功图
—, time 时間表
cardan 平浮环
cardboard 紙板
cargoplane 同 aeroplane, cargo
carline 縱梁
carling 同 carline
car-loader 同 loader, car
carpentry 1.木作;2.木工
carriage 1.車架; 2.〔旋床〕拖

板; 3.車

carriage, alighting 起落架

—, **cable** 同 car, cable

—, **cable railway** 同car,cable

—, **casting** 铸桶車

—, **core** 型心車

—, **cross slide** 横程架(工具机的)

—, **cross tool** 横程刀架

—, **divided under** 一分体式起落架

—, **drill** 鑽軸滑座

—, **double deck** 二层車

—, **float under** 同 carriage, pontoon under

—, **gun motor** 机械化炮車

—, **instruction** 同 car, testing

—, **ladle** 同 carriage, casting

—, **lathe** 車床刀架

—, **mail** 同 car, mail

—, **main** 縱动刀架

—, **observation** 同 car, observation

—, **oleo under** 油筒式起落架

—, **passenger** 同 car, passenger

—, **planing tool** 鉋床刀架

—, **pontoon under** 桴式起落架(飞机的)

—, **railway** 同 car, railway

—, **saw** 〔装〕鋸座

—, **sliding** 滑座头

—, **sliding tool** 滑动刀架

—, **snow plow** 雪犁車

—, **steam** 同 car, steam

—, **tool** 同 carrier, tool

—, **travelling** 1.〔鋸机〕載木台; 2.移动台

—, **under** 1.同 carriage, alighting 2.底架

carrier 1.傳导管;2.承載器;托板;3.轉运工具;4.同 bearer;5.同carrier, lathe

— **aeroplane** 航空母艦

—, **air reservoir** 儲气桶架

—, **aircraft** 同 carrier, aeroplane

—, **baggage** 行李架

—, **battery** 同 bracket, battery

—, **bearer** 托架座

—, **bomb** 炸弹架

—, **brake cylinder** 同 bracket, brake cylinder

—, **brake shaft** 同 bracket, brake shaft

—, **center bearing housing** 同 bracket, center bearing housing

—, **clutch release bearing** 离合器分离軸承座

—, **coupler** 同bracket, coupling

—, **crane** 起重机搬运車

—, **cylinder cock reach rod** 汽缸旋塞拉杆座

—, **declutch shaft** 分离軸座架

—, **differential** 分速器座架

—, **differential drive pinion** 分速器主动小齿輪座架

—, **draw bar** 拉杆托板

—, **field piece** 野炮車

—, **file** 鎈柄

—, **fin** 翅架

—, **fire grate** 同 bearer, grate

—, **frame wheel** 备用輪架

carrier, freight 同 aeroplane, cargo
—, grinder 磨床座架
—, gun 炮車
—, heart 雞心夾头(車床的)
—, injection nozzle 噴咀架
—, lathe 同 carrier, heart
—, luggage 同 carrier, baggage
—, nozzle 同 carrier, injection nozzle
—, packing 皮带盘墊套
—, parallel 平行夾头
—, parcel 同 carrier, baggage
—, passenger 同 aeroplane, passenger
—, pawl 爪架
—, pipe 管托
—, side tyre 車边备〔份輪〕胎架
—, side wheel 同 carrier, side tyre
—, spare tyre 备〔份輪〕胎架
—, spare wheel 同 carrier, spare tyre
—, special 特种夾头
—, tool 刀架
—, torpedo 魚雷座架
—, track 履带提架
—, troop 1.运兵飞机;2.运兵船
—, tyre 同 carrier, spare tyre
—, weight 載重机
—, wheel 輪架
carryall 軍用大轎車
cart 手車
—, battery 同 car, storage battery
—, dust 拉圾車
—, hand 同 cart
—, tipping 同 barrow tip
cartridge 葯筒
—, oil filter 濾油器心子
cascade 同 connection series
case 箱,盒,壳
—, adjusting spring 調准簧盒
—, air compressor crank 空气压縮机曲柄箱
—, battery 电池外壳
—, bottom 同 box, bottom
—, buffer 緩冲筒
—, cam 同 box, cam
—, cell 电瓶壳
—, centering spring 自对中心弹簧盒
—, change gear 同 box, change gear
—, check valve 止回閥箱
—, closed buffer 閉式緩冲筒
—, clutch driving 离合器主动盖
—, commuting 交換箱
—, composition battery 胶質电池壳
—, controller 控制器箱
—, cowl lamp 罩灯壳
—, crank 曲柄箱
—, crank shaft 曲柄軸箱
—, diaphragm 隔膜套
—, differential 分速器箱
—, differential pinion 分速器小齿輪箱
—, differential side 分速器側箱
—, distributor 1.配电箱; 2.分配箱
—, engine 发动机箱

case, extension valve 伸出閥箱
—, fly wheel 飞輪箱
—, gear 同 box, gear
—, iron 鉄壳
—, lamp 灯壳
—, main crank 主曲柄箱
—, molded rubber 模制橡皮壳
—, of differential 同 case, differential
— of fit 座
—, packing 同 box, packing
—, radiator 散热器箱
—, reverse shaft counter balance spring 回动軸抵衡簧箱
—, rubber 橡皮盒
—, slide 同 case, slide valve
—, slide valve 滑閥箱
—, split type crank 拚合式曲柄箱
—, spring 簧盒
—, strainer 滤器箱
—, tank valve stuffing box 柜閥填料函盖
—, top 同box, top
—, transfer 1.分动箱; 2.变速箱
—, transmission 傳动箱,变速「箱
—, turret gear control 轉塔控制箱
—, unsplit crank 整式曲柄箱
—, upper 同 box, top
—, upper half crank 上半部曲柄箱
—, valve 閥心座
—, vibrating 振动箱
—, winch brake 絞車閘箱
—, worm gear 蝸輪箱
case-harden 同 harden, case
case-hardened 同hardened, case
case-hardening 同 hardening case
casing 1.同 case; 2.套; 罩; 3.外胎(汽車的)
—, air 气隔层
—, axle 同 box, axle
—, boiler 鍋炉〔的〕围壁
—, cam 同 box, cam
—, chimney 烟囱套
—, closed 密閉箱
—, closed buffer 同 case, closed buffer
—, cog wheel 嵌齿輪套
—, conveyor pawl 輸送机棘爪套
—, counter-balance spring 抵衡簧套
—, coupler 联結器套
— crank bearing 曲柄〔軸〕承罩
—, crusher drive shaft bearing 軋碎机傳动軸承罩
—, crusher shaft bearing 軋碎机軸承罩
—, cylinder 同 jacket, cylinder
—, cylinder head 汽缸盖罩
—, cylinder under- 汽缸底箱
—, dome 汽包壳
—, draw bar 同 box, draw bar
—, draw-coupling 同 box, draw bar
—, elevator pawi 升降机棘爪套
—, feeder ratchet 进給器棘輪罩

casing, feeder shaft bearing 进給器軸承罩
—, field magnet 場磁鉄箱
—, filter 濾器壳
—, floating header 浮动頂部罩
—, fly wheel 同 case, fly wheel
— for spark adjustment 火花調整箱
—, gage glass and 玻璃示位表及罩
—, gear 同 case, gear
—, head lamp 头灯壳
—, head light 同 casing, head lamp
—, hinged 鉸接框,鉸接箱
—, intermediate bearing 中間軸承罩
—, kick starter 反冲式起动机箱
—, latch gear 弹鍵装置箱
—, loam 黏土制型法
—, main header 頂部罩
—, multiple 多缸式
—, oil filter 濾油器壳
—, oil pump 油泵壳
—, outer 1.外壳;2.外胎(自动車的)
—, pawl 棘爪罩
—, protecting 同 box, protecting
—, protective 同 box, protecting
—, radiator 同 case, radiator
—, ratchet 棘輪罩
—, rear axle 后軸箱
—, return spring 回动簧箱
—, shaft 軸壳
—, shovel shaft bearing 鏟柄套
—, side bearing 旁〔軸〕承匣
—, sight-feed glass and 玻璃眼及套
—, single 单缸式
—, slide 同 case, slide valve
—, smoke stack 同 casing, chimney
—, speedometer cable 速度計接綫套
—, spring 同 case, spring
—, steam 汽套
—, steam chest 汽柜罩
—, steam chest cover 汽柜盖罩
—, stem 杆套
—, stoker 自动加煤机罩
—, tank valve shaft 水柜閥軸套
—, throttle valve 1.节流閥体;2.减压閥体
—, turbine 渦輪壳,透平壳
—, tyre 同 casing 3.
—, universal joint 万向节壳
—, valve 同 cage, valve
—, water page 水位表套
—, wheel 同 cover, wheel
—, worm 蝸杆罩
cassette 〔照相〕干板匣
cast 1.鋳造;2.鋳件
—, chill(ed) 冷硬鋳法
—, die 同casting, die
—, dry sand 1.干砂鋳法;2.干砂鋳件
—, sand 同 casting, sand
caster 1.翻砂工人;2.小脚輪
cast-in 鑲鋳的
casting 1.同cast 1.,2.;2.鋳造法

casting, aluminium 鋁鋳件
—, **annealed** 退火铸件
—, **block** 块鋳
—, **brass** 黃銅鋳件
—, **bronze** 青銅鋳件
—, **case hardened** 同 cast, chill(ed)
—, **centrifugal** 离心鋳法
—, **chill(ed)** 同 cast, chill(ed)
—, **cluster** 层串鋳法
—, **compression** 压鋳
—, **coupler draft** 联結器牵挽挡鉄
—, **die** 1.压鋳件;2.压鋳法
—, **dry** 1.干鋳法;2.干鋳件
—, **dry sand** 同 cast, dry sand
—, **fixture** 装置器鋳件
—, **green** 同 casting, green-sand
—, **green-sand** 湿砂鋳法
—, **integral** 整体鋳
—, **investment** 腊模浇型鋳法
—, **iron** 鉄鋳件
—, **loam** 黏土鋳法
—, **malleable** 韌性鋳件
—, **non-ferrous** 有色金屬鋳件;非鉄鋳件
—, **open sand** 敞式砂鋳
—. **plaster** 膏型鋳法
—, **porous** 多孔鋳件
—, **sand** 砂型鋳造
—, **sandless** 无砂鋳造
—, **scabbed** 有疤鋳件
—, **single** 单鋳
—, **slush** 空壳鋳件
—, **spongy** 同 casting, pourous
—, **stack** 同 casting, cluster
—, **steel** 鋼鋳件
—, **vacuum** 眞空鋳法
casting-on 浇补
cast-steel 同 steel, cast
catapult 1.弹射器; 2.〔飞机〕放送器
—, **compressed air** 压气弹射器
catch 1.挡住;2. 同 catcher
—, **automatic** 自动挡
—, **automatically engaging** 自动輪挡
—, **hood** 机罩扣
—, **hood lock** 机罩鎖扣
—, **lock** 鎖鈕
— **of wheel** 輪挡
—, **reverse lever** 回动杆挡
—, **safety** 安全挡
—, **spring** 弹簧挡
—, **spring coupling** 弹簧联接挡
—, **stuffing box nut** 填料函螺母挡
catcher 1.捕捉器;2.同gripper
—. **cinder** 盛渣器
—, **cow** 同 cow-catcher, locomotive
—, **dust** 收尘器
—, **nail** 釘鉗
—, **oil** 1.盛油盘; 2.油滴接斗
—, **pilot cow** 同cow-catcher, locomotive
—, **spark** 火花挡
—, **staff** 〔鉄路〕收签机
—, **self** 自挡
catenary 垂曲綫{数}
—, **common** 普通垂曲綫
—, **transformed** 变形垂曲綫
—, **two-nosed** 双鼻垂曲綫

catenary, wire 綫的垂曲綫
caterpillar 爬行車
cathead 1.吊錨架;2.套管
cathode 阴极
cation 阳离子{化}
caulk 凿密;塡密
caulker, tube 同 beader, tube
caulking 1.同 caulk; 2.凿密法
—, hand 手工凿密
—, pneumatic 风动凿密〔法〕
cavitation 1.气穴; 2.同 cavitation, propeller
—, propeller 螺旋桨旋轉眞空
cavity 穴,凹
—, mold 阴模
—, space 空隙
cedar 柏
ceiling 〔上〕升限〔度〕
—, absolute 絕对升限
—, cruising 巡航升限
—, meteorologic(al) 气象升限
—, service 实用升限
—, static 静力升限
—, theoretical 理論升限
—, unlimited 无限升限
cell 1.电瓶; 2.同 bag, air
—, active 动子
—, air 同 bag, air
—, battery 〔单〕电瓶
—, dry 干电池
—, energy 同 chamber, pre-combustion
—, gas 气室
—, primary 原电池{电}
—, regenerated 再生电池{电}
—, secondary 副电池
—, wet 湿电池{电}
cellar 1.地窖;2.用品箱(运輸工具里的)
—, ash 灰窖
—, oil 油盒
cellule 盒形翼組
—, biplane 双翼組
—, wing 翼〔組〕結构
celluloid 賽璐珞{化}
cellulose 纖維素
cement 1.水泥{土木};2.胶合剂
—, air tack 封气黏胶
—, ambroin 假琥珀胶
—, gasket 衬片黏胶
—, hydraulic 水硬水泥{土木}
—, leather 皮胶
—, patching 补綴粘胶
—, quick setting 快凝水泥{土木}
—, rapid hardening 快硬水泥
—, rubber 橡皮胶
—, rust 防銹黏胶
—, tyre 补胎胶
—, tyre cold patching 冷补胎胶
—, tyre vulcanizing 热补胎胶
—, valcanizing 硬化黏料
cementation 1.黏接;2.同 cementation, metallic
—, metallic 滲金屬法
cementite 西門体〔結晶〕(鋼鉄的)
center 1.中心;2.定圓心;3.頂尖
—, aerodynamic 气动中心
—, axle 軸心
—, back 尾頂尖(車床的)
—, bearing 軸承中心
—, bottom 同 center, bottom dead
—, bottom dead 下死点
—, crank 曲柄中心
—, cross head 十字头中心

center, dead 1.死頂尖(車床的)：2.死点(冲程的)
—, **elevating** 上升中心
—, **external** 尖端(螺絲攻的)
—, **fixed** 同 center, dead 1.
—, **front axle** 前軸中心
—, **grooved dead** 带槽死頂尖
—, **half** 半缺頂尖
—, **head stock** 头座頂尖
—, **horn** 喇叭水口
—, **index** 轉度虎鉗(用于牛头鉋床的)
—, **instantaneous** 瞬时中心
—, **internal** 定心孔(螺絲攻的)
— **line of boiler** 同 axis of boiler
—, **live** 活頂尖
—, **loose head stock** 头座随轉頂尖(車床的)
—, **lower** 同 center, bottom
—, **lower dead** 同 center, bottom dead
—, **lathe** 車床頂尖
—, **main** 中枢
—, **mark with the** 1.定心;2.打洋冲眼
—, **mass** 質量中心
—, **movable** 弹性頂尖
— **of aerostat buoyancy (buoyance)** 浮空器浮力中心
— **of air pressure** 气压中心
— **of attraction** 引力中心
— **of buoyancy (buoyance)** 浮力中心
— **of coapression** 同 center of pressure
— **of curvation** 同 center of curvature
— **of curvature** 曲率中心
— **of curve** 曲綫中心
— **of disturbance** 扰动中心
— **of drag** 阻力中心
— **of effort** 作用力中心
— **of equilibrium** 平衡中心
— **of figure** 图心
— **of flotation** 浮心
— **of force** 力心
— **of friction** 摩擦中心
— **of gravity** 重心
— **of gravity, actual** 实际重心
— **of gyration** 旋轉中心
— **of immersion** 浸沒中心
— **of impact** 冲击中心
— **of inertia** 慣性中心
— **of inversion** 倒心
— **of lateral resisance** 側面阻力中心
— **of lift** 升力中心
— **of mass** 同 center, mass
— **of moment** 力矩中心
— **of motion** 运动中心
— **of oscillation** 摆动中心
— **of parallel force** 平行力中心
— **of percussion** 撞击中心
— **of perspective** 透視中心
— **of pressure** 压力中心
— **of pressure, stationary** 固定压力中心
— **of pressure travel** 压力移动中心
— **of projection** 投影中心
— **of punch** 冲心
— **of resistance** 阻力中心
— **of rotation** 轉动中心
— **of stress** 应力中心
— **of suspension** 悬置中心

center of symmetry 对称中心
— of tension 张力中心
— of thrust 推力中心
— on 对着中心
—, orbit 軌道中心
—, oscillation 同 center of oscillation
—, pin 銷心
—, planer 鉋床〔的〕轉度夾盘
—, puppet head 同 center, loose head stock
—, regular 普通頂尖
—, revolving 同 center, live
—, ribbed disc 肋盘心
—, running 同 center, live
—, tail 同 center, back
—, thrust 同 center of thrust
—, top 上靜点
—, top dead 上死点
—, upper dead 同 center, top dead
—, wheel 輪心
— with end-long movement 同 center, movable
centering 同 center 2.
—, self 自动定心
centerline 同 line, center
centigrade 1.摄氏温度計；2.百分度的
centigram 厘克
centiliter (centilitre) 厘升
centimeter (centimetere) 厘米
—, gram 克厘米
centre 同 center
centrifugal 离心的{物}
—, multistage 多級离心式
centrifuger 离心机
centring 同 centering
centripetal 向心的{物}
centrode 同 center, mass
centroid 同 center, mass
— of a plane area 平面質量中心
ceramic 陶土的
chafing 同 abrasion
chain 1.鏈;2.鏈系
—, anchor 錨鏈
—, anti-parallel 不平行鏈系
—, anti-skid 防滑鏈
—, block 块环鏈
—, brake 閘鏈
—, bucket 斗鏈
—, calibrated 校准鏈
—, cam 凸輪鏈系
—, check 保安鏈
—, closed 閉鎖鏈系
—, close link 短环节鏈
—, compound 組合鏈系
—, conical 錐軸鏈系
—, constrained 限定鏈系
—, control 控制鏈
—, crane 起重机鏈
—, conveyer 輸送机鏈
—, crank 曲柄鏈系
—, detachable 活絡鏈
—, double slider crank 双滑块曲鏈柄鏈系
—, drag 拉鏈
—, drive 主动鏈
—, driving 同 chain, drive
—, emergency tyre 紧急胎鏈
—, endless 循环鏈
—, feeder 进料器鏈
—, flat link 扁环节鏈
—, galvanized iron 鍍鋅鉄鏈
—, gangway 栏鏈
—, gearing 联动鏈系

chain, guy 拉鏈
—, hoisting 起重鏈
—, hook 鈎鏈
—, hook joint 鈎接鏈
—, hook link 鈎环节鏈
—, intermediate safety 中間保险鏈
—, inverted tooth 逆齿鏈
—, iron 鉄鏈
—, kinematic 运动鏈系
—, laminated 迭片鏈
—, load 載重鏈
—, lock(ed) 固定鏈系
—, long-link 长环节鏈
—, measuring 測鏈
—, mooring 同 chain, anchor
—, non-skid 同 chain, anti-skid
—, non-skid tyre 防滑胎鏈
— of bucket 同 chain, bucket
— of pot 同 chain, bucket
—, open link 开口鏈
—, power transmission 动力鏈
—, pulley 輪带鏈系
—, quadric crank 四杆曲柄鏈系
—, ratchet 棘輪鏈系
—, rear drive 后傳动鏈
—, rocker-joint 搖軸鏈
—, roller 滾子鏈
—, safety 安全鏈
—, screw 螺旋鏈系
—, short link 同 chain, close link
—, side 側鏈
—, silent 无声鏈
—, simple 簡式鏈系
—, slider crank 滑块曲柄鏈系
—, sprocket 同 chain, flat-link
—, starting 起动鏈
—, stud 同 chain, stud link
—, stud link 柱环节鏈
—, tender intermediate safety 煤水車中間保险鏈
—, timing 定时鏈
—, toothed 有齿鏈
—, tow 拖鏈
—, transmission 傳动鏈
—, twist link type tyre 扭节式胎鏈
—, tyre 胎鏈
—, tyre lock 胎鎖鏈
—, unconstrained 不限定鏈系
—, uncoupling 联結器开閉鏈
—, uncoupling lever 分离杆鏈
—, water pump driving 水泵傳动鏈
—, welded 焊接鏈
—, wheel 齿輪鏈系
—, winch 絞車鏈
chain-branching 連鎖分枝
chain-breaking 連鎖中断
chain-carrier 傳鏈子
chain-initiation 連鎖开始
chain-reaction 連鎖反应
chair, 同 chair, rail
—, heel 同 pivot, heel
—, joint 接軌垫板
—, rail 軌座
—, slide 同 chair, slide plate
—, slide plate 滑板座
chalk 1.白垩{化};2.粉笔
—, french 滑石{化}
chamber 1.室; 2.葯膛（枪炮等的）
—, air 〔空〕气室

chamber, air swirl combustion 旋流式燃烧室
—, **annular** 环形室
—, **atomizer** 雾化室
—, **balancing** 平衡室
—, **bottle neck type combustion** 瓶颈式燃烧室
—, **brake** 闸室
—, **buoyancy** 浮力室
—, **carburetor float** 汽化器的浮筒室
—, **combustion** 燃烧室
—, **compression** 压缩室
—, **conical combustion** 圆锥形燃烧室
—, **cooling** 冷却室
—, **crank** 同 case, crank
—, **deposit** 沉淀槽
—, **directed spray type combustion** 定向喷射式燃烧室
—, **double combustion** 双燃烧室
—, **drying** 干燥室
— **eccentric float** 偏心浮筒室
—, **engine altitude** 发动机高空低压实验室
—, **explosion** 爆发室
—, **fire** 火室
—, **flame** 火焰室
—, **flat cylindrical combustion** 扁平圆柱形燃烧室
—, **float** 浮筒室
—, **horizontally divided crank** 横分式曲柄箱
—, **ice** 冰箱
—, **induction** 吸气室
—, **inlet** 进气室
—, **inner** 內室
—, **intake** 同 chamber, inlet
—, **intermediate pressure** 中间压力室
—, **intermediate valve** 中间阀室
—, **left valve** 左阀室
—, **lock** 水闸
—, **lower** 下室
—, **main valve** 总阀室
—, **mixing** 混合室
—, **mixture** 同 chamber, mixing
—, **oil** 油室
—, **oil jacketed mixing** 油套混合室
—, **open combustion** 开式燃烧室
—, **outer** 外室
—, **piston valve** 活塞阀室
—, **plenum** 充气室
—, **precombustion** 预燃室
—, **pressure** 压力室
—, **pump** 泵室
—, **quiescent combustion** 静气燃烧室
—, **refrigerating** 冷藏室
—, **regenerative** 回热室
—, **reversing valve** 回动阀室
—, **separate combustion** 分燃室
—, **setting** 沉淀室
—, **shift** 调挡室
—, **slid valve** 同 case, slide valve
—, **spark-ignition engine combustion** 火花式內燃机燃烧室
—, **spring buffer** 弹簧缓冲室
—, **starting** 起动室

chamber, steam 汽室
—, **straining** 滤室
—, **suction** 吸室
—, **timing gear** 定时齿轮室
—, **universal valve** 万向阀室
—, **upper** 上室
—, **vacuum** 眞空室
—, **valve** 阀室
—, **valve inner** 阀內室
—, **valve outer** 阀外室
—, **vaporizing** 汽化室
—, **water cooling** 水冷室
—, **wind** 风室
chamfer 倒稜
chamot 火泥
change 变化
—, **abrupt** 骤变(厚度的)
—, **adiabatic** 绝热变化
—, **barometric (al)** 气压变化
—, **chemical** 化学变化
—, **cyclic** 循环变化
—, **isentropic** 等熵变化
—, **isothermal** 等溫变化
— **of speed** 速度变化
— **of state** 物态变化
— **of the form** 变形
—, **periodic** 周期变化
—, **spontaneous** 自然变化
changement, coupling 联结器换向机构
channel 1.沟; 2.水道; 3.槽铁
—, **air** 气路
—, **cable** 缆沟
—, **discharge** 放出沟;放出槽
—, **door glass** 门玻璃槽
— **for air** 同 channel, air
—, **oil** 油槽
—, **pouring** 浇道
—, **rim** 轮缘槽
—, **running** 同 channel,pouring
—, **scoop** 凹槽
—, **water** 水槽
—, **wind** 风道,风洞
—, **wind shield glass** 风挡玻璃槽
channeller 凿沟机
channelling 凿沟
chaplet 型心撑
character of surface 表面特性
characteristic 1.特性; 2.特性的
—, **aeroplane** 飞机特性
—, **air-screw** 〔飞机〕螺旋桨特性
—, **combustion chamber** 燃烧室特性
—, **fuel** 燃料特性
—, **mixture** 混合气特性
—, **operating** 操作特性
—, **wing** 机翼特性
charcoal 木炭
—, **animal** 骨炭
—, **bone** 同 charcoal, animal
charge 1.充电;2.充气;3.进料;4.电荷
—, **accelerating** 加速进气(內燃机)
—, **battery over** 电池过量充电
—, **combustible** 易燃进气(內燃机的)
— **for water** 给水率
—, **free** 自由电荷{电}
—, **fresh** 新进气
—, **initial** 初充电{电}
—, **normal** 正常进气

charge, over 过量充电{电}
—, **stratified** 分层进气
—, **under** 充电不足
charger 充电机
—, **battery** 电池充电机
charging 1.充电；2.充气；3.进料；4.电荷
— **in groups** 成組充电法{电}
— **in two halves** 两半充电法{电}
—, **mechanized** 机力添煤(鍋炉的)
—, **rapid** 快充电法
charring 炭化
— **in heaps** 堆烧法
— **in retorts** 〔曲頸〕甑烧法
— **in stalls** 窖烧法
—, **superficial** 皮焦法
charing-up 加添
chart 1.图；2.表
—, **aerial** 航空地图
—, **air compression** 空气压縮图
—, **alignment** 列綫图
—, **combustion** 燃烧图
—, **composite performance** 复合性能图
—, **compression** 压縮图
—, **cruising** 巡航图
—, **design** 設計图
—, **engine** 发动机图表
—, **hydraulic** 水力传动图
—, **isogonic** 等磁差图
—, **lubrication** 潤滑系統图
—, **Mollier** 莫氏蒸气图
—, **performance** 性能图
—, **speedometer speed** 速度計面板
—, **steam** 蒸气图
—, **temperature-entropy** 温熵图
—, **thermodynamic** 热力图
—, **time schedule** 制造进度表
—, **vapor** 蒸气图
chartometer 測图器
chaser 1.螺紋梳刀；2.梳刀盘；3.同 **aeroplane, fighter**
—, **circular** 圓形螺紋梳刀
—, **circular thread** 同 chaser, circular
—, **inside** 內螺紋梳刀，阴螺紋梳刀
—, **night** 夜間驅逐机
—, **outside** 外螺紋梳刀，阳螺紋梳刀
—, **radial** 径向螺紋梳刀
—, **tangential** 切向螺紋梳刀
—, **thread** 同 die, threading
chassis 〔車〕底盘
—, **bus** 公共汽車底盘
—, **central skid** 中橇架
—, **landing** 同 carriage, alighting
—, **low build** 低式底盘
—, **monowheel** 单輪起落架
—, **section iron** 同 frame, section iron
—, **skid** 橇式起落架
—, **unassembled** 未装合底盘
— **with cab** 連司机室的底盘
— **with cowl** 連发动机罩的底盘
chatter 震顫
chattering 震顫的
chauffeur 自动車司机
check 1.校对；检查；2.制止
—, **compression** 压縮检查

（筒体的）
check, door 门制
　—, ground 地面检查(飞机的)
　—, line 小检修
checkerboard同board, checker
checker-work同 work, checker
checking 校对;检查
cheek 1.颊板; 2.中型箱
　—, brake 闸颊板
　—, crank 曲柄颊板
　—, false 假中箱
chemical 化学的
chest 柜
　—, diagonal joint steam 同 chest with diagonal joint, steam
　—, fuel oil valve燃料油阀柜
　—, intercepting steam 中间汽柜
　—, slide valve 同 case, slide valve
　—, steam 汽柜
　—, tool 同 box, tool
　—, valve 同 casing valve
　— with diagonal joint, steam 斜接汽柜
chestnut 栗木
chevron 人字纹
chill 1.激冷部分; 2.激冷铁; 3.铸模
　—, contracting 收缩冷铁模
chilling 激冷
chimney 烟囱
　—, brick 砖烟囱
　—, iron plate 铁烟囱
　—, telescopic(al) 伸缩烟囱
chimney-stack 同 chimney
chimney-stalk 同 stalk, chimney
chine 舭
chip 1.削; 2.屑,片
　—, flying 飞屑
chipper 同 chisel
　—, pneumatic 气錾
chipping 錾平
chisel 1.錾; 2.凿
　—, anvil 砧凿
　—, beveled firmer 斜边凿
　—, bolt 同 chisel, cape
　—, box 起钉錾
　—, brick 修砖錾
　—, butt 平头削刀
　—, calking 密缝錾
　—, cape 岬錾,扁尖錾
　—, carpenters' cape木工岬錾
　—, carpenters' chipping-off 木工平錾
　—, carpenters' side parallel flat 木工直边扁錾
　—, carpenters' side beveled flat 木工斜边扁錾
　—, center 中心錾,中心冲
　—, chipping 同 chisel, butt
　—, cold 冷錾
　—, corner 角錾
　—, cross cut 横切錾
　—, cross mouthed 同 drill, cross mouthed
　—, cutting 切錾
　—, diamond point(ed)菱形錾
　—, draw 板正錾
　—, drove 滴凿(石工的)
　—, file 锉錾
　—, firmer 笥孔凿
　—, flagging 大凿
　—, flat 扁錾
　—, flat ended 同 drill, flat ended

chisel for cold metal 同 chisel, cold
— for cutting iron 割鉄凿
— for hot iron, blacksmith's 鍛工热鏨
— for warm metal 同chisel, hot
— for working in stone 同 chisel, stone
—, gouge 圓口凿
—, groove chisel 同 chisel, grooving
—, grooving 槽鏨
—, hand cold 手冷鏨
—, hot 热鏨
—, mortise 笋眼鏨
—, paring 削鏨
—, plain 同 drill, flat ended
—, pneumatic 气鏨
—, ripping 笋眼去屑鏨
—, round nose 圓鼻鏨
—, smiths' cross cut 鍛工横切鏨
—, smiths' diamond point 鍛工菱形鏨
—, smiths' flat cut 鍛工扁鏨
—, smiths' half-round 鍛工半圓鏨
— socket 套柄鏨(木工用)
—, splitting 开尾凿
—, stone 石鏨
—, stone cutters' cape 石工岬鏨
—, stone cutters' diamond point 石工菱形鏨
—, stone cutters' flat 石工扁鏨
—, tang 半圓凿
—, tooth 齿鏨
—, turning 旋鏨
—, wall 墻鏨
—, wire 截綫凿
— Z-mouthed 同 drill, Z-mouthed
chloride 氯化物{化}
—, ammonium 氯化銨{化}
—, calcium 氯化鈣
—, methyl 一氯化甲烷
—, zinc 氯化鋅{化}
chlorine 氯{化}
chock 塞块
—, non-slipping 同 block, non-slipping
—, wheel 止輪块
choke 阻塞門,阻气門
—, automatic 自动阻气門
— for oil delivery pipe 送油管堵
—, steam pipe 汽管堵
choker 阻风門
choking 阻塞的
— of the ignition 同 obstruction of the ignition tube
chord 弦
—, bottom 底弦
—, broken top 折綫頂弦
—, bungee shock 橡皮索(飞机用)
—, camel back top 駝背頂弦
—, flap 摺翼弦
—, mean 平均翼弦
—, mean aerodynamic 平均气动翼弦
—, mean effective 平均有效翼弦
— of curvature 曲率弦
—, root 翼根弦

chord tapered 不等弦
  —, tapering 同 chord, tapered
  —, tip 翼梢弦
  —, top 頂弦
  —, wing 翼弦
chorograph 位置测定器
chrome 1. 同 chromium; 2.紅矾鉀
chromite 鉻鉄矿
chromium 鉻{化}
  —, aluminumcopper- 銅鉻鋁合金
chronometer 精密时計
chuck 夾盘;夹头
  —, ball 球夾
  —, bell 鐘形夾盘
  —, clamping 同 chuck
  —, collet 套爪夾头
  —, combination 复动夾头
  —, compressed air 气压夾头
  —, cone 錐形夾盘
  —, cup 同 chuck, bell
  —, draw-in 內拉簧夾盘
  —, drill 鑽头夾盘
  —, eccentric 偏心夾盘
  —, elliptic 橢圓夾盘
  —, face 平面夾盘
  —, flange 凸緣夾盘
  —, fork 叉形夾盘
  —, four-jaw 四爪夾盘
  —, four-jaw concentric lathe 四爪自动車床夾盘
  —, four-jaw independent lathe 四爪分动車床夾盘
  —, grip 同 chuck, collet
  —, hollow spinning 同 block hollow spinning
  —, hydraulic 水力夾头
  —, independent 分动夾盘
  —, jack 活絡夾盘
  —, jaw 爪夾盘
  —, lathe 車床夾盘
  —, lever 带臂夾盘
  —, magnetic(al) 磁性夾盘
  —, multiple spindle drill 多軸鑽床夾盘
  —, quick change 速換夾头
  —, rotary screwing 旋轉螺紋鋼板盘
  —, screw 螺旋夾盘
  —, screwing 同 head, die
  —, scroll 同 chuck, three jaw
  —, self centering 自定心夾盘
  —, self-adjustable drill 自校鑽夾头
  —, shaper 牛头鉋的虎鉗
  —, spinning 同 block,spinning
  —, split 同 chuck, spring
  —, spring 弹簧夾盘
  —, spring collet 弹簧套爪夾头
  —, straight shank gear nut type drill 直柄絞轆式鑽夾头
  —, straight shank triple grip drill 直柄三牙鑽夾头
  —, taper shank drill 錐柄鑽夾头
  —, taper shank gear nut type drill 錐柄絞轆式鑽夾头
  —, taper shank self-adjustable drill 錐柄自校鑽夾头
  —, taper shank triple grip drill 錐柄三牙鑽夾头
  —, tapping 螺絲攻夾盘
  —, threading 同 die, chasing
  —, three jaw 三爪夾盘，自来

夾头
chuck, three jaw concentric lathe 三爪自动〔車床〕夾盘
—, three jaw independent lathe 三爪分动〔車床〕夾盘
—, two jaw concentric lathe 两爪自动〔車床〕夾盘
—, turret drill 六角車床鑽夾
—, two jaw(ed) 两爪夾盘
—, two jaw independent lathe 两爪分动〔車床〕夾头
—, universal 万能夾头
— with four jaws 同 chuck, four jaw
— with three jaws 同chuck, three jaw
churn 搖轉攪拌筒
churning 用搖轉筒攪拌
chute 1.斜槽;2.同chute, air
—, air 降落伞
—, cinder 同 hopper, cinder
—, coal 輸煤管
—, fast opening 速开降落伞
—, main 主伞
—, pilot 导伞
cinder 1.煤渣;2.鉄渣
—, mill 同 scale, mill
circle 圓
—, addendum 齿頂圓(齿輪的)
—, auxiliary 輔助圓
—, azimuth 方位角圓{航空}
—, base 基圓(齿輪的)
—, cam 凸輪圓
—, circumscribed 外切圓{数}
—, concentric 同心圓{数}
—, crank 同 path, crank pin
—, dedendum 齿根圓(齿輪的)
—, describing 画圓
—, diurnal 星体日規圓{天文}
—, generating 同 circle, base
—, gorge 狹隘圓
—, great 大圓圈
—, inertia 慣性圓
—, inscribed 內切圓{数}
—, lap 余面圓
—, mounting 裝架环
—, of curvature 曲率圓
—, of reference 参考圓(簡諧运动的)
—, pitch 节距圓(齿輪的)
—, rolling 滾圓
—, root 同 circle, dedendum
—, small 小圓圈
—, tread 切軌圓
—, valve 閥圓
—, vertical 垂直圓
circlet 鎖环
circling 盘旋
circlip 〔开口〕簧环
—, piston pin 活塞銷簧环
circuit 1.同 circuit, electric; 2.路
—, broken 断路{电}
—, charging 充电路{电}
—, closed 1.閉合电路;2.循环航綫
—, complete 全路{电}
—, electric 电路{电}
—, external 外电路{电}
—, heating 供热电路
—, hydraulic(al) 水压管路
—, ignition 发火电路
—, internal 內电路
—, magnetic 磁路{电}
—, magneto 磁电机电路
—, making breaking 断續路
—, oil 油路
—, open 断路{电}

circuit, oscillating 振盪电路{电}
—, parallel 并联电路{电}
—, primary 一次电路,原电路{电}
—, secondary 二次电路,副电路{电}
—, series 串联电路{电}
—, short 短路
—, shunt 分流电路{电}
— -closer 同 closer, circuit
circuiter, short 短路器{电}
circular 圓的
circulating 1.循环;2.同circulation
circulation 环流
—, cooling water 冷水环流
—, force(d) 压力环流
—, gravity 重力环流
—, lubricating oil 潤滑油环流
—, natural 自然循环
—, oil 同 circulation, lubricating oil
—, water 同 circulation, cooling water
circulator, water 水循环器
circumference 圓周
circumference of wheel 輪周
citrate of iron and ammonia 檸檬酸鉄錏
civil 民用的
clack 瓣,瓣閥
—, air inlet 同 valve, air inlet, clack
—, ball 球瓣
—, butterfly 蝶形瓣
—, delivery 放出瓣
—, exhaust 排气瓣
—, inlet 吸入瓣
—, pressure 同 clack, delivery
—, shutting 閉断瓣
—, suction 同 flap, suction
—, valve 閥瓣
clad, steel 包鋼
clamp 1.鉗;2.夾;3.夾紧;4.压板;压鉄
—, adjustable 活动鉗
—, air 同 clamp, pneumatic
—, air cleaner 濾气器夾
—, air operated 同 clamp, pneumatic 「夾
—, auxiliary spring 輔助弹簧
—, axle 軸夾
—, ball joint 球节夾
—, battery cable 电池綫夾头
—, bench 台鉗
—, bent 彎压板
—, booster hose 助力器軟管夾
—, bracket 托架夾
—, breather pipe 通气管夾
—, brick 运磚机
—, brush 电刷夾
—, cam actuated 凸輪〔司动〕压板
—, cap 盖夾
—, check valve 止回閥夾
— column 柱夾
—, control lever 控制杆夾
—, cover 盖夾
—, distributor 配电器夾
—, distributor cover 配电器盖夾
—, distributor hold down 配电器固定夾
—, distributor terminal 配电器綫头夾
—, door 門扣
—, double pipe 复式管夾

clamp, exhaust pipe 排气管夾
—, finger 插銷口
—, flat 平压板
— for various heights 可变高度的压板
—, front spring 前弹簧夾
—, hand screw 手螺旋夾
—, hinge(d) 鉸节压鉄
—, horse shoe 蹄形夾
—, hose 軟管夾
—, hydraulic 液动压板
—, iron 鉄夾
—, lock-filers 同 clamp, vice
—, manifold 歧管夾
—, muffler 减声器夾
—, muffler inlet pipe 减声器进气管夾
—, muffler tail pipe 减声器尾管夾
—, nut 螺母夾
—, oil filter 濾油器夾
—, oil pump retaining spring 油泵扣紧弹簧夾
—, parallel 平行夾头
—, pin 同 clamp, finger
—, pipe 管夾
—, pivoted 轉动夾(刀架的)
—, pneumatic 气压夾具
—, polishing 抛光夾具
—, radiator inlet hose 散热器进水軟管夾
—, radiator outlet hose 散热器出水軟管夾
—, rail 軌头座栓
—, rear spring 后弹簧夾
—, rim 輪环夾
—, riveting 同 tongs,riveting
—, rope 繩夾
—, screw 螺旋夾
—, side-car frame angle plate 边車架角板夾
—, side-car frame brace 边車底架拉条夾
—, sliding 滑动压板
—, smoke box door 烟箱門扣
—, spindle 柄夾
—, spring 弹簧夾
—, steering column 轉向柱夾
—, steering post 同 clamp, steering column
—, strap 带夾
—, tie rod end 系杆头夾
—, tool 刀夾
—, triple 三角軋头
—, turning 同 carrier, lathe
—, vice 虎鉗夾
—, water pump inlet hose 水泵进水軟管夾
—, wedge 楔形压板
—, wheel rim 輪环夾
—, winch cable 絞車纜夾
—, wind shield 风挡夾
—, wire terminal 电綫接头
—, wood 木夾
—, worm ball return guide 蝸杆球导管夾
clamper 接綫板
clamping 同clamp 3.
—, of the grinding wheel 磨輪夾紧法
clapper 1.警鐘鎚;2.拍板
clarifier 1.澄清器;2.澄清剂
—, oil 同cleaner, oil
class of fit 配合級別
clatter 砰拍声
claw 爪
—,crab 蟹爪
—, driving 主动爪

claw, iron 1.鉄爪;2.撬棍
—, **reversible** 換向爪
—, **revolvable** 迴轉爪
—, **sprocket shift** 鏈輪換挡爪
—, **throw over** 同 claw, reversible
clay 黏土
—, **burnt fire** 燒过黏土
—, **fire** 耐火黏土,火泥
—, **flint** 燧石黏土
—, **refractory** 同clay, fire
—, **sedimentary** 沉澱黏土{地質}
clean 清洁
cleaner 1.清洁器;2.清洁物
—, **air** 濾气器
—, **body** 車身清洁膏
—, **boiler tube** 鍋炉管清洁器
—, **booster air** 升力器的濾气器
—, **breather pipe air** 通气管的濾气器
—, **centrifugal** 离心〔式〕清洁器
—, **centrifugal oil** 离心〔式〕濾油器
—, **cloth** 衣服清洁器(洗衣机)
—, **flue** 清烟道器
—, **gas** 煤气清洁器
—, **glass** 玻璃清洁剂
—, **hydraulic pipe** 水力洗管器
—, **leather** 皮料清洁剂
—, **oil** 濾油器
—, **oil bath air** 油盆濾气器
—, **oil pump** 油泵濾器
—, **pipe** 洗管器
—, **piston groove** 活塞槽清洁器
—, **piston ring groove** 同 cleaner, piston groove
—, **rail** 淨軌器
—, **spark plug** 火花塞清洁器
—, **spring** 弹簧清洁器
—, **tube** 同cleaner pipe
—, **vacuum** 眞空吸尘器
—, **ventilator outlet pipe air** 通风器出气管濾气器
—, **wind screen** 风挡清洁器
—, **wire brush** 綫刷清洁器
cleaning 1.清洁;2.清洁法
—, **alkaline** 用碱洗淨法
—, **hydraulic** 水力清除法
clearance 間隙,余隙
—, **axial** 軸向余隙
—, **bearing** 軸承余隙
—, **brake** 閘余隙
—, **burr and chip** 同 relief, burr and chip
—, **cam** 凸輪間隙
—, **chip** 切屑余隙
—, **cold** 冷时間隙
—, **effective** 有效間隙
—, **ground** 离地距离(飞机起落輪中心的)
—, **hot** 热时間隙
—, **inside** 內余隙
—, **gear** 齿輪間隙
—, **maximum** 最大間隙
—, **mechanical** 机械間隙
—, **minimum** 最小間隙
—, **normal** 正常間隙
—, **oil** 油膜間隙
—, **pedal** 踏板間隙
—, **piston** 活塞余隙,活塞間隙
—, **radial** 径向間隙
—, **road** 离地距
—, **tappet** 挺杆間隙
—, **tube** 管脹余隙
—, **valve** 閥余隙

clearance, wall 壁隙
—, water 隔水距离
clearer, track 排障器
cleat 系縄鉄角
cleavability 受劈性;可裂性
clevis U形夾
—, brake rod 閘杆U形夾
—, check chain 保安鏈U形夾
clearance, wrench 扳手空位
click 同ratchet
climatology 气候学
climb(ing) 上升
climb, maximum 最大上升
—, spiral 盘旋上升
climbing, maximum 最大上升率
clincher 紧鉗
clinker 熔渣
clinometer 1.測角器;2.同 inclinometer
—, longitudinal 縦向傾斜計
clip 夾,箝
—, adjustable pipe 活动管夾
—, anchorage 紧固夾
—, booster hose 同 clamp booster hose
—, brake tube 閘管夹
—, cable 电纜夾
—, carbon 同 holder,carbon
—, eccentric 偏心夾环
—, front spring 同 clamp, front spring
—, fuel pump priming lever 燃料泵打油杆夾
—, fuse 保险絲夾
—, lamp wire 灯綫夾{电}
—, mounting 装置夾
—, muffler tail pipe support 同 clamp,muffler tail pipe
—, oil gage pipe 油位表管夹
—, pipe 管夾
—, pipe connection 接管夾
—, rear spring 同 clamp, rear spring
—, recoil 后座夾
—, retaining 固定夾
—, safety 保险夾
—, speedometer shaft 里程計軸夾
—, spring 同 clamp,spring
—, superheater unit anchorage 过热器紧固夾
—, throttle control wire tube 风門控制綫管夾
—, tubing 同clip, pipe
—, universal joint bearing 万向节軸承夾
—, wire (wiring) 綫夾
clipper 鉗子
—, belt hook 皮带釦鉗压器
—, bolt 剪螺針鉗
—, rivet 鉚釘鉗
clock 时鐘
—, aviation 航空〔时〕鐘
—, counter 同 clockwise, counter
—, electric 电鐘
— -wise 順时針〔轉〕的
— -wise, counter 反时針〔轉〕的
— -work 时鐘机构
clog 1.障碍物;2.阻塞
close 1.接近;2.閉合
—, exhaust 排气停止
—, inlet 进气停止
—, joint 合縫
closer, circuit 接电器{电}
—, pipe 管塞
cloth, asbestos 石棉布

cloth balloon 气球蒙布
—, **door cover** 門縫衬布
—, **drip** 滴水带
—, **emery** 砂布
—, **fabric balloon** 同 cloth, ballon
—, **filter** 濾布
—, **flaxen** 亚麻布
—, **oil** 油布
—, **packing** 填密布
—, **polishing** 抛光布
—, **rubbered** 橡胶布
—, **sand** 同 cloth emery
—, **tracing** 插图布
—, **wax** 腊布
clothing 布罩,布套
—, **cylinder** 汽缸外罩
—, **wedge** 楔閉
closure 鎖合
—, **chain** 鏈鎖合
—, **force** 力鎖合
club, braking 閘棍
—, **solder** 焊条
clump, block 同 block, clump
cluster 組
—, **gear** 齿輪組
clutch 离合器
—, **automatic** 自动离合器
—, **automobile** 汽車离合器
—, **band** 带离合器
—, **centrifugal** 离心式离合器
—, **cheek** 同 clutch, jaw
—, **claw** 爪形离合器
—, **cone** 錐形离合器
—, **contracting band** 縮带离合器
—, **declutch sliding** 分离滑动离合器
—, **differential sliding** 分速器滑动离合器
—, **direct driving** 直接傳动离合器
—, **disk** 圓盘离合器
—, **dog** 同 clutch,claw
—, **double** 双离合器
—, **double cone** 双錐离合器
—, **double Vee** 同 clutch, double cone
—, **dry** 干式离合器
—, **dry disk** 干盘离合器
—, **dry plate** 干板离合器
—, **electromagnetic** 电磁离合器
—, **expanding** 扩张式离合器
—, **expanding band** 脹带离合器
—, **expanding type** 同 clutch, expanding
—, **fan** 风扇离合器
—, **floating ring** 浮环离合器
—, **friction** 摩擦离合器
—, **grabbing** 握式离合器
—, **grease and oil soaked** 浸油离合器
—, **high speed** 高速离合器
—, **hydraulic** 液力离合器
—, **individual** 单独离合器
—, **internal-external gear** 內外齿輪离合器
—, **jaw** 顎形离合器
—, **lower** 下部离合器
—, **magnetic** 同 clutch, electromagnetic
—, **master** 主离合器
—, **multiple disk** 多盘离合器
—, **multiple plate** 多片离合器
—, **overdrive** 超速离合器
—, **overrunning** 同 clutch,

overdrive
clutch, plate 圓片离合器
—, ratchet 棘爪离合器
—, reversed cone 回动圓錐离合器
—, rope 接繩器
—, single disk 单盘离合器
—, single plate 单片离合器
—, sliding 滑动离合器
—, spring 弹簧离合器
—, starter 起动机离合器
—, steering 轉向离合器
—, striker 同 fork, belt
—, three plate 三片离合器
—, tooth 齿輪离合器
—, upper 上部离合器
—, vacuum operated 眞空操縱离合器
—, wet 同 clutch, grease and oil soaked
—, winch sliding 絞車滑动离合器
coach 客車
—, air 同 bus, air
—, express railway 快客車
—, motor 同 car, motor
—, passenger 同 car, passenger
—, steam 同car, steam
—, steam railway motor 鉄路蒸汽自动客車
coagulant 凝結剂{化}
coagulation 凝結
coal 煤{矿}
—, air-dried 空气干燥煤{矿}
—, anthracite 同 anthracite
—, bituminous 烟煤{矿}
—, blind 无烟煤{矿}
—, brown 褐煤{矿}
—, caking 粘結性煤{矿}
—, cannel 烛煤{矿}
—, clinker(ing) 熔結煤{矿}
—, close burning 粘性煤,脂煤{矿}
—, coking 成焦煤{矿}
—, dry 同 coal, noncoking
—, dry bituminous 干烟煤{矿}
—, dust 末煤{矿}
—, earthy 土煤{矿}
—, earthy brown 土狀褐煤{矿}
—, fat 肥煤{矿}
—, free burning 自燃〔的〕煤
—, furnace 1.炉煤; 2.同 coil, short flame
—, gas 气煤{矿},打鉄煤
—, glance 輝褐煤{矿}
—, hard 硬煤{矿}
—, lignite 同 coal, brown
—, lignite brown 同 coal, brown
—, long flame 长焰煤{矿}
—, long flaming 同 coal, long flame
—, long flaming bituminous 长焰烟煤{矿}
—, lump 块煤
—, noncaking 同 coal, noncoking
—, noncoking 不焦煤{化}
—, pitch 瀝青煤{矿}
—, pitch and glance 灰褐煤{矿}
—, powdered 粉煤
—, proper brown 正褐煤
—, pulverized 同 coal, powdered
—, rich 同coal, fat

coal, rocgh 粗煤,未选煤
  —, semibituminous 半烟煤{矿}
  —, short flame 1.短焰煤{矿}; 2.鍋炉煤
  —, steam 同 coal, short flame
  —, waste 废煤
coamings 艙口拦板
coarse 粗的
coaster 沿海〔岸〕航船
coat 涂层
  —, friction 减摩涂层
  —, ground 底涂层
  —, oil 同 cloth, oil
  —, top 外涂层
  —, under 内涂层
  —, lead 鍍鉛的
  —, zinc 鍍鋅的
coating 1.涂料; 2.涂法
  —, doped 加固涂料
  —, metal 包鍍金屬法
  —, spray metal 噴鍍金屬法
  —, vitreous enamel 搪瓷法
cobalt 鈷{化}
cobbles 同 coal, lump
cock 1.旋塞; 2.龙头
  —, air 气旋塞
  —, air relief 放气旋塞
  —, air tank drain 气箱放水塞
  —, angle 角旋塞
  —, automatic cylinder drain 汽缸自动放水塞
  —, automatic drain 自动放水塞
  —, automatic oil 自动加油旋塞
  —, ball 球旋塞
  —, bibb 同 bib cock
  —, blast 同 cock, air relief
  —, blow 放洩旋塞
  —, blow-off 同 cock, blow
  —, brake tube shut-off 閘管关断旋塞
  —, brass air 黄銅气塞
  —, clean-out 淨塞
  —, compression 压縮旋塞
  —, compression release 减压旋塞
  —, coupling 联結旋塞
  —, cut-off 切断旋塞
  —, cut-out 切断旋塞
  —, cylinder 气缸旋塞
  —, cylinder drain 气缸放水旋塞
  —, discharge 放出旋塞
  —, double ball grease 双球滑脂旋塞
  —, drain 放水旋塞
  —, draining 同 cock, drain
  —, emergency 紧急旋塞
  —, feed 进給旋塞
  —, fire 消火旋塞
  —, flood 溢流旋塞
  —, flooding 同 cock, flood
  —, foam 放〔浮〕沫旋塞
  — for spraying water on coal 浇煤旋塞
  —, four-way 四通旋塞
  —, fume 气咀
  —, gage 試水位旋塞
  —, gas 煤气旋塞
  —, gas filter drain 煤气过濾清器放水旋塞
  —, gasoline 汽油旋塞
  —, globe 同 cock, ball
  —, grease 滑脂旋塞

cock, indicator 示功器旋塞
—, inlet 同 cock, feed
—, intermediate gage 中間試水位旋塞
—, isolating 同cock, cut-out
—, lower gage 下端試水位旋塞
—, lubrication regulating 潤滑油調整旋塞
—, main 总旋塞
—, main reservoir drain 儲气主筒放水旋塞
—, main reservoir out-let 儲气主筒开放旋塞
—, mixing 混合旋塞
—, oil 油旋塞
—, oil drain 放油旋塞
—, oil level 油位旋塞
—, oil pan drain 油盘放油旋塞
—, outlet 同 cock, discharge
—, overflow tank drain 溢流箱放洩旋塞
—, passage 通路旋塞
—, pet 小旋塞
—, petrol 同 cock, gasoline
—, plug 旋塞
—, pneumatic cylinder 气筒旋塞
—, priming 起动注油旋塞
—, pump drain 泵放水旋塞
—, radiator drain 散热器放水旋塞
—, regulating 調整旋塞
—, release 同 cock, discharge
—, relief 同 cock, safety
—, reverse gear drain 回动机关放水旋塞
—, reversing 回动旋塞
—, safety 安全旋塞
—, salinometer 盐液密度計旋塞
—, scum 同 cock, foam
—, sea 船底旋塞
—, self-locking angle 自鎖角旋塞
—, shut-off 同 cock, cut-off
—, starting 起动旋塞
—, steam 汽旋塞
—, steam gage 汽压計旋塞
—, steam stop 停汽旋塞
—, stop 停止旋塞
—, straight 直旋塞
—, straight way 同 cock, straight
—, stuffing box 填函旋塞
—, taking in 同 cock, inlet
—, tallow 动物脂旋塞
—, tank 水箱旋塞
—, test 試驗旋塞
—, testing 同 cock, test
—, three way 三通旋塞
—, through 同 cock, straight
—, try 同cock, test
—, two way 两通旋塞
—, union 同 cock, coupling
—, union three way 联結三通旋塞
—, valve 龙头閥
—, washing and drain 同 cock, drain
—, washing out plug and drain 洗孔堵及放水旋塞
—, waste 排洩旋塞
—, water 水旋塞,水龙头
—, water discharge 同 cock, drain
—, water drain 同cock,drain

cock, water gage 同cock, gauge
—, water jacket drain 水套放水旋塞
—, water service 供水旋塞
—, weather 同 cock, wind
—, wind 风标
— with packed gland, plug 同 cock, stuffing box
cockpit 駕駛間,座艙
—, bow 弓形座艙
—, forward 机头座艙
—, front 同cockpit, forward
—, open 敞艙
—, pilot's 司机座艙
—, rear 后座艙
—, totally-inclosed 密閉座艙
code 1.規則; 2.記号
coefficient 系数
—, absolute 絕对系数
—, absolute drag 絕对阻力系数
—, absolute lift 絕对升力系数
—, absorption 吸收系数
—, accomodation 供应系数
—, aerodynamical 空气动力系数
—, arc-of-action 作用弧系数
—, biplane 双翼系数
—, block 船体沒水系数
—, carry-over 承轉系数
—, center of pressure 压〔力中〕心系数
—, compressibility 压縮系数
—, conductivity 傳导系数
—, contact 接触系数
—, cylindric 圓柱系数
—, derivative 誘导系数
—, diluent 稀薄系数
—, discharge 流量系数
—, drag 阻力系数
—, drift 阻力系数
—, engineering 工程系数
—, excess air 过量空气系数
—, fictitious drag 假阻力系数
—, fictitious lift 假升力系数
—, fictitious thrust 假推力系数
—, friction(al) 摩擦系数
—, heat transfer 傳热系数
—, induced drag 誘导阻力系数
—, inner film 內膜系数
—, interference 干涉系数
—, lateral force 橫力系数
—, lift 升力系数
—, mass-transfer 質量交換系数
—, maximum lift 最大升力系数
—, midship area 船身中段剖面系数
—, minimum drag 最小阻力系数
—, moment 力矩系数
—, negative temperature 負温度系数
—, normal force 法綫力系数
—, nozzle 噴嘴系数
— of absorption 呼吸系数
— of adhesion 附着系数
— of conductivity 同 coefficient, conductivity
— of contraction 收縮系数
— of cubical expansion 体脹系数
— of discharge 同coefficient, discharge
— of drag, engineering 工程

阻力系数

coefficient of efflux 同 coefficient, discharge

— of elasticity 弹性系数

— of elongation 伸长系数

— of expansion 膨胀系数

— of fineness of midship section 中段剖面船体系数

— of fineness of water plane 水平面系数(船的)

— of friction 同 coefficient, friction

— of ground friction 地阻系数

— of heat transfer 换热系数

— of heat transmission 传热系数

— of kinematic viscosity 动黏性系数

— of lift 同 coefficient, lift

— of limiting friction 极限摩擦系数

— of linear expansion 綫胀系数

— of performance 性能系数

— of propeller advance 螺〔旋〕桨前进系数

— of resilience 同 coefficient-of elasticity

— of resistance 阻力系数

— of restitution 恢复系数{物}

— of regidity 刚性系数{物}

— of rolling friction 滚动摩擦系数

— of rotary 旋轉系数

— of rupture 破裂系数

— of safety 同 factor, safety

— of stiffness 同 coefficient of rigidity

— of thermal transmission 同 coefficient of heat transmission

— of torsion 扭轉系数

— of tractive resistance 牵引阻力系数

— of velocity 速度系数

— of ventilation 通风系数

— of viscosity 黏性系数

— of volume 容积系数

— of water planes 水平面系数

—, orifice 流口系数

—, outer film 外膜系数

—, over-all heat transfer 总换热系数

—, power 动力系数

—, pressure 压力系数，渦流交换系数

—, prismatic 稜柱系数

—, profile drag 翼剖面阻力系数

—, profile lift 翼剖面升力系数

—, propeller 螺旋桨系数

—, proper drag 固有阻力系数

—, section 剖面系数

—, section drag 剖面阻力系数

—, side force 側力系数

—, skin friction 表〔皮〕摩〔擦〕系数

—, stability 稳定系数

—, speed 速度系数

—, speed fluctuation 速度波动系数

—, speed power 速度动力系数

—, tail force 尾力系数

—, thrust 推力系数

—, torque 同 coefficient of

torsston

coefficient, turbuiont exchange 紊流交換系数

—, velocity 同 coefficient of velocity

—, wind pressure 风压系数

cog 1.嵌齿;2.大齿(爬坡机車齿輪的)

—, hunting 追逐齿

— wheel 同 wheel, cog

cohesion 1.內聚性;2.內聚力{物}

coil 1.綫圈;2盘管

—, armature 电枢綫圈{电}

—, chocking 同 coil, choke

—, choke 抗流綫圈

—, condenser 同 coil, condensing

—, condensing 凝汽盘管

—, cooling 冷却盘管

—, cut-out current 断电器电流綫圈

—, cut-out valtage 断电器电压綫圈

—, effective 有效圈(弹簧的)

—, end 无效圈(弹簧的)

—, field 磁場綫圈

—, generator field 发电机磁場綫圈

—, heating 加热盘管

—, high tension 高压綫圈

—, high tension ignition 高压发火綫圈

—, holding 支助綫圈

—, horn magnetic 喇叭电磁綫圈

—, ignition 发火綫圈

—, induction 感应〔綫〕圈

—, intensifier 增强綫圈

—, intensity 强度綫圈

—, iron core 鉄心綫圈

—, jump spark 跳火感应〔綫〕圈

—, magnet 磁鉄綫圈

—, magneto 磁电机綫圈

—, non-vibrating 无振綫圈

—, pick-up 拾流綫圈

—, plain 光綫圈

—, primary 一次綫圈

—, radiator 輻射器綫圈

—, reaction 反应〔綫〕圈

—, regulating 調节綫圈

—, resistance 电阻綫圈

—, secondary 二次綫圈

—, series 串联綫圈

—, series field 串联磁場綫圈

—, short circuited armature 短路电轉子綫圈

—, shunt 分路綫圈

—, shunt field 分路磁場綫圈

—, spark 火花綫圈

—, spring 簧圈

—, starter field 起动机磁場綫圈

—, transformer 变压器綫圈

—, trembler 震顫綫圈

—, vibrator 同 coil, trembler

—, voltage regulation 电压調节綫圈

coincidence 相等

coke 焦〔炭〕

—, gas 煤气焦炭

— melting 熔化焦炭

—, normal 正常焦炭

co-linear 共綫

collapsible 可分拆的

collar 1.环; 2.同 collar, axle

—, adjustable 調整环

collar, adjustable spring 調整簧环
—, adjusting 同 collar, adjustable
—, axle 軸环
—, ball 1.滚珠环；2.球形环
—, bearing 軸承环
—, bellcrank shaft 直角槓杆軸环
—, brake camshait 刹車凸輪軸环
—, brake torque 刹車扭环
—, clutch pedal adjusting 离合器踏板調整环
—, clutch spring 离合器弹性駐环
—, conical 1.錐形軸环；2.錐形环
—, crank shaft 曲柄軸环
—, dome 同 base, dome
—, feed pipe 进給管环
—, feeder shaft 給料軸环
—, journal 軸頸环
—, leather 1. 皮圈；2. 同 collar, leather packing
—, leather packing 皮垫圈
—, loose 活动环
—, mica 同 ring, mica
—, nave 轂环
—, nut 螺母垫圈
— of shaft 同 collar, axle
— of thrust bearing 止推軸承环
—, oscillating screw stop 摆动螺釘的限动环
—, pedal adjusting 踏板調整环
—, pedal retaining 踏板护圈
—, rim 輪緣环
—, set 固定軸环
—, shaft 同 collar, axle
—, spindle 心軸环
—, split 拚合环
—, spring 弹性駐环
—, spring guide 弹簧导环
—, starter shift 起动机調档軸环
—, steering post 轉向柱套管軸环
—, stop 限动环
—, tapered 同 collar, conical
—, throw-out 推环
—, thrust 止推环
—, valve 閥环
—, valve spring 閥〔弹〕簧座环
collector 1.集电器，接电器；2.集合器
—, bow 接电弓
—, bow current 同 collector, bow
—, centrifual dirt 离心集尘器
—, concave 同 collector, trough shaped
—, current 同 collector 1.
—, dirt 吸尘器
—, double armed current 双臂接电器
—, drag slide current 同 collector, trailng current
—, dust 同 collector, dirt
—, exhaust 排气集合器
— for mine locomotives, current 矿用机車接电器
—, hot air 热气集合器
—, leak 积漏器
—, magneto 磁电机集电器
—, mud 集泥器

collector, oil 集油器
—, pantograph 方形接电器
—, rod current 杆形接电器
—, roller current 滚柱接电器
—, scissors shape 同 collector, pantograph
—, steam 集汽柜
—, third-rail current 第三軌集电器
—, trailing current 曳滑接电器
—, trolley pole current 滚輪杆接电器,电車杆接电器
—, trough shaped 凹形接电器
—, vapor 同 collector, steam
—, whip current 同 collector, rod current
— with fixed base, current 固定式接电器
—, with revolving base, current 轉座式接电器
collet 有縫夹套,套爪
—, conical 錐形有縫夹套
—, spring 弹簧套筒夹头
collimator 照准仪
collision 碰撞(車船等的)
color 色
—, annealing 退火色
—, body 車身顏色
—, oil 有色油漆
—, priming 初漆色
—, tempering 回火色
—, wate 1.水彩; 2.水色
coloring 着色
colour 同 color
column 柱
—, air 空气柱
—, barometric 气压柱
—, boring machine 鏜床柱
—, control 同 lever, control
—, drilling machine 鑽床柱
—, end support 支端柱
—, long 长柱
—, main 主柱
—, post 支柱
—, punching 冲压机柱
—, reinforced 鋼筋柱
—, steering 轉向柱
—, water 水柱
—, with cranked bent 同 column with cranked head
— with cranked head 弓形床架
comb 梳;刷
—, oscillating 摆动梳
—, vibrating 振动梳
—, wire 鋼絲梳
combination 1.化合{化};2.組合;集合{数};3.联合
—, aggregate 集合結构
— of pulley 滑車組合
combined 1.联合的; 2.合成的
combustible 1.可燃的;易燃的; 2.可燃物
combustion 燃烧
—, complete 完全燃烧
—, constant-pressure 定压燃烧
—, constant-volume 定容燃烧
—, delay(ed) 延迟燃烧
—, detonating 爆震燃烧
—, dual 两次燃烧
—, heat of 燃烧热
—, heterogeneous 不均一燃烧
—, homogeneous 均一燃烧
—, imperfect 不完全燃烧
—, incomplete 同 combustion, imperfect

combustion, instantaneous 瞬时燃燒
—, **limiting-pressure** 限压燃燒
—, **non-detonating** 无爆燃燒
—, **perfect** 同 combustion, complete
—, **spontaneous** 自燃
combustor 燃燒室
—, **annular chamber** 环形燃燒室
—, **baffle-type** 楇式燃燒室
—, **can-type** 罐式燃燒室
—, **reverse flow type** 迴流燃燒室（反流燃燒室）
commingler 混合器
common 1.普通；2.公共
communication 交通
commutator 整流器(电机的)
—, **motor** 电动机整流器
—, **sparkless** 无火花整流器
comparator 比較仪,比长仪
—, **electric(al)** 电动比較仪
—, **optical** 光学比較仪
—, **optical projection** 投影比較仪
—, **projector** 同 comparator, optical projector
—, **vertical type** 立式比較仪
compartment 1.間隔；2.同 chamber
—, **air** 同 chamber, air
—, **baggage** 行李艙
—, **belly** 腹艙
—, **cargo** 貨艙
—, **control** 控制室
—, **crew** 司机艙
—, **driver's** 同 cabin, driver's,
—, **engine** 〔发动〕机艙
—, **luggage** 同 compartment baggage
—, **pilot** 1.飞机駕駛員室；2.輪船領航員室
—, **radio operator** 报务員艙
—, **rear** 后艙
—, **stowage** 同 compartment, cargo
—, **water tight** 水密室
compass 1.罗盘,指南針;2.圓規
—, **air** 同 compass, aircraft
—, **aircraft** 航空罗盘
—, **alarm** 告警罗盘
—, **azimuth** 方位罗盘
—, **beam** 长杆圓規
—, **bow** 同 compass, spring bow
—, **caliber** 弯脚圓規
—, **card** 平板罗盘
—, **drawing** 綸图圓規
—, **earth induction** 地磁感应罗盘
—, **elliptical** 橢圓規
—, **flux gate** 磁流門罗盘
—, **hair** 同 compass, spring bow
—, **horizontal** 水平罗盘
—, **induction** 感应罗盘
—, **lead** 鉛笔圓規
—, **magnetic** 磁針罗盘
—, **non-floating type** 非浮式罗盘
— **of proportion** 比例規
—, **oval** 同 compass, elliptical
—, **panel** 鑲板罗盘
—, **proportional** 同 compass of proportion
—, **radio** 无綫电罗盘
—, **reduction** 同 compass of proportion

compass, scribing 划綫規
 —, spring 同 compass, spring bow
 —, spring bow 弹簧圓規
 —, sun 日光罗盘
 —, transit 經緯仪
 —, triangular 三角規
 —, tube 管脚規
 —, vertical 立式罗盘
 —, with detachable legs 活脚圓規
compensating 同 compensation
compensation 补整
 —, altimeter 高度表补偿
 —, altimetric 高度补偿
compensator 1.补偿器；2.补助器
 —, temperature 温度补偿器
complete, condenser valve 凝汽閥全套
 —, cylinder 气缸全套
 —, foot pedal 脚踏板全套
complex 1.复式的,多元的;2.合成物
component 1.部分;2.成份;3.分向量
 —, drag 分阻力
 —, horizontal 水平分量
 —, lift 分升力
 — of force 分力
 — of strain 分应变
 — of stress 分应力
 — of velocity 分速度
 —, power 有功部分
 —, quadrature 正交分量
 —, vertical 垂直分量
composite 1.組合；2.併合
composition 1.合成；2.混合物；3.合剂
 —, antifriction 减摩合剂
 —, boiler antiscaling 鍋炉防銹剂
 —, chemical 化学成分
 — of acceleration 加速度的合成
 — of forces 力的合成
 — of vectors 向量的合成
 — of velocities 速度的合成
compound 1.化合物{化}；2.复式的；3.混合物{化}； 4.复合；5.混合
 —, angle 角复合
 —, anti-detonating 同 anti-detonator
 —, anti-knock(ing) 同 anti-detonator
 —, anti-seize 防黏剂
 —, boiler 同 composition, boiler antiscaling
 —, caulking 填縫料
 —, cross 并列多缸式
 —, cutting 潤削剂
 —, drawing 潤拉剂
 —, filling 填料
 —, gear 齿輪潤滑剂
 —, grinding 磨剂
 —, lapping 研剂
 —, polishing 抛光剂
 —, pro-knock 促爆剂
 —, sealing 封口胶
 —, tandem 串联
 —, valve grinding 磨閥剂
 —, water repellent 防水剂
compounding of cylinder 复合汽缸
 —, velocity 併速法
compressed 压縮的
compressibility 受压縮性

compression 压縮
— , **adiabatic** 絕热压縮
— , **air** 空气压縮
— , **compound** 同 compression compound stage
— , **compound stage** 复級压縮
— , **constant temperature** 等温压縮
— , **crankcase** 曲柄箱压縮
— , **high** 高压縮
— , **isentropic** 定熵压縮
— , **isothermal** 同 compression, constant temperature
— , **low** 低压縮
— , **multistage** 多級压縮
— , **polytropic** 多变压縮
— , **poor** 不足压縮
— , **two stage** 同 compression compound stage
— , **weak** 弱压縮
— , **work done during** 压縮〔时所作的〕功
compressive 压縮的
compressometer 压縮計
compressor 压縮机
— , **air** 空气压縮机
— , **ammonia** 氨气压縮机
— , **auxiliary** 副压縮机
— , **axial** 軸向式压縮机
— , **axial-flow type air** 軸流式空气压縮机
— , **axle-driven** 車軸带动压縮机
— , **bilateral centrifugal** 双面离心压縮机
— , **centrifugal** 离心压縮机
— , **centrifugal air** 离心空气压縮机
— , **cross compound air** 并列复式空气压縮机
— , **gas** 压气机
— , **grease** 同 gun, grease
— , **hydraulic** 水力压縮机
— , **multistage** 多級压縮机
— , **positive displacement air** 正排量空气压縮机
— , **reciprocating** 往复压縮机
— , **single cylinder two stage air** 单气缸双級空气压縮机
— , **single stage** 单級压縮机
— , **travelling air** 移动式空气压縮机
— , **twin** 复式压縮机
— , **axial-flow** 軸流式压气机
— , **universal** 万能調整器
computer 同 calculator
— , **airspeed** 空速計算器
— , **height** 高度計算器
— , **line of position** 位置圈計算器
— , **vector** 向量計算器
concave 凹〔的〕
concavity 凹度
concentrated 1.集中的；2.浓的
concentration 1.集中；2.浓度{化}；3浓縮{化}
concentric 同心的
concentricity 同心性
concrete 1.凝結物；2.凝結；3.同 concrete, cement
— , **asphalt** 瀝青混凝土
— , **armoured** 鋼筋混凝土
— , **cement** 混凝土
— , **ferro** 同 concrete, armourecd
— , **reinforced** 同 concrete, armoured

concrete, rubble 块石混凝土
—, steel 同 concrete, armoured
concurrent 1.相合的; 2.順流的
condensate 1.冷凝;2.冷凝物,凝液{化}
condensation 1. 冷凝〔作用〕; 2.縮合〔作用〕; .3凝聚〔作用〕; 凝結〔作用〕{化}
—, cylinder 汽缸凝結水
—, dropwise 珠状凝結
—, initial 初凝結
—, mixing 混合冷凝法
—, surface 表面冷凝法
condenser 1.凝汽器;2.凝結器; 3.同 condenser, electrical
—, after 后部凝結器
—, air 空气凝結器
—, air-cooling tubes 空气冷凝管式凝結器
—, ballast 压載凝結器
—, barometric 气压凝結器
—, direct contact 接触凝汽器
—, distributor 配电器电容器
—, ejector 同 condenser, injection
—, electrical 电容器
—, evaporative surface 蒸发面凝結器
—, horn 喇叭电容器
—, injection 噴水凝汽器
—, jet 同 condenser, injection
—, marine turbine 船用渦輪机的凝汽器
—, mercury 凝汞器
—, mixing 混合凝汽器
—, multi-jet 多噴口凝汽器
—, single pass 单流式凝汽器
—, siphon 虹吸凝汽器
—, spray pond 噴泉式凝结器
—, starter 起动机电容器
—, steam 凝汽器
—, surface 表面凝汽器
—, surface evaporative 表面蒸发凝汽器
—, two pass 双流式凝汽器
—, vent 通风凝結器
—, water recovery 同 condenser, steam
condensing 凝結
condition 1.情况,状态;2.条件
—, annealed 1.退火状态; 2.煨軟状态
—, heat treated 热处理状态
—, ionic 离子状态
—, light 輕載状态(船的)
—, loading 負載状态
— of continuity 連續条件
—, operating 运轉状态
—, sea level 海面状态
—, stable 稳定状态
—, varying load 变載状态
conditioner 調节器
—, air 空气調节器
conditioning, air 空气調节
— (boiler), water 鍋炉水軟化处理
conduct 1.导管,套管;2.傳导
—, cable 电綫套管
conductance 电导
conduction 傳导{物}
— of heat 热傳导
—, unsteady 不稳定的〔热〕傳导
conductivity 1.导电率,导电系数,电导度{物}; 2.傳导性; 3.导电性; 4.傳导率,傳导系

数
conductivity, heat 1.导热系数; 2.导热性
—, heat metal 金屬〔的〕导热性
—, thermal 同 conductivity, heat
conductometer 1.导热計; 2.电导計{化}
conductor 导体
—, armature 电轉子导綫
—, electric 导电体
—, fuel 燃料导管
—, lightening 避雷針
—, partial 1.次导体; 2.畸性〔光电〕导体
—, perfect 全导体
conduit 1.导管; 2.同 conduit, wire
—, flexible 軟导綫管
—, metal 金屬导管
—, rigid 硬导綫管
—, underground 地下导管
—, water 1.导水管;2.水道
—, wire 导綫管
—, wooden 木导管
cone 1.錐体; 2.錐形
—, atomizor 噴霧〔器〕錐
—, axial 軸錐
—, back 背錐
—, base 底錐
—, buffing 同 cone, polishing
—, circular 圓錐
—, clutch 离合器圓錐
—, combining 同 nozzle, combining
—, danger 警标錐
—, delivery 同 nozle, delivery
—, differential bearing 分速器軸承錐
—, discharge 同 nozzle, delivery
—, double 复式錐輪
—, driven shaft bearing 从动軸軸承錐
—, entrance 进口錐管
—, exit 出口錐管
—, feed 进刀錐輪
—, felt 毡錐
—, female friction 阴摩擦錐輪
—, forge shop 鍛工圓錐
—, friction 摩擦錐輪
—, fusible 同 cone, Seger
—, generating 基錐(伞齿輪的)
—, head 龙头内錐
—, headstock 床头錐輪
—, idler shaft bearing 空轉軸軸承錐
— in the jet 噴口錐(噴气发动机的)
—, inner 1.内层(火焰的); 2.内錐
—, intermediate 中层(火焰的)
—, knuckle bearing 关节軸承錐
—, male friction 阳摩擦錐輪
—, melting 同 cone, Seger
—, mixing 同 nozzle, combining
—, mooring 系錐
—, Morse's 莫氏圓錐
—, multiple stepped 多級錐輪
—, normal 法錐(伞齿輪的)
—, oblique 斜錐
— of friction 同 cone, friction

cone, outer 1.外层(火焰的); 2.外錐
—, pitch 节錐(伞齿輪的)
—, polishing 拋光錐
—, propellor 螺旋桨軸帽
—, pyrometric 同 cone, Seger
—, right 直錐
—, rolling 滚錐
—, round felt 圓毡錐
—, Seger 塞氏測热熔錐
—, shadow 影錐
—, speed 变速錐
—, split friction 拼合摩擦錐輪
—, standard 标准錐
—, steam 同 nozzle, steam
—, step 級輪，宝塔輪
—, stepped 同 cone, step
—, stepped driving 主动級輪
—, tail 尾錐
—, truncated 截角錐
—, union 联管錐
—, valve 閥錐
—, wind 圓錐风标
conical 圓錐形的
coning 圓錐形
conjugate 共軛〔的〕
connecting 連接
connection 1.同 connecting; 2.連接法;3.連接机构
—, air cylinder valve 气筒閥接头
—, ashpan slide 灰盘滑板連接杆
—, back 同 connection, differential
—, battery series 蓄电池串联法
—, between tracks 軌道連接
—, bottom boiler 鍋炉下接头
—, cascade 同 connection in series
—, combined resistance 組合电阻联接法
—, cylinder head outlet 气缸头出水接头
—, cylinder water inlet 气缸进水接头
—, delta 三角接綫法
—, delta-star 三角星形接綫法
—, differential 差动連接
—, drip nozzle 滴嘴接头
—, dry cell 干电池联接法
—, earth 接地綫
—, elbow 弯接头
—, electric 电接头
—, emergency exhaust valve head 紧急排汽閥盖接头
—, engine water outlet hose 发动机出水軟管接头
—, flexible 軟連接
—, floating brake lever 浮动閘連接杆
— for air pump oil cup 气泵油杯接头
— for auxiliary steam pipe, elbow 副汽管弯接头
—, four-way 四通接头
—, frame 車架接合
—, ground 同 connection, earth
—, high pressure exhaust pipe 高压排汽管接头
—, hose 軟管接头
— in parallel 并联
— in series 串联
— in tercepting valve head 中間閥盖接头

connection, leak off 放洩接头
—, **lighting** 灯接头
—, **master cylinder inlet** 主气缸輸入接头
—, **master cylinder outlet** 主气缸放出接头
—, **mesh-star** 同 connection, delta-star
—, **multiple** 复式接头
—, **multiple series** 复式串联法
— **of the motors, parallel** 电动机并联法
—, **oil** 同 connection, oil pipe
—, **oil pipe** 油管接头
—, **overflow pipe** 溢流管接头
—, **parallel** 同 connection in parallel
—, **pin** 銷連接
—, **pipe** 管接头
—, **pipe clip** 管夾接头
—, **receiver pipe** 儲柜管接头
—, **reverse lever latch** 回动杆弹鍵連接机构
—, **rubber** 橡皮接头
—, **sand valve** 砂閥接头
—, **series** 同 connection in series
—, **series-parallel** 串并联接法
—, **simple resistance** 簡单电阻联接法
—, **spring bar** 弹簧杆接头(边車的)
—, **star** 星形联接法
—, **steam** 同 connection, steam pipe
—, **steam pipe** 汽管接头
—, **steam pipe "T"** 丁字形汽管接头
—, **step** 級联接法
—, **throttle lever** 节流杆接头
—, **top** 上接头
—, **top boiler** 鍋炉上接头
—, **trough** 槽接头
—, **vacuum** 眞空連接
—, **water** 水管接头
—, **welded** 焊接合
—, **wire** 綫接头
—, **wheel cylinder inlet** 同 fitting, wheel cylinder inlet
— **with ball joint, pipe** 球形管接头
—, **Y** 同 connection, star
—, **yoke** 軛連接

connector 連接器
—, **ball sleeve tubing** 球套管接头
—, **battery** 蓄电池接头
—, **cable** 电纜接头{电}
—, **cell** 电池接条
—, **fluid** 流体連接器
—, **gas pipe** 煤气管接头
—, **lamp wire** 电灯綫接头
—, **oil pump outlet line** 油泵出油管接头
—, **rack** 栏柵接头
—, **starter field coil** 起动机磁場綫圈接头
—, **terminal stud** 柱螺栓綫接头
—, **track** 履带接头
—, **trailer** 拖車綫接头

conoid 同 cone 1,2.

conservation of angular momentum 角动量不灭
— **of energy** 能量不灭
— **of momentum** 动量不灭

console 托架
constant 1.常数;2.〔常〕等
—, **absolute** 絕对常数
—, **arbitrary** 任意常数
—, **elastic** 弹性常数
—, **empirical** 經驗常数
— **for wing section** 翼剖面常数
—, **gas** 气体常数
—, **gravitational** 万有引力常数
—, **instrumental** 仪器常数
—, **machining** 切削常数
— **of pitch** 齿节常数
—. **radiation** 輻射常数
—, **spring** 弹簧常数
—, **time** 时間常数
—, **torsion** 扭轉常数
—, **universal gas** 通用气体常数
—, **wire** 金屬綫常数
constantan 康銅
constituent 1.組份;2.成分
—, **combustible** 可燃部分
constrained 限定的
construction 1.結构,构造,建筑;2.作图
—, **all metallic** 全金屬結构
construction, axle 軸构造
—, **body** 車身构造
—, **boiler** 鍋炉构造
—, **composite** 复合結构
—, **external** 外部构造
—, **iron** 鉄結构
—, **mixed** 混合結拚
—, **naval** 船舶构造
—, **offset** 支距作图法
—, **railway** 鉄路建筑
—, **rivetted** 鉚合結构
—, **unbalanced** 不平衡結构
—, **unit** 成套組合体
—, **welded** 焊接結构
consumable 消耗的
consumer 用戶
consumption 1.消耗;2消耗量
—, **coal** 煤〔的〕消耗〕量〕
—, **current** 电流消耗〔量〕
—, **fuel** 燃料消耗〔量〕
—, **gasoline** 汽油消耗量
—, **heat** 耗热量
— **of fuel** 同 consumption, fuel
— **of water** 水〔的〕消耗〔量〕
—. **oil** 耗油量
—, **petrol** 同 consumption, gasoline
—, **power** 动力消耗〔量〕
—, **specific** 消耗率
—, **specific fuel** 燃料消耗率
—, **specific oil** 油消耗率
—, **steam** 蒸汽消耗〔量〕
—, **watt** 瓦消耗〔量〕
contact 接触
—, **bow** 弓形接触
—, **carbon** 碳接触
—, **conical** 錐形接触
—, **dead** 死接触(电机操縱器的)
—, **external** 外接触
—, **fixed spark blow-out** 固定火花吹灭接触
—, **horn** 喇叭接触
—, **horn button** 喇叭按鈕接触
—, **internal** 內接触
—, **interrupter** 断續器接触
—, **lamp socket cable** 灯座接綫头
—, **line** 綫接触
—, **metallic** 金屬接触

contact, platinum 鉑触头
—, plug 插头{电}
—, point 点接触
—, pole shoe 极靴〔接〕触点
—, pure rolling 純〔粹〕滾动接触
—, rolling 滾动接触
—, side 边接触
—, slide 滑动接触
—, sliding 同 contact, slide
—, starter switch 起动机开关接触片
—, stationary breaker 固定断电器接触点
—, surface 面接触
—, test 試驗接触点
—, travelling 动接触
—, vibrator 振动器接触头
contactor 接触器
container 容器
—, air 儲气器
—, battery 〔蓄〕电池壳
—, compressed air 压縮空气容器
—, gas 容气器
—, lube oil 〔潤〕滑油容器
—, main gas 主儲气器
—, oil 儲油器
contamination 污染
—, lube oil 〔潤〕滑油污漬
content 含量
—, ash 含灰量
—, heat 焓,热函{物}
—, moisture 含水量
—, specific heat 比焓
continuity 連續性
continuity of state 物态連續性
continuous 連續的
contour 輪廓
—, cam 凸輪〔輪〕廓
—, wing 翼輪廓
contracting, external 外〔收〕縮
contraction 1.收縮量;2.收縮
—, lateral 橫〔收〕縮
— of the slipstream 滑流收縮
control 1.控制,調节;2 操縱
—, advance 提前控制
—, aileron 副翼控制
—, air 空气控制
—, altitude 高度控制
—, altitude mixture 高空混合气控制
—, auto mixture 同 control, automatic mixture
—, automatic 自动控制，自动調节
—, automatic booster 自动升压〔器〕控制
—, automatic choke 自动阻塞門控制
—, automatic mixture 自动混合气控制
—, back suction 反吸控制
—, balanced 平衡控制
—, balancing 同 control, balanced
—, boiler automatic 鍋炉自动控制
—, bomb release 投弹控制
—, brake 刹車控制
—, cam 凸輪控制
—, camber 曲面控制
—, carburetor throttle 汽化器风門控制
—, center 中心控制
—, choke 阻气門控制
—, climatic 气候控制

control, column 杆式控制
—, combustion 燃燒控制
—, combustion automatic 燃燒的自动控制
—, compensate 补偿控制
—, cowling flap 整流罩通风片控制
—, door remote 門的遙控
—, double 双重控制
—, dual 同 control, dual stick
—, dual stick 双杆控制
—, eccentric 偏心控制
—, elevator 升降舵控制
—, engine 发动机控制
—, feed 1.进給控制；2.进刀控制
—, flexible 撓性控制
—, flight 飞行控制
—, flying 同 control, flight
—, follow-up 随动控制
—, foot 脚控〔制〕
—, forward 前控制
—, hand 手控〔制〕
—, hand brake 手閘控制
—, hit-or-miss 断續供油控制法
—, ignition 发火控制
—, inside 內控制
—, interconnected 互联控制
—, manual 人力控制
—, mixture 混合气控制
—, multiple 复式控制
— of inversion 变換控制
—, operating 运轉控制
—, production 生产控制
—, radio 无綫电控制
—, regulating 調节控制
—, remote 远距离控制，遙控
—, reverse 換向控制
—, rigid 刚性控制
—, rudder 方向舵控制
—, seasonal heat 季〔候〕热控制
—, side 側面控制
—, spark 火花控制
—, speed 速度控制
—, stick 同 conrtol, column
—, throttle 风門控制
—, torpedo-release 魚雷发射控制
—, traverse 横轉控制
—, trim 平稳控制
—, turret 轉塔控制
—, up and down 上下控制
—, vacuum 眞空控制
—, vacuum spark 眞空火花调节器
—,vacuum wind shiled wiper 风挡刮水器眞空控制
—, valve 閥控制〔器〕
—, warping 翹翼控制
—, wheel 輪式控制
—, wheel column 輪杆控制
controllability 可控制性
controllable 可控制的
controller 1.控制器，調节器；2.同 inspector
—, alternating current 交流电控制器
—, brake 閘控制器
—, duplex pressure 复式压力控制器
—, half-oval 半橢圓控制器
—, main 同 controller, principal
—, oval 橢圓控制器
—, principal 主控制器
—, rectangular 长方形控制器

controller, semi-cylindrical 半圓筒形控制器
　—, series-parallel 串并联控制器
convection 对流{物}
　—, forced 强迫对流
　—, free 自然对流
　—, mechanical 机械对流
　—, natural 自然对流
conventional 习用的
conversion 1.轉化;轉变; 2.换算
　—, energy 能量轉变
　—, irreversible 不可逆变化
converted 1.改装的;2.改造的
converter 1.轉化器; 2.换流器; 3.吹风〔轉〕炉
　—, alternating current 交流电变流器
　—, bady 小吹风炉
　—, high voltage 高压变流器
　—, phase 换相器
　—, rotary 旋轉变流器
convertible 可改变的
convertor 同 converter
convex 凸〔的〕
convexity 凸度
　—, excess 过凸(焊接的)
conveyance 运送
conveyer 輸送机,輸送器
　—, apron 帷裙式輸送器
　—, ash 輸灰器
　—, band 带式輸送器
　—, belt 同 conveyor, band
　—, bucket 斗式輸送器
　—, chain 鏈式輸送器
　—, coal 輸煤机
　—, flight 鏈动輸送机
　—, gravity 重力輸送器
　—, high speed 高速輸送器
　—, lift and 升降輸送机
　—, log 輸木机
　—, pneumatic 气力輸送机
　—, pushing 推进式輸送机
　—, screw 螺旋式輸送机
　—, screw coal 螺旋式輸煤机
　—, shaking 振动式輸送机
　—, trough 槽式輸送器
conveyor 同 conveyer
convolute 盘旋面
　—, helical 螺旋面
coolant 同 agent, cooling
　—, helium 氦冷却剂
　—, organic liquid 有机液体冷却剂
cooled, air 气冷〔式〕
　—, liquid 液冷〔式〕
　—, water 水冷〔式〕
cooler 冷却器
　—, after 后冷却器
　—, air 空气冷却器
　—, air intake 进气管冷却器
　—, brine 盐水冷却器
　—, drip 点滴式冷却器
　—, gas 煤气冷却器
　—, lubricating oil 〔潤〕滑油冷却器
　—, multis element 多元冷却器
　—, oil 冷油器
　—, oil tube 管式冷油器
　—, pipe 管式冷却器
　—, rotary jet 轉动噴口冷却器
　—, spark plug 火花塞冷却器
　—, surface 表面冷却器
　—, tank 油箱冷却器
　—, transmission oil 变速器冷油器
　—, water 水冷却器

cooling 冷却
—, adiabatic 絕热冷却
—, air 空气冷却
—, blades 叶片冷却
—, composite 复合〔式〕冷却
—, engine 发动机冷却
—, evaporative 蒸发冷却
—, forced water 压水冷却
—, inter-stage 級間冷却
—, liquid 液〔体〕冷却
—, piston 活塞冷却
—, pressure 压流冷却〔法〕
—, steam 蒸汽冷却
—, thermo-syphon 温差环流冷却
—, under 过冷
—, uniform 均匀冷却
—, vapor phase 汽态冷却
—, Venturi engine 文德利式发动机冷却〔法〕
—, water 水冷〔却法〕
co-ordinate 坐标{数}
—, polar 极坐标{数}
—, rectangular 直角坐标{数}
cope 上型箱
co-pilot 副駕駛員
co-planer 同平面的{数}
copper 銅{化},紫銅,紅銅
—, aluminum- 鋁銅合金
—, armature 电轉子銅
—, cast 鋳銅
—, electric soldering 电热〔紫銅〕烙鉄
—, electrolytic 电解銅
—, flat 〔扁〕銅条
—, forged 鍛銅
—, gas soldering 气热〔紫銅〕烙鉄
—, phosphor 磷銅
—, rolled and hammered 軋鎚銅
—, rotor 同 copper, armatuer
—, sheet 紫銅板,紫銅片
—, soldering 〔紫銅〕烙鉄
—, strip 带状銅条
—, wire 綫銅
coppersmith 銅作工人
copy 1.样板;2.同 copying, form
—, oval 橢圓形样板
copying, form 靠模工作法
cord 1.繩; 2.綫
—, asbestos 石棉繩
—, car suspension 悬艇繩
—, center suspension 中〔央〕悬索
—, control 同 cable, control
—, hemp 麻繩
—, parachute rip 降落伞扯开索
—, plug 塞繩
—, pucker 摺索
—, rip 1.开球索;2.开伞索
—, ripping 同 cord, rip
—, rubber 橡皮繩
—, rubber shock absorber 减震器橡皮繩
—, shock 减震繩
—, stay 拉繩
—, suspension 悬繩
—, tinsel 发亮金屬繩
—, trolley 空中吊运車繩索,电車繩索
—, valve 閥繩
core 1.心子;2.型心{鋳}
—, armature 电轉子心
—, baked 干型心
—, balanced 平衡型心
—, barrel 心型軸

core, cable 索心
—, cake 糕状型心
—, collapsible 1.自崩型心; 2.可分析型心
—, dry sand 干砂型心
—, false 假型心
—, green 同 core, green sand
—, green sand 湿砂型心
—, interior 內部型心
—, iron 鉄心
—, loam 黏土型心
—, magnetic 磁心
—, oil cooler 冷油器心子
—, oily skinned 油面型心
—, radiation 同 core, radiator
—, radiator 1.散热器型心; 2.汽車散热器中部
—, relay 継动器心子
—, sand 砂型心
—, skim (ming) 撇渣心
—, slab 片型心
—, soft iron 軟鉄心
—, solid iron 实鉄心
—, speedometer shaft 里程表軟軸心
—, spray 霧心
—, stock 备用型心
—, tyre valve 輪胎閥心
—, tooth 齿型心
—, trestles 轉心架
—, tubular 管心
—, valve 閥心
—, vertical 垂直型心
—, wire 綫心
core-print 同 print, core
cork 1.軟木塞; 2.軟木;3塞电綫心
corner 角
—, filleted 內圓角
—, square 內尖角
cornice 簷板
correct 1.正确;2.改正
—, chemically 适量
correction 同 correct 2.
—, cooling 冷却修正
—, sextant index 六分仪指标修正
—, slipstream 滑流修正
—, wind tunnel 风洞修正
corrector 修正器
corresponding 1.相当的;2.对应的
corrosion 侵蝕;腐蝕
—, chemical 化学侵蝕
—, inter-crystalline 晶間侵蝕
corrosive 侵蝕的,腐蝕的 「性
corrosiveness 1.侵蝕作用;2.腐蝕
corrugated 成波紋的
corrugation 波紋
corubin 人造刚玉
corundum 1.刚玉, 刚石; 2.金刚砂
cost 1.成本; 2.费用
—, first 購置費
—, maintenance 維持費
— of maintenance 同 cost, maintenance
— of operation 同cost, operating
— of production 制造費
— of renovation 修繕費
— on tyres per kilometer 每吨公里輪胎費
—, operating 运行費〔用〕
—, overhead 1.普通費;2.杂费
—, prime 同 cost, first
—, production 同 cost of production

cotter 制銷
　—, application piston 作用活塞扁銷
　—, brass 銅衬扁銷
　—, cross head 十字头銷
　—, flat 扁銷
　—, link pin 节銷〔上的〕制銷
　—, main rod brass 主杆銅衬制銷
　—, piston 活塞制銷
　—, piston rod 活塞杆制銷
　—, split 开尾銷
　—, spring 弹簧制銷
　—, square 方銷
　—, throttle rod 风門杆开尾銷
　—, universal center bolt nut and 活节中心螺栓螺母与制銷
　—, universal joint pin and 活节銷及制銷
　—, wedge 楔形扁銷
　— with screw end 螺旋端制銷
cotton 棉花,棉紗,棉布
coulisse 1. 滑縫; 2. 〔有〕滑縫〔的〕板
counter 1.計数器;2.相反的
counter, dial 刻度盘計数器
　—, dust 計尘器
　—, engine 发动机轉数表
　—, revolution 轉数表
　—, speed 計速表
counterbalance 平衡块
counterbore 平底扩孔鑽
　—, step 級式平底扩孔鑽
　— with guide 有导径的平底扩孔鑽
counter-brace 同 brace, counter
counter-current 同 current, counter
counter-pressure 同 pressure, counter
counterpropeller 反螺旋桨
countershaft 同 shaft, counter
　—, overhead 挂脚副軸
　—, pump 泵副軸
　—, spur wheel 直齿輪副軸
countersink 同 sink, counter
　—, drill and 定心〔孔〕鑽
　—, machine 机用錐口鑽
　—, multiple cutting edge 多刃錐口鑽
　—, sole cutting edge 单刃錐口鑽
countersunk 同 countersink
counterweight 平衡重量;砝碼
coupe 小轎車
　—, aerial 轎式飞机
　—, convertible 活頂轎式汽車
couple 1.力偶;2.連結
　—, centrifugal 离心力偶
　—, instantaneous 瞬时力偶
　— of forces 同 couple 1,
　—, thermoelectric 同 thermocouple
　—, torsional 扭力偶
　—, twisting 同 couple, torsional
coupled 連結的
　—, four wheel (ed) 二連軸式(机車)
　—, six whel front 二連一尾軸式(机車)
coupler 1.联接器;2.同 coupler, car
　—, air brake hose 同 coupling, air brake hose

coupler, air hose 軟气管联接器
—, **automatic car** 自动車鈎
—, **car** 車鈎
—, **car body** 同 coupler, car
—, **dummy** 同 coupling, dummy
—, **flexible** 同 coupler, flexible head
—, **flexible head** 活头車鈎
—, **hose** 同 couplnig, hose
—, **standard D** 标准D形車鈎
—, **steam heater hose** 蒸汽暖器軟管接头
—, **suction hose** 吸入軟管接头(水柜的)
—, **vertical—plane** 縱面車鈎
coupling 1.联轴节; 2.连結
—, **air brake hose** 气閘軟管接头
—, **articulated** 同 coupler, flexible head
—, **automatic** 自动联接器
—, **ball and socket** 球窩联接器
—, **band** 带形联接器
—, **belt** 同 coupling, band
—, **bolt** 螺栓联軸节
—, **box** 函形联軸节
—, **brake hose and** 閘軟管及接头
—, **brush** 刷状联軸节
—, **central** 中央互鈎
—, **chain** 鏈形联接器
—, **claw** 爪形联接器
—, **clutch** 同 clutch
—, **cone** 錐形联軸节
—, **cone friction** 錐形摩擦联軸节
—, **conveyor screw shaft** 輸送机螺軸联軸节
—, **cylinder friction** 圓柱形摩擦联軸节
—, **differential drive shaft** 分速器傳动軸联軸节
—, **direct** 直接联軸节
—, **disengaging** 离合联軸节
—, **disk** 圓盘联軸节
—, **distributor drive shaft** 分配器傳动軸联軸节
—, **dog** 同 clutch, claw
—, **double** 双联軸节
—, **dummy** 空联节
—, **elastic** 弹性联軸节
—, **electric** 同 coupling, electromagnetic
—, **electro** 同 coupling, electromagnetic
—, **electromagnetic** 电磁联軸节
— **expansion** 脹縮联軸节
—, **fast** 硬性联軸节
—, **feed pipe** 进給管接头
—, **flanged** 凸緣联軸节, 法兰联軸节
—, **flexible** 同 coupling, elastic
—, **flexible pipe** 軟管接头
—, **friction** 摩擦联軸节
—, **friction clutch** 同 clutch, friction
—, **gear** 齿輪联軸节
—, **generator** 发电机的联軸节
—, **heating hose** 暖汽軟管接头
—, **hose** 軟管接头
—, **hydraulic** 水力联軸器
—, **jaw** 同 coupling, claw
—, **joint** 活节联接器

coupling, jointed 同 coupling, joint
—, **jump** 跳合联軸节
—, **leather** 皮带联軸节
—, **loose** 松联軸节
—, **magneto** 同 coupling, electromagnetic
—, **main** 主联接器
—, **metallic pipe** 金屬联管节
—, **mooring** 系留接头
—, **movable** 活动联軸节
—, **muff** 套筒联軸节
—, **pawl** 同 coupling, claw
—, **parmanent** 永久联軸节
—, **pin** 銷联接
—, **pipe** 联管节
—, **plate** 同 coupling, disk
—, **principal** 同 coupling, main
—, **quick** 速接联軸节
—, **rail** 軌联接
—, **rapid** 同 coupling, quick
—, **reducing** 縮径联軸节
—, **rigid** 刚性联軸节
—, **rod** 杆联接
—, **rope** 繩索联接
—, **safety** 保險联接器
—, **screw** 螺旋联接器
—, **screw flange** 螺釘凸緣联軸节
—, **screwed pipe** 螺旋联管节
—, **self sealing** 自封联接器
—, **shaft** 联軸节
—, **sleeve** 同 coupling, muff
—, **solid** 同 coupling, rigid
—, **split** 拼合联軸节
—, **split muff** 拼合套筒联軸节
—, **spring ring** 簧圈联軸节
—, **square** 方头联軸节
—, **thimble** 同 coupling, muff
—, **through** 同coupling, direct
—, **trailer light** 拖車灯接头
—, **union** 同 union, pipe
—, **union-screw** 同 union,pipe
—, **universal** 万向联軸节

course 1.过程; 2.道路
—, **boiler barrel first** 第一节炉筒
—, **boiler barrel second** 第二节炉筒
—, **boiler barrel third** 第三节炉筒
—, **conical shell** 錐形鍋炉筒
—, **ground speed** 地速程
—, **magnetic** 磁盘航綫
— **of work** 工作过程
—, **seamless shell** 无縫鍋炉筒
—, **speed** 速〔行〕程
—, **taper shell** 同 course, conical shell
—, **true** 眞航綫
—, **upper speed** 上速程
—, **welded shell** 焊接鍋炉筒
—, **wind** 同 path, wind
—, **butt jointed shell** 对接鍋身

cover 1.罩,盖;2.外胎
—, **air cleaner** 同 cover, air filter
—, **air filter** 濾气器盖
—, **application cylinder** 控制缸盖
—, **application valve** 控制閥盖
—, **axle box** 軸箱盖
—, **back cylinder** 后缸盖
—, **ball joint** 球节盖
—, **battery** 电池盖
—, **battery box** 电池箱盖

cover, batter hold down 电池压盖
—, bearing 軸承盖
—, bowl 杯盖
—, brake drum inspection hole 閘輪检查孔盖
—, brake shoe side 閘瓦边盖
—, cam gear case 凸輪箱盖
—, cam shaft 凸輪軸盖
—, canvas 帆布套
—, case 箱盖
—, cell 电瓶盖
—, circuit breaker 断路器盖
—, cleaning hole 清洁孔盖
—, cloth seat 布座套
—, clutch 离合器盖
—, clutch adjusting 离合器調整盖
—, clutch housing hand hole 离合器壳手孔盖
—, clutch housing inspection 离合器壳检查盖
—, cold water cylinder lower 冷水筒下盖
—, cold water pump cylinder upper 冷水泵筒上盖
—, commutator 整流子盖{电}
—, commutator end felt wick 整流子端毡蕊盖
—, commutator end head 整流子端头盖
—, control lever dust 控制杆防尘罩
—, controller 同 case, controller
—, conveyor drive shaft end 輸送机主动軸端盖
—, conveyor end bearing 輸送机端承盖
—, conveyor pawl casing 輸送机棘爪罩盖
—, conveyor reverse 輸送机回动盖
—, core 型心涂料
—, countershaft bearing 同 cap, countershaft bearing
—, crank case 曲柄箱盖
—, crank rubber 曲柄橡皮套
—, crank shaft bearing 曲柄軸軸承盖
—, crusher 軋碎机盖
—, cylinder 同 head, cylinder
—, cylinder back 汽缸后盖
—, cylinder block vacuum pump pad 汽缸体眞空泵垫盖
—, cylinder front 汽缸前盖
—, cylinder head rocker arm 汽缸头搖杆盖
—, differential housing 分速箱壳
—, distributor 配电盘盖
—, dome 汽包盖
—, drag link dust 拉杆防尘罩
—, dust 防尘罩
—, elevator pawl casing 升投机棘爪罩盖
—, empennage 〔飞〕机尾罩
—, end 端盖
—, end bearing 端承盖
—, engine 发动机罩
—, feeder ratchet casing 进料器棘輪罩盖
—, fibre seat 纖維座套
—, filling hole 給油孔盖
—, filter 濾器盖
—, float chamber 浮筒室盖

cover, fly wheel housing 飞輪壳盖
—, **front** 前盖
—, **front cylinder** 同 head, front cylinder
—, **fuel bowl** 燃料杯盖
—, **fuel filter** 燃料滤器盖
—, **fuel pump** 同 body, fuel pump
—, **fuel tank** 燃料箱罩
—, **fuselage** 〔飞〕机身外壳
—, **gear** 齿輪罩
—, **gear box** 齿輪箱盖
—, **gear case** 同 cover, gear box
—, **gear shift** 变速器盖
—, **gear shift dust** 变速器防尘罩
—, **gear shift lever dust** 变速杆防尘罩
—, **gland** 同 gland 2.
—, **grille** 〔散热器〕格栅盖
—, **grinding wheel bearing protecting** 磨輪軸承护盖
—, **hand control valve** 手控〔制〕閥盖
—, **hand hole** 手孔盖
—, **heater lower** 加热器下盖
—, **heater upper** 加热器上盖
—, **heater valve** 加热器閥盖
—, **hinged** 鉸节盖
—, **hoist pump** 起重机泵盖
—, **hood** 机罩套
—, **horn spherical back** 喇叭球背罩
—, **hot water pump cylinder** 热水泵缸盖
—, **hot water upper** 热水筒上盖
—, **hub** 轂盖
—, **hydraulic relay valve body** 水力継动閥体盖
—, **inspection** 检查盖
—, **insulating** 絕緣盖
—, **jam pot** 同 seal, valve
—, **journal box** 軸頸箱盖
—, **kick starter casing** 冲式起动机箱盖
—, **kick starter crank rubber** 冲式起动机曲柄橡皮套
—, **king pin** 中心立軸盖
—, **knuckle pin** 关节銷盖
—, **lagging** 同 sheet, clothing
—, **lamp** 灯罩
—, **leather outer** 皮外罩
—, **leather seat** 皮座套
—, **left conveyor reverse** 左側輸送机回动盖
—, **left distributor** 左側分配器盖
—, **manhole** 入孔盖
—, **master cylinder** 主缸盖
—, **mixture chamber** 混合室盖
—, **mud box** 泥箱盖
—, **non-skid** 防滑器盖
—, **oil box** 油箱盖
—, **oil cup** 油杯盖
—, **oil filter** 滤油器盖
—, **oil pan** 油盘盖
—, **oil pump** 油泵盖
—, **oil pump body** 同 cover, oil pump
—, **oil pump screen** 油泵滤網盖
—, **oil scavenger pump** 回油泵罩
—, **oil tight** 油密盖

cover, outer 1.外壳；2.同 cover 2.
—, pillow block 軸台盖
—, piston valve 活塞閥盖
—, pitot 皮氏管套
—, plumber block 軸台盖
—, power take-off 脫力器盖
—, pressed spring 压制簧盖
—, pressure button 按鈕罩
—, producer 发生炉盖
—, protecting 护盖
—, protecting hood 同 cover, protectlng
—, pump 泵盖
—, pump cylinder valve chest 泵缸閥柜盖
—, pump governor 泵調节器盖
—, pump governor case 泵調节器盒盖
—, rack housing flange 齿条边緣盖
—, radiator 散热器罩
—, rear axle housing 后軸壳盖
—, regulator 調节器盖
—, relay valve top 継动閥頂盖
—, reverse 回动盖
—, reverse lever catch 回动杆接挡盖
—, rocker 搖杆盖
—, rocker box 搖杆箱盖
—, seat 座套
—, seat cushion 座墊套
—, segment 扇形盖
—, shovel box 鏟箱盖
—, side 边盖
—, spray valve 噴霧閥盖
—, steam chest 汽柜盖
—, steam cylinder lower 汽缸下盖
—, steam cylinder upper 汽缸上盖
—, steering column jacket oil hole 轉向軸座油孔盖
—, steering gear housing 轉向齿輪壳盖
—, spare wheel and tyre 备用輪及胎
—, steering wheel nut 轉向輪螺帽盖
—, stoker casing 进煤机罩盖
—, tank 箱盖
—, tie rod end dust 系杆端防尘盖
—, timing gear 定时齿輪盖
—, timing gear case 定时齿輪箱盖
—, top 頂盖
—, transfer case 分动箱盖
—, transmission case 傳动箱盖
—, transmission gear 傳动齿輪盖
—, turbine 渦輪罩；透平罩
—, turbine ball bearing 渦輪滚珠軸承盖；透平滚珠軸承盖
—, turret 轉塔盖
—, tyre 外胎
—, valve 同 cap, valve
—, valve chamber 閥室盖
—, valve housing 同 cover, valve chamber
—, valve outer chamber 閥外室盖
—, valve rocker 閥搖杆盖

cover, water interception 隔水盖
—, **water pump** 水泵盖
—, **water separation** 同 cover, water interception
—, **wheel** 1.輪罩;2.輪胎
—, **wheel cylinder** 輪缸盖
—, **wheel hub** 輪轂盖
—, **winch** 絞車盖
—, **winch worm bearing** 絞車蝸杆軸承盖
—, **winch worm housing** 絞車蝸桿壳盖
—, **wind shield** 风挡罩
—, **wing** 翼罩
covering 1.套; 2.罩
—, **boiler** 鍋炉絕热罩
—, **fabric** 布罩
—, **leading edge** 前緣罩
—, **metal** 1.金属罩;2.金属套
—, **pipe** 管外保护层
—, **wing** 同 cover, wing
—, **yarn** 綫纏
cowcatcher 同 cowcacther, locomotive
—, **locomotive** 机車排障器
cowl 罩
—, **cylinder** 汽缸罩
—, **rear** 后罩
cowling 1.同 cowl; 2.整流罩
—, **drag reducing** 减阻罩
—, **engine** 发动机罩
—, **low drag** 同 cowling, drag reducing
—, **ring** 环形罩
—, **wheel** 輪罩
crab 同 winch, crane
—, **auxiliary** 輔助起重絞車
—, **bracket** 壁装起重絞車
—, **chain** 鏈起重絞車
—, **double rail motor** 同 hoist, double rail motor
—, **double roller** 双滚輪起重絞車
—, **electrically driven** 电动起重絞車
—, **foundry** 翻砂間起重絞車
—, **hand driven** 手动起重絞車
—, **hoisting** 同 winch, crane
—, **main** 主起重絞車
—, **mono-rail motor** 同 hoist, single rail motor
—, **rope** 繩起重絞車
—, **single rail motor** 同 hoist, single rail motor
—, **single roller** 单滚輪起重絞車
—, **travelling** 同 hoist, travelling
—, **travelling motor** 同 hoist, travelling motor
—, **trough** 装料槽起重絞車
crabbing 整理工作
crack 裂縫
—, **shrinkage** 縮裂
cracker, 破碎机
—, **coal** 碎煤机
cracking 1.裂縫;2.同 cracking, thermal
—, **season** 干裂
—, **catalytic** 催化热裂{化}
—, **thermal** 加热分裂〔法〕
cradle 1.搖架;2.支船架(造船厂的);3.鎌刀
—, **boiler** 鍋炉托架
—, **building** 同 cradle 2.
—, **docking** 进塢船架
—, **engine** 发动机架

cradle, launching 1. 騰空架; 2.弹射架; 3.下水架
craft 1.船舶; 2. 同 aircraft
—, **aerial** 同 aircraft
—, **fighter** 同 aeroplane, fighter
—, **gliding** 同 aerodone
—, **heavier than air** 重航空器
—, **lighter than air** 同 aeroplane, dominutive
—, **military** 同 aeroplane, military
—, **patrol** 同 aeroplane, patrol
—, **sea-going** 同 aerohydro-plane
cramp 1.夾; 2.扣釘
—, **adjustable** 同 clamp, adjustable
—, **G type** G形夾
—, **hand screw** 手螺旋夾
—, **rope** 繩夾
—, **saw** 鋸夾
crane 起重机
—, **abutment** 高座起重机
—, **angle** 斜座起重机
—, **balance** 平衡起重机
—, **bar iron** 鉄条起重机
—, **block setting** 鋼块起重机
—, **boat's** 船用起重机
—, **boom** 吊杆起重机
—, **break-down** 同 crane, locomotive
—, **bridge** 桥式起重机
—, **building** 建筑起重机
—, **cantilever (cantalever; contaliver)** 悬臂起重机
—, **chain block** 鏈滑車起重机
—, **coaling** 装煤起重机
—, **curb ring** 轉盘起重机
—, **derrick** 同 derrick
—, **derrick wagon** 車座人字起重机
—, **electric** 电动起重机
—, **electric locomotive** 电动机車起重机
—, **electric slewing** 电动旋臂起重机
—, **electric travelling** 电动移动起重机
—, **erecting** 安装〔用〕起重机
—, **fixed** 固定起重机
—, **fixed gauntry** 固定龙門起重机
—, **fixed pillar slewing** 同 crane, stationary slewing
—, **floating** 水上起重机
—, **foundry** 翻砂間起重机
—, **foundry slewing** 翻砂間旋臂起重机
—, **frame** 同 crane, gauntry
—, **gantry (gauntry)** 龙門起重机
—, **giant** 巨型起重机
—, **gib** 同 crane, jib
—, **Goliath** 同 crane, giant
—, **half gantry** 单脚高架起重机
—, **hammer** 同 crane, hammer head
—, **hammer head** 鎚头式起重机
—, **hammer head slewing** 鎚头式旋动起重机
—, **hand** 手力起重机
—, **hand slewing** 手旋起重机
—, **hand travelling** 手移起重机

crane hand wharf 手搖碼头起重机
—, **hatch** 艙口起重机
—, **helmet** 同 crane, visor
—, **hydraulic** 水力起重机
—, **hydraulic gantry** 水力龙門起重机
—, **hydraulic slewing** 水力旋臂起重机
—, **jib** 挺杆起重机
—, **locomotive** 机車起重机
—, **luffing** 俯仰起重机
—, **magnet** 磁力起重机
—, **mast** 桅杆起重机
—, **one-legged** 单脚起重机
—, **overhang** 悬架起重机
—, **overhead** 高架起重机
—, **overhead travelling** 桥式起重机,高架移动起重机
—, **pillar** 轉柱起重机
—, **pivot slewing** 枢轉起重机
—, **plate** 同 crane, sheet iron
—, **platform** 台車起重机
—, **pneumatic** 气力起重机
—, **portable** 輕便起重机
—, **portable slewing** 輕便旋臂起重机
—, **portable steam** 輕便蒸汽起重机
—, **pyramid** 角錐架起重机
—, **quay** 港岸起重机
—, **railway** 鉄路〔用〕起重机
—, **roof** 屋頂起重机
—, **rope driven travelling** 繩动移动起重机
—, **rotary** 回轉起重机
—, **salvage** 救险起重机
—, **semi-portal** 单脚高架起重机
—, **shaft driven travelling** 軸动移动起重机
—, **sheet iron** 鉄板起重机
—, **ship's** 同 crane, boat's
—, **slewing** 旋臂起重机
—, **smithy slewing** 鍛工間旋臂起重机
—, **stationary** 同 crane, fixed
—, **stationary slewing** 定柱旋臂起重机
—, **steam** 蒸汽起重机
—, **steam slewing** 蒸汽旋臂起重机
—, **swing** 同 crane, slewing
—, **tractor** 牵引車起重机
—, **transport** 运輸用起重机
—, **travelling** 移动起重机
—, **travelling gauntry** 移动龙門起重机
—, **travelling jib** 移动挺杆起重机
—, **turning** 同 crane, slewing
—, **twin travelling** 双輪移动起重机
—, **visor** 帽形起重机
—, **wall** 墻装起重机
—, **wall slewing** 墻上旋臂起重机
—, **warehouse** 仓庫起重机
—, **water** 水鶴
—, **wharf** 碼头起重机
—, **work shop** 車間起重机
—, **wrecking** 同 crane, salvage
crank 曲柄
—, **aileron** 副翼曲柄
—, **anti-parallel** 不平行曲柄
—, **ash pan damper rig-**

ging bell 灰盘前開开閉折角曲柄
crank, balanced 平衡曲柄
—, ball 球状曲柄
—, bell 直角〔形〕槓杆
—, built up 組合曲柄
—, center 中心曲柄
—, disk 盘形曲柄
—, double 双曲柄
—, driving 主动曲柄
—, eccentric 偏心曲柄
—, elevator 升降机曲柄
—, engine 发动机曲柄
—, hand 手动曲柄
—, hoist bell 起重机直角槓杆
—, index 分度头曲柄
—, inside 內曲柄
—, leading 导曲柄
—, lifting 升举曲柄
—, locking 关閉曲柄
—, main 主曲柄
—, oblique 斜曲柄
—, opposite 对置曲柄
—, outside 外曲柄
—, overhang 外伸曲柄
—, parallel 平行曲柄
—, pedal 踏板曲柄
—, regulator 調节器曲柄
—, return 回行曲柄
—, rigging bell 控制直角槓杆
—, rotating 轉动曲柄
—, rotating double 轉动双曲柄
—, safety 安全曲柄
—, side 旁曲柄
—, single 单曲柄
—, sprocket 鏈輪曲柄
—, starting 起动曲柄
—, throttle control bell 风門控制直角槓杆
—, throw 推动曲柄
—, turret control 轉塔控制曲柄
—, wheel 輪曲柄
— with circular web 同 disk, crank
crankangle 同 angle, crank
crankcase 同 case, crank
cranker 手搖曲柄
cranking 1.搖动; 2.起动
—, electric 电力起动
crankshaft 同 shaft, crank
crankthrow 同 throw, crank
crash 1.碰撞; 2.摔毁
crater 焊口
cratering 磨頂槽
creasote 同 creosote
credit, store 退料单
creep 1.蠕变(材料的); 2.爬行
— of the rails 軌道〔的〕爬行
creeper 定速运送器
creeping 爬动(皮带的)
creosote 杂酚油{化}
crest 牙頂
— of screw thread 螺紋頂
crew, flight 空勤員
—, ground 地勤員
crimper and beader 折捲边緣器
critical 临界〔的〕
cross 1.交叉;2.横;3.十字头
—, differential pinion 差速器小齿輪十字軸
— head and slippage 十字头与滑程
—, propeller shaft 螺旋桨軸十字架
—, tie 〔横〕系梁
—, universal joint 万向节十字头

crossbar 同 bar, cross
crossbreaking 同 breaking,cross
cross-head 同 head, cross
crossing 1.轍叉;2.交叉的
—, air 交叉气道
— at right angles 同crossing, right angle
—, cast 铸鉄轍叉
—, cast steel 铸鋼轍叉
—, contractors旋动轍叉
—, diamond 斜式轍叉
—, grade 同 crossing, level
—, level 平面交叉（鉄道或公路）
— of lines 交道叉
—, right angle 直角交叉
— with base plate, built-up 軌組轍叉
crossmember 同 member, cross 2.
crossrail 同 rail, cross
crosstie 軌枕
crow 1.鉄挺;橇杆;2.起貨鈎
crow, jim 同 bender, rail
crowbar 同 crow
crown 1.輪周;2.頂部;3.隆起
—, fire box 火箱頂
—, furnace 炉頂
— of furnace 同 crown, furnace
—, piston 活塞頂
—, ribbed 肋撑頂
—, toothed bevel 同 crowngear
crowngear 差动器側面伞形齿輪
crowning 凸面,隆起面
— of pulleys 皮带輪凸面
crucible 坩堝
—, clay 粘土坩堝
—, graphite 石墨坩堝
—, melting 熔化坩堝
cruiser 巡洋艦
cruising 巡航
crusher 軋碎机
—, conveyor 輸送〔机〕軋碎器
—, gyratory 环动軋碎机
—, jaw 顎形軋碎机
—, movable 活动軋碎机
—, ore 碎矿机
—, rock碎岩机
—, roll 滚碎机
—, sand 研砂机
—, stationary 固定軋碎机
—, stone 碎石机
crushing 压碎
cube 立方体
cubic 1.立方体的;2.三次的
cuff, propeller螺旋桨根套
—, rubber 橡皮封套
culm 煤屑
culvert, pipe 管渠
cup 杯
—, air cleaner oil 濾气器油盘
—, automatic oil 自动加油杯
—, cross head shoe oil 十字头滑瓦油杯
—, differential bearing 差速器軸承杯
—, differential cone bearing 差速器錐形軸承杯
—, distributor grease 配电器滑脂杯
—, distributor weight holddown 分电器离心块罩
—, drip (dripping) 承油杯
—, drive pinion cone bearing 主动小齿輪錐形軸承杯

cup, driven shaft bearing 从动軸軸承杯
—, driver brake oil 主动輪閘油杯
—, eccentric strap oil 偏心环油杯
—, flaring 展口杯
—, front wheel brake 前輪閘缸皮碗
—, glass oil 玻璃油杯
—, gravity feed 重力进給杯
—, grease 滑脂杯,牛油杯
—, guide bar oil 导杆油杯
—, hand brake lever pawl spring 手閘杆爪弹簧盖
—, horn cable contact 喇叭綫接触杯
—, hydraulic relay valve piston 液压継动閥活塞皮碗
—, idler shaft bearing 空轉輪軸承杯
—, knuckle bearing 关节軸承杯
—, leather 皮碗
—, lubricating 同 cup, oil
—, master cylinder piston 主缸活塞皮碗
—, master cylinder piston secondary 主缸活塞副皮碗
—, master cylinder secondary 同 cup, master cylinder piston secondary
—, oil 油杯
—, pillow block bearing 軸台軸承杯
—, piston 活塞皮碗
—, piston packing 活塞填密皮碗
—, piston rod oil 活塞联杆油杯
—, piston rod stuffing box 活塞联杆填料函盖
—, plain oil 同 cup, oil
—, rear axle cone bearing 后軸錐形軸承圈
—, reverse gear oil 回动装置油杯
—, rocker shaft oil 搖杆軸油杯
—, roller bearing 滾柱軸承杯
—, runner 浇口杯(鑄工的)
—, secondary leather 副皮碗
—, spring seat bearing 弹簧座承杯
—, suction feed 吸力进給杯
—, tender drain 煤水車放水杯
—, valve 同 seat, valve
—, valve spring 同 seat, valve spring
—, wheel bearing inner 輪軸承內杯
—, wheel bearing outer 輪軸承外杯
—, wheel cylinder piston 刹車分帮活塞皮碗
—, worm bearing 蝸杆軸承杯
—, wrist pin oil 肘节銷油杯
cupola 化鉄炉
curb 車围
curl 捲边
current 1.流; 2.同 current electric
—, aerial 同 current, air
—, air 气流
—, alternating 交流〔电〕{电}
—, ascending 上升气流
—, brake 閘电流
—, controlling 控制电流

current, counter 逆流
—, **charging** 1. 充电〔电〕流; 2. 电容电流
—, **continuous** 恆〔向〕电流,恆〔流〕电流
—, **descending** 下降气流
—, **descending air** 同 current, descending
—, **direct** 直流〔电〕{电}
—, **discharging** 放电〔电〕流
—, **down** 同 current, descending
—, **earth** 地电流
—, **eddy** 1.渦流;2.渦电流
—, **electric(al)** 电流{电}
—, **frictional up** 摩擦升流
—, **high tension** 高压电流{电}
—, **induced** 感应电流
— **in the same direction** 順流
—, **low tension** 低压电流
—, **magnetization** 起磁电流{电}
—, **mean charging** 平均充电〔电〕流
—, **mutually induced** 互感电流
—, **negative** 負电流
— **of air** 同 current, air
—, **primary** 一次电流,原电流{电}
—, **pulsating** 脉动电流{电}
—, **secondary** 二次电流, 副电流{电}
—, **short circuit** 短路电流{电}
—, **starting** 起动电流
—, **thermic up** 热升流
—, **thermoelectric(al)** 热电流
—, **up** 同 current, ascending

Curtis-wheel 同 wheel, Curtis
curvature 1.曲率{数};2.曲度
—, **average** 平均曲率{数}
—, **convex** 凸弯曲
—, **double** 双曲率
—, **principal** 主曲率
—, **reverse** 反曲率
—, **synclastic** 同向曲率

curve 曲綫{数}
—, **actual cam** 实际凸輪曲綫
—, **adiabatic** 絕热曲綫
—, **air-fuel** 空气燃料曲綫
—, **ballistical** 弹道曲綫
—, **base** 基础曲綫
—, **calibration** 校准曲綫
—, **characteristic** 特性曲綫
—, **clearing** 扫除曲綫(齿輪的)
—, **climb(ing)** 升速曲綫(飞机的)
—, **closed** 閉曲綫
—, **compound** 复曲綫
—, **compression** 压縮曲綫
—, **condition** 状态曲綫
—, **conjugate** 共軛曲綫
—, **consumption** 消耗曲綫
—, **cooling** 冷却曲綫
—, **decomposition** 分解曲綫
—, **deflection** 弯曲曲綫
—, **discharge** 流量曲綫
—, **distillation** 蒸餾曲綫
—, **draftsman's** 同compass 3.
—, **drag** 阻力曲綫
—, **economy load** 經济负载曲綫
—, **elastic** 弹性曲綫
—, **equilibrium** 平衡曲綫
—, **expansion** 膨脹曲綫
—, **fair** 順曲綫
—, **flexible** 同 curve, flexible

adjustable
curve, flexible adjustable 撓性曲綫板
—, french 同 curve, draftsman's
—, fuel consumption 燃料消耗量曲綫
—, funicular 1.同 catenary; 2.矩曲綫
—, generating 母曲綫
—, harmonic 諧和曲綫
—, helical 螺旋曲綫
—, horse power 馬力曲綫
—, internal drag 內阻〔力〕曲綫
—, irregular 不規則曲线
—, isothermal 等温曲线
—, lift 升力曲綫
—, load 載荷曲綫
—, logarithmic 对数曲綫{数}
—, loxodromic 同 line, rhumb
—, magnetization 磁化曲綫
—, moment 力矩曲綫
— of area or mid-ship section 船体中段剖面面积曲綫
— of area of transverse section 橫剖面面积曲綫（船的）
— of buoyancy 浮力曲綫
— of displacement 排水量曲綫
— of flotation 浮心曲綫
— of load 同 curve, load
— of shearing force 剪力曲綫
— of solubility 溶度曲綫
— of stability, cross 稳定性交叉曲綫
— of statical stability 靜力稳定曲綫
—, ogee 双弯曲綫
—, operating 操作曲綫
—, performance 性能曲綫
—, polar 极曲綫
—, polytropic 多变循环曲綫
—, power 动力曲綫
—, pressure 压力曲綫
—, pressure volume 压〔力〕容〔积〕曲綫
—, propeller load 螺〔旋〕桨載荷曲綫
—, reversed 反向曲綫
—, reversible pressure 可逆压力曲綫
—, saturation 飽和曲綫
—, sharp 銳折曲綫
—, sine 正弦曲綫{数}
—, smooth 光滑曲綫
—, speed-time 时速曲綫
—, spiral 螺綫
—, steam limit 汽液界綫
—, temperature 温度曲綫
—, temperature pressure 温〔度〕压〔力〕曲綫
—, theoretical cam 理論凸輪曲綫
—, throttle 节流曲綫
—, thrust grading 推力分佈曲綫
—, torque grading 轉矩分佈曲綫
—, transition 1.过渡曲綫,介曲綫;2.緩和曲綫{鉄路}
—, upper freezing-point 上凝〔固〕点曲綫
—, vacuum 眞空綫
—, valve-lift 閥升程曲綫

curve, valve quieting 閥靜曲綫
—, velocity 速度曲綫
—, vertical 垂直曲綫
—, volatility揮发性曲綫
—, wind moment 风矩曲綫
—, working cam 工作凸輪曲綫
—, zero 零綫
curved 弯曲的
cushion 軟墊
—, air 气墊
—, anvil 鉄砧墊
—, asbestos 石棉墊
—, double action pneumatic drawing 双作用助拉气墊
—, engine support 发动机支架墊
—, plain 平墊
—, pleated (plaited) 折墊
—, radiator support 散热器支架墊
—, rubber 同 buffer, rubber
—, seat 座墊
—, side car seat 边車座墊
—, steam 汽墊
—, transfer case mounting 分动箱座〔的〕軟墊
—, tyre 胎墊
—, vibration damper fly wheel 减震器輪墊
—, water 水墊
—, wooden anvil 鉄砧木墊
cushioning 1.同cushion;2.緩冲
—, steam 同 cushion, steam
cut 1.切削,割削;2.割紋
—, continuous 連續切削
—, cross 1.橫切; 2.交錯鏨齿(銼刀的)
—, deep 深切
—, double 双紋(銼的)
—, drop 1.垂直烧割; 2.〔上下〕等速烧割
—, fine 細切削
—, finishing 完工切削
—, first 1. 初鏨紋 (銼的); 2. 同 cut, rough
—, intermittent 間歇切削
—, interrupted 同 cut, intermittent
—, lower 同 cut, rough
—, machine 机械切削，机割
—, multiple 多刃切削
— of file 銼紋
—, rotary 旋削
—, rough(ing) 1.粗切削;2.粗紋(銼的)
—, saw 鋸痕
—, second 二道紋(銼的)
—, single 单紋(銼的)
—, smooth 1.細切削;2.細紋(銼的)
—, upper 同 cut, fine
cutfit, navigation 航行备用工具
cut-in 切入,割入
cut-off 1.停汽;2.切断,截断
cut-off, idling 空轉切断
—, flying 剪鉄条机 (装在滾軋道上)
cutout 1.断流器;2.关断
—, automatic 自动断流器
cut-out, automatic reverse current 逆流自断器{电}
—, battery 电池断流器
—, engine 关車
—, generator 发电机断流器{电}
cutter 刀具

cutter, adjustable 可調整刀具
—, alternate tooth slot milling 交錯齿槽銑刀
—, angle 1.角鉄截断机；2.同 cutter, angular
—, angular 斜角銑刀
—, angular milling 同 cutter, angular
—, arbor-type milling 套筒銑刀(用心杆的)
—, backed off 同 cutter, backed off milling
—, backed off milling 后讓銑刀
—, bar 切条机，截条机
—, bevel milling 斜面銑刀
—, block type boring 插刀式鏜刀
—, bolt 螺栓机
—, boring 鏜刀
—, carbide tipped milling 鑲硬質合金銑刀
—, channeling 銑槽刀
—, circular forming 定形圓刀
—, concave 同 cutter, concave milling
—, concave milling 凹形銑刀
—, coned milling 錐形銑刀
—, conical side milling 錐形側銑刀
—, corner rounding 同cutter, corner rounding milling
—, corner rounding milling 圓角銑刀
—, convex 同 cutter, convex milling
—, convex and concave milling 凸凹銑刀
—, convex milling 凸形銑刀
—, cotter mill 銷槽銑刀
—, crank shaft returning tool 曲軸絞光用刀
—, cylindrical 同 cutter, cylindrical milling
—, cylindrical milling 圓柱形銑刀
—, die sinking 凹模銑刀
—, disk gear 盘形齿輪刀具
—, disk milling 盘形銑刀
—, double angle 同 cutter, double angle milling
—, double angle milling 双角銑刀
—, dovetail 燕尾銑刀
—, emery 同 wheel, emery
—, end mill(ing) 端銑刀
—, epicycloidal gear 外擺綫〔形〕齿輪銑刀
—, face and side 平側两用銑刀
—, face milling 平面銑刀
—, facing 同 cutter, face milling
—, file 鏨銼刀
—, finger 指头銑刀
—, fly(ing) 飞刀，横旋轉刀
— for fluting twist drills 麻花鑽槽銑刀
— for gear wheel 同 cutter, gear
— for screw plate 螺絲板加工刀具
— for serrating jaw of chuck 夾盘爪齿銑刀
— for tap, fluting 螺絲攻槽銑刀
—, form(ed) 定形刀具
—, form milling 定形銑刀

cutter, formed milling 同 cutter, form milling
—, gang 同 cutter, group milling
—, gang milling 同 cutter, group milling
—, gear 齿輪刀具
—, gear milling 齿輪銑刀
—, gear shaper 鉋齿刀
—, gear wheel- 同 cutter, disk gear
—, glass 玻璃割刀
—, glass tube 玻管割刀
—, grooved milling 槽形銑刀
—, grooving 銑槽刀
—, group milling 組合銑刀
—, grouped 同 cutter, group milling
—, half side milling 一旁模銑刀
—, helical milling 螺齿銑刀
—, high speed 高速刀具
—, hob milling 同 hobber, gear
—, hole boring 鏜孔刀
—, hollow milling 空心銑刀
—, hub 带轂刨齿刀
—, inserted tooth facing milling 鑲齿式平面銑刀
—, inserted tooth milling 鑲齿式銑刀
—, interchangeable 互換刀片
—, interlocking side 同 cutter, interlocking side milling
—, interlocking side milling 交齿側銑刀
—, internal milling 內面銑刀
—, interrupted type milling 間歇式銑刀
—, involute gear 漸开綫齿輪刀具
—, key way 同 cutter, key way milling
—, key way milling 鍵槽銑刀
—, lath 切板机
—, left-hand 左旋銑刀
—, metal slitting 开縫銑刀
—, milling 銑刀
—, moulding 同 cutter, form
—, pipe 截管器
—, plain milling 普通銑刀
—, plain spiral milling 普通螺旋銑刀
—, plywood boring 木用挖孔鑽
—, profile 同 cutter, form
—, profile milling 同 cutter, form milling
—,, profiled curved grooving 定形曲槽銑刀
—, profiled grooving 定形槽銑刀
—, rack milling 齿条銑刀
—, radial 同 cutter, side milling
—, reamer and tap fluting 鉸刀及螺絲攻槽銑刀
—, relieved 同 cutter, backed off
—, right-hand 右旋銑刀
—, rivet 截鉚釘器
—, rotary 1.轉刀;2.轉割机
—, rotary gear shaving 盘形剃齿刀
—, S-shaped engraving S形旋刻刀

cutter, sand 碎砂机
—, saw tooth milling 鋸齿銑刀
—, scraping 刮刀
—, scraping out 同 broach 1.
—, screw 螺紋刀
—, screw slotting 螺絲头开槽刀具
—, screw slotting milling 同 cutter, grooving
—, screw-on 螺装銑刀
—, shank gear 带柄齿輪刀具
—, shank milling 同 cutter, shank type milling
—, shank type milling 柄式銑刀
—, shaped profile milling 同 cutter, form milling
—, shaving 剃刀(金工用)
—, shell end mill(ing) 空心端銑刀
—, side milling 側面銑刀
—, single 单銑刀
—, single angle milling 单斜銑刀
—, single thread milling 单片螺紋銑刀
—, slab (slabing) 去〔木〕皮刀
—, slabbing milling 闊面銑刀
—, slot 同 cutter, grooving
—, slot milling 同 cutter, grooving
—, slotting 同 cutter, grooving
—, spherical 球面刀
—, spiral cut milling 旋槽銑刀
—, spiral milling 同 cutter, spiral cut milling
—, spline milling 花軸銑刀
—, sprocket 鏈輪銑刀
—, sprocket milling 同 cutter, sprocket
—, sprocket wheel 同cutter, sprocket
—, sprue 流道銑刀
—, staggered tooth milling 錯齿銑刀
—, staggered tooth side 錯齿側銑刀
—, stone 截石机
—, straddle milling 双面銑刀
—, straddle sprocket milling 跨式鏈輪銑刀
—, straight curved grooving 直刃彎旋槽刀
—, straight grooving 直刃銑槽刀
—, straight shank milling 直柄銑刀
—, straight tooth milling 直齿銑刀
—, T-slot 丁字槽銑刀
—, "T" slot milling 同 cutter, T-slot
—, tap and reamer 同cutter, reamer and tap fluting,
—, tapes shank end milling 錐柄端銑刀
—, thread milling 螺紋銑刀
—, tube 同 cutter, pipe
—, twist drill 同 cutter, for fluting twist drills
—, two-lip end milling 双面刃端銑刀
—, wheel 同 cutter, gear
—, winged 装翼銑刀
—, wire 綫剪

cutter with insorted teeth 同 cutter, inserted tooth milling
— **with spiral grooves, cylindrical** 圓柱旋槽銑刀
— **with straight grooves cylindrical** 圓柱直槽銑刀
—, **woodruff keyseat** 半圓鍵槽銑刀
—, **Z-shaped engraving** Z字旋刻刀
cutting 切削,割削
—, **arc** 电弧切削
—, **band saw friction** 带鋸磨擦割截法
—, **carbon arc** 炭极弧割
—, **circular saw friction** 圓鋸磨擦割截法
—, **copying** 靠模切削
—, **cross** 同 cut, cross 1.
—, **electric arc** 同 cutting, arc
—, **face** 車平面
—, **flame** 同 cutting, oxy-acetylene
—, **free** 脆屑的
—, **gas** 同 cutting, oxy-acethylene
—, **gear** 切齿
—, **longitudinal** 縱割
—, **metal arc** 金屬极电弧割
—, **oblique** 斜刃割法
—, **orthogonal** 垂直割法
—, **oxyacetylene** 氧炔割法
—, **oxygen** 同 cutting, oxyacetylene
—, **screw** 切削螺紋
—, **spiral** 螺旋切削
—, **stack** 多层氧炔割法
—, **transverse** 同 cut, cross
cutwater 船鼻
cyanide sodium 氰化鈉{化}
cyaniding 氰化
cycle 1. 循环; 2.週
—, **action** 动作循环
—, **actual** 实际循环
—, **air** 空气循环
—, **air refrigeration** 空气造冷循环
—, **air standard** 空气标准循环
—, **binary** 同 cycle, binary vapor
—, **binary vapor** 双汽循环
—, **Garnot** 卡諾循环
—, **close** 迴合循环
—, **cold air standard** 冷空气标准循环
—, **complete expansion** 完全膨脹循环
—, **composite** 复合循环
—, **constant pressure** 定压循环
—, **constant pressure regenerative** 定压回热循环
—, **constant volume** 定容循环
—, **constant volume regenerative** 定容回热循环
—, **dense air** 浓气循环
—, **Diesel** 狄賽尔循环
—, **dual combustion** 双燃循环
—, **engine** 发动机循环
—, **extraction** 撤汽循环
—, **four** 同 cycle, four stroke
—, **four stroke** 四程循环

cycle, fuel-air 燃料空气循环
—, gas 气体循环
—, gas pump 气泵循环
—, gas refrigeration 气体造冷循环
—, hot air standard 热〔空〕气标准循环
—, ideal 理想循环
—, ideal air 理想空气循环
—, ideal engine 理想发动机循环
—, incomplete expansion 不完全膨脹循环
—, irreversible 不可逆循环
—, irreversible heat 不可逆热循环
—, Joule 焦耳循环
—, magnetization 磁化路
—, mixed 混合循环
—, mixed combustion 混燃循环
—, more-complete expansion 延长膨脹循环
—, motor 机器脚踏車
—, non-expansion 不膨脹循环
— of engine 同 cycle, engine
— of motion 运动循环
— of operation 动作循环
— of stress 应力循环
—, open 开口循环
—, operating 同 cycle of operation
—, Otto 鄂图循环
—, Rankine 兰肯循环
—, Rankine engine 兰肯发动机循环
—, Rankine vapor 兰肯蒸汽循环
—, real mixture standard 实际混合气标准循环
—, rectangular pressure-volume 矩形压容循环
—, refrigeration 造冷循环
—, regenerative 回热循环
—, regenerative extraction 撤水回热循环
—, reheating 重热循环
—, reheating regenerative engine 重热回热〔发动〕机循环
—, reheating regenerative vapor 重热回热汽循环
—, reheating vapor 重热汽循环
—, reversed 逆行循环
—, reversed Carnot 逆行卡諾循环
—, reversible 可逆循环
—, solo type motor 单座式机器脚踏車
—, steam 蒸汽循环
—, thermodynamic 热力循环
—, throttled 节气循环
—, two 同 cycle, two stroke
—, two stroke 二程循环
—, unthrottled 暢流循环
—, vapor 汽循环
—, vapor refrigeration 汽造冷循环
cyclic 循环的
cyclograph 圓弧規
cycloid 摆綫{数}
—, common 普通摆綫
cycloidal 摆綫的
cyclometer 回轉計
cyclometry 測圓法{数}
cyclone 旋风
cycloscope 轉速計

cylinder 1.汽(气)缸；2.筒
—, acetylene 乙炔瓶
—, actuating 主动筒
—, air 1.压气缸；2.儲气筒
—, air cooled 气冷气缸
—, annular 环形气缸
—, application 同 cylinder, control
—, auxiliary steam 副汽缸
—, balance 平衡气缸
—, block cast 块鋳汽缸
—, booster 助力机缸
—, brake 閘〔气〕缸
—, brake main 主閘缸
—, brake master 同cylinder, brake main
—, carburetor vacuum 汽化器眞空筒
—, cast 鋳成机缸
—, control 控制筒
—, controller 同 cylinder, control
—, damper 减震筒
—, damping 同 cylinder, damper
—, diagonal 斜排气缸
—, double acting 双作用机缸
—, double piston brake 双活塞閘缸
—, drying 干燥筒
—, dual cast 复鋳气缸
—, duplex 同 cylinder, twin
—, emery 砂輪鼓
— driver brake 主动閘筒
—, engine 发动机气缸
—, engine truck brake 轉向架閘缸(机車的)
—, front wheel brake 前輪閘缸
—, hammer 汽鎚汽缸
—, high pressure 高压气缸
—, hoist 起重机缸
—, hood operating 帶〔有〕罩〔子的〕操作汽缸
—, horizontal 臥式气缸
—, hydraulic 液压缸
—, I-head I形头气缸
—, individual 同 cylinder, separate
—, inside 內气缸
—, intermediate 中压气缸
—, inverted 倒置气缸
—, jacketed 有套气缸
—, L-head L形头气缸
—, landing gear down latch 起落架下閂作用筒
—, landing gear up latch 起落架上閂作用筒
—, left hand 左筒
—, locomotive 机車汽缸
—, low pressure 低压气缸
—, lower 下气缸
—, main 主〔气〕缸
—, master 同 cylinder, main
—, mixing 混合缸
—, monoblock 整块气缸
—, multiple 同 multi-cylinder
—, offset 偏置气缸
—, oil pump 油泵筒
—, operating 操作气缸
—, opposed 对置气缸
—, oscillating 摆动气缸
—, outside 外气缸
—, oval 卵形缸
—, overhanging 外伸气缸
—, oxygen 氧瓶
—, perforated 篩孔筒

cylinder, pitch 节圓柱
—, power 动力缸
—, pressure 压力缸
—, projecting 投射筒
—, pump 泵缸
—, push rod brake 推杆閘缸
—, radial 星形气缸
—, retracting 伸縮筒
—, reverse 回动汽缸
—, revolving 旋轉气缸
—, ribbed 肋式气缸
—, scored 刮伤气缸
—, semi-circle 半圓〔排〕列〔气〕缸
—, separate 分鑄气缸
—, shock absorber 減震器筒
—, single 单气缸
—, single acting 单作用机缸
—, single piston brake 单活塞閘缸
—, staggered 交錯气缸
—, static radial 固定星形气缸
—, steam 汽缸
—, steam grate shaker 炉篦搖动器汽缸
—, steel 鋼筒
—, suction 吸气缸
—, T-head T形头气缸
—, tandem 串列气缸
—, tender brake 煤水車閘缸
—, triple 三通筒
—, truck brake 轉向架閘缸
—, trunk piston brake 柱状活塞閘缸
—, turbine 渦輪壳,透平壳
—, twin 双气缸
—, V-type V形气缸
—, vacuum 眞空筒
—, vacuum power 眞空动力缸
—, vertical 立式机缸
—, water 水筒
—, water cooled 水冷式气缸
—, wheel 同 cylinder, wheel brake
—, wheel brake 輪閘儲气筒
— with steam-jacket 汽套汽缸
—, working 同 cylinder, operating
—, zinc 鋅筒
cylindrical 圓筒形的
cylindrometer 柱径計

D

D-ring D形圈
damage, radiation 輻射伤害
damp 1.阻尼；2.減弱
damped, air 空气減震的
damper 1.調节风門;2.減震器;3.挡板
—, air 风挡
—, ash pan 灰盘挡板
—, ash pan back 灰盘后挡板
—, ash pan front 灰盘前挡板
—, ash pit 灰窖挡板
—, check 风挡
—, chimney 烟囪风挡
—, crank shaft vibration 曲軸減震器
—, door 炉門挡板
—, dynamic(al) 动力減震器
—, exhaust flame 排气管阻焰器
—, induction flame 吸气管阻焰器

damper, shimmy 减摆器
—, steering 操向减震器
—, swivel 旋轉风挡
—, valve spring 閥弹簧减震器
—, vibration 减震器
damping 减震
— by friction 摩擦减震
— by friction of liquids 液体摩擦减震
— in roll 滯滚作用
damping of the oscillation of the springs 簧振阻尼
—, spark 火花阻尼
dart, steel 鋼鏢
dash 同 board, dash
dashboard 同board, dash
dashpot 緩冲筒
data 数据
—, booking office 車票日期机
—, combustion 燃燒数据
—, fuel 燃料数据
—, machine 机器〔的〕数据
—, performance 性能数据
—, tyre inflation and load 輪胎打气及載荷数据
datum 基点
daubing 涂抹
daubing-up 涂上
Davy-lamp 同 lamp, Davy
deadeye 孔板伸縮节(用于拉索的)
deading 保热套
deadline 同 line, dead
deadwood 龙骨帮木
deaeration 除气
deaerator 除气器
—, atomizing 噴霧式除气器
—, tray type 淺盘式除气器
dearator 同 deaerator
decalage 差傾角
—, aerodynamic 气动差傾角
—, geometrical 几何差傾角
decaliter 十升
decametre 十米
decarbonization 除碳法
decarbonizer 除碳剂
decarbonizing 同 decarbonization
—, oxygen 氧除碳法
decarburization 同decarbonization
decay, radiation 放射性衰退
deceleration 减速度
decelerometer 减速計
—, brake 閘减速計
deciliter 分升
decilitre 同 deciliter
decimeter 分米
decimetre 同 decimeter
deck 1.甲板；2.盖
—, armored 装甲甲板
—, awning 第一层甲板(船的)
—, boat 舢舨甲板(船的)
—, bridge 舵楼甲板(船的)
—, cambered 曲面甲板
—, discharge valve 放洩閥盖
—, inlet valve 进給閥盖
—, main 主甲板(船的)
—, protective 保护甲板(船的)
—, spar 同 deck, upper
—, starting 出发甲板
—, upper 上层甲板(船的)
—, valve 同 cap, valve
declination 1.傾斜;2.偏角(磁的)
declutch 分离
decomposition 分解

decomposition of forces 力的分解
decompressor 减压器
deconcentrator 反浓縮器
decoration, plastic 塑料飾品
decrement 1.减少;2.减縮量
　—, logarithmic 对数减縮
dedendum 齿根〔高〕
defect 毛病
　—, mass 質量亏损
　—, mechanical 机械毛病
　—, weld 焊接毛病
defective 有毛病的
deficiency 毛病
diflagration 忽燃
deflated 放气的
deflation 放气
deflect 偏曲
deflected 偏曲的
deflection 1.偏轉;2.defection of beam;3.变位
　—, angle of 偏轉角
　—, buckling 撓折縮数(受压弹簧的)
　— of beam 梁〔的〕弯曲
　—, torsional 扭轉变形
deflectometer 弯度計
deflector 偏导器
　—, air 空气偏导器
　—, brake drum oil 閘輪导油器
　—, bumper stone 緩冲防石器
　—, crank shaft oil 曲軸导油器
　—, draft 挡风器
　—, head lamp 头灯回光罩
　—, oil 导油器
　—, radiator air 散热器挡风板
　—, smoke 折烟器
　—, wheel oil 輪导油器
deformation 变形
　—, elastic 弹性变形
　—, permanent 永久变形
　—, unit 单位变形
defroster 去霜器
　—, electric(al) 电力去霜器
　—, hot air heater- 暖气除霜器
　—, wind shield 风挡去霜器
degeneration, thermodynamic 热力退化
degradation of energy 能的降低
degreaser, vapor 蒸汽去油机
degreasing 去油脂
degree 度
　— of adaptability 配合度
　— of admission 进气度
　— of coid work 冷加工〔材料变形〕程度
　— of consistency 均匀度
　— of deviation 偏差度
　— of eccentricity 偏心度
　— of exhaustion 抽空度
　— of freedom 自由度
　— of hardness 硬度
　— of hardness of the water 水〔的〕硬度
　— of inflation 充气度
　— of irregularity 不規則程度
　— of reaction 反应度
　— of saturation 飽和度
　— of superheat 过热度
　— of supersaturation 过飽和度
　— of temper 回火度
　— of wetness 湿度
　—, zero 零度

dehumidification 温度减却
dehydrator 除水器
de-icer 去冰器
delay 延迟
　—, aeroplane 飞机误点
　—, ignition 点火延迟
deliverer, staff 发签机(鉄路)
delivery 輸送
　—, injector 同 pipe, injector delivery
delta 1.希腊字母第四; 2.三角形之物
demagnetization 去磁,退磁{物}
de-magnetize 去磁,退磁{物}
demineralizer 軟化器
demonstration 表演
demountable 可卸除的
denatured 变性的
densimeter 比重計
density 密度
　—, air 空气密度
　—, atmosphere 大气密度
　—, field 〔磁〕場强度
　—, normal 正常密度
　— of air 同 density, air
　—, relative 相对密度
　—, relative air 相对空气密度
　—, specific 同 gravity, specific
　—, vapor 蒸气密度
dent 凹部
deoxidation 脱氧〔作用〕{化}
deoxidizer 脱氧剂{化}
department 部門
　—, testing 試験部門
departure 离站
deploy 展散
depolarizer 去极剂
deposit 沉积
　—, carbon 碳积
　—, electric(al) 同 deposition, electric(al)
　—, oil 油渣
　—, scale and sediment 水垢及沉积
deposition 1.沉积〔作用〕; 2.沉积物{物}
　—, electric(al) 电沉淀
depository 1.仓庫; 2.保藏处所
deposits, scale 炉管积垢
depot 同 depository
　—, air 航空厂庫
　—, areoplane repair 飞机修理厂
　—, maintenance 修理厂
depreciation 1.減値;2.拆旧
depressed 减压的
depression 1.低降; 2.减压
　—, atmospheric 气压下降
　—, barometric 同 depression, atmospheric
depth 深度
　—, boring 鑽深度
　—, correct 正确深度
　—, cutting 切削深度
　—, initial tread 輪胎紋原深度
　—, non-skid 防滑深度
　— of bore 同 depth, boring
　— of cut 同 depth, cutting
　— of cut of milling 銑割深度
　— of engagement 啣接深度
　— of fusion 熔深
　— of packing 填密料深度
　— of piston 活塞高度
　— of slide 滑标高度
　— of the hearth 炉膛深度,

炉床深度
depth of thread 螺紋深度
— of throat 弯喉深度(机床的)
— of tooth 齿高
— of wing chord 翼弦深度
—, single 单深度
—, throat 同 depth of throat
—, tooth 同 depth of tooth
depuration 滤清
derail 1. 同 switch, derailing; 2. 出軌
derailing 出軌
derailment 同 derailing
derivative 导数{数}
—, lateral 横导数
—, lateral resistance 横〔向〕阻〔力〕导数
—, longitudinal 縱导数
—, longitudinal resistance 縱阻〔力〕导数
—, resistance 阻力导数
—, rotary 轉动导数
—, rotary resistance 轉〔动〕阻〔力〕导数
—, translatory 移动导数
—, translatory resistance 移〔动〕阻〔力〕导数
derived 导出的
derrick 人字起重机
—, floating 浮式人字起重机
—, travelling 移动人字起重机
descending 下降的
—, spiral 螺旋下降
descent 下降
—, spiral 同 descending, spiral
description 說明
—, mechanical 机械說明
desiccant 干燥剂
desiccator 干燥器
design 設計,計划
—, basic 基本設計
—, body 車身設計
—, empirical 經驗設計
—, fly wheel 飞輪設計
—, machine 机器設計
—, original 原設計
—, sample 样品設計
—, standard 标准設計
designer 設計者
desk, drawing 絵图桌
destroyer, anti-tank 反坦克破坏器
desuperheater 过热降低器
detach 拆开
detachable 可拆开的,活絡的
detail 1.詳图;2.細目
—, engine 发动机詳图
—, joint 接合詳图
— of construction 构造詳图
— of design 設計詳图
detecting 检测
detector 1.检驗器; 2. 同 detector, wave
—, fire 测火器
—, flaw 裂縫检查器
detection, leak 洩漏检查
detector, leak 检漏器
—, wave 检波器
detent 同 pawl
determination 測定
detonate 爆燃
detonate-tube 同 tube, detonate
detonating 爆燃的
detonation 爆燃
—, exhaust 排气爆

detonation, gasoline engine 汽油机爆燃
　—, incipient 初爆
　—, oil engine 柴油机爆燃
detonator 1.起爆剂; 2. 同 tube, detonate
deuterium 氘(讀若"刀"),重氢
development 1.开采;2.发展;3.推演
deviation 偏差
　—, basic 基本偏差
　—, lower 下偏差
　—, upper 上偏差
device 1.装置;2.設备
　—, anti-skid 防滑装置
　—, anti-stall 防止失速装置
　—, arresting 止动装置
　—, automatic spark control 自动发火控制装置
　—, backing off 鏟讓装置
　—, bevel wheel shaping 鉋伞齿輪装置
　—, blade locking 叶片封口法(渦輪的)
　—, blank holding 坯料压牢器
　—, brake 閘装置
　—, caging 限位装置
　—, centering 定中心装置
　—, chain guide 导鏈装置
　—, chain tensioning 紧鏈装置
　—, charging 1. 充电設备; 2. 加料装置(熔炉的)
　—, choking 阻塞装置
　—, circular milling 銑圓装置
　—, clamping 夾牢装置
　—, compensating 补偿装置
　—, contact 接触装置
　—, control 控制装置
　—, coordinate location 縱横定位設备(精密鑽床的)
　—, coupling 联接装置
　—, damping 减震装置
　—, direction indicating 方向指示器
　—, dismantling 拆卸用器
　—, dolly 同 dolly 3, 4.
　—, emergency governing 紧急調节器(汽机的)
　—, feeding 进給装置
　—, fixing 固定装置
　—, gage setting 整軌距机
　—, gripping 同 apparatus, gripping
　—, hand cranking 搖手装置
　—, high lift 高升力装置
　—, high voltage testing 高〔电〕压試驗器{电}
　—, holding 夾持装置
　—, holding-down 压下装置
　—, idling 空轉装置
　—, ignition 发火装置
　—, interlocking 联鎖装置
　—, key-securing 固鍵装置
　—, lamp-testing 車灯检驗設备
　—, lateral relieving 横动鏟讓装置(用于銑刀的)
　—, life guard 同 guard, life
　—, lifting 上升装置
　—, locating 定位装置(工件的)
　—, locking 鎖紧装置
　—, magnetic holding 〔电〕磁夾具
　—, non-rigid coupling 弹性联接装置

device, non-skid 同 device, antiskid
—, pneumatic starting 气力起动装置
—, precombustion 预燃装置
—, priming 1. 起爆装置；2. 注入装置
—, rail bond riveting 铆轨鉠器
—, relieving 同 device, backing off
—, retaining 挡住装置
—, reversing 回动装置
—, rubber non-skid 橡皮防滑装置
—, safety 安全装置
—, sand spraying 喷砂机
—, screening 筛机
—, screwlocking 螺钉保险装置
—, spark timing 火花定时装置
—, stern weighing 艇尾衡量浮力装置
—, straightening 校直装置
—, supercharging 增压装置
—, tank 装汽油设备
—, tightening up 扣紧装置
—, towing 拖曳装置
—, tracing for shapecutting 定形氧割导板
—, ventilation 通风设备
—, wagon moving 货车推动设备
—, warning 警告装置
—, worm and sector steering 蜗杆与扇形齿轮转向装置
deviometer 偏航指示计
diagonal 1.对角线{数}；2.斜的；3.对角线的
diagram 图，图表
—, bending moment 弯〔曲〕矩图
—, body stress 机身应力图
—, combined 合併图
—, conventional 协定示工图
—, cording 结线图
—, crank effort 曲柄转力图
—, deflection 偏转图
—, diagrammatic(al) 简解图
—, displacement 变位图，位移图
—, distribution 分配图
—, elliptical valve 椭圆阀图
—, endurance 持久曲线
—, enthalpy-entropy 焓-熵图
—, equilibrium 平衡图(合金)
—, force 力图
—, funicular 1. 同 polygon, force；2.同 curve, funicular
—, gear shifting 调档图解
—, hypothetic(al) 理想线图
—, indicator 示功图，器示压容图
—, installation 安装图
—, iron carbon equilibrium 铁碳平衡图
—, load compression 负载压缩图
—, load deformation 负载变形图
—, load elongation 负载伸长图
—, logarithmic cylinder 对数汽缸压容图
—, metacentric 定倾中心图
—, Mollier 摩利尔蒸汽图
—, moment 力矩图
— of curves 曲线图

diagram of locomotive connections 机車电路图
— of solidification 凝結图
— of work 功图
—, piston effort 活塞力图
—, polar 极綫图
—, polar load 极标載荷图
—, pressure-time indicator 压〔力〕时〔間〕示功图
—, pressure-volume 压容图
—, railway 鉄路图
—, reference 参考图
—, service 行車图表(鉄路的)
—, shear 剪力图
—, sinusoidal valve 正弦閥图
—, slide valve 滑閥行程图
—, smoke 烟图
—, stoking 添煤图
—, stream-line 流綫图
—, stress 应力图
—, stress-strain 应力应变图
—, temperature-entropy 温熵图
—, timing 正时图
—, torque 轉矩图
—, total-heat entropy 总热熵图
—, turbine blade velocity 渦輪叶速图
—, turning moment 同 diagram, torque
—, valve 閥动图
—, valve lift 閥升距图
—, vector 矢量图
—, velocity 速度图
—, wiring 佈綫图
dial 1.标度盘;2.拨号盘
—, chasing 同 dial, thread cutting
—, control valve控制閥指度盘
—, cylindrical 圓筒标度盘
—, index 指度盘
—, indicator 指示表刻度盘
—, instrument glass 仪器的玻璃标度盘
—, luminous 夜光标度盘
—, straight 直綫針盘
—, thread cutting螺紋指示盘(車床的)
—, threading 同 dial, thread cutting
—, worm wheel蝸輪标度盘
diameter 直径
—, apparent 外表直径
— at bottom of thread 螺紋底径
—, basic pitch (of screw) 基本中径(螺釘的)
—, breaking 断〔裂〕径
—, clearance 留隙直径(麻花鑽的)
—, conjugate 共軛直径
—, core 心子直径(鉸刀的)
—, cylinder 汽缸直径
—, cylinder bore 同 bore, cylinder
—, cylinder inside 同 bore, cylinder
—, equivalent 相当直径
—, full 同 diameter, major
—, inside 內直径
—, internal 同 diameter, inside
—, major 大直径
—, mean 平均直径
—, minor 小直径
—, nominal 标称直径
— of axle 軸径

diameter of bolt 螺栓径
— of cylinder 同 diameter, cylinder
— of screw 螺紋直径
— of wheel 輪径
—, outer 外径
—, outside 同 diameter, outer
—, overall 全径
—, parachute 伞径
—, pin 銷径
—, pitch 1.中径(螺紋);2.节径(齿輪)
—, point 前端直径(螺紋的)
—, propelier 螺旋桨直径
—, quenching 淬熄直径
—, root 齿根直径
—, throat 喉径
—, turned鏇面直径
—, valve 閥径
—, virtual pitch 相当齿节径
—, wheel 同 diameter of wheel
diametral 直径的
diametric(al) 同 diametral
diamond 金鋼石
diaphragm 隔膜,隔板
—, accelerometer 加速度表膜盒
—, application valve 控制閥膜
—, ballonet 副〔气〕囊隔膜
—, brake chamber 閘室膜
—, controlling 控制膜
—, cylinder head 气缸盖膜
— for excess pressure head 超压膜
— for maximum pressure head 最高压膜
—, fuel pump 燃料泵膜
—, horn 喇叭膜
—, hydraulic relay valve水力継动閥膜
—, large 大隔膜
—, main 主膜
—, porous 多孔隔膜
—, quick release valve 快洩閥膜
—, relay valve 継动閥膜
—, rubber 橡皮膜
—, spring 弹簧膜
—, thermo-syphon 温差环流系統隔膜
—, turbine 渦輪机导流隔板
—, two speed adapter shift chamber 双速接头变速室隔膜
dibromide ethylene 二溴化乙烯
die 1.鋼型,硬模(铸工);2.板牙; 3.冲模
—, adjustable 活动螺絲鋼板
—, adjustable bolt 同 die, adjustable
—, adjustable round split 开縫环形螺絲鋼板
—, bending 弯曲模
—, blanking 下料模
—, bottom 底模
—, bulging 膨脹模
—, burnishing 挤光模
—, coining 压花模(铸币的)
—, cold drawing 冷拉模
—, cold forging 冷鍛模
—, combination 組合模
—, compound 混合模
—, compression 压挤模
—, counter locked 双向配合〔上下〕模

die, countersinking (countersunking) 压錐孔模
—, **curling** 捲边模
—, **cutting** 1.螺絲鋼板；2.割截模
—, **double acting** 双动模
—, **drawing** 拉模
—, **embossing** 同 die, stamp(ing)
—, **extruding** 同 die, extrusion
—, **extrusion** 压挤模
—, **fine thread** 細紋螺絲鋼板
—, **flat-top** 平頂模
—, **fluid** 液压模
—, **forming** 定形冲模
—, **gang** 复式模
—, **gas thread** 管螺絲鋼板
—, **international** 公制螺絲鋼板
—, **ironing** 拉薄模
—, **multiple** 同 die, gang
—, **notching** 开凹口模
—, **parting** 割断模
—, **perforating** 多孔冲模
—, **piercing** 冲孔模
—, **plain** 簡单模
—, **progressive** 順序冲模
—, **redrawing** 重复拉模
—, **riveting** 鉚工模
—, **round** 1.圓螺絲鋼板；2.圓模；3.圓板牙
—, **round pipe** 圆管螺丝钢板
—, **screw** 螺絲鋼板，板牙
—, **shaping** 成形模
—, **shaving** 刮边模
—, **shearing** 剪模
—, **simple-locked** 单向配合〔上下〕模
—, **single acting** 单动模
—, **sintered carbide** 碳化金屬模(燒結的)
—, **sizing** 压准模
—, **slitting** 切縫模
—, **snap head** 鉚头模
—, **solid** 整体螺絲鋼板
—, **solid re-threading** 整体修割螺絲鋼板
—, **solid square bolt** 方形整体螺閂螺絲鋼板
—, **solid square pipe** 方形整体管螺絲鋼板
—, **split** 拼合螺絲鋼板
—, **spring screw threading** 弹簧螺釘螺絲鋼板
—, **squeezing** 同 die, compression
—, **stamp(ing)** 压印模
—, **stock and** 螺絲鋼板及手柄
—, **straight** 平面配合〔上下〕模
—, **swaging** 挤扁模(用于鋸齿)
—, **threading** 同 die, screw
—, **top** 上模
—, **trimming** 修边模
—, **triple acting** 三动模
—, **upsetting** 頓鍛模
—, **Whitworth** 惠氏螺絲鋼板
dielectric 电介質{物}
Diesel 1.同 engine, Diesel; 2.狄賽尔(人名)
—, **air injection** 空气噴射式狄氏內燃机
—, **airless injection** 无气噴射狄氏內燃机
—, **cruising** 巡航狄氏內燃机
—, **double acting** 双面作用狄氏內燃机，双动式狄氏內燃机
—, **four cycle** 四程循环狄氏內燃机

Diesel, geared 齿輪傳动式狄氏內燃机
—, precombustion chamber type 預燃室狄氏內燃机
—, solid-injection 同 Diesel, airless injection
—, supercharged 增压式狄氏內燃机
—, two cycle 二程循环狄氏內燃机
diestock 同 holder, die 2.
difference, critical temperature 临界温度差
—, height 高度差
—, logarithmic-mean-temperature 对数平均温度差
— of longitude 經度差
—, phase 〔週〕相差
—, potential 勢差，位差{物}
—, pressure 压力差
differential 1.差速器;2.差动;3.微分{数}
—, bevel gear 伞〔形〕齿輪差速器
—, intermediate axle 中軸差速器
—, rear axle 后軸差速器
—, spur gear 正齿輪差速器
—, spur wheel 同 differential, spur gear
diffission 扩散
diffraction, air 空气迴折
diffuser 扩散器
—, rotary 旋轉扩散器
diffusibility 扩散率
—, thermal 热扩散率
diffusion 扩散
—, air 空气扩散
digester steam 蒸气蒸缸
digger 掘凿器
—, clay 掘土鏟
—, trench 掘沟机
digging 采掘
dig-in 掘进
dihedral 1. 两面角的; 2.同 angle, dihedral
—, inverted 反二面角的
—, longitudinal 縱二面角
—, wing 同 angle, wing dihedral
dilatability 膨脹性
dilute 冲淡，稀薄
dilution 1.稀薄化;2.冲淡
dilution, air 空气稀薄化
—, crank case 曲柄箱油稀薄化
—, fresh charge 进气稀薄化
—, lubricating oil 滑油稀薄化
— of charge 同 dilution, fresh charge
—, oil 油的稀薄化
dimension 1.因次;2.尺度;3.尺寸
—, characteritic 基准尺寸
—, external 外部尺寸
—, extreme 同 dimension, limiting
—, limiting 极限尺寸
—, overall 全部尺寸
—, slot 槽的尺寸
—, spring 弹簧尺寸
dimensioning 定尺度
—, base line 基綫尺寸〔法〕
dimensions, maximum moving 最大限型(車輛的)
dimmer 减光器
—, head lamp 头灯减光器(汽車的)

diode 二极管{电訊}
dioxide 二氧化物{化}
—, **carbon** 二氧化碳{化}
—, **solid carbon** 固体二氧化碳{化}
—, **sulphur** 二氧化硫{化}
dip 1.傾斜;2.俯角
—, **horizon** 同 dip
—, **nose** 机头下俯
dipper, 1.汲器;2.同 dipper, oil
—, **oil** 油匙
dippy, twist 轉落,尾旋
direct 直接的
direction 1.方向; 2.用法
—, **chord** 弦向
—, **clockwise** 順时針向
—, **counter clockwise** 反时針向
—, **drag** 阻力方向
—, **lift** 升力方向
— **of current** 〔电〕流〔方〕向{物}
— **of cut** 切削方向
— **of feed** 进給方向
— **of flow** 流向
— **of motion** 动向
— **of rotation** 轉向
— **of shearing** 剪向
—, **side** 横向(飞机的)
—, **wind** 风向
director 司动部分(机械的)
—, **cone** 錐准面
directrix 准綫{数}
dirigible 可駕駛的
—, **non-rigid** 同 airship, non-rigid
—, **rigid** 同 airship, rigid
—, **semi-rigid** 同 airship, semi-rigid
disabled 丧失劳动力
disalignment 不对准
disassemble 拆卸,分解
disassembly 拆卸
disc 同 disk
discharge 1.放出;2.放电;3.放流量
—, **air** 空气放流量
—, **automatic** 自动放出
—, **battery** 电池〔組〕放电
—, **bilge water** 放水器(船底的)
—, **free** 自由放电
—, **main** 同 jet, main
—, **mean** 平均放流量
—, **spark** 火花放电
—, **theoretic(al)** 理論放流量
discharger 放电器{电}
—, **static** 静电放射器
discompressor 松压器
disconnect 拆开
disconnected 1.拆开的;2.截断的
disconnecting 拆开(电路)
disengagement 脫离
disengaging 脫离
disintegration 蜕变
—, **branched** 分支蜕变
disintegrator 破碎机
disintergration 1.分裂;2.崩解
disk 1.圓盘;2.圓板
—, **actuator** 开动圓盘,作用圓盘
—, **air intake shaft adjusting** 进气軸調整盘
—, **airscrew** 螺旋桨圓盘(飞机的)
—, **arresting** 同 disk, interlocking

disk, auxiliary 副盘
—, **balance** 平衡盘
—, **bearing** 止推軸承板
—, **brake** 閘盘
—, **bucket** 斗盘
—, **buffer** 同 head, buffer
—, **cam** 凸輪盘
—, **circular cutting** 圓盘刀
—, **claw** 爪形盘
—, **closing** 圓盖板
—, **clutch** 离合器盘
—, **clutch cork** 离合器軟木盘
—, **clutch driven** 离合器从动盘
—, **clutch end** 离合器頂盘
—, **clutch friction** 离合器摩擦盘
—, **clutch friction steel** 离合器摩擦鋼片
—, **counter** 計算盘
—, **crank** 曲柄〔圓〕盘
—, **cutting** 切削盘
—, **damping** 减震盘
—, **discharge valve** 放水閥盘
—, **distributor** 1.配电盘;2.分配盘
—, **driven** 从动〔圓〕盘
—, **driving** 主动〔圓〕盘
—, **eccentric** 偏心盘
—, **elastic grinding** 弹性磨輪
—, **emery** 同 wheel, emery
—, **fan clutch friction** 风扇离合器摩擦盘
—, **friction** 摩擦圓盘;摩擦片
—, **fusion** 熔解盘
—, **grooved** 有槽〔圓〕盘
—, **guide** 导盘
—, **horn** 喇叭盘
—, **india-rubber** 橡皮〔圓〕盘
—, **insulating** 絕緣盘
—, **interlocking** 联鎖圓盘
—, **knife edge** 刀緣盘
—, **landing** 降落練习盘（飞机）
—, **lower** 下盘
—, **main** 主盘
—, **oil** 油盘
—, **parking brake** 停車閘盘
—, **piston** 活塞盘
—, **pitch** 节径盘(制造齿輪設备的)
—, **propeller** 螺旋桨〔圓〕盘
—, **reference** 校对盘
—, **return valve** 回水閥盘
—, **ribbed** 肋盘
—, **slotted paper armature** 电轉子齿輪形紙板
—, **spring toothed** 弹簧齿片
—, **steam valve** 汽閥盘
—, **steering damper steel** 轉向减震鋼盘
—, **stop** 停止圓盘
—, **suction** 同 plate, suction
—, **swab holder** 拖把托板
—, **swept** 扫动圓盘
—, **swivel** 同 plate, swivel
—, **synchronoscope** 同步計盘
—, **synchroscope** 同 disk, synchronoscope
—, **timing** 正时盘
—, **turbine** 盘形渦輪,盘形透平輪
—, **upper** 上盘
—, **valve** 閥盘
—, **vibrating** 振动盘
—, **wheel** 輪盘
dismounting 卸装
dispatch, pneumatic 气力輸送法

dispersion 分散
displacement 1.位移;2.排水量（船的）
—, aerodynamic volume 气动容积排量
—, air 排气量
—, air volume 气容排量
—, angular 角位移
—, cubic piston 活塞位移容积
—, cylinder 汽缸排量
—, linear 綫位移
—, load 負載排水量
—, longitudinal 縱向位移
—, piston 活塞排量
—, resultant 合量变位,綜合位移
—, rotational 轉动位移
—, submerged 排水量
—, successive 依次位移
—, total 总排量
—, total cubic 总排量容积
—, virtual 虛位移
disposal 处理
disposition 配置,安排
dissipation 消散
—, heat 热消散
— of energy 能消散
dissociation 分解
distance 距离
—, addendum 齿頂距离
—, air 空〔中〕距〔离〕
—, apex 頂〔点〕距〔离〕
—, back cone 后錐距
— between centers 頂尖距
— between rolls 滾筒間距
— between shafts 軸間距
— between spring centres 簧心間距
— between tyres 同 gage of tyres
—, center 中心距〔离〕
—, cone 錐距
—, focal 焦〔点〕距〔离〕
—, focus-film 焦点軟片距离
—, lateral sliding 横滑距离
—, mean 平均距离
—, perpendicular 垂〔直〕距〔离〕
—, polar 极距
—, quenching 淬熄距离
—, root 〔齿〕根距〔离〕
—, sparking 火花距离
—, trail 拖曳距离
—, zenith 頂距
distil 同 distill
distill 蒸餾{化}
distillation 蒸餾〔法〕{化}
—, destructive 分解蒸餾{化}
—, dry 干餾{化}
—, equilibrium air 平衡空气蒸餾
—, fractional 分餾〔作用〕{化}
distillator 蒸餾器
distorted 变形
distortion 畸变{物}
distributed 分配的
distribution 分布
—, biplane 双翼分布
—, current 配电{电}
—, elliptic load 橢圓形負載分布
—, fuel 燃料分布
—, load 負載分布
— of ballast 压載分布
— of circulation 环流分布
— of lift 升力分布
— of load 同 distribution, load

distribution of pressure 同 distribution, pressure
—, pressure 压力分布
—, spray 喷雾分布
—, steam 蒸气分布
distributor 1.分配器；2.配电盘
—, air 空气分配器
—, flat type 平式配电盘{电}
—, high tension 高压配电盘{电}
—, ignition 发火分配器
—, magneto 磁电机配电盘{电}
—, oil 配油器
—, primary current 原电流配电盘{电}
—, spark 火花分配器
—, timer 定时配电盘
disturbance 扰动
—, atmospheric 大气扰动
disturbing 扰动的
disulphide, carbon 二硫化碳{化}
dit 小孔砂眼
dive 俯冲{航空}
—, death 同 dive, vertical
—, limiting 极度俯冲{航空}
—, nose 同 dive, vertical
—, power 加力俯冲{航空}
—, tail 尾冲{航空}
—, terminal nose 极度垂直俯冲{航空}
—, vertical 垂直俯冲{航空}
diver 俯冲〔飞〕机
—, hell 同 bomber, diving
divergence 1.离向动作;2.扩散
—, directional 方向扩散
—, lateral 横向扩散
—, longitudinal 縱向扩散
divergency 扩散度
divergent 漸扩的;发散的
diversity 发散
divider 分綫規,两脚規
—, bisecting 折半分綫規
—, bow 同 compass, bow 1.
—, extention 加长分綫規
—, hair 同 compass, spring bow
—, proportional 同 compass of proportion
—, ratio 同 compass of proportion
—, spring 同 compass, spring bow
—, spring bow 同 compass, spring bow
—, three legged 三脚規
—, universal 全能分綫規
—, wing 有翼分綫規
diving 俯冲
division 刻度(度量器的)
— of labor (labour) 分工
dock 船塢
—, floating 浮船塢
—, ship 1.气艇棚厂；2.飞艇棚
dog 軋头
—, adjustable 同 stop, adjustable
—, bent tail lathe 曲尾鏇床軋头；同 carrier, heart
—, clamp 制块
— for face plate 花盘軋头
—, latch 閂鈎
—, lathe 同 carrier, heart
—, reversing 反向挡
—, safety 保险挡(工具机工作台的)
—, spike 道釘

dog, toe 小撑杆
　—, trip 跳挡
dog-nail 同 nail, dog
dolly 1. 独輪台車; 2. 小机車; 3. 圓形鍛模; 4.抵座(用于筒形工件)
　—, landing gear 起落架
　—, propeller 螺旋降車
　—, screw 升降鉚头型(有螺旋的)
　—, wheel 机輪車
　—, wheeled 拖尾車
dome 1.同 dome, steam; 2.圓頂帽
　—, aid 副圓室
　—, auxiliary 副汽室
　— of boiler 鍋炉聚汽室
　— of regulator 調节器帽
　—, propeller 螺旋桨壳帽
　—, sand 砂室
　—, steam 汽室
donkey 1.同 engine, donkey; 2.同 pump, donkey
donkey-boiler 同boiler, donkey
donkey-engine 同 engine, donkey
donkey-pump 同 pump, donkey
door 門
　—, access 检修門
　—, air 气門
　—, ash 灰門
　—, ash pan sliding hopper 灰盘斗滑門
　—, blackout driving light 防空探路灯圈
　—, cab 司机室門
　—, cab front 司机室前門
　—, cabin 艙門
　—, carburetor heat 汽化器加热門
　—, cargo 同door, cargo loading
　—, cargo loading 貨艙門
　—, charge 装入門
　—, cleanig 清洁門
　—, double plate smoke box 双板烟箱門
　—, double swing 双摆門
　—, cowl lamp 罩灯框
　—, dynamo 电机門
　—, end 端門
　—, fender light 保护板灯框
　—, fire 炉門
　—, fire box 火箱門
　—, flap fire 摇动炉門
　—, flue 焰道門
　—, frame 框架門
　—, front 前門
　—, front end 前端門
　—, furnace 同 door, fire
　—, head lamp 头灯框
　—, head light 同 door, head lamp
　—, hinged 鉸装門
　—, ice 冰門
　—, inclother back 圓棚后門
　—, inclother side 圓棚側門
　—, inclother top 圓棚頂門
　—, inspection 检查門
　—, lamp 灯框
　—, man hole 人孔門
　—, parking light 停車灯門
　—, reversible 同 door, swing
　—, side 側門
　—, sliding 滑門
　—, sliding fire 滑动炉門
　—, smoke box 烟箱門
　—, stop and tail light 停車灯和尾灯框

door, swing 摆动門
—, **swing fire** 摆动炉門
—, **turret** 轉塔門
—, **water tight** 不透水的門
—, **working** 工作門
dope 1.涂料(涂布的); 2.防爆剂
—, **aeroplane** 飞机涂料
—, **airship** 飞艇涂料
—, **cellulose acetate** 醋酸纖維涂料
—, **clear** 透明涂料
—, **fire proof** 耐火涂料
—, **fire resisting** 同 dope, fire proof
—, **fuel** 燃料防爆剂
—, **lead** 鉛防爆剂
—, **light proof** 遮光涂料
—, **nitro-cellulose** 硝酸纖維〔素〕涂料
—, **pigment** 着色涂料
doped 1.加涂料的; 2.加防爆剂的
dorsal 艇脊部
dot 点
double 双
dovetail 1.燕尾; 2.楔形筍
dovetailing 楔形接合
dowel 1.定縫銷釘;2.木釘
—, **cam shaft** 凸輪軸定縫銷釘
—, **cylinder bushing** 气缸衬定縫銷釘
—, **drive shaft** 傳动軸定縫銷釘
—, **plug** 塞形定縫銷钉
—, **screwed** 定縫螺釘
—, **smooth** 光滑定縫銷釘
—, **spike** 釘栓
—, **spiral** 同 dowel, screwed
—, **valve deck**閥盖定縫銷釘
down, changing 变慢
—, **gear** 放輪, 减速
—, **hold** 按下;压下
—, **nose** 低头飞(飞机)
—, **shifting** 同 down, changing
—, **shut(ting)** 停下
—, **speed** 减速
—, **throttle** 1.节流;2.关汽门
—, **weighing** 压下
downdraft 同 draft, down
down-draught 同 draft, down
downflow 同 flow, down
downwash 洗流
—, **effective** 有效洗流
—, **induced** 誘导洗流
— **of a wing** 翼洗流
downwind 下降气流
draft 1.通风; 2.制图; 3.吃水{船};4.斜度
—, **arificial** 同 draft, mechanical
—, **available** 可用通风
—, **balanced** 平衡通风
—, **chimney** 烟囱通风
—, **cooling** 冷风
—, **down** 下向通风
—, **force(d)** 压力通风
—, **induced** 噴吸通风
—, **load** 載荷吃水
—, **mean** 平均吃水
—, **mechanical** 机力通风
—, **natural** 同 draft, chimney
—, **neutral** 同 draft, balanced
—, **static** 静力通风
drafting 1.制图;2.减径(拉钢丝)
draftsman 制图員

drag 1.阻力;2.下型箱
- **—, active** 同drag, positive
- **—, aerofoil** 翼面阻力(飞机的)
- **—, air** 空气阻力
- **— by lift** 同 ratio, drag-lift
- **—, empirical profile** 經驗翼剖面阻力(飞机的)
- **—, form** 形状阻力
- **—, frictional** 摩擦阻力
- **—, ground** 地面阻力
- **—, induced** 誘导阻力
- **—, interference** 干涉阻力
- **—, lift by** 同 ratio, lift-drag
- **—, mooring** 活动錨
- **— of a flame cut** 迟割数
- **—, parasite** 废阻力,寄生阻力{航空}
- **—, positive** 正阻力
- **—, pressure** 压差阻力
- **—, profile** 翼剖面阻力
- **—, proper** 固有阻力
- **—, running** 滑走阻力
- **—, section** 同 drag, profile
- **—, structural** 結构阻力
- **—, surface** 面阻力
- **—, tail** 同 drag, mooring
- **—, total** 总阻力
- **—, total aeroplane** 飞机总阻力
- **—, viscous** 黏性阻力
- **—, wheel** 輪阻力
- **—, wing** 翼阻力

dragging 拖曳
- **—, brake** 閘阻

drain 1.洩; 2.沟
- **—, air intake** 进气孔放洩管
- **—, barrel** 筒形沟
- **—, box** 方形沟
- **—, condensate** 冷凝液出口
- **—, cylinder** 汽缸放水口
- **—, steam passage** 汽路放水口
- **—, turbine** 渦輪机放水口,透平放水口

drainage 排洩
- **—, crank case** 曲柄箱放油口
- **—, oil** 放油

drainer 放洩器
- **—, oil** 放油塞

draught 同 draft

draughtsman 同 draftsman

draw(ing) 1.牵引; 2.拉拨; 3.绘图;4.回火,退火

drawback 障碍物

drawbar 同 bar, draw

draw-bore 1.鑽銷孔; 2.筍銷孔

drawer, mechanical coke 机力取焦器
- **—, spike** 道釘撬
- **—, pile** 拔樁机

drawing, architectural 建筑图
- **—, assembly** 总图,装配图
- **—, cavalier** 等測斜視图
- **—, cold** 冷拉
- **—, composite** 混合图
- **—, constructional** 构造图
- **—, design** 設計图
- **—, detail** 詳图,另件图
- **—, dimensional** 尺度图
- **—, double action** 双动拉法
- **—, engineering** 工程画
- **—, erection** 按装图
- **—, explanatory** 說明图
- **—, third quadrant** 第三角画法(美式)
- **—, first quadrant** 第一角画法(欧式)
- **—, free hand** 徒手画

drawing, general 总图
—, **geometrical** 几何画
—, **installation** 装置图
—, **instrumental** 用器画
—, **isometrical** 等角画
—, **key** 例图
—, **machine** 机械画
—, **mechanical** 同 drawing, machine
—, **oblique** 斜視图
—, **pencil** 鉛笔画
—, **perspective** 透視图
—, **plain view** 平面图
—, **projection** 投影画
—, **schematic** 示意图
—, **shop** 同 drawing, working
—, **single action** 单动拉法
—, **skeleton** 骨架图
—, **standard** 标准图
—, **structure** 結构图
—, **three view** 三面图
—, **topographical** 地形图
—, **triple action** 三动拉法
—, **unit assembly** 单位装配图
—, **wire** 拉綫
—, **working** 工作图;生产图
drawn, cold 冷拉
—, **hard** 同 drawn, cold
—, **hot** 热拉
—, **soft** 軟拉
dray 載貨馬車
dreadnaught 无畏艦
—, **air** 大型航空器
dredge 挖泥机
dredger 同 dredge
—, **bucket** 斗鏈挖泥机
—, **double ladder** 双梯挖泥机
—, **dry** 陆地挖泥机
—, **grab** 攫斗挖泥机
—, **hand** 人力挖泥机
—, **land** 挖掘机
—, **pump** 吸力挖泥机
—, **scoop** 同 dredger, bucket
—, **self propelling** 自动推进挖泥机
—, **single ladder** 单梯挖泥机
—, **stationary** 固定挖泥机
—, **steam** 蒸汽挖泥机
dregs 渣滓
dress 整修
dresser, contact point 白金打磨机
—, **crush-form** 磨輪压刮整形器
—, **diamond wheel** 金鋼鑽磨輪整形器
—, **grinding wheel** 磨輪整形器
—, **grinding wheel diamond** 同dresser, diamond wheel
—, **wheel** 同 dresser, grinding wheel
dressing 1.装整;2选矿
—, **axe** 斧凿面
—, **belt** 皮带装置
—, **hammer** 鎚整
—, **magnetic** 磁选矿法
— **of grinding wheel** 磨輪的整形
— **of the molding sand** 型砂的整理
—, **wet** 湿选矿法
dribble 滴流
drier 1.干燥机; 2.干燥剂
—, **core** 型心烘炉
—, **patent** 燥漆{化}
—, **sand** 1.干砂器;2.烘砂炉

drier, steam 干汽器
drift 1. 偏航; 2. 冲头; 3. 同 angle, drift
—, active 同 drag, positive
—, angle 同 reamer, angular
— for sockets and sleeves 套筒撬
—, positive 同 drag, positive
—, side 偏航
—, steel 鋼冲
—, steel taper 鋼尖冲
drill 1.鑽;2.鑽头;3.訓練
—, adjustable multiple spindle 活动多軸鑽机
—, air 1.风鑽; 2. 空中演习
— and reamer, combined 鑽鉸两用刀
—, Archimedean 螺旋鑽
—, bakelite 电木鑽头
—, bench 台鑽
—, body 短身鑽头
—, body-size 身径鑽头
—, boring brace 同 drill, brace
—, bow 弓鑽
—, brace 曲柄鑽
—, brass 黃銅鑽头
—, breast 胸压手搖鑽
—, cemented-carbide 鑲硬質合金鑽头
—, center 中心鑽
—, churn 1.石鑽; 2.鑽石机
—, cleaning 淸洁鑽,去毛鑽
—, combined 組合鑽头
—, combined pipe tap and 带鑽的管螺絲攻
—, core 空心鑽
—, corner 角輪手搖鑽
—, cotter pin 开尾銷孔鑽头
—, counter 同 drill, counter sink
—, counter sink 1. 埋头鉆; 2. 錐口鑽
—, counter sinking 同 drill, counter sink
—, cross mouthed 十字撞鑽
—, cylindrical 圓筒形鑽
—, deep hole 深孔鑽
—, depth 同 drill, deep hole
—, diamond 金鋼石鑽
—, double 双鑽
—, double cutting 双刃鑽
—, double-reverse 双孔退轉鑽
—, electric 电鑽
—, electric bench 台电鑽
—, electric hand 手电鑽
—, electric percussion rock 电冲岩石鑽
—, expanding 扩孔鑽
—, extension 接长鑽
—, farmer 同 drill, straight fluted
—, fast spiral 同 drill, high helix
—, fiddle 弓轉鑽
—, finishing 修准鑽
—, flat 扁鑽
—, flat ended 同 drill, flat
—, fluted twist 﨡花鑽
—, flux fly 同drill, fly
—, fly 輪鑽
— for boring in corners 角用鑽
—, full universal 万能鑽床
—, gang 排鑽床
—, geared 齿輪鑽床
—, guide spade 有导径的深孔扁鑽

drill, guide twist 有导径的深孔麻花鑽
—, gun 枪管鑽
—, gun boring 同 drill, gun
—, half round 勺鑽
—, hand 手鑽
—, heavy duty 重型鑽床
—, high helix 高螺旋鑽头
—, high speed steel 高速鋼鑽头;风鋼鑽
—, hollow 同 drill, core
—, hot rolled 热滚麻花鑽
—, jig 鑽模鑽床
—, lathe 車床式鑽床
—, multiland 复背鑽头
—, multiple 同 drill, multiple spindle
—, multiple spindle 多軸鑽床
—, non-reversible 1.单向风鑽;2.单向鑽床
—, oil hole spade 有油孔的深孔扁鑽
—, oil tube 油管鉆头
—, oil tube twist 有油管麻花钻
—, paper 紙张鑽头
—, percussion 撞鑽
—, piercing 穿心鑽
—, pillar 柱形鑽床
—, pin 針头鑽
—, pneumatic 风〔动〕鑽
—, pointed 尖鑽
—, pointed end 同 bit, common
—, post 鑽眼机
—, power 机力鑽床
—, press 压鑽
—, radial 旋臂鑽床
—, rail 軌条鑽
—, ratchet 棘輪扳鑽
—, ratchet brace 同 drill, ratchet
—, reamer 鉸孔鑽头
—, reversible 1. 双向风鑽; 2. 双向鑽床
—, rock 岩石鑽
—, rope 繩拉鑽
—, rotary 迴轉式鑽床
—, rotary rock 迴轉式岩石鑽机
—, self emptying 同 borer, self emptying
—, semi-universal radial 半万能搖臂鑽床
—, sensitive 高速手压鑽机
—, shell 壳形鑽
—, single cutting 单刃鑽
—, sleeper 同 machine, sleeper drilling
—, socket 窩鑽
—, spiral 同 drill, Archimedean
—, spiral ratchet 擦旋鑽
—, star 小孔鑽
—, step 級形鑽头
—, straight flute(d) 直槽鑽头
—, straight shank 直柄鑽头
—, straight way 同 drill, straight flute
—, tap(ping) 螺孔鑽头
—, taper shank 錐柄鑽头
—, taper shank twist 錐柄麻花鑽
—, tap-size 同 drill, tap
—, three-fluted 三槽鑽头
—, three-lipped 三緣鑽头
—, tie 同 machine, sleeper

drilling
drill, track 同 drill, rail
—, **tubular** 管狀鑽
—, **twist** 同 drill, fluted twist
—, **two-lipped** 二綠钻头
—, **upright** 立式鑽床
—, **vertical** 同 drill, upright
—, **well** 鑽井机
— **with ferrule** 同 drill, bow
—, **wood** 木鑽
—, **Z-mouthed** 乙字撞鑽
—, **slot** 槽鑽
drilling 1.鑽孔;2.鑽屑;3.鑽法
—, **horizontal** 水平鑽法
—, **multiple** 多孔鑽法
—, **off-angle** 鑽斜孔法
drill-press 同 press, drill
drillstock 鑽柄
drip 1.滴流;2.滴流器
—, **fuel oil** 燃料油滴
—, **oil** 滴油器
drive 1.主动;2.傳动;3.駕駛
—, **accessory** 附加傳动
—, **all wheel** 全輪傳动
—, **angle** 轉角傳动
—, **belt** 皮带傳动
—, **bevel** 伞輪傳动
—, **bevel gear intermediate** 伞齿輪中間傳动
—, **bevel gear main** 伞齿輪主傳动
—, **cam** 凸輪傳动
—, **chain** 鏈傳动
—, **cone pulley** 錐輪傳动
—, **constant speed** 定速傳动
—, **cord** 繩傳动
—, **crank** 曲柄傳动
—, **direct** 直接傳动
—, **electric** 电力傳动
—, **epicyclic** 周轉傳动
—, **expanding** 撑开带动器
—, **fan** 风扇傳动
—, **final** 終傳动
—, **floating** 活动自准傳动
—, **fluid** 流体傳动
—, **fly wheel** 飞輪傳动
—, **four wheel** 四輪傳动(汽車的)
—, **friction** 摩擦傳动
—, **friction cone** 摩擦錐輪傳动
—, **friction roller** 摩擦滚柱傳动
—, **friction wheel** 摩擦輪傳动
—, **frictional disk** 摩擦盘傳动
—, **front** 前軸傳动
—, **front wheel** 前輪傳动
—, **fuel pump** 油泵傳动
—, **gear** 齿輪傳动
—, **geared propeller** 螺旋桨齿輪傳动
—, **helicoidal bevel final** 螺齿伞齿輪終傳动
—, **hydro-matic** 水力傳动
—, **hyperbolic(al) wheel** 双曲綫齿輪傳动
—, **independent spring suspension** 独立簧悬傳动
—, **individual** 单独傳动
—, **inside** 內傳动
—, **internal gear wheel** 內齿輪傳动
—, **left hand** 左座駕駛
—, **line shaft** 天軸傳动
—, **liquamitic** 液体傳动
—, **main** 主动机构
—, **multi-wheel** 多輪傳动

drive of shears, hydraulic 剪切机水力傳动
—, over 同 drive, over speed
—, over speed 超速傳动
—, positive 确动傳动
—, propeller螺旋桨傳动
—, pump 泵的傳动
—, rear axle 同 drive, rear wheel
—, rear wheel 后輪傳动
—, reduction gear 减速齿輪傳动
—, right hand右座駕駛
—, rope 同 drive, cord
—, selective speed gear 配速齿輪傳动
—, shaft 軸傳动
—, silent chain 无声鏈傳动
—, single chain 单鏈傳动
—, steering wheel 同 drive, front wheel
—, stoker 加煤机的傳动
—, three jaw equalizing 三爪同心带动器
—, through 同 drive, direct
—, toothed gear 同 drive, gear
—, torque tube 矩管傳动
—, track 履带傳动
—, treadle 足踏傳动
—, trial 1.試車;2.試駕駛
—, worm 蝸杆傳动
—, worm gear 蝸輪傳动
—, worm gear cam 蝸輪凸輪傳动
—, worm wheel 同 drive, worm gear
driven 从动的
driver 1. 傳动輪; 2.driver, engine
—, automatically engaging 自动联接輪档
—, electric screw 电动〔螺絲〕起子
—, engine 司机
—, face mill 平面銑刀錐
—, key 鏈起子
—, offset screw 偏置〔螺絲〕起子
—, pile 打樁机
—, pocket screw袋装〔螺絲〕起子
—, power drive screw 同 driver, electric screw
—, propeller shaft 螺旋桨軸装拆器
—, screw 〔螺絲〕起子
—, spike 釘鎚
—, steam pile 汽力打樁机
—, torque screw 表示力矩的〔螺絲〕起子
—, travelling 同 driver, travelling pile
—, travelling pile 移动打樁机
driving 同 drive
—, belt 同 drive, belt
—, rope 同 drive, cord
—, stunt 特技駕駛
droop, aileron 副翼下垂度
—, tail 尾垂
drop 1.降低; 2.熵{热工}
—, adiabatic heat 绝热热降低
—, coal 卸煤机
—, cumulative heat 累积热降低
—, heat 热降低
—, isentropic 等熵降低
—, isentropic heat 等熵热降低

drop, line 同 drop, voltage
—, **molten** 熔化珠
—, **pressure** 压力降低
—, **temperature** 温度降低
—, **voltage** 电压降低
dropper 滴管
—, **bomb** 同 aeroplane, bombing
dropping 卸落
dross 浮渣
drove 同 chisel, drove
drum 1. 圓筒; 2.鼓輪
—, **air** 气桶
—, **boiler mud**鍋炉聚泥鍋
—, **brake** 同 wheel, brake
—, **cable** 1.鋼纜鼓輪; 2.电纜捲心
—, **cam** 同 disk, cam
—, **cast** 鋳鼓
—, **chain** 鏈筒
—, **cleaning** 同 barrel, tumbling
—, **clutch** 同 drum, clutch disk
—, **clutch disk** 离合器鼓
—, **clutch internal** 离合器內鼓
—, **controller** 同 cylinder, controller
—, **dial** 刻度筒
—, **differential case oil collector** 分速器箱集油鼓
—, **drawing** 捲拉鼓輪
—, **expansion** 脹縮鼓輪
—, **grinding** 磨碎机
—, **hand brake** 手閘鼓
—, **hoist** 起重〔机的捲索〕鼓輪
—, **load** 纏索輪
—, **main air** 同 reservoir, main air
—, **mud** 聚泥鼓
—, **rear axle brake** 后軸閘輪
—, **reversing** 回动鼓
—, **revolving** 迴轉筒
—, **rope** 同 drum, load
—, **rotor** 轉鼓
—, **spring** 发条盒
—, **steam** 上汽鍋
—, **steering clutch brake** 轉向离合器閘輪
—, **tank mud** 同 drum, mud
—, **tyre repair rubber sanding** 修胎橡皮砂磨輪
—, **upper** 同 drum, steam
—, **wheel brake** 輪閘鼓
—, **winch** 同 barrel, winch
—, **winch cable** 同 barrel, winch
—, **winch worm brake** 絞車蝸杆閘輪
—, **winding** 1. 同 drum, load; 2. 捲心
drum-head 同 head, drum
dry 干的
dryer 干燥器
—, **rotary sand** 烘砂轉炉
—, **steam** 同 apparatus, steam drying
drying 1.烘干;2.干燥
—, **air** 空气干燥
—, **skin** 表面干燥
dual 双
duct 导管
—, **air** 导气管
—, **cooling** 冷却导管
—, **exit** 放出导管
—, **heating** 加热导管
—, **oil** 油路

duct, scavenging 清除导管
ductile 可展伸的
ductilimeter 展度計
ductility 延展性
dull 鈍
dummy 1. 无声；2. 无声机車（有凝汽器的）；3. 傾卸
dump 門
　—, ash pan 卸灰門
　—, coal 卸煤門
　—, pneumatic ash pan 气力卸灰門
dumper 1. 卸貨車；2. 屈鉄錘
　—, radiator 放热器
duplex 双的
duplicate 1.复件;2.副頁
duplicating of castings 复铸法
durability 耐久性
durableness 同 durability
dural 同 duralumin
duralumin 杜拉鋁
duralumin, cast 铸的杜拉鋁
duraluminium 同 duralumin
duration 期間
　— of charging 充电时間
　— of contact 接触时間
　— of oscillation 摆动时間
　— of runs 运轉时間
durometer 〔鋼軌〕硬度計
dust 尘埃
　—, coal 煤屑
　—, emery 金鋼砂粉
　—, file 銼屑
　—, grind stone 磨削屑
　—, saw 鋸屑
duster 尘拂
dusting, crop 浮稷
duty 能率
　—, heavy 重型
　— of engine 发动机能率
　— of pump 泵的能率
　—, practical 实际能率
　—, theoretical 理論能率
dye 染料
dynagraph 驗軌器
dynameter 1.扩力計；2.望远鏡放大率測定器
dynamic 1.同 dynamical；2.动力
dynamical 1. 动力的；2. 动力学的
dynamics 动力学
　— of machinery 机械动力学
dynamo 直流发电机{电}
　—, bipolar 双极电机
　—, constant current 定流电机
　—, motor 电动发电机
　—, multipolar 多极电机
　—, series wound 串繞电机
　—, starting 起动发电机
　—, wind driven 风动发电机
dynamometer 1.測力計；2.功率計
　—, absorption 吸收功率計
　—, balance 平衡功率計
　—, belt 同 dynamometer, transmission
　—, brake 1.輪軔測力計；2.輪軔功率計
　—, electric 1.电功率計；2.力測电流計；3.双流作用計
　—, fan 风扇功率計
　—, friction 1.摩擦功率計；2.摩擦測力計
　—, hydraulic 水力功率計
　—, motor 电动机功率計
　—, test 試驗用功率計
　—, tool 刀具功率計

dynamometer, torsion 扭力功率計
—, transmission 傳动功率計
—, turbine 渦輪功率計
dynamometry 測功法
dynamomotor 同 dynamotor
dynamotor 电动发电机
dynamotor, aviation 航空电动发电机
dyne 达因
dynemeter 达因計

E

ear 耳状物
earphone 耳机
earpiece 同 earphone
earth 1. 泥土; 2. 地球; 3. 同 ground 2.
ebonite 1.硬橡皮;2.胶木{化}
ebony 烏木,黑檀
eccentric 1.偏心輪; 2.偏心的
—, brake 刹車偏心輪
—, brake shoe take-up 同 cam, brake shoe adjusting
—, control 控制偏心輪
—, double 双偏心輪
—, equivalent 相当偏心輪
—, feeder drive 給料偏心輪
—, inside 偏心輪內体
—, oil pump 油泵偏心輪
eccentricity 偏心距
economizer 废气預热器
—, fuel 燃料节省器
—, heat 同 economizer
economy 經济
—, boiler 鍋炉經济
—, fuel 燃料經济
—, industrial 工业經济
eddy 渦流
—, air 空气涡流
eddying 渦流的
edge 〔边〕緣
—, advancing 前緣
—, anvil 砧緣
—, beveled 斜緣
—, blunt cutting 鈍切削刃
—, built-up 切屑瘤
—, chamfered 倒稜
—, chisel 1. 凿尖(鑽头的); 2. 凿鋒
—, cutting 切削刃
—, dipping front 傾斜前緣
—, entering 同 edge, advancing
—, exhaust 排气緣
—, feather 薄緣(刀的)
—, flexible trailing 撓性后緣
—, following 后緣
—, front 同 edge, advancing
—, knife 刀刃,同 edge, cutting
—, leading 同 edge, advancing
—, main cutting 主切削刃
—, oblique cutting 斜切削刃
— of the punch 冲头緣
— of the shear blade 剪鋒
—, root 1.底緣; 2.焊縫底緣
—, rounded 圓緣
—, running board 步板〔边〕緣
—, safe 1.安全边; 2.无锉纹边
—, scraped straight 刮准直边
—, side cutting 同 edge, oblique cutting
—, straight 1.直規; 2. 直緣
—, straight leading 直前緣
—, straight trailing 直后緣

edge, tapered 尖翼緣
—, **tapered leading** 尖翼前緣
—, **tapering** 同 edge, tapered
—, **tapering leading** 同 edge, tapered leading
—, **tapering trailing** 尖翼后緣
—, **trailing** 同 edge, following
—, **up-turned trailing** 上翻后緣
—, **upward trailing** 同 edge, up-turned trailing
—, **worn out cutting** 同 edge, blunt cutting
edging 緣工(装飾边緣)
eduction 排洩
eductor 排洩器
effect 1.作用；2.效应
—, **biplane** 双翼效应
—, **boundary** 边界效应
—, **cooling** 冷却作用
—, **cushioning** 緩冲作用
—, **damping** 減震作用
—, **demagnetizing** 去磁作用
—, **eddy current** 渦流作用
—, **ejector** 噴吸〔器〕作用
—, **end** 末端作用
—, **end edge** 同 effect, end
—, **ground** 地面效应
—, **gyro-static** 回轉〔仪〕作用
—, **heating** 热效应
—, **interference** 干涉作用
—, **Joule** 焦耳效应
—, **masking** 遮蔽作用
—, **mass** 質量作用
—, **mechanical hysteresis** 机械迟滯作用
— **of altitude** 高度效应
— **of inertia** 慣性作用
—, **piezo-electric** 压电作用
—, **quenching** 淬火作用
—, **ram** 冲压效应
—, **scale** 尺度影响
—, **shielding** 同 effect, masking
—, **speed** 速度效应
—, **suction** 空吸作用
—, **useful** 有用效应
—, **whipping** 鞭动效应
effective 有效的
effectiveness 效用
— **of tail** 尾翅效用
efficiency 效率
—, **actual** 实际效率
—, **adiabatic overall** 絕热〔循环〕总效率
—, **aerodynamic** 气动效率
—, **air cycle** 空气循环效率
—, **air standard cycle** 空气标准循环效率
—, **air-standard** 以空气为工作标准介質的效率
—, **ampere-hour** 安培小时效率
—, **average ideal** 平均理想效率
—, **battery** 蓄电池效率
—, **blade** 叶片效率(螺旋桨的)
—, **boiler** 鍋炉效率
—, **brake** 刹車效率
—, **brake engine** 发动机的閘測效率
—, **brake thermal** 閘測热效率
—, **Carnot** 卡諾效率
—, **carry-over** 承轉效率
—, **charge** 1.充气效率；2.充电效率
—, **charging** 同 efficiency, charge

efficiency, combined 合并效率
—, combined engine 发动机合并效率
—, combined thermal 合并热效率
—, combustion 燃燒效率
—, compression 压縮效率
—, compressor 压縮机效率
—, cycle 循环效率
—, design propulsive 設計推进效率
—, effective 有效效率
—, effective thermal 有效热效率
—, electric 电效率
—, engine 发动机效率
—, engine volumetric 发动机容积效率
—, external 外部效率
—, flight 飞行效率
—, flywheel 飞輪效率
—, geometric 几何效率
—, gross 总效率
—, gross stage 級内总效率
—, high 高效率
—, higher 較高效率
—, hull 船体效率
—, ideal cycle 理想循环效率
—, ideal thermal 理想热效率
—, indicated 指示效率
—, indicated engine 发动机指示效率
—, indicated thermal 指示热效率
—, internal 內部效率
—, internal thermal 內部热效率
—, isothermal compression 等温压縮效率
—, isothermal overall 等温总效率
—, leakage 漏汽效率
—, lifting 升力效率
—, machine 机器效率
—, mechanical 机械效率
—, net 淨效率
—, nozzle 噴嘴效率
— of air pump 气泵效率
— of airscrew 飞机螺旋桨效率
— of boiler 同 efficiency, boiler
— of compression 同 efficiency, compression
— of Diesel engine 1.狄賽尔內燃机效率;2.柴油內燃机效率
— of internal combustion engine 內燃机效率
— of the blast pipe 吹管效率
— of the furnace 炉效率
— of turbine, net 渦輪机淨效率
— of turbine, stage 渦輪机分級效率
—, output 輸出效率
—, overall 总效率
—, overall adiabatic 总絕热效率
—, overall isothermal 总等温效率
—, piston thermal 活塞热效率
—, plant 工厂效率
—, plant engine 全厂发动机效率
—, plant thermal 全厂热效率

efficiency, power plant 动力厂效率
—, **production** 生产效率
—, **propeller** 螺旋桨效率
—, **propulsive** 推进效率
—, **pump** 泵效率
—, **relative** 相对效率
—, **rotational** 轉动效率
—, **scavenge** 换气效率
—, **scavenging** 同 efficiency, scavenge
—, **shaft** 軸效率
—, **stage** 分級效率
—, **steam** 蒸汽效率
—, **steam generator** 蒸汽发生器效率
—, **tail** 尾翼效率
—, **theoretical** 理論效率
—. **thermal** 热效率
—, **thermodynamic** 热力效率
—, **turbine** 渦輪机效率
—, **turbine blade** 渦輪机叶片效率
—, **turbine diagram** 渦輪机示功图效率
—, **turbine stage** 同efficiency of turbine, stage
—, **volumetric** 容积效率
—, **weight** 重量效率
—, **work** 工作效率
—, **working** 同 efficiency, work
efficient 有效的
efflux 1.流出；2.流出物
effort 作用力
—, **braking** 閘力
—, **crank** 曲柄迴轉力
—, **effective tractive** 同 power, effective tractive
—, **gross tractive** 同 power, gross tractive
—, **mean** 平均作用力
—, **piston** 活塞作用力
—, **propelling** 推进力
—, **tractive** 同power, tractive
—, **turning** 轉动力
ejector 噴吸器
—, **air** 噴吸空气器
—, **ash** 放灰器
—, **combination nozzle** 同 ejector, double nozzle
—, **double** 同 ejector, double nozzle
—, **double nozzle** 双嘴噴吸器
—, **sand** 噴砂器
—, **simple** 簡单噴吸器
—, **spark** 吸除火花器
—, **steam** 蒸汽噴吸器
—, **steam, air** 蒸汽吸气器
—, **steam jet** 同 ejector, steam
—, **steam jet air** 同 ejector, steam air
—, **steam sand** 同 blower, steam sand
—, **water jet air** 噴水抽气器
elastic 弹性的
elasticity 弹性
—, **adiabatic** 絕热弹性
—, **imperfect** 不完全弹性
—, **longitudinal** 縱弹性
— **of bending** 弯曲弹性
— **of bulk** 容积弹性
— **of compression** 压縮弹性
— **of elongation** 伸长弹性
— **of flexure** 同 elasticity of bending
— **of fluid** 流体弹性
— **of shape** 形状弹性

elasticity of torsion 扭轉弹性
— of volume 同 elasticity of bulk
—, perfect 完全弹性
—, tensile 拉伸弹性
—, torsion 同 elasticity of torsion
elbow 1.弯管；2.弯头
—, cylinder water outlet 气缸出水弯管
—, escape pipe 旁洩弯管
—, exhaust 排气弯管
—, filling plug 注入旋塞弯管
—, flared pipe 喇叭管弯管
—, gage pipe 气表弯管
—, galvanized 鍍鋅弯头
—, hose 軟管弯头
—, inlet 入口弯头
—, joint 接合弯头
—, left distributor 左側分配弯头
—, pipe 同 elbow
—, reducing 异径弯头
—, round 圓角弯管
—, square 直角弯头
—, steam circulating pipe 巡迴汽管弯头
—, union 管节弯头
—, water pump by-pass 水泵旁通弯头
—, whirling 旋轉弯头
electric 电的{电}
electrician 电工
electricity 1.电；2.电学
electro-cleaning 电淨法
electrode 1.电极；2.焊条
—, bare 裸焊条；无葯焊条
—, carbon 碳电极
—, cast iron 鋳鉄焊条
—, coated 包剂焊条
—, composite 混合焊条
—, covered 同 electrode, coated
—, distributer rotor 配电器轉子电极
—, fluxed 熔剂焊条
—, heavy coated 厚包剂焊条
—, light coated 薄包剂焊条
—, metal 1.金屬电极；2.金屬焊条
—, non-ferrous alloy 非鉄合金焊条
—, shield arc 隔离电弧焊条
—, spark plug 火花塞电极
electro-deposition 电澱积
electro-dynamometer 同 dynamometer, electric
electrography 电笔
electrolysis 电解〔作用〕{化}
electrolyte 1. 电介質；2. 电解〔溶〕液{化}
—, battery 电池溶液
—, storage battery 同electrolyte, battery
electro-magnet 电磁
electro-magnetism 1.电磁；2.电磁学
electrometallurgy 电冶金学
electrometer 静电計{物}
electro-mobile 同 car, electric
electro-motor 同 motor, electric
electron 电子
electro-plate 1.电鍍；2.电鍍品
electro-plating 同 electro-plate 1.
electro-pneumatic 电动气动的
electropyrometer 同pyrometer, electric
electroscope 驗电器{物}

electrotinning 电镀锡
electro-welding 同 welding, electric
element 1.元素；2.单体，单元；3.零件；4.电池{电}
—, **air cleaner** 滤空气器零件
—, **airscrew** 飞机螺旋桨零件
—, **alloying** 合金元素
—, **blade** 叶片
—, **cleaner filter** 净气器滤器零件
—, **filter** 滤器零件
—, **fuel** 燃料
—, **gas filter** 滤煤气器零件
—, **lubricating oil filtering** 润滑油滤件
—, **machine** 机〔械零〕件
—, **oil filter** 滤油器另件
—, **parent** 母〔体元〕素，起始元素
—, **propeller** 螺旋桨零件
—, **radiator** 散热〔器〕单片
—, **seismic** 1. 感振器，示振器；2. 惯性配重
—, **tracer** 示踪元素
—, **transuranium** 超鈾元素
—, **unstable** 不稳定元素
elevating 上升的
elevation 1.海拔；2.正视图
—, **back** 后视图
—, **field** 机場海拔
—, **front** 同 elevation 2.
—, **left** 左视图
—, **right** 右视图
—, **side** 侧视图
elevator 1. 升降机；2. 升降舵{航空}
—, **auto-dynamic** 自动动力升降舵{航空}
—, **automobile** 汽车升降机
—, **balanced** 平衡升降舵
—, **barrel** 圆筒升降机
—, **belt** 带式升降机
—, **belt and bucket** 带斗式升降机
—, **bucket** 斗式升降机
—, **chain** 链式升降机
—, **chain and bucket** 链斗式升降机
—, **diving** 同 elevator 2.
—, **electric** 电力升降机
—, **grain** 扬谷机，扬粒机
—, **hydraulic** 水力升降机
—, **passenger** 载客升降机
—, **pneumatic** 气力升降机
elimination 1.除去，消去；2.消去法{数}
eliminator, hydraulic shock 水力减震器
—, **shock** 减震器
ellipse 椭圆
—, **eight center** 八心椭圆
—, **momental** 惯矩椭圆
— **of inertia** 惯性椭圆
—, **strain** 应变椭圆
—, **stress** 应力椭圆
—, **valve** 阀椭圆
ellipsograph 椭圆规
ellipsoid 椭圆体
—, **momental** 惯矩椭圆体
— **of expansion** 膨胀椭圆体
— **of gyration** 环动椭圆体
— **of inertia** 惯性椭圆体
— **of revolution** 旋转椭圆体
—, **strain** 应变椭圆体
—, **stress** 应力椭圆体
elliptic, half 半椭圆的
ellipticity 椭圆率

elms 1.榆；2.榆木
elongation 伸长
—, at rupture 断裂伸度
—, axle 轴伸长
—, local 局部伸长
—, relative 相对伸长
—, ultimate 极限伸长
embossing 1.压花法；2.印花法
embrittlement, hydrogen 氢脆（钢的）
emergency 紧急
emery 金钢砂
—, powdered 金钢砂粉
— -cloth 同 cloth, emery
emission, charged-particle 带电质点发射
emissivity, total hemispherical 半球面全辐射率
empennage 同 group, tail
empirical 经验的
emulsion 乳状液
enamel 搪瓷,珐琅{化}
—, oil proof 耐油搪瓷
end 〔尾〕端
—, anti-propeller 反螺旋桨端
—, back 后端
—, ball 球端
—, big 大端(连杆的)
—, boiler 锅炉端
—, bolt 螺栓头
—, butt 平头端
—, connecting rod 连杆端
—, connecting rod big 连杆大端
—, connecting rod small 连杆小端
—, coupling rod 联杆端
—, coupling rod fork 联杆叉端
—, crank 曲柄端
—, cylinder 气缸端
—, cylinder back 同 cover, back cylinder
—, dead 1.闭端；2.尽头
—, dished boiler 凸锅端
—, eccentraic rod fork 偏心轮杆叉端
—, exhaust 排气端
—, fixed 定端
—, flanged boiler 带缘锅炉端
—, flat 平端
—, flat boiler 平锅端
—, forked 叉端
—, forked connecting rod 叉式连杆端
—, free 自由端
—, front 前端
—, gear shift reverse fork 倒车换挡杆端
—, hand brake band 手闸带端
—, head 头端
—, hinged 铰接端
—, main rod stub 主连杆端
—, master cylinder piston push rod 主气缸活塞杆端
—, movable 活动端
— of curve 曲线终点
—, piston rod 活塞杆端
—, propeller 螺旋桨端
—, rear 后端
—, roller 辊端
—, round 圆头
—, screen 筛端
—, screw 螺钉端
—, small 小端
—, square 方头
—, spring 簧端

end, strap 带端
—, stub 同 end, connecting rod
—, supported 支端
—, tail 尾端
—, tie rod 系杆端
—, tie rod ball 系杆球端
—, top 顶端
—, track rod 同 end, tie rod
—, vibrating case 振动箱端
—, working 工作端
—, wrist pin 活塞銷端
—, yoke 轭端
ender, double 双头机车
endothermic 吸热的{化}
ends,butt welded rail 对焊轨端
endurance 1.耐劳性; 2.持久
energize 增能
energizer 增能剂;增能器
energy 1.能; 2.能量
—, absolute 绝对能量
—, activation 活化能
—, actual 实际能量
—, available 可用能
—, binding 结合能
—, biological 生物能
—, braking 闸能
—, chemical 化学能
—, chemical potential 化学势能
—, elastic 弹性能
—, electrical 电能
—, excess 超额能量
—, excitation 激发能
—, fuel 燃料能〔量〕
—, heat 热能
—, high grade 高级能
—, internal 內能
—, intrinsic 同 energy, internal
—, kinetic 动能
—, kinetic in fission 裂变所产生的动能
—, low grade 低级能
—, mechanical 机械能
— of gases, kinetic 气体动能
— of heat 同 energy, heat
— of motion 同 energy, kinetic
— of position 势能,位能
— of rotation 转动能
— of translation 移动能
—, optical 光能
—, potential 同 energy of position
—, radiant 辐射能
—, radiant heat 辐射热能
—, relative 相对能量
—, static 静能
—, storing 储能
—, thermal 同 energy, heat
— to exhaust 排出能量
—, total 总能
—, unavailable 无用能
engage 接合,啮合
engagement 接合,啮合
engine 发动机,引擎
—, aerial 同 aeroengine
—, aeronautic 同 aeroengine
—, aeroplane 同 aeroengine
—, agricultural 农用发动机
—, air 空气发动机
—, air chamber 气室式发动机
—, air compressing 气压〔发动〕机
—, air cooled 气冷式发动机
—, air injection 空气喷射柴油〔发动〕机

engine, air pressure 空气压力发动机

—, **aircraft** 同 aeroengine

—, **airless injection** 无气喷射柴油〔发动〕机

—, **alcohol** 酒精发动机

—, **annular** 环形发动机

—, **arrow** 箭形发动机

—, **aspirated** 吸气机

—, **assistant** 辅助机车

—, **atmospheric** 同 engine, air

—, **automobile** 1.自动车内燃机；2.汽车发动机

—, **automotive** 1.自动机;2.汽车发动机

—, **auxiliary** 辅助发动机

—, **aviation** 同 aeroengine

—, **axial** 轴向式发动机

—, **balanced** 平衡式发动机

—, **ballast** 运碴机车

—, **bank** 同 engine, assistant

—, **barrel** 同 engine, barrel type

—, **barrel type** 筒式发动机

—, **barrel type rotary** 筒式转缸发动机

—, **beam** 横梁发动机

—, **binary vapour** 二汽机

—, **blast** 鼓风机

—, **blast furnace gas** 高炉煤气机

—, **blower cooled** 风冷式发动机

—, **blow-in** 同 engine, blast

—, **bogie** 转向机车

—, **cab over** 前〔置〕座〔舱〕车

—, **cam** 凸轮式发动机

—, **capstan** 绞盘机

—, **carburetor** 汽化器式发动机

—, **clockwise** 顺〔时针〕转发动机

—, **complete expansion** 安全膨胀〔式发动〕机

—, **compound** 同 engine, compound steam

—, **compound steam** 复式蒸汽机

—, **compressed air** 1.压缩空气发动机；2.压缩空气机车

—, **compression ignition** 压缩发火内燃机

—, **compression ignition gas** 压缩发火煤气内燃机

—, **condensing** 同 engine, condensing steam

—, **condensing steam** 凝汽发动机

—, **consolidation** 同 locomotive, consolidation

—, **constant pressure cycle** 定压式循环内燃机

—, **constant volume cycle** 定容式循环内燃机

—, **construction** 工程机车

—, **cooperative fuel research** 混合燃料试验〔发动〕机

—, **cording** 绳索机

—, **Corliss** 柯立斯蒸汽机

—, **counterflow** 对流式蒸汽机

—, **crankless** 无曲柄式发动机

—, **cross compound** 同 engine, cross compound steam

—, **cross compound steam** 并连复式蒸汽机

—, **diagonal** 斜型发动机

—, **Diesel** 狄賽尔内燃机,柴油机

engine, Diesel cycle 狄賽尔循环〔发动〕机
—, Diesel high compression 1.狄賽尔高压发动机; 2.高压柴油机
—, differential 差动式发动机
—, direct 直接式发动机
—, direct acting 同 engine, direct
—, double acting gas 双作用式煤气机
—, double acting steam 双作用式蒸汽机
—, direct connected 同 engine, direct
—, direct drive 同 engine, direct
—, direct injection 直〔接〕射〔油〕式发动机
—, dividing 分度机
—, donkey 同engine, auxiliary
—, double cylinder 双〔气〕缸式发动机
—, double expansion 同 engine, compound steam
—, double expansion steam 同 engine, compound steam
—, double oppose 双活塞对动发动机
—, double radial 双排星形发动机
—, double rotary 同 engine, double radial
—, double row radial 双排星形发动机
—, draining 排洩发动机
—, dual combustion 双燃〔式〕发动机
—, dual fuel 双燃料发动机
—, duplex compound 同 engine, compound steam
—, eight cylinder 八汽缸发动机
—, elevator 同 elevator 1.
—, ether 乙醚发动机
—, expansion 膨脹式发动机
—, experimental gas 試驗用煤气机
—, experimental steam 試驗用蒸汽机
—, explosion 爆发內燃机
—, explosive 同 engine, explosion
—, external combustion 外燃〔发动〕机
—, fan 同 engine, fan type
—, fan type 扇形发动机
—, fan type aero 扇形航空发动机
—, feed 1.給料发动机; 2.給水发动机
—, feeding 同 engine, feed
—, fire 救火机
—, fixed 固定〔式发动〕机
—, fixed radial 固定星形〔发动〕机
—, floating 浮动式发动机
—, four cycle 四冲程式发动机
—, four stroke 同engine, four cycle
—, four stroke cycle 同 engine, four cycle
—, four stroke gas 四冲程式煤气〔发动〕机
—, four stroke Diesel marine 四冲程式狄賽尔船用发动机
—, four wheel bogie 四輪轉架机車

engine, freight 运貨机車
—, **fuel injection** 噴油式內燃机
—, **gas** 煤气〔內燃〕机
—, **gas ignition** 同 engine, gas
—, **gasoline** 汽油〔发动〕机
—, **geared** 齿輪傳动发动机
—, **geared down** 齿輪減速发动机
—, **goods** 同 engine, freight
—, **H-type** H 型发动机
—, **hauling** 牵引机車
—, **heat** 热力机
—, **heavy duty** 重型发动机
—, **heavy oil** 重油机，柴油机
—, **helper** 同 engine, assistant
—, **high powered** 大馬力发动机
—, **high pressure** 高压发动机
—, **high speed** 高速发动机
—, **high speed Diesel** 高速柴油机
—, **high speed steam** 高速蒸汽机
—, **hoisting** 起重发动机
—, **horizontal** 臥式发动机
—, **horizontal opposed** 臥式对置发动机
—, **horizontal radial** 臥式星形发动机
—, **horizontal rotary** 同 engine, horizontal radial
—, **horizontal steam** 臥式蒸汽机
—, **hot air** 热气机
—, **hot bulb** 热球柴油机
—, **hot surface-ignition** 同 engine, hot bulb
—, **hydraulic** 水力发动机
—, **I-head** 工形头发动机
—, **ideal** 理想发动机
—, **ideal heat** 理想热力机
— **in line** 排式发动机
—, **inclined** 斜置发动机
—, **indirect air-cooled** 間接气冷式发动机
—, **intermediate pressure** 中压蒸汽机
—, **internal combustion** 內燃机
—, **inverted** 倒缸发动机
—, **inverted in line** 倒缸排式发动机
—, **jet** 噴气发动机
—, **kerosene** 煤油发动机
—, **L-head** 同 engine, L-head cylinder
—, **L-head cylinder** L 型头汽缸发动机
—, **land** 陆上飞机
—, **left hand** 左轉发动机
—, **left side** 左边发动机
—, **liberty** 自由式发动机
—, **light duty** 輕型发动机
—, **light oil** 輕油发动机
—, **liquid cooled** 液冷式內燃机
—, **locomotive** 机車发动机，机車蒸汽机
—, **low compression** 低压縮发动机
—, **low compression hot vaporizer** 低压縮热汽化內燃机
—, **low pressure** 同 engine, low compression

engine, low speed 低速发动机
—, low speed steam 低速蒸汽机
—, marine 船用发动机
—, marine Diesel 船用柴油机
—, medium compression 中压发动机
—, medium duty 中型发动机
—, mixed combustion 混燃〔发动〕机
—, mixed cycle 混合循环〔发动〕机
—, motor car 汽車发动机
—, multi-bank 复台式发动机
—, multi-crank 多曲柄式发动机
—, multi-cylinder 多〔气〕缸式发动机
—, multi-expansion reciprocating 多〔次膨〕脹式往复发动机
—, multiple cylinder 同 engine, multicylinder
—, multiple expansion 多〔次膨〕脹式蒸汽机
—, naphtha 石脑油发动机
—, natural gas 天然煤气机
—, non-condensing 排汽蒸汽机
—, non-expansive 不脹式蒸汽机
—, nose 机头发动机
—, offset cylinder 偏缸机
—, oil 同 engine, heavy oil
—, oil injection 射油发动机
—, one cylinder 单缸发动机
—, opposed 同 engine, opposed cylinder
—, opposed cylinder 对置气缸发动机
—, opposed piston 对置活塞发动机
—, opposite cylinder 同 engine, opposed cylinder
—, oscillating 摆缸式发动机
—, over compressed 同 engine, super compression
—, petrol 同 engine, gasoline
—, petroleum 石油发动机
—, pile 打樁机
—, pilot 同 engine, assistant
—, piston 活塞式发动机
—, poppet valve 提动閥式发动机
—, portable 輕便发动机
—, producer gas 发生炉煤气〔发动〕机
—, propeller-jet 螺桨噴气式发动机
—, pump 泵发动机
—, pumping 同 engine, pump
—, pusher 推进式发动机
—, quadruple expansion 四脹式蒸汽机
—, quintuple expansion 五脹式蒸汽机
—, race 竞賽汽車
—, racing 同 engine, race
—, radial 星型发动机
—, radial air-cooled 星型气冷式发动机
—, radial type 同 engine, radial
—, Rankine 郎肯蒸汽机
—, real 实际发动机
—, reciprocating 往复式发动机

engine, reversible 同 engine, reversing
—, reversible adiabatic 可逆絕热引擎
—, reversing 倒轉发动机
—, revolving cylinder 轉缸式发动机
—, right hand 右轉发动机
—, right side 右边发动机
—, rocker arm opposed piston 搖臂对置活塞发动机
—, rotary 同engine, revolving cylinder
—, rotary cylinder 同 engine, revolving cylinder
—, rotary steam 旋轉蒸汽机
—, rotating 同 engine, revolving cylinder
—, ruling 同 engine, dividing
—, scavenging 洗除废气发动机
—, self contained 1.鍋炉蒸汽机背包引擎;2.整装发动机
—, semi-Diesel 同engine, hot bulb
—, semi-Diesel medium-compression oil 热球中压柴油机
—, shunting 同 locomotive, switching
—, simple 同 engine, one cylinder
—, simple expansion 单脹式发动机
—, simple slide valve 簡单滑閥蒸汽机
—, simple steam 同 engine, single cylinder steam
—, single acting 单作用式发动机
—, single acting steam 单作用式蒸汽机
—, single cylinder 同 engine, one cylinder
—, single cylinder steam 单缸式蒸汽机
—, single expansion steam 单脹式蒸汽机
—, single radial 同 engine, single row radial
—, single row radial 单排星型发动机
—, six cylinder 六缸发动机
—, sleeve valve 套閥式发动机
—, slow combustion 緩燃发动机
—, solid injection 同 engine, airless injection
—, spark ignition gas 火花发火煤气机
—, sprint 短距发动机
—, square 等径程发动机
—, star 同 engine, radial
—, starboard 同 engine, right side
—, starting 起动发动机
—, static 同 engine, fixed
—, stationary 同 engine, fixed
—, stationary Diesel 固定式狄賽尔发动机，固定式柴油〔发动〕机
—, stationary steam 固定式蒸汽机
—, steam 蒸汽机
—, steam cooled 汽冷式发动机
—, steam reciprocating 往复

式蒸汽机

engine, steering 操向机

—, stoker 同 stoker 1.

—, straight eight cylinder 直列八缸发动机

—, super compression 超压縮发动机

—, supercharged 增压式发动机

—, supercharger 同 engine, supercharging

—, supercharging 增压发动机

—, surface condensing 表面凝汽发动机

—, swash plate 旋轉斜盘发动机

—, switching 同 locomotive, switching

—, T-head cylinder T字头汽缸发动机

—, tandem 串連式发动机

—, tandem compound 同 engine, tandem compound steam

—, tandem compound steam 串連复式蒸汽机

—, tank locomotive 水柜式机車蒸汽机

—, tender 煤水車的机車

—, three cylinder 三〔气〕缸〔式〕发动机

—, three cylinder triple expansion 三缸三涨式蒸汽机

—, traction 牵引机

—, tractor 同 engine, traction

—, treble expansion 三涨式蒸汽机

—, triple expansion 同 engine, treble expansion

—, triple expansion compound 同 engine, treble expansion

—, trunk 筒状活塞发动机

—, turbo-jet 渦輪噴气式发动机

—, turbulence chamber 扰室式发动机

—, turbulent flow 乱流式发动机

—, turning 盘車机

—, twin 双发动机

—, twin cylinder 同 engine, double cylinder

—, twin vertical 立式双缸发动机

—, two cycle 同 engine, two stroke cycle

—, two cycle Diesel 二冲程式狄賽尔发动机

—, two cycle gas 二冲程式煤气〔发动〕机

—, two cycle kerosene 二冲程式煤油〔发动〕机

—, two cycle semi-Diesel 二冲程式热球柴油机

—, two cylinder 同 engine, double cylinder

—, two row radial 同 engine, double radial

—, two stroke 同 engine, two stroke cycle

—, two stroke cycle 二冲程式发动机

—, two stroke hot bulb oil 同 engine, two cycle semi-Diesel

—, two stroke oil 二冲程式重

油〔发动〕机
engine, uncowled 无罩发动机
—, **uniflow** 单流式发动机
—, **uniflow reciprocating** 单流往复式发动机
—, **uniflow steam** 单流式蒸汽机
—, **up-right** 同 engine, vertical
—, **V-type** 同 Vee-engine
—, **V-type eight cylinder** V 型八缸发动机
—, **vacuum** 同 engine, vacuum principle
—, **vacuum principle** 真空发动机
—, **valve in head** 头阀式发动机
—, **valveless type** 无阀式发动机
—, **variable compression** 变压〔縮〕式发动机
—, **variable stroke** 变冲程式发动机
—, **vee** V 型发动机
—, **ventilating** 通风发动机
—, **vertical** 立式发动机
—, **vertical steam** 立式蒸汽机
—, **waste gas** 高炉气内燃机
—, **water cooled** 水冷式发动机
—, **water power** 同 engine, hydraulic
—, **water pressure** 水压机
—, **water raising** 升水机
—, **wet sump** 湿槽式发动机
—, **winding** 同 hoist 2.
—, **wing** 翼部发动机
— **with Corliss valve, steam** 同 engine, Corliss
— **with horizontal cylinder, steam** 同 engine, horizontal steam
— **with poppet valve, steam** 提动閥式蒸汽机
— **with sliding valve, steam** 滑閥式蒸汽机
—, **X-type** X型发动机
—, **Y-type** 同 engine, **radial**
engineer 工程师
—, **aircraft** 航空工程师
—, **assistant** 助理工程师
—, **chief** 总工程师
—, **civil** 土木工程师
—, **consulting** 顧問工程师
—, **electrical** 电机工程师
—, **ground** 地面工程师
— **in charge** 主管工程师
— **in chief** 同 engineer, chief
—, **marine** 同 engineer, naval
—, **mechanical** 机械工程师
—, **mining** 采矿工程师
—, **motor** 动力工程师
—, **naval** 造船工程师
—, **process** 工艺工程师
—, **project** 設計工程师
—, **railway** 鉄路工程师
—, **student** 見习技术員
—, **works'** 制造工程师
engineering 工程〔学〕
—, **aeronautical** 航空工程
—, **aircraft** 同 engineering, aeronautical
—, **automobile** 汽車工程
—, **automotive** 同 engineering, automobile

engineering, car building 造車工程
—, chemical 化学工程
—, civil 土木工程
—, electrical 电机工程
—, heat 热力工程
—, hydraulic 水利工程
—, locomotive 机車工程
—, marine 造船工程
—, mechanical 机械工程
—, mining 采矿工程
—, safety 安全工程
—, steam power 汽力工程
engraving 雕刻
—, machine 机器雕刻
enthalpy. 焓,热函{物}
—, excess 过余焓
—, sensible 显焓
—, specific 比焓
entropy 熵
— of day satuated steam 干飽和蒸汽熵
— of evaporation 汽化熵
— of evaporization 同 entropy of evaporation
— of liquid 液〔体〕熵
— of superheated steam 过热蒸汽熵
— of superheating 过热熵
— of wet steam 湿汽熵
—, sensible 显熵
—, specific 比熵
envelope 1. 包囊; 2.包络线,包络面{数};3.外壳,机壳
—, air ship 气艇包囊
—, balloon 气球〔包〕囊
—, cell 同 envelop, balloon
epicycle 周轉圓{数}
epicycloid 外摆綫{数}
—, spherical 球面外摆綫
equalizer 1. 同 compensator; 2.平衡器
—, brake 閘补整杆
—, driver 动輪平衡杆
—, driver and trailing truck 动輪与从輪轉向架平衡杆
—, driver and truck 动輪与轉向架平衡杆
—, front driver and truck 前动輪与轉向架平衡杆
—, leading truck and driving 导輪轉向架与动輪平衡杆
—, live 活平衡杆
—, longitudinal 縱平衡杆
—, starter field coil 起动机磁場綫圈中間接头
—, trailing truck transverse 从輪轉向架横平衡杆
—, transverse 横平衡杆
equalizing 平衡的,补整的
— -gear 同 gear, equalizing
equation 1.方程式{数}; 2.反应式{化};3.公式
—, adiabatic 絕热方程式
—, characteristic 特性方程式
—, energy 能量方程式
—, exponential 指数方程式
—, general energy 普通能量公式
— of continuity 連續性方程式
—, simple energy 簡单能量公式
—, simple exponential 簡单指数方程式
—, transcendental 超越方程式

{数}

equiangular 等角的

equidistance 等距

equilateral 等边的

equilibrant 平衡力

equilibrium 平衡

—, absolute 絕对平衡

—, chemical 化学平衡

—, dynamic(al) 动力平衡

—, frictional 摩擦平衡

—, indifferent 随遇平衡

—, limiting 极限平衡

—, mechanical 机械平衡

—, mixed 混合平衡

—, neutral 同 equilibrium, indifferent

— of forces 力平衡

— of moments 力矩平衡

—, radial 径向平衡

—, stable 稳定平衡

—, statical 静力平衡

—, thermal 热平衡

—, thermodynamic 热力平衡

—, unstable 不稳定平衡

equimultiple 等倍数〔的〕

equipment 設备,装备

—, aircraft 飞机装备

—, brake 刹車装置

—, complete wheel and axle alignment 輪与軸校准器具

—, draft 通风設备

—, earth moving 运泥器具

—, electrical 电气設备

—, fire fighting 消防設备

—, fixed 固定設备

— for electric railways, brake 电車刹車装置

—, fuel-burning 燃燒設备

—, garage 修車器具，汽車库設备

—, ground 1.地面設备；2.降落設备

—, heat-exchange 热交換器設备

—, hoisting 起重設备

—, interior 內部設备

—, lubricating 潤滑器具

—, movable 活动装置

—, oxygen 氧气設备

—, radio 无綫电設备

—, service 修理工具

—, ship 1. 机身設备 {航}；2. 船上設备

—, shop 工厂設备

—, wireless 同 equipment, radio

equivalent 1.当量;2.克当量;3.相当的;4.相等的

—, full horizontal 全水平当量

—, horizontal 同 equivalent, full horizontal

—, Joule's 焦耳热功当量

—, Joule's mechanical 同 equivalent, Joule's

—, mechanical 功当量

— of heat 热当量

— of heat, dynamical 同 equivalent, Joule's

— of heat, mechanical 同 equivalent, Joule's

—, water 水当量

erect 安装

erecting 安装

erection 安装

— of engine 发动机安装

— of locomotive 机車安装

erg 尔格(能量单位)

erosion 腐蝕
error 誤差
　—, accumulative 累积誤差
　—, allowance 允许误差
　—, average 平均誤差
　—, effective 有效誤差
　—, instrumental 仪器誤差
　—, line 綫誤差
　—, local 局部誤差
　— of indication 指示误差
　—, positive 正値誤差
　—, reading 讀数誤差
　—, tooth 齿形誤差
escalator 自动梯
escape 1.逃逸；2.排洩
　—, air 放气
escapement 擒縦机，司行輪(多用于鐘表)
　—, anchor 錨形擒縦机
　—, chronometer 精密时計擒縦机
　—, crown wheel 冠輪擒縦机
　—, dead beat 不摆擒縦机
　—, cylinder 筒形擒縦机
　—, periodical 週期擒縦机
escaper, air 放气器
escutcheon, dome lamp switch 頂灯开关片
　—, key 鍵紋板
　—, lamp switch 灯开关片
estimate 估計，估价
estimation 同 estimate
　—, performance 性能估計
ether 1.醚；2.乙醚，以脱，以太{化}
　—, petroleum 石油乙醚，石油以脱{化}
ethyl 乙〔烷〕基{化}
ethylene 乙烯{化}
eudiometer 量气管{化}
eutectic 1.共熔合金;2.易熔的，共熔的
evaporation 蒸发
　—, equivalent 等量蒸发
　—, unit 单位蒸发
evaporator 蒸发器
　—, double effect 二效蒸发器
　—, film type 薄膜式蒸发器
　—, flash type 气化式蒸发器
　—, high heat level 高热面蒸发器
　—, low heat level 低热面蒸发器
　—, multiple effect 多效蒸发器
　—, single effect 单效蒸发器
　—, submerged tube type 浸管式蒸发器
　—, triple effect 三效蒸发器
evaporimeter 蒸发計
evaporometer 同 evaporimeter
event 1.事項；2.結果，終局
　—, cycle 循环动作
　—, valve 閥动作
evolute 展开綫
　—, metacentric 外心点縮閉綫
examination 1.检驗；2.考試
　—, gamma-ray γ 射綫检驗
　—, metallographic 金相检驗
　—, radio-graphic 透射检驗
　—, X-ray X射綫检驗
excavator 挖掘器，挖掘机
　—, ditch 挖沟机
　—, down digging 俯掘机
　—, pneumatic 气力挖掘机
　—, road 筑路挖掘机
　—, steam 汽力挖掘机
　—, trench 同 excavator, ditch
　—, up digging 仰掘机

excess 过量的
—, buoyancy 浮超
— of stroke over actual cut 超鉋行程
— of stroke 超程
exchange, ion 离子交换
exchanger 交换器
—, anion 阴离子交换器
—, cation 阳离子交换器
—, compact heat 紧密的热交换器
—, concentric-tube heat 同心管热交换器
—, finned-tubes 翼片换热器
—, fuel 燃料交换器
—, heat 换热器，热交换器
—, intermediate heat 中间热交换器
—, pin-fin 針状翼片的换热器
exciter 励磁机{电}
excluder, dust 防灰器
exhaust 1.排气；2.排出
—, auxiliary 副排气
—, free 自由排气
—, underwater 水下排气
exhauster 排气器
—, air 同 exhauster
exit 出口
—, emergency 紧急出口
exograph X光照片
exothermal 放热的
exothermic 同 exothermal
expander 扩张器，扩管器(鍋炉的)
—, boiler tube 鍋炉管扩口器
—, dudgeon tube 扩管器（鍋炉的）
—, packing 垫料涨圈
—, packing leather 垫皮涨圈
—, piston ring 活塞环撑涨器
—, piston skirt 活塞底緣涨圈
—, secondary cup 副皮碗扩张器
—, shock absorber 1.水封护罩；2.避震器伸长器
—, tube 扩管口器
—, wheel cylinder piston cup 輪缸活塞皮碗扩涨器
expanding 膨胀，扩张
—, internal 内涨
expansibility 膨胀性
expansion 膨胀
—, adiabatic 絕热膨胀
—, air 空气膨胀
—, complete 完全膨胀
—, compound stage 同 expansion, double stage
—, constant entropy 等熵膨胀
—, constant pressure 等压膨胀
—, constant temperature 等温膨胀
—, constant volume 等容膨胀
—, cubic(al) 体积膨胀
—, double 同 expansion, double stage
—, double stage 两級膨胀
—, free 自由膨胀
—, gas 气体膨胀
—, incomplete 不完全膨胀
—, isentropic 同 expansion, constant entropy
—, isothermal 同 expansion, constant temperature
—, linear 綫膨胀
— of element 机件膨胀

expansion of gas 同 expansion, gas
— **of metal** 金屬膨脹
— **of steam** 蒸汽膨脹
— **of steam pipe** 蒸汽管膨脹
— **of steam trap** 汽水閥的膨脹
—, **over** 过度膨脹
—, **quadruple** 四次膨脹
—, **relative** 相对膨脹
—, **steam** 同 expansion of steam
—, **triple** 三次膨脹
—, **two stage** 同 expansion, double stage
—, **uncontrolled** 同 expansion, free
—, **under** 膨脹不足
—, **uniform** 均匀膨脹
—, **volume** 同 expansion, cubic
expansion-gear 同 gear, expansion
expenditure, initial 开办費
expense, production 生产費
experiment 实驗
—, **inclining** 傾斜实驗
—, **Joule's** 焦耳实驗
—, **model** 模型实驗
experimental 实驗的
expiration 呼气
explorator 靠模
explosion 爆发;爆炸
—, **delayed** 緩爆
—, **muffler** 消声器爆声
—, **per minute** 每分鐘爆炸数
—, **pipe** 管爆裂
—, **thermal** 热爆炸
explosive 1.炸葯; 2.爆炸〔性的〕
explosivility 爆炸性
express 1.特快的; 2 .同train, express
—, **air** 特快飞机
exsiccator 同 desiccator
extension 1.伸出; 2.扩展
—, **blower** 吹风管长接头
—, **crank** 曲柄加长柄
— **for excess pressure head, spring box** 超压簧匣伸长部
—, **frame side member** 架樑加长段
—, **hose** 軟管加长节
—, **pedal** 踏板接长节
—, **piston rod** 活塞尾杆
—, **ratchet wrench** 棘輪板子接长柄
—, **rear view mirror bracket** 望后鏡伸长臂
—, **running board shield** 登車板防尘罩加长段
—, **side member** 同 extension, frame side member
—, **tap** 螺絲攻接长部
—, **valve case** 閥心座伸长部
—, **valve stem** 閥杆伸长部
extensometer 伸长計{物}
extinguish 灭火
extinguisher 同 extinguisher, fire
—, **finger spark** 指形灭火花器
—, **fire** 灭火器
—, **magnetic spark** 磁鉄灭火花器
—, **portable fire** 輕便灭火器
—, **spark** 灭火花器
extracter 同 extractor
extraction 撤,拔,抽出
— **of steam** 抽汽
extractor 提出器{化}

extractor, air 抽气器
　—, bushing 拔衬套器
　—, grease 滑脂抽出器
　—, nail 拔釘器
　—, packing 拉除塡料器
　—, screw 起螺絲器
　—, spike 拔道釘器
　—, split pin 起开尾銷器
　—, tap 起螺絲攻器
　—, tool 拔除工具器
extrusion 压挤
　—, cold impact 冷冲挤
　—, continuous 連續压挤
　—, direct 直接压挤
　—, impact 冲挤
　—, inverted 反向压挤
eye 1.眼; 2.环
　—, axe 斧柄眼
　—, brake adjusting rod 刹車調节杆眼
　—, brake beam safety chain 閘杆安全鏈眼
　—, bull's 牛眼灯
　—, cable 索眼
　—, check chain 同eye, safety chain
　—, cord 同eye, cable
　—, fork 叉〔形〕眼
　—, hook 鉤眼
　—, lifting 吊眼
　—, pin 銷眼
　—, reach rod 拉杆眼
　—, rolled 卷眼
　—, safety chain 安全鏈眼
　—, screw 螺絲眼
　—, spring 簧眼
　—, tow and lift 拖吊眼
　—, triangular lifting 三角吊眼
　—, welded 焊眼
eyebolt 同bolt, eye
eyelet 眼端

F

fabric 1.织物; 2.布
　—, aeroplane 飞机蒙布
　—, balloon 同 cloth, balloon
　—, bias laid 斜张蒙布
　—, biassed 同 fabric, bias laid
　—, doped 涂油蒙布
　—, gas cell 气囊蒙布
　—, multi-ply 多层蒙布
　—, parachute 降落伞蒙布
　—, parallel 直紋布
　—, parallel balloon 直纹气球蒙布
　—, three-ply 三层蒙布
　—, tyre 輪胎胶布
　—, two ply 双层蒙布
　—, upholstery 鋪垫織物
　—, wing 同 fabric, wing covering
　—, wing covering 翼蒙布
fabricate 1.織造; 2.装〔蒙〕布; 3.生产
face 面
　—, anvil 砧面
　—, bevel 斜角面
　—, blade 叶面
　—, bow 1.弓面; 2.鋸框面
　—, compass 罗盘面
　—, contact 接触面
　—, crown 頂面
　—, cutting 切削面(刀具的)
　—, cylinder 汽缸滑閥面
　—, driving 推进面(螺旋桨的)
　—, end 端面

face, false 同 face, cylinder
—, **flat** 平面
—, **front** 前面
—, **hammer** 鎚面
—, **hatchet** 斧头面
—, **interchangeable anvil** 互換砧面
—, **interchangeable hammer** 互換鎚面
—, **joint** 接合面
— **of blade** 同 face, blade
— **of gear** 齿輪面
— **of lip of tool** 同 face, cutting
— **of the anvil** 同face, anvil
— **of tool** 同 face, cutting
— **of tooth** 齿面
— **of weld** 焊接面
— **of wheel** 輪面
—, **radial** 径向平面
—, **root** 根面
—, **slide** 滑面
—, **slip** 同 face, slide
—, **spot** 孔口平面（装螺母或垫圈用）
—, **square** 1.車平面;2.橫面
—, **thrust** 推力面
—, **tooth** 同 face of tooth
—, **top** 頂面
—, **upper** 上面
—, **valve** 閥面
faceplate 同 plate, face
—, **large** 大花盘
—, **small** 小花盘
—, **spot** 刮孔口刀
facet 刻面
facility 同 equipment
—, **production** 生产設备
facing 1.衬片;2.刮面;3.刮面法
—, **brake** 閘衬片
—, **clutch** 离合器衬片
—, **clutch disk** 离合器盘衬片
—, **friction** 摩擦面
—, **hard** 1.镀硬面法; 2.加焊硬面法
—, **leather** 皮衬面
—, **mold (mould)** 刮模面
—, **molded** 整模面
—, **radial** 鏇割径向平面，車径向平面
—, **spot** 刮孔口平面
—, **valve** 磨閥面
factor 1.率;2.因数;3.因素
—, **aero-plane efficiency** 飞机效率因数
—, **capacity** 容量因数
—, **card** 功图因数
—, **cleanness** 清洁因数
—, **clearance** 余隙因数
—, **conversion** 換算因数
—, **correction** 修正因素
—, **crank angle** 曲柄角因数
—, **cruising power** 巡航动力因素
—, **damping** 阻尼因数
—, **demand** 需要因数
—, **design load** 設計載荷因数
—, **detonation** 爆燃因素
—, **diagram** 同 factor, card
—, **diversity** 发散因数
—, **dynamic** 动力因数
—, **efficiency** 效率因素
—, **elasticity** 弹性因数
—, **elasticity form** 弹性形状因数
—, **experimental load stress** 实験負載应力因数
—, **form** 形状因数

factor, form stress 形状应力因数
—, **gassing** 充气因数
—, **highest power** 最高功率因数
—, **inertia** 慣性因数 L数
—, **inflow** 流入因数
—, **interference** 干涉因数
—, **landing load** 降落負載因数
—, **lather** 泡沫因数
—, **load** 負載因数
—, **load stress** 負載应力因数
—, **maneuver** 控制灵敏因数
—, **metal removal** 金屬切削率
—, **multiplication** 增殖系数
—, **negative damping** 負阻尼因数
— **of adhesion** 附着因数
— **of evaporation** 蒸发因数
— **of safety** 同 factor, safety
—, **plant** 容量因数
—, **positive damping** 正阻尼因数
—, **power** 功率因数
—, **quality** 品質因数
—, **ratio** 比率因数
—, **recovery** 恢复系数
—, **reheat** 重热因素
—, **rubbing** 摩擦因数
—, **safety** 安全因数
—, **seavenge** 換气因数
—, **shape** 形象因数
—, **slipstream** 滑流因数
—, **span** 翼展因数
—, **speed** 速度因数
—, **steric** 空間位置系数
—, **strength** 强度因数
—, **stress concentration** 应力集中因数
—, **tail efficiency** 尾效因数(飞机的)
—, **temperature recovery** 温度恢复系数
—, **tenuity** 稀薄因数
—, **thermal utilization** 热利用率
—, **turbine windage** 渦輪空气摩擦因数
—, **turbulence** 紊流因数
factor, work done 作功系数
factors, friction 阻力系数
—, **geometrical** 几何形状系数
—, **shape** 形状因数
factory 工厂
—, **gas** 1.煤气厂;2.气体制造厂
—, **work done** 作功系数
Fahrenheit 华氏温度
failure 1.失敗;2.断裂;3.变鈍
—, **engine** 发动机故障
—, **fatigue** 疲劳断裂
—, **tool** 刀具变鈍
faired 减阻的,流线型的
fairing 减阻装置,流线型罩
—, **axle** 車軸减阻裝置
—, **engine** 发动机减阻裝置
—, **fillet** 圓角减阻罩
—, **fuselage** 〔飞机〕机身减阻装置
—, **rim** 輪緣减阻裝置
—, **tyre** 輪胎减阻裝置
—, **wheel** 减阻轮罩
fairlead(er) 1.导索板; 2.导索环
fall 同 fall, gin
—, **gin** 起重机縄
fan 1.扇;2.风扇;3.风箱

fan, air 同 fan 2.
—, blast 鼓风机
—, blowing 同 fan, blast
—, centrifugal 离心力风扇
—, cooling 冷却风扇
—, defrosting 去霜风扇
—, draft 通风风扇
—, exhaust 排气风扇
—, fly wheel 飞輪风扇
—, forced draft 压力通风风扇
—, foundry 鋳工鼓风机
—, gear driven 齿輪轉动扇
—, helical 螺旋风扇
—, hot air 热风扇
—, induced draft 噴吸通风风扇
—, induced draught 同 fan, induced draft
—, induction 同 fan, induced draft
—, pressure 压力风扇
—, radiator 散热〔器〕风扇
—, rubber blade 橡皮叶风扇
—, suction 吸风机
—, ventilator 通风〔器〕风扇
—, water pump pulley and 水泵皮带輪及风扇
—, windshield 风档风扇
fastener 1.系固用物;2.鈎扣
—, belt 〔皮〕带扣
—, hood moulding 罩嵌条鈎扣
—, screw belt 螺釘带扣
—, snap 按扣
—, zip 拉鏈
fastening 1.連接;2.連接物;3.紧固
—, boiler lagging plate 鍋炉套板連接
— of the current collector 同 attachment of the current collector
—, pneumatic tyre 气胎固着法
—, rail 装鋼軌配件
—, smoke box door 烟箱門扣
—, tyre 1.紧輪箍圈; 2.輪胎固着法
fat, animal 动物脂
—, consistent 稠脂
—, vegetable 植物脂
fatigue 疲劳
—, heat 受热疲劳
— of pipe 管接口
faucet 同 cock
—, air 同 cock, air
—, measuring 量水龙头
—, self closing 自閉龙头
—, water 同 cock, water
fault 故障
feather 1.滑鍵;2.羽毛
— in boss 輪轂滑鍵
—, construction 构造特点
feed 1.进給;2.給水;3.进刀
—, automatic 1. 自动进給; 2.自动进刀
—, automatic forward 同 feed, automatic
—, chain 鏈带进給
—, compound rest 复式刀架进刀
—, continuous 連續进給
—, cross 横进刀
—, cylinder 气缸进气
—, differential 1.差动进給; 2.差动进刀
—, down 向下进刀

feed, drip 点滴注油
—, **float** 浮筒式进給
—, **force** 压力进給
—, **forced fuel** 压力燃料进給
—, **fuel** 燃料进給
—, **gear** 齿輪进刀
—, **gravity** 重力进給
—, **gravity fuel** 重力給油
—, **hand** 手进給
—, **heavy** 重进刀
—, **horizontal** 水平进刀
—, **hydraulic** 水力进刀
—, **intermittent** 間歇进刀(工具的)
—, **irregular** 不規則进給
—, **lateral** 同 feed, cross
—, **longitudinal** 縱进刀
— **of drill** 鑽头进程
— **of spindle** 心軸进程
—, **oil** 給油
—, **power** 动力进給
—, **pressure** 同 feed, forced fuel
—, **quick** 快进給,快进刀
—, **rapid** 同 feed, quick
—, **ratchet** 棘輪进給
—, **return** 回行进程
—, **roller** 滾柱进給
—, **self acting** 同 feed, automatic
—, **side** 側进給
—, **sight** 显給
—, **silent** 无声进給
—, **straight** 直进給
—, **straight line** 同 feed, straight
—, **suction** 吸給
—, **uninterrupted** 同 feed, continuous
—, **unit** 单位进程
—, **vacuum fuel** 眞空燃料进給
—, **vertical** 垂直进刀
—, **work** 工件进程
—, **worm gear** 蝸輪进給;蝸輪推进
feeder 1.喂煤机;2.进料器;3.进刀装置;4.同 feeder, water
—, **boiler** 鍋炉給水器
—, **fuel** 給燃料器
—, **oil** 給油器
—, **self oil** 自給油器
—, **water** 給水器
feeding 进給〔的〕
feedwater 同 water, feed
feeler 測隙規
feet 1.脚(复);2.英尺,呎(复)
—, **bearer** 托架脚;台脚
feller 伐木机
—, **steam tree** 汽力伐木机
—, **tree** 同 feller
felloe 同 rim 2.
—, **front wheel** 同 rim, front wheel
—, **wheel** 同 rim, wheel
—, **wooden** 木輪輞
felly 同 rim 2.
felt 毡
—, **asbestoes** 石棉毡
—, **asphalt** 1.瀝青毡;2.油毛毡
—, **crank shaft oil seal** 曲柄軸油封毡
—, **governor air filter** 限速器空气濾清器氈
—, **grease retainer** 护脂毡圈
—, **hair** 髮毡
—, **king pin** 中心立軸毡
—, **knuckle flange** 关节凸緣毡
—, **oil level indicator** 油尺毡
—, **tared roofing** 同 felt,

asphalt
felt, universal joint housing cap 万向节壳盖毡
—, vacuum cylinder piston 眞空缸活塞毡
—, water pump 水泵衬毡
fender 保护板
—, front 前保护板
—, rear 后保护板
ferricyanide, potassium 鉄氰化鉀,赤血盐
ferrite 铁素体
ferro-manganese 锰鉄〔合金〕
— -silicons 硅鉄〔合金〕
— -titanium 鈦鉄〔合金〕
— -tungsten 鎢鉄〔合金〕
— -vanadium 釩鉄〔合金〕
ferrule 箍,套圈
—, plate 管板密套
—, tube 水管口密套(鍋炉的)
—, wire 綫箍
ferry, air 联絡飞机
—, train 列車輪渡
fiber 1.纖維;2.刚紙
—, asbestoes 石棉紙板
—, longitudinal 縦纖維
fibre 同 fiber
fibrous 纖維状〔的〕
field 同 field, magnetic; 2. 場
—, air 飞机場
—, combined 复磁場
—, commutating 整极場
—, electrical 电場
—, flying 同 field, air
—, gravitational 万有引力場
—, landing 同 field, air
—, magnetic 磁場
—, main 主磁場
— of load 受力范围
— of magnetic force 同 field, magnetic
—, pulsating rotating 脉动旋轉磁場{电}
—, reacting 反作用磁場{电}
—, rotating 旋轉磁場{电}
—, single 单磁場{电}
—, stray 散磁場{电}
—, three phase 三相磁場{电}
—, velocity 速度場
— -glass 同 glass, field
fighter 同 aeroplane, fighter
—, aeroplane carrier航空母艦战斗机
—, air 同 aeroplane, fighter
—, carrier 同 fighter, aeroplane carrier
—, fleet 編队战斗机
—, high altitude 高空战斗机
—, intercepter 截击战斗机,歼击机
—, single seater 单座战斗机
—, two seater 双座战斗机
figure 1. 图; 2.数字; 3.数値; 4.形状; 5.位数
—, altitude 高度数字
—, distance 距离数字
—, high speed 高速数字
—, performance 性能数字
—, significant 有效数字
—, steel 鋼字碼
filament 1.〔纖〕絲;2.灯絲;3.絲极{电訊}
—, electric lamp 电灯絲
— of bulb 同 filament, electric lamp
—, steam 流綫
—, vortex 渦綫
filbore 基础軸承

file 銼〔刀〕
—, **aluminum** 鋁銼
—, **arm** 同 file, bastard square
—, **barrette** 扁三角銼
—, **bastard** 粗齿銼
—, **bastard cant** 粗齿斜銼, 粗齿三角銼
—, **bastard crochet** 粗齿圓边銼
—, **bastard crossing** 粗齿橢圓銼
—, **bastard cut** 同 file, bastard
—, **bastard entering** 粗齿尖銼
—, **bastard equaling** 粗齿扁銼
—, **bastard flat** 同 file, bastard equaling
—, **bastard half-round** 粗齿半圓銼
—, **bastard hand** 粗齿手銼
—, **bastard knife** 粗齿刀銼
—, **bastard mill saw** 粗齿鋸銼
—, **bastard pillar** 粗齿柱銼
—, **bastard pillar extra narrow** 粗齿特狹柱銼
—, **bastard pillar narrow** 粗齿狹柱銼
—, **bastard round** 粗齿圓銼
—, **bastard round straight** 粗齿直圓銼
—, **bastard slitting** 粗齿槽銼
—, **bastard square** 粗齿方銼
—, **bastard square blunt** 粗齿直方銼
—, **bastard three square** 粗齿三角銼
—, **bastard three square blunt** 粗齿直三角銼
—, **bastard warding** 粗齿鎖孔銼
—, **bench filing machine** 台用銼床銼
—, **blunt** 直边銼
—, **brass** 銅銼
—, **breaker point** 断电器銼
—, **cabinet** 半圓銼
—, **cant** 同 file, barrette
—, **cant saw** 三角鋸銼
—, **circular** 同 file, round
—, **coarse** 同 file, bastard
—, **coarse crossing** 同 file, bastard crossing
—, **coarse flat** 同 file, bastard equaling
—, **coarse half-round** 同 file, bastard halfround
—, **coarse hand** 同 file, bastard hand
—, **coarse knife** 同 file, bastard knife
—, **coarse round** 同 file, bastard round
—, **coarse round straight** 同 file, bastard round straight
—, **coarse square** 同 file, bastard square
—, **coarse three square** 同 file, bastard three square
—, **crochet** 圓边銼
—, **cross** 橢圓銼
—, **cross cut** 交紋銼, 双紋銼
—, **crossing** 同 file, cross
—, **cutter** 截銼
—, **dead smooth** 光銼
—, **dead smooth cant** 光三角

鎈
file, dead smooth crochet 光圓边鎈
—, dead smooth crossing 光橢圓鎈
—, dead smooth cut 同 file, dead smooth
—, dead smooth double cut 双紋光鎈
—, dead smooth entering 光尖鎈
—, dead smooth equaling 同 file, dead smooth flat
—, dead smooth flat 光扁鎈
—, dead smooth hand 光手鎈
—, dead smooth knife 光刀鎈
—, dead smooth mill saw 光鋸鎈
—, dead smooth pillar 光柱鎈
—, dead smooth pillar extra narrow 光特狭柱鎈
—, dead smooth pillar narrow 光狭柱鎈
—, dead smooth round 光圓鎈
—, dead smooth round straight 光直圓鎈
—, dead smooth slitting 光菱形鎈
—, dead smooth square 光方鎈
—, dead smooth square blunt 光直方鎈
—, dead smooth three square 光三角鎈
—, dead smooth three square blunt 光直三角鎈
—, dead smooth warding 光鎖孔鎈
—, double cut 同 file, cross out
—, double cut smooth 双紋細鎈
—, double half-round 同 file, cross
—, ensiform 菱形鎈
—, entering 尖鎈
—, equaling 同 file, flat
—, extra slim triangular blunt saw 細直三角鋸鎈
—, extra slim triangular taper saw 細斜三角鋸鎈
—, extra-extra slim triangular blunt saw 最細直三角鋸鎈
—, extra-extra slim triangular taper saw 最細斜三角鋸鎈
—, feather edged 同 file, ensiform
—, fine 細鎈
—, fitter 装配工鎈
—, flat 扁鎈
—, flat bastard 同 file, bastard equaling
—, float 同 file, flat
—, gulleting saw 圓鋸鎈
—, hack 同 file, knife
—, half round 半圓鎈
—, half round bastard 同 file, bastard half round
—, half round smooth 半圓細鎈
—, hand 手鎈
—, heavy triangular blunt band saw 粗重直三角带鋸鎈

file, heavy triangular blunt saw 粗重直三角鋸銼
—, heavy triangular taper saw 粗重斜三角鋸銼
—, hollowing 同 file, round
—, joint 同 file, round edge joint
—, knife 刀銼
—, lead float 扁鉛銼
—, middle cut 中紋銼
—, middle double cut 中双紋銼
—, mill 同 file, flat
—, mill saw 銑鋸銼
—, needle 針銼
—, needle handle 同 file, needle
—, oval 同 file, cross
—, parallel 平行銼
—, parallel machine 平行机用銼
—, pillar 柱銼
—, pillar extra narrow 特狹柱銼
—, pillar narrow 狹柱銼
—, pinion 銳边小銼
—, pitsaw 同file, half-round
—, pointed 尖銼
—, polishing 抛光銼
—, rail 軌銼
—, rasp(ing) 木銼
—, rat tail 細圓銼
—, re-cut 重鑿銼
—, regular saw 普通鋸銼
—, regular trlangular taper saw 普通斜三角鋸銼
—, riffle 来福线銼
—, rough 同 file, bastard
—, rough cut 同 file, bastard
—, rough single cut 粗齿单紋銼
—, round 圓銼
—, round edge joint 圓边銼
—, round parallel 同 file, gulleting saw
—, round off 同 file, cabinet
—, safe edge 安全銼
—, saw 整鋸銼
—, screw head 螺釘头銼
—, second cut 中細銼
—, second cut cant 中細斜銼
—, second cut crochet 中細圓边銼
—, second cut crossing 中細交紋銼
—, second cut entering 中細尖銼
—, second cut equaling 同 file, second cut flat
—, second cut flat 中細扁銼
—, second cut half-round 中細半圓銼
—, second cut hand 中細手銼
—, second cut knife 中細刀銼
—, second cut mill saw 中細鋸銼
—, second cut pillar 中細柱銼
—, second cut pillar extra narrow 中細特狹柱銼
—, second cut pillar narrow 中細狹柱銼
—, second cut round 中細圓銼
—, second cut round straight 中細直圓銼

file, second cut slitting 中細菱形銼
—, second cut square 中細方銼
—, second cut square blunt 中細直方銼
—, second cut three square 中細三角銼
—, second cut three square blunt 中細直三角銼
—, second cut warding 中細鎖孔銼
—, second fine 同 file, second cut
—, side 側銼
—, single cut 单紋銼
—, single cut smooth 单紋細銼
—, slim saw 細鋸銼
—, slim triangular blunt saw 細直三角鋸銼
—, slim triangular taper saw 細斜三角鋸銼
—, slitting 同 file, ensiform
—, smooth 同 file, fine
—, smooth cant 細斜銼
—, smooth crochet 細圓边銼
—, smooth crossing 細双紋銼
—, smooth cut 同 file, fine
—, smooth entering 細尖銼
—, smooth equaling 同 file, smooth flat
—, smooth flat 細扁銼
—, smooth half round 細半圓銼
—, smooth hand 細手銼
—, smooth knife 細刀銼
—, smooth mill saw 細鋸銼
—, smooth pillar 細柱銼
—, smooth pillar extra narrow 細特狹柱銼
—, smooth pillar narrow 細狹柱銼
—, smooth round 細圓銼
—, smooth round straight 細直圓銼
—, smooth slitting 細菱形銼
—, smooth square 細方銼
—, smooth square blunt 細直方銼
—, smooth three square 細三角銼
—, smooth three square blunt 細直三角銼
—, smooth warding 細鎖孔銼
—, spark plug 火花塞銼
—, square 方銼
—, square blunt 直方銼
—, straw 同 file, bastard
—, super fine 最細銼
—, taper 斜面銼
—, taper flat 斜面扁銼
—, taper hand 斜面手銼
—, tapered 同 file, tarper
—, three cornered 同 file, three square
—, three sided 同 file, three square
—, three square 三角銼
—, three square blunt 直三角銼
—, triangle 三角銼
—, triangular 同 file, three square
—, triangular double ender saw 两端三角整鋸銼
—, triangular machine saw

机器鋸条三角锉
file, triangular taper band saw 斜三角带鋸錐
—, **tungsten point** 鎢錐
—, **warding** 鎖孔錐
filing 錐法
—, **cross** 交錐法
—, **draw** 推錐法
filings 錐屑
—, **iron** 鉄錐屑
filler 1.塡隙料;2.漏斗
—, **battery** 蓄电池漏斗
—, **breather** 通气管加油口
—, **cap** 装口蓋
—, **gender** 保护板嵌料
—, **fuel tank** 油箱加油口
—, **oil** 加油口
—, **reinforcement** 增固塡料
—, **water jacket** 水套加水口
—, **windshield glass** 风档玻璃嵌料
—, **wood** 木塡料
fillet 1.圜角;2.嵌条
—, **corner** 圜角嵌条
—, **emery** 全鋼砂布
—, **inside** 內角焊縫
—, **light** 淺角焊縫
filleting 1.角隅塡密法; 2.嵌縫法
filling 1.塡料;2.装塡
—, **back** 里塡
fillister 1.凹鉋;2.凹槽
film 1.膜;2.軟片(照象的)
—, **laminar flow** 层流膜层
—, **lubricant** 潤滑油膜
film of oil 油膜
—, **oil** 同 film of oil
filter 濾器
—, **air** 濾气器
—, **charcoal** 木炭濾器
—, **cyclone** 旋风濾器
—, **drier** 干濾器
—, **feed water** 給水濾器
— **for water, grease** 油脂离水器
—, **fuel** 同 filter, fuel oil
—, **fuel oil** 燃料油濾器
—, **fuel oil bag** 燃料油袋形濾器
—, **gas** 煤气濾器
—, **gasoline** 汽油濾器
—, **gravity** 重力式濾器
—, **hydraulic** 水力濾器
—, **light** 濾光器;濾光片
—, **lubricating oil** 潤滑油濾器
—, **lubrication** 同 filter, lubricating oil
—, **metal cloth** 金屬〔絲〕布濾器
—, **mud** 濾泥器
—, **oil** 濾油器
—, **optical** 濾光器
—, **petrol** 同 filter, gasoline
—, **pressure** 压力式濾器
—, **radial fin** 布濾器
—, **rapid sand** 砂砾速濾器
—, **rod** 杆〔式〕濾器
—, **sand** 砂濾器
—, **security** 安全濾器
—, **slow sand** 砂砾緩濾器
—, **suction** 吸濾器
—, **tube** 管濾器
—, **wire gauze** 金屬綫網濾器
filtration 过濾
filtrator, oil 同 filter, oil
fin 1.〔机〕翅;2.周緣翅片(鑄件的)
—, **bottom** 下翅

fin, carrier 架翅
—, cast on cooling 鋳制散热片
—, cooling 散热片
—, cylinder cooling 气缸散热片
—, damping 阻尼片
—, horizontal 横翅
—, integral 整体散热片
—, radiator 散热器片
—, skid 阻滑翅
—, stabilizing 同 fin, upper stabilizing
—, tail 尾翅
—, top 同 fin, upper stabilizing
—, upper 同 fin, upper stabilizing
—, upper stabilizing 上部安定翅
—, vertical 直尾翅
finder 1.定向器;2.測距器
—, automatic directional 自动定向仪
—, direction(al) 定向仪(无綫电)
—, manual directional 人工定向仪
—, range 測距器,測距仪
fineness 1.細度;2.鈍度
— of streamline 流綫形細度
finger 1.指;2.指針
—, clutch 离合器指
—, contact 〔接〕触指
—, felt 毡刷
—, guide 指針
—, shifting 变換指
—, sweep 刮模針
finish 1.完工;2.光制
—, interior 內部光制
—, poor 光制不良
—, surface 表面光制
finisher 修整器
—, road 修平路面机
—, tar 柏油滚平机
finishing 〔完工〕光制
—, file 銼光
—, final 最后光制
fins, ruffled 波浪形翼片
fire 1.火;2.发火
—, advanced 〔提〕前发火
—, after 后发火
—, back 逆火
—, external 外燃
—, forge 鍛火
—, hollow 空心火
—, internal 內燃
—, plain open 平开火
—, side blanked 边积火
—, signal 信号火
fire-annihilator 同 annihilator, fire
firebox 同 box, fire
fire-clay 同 clay, fire
fire-hydrant 同 hydrant, fire
fireplace 同 place, fire
fireproof 同 proof, fire
firewall 同 wall, fire
firing 同 fire 2.
—, back 同 fire, back
—, delayed 迟发火
—, electric 电发火
—, irregular 不規則发火
—, powdered coal 煤粉燃燒
—, quick 急发火
—, simultaneous 同时发火
fish 1.夾片;2.同 plate, fish
fission 裂变

fission, nuclear 核裂变
fissure 同 crack
fit 配合
—, **clearance** 間隙配合
—, **close** 紧配合
—, **close running** 紧轉配合
—, **close working** 紧滑配合
—, **cylinder frame** 气缸和座架配合
—, **drive** 打入配合
—, **driving** 同 fit, drive
—, **easy running** 輕轉配合
—, **force** 压入配合
—, **foring** 同fit, force
—, **free** 自由配合
—, **heavy force** 重压紧配合
—, **interference** 干涉配合
—, **loose** 松配合
—, **loose running** 松轉配合
—, **medium** 中級配合
—, **medium force** 中級压紧配合
— **of spline, major diameter** 外径配合(多鍵形的)
— **of spline, minor diameter** 内径配合(多鍵形的)
— **of spline, tooth sides** 齿側配合(多鍵形的)
—, **press** 同 fit, force
—, **push** 推入配合
—, **running** 轉动配合
—, **shrink** 冷縮配合
—, **shrinkage** 同 fit, shrink
—, **slide** 滑动配合
—, **sliding** 同 fit, slide
—, **snug** 适貼配合
—, **tight** 紧配合
—, **transition** 靜配合
—, **wheel** 輪座配合
—, **wringing** 輕打配合
fitter 装配工
—, **engine** 发动机装配工
—, **machine** 机器装配工
—, **pipe** 管子装配工
—, **steam** 汽管装配工
fitting 配件,零件
—, **angle** 弯头
—, **axle guide** 导軸配件
—, **ball and spring type lubricating** 球簧式加油嘴
—, **boiler** 鍋炉配件
—, **cab** 司机室配件
—, **carburetor** 汽化器接头
—, **check** 止回配件
—, **check valve lubricator** 止回閥加油嘴
—, **choke** 喉管
—, **compression** 压合接头
—, **control** 控制配件
—, **delivery** 輸送管
—, **drive type lubricating** 压入式加油嘴
—, **duplex** 三通接头
—, **exhaust** 排气管接头
—, **fabric** 編織物配件
—, **flare tube** 喇叭管接头
— **for the permanent way, small iron** 永久軌道的小鉄件
—, **lubricator** 加油嘴
—, **master cylinder outlet cap** 主气缸出油接头
—, **oil outlet** 放油接头
—, **oil pipe** 油管配件
—, **overflow tank inlet tube** 溢水箱进水管接头
—, **pipe** 管配件
—, **radiator inlet** 散热器进水

管配件
fittings, radiator outlet 散热器出水管配件
—, soldered 焊接头
—, spider 分布接头
—, straight lubricating 直式加油嘴
—, Tee T字形三通管
—, threaded type lubricating 螺紋黃油杯
—, wheel cylinder inlet 輪閘儲气筒进气接头
fix, absolute 絕对定位
—, radio 无綫电定位
fixing 固定
— of trolley wheel 滑輪固定法(电車接电的)
fixture 1.工件夾具;2.裝置器
—, cab door 司机室門窗裝置
—, center 中心裝置器
—, clutch 离合器裝置工具
—, hold down 压牢裝置
—, indexing type milling 分度式銑削夾具
—, milling 銑削夾具
—, Pitot head 皮氏管头固定器
—, reciprocating type milling 往复式銑削夾具
—, rotary type milling 回轉式銑削夾具
—, saturated 飽和汽裝置
—, stair gage 梯层規定位夾
—, superheated 过热汽裝置
—, temporary 临时夾具
—, welding 焊接夾具
flame 火焰
—, arc 电弧火焰
—, carbonizing 碳化〔火〕焰
—, cellular 胞状火焰
—, cool 冷焰
—, decomposition 分解火焰
—, detonating 爆燃〔火〕焰
—, detonation 同 flame, detonating
—, diffusion 扩散火焰
—, excess acetylene 多乙炔焰{化}
—, laminar 层流火焰
—, lifted 悬举火焰
—, neutral 中性焰
—, oxidizing 氧化焰
—, oxydizing 同 flame, oxidizing
—, pilot 标灯
—, reducing 还原焰
—, turbulent 湍流火焰
flame-propagation, isotropic 均匀火焰傳播
flange 凸緣,法兰
—, airscrew hub 飞机螺旋桨轂凸緣
—, angle 角鉄凸緣
—, bearing 軸承凸緣
—, blank 管口盖凸緣
—, blind 同 flange, blank
—, bolted 螺栓結合凸緣
—, bottom 底凸緣
—, box 軸箱凸緣
—, brake 閘凸緣
—, brazed 〔銅〕焊〔凸〕緣
—, cam shaft thrust 凸輪軸止推凸緣
—, cast 鑄成凸緣
—, cleaning hole 淨孔凸緣
—, clutch driving shaft 离合器傳动軸凸緣
—, collar 环状凸緣

flange, companion 連合凸緣
 —, cooling 冷却凸緣
 —, cylinder base 气缸座凸緣
 —, cylinder bolting 气缸螺栓凸緣
 —, dome 汽室凸緣
 —, drive pinion companion 傳动小齿輪凸緣
 —, driving 傳动凸緣
 —, exhaust pipe 排气管凸緣
 —, fixed 固定凸緣
 —, fly wheel 飞輪凸緣
 —, front 前凸緣
 —, fuel tank pressure 燃料箱压力凸緣
 —, holding 固定凸緣
 —, hub 轂緣
 —, joint 接头凸緣
 —, knuckle drive 关节傳动凸緣
 —, loose 松套凸緣
 —, lower 下凸緣
 —, muffler 减声器凸緣
 —, nozzle 噴嘴凸緣
 — of bush 衬套凸緣
 — of coupling 联軸节凸緣
 — of the brasses 〔黃銅〕軸衬凸緣
 — of the rail 鋼軌凸緣,軌脚
 — of trolley wheel 滑輪凸緣
 — of valve 〔滑〕閥〔凸〕緣
 — of wheel 輪緣
 —, overdrive housing 超速器壳凸緣
 —, pillow block 軸台凸緣
 —, pipe 管子凸緣
 —, pressure 压力凸緣
 —, propeller 螺旋桨凸緣
 —, propeller hub 桨轂凸緣
 —, propeller shaft tube 螺旋桨軸管凸緣
 —, radiating 散热凸緣,散热片
 —, rib 肋凸緣
 —, riveted 鉚合凸緣
 —, screwed 螺旋凸緣
 —, thin 薄凸緣
 —, top 上凸緣
 —, transfer case 变速箱凸緣
 —, transmission companion 傳动〔器〕連合凸緣
 —, transmission universal joint 同 flange, universal joint transmission
 —, universal joint 万向节凸緣
 —, universal joint axle 万向节軸凸緣
 —, universal joint transmission 万向节傳动凸緣
 —, upper 同 flange, top
 —, wheel 同 flange of wheel
 —, wheel carrier 輪架凸緣
 —, wheel hub drive 輪轂傳动凸緣
 —, wheel rim 輪輞凸緣
 —, whistle 号笛凸緣
 —, worn 磨損凸緣
flanger 1.凸緣机; 2.〔制〕凸緣工人;3.排雪档{鉄路}
 —, oil pump 油泵凸緣机
flanging 摺緣
flank 側面
 —, acting 作用側面
 — of thread 螺紋面

flank of tool 刀具側面
 — of tooth 齿面
 —, relieved 鋒緣后讓面
 —, tool 同 flank of tool
 —, tooth 同 flank of tooth
 —, working 同 flank, acting
flap 1.摺翼;2.瓣;3.片状物
 —, adhesive 附着摺翼
 —, automatic 自动摺翼
 —, auxiliary 輔助摺翼
 —, balanced 平衡摺翼
 —, balancing 同 flap, balanced
 —, cooling 冷却摺翼
 —, cowling 整流罩通风片
 —, delivery 同 clack, delivery
 —, drip 同 band, drip
 —, elevating 升降摺翼
 —, exhaust 同 clack, exhaust
 —, flasher 明暗閃瓣
 —, inlet 同 clack, inlet
 —, interplane 翼間摺翼
 —, non-return 止回瓣
 —, oil cooler 冷油器通风片
 —, plain 簡单摺翼
 —, pressure 压力瓣
 —, safety 安全瓣
 —, shutting 关断瓣
 —, simple 同 flap, plain
 —, slotted 开槽摺翼
 —, split 拼合摺翼
 —, suction 吸瓣
 —, trailing edge 后緣摺带
 —, trimming 修整摺翼
 —, tyre 同 strap, tyre
 —, valve 同 clack, valve
 —, variable camber 变弧摺翼
 —, ventilating 通风瓣
 —, ventilation 同 flap, ventil ting
 —, wing 翼瓣
flapping 扑翼
flare 1.閃耀;2.照明炬;3.火焰
 —, aerial 空中照明炬
 —, landing 降落照明炬
 —, navigation 航行照明炬
 —, parachute 照明伞
 —, safety 安全照明炬
 —, wing tip 翼梢照明炬
flash 閃光
flash-back 同 fire, back
flasher 明暗灯
flashing 同 flash
flask 同 1. flask, molding; 2. 长頸玻璃瓶,水筒
 —, iron 鉄砂箱
 —, molding (moulding) 砂箱
 —, sectional 分格砂箱
 —, snap 可拆砂箱
 —, tight 固定砂箱
 —, wood 木砂箱
flat 1.平的;2.使平;3.平面
 — of tool 刀具鋒下平緣
 —, optical 平晶
 —, tyre 輪胎漏气
 —, worn 磨平
flatness 平直度
flattener, hammer 平鎚
 —, sledge 大平鎚
 —, steel 鋼平鎚
flatter 1.平面鎚;2.扁条拉模
flaw 鑄件裂痕
flexibility 撓性,柔軟性
 — of spring 弹簧撓性
 —, permissible 許可撓性
 —, torsional 扭轉撓性
flexure 挠曲,弯曲

flexure, contrary 反曲
—, **lateral** 横曲;旁曲
flight 飞行
—, **circling** 环飞
—, **circular** 同 flight, circling
—, **display** 表演飞行
—, **hands-off** 脱手飞行
—, **high speed** 高速飞行
—, **mock** 摹仿飞行
—, **normal** 正常飞行
—, **straight** 直飞
—, **supersonic** 超声速飞行
float 1.浮体; 2.浮
—, **annular** 环状浮体
—, **auxiliary** 輔助浮体
—, **ball** 球状浮体
—, **buoyance** 浮袋
—, **carburetor** 汽化器浮筒
—, **central** 中央浮筒
—, **cork** 軟木浮体
—, **drift** 偏航浮筒
—, **fuel gage** 燃料表浮标
—, **gas tank** 汽油箱浮标
—, **hollow** 空心浮体
—, **inboard stabilizing** 船內安定浮筒
—, **metal** 金屬浮筒
—, **navigation flame** 航行火浮筒
—, **navigation smoke** 航行烟浮筒
—, **oil level gage** 油位表浮标
—, **outboard stabilizing** 船梢安定浮筒
—, **side** 同 float, wing tip
—, **single** 单浮筒
—, **stabilizing** 稳定浮筒
—, **tail** 尾部浮筒
—, **twin** 双浮筒
— **valve and seat** 浮閥及座
—, **wall sided** 側壁浮筒
—, **wing** 同 float, wing tip
—, **wing supporting** 同 float, wing tip
—, **wing tip** 翼梢浮筒
—, **wing tip stabilizing** 翼梢稳定浮筒水上机
floatability 浮动性
floatation 浮动
floating 1.浮动的;2浮置的
—, **full** 全浮式
flooding 满溢
floodlight 泛光灯,瀾光灯
floor 1.地板; 2.地面; 3.台面; 4. 层楼; 5. 底面
—, **boiler room** 鍋炉間地面
—, **charging** 装置台
—, **damp** 湿地
—, **dressing** 整理車間
—, **molding** 翻砂車間
floor-plate 同 plate, floor
flow 1.流;2.流动;3.流量
—, **air** 1.气流;2.空气流量
—, **axial** 軸向流动
—, **circulatory** 循环流动
—, **continuous** 續流
—, **counter** 反向流动
—, **cyclic** 同flow, circulatory
—, **divided** 分流
—, **double** 双流式
—, **down** 〔下〕降〔气〕流
—, **energy** 能流,能量流动
—, **equilibrium** 均衡流动
—, **forward** 〔向〕前流〔动〕
—, **full** 满流
—, **gas** 1.气流;2.气体流量
—, **heat** 热流

flow, laminar 层流
—, **liquid** 1.液流；2.液体流量
—, **local air** 局部气流
—, **mixed** 混合流
—, **non-circulatory** 非环流
—, **non-rectilinear** 非直綫流动
—, **opposed double** 对向双流式
—, **outer** 外流
—, **parallel** 并流
—, **parallel double** 平行双流式
—, **perfect fluid** 理想流体的流动
—, **plastic** 范性流动，塑性流动
—, **potential** 位〔置〕流〔动〕
—, **pulsating air** 脉动气流
—, **radial** 径向流动
—, **rectilinear** 直綫流动
—, **rotational** 轉动流动
—, **secondary** 二次流动
—, **semi-double** 半双流式
—, **semi-potential** 半位〔置〕流〔动〕
—, **single** 单流式
—, **stationary** 稳定流动
—, **steady** 同 flow, stationary
—, **stream** 同 flow, streamline
—, **stream line** 流綫〔状的〕流动
—, **streamline** 层流
—, **supersonic** 超声速流动
—, **theoretical potential** 理論的位〔置〕流〔动〕
—, **three dimensional** 三向流动
—, **throttle** 节流
—, **translatory** 移〔动〕流
—, **turbulent** 湍流，紊流
—, **two dimensional** 同 flow, two directional
—, **two directional** 二向流动
—, **two phase** 两相流动
—, **uniform** 均匀流动
—, **uniplanar** 单面流
—, **water** 水流
—, **weight** 重力流动
flowmeter 流量計
flowmeter, fuel 燃料流量計
flucrum, lever 槓杆支点
fluctuation 1.波动；2.升降；3.增减
— **of energy** 能量升降
— **of speed** 速度增减
flue 烟道
—, **air** 气道
—, **boiler** 鍋炉烟道
—, **bottom** 底烟道
—, **external** 同 flue, outer
—, **horizontal** 水平烟道
—, **inner** 內烟道
—, **internal** 同 flue, inner
—, **outer** 外烟道
—, **overtop** 同 flue, upper
—, **side** 旁烟道
—, **superheater** 过热器烟道
—, **top** 同 flue, upper
—, **upper** 上烟道
—, **vertical** 垂直烟道
fluid 流体
—, **anti-icing** 防冻液
—, **brake** 刹車油
—, **cooling** 冷却流体
—, **cutting** 潤〔滑〕切〔削〕液

fluid, fire extinguisher 灭火机液
— , **grinding** 潤磨液
— , **hydraulic brake** 液力刹車油
— , **impregnating** 同 fluid, preservative
— , **incompressible** 不可压縮流体
— , **perfect** 理想流体
— , **preservative** 防腐液
— , **pressure** 受压流体
— , **shock absorber** 同fluid, shock absorbing
— , **shock absorbing** 减震液
— , **soldering** 軟焊液剂
— , **synthetic** 合成液体
— , **viscous** 粘性流体
— , **volatile** 揮发液
— , **welding** 〔熔〕焊液剂
— , **working** 工作流体
fluidity 液性
— , **thick** 浓液性
— , **thin** 稀液性
fluorescence 熒光
flush 齐平面
flusher 冲洗器
flushing, water 衝水具
flute 出屑槽(刀具的)
— , **spiral** 螺槽
— , **straight** 直槽
flutes of drill 鑽的出屑槽
fluttening 振动
flutter 振动, 鼓翼
— , **wing** 翼〔震〕头
fluttering 同 flutter
flux 1.〔助〕熔剂; 2. 焊剂; 3. 熔化; 4. 流动; 5. 通量{物}
— , **armature** 电轉子磁通
— , **magnetic** 磁通{电}
— , **neutron** 中子通量
— **of lines of force** 同 flux, magnetic
— , **soldering** 同 fluid, soldering
flying 飞行
— , **blind** 盲目飞行
— , **instrument** 仪器飞行
— , **stunt** 特技飞行
— , **traverse** 曲綫飞行
flypress 螺杆压机
flywheel 同 wheel, fly
— , **cogged** 有齿飞輪
— , **fan** 扇飞輪
— , **front mounted** 前置飞輪
— , **heavy rimmed** 重輞飞輪
— , **rear mounted** 后置飞輪
— , **vibration damper** 减振飞輪
foam 泡沫
foaming 1.发泡沫; 2. 水入汽管
focus 焦点
— , **conjugate** 共軛点
— , **principal** 主焦点
foil, tin 錫箔
fold 摺叠,摺合
folder, bar 弯摺器
folding 摺叠的
follower 1.随动件; 2. gland, stuffing box
— , **cam** 凸輪的随动件
— , **cold water pump piston** 冷水泵活塞填密盖
— , **control piston** 調节活塞填密盖
— , **flange** 同 fland, flange
— , **flat** 随动圓片

follower, hot water pump piston 热水泵活塞填密盖
—, mushroom 同 follower, mushroom cam
—, mashroom cam 凸輪的菌形随动片
—, oscillating 摆动随动件
—, piston 随动活塞
—, pivoted 随动枢
—, reverse cylinder valve 回动閥随动板
—, roller 随动滚柱
—, spring 弹性随动件，随动簧
—, swinging 同 follower, oscillating
follow-up 随动
foot 1.脚；2.英尺
—, board 木尺（英制）
—, boiler shell 炉筒角座
— for back head brace, shell 外門板拉条角座
— for tube sheet brace, shell 管板拉条角座
—, link 滑环脚(月牙板的)
— of the rail 同 flange of the rail
—, table 台脚
foot-pound 同 pound, foot
footstock 同 stock, foot
force 力
—, accelerating 加速力
—, adhesive 附着力
—, aerodynamic 气动力
—, air 空軍,气动力
—, applied 作用力
—, atomic 原子力
—, attractive 引力
—, bearing 支承力
—, bending 弯〔曲〕力
—, buoyant 浮力
—, central 中心力
—, centrifugal 离心力
—, centripetal 向心力
—, circumferential 同 force, tangential
—, cohesive 內聚力
—, compressive 压〔縮〕力
—, concentrated 集中力
—, concurrent 共点力
—, conservative 保守力
—, constant 恒力
—, co-planar 共面力
—, counter 反作用力
—, counter acting 同 force, counter
—, counter electromotive 反电动势
—, cross wind 横风力
—, cutting 切削力
—, deaction acting 同 force, counter
—, deflecting 偏轉力
—, distributed 分〔布〕力
—, drag 同 drag 1.
—, effective 有效力
—, elastic 弹〔性〕力
—, electric 电力
—, electromotive 电动势
—, electrostatic 靜电力
—, expansive 涨力
—, external 外力
—, feeding 进刀力
—, field of 力場
—, gyroscopic 环动力,回轉力
—, harmonic 諧和力
—, horizontal 水平力
—, impressed electromotive

外加电动势

force, impulse 冲力

—, impulsive 同 force, impulse

—, induced electromotive 感应电动势

—, inertia 慣〔性〕力

—, interatomic 原子間力

—, internal 內力

—, lateral 横力

—, lifting 升力

—, line of 力綫

—, longitudinal 縱力

—, magnetic 磁力

—, magnetizing 磁化力

—, maximum twisting 最大扭力

—, mechanical 机械力

—, molecular 分子力

—, moment of 力矩

—, motive 原动力,发动力

—, moving 动力

—, net 淨力

—, non-conservative 非保守力

—, normal 法向力,正交力

—, nuclear 核子力

—, oblique 斜力

— of compression 压縮力

— of friction 摩擦力

— of gravity 地心吸力

— of inertia 同 orce, inertia

— of motion, electromotive 动电动势

— of pressure 同 force, compressive

— of rest, electromotive 静电动势

— of restitution 回复力

—, opposite acting 同 force, counter

—, parallel 平行力

—, percussive 同 force, impulse

—, primary inertia 原慣〔性〕力

—, propulsive 推进力

—, pulling 牵〔引〕力,拉力

—, radial 輻射力,径向力

—, reacting 同 force, counter

—, reciprocating 往复力

—, repulsion 反斥力

—, resultant 合力

—, retarding 減速力

—, secondary inertia 第二慣性力

—, shearing 剪力

—, spurious 假力

—, stick 粘力

—, supporting 同 force, bearing

—, sustaining 同 force, bearing

—, tail 尾力

—, tangential 切向力

—, tearing 裂力

—, tensile 同 force, pulling

—, tensive 同 force, pulling

—, torque 扭力

—, tractive 同 force, pulling

—, twisting 同force, torque

—, unbalanced 不均衡力

—, uniplanar 同面力

—, vertical 垂〔直〕力

—, wind 风力

forceps 鑷〔子〕

—, small 同 forceps

forebody 前身(車的)

forelock 1.开口銷；2.扁銷
foreman 工长
—, **shop** 車間工长
forge 1.鍛；2.鍛工車間；3.鍛炉
—, **boiler** 鍋炉鍛工車間
—, **drop** 落鍛
—, **field** 同 forge, portable
—, **gas** 煤气鍛炉
—, **main** 总鍛工車間
—, **portable** 輕便鍛炉，活动鍛炉
—, **portable rivet** 輕便鉚釘炉
—, **portable riveting** 同 forge, portable rivet
—, **forge** 同 hearth, rivet
—, **spring** 弹簧鍛工車間
—, **stationary** 固定鍛炉
—, **travelling** 同forge, portable
forged 鍛的
forging 1.鍛；2.鍛件
—, **cold** 冷鍛
—, **drop** 落鍛
—, **hand** 手鍛
—, **hollow** 空鍛
—, **hydraulic** 水压鍛造
—, **machine** 机器鍛造
—, **press** 压鍛
—, **solid** 实鍛
—, **swaged** 型鍛
—, **welded steel** 熔焊鋼鍛件
fork 叉
—, **ballast** 道碴叉，石子叉
—, **belt** 移带叉
—, **closed belt** 合带叉
—, **clutch** 离合〔器〕叉
—, **clutch release** 离合器分离叉
—, **connecting rod** 連杆叉
—, **duclutch shift** 换档分离叉
—, **disengaging** 同 fork, clutch
—, **frame** 車架叉
—, **front axle** 前軸叉
—, **gear shift** 〔齿輪〕换档叉
—, **governor** 調速叉
—, **pulley** 滑輪軛
—, **rail** 軌叉
—, **shift** 同 fork, gear shift
—, **spring** 弹簧叉
—, **sprocket shift** 鏈輪换档叉
—, **striker** 操作叉
—, **suspension** 悬架
—, **tail wheel** 尾輪叉
—, **towing** 拖机叉
—, **transmission** 变速叉
—, **transmission second and high shift** 变速箱中速及高速换档叉
—, **tyre** 装輪胎叉
form 式样，型
—, **allotropic** 同素异形体
—, **arch** 拱型
—, **cam** 凸輪型
—, **flow** 流〔动形〕态
—, **graphite** 石墨形
—, **inspection** 检驗单
—, **laminated** 片形
—, **master** 主形
—, **road** 筑路模板
—, **stream** 同 form, stream line
—, **stream line** 流綫形
—, **wave** 波形
—, **wing** 翼形
formation, flame 火焰形成
—, **spark** 火花形成

former 同 copy 1.
former, spray 噴霧形成
—, oval 同 copy, oval
—, wing 翼型条
forming 成形法
—, cold roll 冷滚成形法
—, roll 滚形法
formula 公式
—, approximate 近似公式
—, column 长柱公式
—, combustion 燃燒公式
—, empirical 經驗公式
—, flexure 彎曲公式
—, heat value 热值公式
—, impact 冲击公式
forward, tilt 前〔方〕傾斜
fouling 污結
—, spark plug 火花塞污結
foundation 1.座;2.基础;3.地基
—, frame 架座
— on wood blocking, elastic anvil 鉄砧木座
founder brass 鋳銅工人
—, iron 鋳鉄工人
founding 鋳造
—, metal 金屬鋳造
foundry 翻砂〔車〕間,鋳工厂
—, brass 鋳銅厂,鋳銅車間
—, iron 鋳鉄厂, 鋳鉄車間
—, metal 金屬鋳造厂
foundry-man 翻砂工
fountain, spray 噴水池,噴水器
fraction of steam, dryness 蒸汽干度
fracture 1.断面;2.断裂
—, axle 1.軸断面;2.轴断裂
—, crystalling 晶断面
fragments, fission 分裂碎片
frame, 1.架; 2.座
—, adjustable back hand hack saw 活动手弓鋸架
—, air 飞机架
—, armored wood 装甲木架
—, assembly 装配架
—, automobile 汽車車架
—, auxiliary 輔助架
—, bar 杆架
—, bear 支架
—, bent 曲架
—, binder 吊架,挂脚
—, bogie 轉向构架
—, bow 弓架
—, bow saw 弓鋸框
—, box 盒形架
—, buffer 緩冲架
—, cant 斜架
—, catch 挡泥板
—, central driven log 中心推动排鋸机
—, centre blade saw 中間鋸条鋸框
—, charging 充电架
—, cinder 煤渣托
—, clamping 夾架
—, closed 閉式构架
—, commutator end 整流子端盖
—, compound deal 同frame, double log
—, contact 同 bar, contact
—, cramp 弓形夾
—, cross 同 tie, cross 2.
—, cross braced 横支架
—, crusher 軋碎机架
—, curved 同 frame, bent
—, cylinder 同 seat, cylinder
—, deal 同 saw, gang
—, deflector door 偏导器門框

frame, door 門框
—, double 双构架
—, double blade saw 双鋸条鋸框
—, double deal 同 frame, double log
—, double log 复式排鋸
—, double standard hammer 双柱鎚机架
—, drive end 同 head, drive end
—, drop hanger 吊架
—, easy grip adjustable back hand hack saw 易握活动手弓鋸架
—, end 端架
—, engine 机架
—, extra heavy 特重車架
—, field handling 飞行場操作架
—, filling 装砂框(鑄工的)
—, fire door 炉門框
—, fire box door 火箱門框(机車鍋炉的)
—, floor 地軸架
—, foundation 底架
—, front field 前場架
—, gage glass protector 玻璃示位表护框
—, gear 傳动装置架
—, generator 发电机架
—, gimbal 罗盘架
—, girder 横樑
—, glass 玻璃框
—, graphite slip ring 炭精圈架
—, grate bar 炉托架
—, grinding wheel 磨輪架
—, guide 导架
—, hammer 鎚机柱架
—, handling 操作架
—, heavy duty 重型构架
—, heavy fixed hand hack saw 重型固定手弓鋸框
—, hinged 同 casing, hinged
—, hog 加强架(修船用)
—, hoist 起重机架
—, hull 船身构架
—, inner 內构架
—, inside 同 frame, inner
—, interlocking 联鎖架
—, iron hand arch saw 鉄質手拱鋸框
—, jack 举重架
—, lathe 車床架
—, locomotive 机車架
—, longitudinal 縱架
—, lower 底框
—, magnetic 磁框
—, main 主架
—, motor 电动机架
—, multiple blade saw 排鋸
—, narrow fixed hand hack saw 狹固定手弓鋸框
—, offset 偏架
—, outer 外构架
—, outside 同 frame, outer
—, pedestal 同 block, horn 2.
—, pinion 小齿輪框
—, pistol grip adjustable back hand hack saw 枪柄形活动手弓鋸框
—, plate 板构架
—, portal 龙門架
—, pressed steel 压鋼架
—, printing 晒图架
—, pulley 滑車架
—, pump 泵架

frame radial truck 单軸轉向架底架
—, rear 后架
—, rear field 后場架
—, regular fixed hand hack saw 〔正常〕固定手弓鋸架
—, reinforced 增固架
—, riveted 鉚合架
—, rocker 擺架(車床换向齿輪的)
—, rolled section 形鋼架
—, roller 滚筒架
—, saw 鋸架
—, screw adjustable hand hack saw 螺旋校正活动手弓鋸框
—, seat 座架
—, section iron 形鉄架
—, shears 剪〔机〕床架
—, side 側架
—, side blade saw 側鋸机架
—, side car 边車架
—, single standard hammer 单柱鎚机
—, space 間隔构架
—, spar 樑架
—, starter 起动机架
—, stirrup 框式机架
—, straight 直架
—, supporting 支架
—, swing 旋架
—, teak 柚木架
—, tender 煤水車底架
—, transverse 横架
—, triangular fixed hand hack saw 三角固定手弓鋸架
—, truck 同 frame, bogie
—, tubular 管架
—, underslung 下悬架
—, V-form drop hanger V式吊架
—, van 同 frame, bogie
—, vertical saw 立式鋸框
—, wall box 跨墻架
—, welded 焊成架
—, winch side 絞車边架
—, window 窗框
—, windshield 风档框
— with back portion raised 后高車架
— with inswept front 同 frame with narrowed front
— with narrowed front 前狹車架
—, wood hand arch saw 木質手拱鋸框
framework 1.构架;2.构架工程
framing 1.結构;2.构架
—, stern 尾架
—, winch 絞車架
free 1.自由的;2.游离的{化}
—, scale 1.无氧化层;2.灿亮
freeboard 同 board, free
free-vortex 自由旋渦
freezing 凝固
— by expansion 膨脹凝固
freon 氟气
frequency 頻率
—, beat 拍頻〔率〕
—, critical 临界頻率
—, fundamental 基〔諧波〕頻〔率〕
—, group 群頻率
—, high 高頻率
—, natural 固有頻率

frequency of contact 接触頻率
—, resonant 共振頻率
friction 1.摩擦力;2.摩擦
—, air 空气摩擦
—, auxiliary 1.附件摩擦力;2.附加摩擦
—, axle 輪軸摩擦
—, belt 带摩擦
—, brush 刷摩擦
—, chain 鏈摩擦
—, dynamic 动〔力〕摩擦
—, eccentric 偏心摩擦
—, engine 发动机摩擦力
—, feed 进刀摩擦
—, fluid 流体摩擦
—, internal 內摩擦
—, journal 軸頸摩擦
—, kinetic 同 friction, dynamic
—, limiting 极限摩擦
—, mechanical 机械摩擦
—, minimum 最小摩擦
—, motoring 空轉摩擦力
— of motion 同 friction, dynamic
— of rest 靜摩擦
— of rolling 滾动摩擦
—, piston 活塞摩擦
—, pivot 枢軸摩擦
—, profile 叶型摩擦
—, rolling 同 friction of rolling
—, rope 繩索摩擦
—, skin 表皮摩擦
—, slide block 滑块摩擦
—, sliding 滑动摩擦
—, static(al) 同 friction of rest
—, stuffing box 塡函摩擦
—, surface 表面摩擦
—, tooth 輪齿摩擦
—, total skin 总表皮摩擦
—, valve 閥摩擦
friction-gear 同 gear, friction
friction-gearing 同 gear, friction
frog 同 crossing 1.
—, movable point 活动轍叉
front 前
—, flame 火焰前鋒
—, glass 玻璃前面
—, pressure wave 压力波前
—, smoke box 烟箱盖
—, wave 波前
frontage 正面
frustum of cone 圓錐截体
fuel 燃料
—, aircraft 航空燃料
—, anti-detonation 防爆燃料
—, anti-knock 同 fuel, anti-detonation
—, artificial 人造燃料
—, colloidal 胶質燃料
—, Diesel 狄賽尔机燃料,柴油
—, doped 同 fuel, anti-detonation
—, dry 干燃料
—, excess 过量燃料
—, fossil 化石燃料
—, gaseous 气体燃料
—, high grade 高級燃料
—, liquid 液体燃料
—, low grade 低級燃料
—, metered 已量燃料
—, prepared 同 fuel, artificial
—, pulverized 粉状燃料
—, secondary reference 副标准燃料

fuel, solid 固体燃料
—, unmetered 未量燃料
fueling 加燃料
fulcrum 1.支点;2.支轴
—, air shutter lever 关气桿支点
—, brake cylinder lever 閘筒桿支架
—, brake lever 閘桿支架
—, driver and truck equalizer 动輪位及轉向架补整器支架
—, driver equalizer 动輪位补整器支架
—, leading truck equalizer 导輪轉向架补整器支架
—, lever 槓杆支点
—, radius bar 半径杆支架
—, reverse lever 回动杆支架
—, shaking grate lever 搖动炉篦杆支架
—, throttle lever 节流杆支架
fuller 套柄鉄鎚(半圓形的)
fullering 同 caulk
fume 烟〔霧〕
—, exhaust 排烟
function 1.功用;2.函数
—, availability 可用热函数
—, force 力函数
—, forcing 同function, force
—, involute 漸开綫函数
—, moment 力矩函数
— of ordinates 縱坐标函数
— of state 物态函数
—, slip 滑流函数
—, stream 順流函数
funnel 1.漏斗;2.烟囱
—, air 通风筒
—, eccentric oil 偏心輪油漏斗
—, gage cock drip 驗水塞滴漏斗
—, high density 高压风洞
—, main 总烟囱
—, oil 油漏斗
—, telescopic 套管烟囱
furnace 1.炉;2.炉的燃燒处
—, air 空气炉
—, alternating current 交流电炉
—, air-cooled wall 气冷壁炉
—, annealing 退火炉
—, arc 电弧炉
—, bandage tyre 同 furnace, tyre heating
—, blast 高炉,鼓风炉
—, blowing 吹风炉
—, boiler 鍋炉燃燒处
—, boiling 同 boiler
—, brass melting 熔銅炉
—, calcining 同 calciner
—, cementing 滲炭炉
—, center 中心炉
—, chamber 分室炉
—, circular 圓炉
—, coal dust 煤屑炉
—, continuous 連續炉
—, corrugated 波形燃燒管(鍋炉的)
—, crucible 坩堝炉
—, crucible tilting 坩堝傾注炉
—, cupola 冲天炉
—, cylindrical 筒形炉
—, distilling 蒸餾炉
—, draft 通风炉
—, drawing 回火炉
—, drying 干燥炉

furnace, electric 电炉
—, electric blast 电热高炉
—, electric heat treating 电热处理炉
—, external 炉外燃燒处
—, fire hearth 火床炉
— for gaseous fuel 气体燃料炉
— for liquid fuel 液体燃料炉
— for tan bark saw dust etc. 鋸屑炉
—, forge 鍛炉
—, foundry 鋳工炉
—, gas 煤气炉
—, gas fired 同 furnace, gas
—, hardening 硬化炉
—, heating 加热炉
—, hot air 热风炉
— in front of the boiler 炉前燃燒处
—, induction 感应电炉
—, internal 炉內燃燒处
—, iron 鉄炉
—, knobbling 球形炉
—, Martin 同 furnace, open hearth
—, natural draft 自然通风炉
—, oil 油炉
—, oil burning 同 furnace, oil
—, open flame 敞式焰炉
—, open flame oil 敞式燒油焰炉
—, open hearth 平炉,西門子馬丁炉
—, petroleum 石油炉
—, puddle 攪炼炉
—, regenerative 回热炉
—, reheating 重热炉
—, resistance 电阻电炉
—, retort 同 furnace, distilling
—, reverberatory 反射炉
—, rivet 鉚工炉
—, roasting 同 calciner
—, slag handling 可排炉渣炉
—, smelting 熔炉
—, smoke preventing 同 furnace, smoleless
—, smokeless 无烟炉
—, soldering 軟焊炉
—, stationary 固定炉
—, tempering 回火炉
—, tilting 傾注炉
—, tyre heating 煨輪箍炉
—, under the boiler 鍋炉下燃燒处
—, underfeed 火下加煤燃燒处
—, ventilating 同 furnace, draft
—, water cooled 水冷式燃燒处
—, welding 熔焊炉
— with forced draught 压力通风炉
— with open hearth, blast 平床式高炉
— with sheet iron shell blast 薄板壳高炉
—, wood fired 燃木炉
furring 同 scale 5.
fuse 1.保險絲;2. fusion
—, field 磁电机保險絲
—, heating 热用保險絲
—, lamp 同 fuse, light
—, light 灯用保險絲
—, lighting 同 fuse, light

fuse, plug 插头保險絲
—, safety 同fuse 1.
fusee 蝸形縄輪
fuselage 飞机机身
—, braced 支撐机身
—, closed 密閉机身
—, composite 混合机身
—, front 前段机身
—, monocoque 硬壳机身
—, open 敞开机身
—, rear 后段机身
—, stick and wire 柱綫机身
—, twin 双机身
—, welded steel tube 焊管机身
fusibility 1.熔性; 2.熔度
fusible 易熔的
fusiform 1.两端尖的;2.流线形的
fusing 同fusion
—, autogenous 氧炔熔化
fusion 熔化
fuze 同 fuse

G

gab 凹节
gad 測杆(測量用)
gag 1.閥的閉塞;2.整軌鎚
gage 1.规; 2.表,計; 3.轨距; 4.样板
—, acceptance 驗收規
—, adjustable 調整式卡規
—, adjustable limit snap 調整式极限卡規
—, adjustable limit snap thread 調整式极限螺紋卡規
—, adjustable snap 調整式卡規
—, adjustable stair 調整式阶梯規
—, adzing 軌枕槽規
—, air 同 gage, air pressure
—, air pressure 气压計
—, American wire 美国綫規
—, angle 角規
—, annular plug 空心柱形測孔規
—, axle 軸規
—, axle testing 測軸規
—, barometer 同 gage, air pressure
—, battery 电池量表
—, bayonet 插人式表
—, bilge water 水位表(船底測漏的)
—, blast 同 gage, blast pressure
—, blast pressure 风压計
—, boost 增压計
—, brake shoe 閘瓦規
—, British imperial stancard wire 英国标准綫規
—, broad 寬軌距
—, caliber 測径規
—, carburetor air temperature 汽化器气温計
—, center 中心規
—, charging 同 indicator, charging
—, clearance 量隙規
—, combination 組合規
—, combination vacuum and pressure 眞空及压力計
—, compound 眞空压力计
—, compression 同 gage, pressure
—, condenser 同 gage, vacuum

gage, contact points and brushes tension 触点及电刷电压計
—, counter 校对規
—, curve 曲綫規
—, cutter clearance 铣刀余隙規
—, cylinder 缸径規
—, cylinder compression 汽缸压力計
—, cylindrical plug 圓柱測径規,圓柱塞規
—, depth 深度規
—, dial 指示表
—, dial bench 台上指示表
—, dial sheet 厚薄指示表
—, dial type cylinder 圓盘式缸径規
—, diameter testing 量径規
—, diaphragm type pressure 膜盒式压力計
—, differential draught 差压通风計
—, double end snap 双头卡規
—, draft (draught) 通风計
—, drill 鑽径規
—, drill and steel wire 鑽径及鋼綫規
—, drill point 鑽头角度規
—, duplex 双針計
—, duplex air 双針气压計
—, electric fuel 电动油量計
—, electric steam 电动汽压計
—, end 端測規
—, English screw pitch 英制螺距規
—, exhaust temperature 排气温度計
—, external 外径規
—, factory acceptance 厂方驗收規
—, feeler 1. 同 feeler; 2, 同 gage, feeler lever
—, feeler lever 触杆規
—, fillet 圓角規
—, finger 指式規
—, fixed 固定規
—, flange 凸緣規
—, flat plug 扁形測孔規，板状塞規
—, float 浮表
—, fluid 液体指示計
—, fluid differential pressure 液体差压計
—, for sleepers, distance 軌枕距尺
— for ties, distance 同 gage for sleepers, distance
—, free air temperature 〔空〕气温〔度〕計
—, front axle truing 前軸距規
—, fuel 油量計
—, fuel contents 同 gage, fuel
—, fuel level 油位表
—, fuel pressure 油压計
—, fuel quantity 同 gage, fuel
—, fuel supply 給油計
—, gap 隙規
—, gas 气量計
—, gasoline 汽油表
—, gasoline level 汽油油位表
—, gasoline pressure 汽油压力計

gage, gear tooth 輪齿規
—, gear tooth vernier 同 gage, vernier gear tooth
—, glass water 玻璃水位表
—, go 通过規
—, height 高度規
—, high pressure 高压計
—, hole 驗孔規
—, hook 鈎尺(量液体高度的)
—, hydraulic 同 gauge, hydraulic pressure
—, hydraulic pressure 液压計
—, illuminated duplex air 照明双針气压計
—, indicating 指示計
—, induction pressure 吸入压力計
—, inside caliper 同 gage, inside micrometer
—, inside micrometer 千分內径規
—, inspection 检驗規,塞規
—, internal 內径規
—, internal and external 內外〔測〕径規
—, internal and external snap 同 gage, interna and external
—, internal cylindrical 柱形測孔規,圓柱塞規
—, international screw pitch 国际螺距規
—, jet 噴力計
—, joint clearance 同 gage, rail joint clearance
—, leaves thickness 分叶厚度規
—, level 水准仪
—, limit 极限規
—, limit screw pitch 螺距极限規
—, limit snap 极限卡規
—, loss of head 水位損失指示表
—, low pressure 低压計
—, manifold pressure 歧管压力計
—, marking 划綫規
—, mercuric pressure 水銀压力計
—, mercuric vacuum 水銀眞空計
—, mercury vacuum 同 gage, mercuric vacuum
—, metric screw pitch 同 gage, international scxew pitch
—, micrometer 測微規
—, micrometer depth 深度千分尺
—, miter 斜节規
—, Morse taper 莫氏錐度規
—, mortice (mortrise) 筍規
—, music wire 琴綫規
—, narrow 窄軌距
—, no-go 不通过規
—, not go 同 gage, no-go
— of tyres 輪箍距
—, Ohm 电阻計
—, oil 1. 同 gage, oil quantity; 2. 同 gage, oil level
—, oil level 油位表
—, oil pressure 油压計
—, oil quantity 油量計
—, oil sight 外視油量計
—, oil temperature 滑油温度計
—, periscopic wind 潜望式风

速計
gage, petrol 同 gage, gasoline
—, pin 銷規
—, piston clearance 活塞余隙規
—, plain cylindrical plug 普通柱形測孔規，普通圓柱塞規
—, plain ring 普通环規
—, planer 鉋規
—, plate 板規
—, platelayer's 軌距規
—, plug 同 gage, internal cylindrical
—, plug screw 阴螺紋規
—, position 測位規
—, pressure 压力計
—, profile 样板
—, progressive 分級規
—, progressive cylindrical plug 分級柱形測孔器，分級圓柱塞規
—, pump pressure 泵压力計
—, rail 軌道規
—, rail joint clearance 軌隙規
—, rain 雨量計
—, recording draft 通风記录仪
—, recording pressure 压力記录仪
—, reference 1.校对計2.校对規
—, reflex water 反光水位表
—, ring 环規
—, ring screw 螺紋环規
—, ring thread 同 gage, ring screw
—, roll 同 caliber 3.
—, roll thickness 滾輾厚薄計
—, rolling mill 同 gage, roll thickness
—, rubber diaphragm air speed 橡皮膜空速表
—, saw 鋸規
—, screw 同 gage, screw thread
—, screw pitch 螺距規
—, screw thread 螺紋規，螺旋規
—, screw thread pitch 同 gage, screw pitch
—, set 定位規
—, sheet metal 金屬板規
—, shifting 1.同 gage, marking; 2. 根距(鉚釘离边尺寸)
—, sight 观測計
—, sight feed 外視进給表
—, single end snap 单头卡規
—, single pointer air 单針气压計
—, slide 同 caliper, sliding
—, snap 同 gage, external
—, spark plug gap feeler 火星塞間隙規
—, speed 速度計
—, spline plug 花鍵柱形規
—, spline ring 花鍵环規
—, spring depth 弹簧深度規
—, spring pressure 弹簧压力計
—, standard 1.标准規; 2.标准計; 3.标准軌距
—, standard caliper 标准測径規
—, standard cylindrical 标准圓柱形規

gage, standard ring 标准环規
—, standard taper 标准錐度規
—, starting pressure 起动压力計
—, steam 同 gage, steam pressure
—, steam pressure 汽压計
—, steel wire 鋼綫規
—, suction 吸力計
—, supercharger pressure 增压机压力計
—, superelevation 超高規
—, surface 平面規
—, syphon 虹吸表
—, tap and drill 絲錐及鑽头規
—, taper 錐度規
—, taper pipe thread plug 錐管螺紋柱形規，錐体螺紋塞規
—, taper pipe thread ring 錐管螺紋环規
—, taper plug 錐孔柱形規，錐体塞規
—, taper ring 錐体环規
—, taper wire and thickness 錐綫厚度組合規
—, telescoping 伸縮規
—, temperature 温度計
—, thickness 厚度規
—, thread 同 gage, screw thread
—, thread plug 螺紋柱形規，螺紋塞規
—, thread ring 螺紋环規
—, tilt 傾度規
—, tool 工具規
—, tooth 齿規
—, track 軌距
—, tyre 輪箍規
—, tyre flange and tread 同 gage, tyre
—, tyre pressure 輪胎压力計
—, unit oil 油表組
—, univsrsal surface 万能平面規
—, vacuum 眞空計
—, valve stem 閥杆規
—, velocity 同gage, speed
—, vernier 游标尺，游标規
—, vernier depth 游标深度尺
—, vernier gear tooth 游标齿厚尺
—, vernier height 游标高度尺
—, vibration 振动仪
—, visual 同 gage, sight
—, water 水位表
—, water draft 水位通风計
—, water level 1. 水位表；2.水准仪
—, wear and tear 磨耗規（軌条的）
—, wedge 楔規
—, weir 流量計
—, wheel 輪距
—, wheel alignment 車輪对准規
—, wheel setting 輪位規
—, Whitworth screw pitch 威氏螺距規
—, wind 风速計
—, wire 綫規
—, work(ing) 工作量規
gagger 鉄骨
gaging 同 gauging
—, radiographic thickness

放射測厚法
gallon 加倫
—, Imperial 英制加仑
—, U.S. 美制加仑
gallon-mile 加仑哩
galvanized 鍍鋅〔的〕
galvanizing 1.鍍鋅；2.鍍鋅法
—, cold 冷鍍鋅法
—, dry 干鍍鋅法
—, hot 热鍍鋅法
galvanometer 电流計
gamma-graph γ-光照相
Gamma-ray γ 射綫
gang 組
gangway 1.过道;2.跳板
gantry 1.构台(起重机的);2.同 crane, gantry;3.同 gauntry, cross
gap 1.隔,隙;2.凹;3.开口;4.通道
—, air 〔空〕气隙
—, allowed for expansion 脹隙(軌的)
—, auxiliary spark 副火花隙
—, entry 翼隙进口
—, exit 翼隙出口
—, in the crossing 岔隙
—, in the frog 同 gap, in the crossing
—, safety 安全隙
—, safety spark 安全火花隙
—, single spark 单火花隙
—, spark 火花隙
—, spark plug 同 gap, spark
—, wing 翼間隔
garage 1.汽車庫;2.飞机庫;3.汽車修理厂
gas 1.气〔体〕;2.煤气
—, acetylene 乙炔气{化}
—, air 风煤气
—, balloon 气球气体
—, blast furnace 高炉煤气
—, by-product 副产煤气
—, coal 煤气
—, coke oven 炼焦煤气
—, combustible 可燃气
—, compressed 压縮气
—, dry 干气
—, liquefying 液化气体
—, exhaust 排气
—, exit 同 gas, exhaust
—, fixed 同 gas, permanent
—, flue 烟〔道〕气
—, helium 氦气{化}
—, ideal 理想气体
—, illuminating 灯用煤气
—, lighting 同 gas, illuminating
—, marsh 沼气{化}
—, natural 天然煤气
— of combustion 〔燃燒〕废气
—, oil 油气
—, oxygen 氧气{化}
—, perfect 同 gas, ideal
—, permanent 永久气体
—, producer 发生炉煤气
—, rarefied 稀薄气体
—, raw producer 发生炉原煤气
—, real 实际气体
—, refinery 炼油〔副产〕煤气
—, residual. 殘余气体
—, roasting 烘气
—, spent 同 gas, waste
—, top 同 gas, blast furnace
—, town 城市煤气
—, waste 废气

gas, water 水煤气
—, wet 湿气
gasification 1.气化;2.气化法
gasket 1. 垫密片;2.襯
—, air cleaner cover 滤气器盖垫密片
—, air cylinder 儲气筒垫密片
—, annular 环形垫密片
—, application valve cover 操縱閥盖垫密片
—, asbestos 石棉垫片
—, blast cap 鼓风盖垫密片
—, boiler 鍋炉垫密片
—, brake drum oil shield 閘輪护油罩垫密片
—, brake hose tee 闸T形軟管垫密片
—, cap 盖垫密片
—, carburetor flange 汽化器凸緣垫密片
—, check valve case 止回閥箱垫密片
—, commutator end plate cover 整流子端盖板垫密片
—, condenser 凝汽器垫密片
—, control cylinder 控制气筒垫密片
—, copper asbestos 銅包石棉垫密片
—, copper wire 銅綫密垫
—, cork 軟木密垫
—, counter shaft bearing cap 副軸軸承盖垫密片
—, cover 同 gasket, cap
—, crank case bottom 曲柄箱底垫密片
—, crank shaft oil seal retainer 曲軸油封护圈垫密片
—, cylinder 气缸垫密片
—, cylinder base 气缸底垫密片
—, cylinder cap 气缸盖垫密片
—, cylinder cover 同 gasket, cylinder cap
—, cylinder head 同 gasket, cylinder cap
—, cylinder head water outlet 气缸盖出水管垫密片
—, cylinder plug 气缸塞垫密片
—, declutch shaft bearing cap 分离軸軸承盖垫密片
—, declutch shaft carrier 分离軸座架垫密片
—, differential carrier 分速器座架垫密片
—, distributing valve 分配閥垫密片
—, drive pinion housing 传动小齿輪壳垫密片
—, driven shaft bearing cap 从动轴轴承盖垫密片
—, engine 发动机衬床
—, exhaust manifold 排气歧管垫密片
—, exhaust pipe flange 排气管凸緣垫密片
—, fan pulley 风扇皮带輪襯垫
—, feed valve 进給閥垫密片
—, felt 毡垫密片
—, fiber 刚紙垫密片
—, filter bowl 滤杯垫密圈
—, fly wheel housing 飞輪壳襯垫
—, front cap 前部帽襯

gasket, fuel bowl cover 燃料杯盖垫密片,油杯盖垫密片
—, fuel pump 燃料泵垫密片
—, gear shift base 变速箱底垫密片
—, gear shift cover 变速箱盖垫密片
—, gear shift lever housing 变速桿壳垫
—, generator bearing retainer 发电机軸承圈垫密片
—, governor 限速器襯垫
—, handhole plate 手孔板垫密片
—, head 同 gasket, cap
—, heater valve cover 暖气閥盖垫密片
—, hoist cylinder 起重机油筒垫密片
—, hoist pump cover 起重机油泵盖垫密片
—, housing 壳垫密片
—, hydraulic cylinder 液压缸垫密片
—, idler shaft bearing cap 空轉軸軸承盖垫密片
—, instrument panel 仪表板襯
—, king pin cover 中心立軸盖襯
—, leather 1.皮衬;2.皮垫密片
—, light door 灯框衬
—, light glass 灯玻璃襯
—, lower 下襯
—, lower air cylinder 下气筒垫密片
—, lower steam cylinder 下汽缸垫密片
—, main cylinder 主缸垫密片
—, main cylinder head 主缸盖垫密片
—, main drive gear bearing cap 主动齿輪軸承盖垫密片
—, main shaft bearing cap 主軸軸承盖垫密片
—, manifold 歧管垫密片
—, master cylinder filler cap 主缸加油口盖垫密片
—, master cylinder head 主缸盖垫密片
—, master cylinder outlet fitting 主缸出油接头垫密片
—, middle 中部衬
—, oil filter 濾油器垫密片
—, oil pan 油盘垫密片
—, oil pressure relief valve plug 油压保险閥塞垫密片
—, oil pump 油泵垫密片
—, oil pump body cover 油泵盖垫密片
—, oil pump cover 同 gasket, oil pump body cover
—, oil pump suction pipe 油泵吸油管垫密片
—, operating valve 操作閥垫密片
—, overdrive housing 超速器壳垫密片
—, paper 紙衬
—, pillow block cover 軸台盖衬
—, post 杆衬
—, radiator 散热器垫密片
—, radiator filler cap 散热器加水口盖垫密片
—, regulator cover 調节器盖衬
—, release valve 放洩閥垫密

片
gasket, reverse head 回动头衬
—, rubber 橡皮垫密片
—, sealing 封衬
—, shock absorber end cap 减震器盖衬
—, shock absorber filer plug 减震器注油塞垫密片
—, shock absorber relief valve 减震器保险閥垫密片
—, spark plug 火花塞垫密圈
—, spring seat cap 簧座盖衬
—, steam chest 汽柜垫密片
—, steam cylinder 汽缸垫密片
—, steam union 汽管节垫密片
—, steering gear housing cover 轉向齿輪壳垫密片
—, tank cover 柜盖垫密片
—, timing gear 正时齿轮衬
—, timing gear case cover 正时齿轮箱盖垫密片
—, transfer case cover 分动箱盖垫密片
—, triple cylinder 三通筒垫密片
—, turbine cover 渦輪盖垫密片,透平盖垫密片
—, turbine cover cap 渦輪盖帽垫密片
—, universal joint bearing 万向节軸承衬
—, upper 上部衬
—, upper air cylinder 上气筒垫密片
—, upper steam cylinder 上汽缸垫密片
—, vacuum cylinder 眞空气缸垫密片
—, valve chest 閥柜垫密片
—, valve cover 閥盖垫密片
—, valve spring cover 閥簧盖衬
—, water pump 水泵垫密片
—, water pump body 同 gasket, water pump
—, water pump front 水泵前垫密片
—, wheel cylinder inlet connection 輪閘儲气筒进气接头垫密片
—, wheel cylinder inlet fitting 同 gasket, wheel cylinder inlet connection
—, wheel hub drive flange 輪轂传动凸緣衬
—, winch worm bearing cover 絞車蝸杆軸承盖垫密片
—, winch worm shaft bearing cap 同 gasket, winch worm bearing cover
gasoline 汽油
—, acetyl 乙炔汽油{化}
—, anti-knock 防爆汽油
—, aviation 飞机汽油
—, blended 混合汽油
—, casing head 压凝汽油{化}
—, cracked 热裂汽油
—, doped 同 gasoline, anti-knock
—, ethyl 乙基汽油
—, high test 高級汽油
—, low test 低級汽油
—, middle 中級汽油
—, refined 重炼汽油
—, regular grade 普通汽油

gasoline, straight refinary 精制纯汽油
 —, synthetic 合成汽油
gasometer 气量計
gassing 1.充气; 2.同 gassing, battery
 —, battery 电池电液泡
gate 1. 門; 2.同 gate, pouring
 —, air 气門
 —, ash 灰門
 —, balance 平衡門
 —, coal 煤門
 —, drain 洩水門
 —, drop 落門
 —, float 浮門
 —, flood 溢水門
 —, flow off 同 gate, flood
 —, gear shift 变速杆門
 —, head 总水門
 —, high pressure 高压水門
 —, horn 角形水口
 —, lock 閘門
 —, pouring 浇口(翻砂)
 —, preheating 預热孔
 —, running 同 gate, pouring
 —, saw 同 frame, saw
 —, skin 撇渣口
 —, sluice 同gate, lock
 —, throttle 节流門
 —, waste 放水門
 —, water 水門
 —, water sluice 同gate, lock
 —, whirl 急漩口
gating 入型口(鋳)
gauge 同gage
gauging 用規检驗
gauntlet, seamless rubber 无縫橡皮手套
gauntry 同gantry
 —, cross 1.横动桥形台;2.(桥形)跨軌信号架
gauze, wire 綫網
gear 1.齿輪; 2.传动装置
 —, adjusting 調整装置
 —, admission 进气装置
 —, airscrew reduction 螺旋桨減速齿輪(飞机的)
 —, alighting 同carriago, alighting
 —, annular 內齿輪
 —, anti-stall 防止失速装置
 —, arresting 制动装置
 —, articulated reduction 联接式減速齿輪
 —, automatic 自动装置
 —, automobile differential 汽車差速齿輪
 —, axle drive vevel 軸传动伞齿輪
 —, back 背齿輪
 —, backward 倒退装置
 —, beaching 陆上起落装置(水上飞机的)
 —, belt 皮带传动
 —, belt reversing 皮带回动装置
 —, bevel 伞〔形〕齿輪
 —, bevel friction 斜摩擦輪
 —, bevel pinion differential 差动小伞齿輪
 —, bevel wheel change 伞齿輪变速装置
 —, bias 偏动装置
 —, boat landing 船形起落架
 —, bomb 同 gear, bomb dropping
 —, bomb dropping 投弹装置
 —, bottom 头档

gear, brake 閘装置
—, **brake block adjusting** 閘瓦調整装置
—, **cam** 1.凸輪装置;2. 同 gear, cam driving
—, **cam driving** 凸輪传动装置
—, **cam reduction** 凸輪减速装置
—, **cam shaft** 凸輪軸齿輪
—, **cam shaft time** 凸輪軸正时齿輪
—, **cam shaft timing** 同 gear, cam shaft time
—, **catch reversing** 棘輪回动装置
—, **chafine** 防擦装置
—, **change** 同gear, change speed
—, **change speed** 变速輪
—, **claw suspension** 爪悬架
—, **closed valve** 密閉式閥动装置
—, **clutch** 离合器齿輪
—, **coaling** 上煤装置
—, **combination** 併連齿輪
—, **combination buffer and draft** 緩冲車鈎
—, **combined draw and buffer** 同 gear, combination on buffer and draft
—, **compensating** 补整装置
—, **compensation** 同 gear, compensating
—, **compensation brake** 同 gear, squalization brake
—, **compound** 复齿輪
—, **cone** 錐輪装置
—, **conical pinion differential** 同gear, bevel, pinion differential
—, **control** 控制装置
—, **controlling** 同 gear, control
—, **Corliss valve** 摆动閥装置
—, **counter** 对齿輪
—, **counter shaft** 副軸齿輪
—, **counter shaft drive** 副軸传动齿輪
—, **counter shaft intermediate** 副軸中間齿輪
—, **counter shaft over-drive** 副軸超速齿輪
—, **crank** 曲柄轉动装置
—, **crank shaft** 曲軸齿輪
—, **crank shaft timing** 曲軸正时齿輪
—, **cross transverse feed** 横进刀装置
—, **cross traverse** 同 gage, transversing
—, **crown** 同 crowngear
—, **crown bevel** 同 crowngear
—, **crusher drive** 軋碎机传动装置
—, **cycloidal** 摆綫齿輪
—, **cycloidal system** 同 gear, cycloidal
—, **declutch shaft** 分离軸齿輪
—, **Diesel engine reversing** 狄塞耳发动机回动装置
—, **differential** 差动齿輪
—, **differential bevel** 差动伞齿輪
—, **differential drive** 差速器传动齿輪
—, **differential idle** 差速器空轉齿輪

gear, differential ring 差速器环齿輪
—, differential side 差速器側齿輪
—, differential spider 同 pinion, differential spider
—, differential spur drive 差速器传动正齿輪
—, direct drive 直接传动齿輪
—, discharge 同 mechanism, release
—, disconnecting 同 gear, disengagement
—, disengageable back 可离背齿輪
—, disengagement 分离装置
—, disengaging 同 gear, disengagement
—, distribution 分配齿輪
—, distributor 配电器齿輪
—, distributor lower drive shaft 配电器下主动軸齿輪
—, double helical spur 人字齿輪
—, double reduction 复式减速齿輪
—, double wheel 双輪装置
—, draft 同 gear, draw
—, draw 1.車鈎;2.牵引装置
—, draw and buffer 同 gear, combined draw and buffer
—, drive (driving) 1. 主动齿輪; 2.传动机构
—, drive idler 空轉传动齿輪
—, driven 从动齿輪
—, driven shaft 从动軸齿輪
—, driver brake 主动閘装置
—, driving toothed 主动齿輪
—, drop 墜落装置
—, drop valve 墜閥装置
—, dropping 同 gear, drop
—, eccentric 偏心齿輪
—, elastic draw 1.弹簧車鈎; 2.簧拉装置
—, electro reversing 电磁回动装置
—, elevator 升降机装置
—, elliptic 椭圓齿輪
—, emergency brake 紧急閘装置
—, emergency floatation 紧急浮水装置
—, encased back 封閉式背齿輪
—, enclosed feed 封閉式进刀齿輪
—, engaging and disengaging 离合装置
—, engine starting 发动机起动装置
—, epicyclic reduction 周轉减速装置
—, epicycloidal 外擺綫〔形〕齿輪
—, equalization brake 平衡閘装置
—, equalizing 平衡装置
—, expansion 膨脹装置
—, external 外齿輪
—, external clutch 离合器外齿輪
—, face 平面〔輻向〕齿輪
—, feed 进刀装置
—, fibre 刚紙板齿輪
—, first 同 gear, first speed
—, first speed 第一速度齿輪, 头档齿輪
—, float landing 浮式起落架

gear, floatation 浮水装置
—, **floating valve** 浮閥装置
—, **fly wheel** 飞輪装置
—, **fly wheel ring** 飞輪环齿輪
—, **fly wheel starter** 飞輪起动齿輪
— **for inside admission, valve** 內进式閥动装置
— **for outside admission, valve** 外进式閥动装置
—, **formative** 形成齿輪
—, **formative spur** 形成正齿輪
—, **forward** 前进装置
—, **fourth speed** 第四速度齿輪,四档齿輪
—, **fraction** 組合齿輪
—, **friction** 摩擦传动装置
—, **friction bevel** 摩擦伞形輪
—, **friction draft** 摩擦牽引装置
—, **friction ratchet** 摩擦棘輪
—, **generator drive** 发电机传动齿輪
—, **generator driving** 同 gear, generator drive
—, **globoid worm** 曲面蝸輪,球面蝸輪
—, **governor pump** 調整泵装置
—, **ground** 同 equipment, ground
—, **half time** 半速齿輪
—, **hammer valve** 鎚机閥动装置
—, **hand** 手动装置
—, **hand steering** 手动轉向装置
—, **heavy duty** 重載齿輪
—, **helical** 斜齿輪
—, **helical bevel** 螺旋伞齿輪
—, **helical spur** 斜〔齿正〕齿輪
—, **helical worm** 〔螺旋〕蝸輪
—, **helm** 舵机装置
—, **herringbone** 同 gear, double helical spur
—, **high** 同 gear, high speed
—, **high class** 高級齿輪
—, **high speed** 高速齿輪
—, **hobbed** 滾銑齿輪
—, **hoist pump drive** 起重机油泵主动齿輪
—, **hoist pump intermediate** 起重机油泵中間輪
—, **horizontal** 平齿輪
—, **hyperboloidal** 双曲綫齿輪
—, **hypoid** 偏軸伞齿輪
—, **idle (idling)** 空轉輪,惰輪
—, **idler** 同 gear, idle
—, **idler shaft** 空轉軸齿輪
—, **idler shaft driven** 空轉軸从动齿輪
—, **idler shaft low speed** 空轉軸低速齿輪
—, **increasing** 增速装置
—, **injection** 噴射装置
—, **interchangeable** 互換齿輪
—, **intermediate** 中速齿輪
—, **internal** 同 gear, annular
—, **internal clutch** 离合器內齿輪
—, **internal reversing** 內部回动装置
—, **interrupter** 断續齿輪
—, **involute** 漸开綫齿輪
—, **irregular formed** 变态齿

輪

gear, irreversible steering 不可逆轉向装置

—, jettison 投弃装置

—, knuckle 圓齿齿輪

—, landing 同 carriage, alighting

—, lapping 精研齿輪

—, latch 弹鍵装置

—, lifting 升降装置

—, link 滑縫联动装置

—, link motion valve 連杆閥动装置

—, locomotive valve 机車的閥动装置

—, longitudinal feed 縱进刀装置

—, low 同 gear, low speed

—, low counter 低速对齿輪

—, low speed 低速齿輪

—, Maag 馬格齿輪

—, main drive 主动齿輪

—, main shaft 主軸齿輪

—, main shaft differential 主軸差速齿輪

—, main shaft drive 主軸主动齿輪

—, main shaft driven 主軸从动齿輪

—, main shaft high sliding 主軸高速滑动齿輪

—, main shaft intermediate 主軸中速齿輪

—, main shaft low and reverse sliding 主輪低速回轉滑动齿輪

—, main shaft over-drive 主軸超速齿輪

—, main shaft sliding 主軸滑动齿輪

—, main shaft synchronizer 主軸同步齿輪

—, mangle 軋布輪

—, marine 船用齿輪

—, master 1.主齿輪; 2.标准齿輪

—, mediate counter 中速对齿輪

—, miter 等径伞齿輪

—, multiple vee 多V槽摩擦輪

—, non-reversible steering 同 gear, irreversible steering

—, oil pump 油泵齿輪

—, oil pump drive 油泵主动齿輪

—, oil pump drive shaft 油泵主动軸齿輪

—, oil pump driven 油泵从动齿輪

—, oil pump idler 油泵空轉齿輪

—, oil pump shaft 油泵軸齿輪

—, oil scavenger pump 迴油泵齿輪

—, oleo- 油压緩冲器

—, one wheel landing 单輪起落架

—, oscillating crank 摆动曲柄装置

—, over drive 超速传动齿輪

—, over drive idler 超速空轉齿輪

—, over drive stationary 超速固定齿輪

—, over head transmission 头上传动装置

gear, over head worm 头上蝸輪
—, passenger's pull 防险閘装置(車輛的)
—, pedal 踏板齿輪
—, pick-up 鈎取装置
—, pin 針齿輪
—, pinion 小齿輪
—, plain bevel 普通伞齿輪
—, planet 行星齿輪
—, planetary 同 gear, planet
—, planetary steering 行星轉向輪
—, pneumatic reverse 气力回动装置
—, poppet valve 同 gear, drop valve
—, power reverse 动力回动装置
—, power take-off 去力机齿輪
—, progressive sliding 分級滑动齿輪
—, propeller reduction 螺旋桨減速齿輪
—, pump drive 泵传动齿輪
—, quill 同 gear, back
—, rack feed 齿条进給装置
—, ratchet 棘輪装置
—, rear axle 后軸齿輪
—, rear drive 后主动齿輪
—, reducing 同 gear, reduction
—, reduction 減速齿輪
—, releasing 释放装置
—, removing 推移齿輪
—, rested reduction 套接式減速齿輪
—, retractable landing 伸縮起落架
—, return 回行装置
—, reverse (reversing) 回动装置
—, reverse counter 回动对齿輪
—, reverse idler 回动空轉齿輪
—, reversible steering 可逆轉向装置
—, ring 环形齿輪
—, rotating crank 轉柄装置
—, rotating valve 迴轉閥齿輪
—, rudder bias 方向舵偏动装置
—, running 行动装置
—, sand spraying 噴砂装置
—, screw 同 gear, helical
—, screw and nut steering 螺旋轉向装置
—, screw reverse 螺旋回动装置
—, second 同 gear, second speed
—, second speed 第二速度齿輪,二档齿輪
—, secondary 同 gear, second speed
—, sector 扇形齿輪
—, segment 同 gear, sector
—, selective 同 gear, selective sliding
—, selective sliding 滑行配速輪
—, selective speed 配速齿輪
—, self locking steering 同 gear, irreversible steering
—, shaft turning 盘动装置
—, shift 調档

gear, shovel 煤鏟輪齿裝置
—, side 側齿輪
—, silent type 无声齿輪
—, single curve 单曲綫齿輪
—, single reduction 单减速齿輪
—, skew 歪齿輪
—, skew bevel 歪伞齿輪
—, skid landing 撬式起落架
—, slack adjuster worm 减速調整器蝸輪
—, slide (sliding) 滑动齿輪
—, slide valve 滑閥裝置
—, sliding eliminated 无滑齿輪
—, sparking 发火裝置
—, speed change 变速齿輪
—, speed changing 同 gear, speed change
—, speedometer drive 里程計主动齿輪
—, speedometer driven 里程計从动齿輪
—, spherical bevel 球形伞齿輪
—, spiral 同 gear, helical
—, spiral tooth bevel 同 gear, spiral bevel
—, spiral bevel 螺旋伞齿輪
—, split 拼合齿輪
—, split axle landing 拼合軸起落架
—, spring draw 同 gear, elastic draw
—, sprocket 鏈輪
—, spur 正齿輪
—, spur wheel back 正齿背齿輪
—, spur wheel reversing 正齿輪回动裝置
—, staggered 錯牙齿輪
—, starter 起动裝置
—, starter main shaft 起动主軸齿輪
—, starting 同 gear, starter
—, steam reversing 蒸汽回动裝置
—, steam steering 蒸汽轉向裝置
—, steering 轉向裝置
—, Stephenson valve 斯蒂芬逊閥动裝置
—, stepped 塔齿輪
—, stepped wheel 塔輪裝置
—, stop 停止裝置
—, straight bevel 直齿伞齿輪
—, straight tooth bevel 同 gear, straight bevel
—, streamlined pants 流綫袴式起落架
—, stud 同 gear, change speed
—, sun 恒星齿轮
—, sun and planet 太阳系齿輪
—, swivelling 迴轉齿輪
—, synchromesh 同 gear, synchronizer
—, synchronizer 同步齿輪
—, synchronizing 同 gear, synchronizer
—, tachometer drive 轉数計传动齿輪
—, tail actuating 尾翼促动裝置
—, tail trimming 尾翼修整裝置
—, tender brake 煤水車閘裝

置
gear, tender draft 煤水車牵引装置
—, third 同 gear, third speed
—, third speed 第三速度齿輪，第三档齿輪
—, three cylinder locomotive valve 三汽缸式机車阀动装置
—, three speed 三速齿輪，三档齿輪
—, three wheel landing 同 gear, tricycle landing
—, throttle valve 节流閥装置
—, throttling 节流装置
—, time (timing) 正时齿輪
—, timer shaft 分电軸齿輪
—, toothed wheel 齿輪联动装置
—, top 末档齿輪
—, trailer landing 拖車起落架
—, translating 变換齿輪
—, transmission 传动齿輪
—, transmission counter-shaft 传动副軸齿輪
—, transmission counter-shaft low speed 传动副軸低速齿輪
—, transmission counter-shaft reverse 传动副軸回动齿輪
—, transmission counter-shaft second speed 传动副軸中速齿輪
—, transmission reverse idler 传动用回动空轉輪
—, transmission sliding 传动滑动齿輪
—, transmitting 同 gear, transmition
—, transversing 橫动装置
—, traversing 同 gear, transversing
—, tricycle landing 三輪起落架
—, trigger 扳放装置
—, trimming 同 gear, tail trimming
—, trip 扳动装置
—, trip cutoff valve 扳动停汽装置
—, triple 三合齿輪
—, tripod landing 三柱起落架
—, tumbler 摆动換向齿輪
—, turbine lifting 渦輪机起卸装置，透平机起卸装置
—, turn locking 轉盘鎖閘
—, turning 迴轉装置
—, turret ring 轉塔环形齿輪
—, twin disk marine 复片輪机齿輪
—, twisted 同 gear, helical
—, twisted bevel 同 gear, helical bevel
—, twisted spur 同 gear, helical spur
—, two speed 二速齿輪，二档齿輪
—, two wheel landing 双輪起落架
—, valve 閥动装置
—, valve and valve 閥及閥动装置
—, valve timing 閥定时装置
—, variable 变速齿輪

gear, variable camber 变弧装置
—, variable speed 变速装置
—, variable speed wheel 同 gear, change speed
—, vee V形齿輪
—, water pump chain driving 水泵鏈动齿輪
—, water pump driving 水泵主动装置
—, wedge friction 同 gear, multiple vee
—, wheel reversing 齿輪回动装置
—, winch driving 絞車主动装置
—, winch worm 絞車蝸輪
— with adjustment of a lever, reversing 槓杆調整回动装置
— with adjustment of a slide, reversing 滑槽調整回动装置
— with changing of cam, reversing 凸輪变換回动装置
— with direct adjustment of the eccentric, reversing 偏心輪調整回动装置
— with oil relay, governor 油継动器調节装置
— with through drive 直接传动变速装置
— with two spring draw 1.双簧牵引装置；2.双簧車鈎
—, worm 1.同 wheel, worm; 2.同 wheel, worm and
—, worm and worm 同 wheel, worm and
—, worm steering 蝸杆轉向装置
—, zerol 向心螺旋伞齿輪
gearing 1.齿輪装置；2.传动装置
—, differential screw 差动螺旋传动装置
—, disk 圓盘传动装置
—, double pin 双針輪传动装置
—, feed 进刀传动装置
—, flexible 軟性传动装置
—, friction 同 gear, friction
—, intermediate belt 中間皮带传动装置
—, knuckle 圓齿齿輪装置
—, link 联杆传动装置
—, miter wheel 等径伞齿輪装置
—, pinion 小齿輪传动装置
—, rack and pinion 齿条小齿輪传动装置
—, ratchet 棘輪传动装置
—, rope 繩传动装置
—, screw 螺旋传动装置
—, skew-bevel 歪伞齿輪传动装置
—, spiral 螺旋齿輪装置
—, spur 正齿輪传动装置
—, stepped 級齿輪传动装置
—, toothed 齿輪传动装置
—, transmitting friction 同 gear, friction
—, tumbler 摆动齿輪換向装置
—, turbine reduction 渦輪减速传动装置
—, wire rope 鋼繩传动装置
—, worm 蝸輪传动装置
—, wheel 齿轮传动装置

gearshift 同 shift, gear
gearshifting 同 shift, gear
gelatin 1.〔动物〕胶;2.凝胶〔体〕{化}
generating 滚銑法(齿輪的)
generator 1.发生器; 2.generator, electric
—, acetylene 乙炔发生器
—, acetylene gas 同 generator, acetylene
—, air driven 风动发电机
—, alternating current 交流发电机{电}
—, betatron 电子感应加速器
—, compound 同 generator, compound wound
—, compound wound 复捲发电机{电}
—, cyclotron 迴旋加速器
—, direct current 直流发电机{电}
—, electric(al) 发电机{电}
—, electrostatic 静电加速器
—, engine driven 机动发电机{电}
—, gas 煤气发生炉
—, high frequency 高頻率发电机{电}
—, hydrogen-cooled 氢气冷却发电机{电}
—, ignition lighting 发火点灯发电机{电}
—, induction 感应发电机{电}
—, magneto 磁石发电机{电}
—, mechanical 机力发电机{电}
—, motor 电动发电机{电}
— of steam 同 generator, steam
—, shunt 同 generator, shunt wound
—, shunt wound 分捲发电机{电}
—, smoke 发烟器
—, steam 蒸汽发生器
—, steam turbo- 汽輪发电机{电}
—, synchrotron 同步加速器
—, tacho- 測速发电机{电}
—, turbine 同 generator, steam turbo-
—, turbo 同 generator, steam turbo-
—, water gas 水煤气发生炉
—, wind driven 同 generator, air driven
generatrix 动綫{数}
geometrical 几何的
geometry, descriptive 投影几何
— of machinery 机械几何学
getting-off the rails 出軌
giant, hydraulic 水力冲矿机
—, little 小型冲矿机
gib 1.扁栓; 2.夾条
— and cotter 合楔
—, cross head 十字头扁栓
—, front beveled 前斜夾条
—, spring hanger 弹簧吊架扁栓
gimbal(s) 平衡环
gimlet 手鑽
—, carpenter's 木工手鑽
— for nail 釘孔鑽
gin 三脚起重机
gin-block 单輪滑車
gining 軋子
girder 桁,横樑
—, axial 軸樑

girder, box 函樑
—, **bowstring** 弓形横樑
—, **continuous** 連續横樑
—, **cross** 同 girder, oruciform
—, **cruciform** 十字横樑
—, **fin** 尾翅横樑
—, **intermediate longitudinal** 中間縱樑
—, **intermediate transverse** 中間横樑
—, **lattice** 格子樑
—, **longitudinal** 縱樑
—, **main longitudinal** 主縱樑
—, **plate** 板樑
—, **pressed** 压制樑
—, **propeller reinforcing** 螺旋桨加力樑
—, **rectangular** 同 girder, box
—, **reinforcing (reenforcing)** 加力樑
—, **steel** 鋼樑
—, **Tee** T形樑
—, **tail** 尾翼樑
—, **walk way** 走道樑
glance-coal 同 coal, glance
gland 压盖
—, **air cylinder valve** 气筒閥压盖
—, **cam shaft packing** 凸輪軸填密压盖
—, **carbon ring** 碳环压盖
—, **check valve** 止回閥压盖
—, **control valve** 操縱閥压盖
—, **flange** 填料函盖
—, **gear case** 齿輪箱压盖
—, **hydraulic** 同 gland, water sealed
—, **internal** 内压盖
—, **labyrinth** 迂迴密封套
—, **main shaft** 主軸压盖
—, **manifold** 歧管压盖
—, **manometer tube** 压力計管压盖
—, **oil cut-off valve** 断油閥压盖
—, **packing** 填密函盖
—, **piston rod stuffing box** 活塞杆填料函压盖
—, **pressure tube** 压力管压盖
—, **regulating valve** 調整閥压盖
—, **sealing** 封盖
—, **slide valve spindle** 滑閥桿压盖
—, **steam valve** 汽閥压盖
—, **steam valve packing** 汽閥填密压盖
—, **stuffing box** 填料函压盖
—, **tank valve shaft** 水柜閥軸压盖
—, **throttle stem packing** 节流杆填密压盖
—, **turbine packing** 渦輪填密压盖,透平填密压盖
—, **valve chest** 閥柜压盖
—, **water sealed** 水封套
—, **water valve** 水閥压盖
glands 气封
glare, head light 头灯眩光
glass 玻璃
—, **anti-dazzle** 防眩玻璃
—, **anti-glare** 同 glass, anti-dazzle
—, **cab window** 司机室窗玻璃
—, **clear** 透明玻璃
—, **cover** 护眼罩
—, **door** 門玻璃
—, **field** 望远鏡

glass, front 同 shield wind
 —, frosted 毛玻璃
 —, fuel gage 玻璃油量計
 —, gage 玻璃示位表
 —, instruments 仪表玻璃
 —, liquid 液体玻璃
 —, lubricator show 潤滑器示油玻管
 —, magnifying 放大鏡
 —, mud guard lamp 挡泥板灯玻璃
 —, non-shatterable 不碎玻璃
 —, number 号碼玻璃
 —, oil level gage 玻璃油位表
 —, plate 玻璃板
 —, porthole 觀察口玻璃
 —, safety 同 glass, non-shatterable
 —, side door 側門玻璃
 —, sight feed 玻璃眼
 —, speedometer 1.速度計玻璃; 2.里程計玻璃
 —, tempered 回火玻璃
 —, triplex 三层玻璃
 —, unbreakable 同 glass, non-shatterable
 —, water 水玻璃
 —, water gage 玻璃水位表
 —, wind shield 风挡玻璃
 —, window 窗玻璃
 —, wire 絡網玻璃
glaze 磨石变鈍
glazer 抛光輪
glide 1.滑翔; 2.滑
 —, spiral 螺旋滑翔
 —, stalling 失速滑翔
glider 滑翔机
 —, intermediate 中級滑翔机
 —, land 陆上滑翔机
 —, power(ed) 动力滑翔机
 —, primary 初級滑翔机
 —, primary type 同 glider, primary
 —, secondary 高級滑翔机
 —, towing 拖曳滑翔机
gliding 1.滑翔; 2.滑翔飞行
glove, chrome leather 鉻革手套
 —, electricians' rubber 电工橡皮手套
 —, leather 皮手套
 —, plating and sand blasting seamless rubber 电鍍吹砂用无縫橡皮手套
glue 胶{化}
 —, animal 动物胶
 —, blood albumen 血蛋白胶
 —, bone 骨胶
 —, casein 酪胶
 —, fish 魚胶
 —, leather 革胶
 —, liquid 液胶
 —, skin 皮胶
 —, vegetable 植物胶
gluing 胶合
glycerine 甘油
 —, neutral 中性甘油
goggles 护目鏡
 —, double oxyacetylene welding 双玻璃焊工护目鏡
 —, single oxyacetylene welding 单玻璃焊工护目鏡
 —, welding 焊工护目鏡
goliath 軌道起重机
gondola 1.同 car, aerial; 2.艇
goniometer 1.測角計; 2.測向計
 —, contact 同 goniometer, hand

goniometer, hand 手动测角計
—, **reflecting** 反射测角計
goniometry 1.测角术; 2.測向术
goosan 铁帽
gooseneck 鹅颈钩
gore 褶
gouge 弧口凿
—, **turning** 弧口鏇凿
governing 調节
—, **automatic** 自动調节
—, **by-pass** 旁通調节
—, **cut-off** 停汽調节
—, **group nozzle** 分組噴嘴調节
—, **hit and miss** 断續調节
—, **hydraulic** 液压調节
—, **one chamber** 单室調节
—, **poppet valve** 提动閥調节
—, **pressure** 同 regulation, pressure
—, **qualitative** 变質調节
—, **quality** 同 governing, qualitative
—, **quantitative** 变量調节
—, **relay** 継动調节
—, **throttle (throttling)** 节流調节
— **with two sliding valve** 双滑閥調节
governor 1.调速器; 2.調节器
—, **air** 同 governor, compressed air
—, **air pump** 气泵調节器
—, **astatic** 无〔定〕向調节器
—, **automatic** 自动調节器
—, **ball** 同 governor, fly-ball
—, **centrifugal** 离心調节器
—, **compressed air** 压〔縮空〕气調节器
—, **compressor** 压縮机調节器
—, **cone** 錐形調节器
—, **conical pendulum** 錐摆調节器
—, **crank shaft** 曲柄軸調节器
—, **cross armed** 交臂調节器
—, **cut-off** 停汽調节器
—, **distributor** 配电器調节器
—, **duplex air** 复式空气調节器
—, **duplex pump** 双缸泵調节器
—, **dynamo** 发电机調节器
—, **electric(al)** 电力調节器
—, **electric(al) pump** 电动泵調节器
—, **emergency** 紧急調节器
—, **engine** 发动机調节器
—, **fluid pressure** 液压調节器
—, **fly-ball** 飞球調节器
—, **flyball type** 同 governor, fly-ball
—, **fly-wheel** 飞輪調节器
—, **fuel oil pump** 燃料油泵調节器
—, **gas** 煤气調节器
—, **hit and miss** 断續調节器
—, **hydraulic** 水力調节器
—, **inertia** 慣性調节器
—, **isochronous** 同步調节器
—, **marine** 輪机調节器
—, **maximum speed** 最大速度調节器
— **of velocity** 同 governor, speed
—, **parabolic** 抛物綫調节器
—, **pendulum** 摆調节器
—, **pressure** 压力調节器
—, **propeller** 螺旋桨調节器
—, **pump** 泵調节器

governor, quality 变質調节器
—, quantity 变量調节器
—, relay 継动調节器
—, shaft type 軸調节器
—, simple 簡单調节器
—, spark 火花調节器
—, speed 調速器
—, spindle 心軸調节器
—, spring 弹簧調节器
—, spring balance 同 governor, spring
—, spring controlled 同 governor, spring
—, spring loaded 同 governor, spring
—, spring loaded fly 弹簧飞球調节器
—, steam engine 蒸汽机調节器
—, weight 同 governor, weight loaded
—, weight loaded 荷重調节器
—, weighted 同 governor, weight loaded
—, wind shield wiper vacuum 风档水刮眞空調节器
—, wiper vacuum 水刮眞空調节器
grab 抓揚机
—, bucket 攫斗
—, coal 攫煤器
—, ream 抓泥机
gradability 拖曳力
grade 1.等級;2.同 gradient
—, grinding wheel 磨輪等級
— of fit 配合等級
— of tolerance 公差等級
grader 平路机
—, elevating 升降平路机
—, leaning wheel 斜輪式平路机
—, motor 机动平路机
gradient 陡度,梯度
—, boundary velocity 边界速度陡度
—, hydraulic 水压陡度
— of slope 斜度
—, pressure 压力陡度
—, reverse 反陡度
—, temperature 温度差
—, vertical temperature 〔垂〕直温〔度〕陡度
gradometer 1.傾斜計;2. 重力陡度計
graduation 分度
— of the motor currents 电动机电流級加法
grain 粒
—, wood 木紋
—, coarse 粗粒状的
—, fine 細粒状的
gram(me) 克
—, per cubic centimeter 每立方厘米…克
gramophone 留声机
granite 花崗石{矿}
graph 图表
graphical 图示的
graphite 石墨{化}
—, flake 石墨片
—, universal boiler 通用洗鍋石墨
graphitizing 石墨化
grapnel 四爪錨
grapple 同 grab
grasshopper 机車起重机
grate 1.同grate, fire; 2.护柵

grate, air hole 气孔炉篦
—, **angular** 斜炉篦
—, **chain** 鏈炉篦
—, **circular** 圓炉篦
—, **cylindrical** 同 grate, roller
—, **drop** 同 grate, dump
—, **dump** 傾卸炉篦
—, **fire** 炉篦
—, **furnace** 同 grate, fire
—, **plane** 平面炉篦
—, **radiator** 散热器护栅
—, **revolving** 旋轉炉篦
—, **rigid** 固定炉篦
—, **rocking** 搖动炉篦
—, **roller** 輥式炉篦
—, **round** 同 grate, circular
—, **shaking** 同 grate, rocking
—, **step** 梯形炉篦
—, **tipping** 同 grate, damp
—, **up-draft** 上风炉篦
—, **water** 同 grate, water tube
—, **water tube** 水管炉篦
grater 粗齿木锉
grating 格子
—, **air** 同 grate, air hole
—, **wing** 翼列
gravel 砂礫
graver 彫刻刀
graviation 同 gravitation, universal
—, **universal** 万有引力{物}
gravity 重力{物}
—, **actual specific** 实比重
—, **apparent specific** 外表比重
—, **specific** 比重
—, **virtual** 假重力
grease 1.脂膏; 2.动物脂 {化}
—, **air brake** 气閘滑脂
—, **aluminium** 鋁滑脂
—, **cup** 杯滑脂
—, **gear** 齿輪滑脂
—, **hard** 硬〔滑〕脂
—, **semi-solid** 半凝滑脂
—, **sodium base** 鈉脂
—, **transmission** 变速器滑脂
greaser 同 cup, grease
greasing 加油〔脂〕
greensand 湿砂
grid 1.鉛板(电池); 2.柵极{电訊}3.柵档
—, **battery** 电池鉛板
—, **circular air** 圓形通风柵
—, **heating** 热格
—, **lead** 同 grid, battery
grill(e) 格柵
—, **heating** 同 grid, heating
—, **lead** 同 grid, battery
—, **radiator** 同 grate, radiator
—, **hammer foundation** 鎚机基础格层
grinder 磨床
—, **automatic cutter** 自动工具磨床
—, **ball** 球磨床
—, **brake lining** 閘瓦襯带磨光器
—, **cam** 凸輪磨床
—, **centerless** 无心磨床
—, **cutter** 同 ginder, tool
—, **cutter and reamer** 銑刀及絞刀磨床
—, **cylinder** 气缸磨床
—, **cylinder hone** 同 grinder, cylinder
—, **disk** 圓盘磨床
—, **drill** 鑽头磨床

grinder, electric 电动磨床
—, **electric bench** 电动台式磨床
—, **electric tool** 电动工具磨床
—, **electric valve** 电动閥磨床
—, **emery** 金鋼砂磨床
—, **external thread** 外螺紋磨床
—, **glass** 玻璃磨光机
—, **internal thread** 內螺紋磨床
—, **percussion** 撞碎机
—, **planer type** 鉋式磨床
—, **portable electric** 可移动的电磨机
—, **portable type crank shaft** 移动式曲軸磨床
—, **swinging** 搖摆研磨机
—, **thread** 螺紋磨床
—, **tool** 工具磨床
—, **universal cutter** 万能工具磨床
—, **universal internal** 万能內磨床
—, **valve** 閥磨床
—, **valve seat** 閥座磨床
—, **vertical spindle rotary** 立軸迴轉磨床
grindery 磨工車間
—, **tool** 磨工具車間
grinding 磨
—, **abrasive belt** 砂布带磨法
—, **centerless** 无心磨法
—, **centerless thread** 无心螺紋磨法
—, **circular** 外圓磨法
—, **climb-cut** 异轉向磨法
—, **cone** 圓錐磨法
—, **conically** 同 grinding, cone
— **correct** 精磨
—, **cylinder** 磨气缸
—, **cylindrical** 磨外圓
—, **dry** 干磨法
—, **face** 磨面
—, **flat surface** 磨平面
—, **form** 成形磨法
—, **gear** 齿輪磨准法
—, **generation gear** 齿輪滾磨法
—, **infeed** 横进磨法
—, **inside and outside** 內外磨法
—, **internal** 內磨
—, **machine** 机力磨
—, **plane** 同 grinding, flat surface
—, **surface** 同 grinding, face
—, **thread** 螺紋磨法
—, **traverse** 同 grinding, in-feed
—, **up-cut** 同轉向磨法
—, **valve** 磨閥
—, **wet** 湿磨法
grindstone 磨石
grip 1.柄;2.夾;3.鉚头最大距离
—, **cable** 电纜扣
—, **celluloid hand** 賽璐珞手柄
—, **conical** 錐形柄
—, **hand** 手柄
—, **handle bar** 手桿柄（自行車的）
—, **rubber** 橡皮柄
—, **toggle** 肘节柄
—, **vice** 虎鉗夾口
—, **wedge** 楔形夾
gripper 1.抓器; 2.抓爪
grit 砂砾

grommet 1.金屬孔眼;2.同 grommet, cord
—, **battersoable** 电池綫护环
—, **cord** 索环
—, **front bumper arm** 前保險杆套环
—, **lamp wire** 灯綫接头
—, **pedal rod** 踏板杆护环
—, **speedorater dash** 里程計接头
—, **steering shaft** 轉向軸护环
—, **wiring** 电綫接头
groove 槽
—, **ball plunger** 球塞槽
—, **circular** 圓槽
—, **dovetail(ed)** 燕尾槽
—, **key** 鏈槽
—, **lubrication** 滑油槽
— **of thread** 螺紋谷
— **of trolley wheel** 接地滑輪槽
—, **oil** 同 groove lubrication
—, **oiling** 注油槽
—, **piston** 活塞槽
—, **piston ring** 活塞环槽
—, **retaining ring** 扣环槽
—, **ring** 环槽
—, **slide valve strip** 滑閥压板槽
—, **spiral** 螺旋槽
—, **oxygen** 氧割槽
—, **grooving, chisel** 凿槽
gross 总的
ground 1.地面; 2.接地; 3.磨过的;4.地綫
—, **welding** 电焊地綫
group 组
—, **gear shifter** 变速杆組
—, **instrument** 仪器組
—, **motor** 电动机組
—, **negative** 阴极系
—. **positive** 阳极系
—, **tail** 尾組
growth 生长
—, **fire** 煨火生长
grummet 同 grommet
guard 1.防护器;2.限程物
—, **axle** 車軸护档
—, **belt** 皮带护档
—, **bumper** 緩冲保护器
—, **chain** 护鏈槽
—, **commutator and head oil** 整流子端盖板护油圈
—, **drive end felt washer** 主动端毡垫圈护罩
—, **dust** 防尘板,防尘罩
—, **eye** 护目罩
—, **fan** 风扇罩
—, **frigger** 扳放柄护鉄
—, **front wheel brake drum grease** 前輪閘鼓护油罩
—, **gravel** 防砂架
—, **head light** 头灯护架
—, **lamp** 护灯架
—, **life** 排障器(鉄路的)
—, **main rod** 主杆护架
—, **mud** 挡泥板
—, **oil** 防油器
—, **radiator** 同 grate, radiator
—, **rail** 同 guard, life
—, **rubber stone** 橡皮防石板
—, **safety** 保险板
—, **spring** 弹簧护板
—, **wheel** 护輪板
—, **wire gauze** 鉄紗罩
—, **wooden dust** 木防尘板
gudgeon 1.耳軸;2.舵枢

gudgeon, ball 球体耳軸
—, bogie 轉向架耳軸
— of universal joint 同 pin of universal joint
—, reversing screw 回动螺旋十字螺帽
guidance 导槽
— of table 平台导槽
—, side 側导槽
guide 1.引导;2.导承
—, adjustable 可調整导承
—, air valve 气閥杆导承
—, axle box 同block, horn
—, back 后导板
—, belt 导带器
—, brake chamber push rod 閘梁調整器导承
—, brake chamber push rod 閘室推杆导承
—, brake lever 閘槓导板
—, brake shoe 閘瓦导柱
—, cam follower 凸輪随件导承
—, centre pin 中枢导承
—, check valve 止回閥导座
—, check valve plunger 止回閥塞导座
—, circular 弧形导承
—, connecting rod 同 guide, cross head
—, counterbore 扩孔鑽导塞
—, crank 曲柄导槽
—, cross head 十字头导承
—, cross shaft 横軸导承
—, dead brake lever 固定閘槓导承
—, door handle 門手柄导承
—, draw bar 拉杆导板
—, exhaust 排气导管
—, expansion 膨脹导承(管的)
—, expansion link 膨脹杆导承
—, fender 保护板导杆
—, flat table 平台导承
—, float spindle 浮筒針导承
— for steam spindle 汽閥杆导承
— for overflow valve 溢閥导承
—, four bar 四柱导承
—, fulcrum 支架导承
—, governor valve 調节閥导承
—, hammer 鎚导承
—, inner check valve 內止回閥导座
—, intake 吸气导管
—, inverted Vee 人字导槽
—, journal box 軸箱导板
—, lateral 側导承
—, level table 同guide, flat table
—, needle piston 針形活塞导承
—, oil pump shaft 机油泵軸导管
—, pedal push rod 踏板推杆导承
—, pesticoat pipe adjusting 烟罩調整导承
—, piston 活塞导承
—, piston rod 活塞杆导承
—, prismatic(al) 稜柱导槽
—, rack 齿条导承
—, remote control cable 远距离控制綫导管
—, reverse lever latch 回动杆弹鍵导架

guide, reverse leve latch spring soring 回动杆鍵簧导承
—, **reversing screw bottom** 回动螺杆下导板
—, **reversing screw top** 回动螺杆上导板
—, **rod** 杆导
—, **saddle** 刀架导座
—, **shock absorber rod** 减震器杆导管
—, **single bar** 单导板
—, **sliding** 滑导承
—, **sliding door** 滑門导軌
—, **spindle** 同 guide, rod
—, **stem** 柄的导承
—, **table** 台导承
—, **tappet** 挺杆导承
—, **throttle lever latch** 节流杆弹鍵导承
—, **tickler** 弹性推針导管
—, **track** 履帶导板
—, **triangular** 三角导承
—, **two bar** 双杆导承
—, **vacuum cylinder push rod** 眞空缸推杆导管
—, **valve** 閥导承
—, **valve rod** 閥杆导承
—, **valve spindle** 同 guide, valve rod
—, **valve stem** 同 guide, valve rod
—, **valve tappet** 閥挺杆导承
—, **vent valve** 通风閥导承
—, **water pump seal spring** 水泵密封弹簧导套
—, **worm ball return** 蝸杆球回行导架
guillotine 剪断机
gullet-saw 同 saw, gullet
gum 〔树〕胶{化}
—, **core** 型心胶
gumming 胶接
gun 枪
—, **air** 同 gun, pneumatic
—, **field** 野炮
—, **grease** 滑脂枪
—, **lubricating** 同 gun, grease
—, **lubricating oil** 滑油枪
—, **machine** 机枪
—, **metal spray(ing)** 金屬熔噴枪
—, **oil** 油枪
—, **pneumatic** 气枪
—, **signal** 信号枪
—, **spray** 噴射枪
—, **varnish spray** 噴漆枪
gunboat 炮艇
gunpowder 火葯
gunwale 甲板边緣
gusset 角撑板
—, **bumper** 保险杆角撑板
—, **cross member** 横樑角撑板
gutta-percha 古塔波胶{化}
gutter 1.沟;2.槽
—, **cab** 司机室簷沟
—, **rim** 輪輞槽
—, **vent** 通风道
guy 牵索
—, **anti-rolling** 防滚索
—, **handling** 搬运索
—, **mast yaw** 正面桅索
—, **mooring** 系留索
—, **yaw** 正向系索
gypsum 石膏{矿}
—, **fine** 細石膏粉
gyration 迴轉
gyro 同gyro-compass

gyro-axle 迴轉軸
gyroclinometer 迴轉式傾斜计
gyro-compass 迴轉式罗盘{物}
gyroplane 旋升飞机
—, land 陆上旋升飞机
gyropter 旋翼飞机
gyro-rotor 迴轉体
gyroscope 迴轉器
gyroscopic 迴轉的
gyro-sextant 迴轉式六分仪
gyrostat 同 gyroscope

H

h. p. 同power, horse
H-engine 同 engine, H-type
H-iron H字鉄
hack 1.鶴嘴鉄；2.格架
—, hammer 同 hammer, hack
hacksaw 弓鋸
hair 毛髮
—, air cleaner 滤气器髮捲
—, check valve 止回閥髮卷
—, cross 交叉絲
—, curled 捲髮(填料)
—, compass 同 compass, spring bow
—, divider 同 compass spring bom
hairspring 游絲
hake 同 hack 2.
half 半
half-box 无盖軸箱
half-breadth 同 breadth, half
half-life 半衰期
halfnut 同 nut, half
hammer 鎚，榔头
—, actuated by flat surface board, friction drop 同 hammer, board drop
—, air 气鎚
—, arch type steam 龙門汽鎚
—, atmospheric 同 hammer, air
—, axe 斧鎚
—, ball 同 hammer, ball peen
—, ball peen 圓头鎚
—, ballast 石碴鎚
—, belt driven 皮带传动鎚
—, bench 台用鎚
—, board, drop 摩擦木柄落鎚
—, boiler maker's 鍋炉工人用鎚
—, boiler scaling 鍋銹鎚
—, brick layer's 泥水工用鎚
—, bronze 青銅鎚
—, calking 凿密鎚
—, cam 凸輪鎚
—, celluloid 賽璐珞鎚
—, chasing 修整铸件鎚
—, chipping 鏨平鎚
—, chiseled peen 鏨鎚
—, claw 魚尾鎚，拔釘鎚
—, coal 煤鎚
—, cold 冷鎚
—, compound steam 同 hammer, two cylinder steam
—, compressed air 压气鎚，风动鎚
—, copper 銅鎚
—, cross peen 横头鎚
—, cushioned 垫鎚
—, dead stroke 死冲鎚
—, dinging 同 hammer, face
—, disk 圓盘鎚
—, double acting steam 双动汽鎚

hammer, double face 双面鎚
—, **drop** 落鎚
—, **electric(al)** 电鎚
—, **enlarging** 同 hammer, flat
—, **face** 平鎚
—, **file** 銼鎚
—, **fitter's** 同 hammer, bench
—, **flat** 扁鎚
—, **flogging** 撻鎚
—, **forge** 鍛鎚
—, **friction** 摩擦鎚
—, **friction roll drop** 摩擦輥輪落鎚
—, **front** 同 hammer, slogging
—, **gas driven** 煤气鎚
—, **hack** 斧形鎚(琢石的)
—, **half-round** 半圓头鎚
—, **hand** 手鎚
—, **hand riveting** 手鉚鎚
—, **hard edged** 硬緣鎚
—, **helving** 同 hammer, tilt
—, **holding up** 鉚釘抵鎚
—, **hot set** 热作鎚
—, **hydraulic** 水力鎚
—, **laminated spring** 板簧鎚
—, **lead** 鉛鎚
—, **locksmith's** 同 hammer, bench
—, **machine** 机鎚
—, **marking** 印鎚
—, **moulder's** 造型鎚
—, **nail** 同 hammer, claw
—, **octagonal** 八方鎚
—, **operated by a orank** 曲柄鎚
—, **paralled fuller** 平行扁头鎚
—, **peen** 尖鎚
—, **petroleum driven** 石油鎚
—, **plastic** 塑料鎚
—, **planishing** 打平鎚
—, **pneumatic** 同 hammer, **air**
—, **pneumatic riveting** 气鉚鎚
—, **pointed** 同 hammer, peen
—, **pointed steel** 尖鋼鎚
—, **power** 同 hammer, machine
—, **quarry** 同 hammer, ballast
—, **rapid action** 速动鎚
—, **rectangular face** 长方平鎚
—, **riveting** 鉚〔釘〕錘
—, **round face** 同 hammer, ball peen
—, **round edged set** 1.圓边击平鎚; 2.圓边陷型鎚(鉚釘头的)
—, **round set** 同 hammer, round edged set
—, **scaling** 同 hammer, boiler scaling
—, **set** 击平鎚
—, **single acting** 单动汽鎚
—, **sledge** 手用大錘,手用大鎯头
—, **slogging** 搗鎚
—, **smith** 同 hammer, forge
—, **snap** 同 hammer, round edged set
—, **soft** 軟鎚
—, **soft surface steel** 軟面鋼鎚
—, **spalling** 同 hammer, stone
—, **spiking** 道釘鎚
—, **spring** 弹簧鎚
—, **square set** 同 hammer, rectangular face

hammer, squre edged 方緣鎚
—, steam 汽鎚
—, steam drop 蒸汽落鎚
—, steel 鋼鎚
—, stone 碎石鎚
—, straight face claw 同 hammer, claw
—, straight peen 直头尖口鎚
—, tack 平头釘鎚
—, tail 同 hammer, tilt
—, taper sides square 菱形鎚
—, tilt 杵鎚
—, treadle 踏鎚
—, trip 同 hammer, tilt
—, two cylinder steam 双缸汽鎚
—, two handed 同 hammer, sledge
—, vertical 立式鎚
—, water 水击作用
—, wedge 楔鎚
—, wedge ended 同hammer, wedge
—, wiper 同 hammer, tilt
— with double standard, steam 同 hammer, arch type steam
— with fixed cylinder, crank 定缸曲柄气鎚
— with sliding cylinder, crank 滑缸曲柄气鎚
—, wooden 木槌
—, zinc 鋅鎚
hammering 鎚击
—, cold 冷鍛
hammock 吊床
hand 1.手; 2.指針; 3.柄
—, bench 鉗工
—, black 黑針
—, indicator 同 hand 2.
—, leading 工作組长
— of spiral 螺旋方面
—, red 紅針
hand-axe 同 axe, hand
hand-crank 同 crank, hand
handed, right 右旋
—, left 左旋
hand-gear 同 gear, hand
handhole 手孔
hand-jack 同 jack, hand
handle 柄
—, air cylinder valve 气缸閥手柄
—, air valve 气閥手柄
—, ash pan back damper rigging 灰盘后档板操縦手柄
—, ash pan front damper rigging 灰盘前档板操縦手柄
—, ash pan slide operating 灰盘滑板操作柄
—, auxiliary live steam valve 进气副閥手柄
—, axe 斧柄
—, back gear shaft 背齿輪軸柄(車床的)
—, ball 球形手柄
—, belt shifter 移带器手柄
—, blower 鼓风机手柄
—, brake 閘柄
—, brass 黃銅手柄
—, cammed 偏凸手柄
—, catch 鍵柄
—, clasp 同 handle, catch
—, cleaning hole cover 清洁孔盖手柄
—, control 控制柄

handle, control valve 控制閥柄
—, control valve operating 控制閥操作柄
—, controller 控制器柄
—, crank 手搖曲柄
—, cross 十字手柄
—, door 門手柄
—, drain cock 放水塞手柄
—, drop grate 傾卸炉篦手柄
—, exhaust steam valve 排气閥手柄
—, feed water valve 給水閥手柄
—, file 銼柄
—, filling plug 注油塞手柄
—, filter change over 濾器变換柄
—, fire box door 火箱門手柄
—, fire door 炉門柄
—, flexible 活动手柄
— for valve stem 閥杆手柄
—, gage cock 驗水位塞手柄
—, hammer 鎚柄
—, hood 机罩柄
—, hood lock 机罩关鎖手柄
—, latch 同 handle, catch
—, lever 槓手柄
—, lighting switch 灯开关柄
—, locking 止动柄
—, man hole cover 入孔盖柄
—, mixture control 混合气控制柄(汽油发动机的)
— of a hammer 同 handle, hammer
—, oil cut-off valve 断油閥柄
—, operating 操作柄
—, operating rod 操作杆柄
—, overflow valve 溢閥柄
—, primer 初动手柄
—, propeller pitch control 螺〔旋〕桨距控制柄
—, ram clamping 鎚头夾持手柄
—, regulating 調节手柄
—, regulating valve 調节閥手柄
—, regulator 調节器手柄
—, release (releasing) 放松柄
—, reverse lever 回动杆柄
—, reverse lever latch 回动杆弹鍵柄
—, reversing 回动柄
—, reversing screw latch 回动螺旋弹鍵柄
—, reversing switch 回动开关柄
—, rigging 操縱手柄
—, riveting 鉚叉
—, rocking 搖柄
—, rubber 橡皮手柄
—, slide operating 滑板操作柄
—, star 星形手柄
—, starting 同crank, starting
—, steam cock 汽塞手柄
—, steam valve 汽閥手柄
—, steering adjusting 轉向調整柄
—, supplementary live steam valve 同 handle, auxiliary live steam valve
—, switch(ing) 1. 轉轍柄; 2.开关柄
—, tank cock 柜塞手柄
—, tank valve 柜閥手柄
—, throttle control 风門控制

柄(汽油发动机的)
handle, throttle lever latch 节流杆弹鍵柄
—, water cock 水旋塞柄
—, water valve 水閥柄
—, whistle lever 汽笛杆柄
—, winch 絞車柄
—, winch crank 絞車手搖曲柄
—, wind shield regulator 风档調节器手柄
—, wiper 刮水器柄
handlebar 把手(脚踏車等的)
handling 1.处理; 2.装卸
—, coal 煤的装卸
—, sand 砂的装卸
hand-machine 同 machine, hand
hand-mallet 同 mallet, hand
hand-mill 同 mill, hand
hand-press 同 press, hand
hand-pump 同 pump, hand
hand-punch 同 punch, hand
handrail(ing) 扶拦
hand-saw 同 saw, hand
hand-screw 同 jack, hand
handspike 槓,推杆
hand-tool 同 tool, hand
hand-vice 同 vice, hand
handwheel 同 wheel, hand
hangar 〔飞〕机庫
hanger 1.吊架; 2.挂鈎
—, air drum 气桶吊架
—, balance 平衡吊架
—, ball and socket 球窩吊架
—, battery 电池〔組〕吊架
—, brake 同 hanger, brake beam
—, brake beam 閘杆吊架
—, clapper 警鐘鎚吊架
—, deflector plate 折向板吊架
—, driver spring 传动輪弹簧吊架
—, driving spring 同 hanger, driver spring
—, dry pipe 干汽管吊架
—, equalizer 同 hanger, balance
—, floor 地架
—, foot 同 hanger, foot pedal
—, foot pedal 踏板吊架
—, gear box 齿輪箱吊架
—, iron 鉄吊架
—, leading truck equalizer 前轉向架平衡吊架
—, line shaft 主軸吊架
—, link 联杆吊架
—, main reservoir 主儲气筒吊架
—, muffler 消声器吊架
—, petticoat pipe 烟罩吊架
—, pipe 吊管架
—, plate 吊板架
—, portable 移动吊架
—, rear spring 后弹簧吊架
—, running board 〔机〕車側平台吊架
—, safety 安全吊架
—, shaft 軸吊架
—, spring 1.弹簧挂鈎; 2.弹簧吊架
—, step 踏阶吊鉄
—, suction pipe 吸管吊架
—, swing bolster 摆动承樑吊架
—, trailing truck spring 后轉向架弹簧吊杆

hanger, transmission bar 传动杆吊架
—, truck spring 車架弹簧吊架
harden, work 加工硬化
hardenability 可淬硬性
hardenability, strain 受力变硬性(金屬材料的)
harden(ed) case 表面滲炭硬化的
hardening 硬化
—, age 經久硬化
—, air 空气硬化
— by cooling 冷却硬化
— by hammering 鎚击硬化
—, carbonic acid 碳酸硬化法
—, case 表面滲炭硬化
—, chill 冷硬法
—, file 銼的硬化法
—, flame 火焰硬化法
—, hammer 鎚硬法
—, induction 感应硬化
—, oil 油淬硬化
—, precipitation 沉澱硬化
—, self 自硬
—, subcritical 低温硬化
—, water 水淬硬化
hardenite 哈頓体
hardness 硬度
—, Brinell 布里涅耳硬度
—, hot 热硬度
—, natural 自然硬度
— of the tool 工具的硬度
—, permanent 永久硬度
—, red 紅硬性
—, temporary 暫时硬度
hardware 五金
—, body 車身五金
hardwood 硬木
harmonic 諧和的
harmonics 諧函数{数}
harness 装具
—, mooring 击韁
—, parachute 降落伞击絹
—, quick release 速放装具
—, safety 安全装带
harrow 耙
—, drag disk 拉用圓盘耙
—, flexible 活动耙
—, spring tooth 弹簧齿耙
hatch 艙口
—, armor 装甲艙口
—, emergency 紧急艙口
—, safety 同 hatch, emergency
—, turret 轉塔頂門
hatchet 小斧
—, claw 拔釘斧
—, with hammer head and claw 拔釘鎚斧
hatchet-face 同 face, hatchet
hatchet-stake 同 stake, hatchet
hatching 影綫
—, cross 断面綫
hatchway 艙口
haulage, continuous 連續运輸
—, rope 絹运輸
hawkill 焊鉗
head 1.头;盖;2.水头
—, air compressor cylinder 空气压縮机缸盖
—, air cooled cylinder 气冷气缸盖
—, alligator 同 head, alligator cross
—, alligator cross 鱷牙形十字头
—, angular extrusion die 弯形压挤模

head, arrow 箭头
—, automatic dividing 自动分度器
—, automatic welding 自动焊头
—, auxiliary puppet 同 head, puppet
—, back 〔机車〕外門板
—, back cylinder 同 cover, back cylinder
—, bolt 螺栓头
—, boring 鏜刀盘
—, bottom 底盖
—, brake 同 holder, brake shoe
—, buffer 緩冲头
—, button 圓头
—, cat 1.錨鏈架; 2.支套（車床工作用）
—, center 求心規
—, chaser die 螺紋梳刀盘
—, cheese 同 head, round
—, clamping 夾头
—, closing 鉚釘上头
—, combustion 燃燒头
—, commutator end 整流子端盖
—, conical 錐形头
—, connecting rod 同 end connecting rod
—, contact 接触头
—, counterbore cutter 扩孔鑽头
—, counter-sunk 埋头
—, coupler 車鈎头
—, coupling 联接头
—, cross 十字头
—, cross tool 同 carriage, cross tool
—, crown 冠头
—, cup 圓头
—, cutter 刀盘
—, cylinder 汽缸盖
—, cylinder bottom 缸底盖
—, cylinder top 缸上盖
—, dead 虚头
—, die 螺絲鋼板盘
—, discard 同 head, dead
—, discharge 同 height of delivery
—, distributor 配电器头
—, dividing 同 head, index
—, draw 牵杆
—, drive end 主动端盖板
—, drum 鼓輪盖
—, end 末端
—, excess pressure 超压位差
—, exhaust 排气头
—, false cylinder 虚缸盖
—, feeder 同 head, feeding
—, feeding 冒鉄头,废鉄头(鋳液)
—, fillister 凸圓头
—, flat 平头
—, folding 摺头
—, for grinding machine, dividing 磨床分度头
—, fork 叉形头
—, forked long slotted cross 叉形长槽十字头
—, forked ordinary cross 叉形十字头
—, friction 摩擦压位差
—, front 前筒盖(热裂炉的)
—, front cylinder 前缸盖
—, fuel 油面高度
—, gas pressure 气压位差
—, gravity 重力落差

head, grinding wheel 砂輪座
—, guide and cylinder 汽缸盖連导承
—, hammer 鎚头
—, hammer crane 鎚式起重机头
—, hanger bolt 吊架螺栓头
—, hexagon 六角头
—, high pressure 高压位差
—, high pressure cross 高压十字头
—, hoist cylinder 起重机油缸盖
—, index 1.分度头；2.分度器
—, joint with squared cross 方十字接头
—, key 鍵头
—, lathe 車床头
—, left main valve cylinder 主閥左筒盖
—, low pressure 低压位差
—, low pressure cross 低压十字头
—, lower 同 head, bottom
—, main cylinder 主缸盖
—, master cylinder 同 head, main cylinder
—, maximum pressure 最大压位差
—, mixing 混合管(噴焊器的)
—, mixture chamber 混合室头
—, multiple cylinder 多缸头
—, nail 釘头
—, nigger 同 head, tee
—, non-pressure 无压头
— of bolt 同 head, bolt
— of cylinder 同 head, cylinder
— of nozzle 噴嘴头
— of staybolt 螺撑头
— of the pump, suction 泵的吸高
— of the rail 軌头
—, oil pipe 油管接头
—, operating cylinder 操作筒盖
—, optical dividing 光学分度器
—, oval 椭圓头
—, piston 同 crown, piston
—, potential 势头，位头{物}
—, pouring 浇口
—, pressure 压头,压位差
—, pump top 泵頂盖
—, puppet 随轉尾座(車床的)
—, quenching 噴水头，噴淬头
—, radiator 散热器头
—, ram 冲杆头
—, reverse 回动头
—, revolving 同 head, turret
—, revolving cutter 旋轉銑刀头
—, rising 冒口(铸件的)
—, rivet 鉚釘头
—, rod 杆头
—, rotary 轉头
—, round 圓头
—, running 同 head, pouring
—, screw 螺釘头
—, self adjusting brake 同 holder, self adjusting shoe
—, self opening die 自动开合螺絲鋼板盘
—, shock absorber combustion 减震燃烧〔式〕缸头
—, shock absorber piston

减振器活塞头
head, shrink 收縮头(铸件的)
—, side tool 同 carriage, cross tool
—, sinking (sunking) 同 head, countersunking
—, sleeve valve cylinder 套閥式缸头
—, sliding 滑动头
—, sliding drill 同 arm, sliding drill
—, snap 半球头
—, solid 实头
—, speedometer 速度計的头
—, spherical 球形头
—, spiral 螺旋头
—, split 裂口
—, static 静压位差
—, stay bolt 同 head of staybolt
—, steam cylinder 汽缸盖
—, steam pipe tee 汽管丁字头
—, steering 轉向头
—, straight extrusion die 直形压挤模
—, strap 同 end, strap
—, suction 吸引位差
—, swage 陷型头
—, swivel 旋轉头
—, tappet 挺杆头
—, Tee 丁字头
—, temperature 温位
—, tool 同 clamp, tool
—, tooth 同 addendum
—, top 上盖
—, total 总位差
—, track pin 履带銷帽
—, turbulence-type cylinder 紊流式缸头
—, turret 六角刀架
—, universal dividing 万能分度头
—, valve 閥头
—, valve plunger 閥柱塞头
—, valve tappet 閥挺杆头
—, velocity 速头,速位差
—, water 水位差
—, water cooled cylinder 水冷气缸头
—, water cylinder 水筒盖
—, water pipe 水管接头
—, weighing 冲头
—, wheel 同 head, grinding wheel
—, whip 震顫片头
—, work 工作台
header 1.集管; 2.联管箱
—, boiler 汽鍋联管箱
—, floating 浮动联管箱
—, main 总集汽管
—, superheater 过热汽联管箱
heading 1.浇口布置法; 2.航向
—, air 通风坑
—, magnetic 磁向
—, true 眞航向{航空}
headlamp 同 lamp, head
headlight 同 lamp, head
headphone 头带受話器{电信}
headrest 同 rest, head
headstock 同 stock, head
—, of grinding machine 磨床头
heaps 炼焦堆
—, charring in 堆燒法
—, circular 圓形堆燒法
—, rectangular 长方形堆燒法
hearth 炉膛(高炉的),炉床(平炉的)

hearth, open 平炉
—, portable 輕便炉
—, rivet 鉚釘炉
—, smith's 锻炉
heartwood 心材
heat 1.热; 2.热学
—, atomic 〔克〕原子热〔容〕
—, available 可用热
—, average specific 平均比热
—, black 暗热
—, black-red 暗紅热
—, blue 蓝热
—, cherry red 樱桃紅热
—, constant specific 定値比热
—, critical 临界热
—, dark 同 heat, black
—, decay 衰变热
—, excessive internal 过度内热
—, external latent 外潜热
—, internal 内热
—, internal latent 内潜热
—, intrinsic 全部内热
—, latent 潜热
—, liquid 液体热
—, low cherry red 暗樱桃紅热
—, mean specific 平均比热
—, mechanical equivalent of 热功当量
—, mechanical theory of 热工学說
—, melting 熔解热
— of combustion 燃燒热
— of combustion, lower 同 heat of combustion, net
— of combustion, net 燃燒淨热
— of compression 压縮热
— of condensation 凝結热
— of dissolution 同 heat, melting
— of evaporation 蒸发热
— of evaporation, external latent 蒸发外潜热
— of evaportation, internal latent 蒸发内潜热
— of formation 生成热
— of fusion 同 heat, melting
— of reaction 反应热
— of steam 蒸汽热
— of superheating 过热热量
— of the liquid 同 heat, liquid
— of vaporization 汽化热
— of vaporization, external latent 汽化外潜热
— of vaporization, internal latent 汽化内潜热
— of vaporization, latent 汽化潜热
—, radiant 輻射热
—, radiating 同 heat, radiant
—, red 紅热
—, sensible 显热
—, specific 比热
—, specific, at constant pressure 定压比热
—, specific, at constant volume 定容比热
—, total 焓,热函{物}
— treatment 热处理
—, variable specific 变値比热
—, volume specific 容积比热
—, volumetric specific 同

heat, volume specific
heat, waste 废热
—, waste gas 废气热量
—, weld(ing) 焊热
—, white 白热
heater 加热器
—, air 空气加热器
—, air intake 进气加热器
—, cabin 机艙加热器
—, closed feed 同 heater, closed type feed water
—, closed type feed water 封閉式給水加热器
—, cockpit 駕駛室加热器（飞机）
—, coil 盘管加热器
—, dearerating feed 給水除气加热器
—, direct contact feed 給水直接加热器
—, electric 1.电炉；2.电热器
—, electric rivet 鉚釘电热器
—, exhaust 排气加热器
—, extraction 撤汽加热器
—, feed 同 heater, feed water
—, feed-water 給水加热器
—, fuel 同 heater, fuel oil
—, fuel oil 燃油加热器
—, gasoline 汽油加热器
—, ground 地面加热器
—, hot air 热气加热器
—, hot water 热水加热器
—, manifold 歧管加热器
—, open 开式加热器
—, open type feed water 开式給水加热器
—, Pitot 皮氏管加热器
—, portable 輕便加热器
—, primary 初热器
—, regenerative feed-water 回热給水加热器
—, secondary 副热器
—, steam 蒸汽加热器
—, storage 蓄热加热器
—, surface 暖面器
—, tank car 油柜車加热器
—, tar 焦油加热器
—, tubular 管式加热器
—, tyre 热箍器
—, under seat 座下加热器
—, vacuum 眞空加热器
heating 1.加热；2.加热法
—, double 二次加热
—, electric 电热法
—, electronic 电子加热法
—, high frequency 高頻率加热法
—, high frequency dielectric 高頻率电介体加热法
—, hot air 热气加热法
—, hot water 热水加热法
— of the tool 工具加热法
—, post 后补加热
—, regenerative feed-water 鍋炉給水再生加热
—, steam 蒸汽加热法
heavy 重的
—, bow 头重{航空}
—, extra 加重
—, nose 同 heavy, bow
—, stern 同 heavy, tail
—, tail 尾重{航空}
—, wing 翼重
hectoliter 百升
hectometer 百米
heel 1.傾側(船的)；2.跟
— of blade 軌尖跟(鉄路)

heel, of tongue 同 heel of blade
— of tool 刀头的跟面
—, tyre bead 胎跟
heelboard 踵板
height 高度
—, absolute ceiling 絶对升限高度
—, barometer 气压計高度
—, barometric 同 height, barometer
—, buffer 緩冲器高度
—, ceiling 升限高度
—, center 同 height of center
—, chassis 底盘高度
—, equilibrium 平衡高度
—, full throttle 全开风門高度
—, maximum 最大高度
—, medium 中等高度
—, metacentric 定傾中心高度{物}
—, natural 天然高度
— of arc 弧高
— of buffer centre from rail 同 height, buffer
— of center 中心高
— of delivery 輸送高度
— of fall 鎚落高度
— of projection 射程高度
— of tooth 齿高
—, operating 操作高度
—, overall 全高
—, practical ceiling 实际升限高度
—, pressure 压力高度
—, service ceiling 实用升限高度
—, standard 标准高度
—, theoretical ceiling 理論升限高度
—, total 总高度
—, transverse metacentric 横定傾中心高度
—, vertical metacentric 垂直定傾中心高度
helical 螺旋形的
helicograph 螺旋規
helicogyro 同 helicopter
helicoid 1.螺旋面; 2.螺旋体
helicopter 直升飞机
—, land 陆上直升飞机
helium 氦{化}
helix 螺旋綫
—, conical 錐形螺旋綫
—, normal 正交螺旋綫
helmet 机罩
—, dust 防尘罩
—, welding 焊工帽
helper 同 engine, assistant
hematite 赤鉄矿{矿}
hemisphere, Magdeburg 馬德堡半球{物}
hemp 大蔴
heptagon 七角形
heptagonal 七角形的
hexagon 六角形
hexagonal 六角形的
hickory 胡桃木
hicore 不銹鉬鉻鋼
hide, raw 生皮
hiduminium 希都鋁
hinge 1.鉸鏈; 2.摺叶
—, accelerator pedal 加速踏板鉸鏈
—, aileron 副翼鉸鏈
—, ashpan damper 灰盘档板鉸鏈
—, birth 臥鋪摺叶

hinge, cab apron 渡板鉸鏈（司机室的）
—, **damper** 同 hinge, ashpan damper
—, **door** 門鉸鏈
—, **fire door** 炉門鉸鏈
—, **gear box cover** 齿輪箱盖鉸鏈
—, **insert** 嵌入鉸鏈
—, **iron** 鉄鉸鏈
—, **joint** 接合鉸鏈
—, **journal box lid** 軸頸箱盖鉸鏈
—, **loose joint** 活鉸鏈
—, **manhole cover** 人孔盖鉸鏈
— **of spring** 簧节套
—, **pintle** 扣針鉸鏈
—, **smokebox door** 烟箱門鉸鏈
—, **smokebox front end** 烟箱前部鉸鏈
—, **steel** 鋼鉸鏈
—, **wing** 翼鉸鏈
hob 1.元阳模;2.同hobber, gear; 3.滚銑
—, **gear cutter** 同 hobber, gear
—, **taper** 錐形滚銑刀
—, **threading** 螺紋滚銑刀
—, **worm** 蝸紋滚銑刀
hobber, gear 齿輪滚銑刀
hobbing 1.同hob; 2.同 hobbing, die
—, **die** 压制阴模法
hod 畚
hodograph 速度图
hoe 灰耙
—, **fire** 火挖
hog 弯拱
hogging of furnace tube 炉管凸起
hoist 1.同 elevator 1; 2.捲揚机; 3.起重机
—, **air** 气压起重机
—, **ash** 起灰机
—, **balanced** 平衡起重机
—, **barrel** 同 elevator, barrel
—, **cable** 用索起重机
—, **carriage** 1.起重車; 2.揚車机
—, **chain** 1.鏈式起重机; 2.同 elevator, chain
—, **double rail motor** 双軌电动起重机
—, **dump** 傾卸起重机
—, **engine** 发动机起重机
—, **hydraulic** 水力起重机
—, **mono-rail motor** 同 hoist, single rail motor
—, **single rail motor** 独軌电动起重絞車
—, **steam** 蒸汽起重机
—, **steam ash** 蒸汽起灰器
—, **travelling** 移动起重机
—, **travelling motor** 电动移动起重机
holddown 压具
—, **battery** 电池压板
—, **hydraulic** 水力压具
—, **spring** 弹簧压具
holder 1.把,柄;2.夾;3.托,座,架
—, **air** 空气罐
—, **arbor** 刀杆支座
—, **bit** 鑽套
—, **blade** 鋸条夾
—, **blank** 坯緣压牢器，坯件夾

住器
holder, bottom brush 电刷下柄
—, brake block 閘块托
—, brake shoe 閘瓦托
—, brush 刷柄
—, bulb 灯头
—, carbon炭精夾
—, carbon brush 炭刷柄
—, clamp 夾柄
—, cutter 刀夾
—, diamond 鑽石夾具
—, diamond tool 鑽石刀柄
—, die 1.模座;2.板牙鉸手
—, drawing pen 絵图笔〔夾〕杆
—, drill 同 holder, bit
—, electrode 1.电极夾; 2.焊条鉗
—, flame 持焰器
—, floating 活〔装工具〕柄
—, gas 装气罐
—, generator brush 发电机电刷柄
—, head lamp 头灯架
—, hinged tool 活节刀柄
—, knife 同 holder, cutter
—, lamp 灯托
—, magazine tool 庫房刀具架
—, nozzle 噴嘴座
—, oil can 油壶架
—, porcelain 瓷板
—, post tool 柱形刀架
—, pulley 滑輪托
—, punch 冲头把
—, push rod 推杆托
—, releasing 放松把
—, relieving tool 鏟齿刀座
—, revolving tool 迴轉刀架
—, rivet 鉚釘托
—, self adjusting shoe 1.自〔动〕調〔整〕閘;2.瓦托
—, spindle 軸托
—, spring 弹簧座
—, spring tool 弹簧刀夾
—, starter brush 起重机电刷柄
—, tool 同 clamp, tool
—, top brush 电刷上柄
—, tyre 輪胎撑架
—, valve 閥門座
holdfast 1.支架;2.夹,钳
—, hand screw 同 cramp, hand screw
hole, 孔
—, air 气孔
—, appendix man 輸气管进入孔
—, auger 螺鑽孔
—, axe 同 eye, axe
—, balancing 平衡孔
—, basic 基孔
—, bleed 放出孔
—, blind 未穿孔
—, blow 〔鑄件的〕气泡
—, blow-off cock 放水塞孔
—, bolt 螺栓孔
—, bore 鏜孔
—, breather 透气孔
—, center 中心孔,顶針孔
—, check valve 止回閥孔
—, cinder 渣孔
—, cinder cleaning 淸渣孔
—, circular 圓孔
—, cleaning 淸洁孔
—, clearance 出砂孔(鑄件的)
—, commutator inspection 整流器检視孔
—, core 型心孔

hole, cotter 扁銷孔
—, cut out 截孔
—, cylinder cock 气缸旋塞孔
—, draft 通风孔
—, drain pipe 洩水管孔
—, draw 拉孔
—, drift 楔孔(退钻套的)
—, equalizer fulcrum pin 平衡杆支架销孔
—, filling 注入孔
—, fire 1.火孔; 2.炉口
—, fire box air 火箱气孔
—, fire door 火門孔
—, fresh water filler 淡水加注口(船舶)
—, hand 同 handhole
—, hardy 鉄砧插楧孔
—, heater drain valve 加热器放水閥孔
—, heater washing 加热器洗孔
—, inspection 检查孔
—, journal box bolt 軸箱螺栓孔
—, key 鍵孔
—, lead 导孔
—, lewis 吊楔孔
—, lightening 点火孔
—, man 同 man hole
—, mud 出泥孔
—, nail 釘孔
—, oil 油孔
—, oil drain 放油孔
—, oval 椭圓孔
—, peep 检視孔
—, pin 銷〔釘〕孔
—, piston 活塞孔
—, poking 刺触孔
—, recess 凹槽孔
—, rectangular 长方孔
—, rivet 鉚釘孔
—, round 圓孔
—, round taper 圓形斜孔
—, sand 砂孔
—, scallop 扇形孔
—, shrink 收縮孔
—, sight 同 hole, peep
—, slag 熔渣孔
—, sludge 同 hole, mud
—, smoke box cleaning 烟箱清洁孔
—, smooth 光孔
—, spark plug 火花塞孔
—, stack cleaning 烟囱清洁孔
—, steam chest cover stud 汽柜盖柱螺栓孔
—, tap 塞孔
—, taper 錐形孔
—, tell tale 警报孔
—, through 貫通孔
—, top 頂孔
—, turret port 轉塔了望口
—, vent 同 vent 2.
—, wash-out 洗炉孔
—, wash-out plug 同 hole, wash-out
hollow 空心的
homogeneous 均質的
hone 〔細〕磨石,油石
—, cylinder 气缸磨石
honing 1.搪磨; 2.金属表面磨损
hood 1.〔发动机〕罩; 2.〔烟囱〕帽; 3.車篷
—, bonnet 同 bonnet 1.
—, chimney 同 bonnet 1.
—, cover 同 bonnet 1.
—, cowl 〔气〕缸头罩
—, engine 同 hood 1.

hood, filter 滤器罩
—, fuel suction 燃料吸进帽
—, gas 气罩
—, gas shaft 气囱罩
—, intermodiate 中罩
—, lower 下罩
—, maneuvering valve 控制阀盖
—, shaft 烟囱罩
—, smoke deflector intermediate 折烟器中罩
—, smoke deflector lower 折烟器下罩
—, smoke deflector upper 折烟器上罩
—, smoke stack 同 bonnet 1.
—, upper 上罩
—, valve 阀罩
—, ventilator 通风器罩
hook 鈎
—, band 同 hook, belt
—, barrel 筒鈎
—, belt 皮带鉺
—, bill 同 bill 2.
—, chain 鏈鈎
—, clip 同 hook, double 1.
—, clove 同 hook, double 1.
—, disengaging 分离鈎
—, distributor tube 分配管鈎
—, door 門鈎
—, double 1.双抱鈎；2.山形鈎
—, drag 同 hook, draw
—, draw 拉鈎
—, fire 火鈎
—, fire door 火門鈎
—, front tow 前拖鈎
—, grab 起重鈎
—, grappling 抓升鈎
—, hat 帽鈎
—, hood lock 罩鎖鈎
—, hull lift 車盘吊鈎
—, match 同 hook, double 1.
—, monkey 椿头鈎
—, packing 塡料鈎
—, pintle 扣鈎
—, rail 軌鈎
—, ring 环鈎
—, rope 繩鈎
—, safety 安全鈎
—, safety chain 安全鏈鈎
—, sister 同 hook, double 1.
—, spring 弹簧鈎
—, swivel 轉鈎
—, tow(ing) 拖鈎
—, wall 墙鈎
hook-in 同 dig-in
hoop 环箍
—, eccentric 偏心环
—, iron 鉄箍
— of spring 弹簧箍
hopper 漏斗
—, ash 灰斗
—, ash pan 灰盘斗
—, cinder 煤渣漏斗
—, coal 煤漏斗
—, conveyer 輸送器漏斗
—, fuel 同 hopper, coal
—, storage 貯砂器漏斗
—, tipping 傾卸斗
—, transfer 輸送斗
hopping 船身上弯
horizon 1.水平綫；2.水平仪
—, artificial 人工水平仪
—, false 假水平綫
—, gyro 迴轉水平仪
—, true 眞水平綫
—, visual 显視水平綫

horizontal 水平的
horn 1.喇叭; 2.角; 3.操縱杆{航}
—, **aileron** 同 lever, sileron
—, **air** 气喇叭
—, **anvil** 砧角
—, **bulb** 皮球喇叭
—, **electric** 电喇叭
—, **electric motor** 电动机喇叭
—, **exhaust** 排气喇叭
—, **control** 同 lever, control
—, **hand** 手喇叭
—, **hand actuated** 同 horn, hand
—, **matched** 配音喇叭
—, **mechanical** 机力喇叭
—, **motor type** 电动机式喇叭
— **of the anvil beak** 鉄砧角
—, **pedestal** 軸架导板
—, **pole** 极靴角
—, **ratchet type** 棘輪式喇叭
—, **rudder** 方向舵桿
—, **vibrating type** 振动式喇叭
—, **vibrating type electric** 振动式电喇叭
—, **warning** 警号喇叭
—, **work** 工件套承(剝工的)
hornbeam 鉄树
hornblock 同 block, horn
hose 軟管
—, **acetylene welding** 乙炔焊接軟管
—, **air** 空气軟管
—, **air brake** 风閘軟管
—, **ari cleaner pipe** 滤气器軟管
—, **asbestos** 石棉管
—, **bleeder** 放油軟管
—, **booster** 增压器軟管
—, **brake** 閘軟管
—, **brake tube** 同 hose, brake
—, **breather** 通气軟管
—, **coupling** 联結軟管
—, **cylinder head outlet** 汽缸盖出水軟管
—, **delivery** 放出軟管
—, **fire** 救火軟管
—, **fluid** 流液軟管
—, **gas pipe** 煤气軟管
—, **heater** 加热器軟管
—, **heating** 同 hose, heater
—, **inlet** 进入軟管
—, **intake** 同 hose, inlet
—, **leather** 皮軟管
—, **oil** 油軟管
—, **oil filter** 滤油器軟管
—, **oil gage tube** 油位表軟管
—, **outer** 外軟管
—, **outlet** 放出軟管
—, **radiator** 散热器軟管
—, **radiator drain cock** 散热器放水旋塞軟管
—, **radiator inlet** 散热器进水軟管
—, **radiator outlet** 散热器出水軟管
—, **radiator overflow tube** 散热器溢水軟管
—, **rubber** 橡皮軟管
—, **sprinkler** 洒水器軟管
—, **steam** 蒸汽軟管
—, **suction** 吸入軟管
—, **tank suction** 水柜吸水軟管
—, **water** 水軟管
—, **water pump inlet** 水泵进水軟管
hot, the motor becomes 电动

机变热
hot-rolled 热轧的
hour 小时
—, ampere 同 amperehour
—, brake horse-power 閘馬力小时
—, horse-power 馬力小时
—, indicated horse-power 指示馬力小时
—, kilowatt 千瓦时
—, kilometer per 每小时…公里
—, watt 瓦时
house, boiler 锅炉房
—, dry(ing) 干燥室
—, engine 发动机房
—, locomotive 机車房
—, power 动力室,动力厂
—, pump 泵間
—, rear axle 后軸箱
—, retort 蒸餾甑室
—, round 調車房(机車的)
—, wheel 同 box, wheel
housing 套,壳
—, axle 軸套
—, bearing 同 box, bearing
—, center bearing 中心軸承壳
—, clutch 离合器壳
—, control lever 控制杆罩
—, coupling shaft 接軸壳
—, differential 同 case, differential
—, distributor 配电器壳
—, drive end 传动端壳
—, drive pinion 传动小齿輪壳
—, driving gear 主动齿輪壳
—, fan 风扇壳
—, fan shaft 风扇轴套
—, fly wheel 飞輪壳
—, front axle 前軸壳
—, gear 同 box, gear
—, gear shift 变速箱
—, gear shift lever 变速杆罩
—, gear shift lever ball 变速杆球壳
—, head lamp 头灯壳
—, horn 喇叭壳
—, instrument 仪表壳
—, intermediate axle 中轴壳
—, master cylinder 同 body, master cylinder
—, oil pump 油泵壳
—, over drive 超速传动器壳
—, pinion 小齿輪壳
—, propeller shaft 螺旋桨軸壳
—, pump 泵壳
—, rack 齿条罩
—, rear axle 后軸壳
—, shaft 同 casing, shaft
—, shock absorber link 减震器联杆壳
—, speedometer 里程計壳
—, spring bumper 弹簧避震垫壳
—, starter pinion 起动小齿輪壳
—, steering gear 轉向齿輪壳
—, steering worm 轉向蝸杆壳
—, stoker engine and rack 加煤机及齿条罩
—, thermostat 恆温器壳
—, timer shaft 分电軸壳
—, timing gear 定时齿輪箱
—, universal joint 万向节壳

housing, valve 同 chamber, valve
—, water pump 水泵壳
—, winch worm 絞車蝸杆壳
—, winch worm brake 絞車蝸杆閘壳
hub 1.〔輪〕轂;2.套
—, accessory shaft 副軸衬套
—, airscrew 飞机螺旋桨轂
—, autogyro 旋翼轂
—, ball bearng 滾珠軸承轂
—, bearing 軸承轂
—, cam 凸輪轂
—, clutch release bearing 离合器放松軸承套
—, crank 曲柄轂
—, fan 风扇轂
—, fan pulley 风扇皮带輪轂
—, feed valve 进給閥轂
—, flange 凸緣轂
—, fork 叉轂
—, front 前轂
—, front wheel 前輪轂
—, full floating 全浮轂
—, helical gear 螺旋齿輪轂
—, inner 內轂
—, inside 同 hub, inner
—, intermediate and high clutch 中速高速离合器轂
— of paddle wheel 桨輪轂
—, outside 外轂
—, pressed-out 压制轂
—, propeller 螺旋桨轂
—, rear idler 同 hub, rear idler wheel
—, rear idler wheel 后空轉輪轂
—, rear wheel 后輪轂
—, serrated wheel 細齿輪轂
—, split 拼合轂
—, three-blade 三叶轂
—, three-way 三面轂
—, wheel 輪轂
hubbing 同 hobbidg, die
hull 1.船身; 2.車盘
—, airship 飞艇身
—, boat 船身
—, flying boat 飞船身
—, metal 金屬船身
—, rivetted 鉚合車盘
—, seaplane 水上飞机船身
—, single step 单級船身
humidity 湿度
—, absolute 絶对湿度
—, relative 相对湿度
—, specific 比湿〔度〕
humidness 同 humidity
hunting 追逐
—, driver's 司机室
hydrant 同 hydrant, fire
—, ball 球形消防栓
—, fire 消防龙头,消防栓
—, flush 路面消防栓
hydraulic(al) 水力的，液力的
hydraulic-lift 同 lift, hydraulic
hydraulicking 水掘法
hydraulics 水力学
hydravion 同 aerohydrop
hydride, methyl 甲烷,甲基化氢
hydro-aeroplane 同 aerohydro-plane
hydro-biplane 水上双翼飞机
hydrocarbon 烴{化}
hydrodynamics 流体动力学
hydrodynamometer 水速計
hydroelectric 水电的
hydroelectricity 水〔力〕电
hydrogen 氢{化}

hydrogen, available 可用氢
—, free 游离氢{化}
hydroglider 水上滑翔机
hydrokinetics 流体动力学
hydromechanics 流体力学
hydrometer 液体比重計
—, battery 同 hydrometer, electrolyte
—, Beaume 包梅比重計
—, electrolyte 电液比重計
hydro-monoplane 水上单翼机
hydroplane 同 aerohydroplane
hydroquinone 氢醌
hydrosphere 地球水面
hydro-stabilizer 水上安定面
hydrostatics 流体静力学
hydrovane 着水板(飞机的)
hyetograph 雨量記录表
hygrograph 湿度記录表
hygrometer 湿度計
hyperbola 双曲綫
—, equilateral 等边双曲綫
—, rectangular 直角双曲綫
hyperbolograph 双曲綫規
hyperboloid 双曲綫体
hypocycloid 內擺綫
—, spherical 球面內擺綫
hysteresis 迟滞性

I

I-bar 同 I-iron
"I" beam 工字〔形〕樑
i. h. p. 同 power, indicated horse
I-iron 工字〔形〕鉄
i.m.e.p. 同 pressure, indicated mean effective
I-section 工字形剖面
I-steel 工字〔形〕鋼
ice, dry 干冰
ideal 理想的
identation 凹痕
idle 空轉的
—, running 空轉,跨轉
idler 空轉輪,跨輪
—, belt 皮带空轉輪
—, fan belt 扇带空轉輪
—, spring loaded 装簧空轉輪
—, trailing 从动空轉輪
—, upper 上空轉輪
idling 同 idle, running
ignitability 可燃性
ignite 点燃
igniter 1.发火器;2.传火药{軍}
—, advanced 提前点火器
—, central 中心点火器
—, glow plug 同 plug, glow
—, wipe make and break
—, wipe spark 拂式断續点火器
—, wipe spark 拂式火花点火器
ignition 同 ignite
—, advanced 提前点火
—, arc 电弧点火
—, battery 蓄电池点火
— by hot tube 热管点火
— by magneto 磁电机点火
—, cell 同 ignition, battery
—, coil 綫圈点火
—, compression 压縮点火
—, correct timed 正时点火
—, dead center 死点点火
—, delayed 延迟点火
—, double 同 ignition, double spark plug
—, double spark plug 双火花塞点火
—, dual 同 ignition, double

spark plug

ignition, due to compression 同 ignition, compression

—, **electric** 电点火

—, **electric spark** 电火花点火

—, **electro-magnetic** 电磁点火

—, **fixed** 固定点火

—, **flame** 火焰点火

—, **flame contact** 火焰接触点火

—, **high tension** 高〔电〕压点火

—, **hot tube** 同 ignition by hot tube

—, **jump spark** 跳火花点火

—, **late** 同 ignition, delayed

—, **low tension** 低〔电〕压点火

—, **magneto** 同 ignition by magneto

—, **make and break** 同 ignition, make and break spark

—, **make and break spark** 断續火花点火

—, **multiple** 多火花点火

—, **premature** 同 ignition, advanced

—, **retarded** 同 ignition, delayed

—, **single coil** 单綫圈点火

—, **single spark** 单火花点火

—, **spark** 火花点火

—, **spark plug** 同 ignition, spark

—, **spontaneous** 同 self-ignition

—, **surface** 表面点火

—, **timing** 同 ignition, correct timed

—, **twin** 同 ignition, double spark plug

—, **two-point** 两点点火

—, **two-stage** 二級点燃

—, **weak** 弱点火

—, **delay** 点火延迟期

ignitor 同 igniter

impact 冲击,冲力

—, **central** 中心冲击

—, **direct** 直冲

—, **oblique** 斜冲

— **of recoil** 反冲

—, **square** 正冲

impeller 叶輪

— **of pump** 泵叶輪

—, **pump** 同 impeller of pump

—, **shrouded** 閉式叶輪

—, **water** 排水叶輪

—, **water pump** 水泵叶輪

— **with two side discs** 同 impeller, shrouded

impermeator 自动注油器(气缸的)

implements 同 tool 1.

—, **aluminium** 同 calorizing

—, **chromium** 滲鉻法

— **of sleepers** 枕木的浸滲

— **of tie** 同 impregnatin of slepers

impulse 1.冲量; 2.冲动

— **of motion** 同 impulse 2.

impulsion 同 impulse 2.

—, **toe** 內向起落輪

impurity 杂質

in series 串联式

inboard 1.船內的;2.內側的

inch 英寸,吋

— **of mercury** 水銀柱英寸数

— **of vacuum** 眞空英寸数

incidence 1.入射(光綫的);2.傾

角
incidence, negative 負傾角
—, variable 可变傾角
—, wing 翼傾角
inclination 1.傾斜; 2.傾度
—, percentage 傾角百分比
—, relative 相对傾斜
incline 同 inclination
inclined 傾斜的
inclinometer 1.磁傾計;2. gradometer
—, ball 球式傾斜計
—, bubble 气泡傾斜計
—, fore and aft 前后傾斜計
—, gyroscopic 迴轉傾斜計
—, lateral 横向傾斜計
—, longitudinal 縱向傾斜計
—, relative 相对傾斜計
—, transverse 同 inclinometer, lateral
—, universal 万向傾斜計
inclusion 包含,包括
—, slag 〔包〕含〔熔〕渣
incompressible 不可压縮的
increment 增量
—, angle 角增量
—, diameter 直径增量
incrustation 1.水垢; 2.积垢
indentation 低凹
index 1.索引;2.指标;3.〔銑床〕分度头;4.指数{数}
—, Diesel 狄賽尔指数
— of refraction 折射率
— of sensitivity 灵敏度指数
—, toe 1.轉位(車床的轉头); 2.分度
—, viscosity 粘度指数
indexing 1.指度;2.分度法
—, compound 复式分度法
—, differential 差动分度法
—, direct 直接分度法
—, plain 同 indexing, simple
—, quick 快速分度法
—, simple 簡单分度法
india-rubber 同 rubber
indicated 指示的
indicating, remote 遙远指示
indicator 1.示功器;2.指示器;3.指示剂{化}
—, absolute speed 絶对速度指示器
—, aero turn 航空轉弯指示器
—, air speed 同 anemometer
—, angle of attack 攻角指示器(飞机的)
—, average speed 平均速度指示器
—, ball bank 同 inclinometer, ball
—, ballonet fullness 囊满指示器
—, bank 同 inclinometer
—, banking 同 inclinometer
—, blast 风压指示器
—, camshaft gear timing 凸輪軸齿輪正时指示器
—, cathode ray type 阴极射綫式指示器
—, ceiling height 升限指示器
—, charge 同 indicator, charging
—, charging 充电指示器
—, circulating 循环指示器
—, climb 升速指示器
—, combustion 燃燒指示器
—, continuous 連續指示器

indicator, control position 控制示位器
—, course 航路指示器
—, course and drift 航路偏向指示器
—, cowling flap 整流罩通风片示位器
—, current 示流器
—, cylinder temperature 气缸溫度計
—, dead center 死点指示器
—, deflection 1.弯度計；2.偏航指示器
—, designation 終点指示器（长途客車的）
—, dial 1.刻度盘指示器；2.千分表
—, dial test 同indicator, dial
—, differential pressure type air speed 差〔动〕压〔力〕式风速計
—, direct impact type air speed 直冲式风速計
—, direction (al) 示向器
—, directional gyro 迴轉方位仪
—, distributor lock plate 同 pointer, distributor advance
—, draft 通风指示器
—, drift 同 indicator, deflection 2.
—, engine heat 同 indicator, engine temperature
—, engine speed 发动机速度計
—, engine temperature 发动机温度計
—, flight 飞行指示器
—, float water 同 gage, float
—, fuel flow 油流指示器
—, fuel gage 油量指示器
—, fuel level 油位指示器
—, ground 地面指示器
—, gyro horizon 迴轉地平仪
—, gyro turn 同 indicator, gyroscopic turn
—, gyroscopic turn 迴轉轉弯指示器
—, hand direction 手动示向器
—, head light beam 头灯光度指示器
—, heat 同 indicator, temperature
—, helm 駕駛指示器
—, hign speed 高速指示器
—, hydraulic 水压計
—, ice warning 結冰示警器
—, illuminated wind 照明风向指示器
—, incidence 1.傾角指示器；2.入射指示器
—, inside dial 內徑千分表
—, level 水平指示器
—, lower-water 低水指示器
—, master 校准指示器
—, oil flow 同 indicator, fuel flow
—, oil level 同 indicator, fuel level
—, optical 光綫指示器
—, oscillation direction 摆动示向器
—, phase 相位指示器
—, piston type 活塞式指示器
—, pitch 1.螺距指示器；2.縱向傾斜指示器

indicator, point by point 集点示功器
—, position 示位器
—, pressure 同 gage, pressure
—, rate of climb 上升率指示器
—, rate of descent 下降率指示器
—, recording speed 自記速度計
—, reducing gear 减速齿輪示功器
—, resistance 阻力指示器
—, revolution 同 tachometer
—, rotating surface type air speed 轉面式风速計
—, screw thread tolerance 螺紋公差指示器
—, side slip 側滑指示器
—, spark plug type 火花塞式指示器
—, speed 同 speedometer 1.
—, speed and drift 速度偏航指示器
—, static head turn 靜压轉弯指示器
—, static turn 同 indicator, static head turn
—, steering 方向指示器
—, tachometer 同 tachometer
—, temperature 同gage, temperature
—, tension 张力指示器,张力計
—, timing 定时表
—, torsion 扭力指示器，扭力計
—, turn 轉弯指示器
—, turn and bank 轉弯傾斜指示器
—, turning 同 indicator, turn
—, universal test 万能試驗指示器
—, valve phase 閥相位指示器
—, water level 同 gage, water level 1.
—, wheel aligning 車輪校准指示器
—, wind 风向指示器
—, wind driven turn 风动轉弯指示器
—, wing flap 翼瓣示位器
—, wing load 翼載指示器
—, diagram 同 diagram, indicator
indraft 同 inflow
induced 1.感应的; 2.誘导的
inductance 1.电感; 2.感应系数
—, mutual 1.互感; 2.互感系数
induction 1.感应;2.引入
—, electro 同 induction, electromagnetic
—, electromagnetic 电磁感应
—, forced 压力感应
—, magnetic 磁感应
—, mutual 同 inductance, mutual 1.
inductor 1.誘导物;2.感应器;3.感应体
industrial 工业的
industry 工业
—, aeronautical 航空工业
—, automobile 汽車工业
—, aviation 同 industry, aeronautical
inertia 1.慣性;2.慣量
—, rotational 轉动慣量{物}

inflammability 易燃性
inflammation 着火
inflation 1.打气;2.膨脹
—, **air** 充气
—, **gas** 同 inflation, air
—, **over** 过度打气
—, **tyre** 輪胎打气
inflection 1.反曲; 2.屈折
inflow 流入
influence disturbing 扰动影响
infusible 1.难溶的; 2.不溶的
ingot 錠
—, **bloom** 同 ingot
—, **high speed steel** 高速鋼錠
—, **iron** 鉄錠
—, **steel** 鋼錠
—, **tin** 錫錠
inhomogencity 1.不匀性; 2.杂色性
injection 噴射
—, **air** 气力噴射
—, **airless** 无气噴射
—, **constant pressure** 定压噴射
—, **dual** 复式噴射
—, **fuel** 燃料噴射
—, **gasoline** 汽油噴射
—, **mechanical** 机械噴射
—, **oil** 噴油
—, **solid** 同 injection, airless
—. **water** 噴水,水噴射

injector 噴射器
—, **air** 空气噴射器
— **bilge** 艙底噴射器
—, **double** 复式噴射器
—, **double tube** 双管噴射器
—, **duplex tube** 同 injector, double tube
—, **exhaust steam** 排气噴射器
—, **feed** 同 injector, feed water
—, **feed water** 噴水器
—, **hot water** 热水噴射器
—, **lifting** 吸引噴射器
—, **non-lifting** 不吸引噴射器
—, **oil** 油噴射器
—, **simplex** 简单噴射器
—, **single tube** 单管噴射器
—, **steam** 蒸气噴射器
—, **universal** 同 injector, double tube
ink, drawing 絵图墨水
inlet 进口
—, **air** 进气口
—, **auxiliary** 副进口
—, **auxiliary air** 副进气口
—, **blast** 鼓风进口
—, **cooling water** 冷水进口
—, **cylinder head oil** 气缸盖进油口
—, **exhaust steam** 排汽进口
—, **extra-air** 同 inlet, auxiliary air
—, **fresh water** 淡水进口
—, **fuel** 燃料进口
—, **inflation** 充气进口
—, **jacket** 水套进口
—, **lubricating oil** 滑油进口
—, **muffler** 消声器进口
—, **oil** 进油口
—, **primary air** 主进气口
—, **pump exhaust** 泵排气口
—, **pump steam** 泵进汽口
—, **steam** 进汽口
—, **steam chest oil** 汽柜进油口

inlet, suction 吸入口
　—, water 进水口
input 輸入,輸入額
　—, battery 蓄电池充电
　—, power 功率輸入
insert 1.嵌入;2.嵌入物
　—, spark plug 火花塞套座
　—, valve seat 閥座圈
inserter, piston 装活塞器
inspect, radiagraphic 放射线照相检验
inspection 检查
　— by X-ray X射綫检驗
　—, magnetic particle 磁〔性〕粉检驗
　—, periodic 定期检查
　—, pin method gear 圓銷測齿法
　—, prestarting 起动前检查
　—, sonic 震声检驗
　—, tyre 輪胎检查
　—, ultrasonic 超声波检查
inspector 检查員
　—, boiler 鍋炉检查員
inspiration 吸气,吸入
instability 不稳定
　—, catastrophic 危险性的不稳定
　—, rolling 横傾不稳定
　—, spiral 盘旋不稳定(飞机)
　—, weathercock 风标不稳定
install 按装
installation 装置
　—, furnace 炉的装置
　—, marine 船舶装置
　—, pipe 管的装置
　—, railway 鉄路設置
　—, wind power 风力設备
instant 即刻,霎时
instantaneous 瞬时的
instruction 說明
instrument 仪器
　—, aeronautical 航空仪器
　—, aircraft 同 instrument, aeronautical
　—, block 閉塞器
　—, bow 同 compass, spring bow
　—, calibrating 校准仪器
　—, drawing 絵图仪器
　—, edgewise 边轉仪器
　—, electric testing 电力試験仪器
　—, flying 同 instrument, aeronautical
　—, fuel injection pump testing 噴油泵試驗仪器
　—, leveling 同 gage, level
　—, navigating 航海仪器
　—, optical 光学仪器
　—, surveying 測量仪器
　—, tracing 描图仪器
　—, train staff 路签机{鉄}
　—, transit 同 compass, transit
insulating 絶緣的
insulation 絶緣
　—, air 空气絶緣
　—, mica 云母絶緣
insulator 絶緣体
　—, center bearing housing 中軸承壳軟垫
　—, engine support 发动机支架軟垫
　—, fuse block 保险絲瓷块絶緣体
　—, generator terminal stud 发电机綫头柱螺栓絶緣体

insulator, hull plate 車座鋼板絕緣体
 —, porcelain 瓷絕緣体
 —, spark plug porcelain 火花塞瓷絕緣体
 —, steering post clamp 轉向柱夾絕緣体
intake 同 inlet
 —, air 同 inlet, air
 —, auxiliary air 同 inlet, auxiliary air
 —, carburetor 汽化器进气口
 —, crankcase 曲柄箱进气口
 —, desert-type air 同 intake, seaplane air
 —, hot air 热气进口〔管〕
 —, interference 干扰进气
 —, main air 同 inlet, primary air
 —, neutral-angle air 中和角进气口
 —, scoop type air 戽斗式进气口
 —, seaplane air 水上飞机吸气孔
integraph 同 integrator
 —, graphic 图解积分法
integrator 积分仪
intensifier 增强器
 —, spark 火花增强器
intensity 强度
 —, calorific 热的强度
 —, knock 爆燃强度
 — of compressive stress 压縮应力强度
 — of current Sterling 起动电流强度
 — of draught 通风强度
 — of fire 火力强度
 — of heat 同 intensity, calorific
 — of pressure 压力强度
 — of stress 应力强度
intercept 1.截取;2.遮断(光綫)
intercepter 截击机
interchangeability 互换性
interchangeable 可互换的
inter-condenser 中間凝結器
intercooler 中間冷却器
intercooling 中間冷却
interference 1.干涉;2.干扰{物}
 —, biplanc 双翼干涉
 —, blade 桨叶干涉
 —, body 机身干涉
 —, drag 阻力干涉
 —, ground 地面干涉
 —, maximum 最大干涉
 —, minimum 最小干涉
 —, optical 光波干涉
 —, propeller 螺旋桨干涉
 —, spindle 心軸干涉
 —, wall 缸壁干涉
interferometer 干涉仪
 —, torsion 測扭干涉仪
interlock, gear lever 变速杆联鎖
 —, gear shift 同 interlock, gear lever
 —, poppet 菌形联鎖
interlocker 同 device, interlocking
interlocking 联鎖法
interphone 內〔部电〕話机
interpolation 內插法{数}
interrupter 断續器
 —, electrical 电力断續器
 —, ignition 发火断續器
 —, primary 原电路断續器
interruption 中断

interruption of contact 同 breaking of contact
interruptor 同 interrupter
intersecting 交叉的
intersection 交叉〔点〕
interval 1.間隔；2.同 interval, time
—, **angular** 間隔角
—, **explosion** 爆发間隔
—, **firing** 发火間隔
—, **time** 时間間隔
—, **vertical** 垂直間隔
intervalometer 时間間隔計
invar 殷鋼(含鎳的鋼合金), 恆范鋼
inversion 1.轉化{化}; 2.反轉{数};3.倒置;4.逆变
—, **air** 空气逆变
— **of chain** 鏈系的动变
—, **temperature** 温度逆变
inverter 电流換向器
invertor 同 inverter
involute 1.漸开綫,漸伸綫{数}; 2.漸开,漸伸
— **of circle** 圓的漸开綫
—, **spherical** 球面漸开綫
iron 鉄{化}
—, **acid proof cast** 耐酸铸鉄
—, **active** 活性鉄
—, **alpha** α鉄
—, **angle** 角鉄
—, **angle sheet** 角扁鉄
—, **armature** 1.銜鉄;2.引鉄
—, **back** 护鉄(鉋刀的)
—, **band** 带鉄
—, **bar** 同 bar, iron
—, **basic** 鹼性鉄
—, **bending** 弯鉄
—, **Bessemer** 同 iron, Bessemer pig
—, **Bessemer pig** 酸性轉炉鉄
—, **beta** β 鉄
—, **black sheet** 黑鉄皮
—, **bloom** 同 ingot
—, **boiler** 鍋炉鉄板
—, **bottom** 同 iron, floor
—, **break** 同 iron, back
—, **bulb** 同 bar, bulb
—, **calking** 同 chisel, calking
—, **cast** 铸鉄,生鉄
—, **cast alloy** 合金铸鉄
—, **cement** 水泥鉄
—, **chain** 鏈环
—, **channel** 槽鉄,凹形鉄
—, **charcoal** 木炭鉄
—, **charceal pig** 1.木炭銑鉄; 2.木炭生鉄
—, **chilled cast** 冷硬铸鉄
—, **coarse indented cut plating** 粗牙槽鉋鉄
—, **commercial** 商用形鉄
—, **containing oxygen** 含氧鉄
—, **core** 型心鉄
—, **corrugated** 波紋鉄
—, **corrugated sheet** 波紋鉄皮;瓦楞鉄皮
—, **cramp** 同 cramp 2.
—, **crude** 粗鉄
—, **cylinder cast** 气缸铸鉄
—, **deck** 甲板鉄
—, **dog** 鉄鈎
—, **double angle** 双角鉄
—, **double plane** 带护鉄的鉋刀
—, **double refined** 重炼鉄
—, **double tee** 同 I-iron
—, **dual edge trimming** 双片

边鉋鉋鉄
iron, edge trimming 边鉋鉋鉄
—, electric 1.电熨斗; 2.同 copper, electric soldering
—, electric solder 同 copper, electric soldering
—, electrolytic 电解鉄
—, ferro chrome 鉻鉄
—, ferro manganese 同 ferro-manganese
—, ferro nickel 鎳鉄
—, ferro silicon 同 ferro-silicon
—, ferro tungsten 同 ferro-tungsten
—, fine indented cut plating 細牙槽鉋鉄
—, flat 扁鉄
—, flat bar 扁鉄条
—, floor 底鉄(炉)
— for concaved planes 凹鉋鉋鉄
—, forge 同 iron, wrought
—, foundry 同 iron, cast
—, frozen 冷鉄
—, galvanized 鍍鋅鉄皮
—, gamma γ 鉄
—, grab 鉄撬棍
—, gray 同 iron, gray cast
—, gray cast 灰铸鉄
—, gray pig 灰生鉄
—, grip 同 grip 2.
—, gun 炮鉄
—, hammered 同 iron, wrought
—, hexagon 六角鉄
—, high test cast 高級铸鉄
—, hoop 鉄箍
—, ingot 同 ingot
—, knee 曲鉄
—, magnetic 磁鉄
—, malleable 同 iron, malleable cast
—, malleable cast 可锻铸鉄
—, manganese cast 錳铸鉄
—, marking 烙印鉄
—, medium indented cut plating 中牙槽鉋鉄
—, merchant 同 iron, commercial
—, molding (moulding) 同 cutter, form
—, mottled 同 iron, mottled cast
—, mottled cast 杂晶铸鉄
—, nickel 同 iron, ferro-nickel
—, nickel cast 鎳铸鉄
—, oblique grooving 槽鉋鉋鉄
—, open hearth 平炉鉄
—, packing 填料叉
—, pig 1.生鉄; 2.銑鉄
—, piston cast 活塞铸鉄
—, plane 鉋刀,鉋鉄
—, plate 鉄板
—, plating 鍍鉄
—, profile 同 iron, shape
—, puddle 同 iron, wrought
—, rapping 起模捧
—, refined 精炼鉄
—, rivet 铆釘鉄
—, rod 同 bar, iron
—, rolled 軋鉄
—, rolled bar 軋制鉄条
—, roughing cut plating 粗鉋鉋鉄

iron, round 圓鉄
—, round bar 圓鉄条
—, rub 磨〔光用〕鉄
—, scrap 废鉄
—, section(al) 同 iron, shape
—, shape 形鉄
—, shaped edge trimming 形边鉋鉋鉄
—, sheet 鉄板,鉄皮
—, silico-spiegel 硅錳鉄，硅鏡鉄
—, simple refined 单炼鉄
—, single refined 同 iron, simple refined
—, smiths bick 鍛工台砧
—, soft 軟鉄
—, solder(ing) 同 copper, soldering
—, spiegel 低錳鉄，鏡鉄
—, square 方鉄条
iron-stone 同 stone, iron
iron, straight grooving 直槽鉋鉄
—, structural 結构形鉄
—, supporting angle 支角鉄
—, tank sheet 制筒鉄皮
—, thermit 鋁热还原鉄
—, Thomas pig 托馬司生鉄
—, tinmen's bick 白鉄工台砧
—, tinned sheet 鍍錫鉄皮
—, top plane 同 iron, back
—, trough 同 iron, channel
—, trying cut plating 光鉋鉋鉄
—, twist 絞鉗
—, tyre 拆輪胎摔
—, tyre branding 輪胎烙印鉄
—, undulated sheet 同 iron, corrugated sheet
—, wear 同 iron, wrought
—, welding 同 copper, soldering
—, white 同 iron, white cast
—, white cast 白鑄鉄
—, white pig 白生鉄
—, wrought 熟鉄,鍛鉄
ironing 1. 挤拉法；2.熨平
irregularities, local 局部不規則
irregularity 不匀度
irreversibility 不可逆性
irreversible 不可逆的
irrotational 不旋轉的
I-section 工形剖面
isentropic 1.等熵的;2.等熵綫
isobar 1.等压綫;2.同量异位素
isobaric 1.同量异序的;2.等压的
isochore 等体积綫，等容綫
isochronism 等时性
isochronous 等时的
isocline 等傾綫
isomerism 同質异能性
isometric 1.等体积的,等容的；2.同 isochore
isometrics 同 isochore
isometrography 等角綫規
isopiestic 1.同isobar 1.；2.同 isobaric 2.
isopiestics 同 isobar 1.
isopknic isometric 1.
isotherm 等温綫
isotherm, oritical 临界等温綫
isothermal 1.同 isotherm；2.等温的
isotope 同位素
isovois 同 isochore
item 項目,条

J

jack 起重器,千斤頂
—, **air** 同 jack, pneumatic
—, **bottle** 瓶式起重器
—, **bumper** 保险杆起重器
—, **carriage** 車輛起重器
—, **cart** 同 jack, carriage
—, **compressed air** 同 jack, penumatic
—, **differential screw** 差动螺旋起重器
—, **four-wheel garage** 四輪修車起重器
—, **garage** 修車起重器
—, **gear** 齿輪起重器
—, **hand** 手力起重器，手力千斤頂
—, **hoisting** 同 jack
—, **hydraulic** 水力起重器，水力千斤頂
—, **hydraulic lifting** 同 jack, hydraulic
—, **lever** 槓杆起重机，槓杆千斤頂
—, **life saving** 救生套
—, **lifting** 同 jack
—, **mechanical** 机力起重器
—, **nose** 机头起重器，机头千斤頂
—, **pneumatic** 气力起重器
—, **pushing and pulling screw** 螺旋推拉起重器
—, **rack and pinion** 齿条齿輪起重器
—, **rail** 起軌器，鋼軌起重器
—, **ratchet** 棘輪起重器
—, **ratchet screw** 棘輪螺旋起重器
—, **rim lift** 輪輞起重器
—, **screw** 螺旋起重器
—, **ship** 起船器，船起重器
—, **sliding** 同 jack, traversing screw
—, **sliding screw** 同 jack, tsaversing screw
—, **tail** 机尾起重器，机尾千斤頂
—, **track** 同 jack, rail
—, **traversing** 同 jack, traversing screw
—, **traversing screw** 横式起重器
—, **tripod** 三脚起重器
—, **two wheel garage** 二輪修車起重器
—, **valey** 同 jack, carriage
—, **wagon** 同 jack, carriage
—, **wing** 机翼起重器

jacket 套
—, **air** 气套
—, **carburetor hot** 汽化器热套
—, **cooling water** 冷水套
—, **cylinder** 气缸套
—, **cylinder water** 气缸水套
—, **drum** 鼓輪套
—, **heating** 同 jacket, hot
—, **hot** 热套
—, **hot water** 热水套
—, **life** 同 jacket, life-saving
—, **life-saving** 救生圈
—, **muffler repair** 减声器修理套
—, **oil cooler** 冷油器套
—, **steam** 汽套
—, **steam cylinder** 汽缸套
—, **steering column** 轉向軸套

jacket, steering post 同jacket, steering column
—, water 水套
jacketing 同 jacket
—, water 同 jacket, water
jackstay 撑杆
jar 1.瓶;2.电瓶
—, battery 蓄电池壳，电瓶
—, rubber 橡胶壳(电瓶的)
jaw 1.爪; 2.顎
—, clamping 夾爪
—, connecting rod and reach rod 連杆与拉杆爪
—, contact 传电夾鉗
—, face plate 花盘夾爪
—, false 同 jaw, vice
—, gripping 同 jaw, clamping
— of spanner 扳手鉗口
— of the chair 軌座顎
— of the vice 同 jaw, vice
—, operating valve stem 操作閥柄爪
—, reach rod 拉杆爪
—, rear universal joint 后軸万向节爪
—, regulator shaft 調节軸爪
—, reversible 可逆爪
—, rod 叉杆
—, sliding 滑动爪
—, solid 固定爪
—, starting 起动爪
—, tapered 斜爪
—, universal 同 jaw, universal joint
—, universal joint 万向节爪
—, vice 虎鉗口
jeep, amphibian 水陆两用吉普車
jelly, petroleum 同 vaseline
jenny 起重机(火車)
jet 1.噴口 噴嘴;2.噴注;3.噴射器
—, accelerator 加速[器]噴口
—, air 空气噴口
—, cap 帽型噴口
—, carburetor 汽化[器]噴口
—, compensating 同 jet, compensation
—, compensation 补整[器]噴口
—, compensator 同 jet, compensation
—, distributor 分配[器]噴口
—, double 双噴口
—, high speed 高速噴口
—, idling 空轉噴口
—, intermediate 中間噴口
—, low speed 低速噴口
—, main 主噴口
—, main metering 主測油孔
—, metering 測油孔(汽化器)
—, pilot 引导噴口
—, power 动力噴口
—, pulse 共鳴式噴气发动机
—, pump 吸引噴口
—, ram 冲击式噴气发动机
—, restricted air-bled 限制空气噴口
—, sand 噴砂器
—, single 单噴口
—, steam 1.噴汽口; 2.噴汽器
—, step up 加浓噴口
—, turbine 渦輪噴气机
—, turbo 同 jet, turbine
—, unresitricted air-bled 无限制空气噴口
—, water 噴水口

jettison, fuel 燃料放出
jib 挺杆,臂
  —, elevator 升降机臂
jig, 1.夾具;2.鑽模;3.同 copy
  —, angle plate 角鉄鑽模
  —, boring 同 jig 1., 2.
  —, box type 箱式鑽模
  —, channel type 槽式鑽模
  —, connecting rod babbitting 連杆澆巴氏合金夾具
  —, drilling 同 jig 1., 2.
  —, false-leg 假腿鑽模
  —, indexing 分度鑽模
  —, main bearing babbitting 主軸承澆巴氏合金夾具
  —, plate 板式鑽模
  —, reaming 鉸孔夾具
  —, recessed 挖入式鑽模
  —, trunnion mounted 轉軸式鑽模
  —, trunnion mounted drill 同 jig, trunnion mounted
  —, universal drill 万能式鑽模
  —, welding 焊夾具
jigger 盘車,轆轤
jimmy 1.煤車;2.短撬棍
jogged 接合的,嚙合的
joggle 同 joint, joggle
joiner 1.接合物; 2.細木工人
  —, wood 木工接合器
joinery 1.细木工;2.细木工车间
joint 1.接合; 2.关节
  —, adhesive 附着接头
  —, air tight 气密接合
  —, alternate 同 joint, break
  —, angle 角接
  —, ball 球节
  —, ball and socket 球窩节
  —, bayonet 插銷节
  —, bed 层接
  —, bell and spigot 套筒接合(管端的)
  —, belt 带接
  —, beveled 斜接
  —, bird's mouth 鳥口接合
  —, bolted 螺栓接合
  —, break 錯縫接合, 間砌法{建}
  —, bridge 架接
  —, broken 同 joint, break
  —, butt 对接
  —, butt riveted 鉚釘对接
  —, butt strapped 搭板对接
  —, butting 同 joint, butt
  —, cable 电綫接头
  —, cardan 同 joint, universal
  —, cardan universal 同 joint, universal
  —, cemented belt 皮带胶接
  —, chain 鏈接
  —, chord 弦节
  —, circumferential 同边接合
  —, cogging 齿节
  —, composite 混合接合
  —, cone 圓錐节
  —, contact 接电接合
  —, contraction 同 joint. expansion
  —, conveyor ball 輸送机窩球节
  —, corner 同 joint, angle
  —, cotter 同 joint, hinge
  —, cottered 同 joint, hinge
  —, coursing 同 joint, bed
  —, cover plate 同 joint, fish plate
  —, cramp 鉗接

joint, cup and ball 同 joint, ball and socket
—, diagonal 同 joint, beveled
—, double bell 双鈴状接头
—, double fillet lap 双面搭焊接
—, double fillet welded lap 同 joint, double fillet lap
—, double fillet welded T 双面T字形焊接
—, double riveted butt 双行鉚釘对接
—, double riveted lap 双行鉚釘搭接
—, double V butt 双面V形对焊接
—, double welded butt 双面对焊接
—, double welded lap 同 joint, double fillet lap
—, dovetail 鳩尾接合
—, dowel 定縫釘接合
—, edge 边緣焊接
—, elastic 弹性接合
—, elbow 弯头接合，肘接
—, end to end 同 joint, butt
—, even 同 joint, flush
—, expanded 同 joint, expansion
—, expansion 伸縮接合
—, eye 眼圈接合
—, fabric 織料接合
—, fabric universal 織料万向节
—, face 表面接合
—, fan 风扇接头
—, faucet 同 joint, bell and spigot
—, feather 同 joint, hinge
—, female 同 point, bell and spigot
—, fish 同 joint, fish plate
—, fish plate 魚尾板接合
—, flange 凸緣接合
—, flanged 同 joint, flange
—, flexible 撓性接合，活絡接头
—, flush 平头接合
—, fork 叉接
—, four wedge 四楔接合
—, fox tail 同 joint, fox wedge
—, fox wedge 狐尾楔接合
—, frame 同 connection, frame
—, free 同 joint, universal
—, full opened corner 全开角焊接
—, full splice 全板接合
—, gland expansion 同 joint, expansion
—, globe 同 joint, ball
—, glued belt 同 joint, cemented belt
—, groove and tongue 雌雄筍接合
—, half opened corner 半开角焊接
—, halved 嵌接
—, heading 端接
—, hinge 1.鉸鏈接合；2.同 hinge 1.
—, hoist universal 起重机万向节
—, hook 鈎接
—, india rubber 橡皮接合
—, joggle 筍接

joint, knee 同 joint, elbow
—, knuckle 同 joint, hinge
—, lap 搭接
—, lapping 同 joint, lap
—, lead 鉛接
—, leaking 漏接
—, longitudinal 縱接
—, loose 松接
—, match 同 joint, joggle
—, metal 金屬接合
—, miter 同 joint, beveled
—, mortise 同 joint, joggle
—, mortise and tenon 同 joint, groove and tongue
—, muff 同 joint, bell and spigot
—, multiple rivet lap 多行鉚釘搭接
—, notching 凹槽节
—, open 开口接合
—, open square butt 平头开口对焊接
—, open square groove corner 平头开口角焊接
—, opposite 同 joint, butt
—, packed 包墊接头
—, panel 格接
—, permanent 永久接合
—, pin 同 joint, hinge
—, pipe 节管
—, pivot knucle 枢軸鉸鏈接合
—, plain corner 平头角焊接
—, plain end 平头端焊接
—, plain Tee 平头丁字焊接
—, plumb 錫焊接
—, propeller shaft slip 螺旋桨軸伸縮节
—, propeller shaft universal 螺旋桨軸万向节
—, quadruple riveted 四行鉚釘接合
—, rabbet 同 joint, halved
—, rail 鋼軌接合
—, rear axle universal 后軸万向节
—, rim 輪緣接合
—, ring 环接
—, rivet 鉚〔釘〕接〔合〕
—, riveted 同 joint, rivet
—, riveted butt 同 joint, butt riveted
—, riveted lap 鉚釘搭接
—, rocking 搖动接头
—, rolled 滾軋接合
—, rubber 1.橡皮接头; 2.橡皮墊
—, rustic 粗接合
—, saddle 鞍接合
—, scarf 同 joint, halved
—, screw 螺旋接合
—, secret 同 joint, secret heading
—, secret heading 暗筍接合
—, shell 壳接
—, shock absorber ball 減震器球节
—, side 側接
—, single bell 单鈴状接头
—, single bevel butt 单面斜对焊接
—, single fillet lap 同 joint, single fillet welded lap
—, single fillet welded lap 单面搭焊接
—, single fillet welded T 单面T形焊接

joint, single rivet 单行鉚接
—, single riveted 同 joint, single rivet
—, single riveted butt 单行鉚釘对接
—, single riveted lap 单行鉚釘搭接
—, single V butt 单面V形对焊接
—, single V corner 单面V形角焊接
—, single welded butt 单面焊对接
—, single welded lap 单面焊搭接
—, skew 同 joint, beveled
—, sleeve 同 joint, beill and spigot
—, sliding 滑动接合
—, slip 同 joint, expansion
—, socket 同 joint, bell and spigot
—, socket and ball 同 joint, ball and socket
—, solid 硬固接合，固定接合
—, spigot 同joint, bell and spigot
—, spigot and socket 同joint, bell and spigot
—, splayed 同 joint, beveled
—, splice 同 joint, fish plate
—, spring ball 弹簧球节
—, spring ring 簧圈接合（車輪的）
—, square 平头接合
—, square butt 平头对焊接
—, steam tight 汽密接合
—, supported 托式接头，支接
—, suspended 悬式接头，吊接
—, swallow tail 同 joint, dovetail
—, swivel 旋轉接合
—, tee 同 T-joint
—, telescopic 同joint, bell and spigot
—, temporary 暫时接合
—, tenon and mortise 同 joint, groove and tongue
—, thimble 同joint, bell and spigot
—, through ball 通行球节
—, toggle 同joint, elbow
—, tongued and grooved 同 joint, groove and tongue
—, treble riveted 三行鉚釘接合
—, treble riveted butt 三行鉚釘对接
—, treble riveted lap 三行鉚釘搭接
—, twisted 扭接
—, twisting 同joint, twisted
—, universal 万向节
—, universal and socket 同 joint, ball and socket
—, universal ball 球形万向节
—, universal extensible 可伸万向节
—, universal slip 同 joint, universal extensible
—, valve rocket arm 閥搖臂接头
—, water tight 水密接合
—, web 連板接
—, welded 焊接
—, welded corner 角焊接
—, winch drive shaft universal 絞車主动軸万向节

joint, wiped 拭接
— with double butt strap, butt 双搭板鉚釘对接
— with double cover-plate riveting, butt 同 joint with double butt strap, butt
— w'th double strap, butt 同 joint with double butt strap, butt
— with loose tongue 活筍接合
— with single butt strap, butt 同joint, with single cover-plate riveting, butt
— with single cover plate riveting butt 单搭板鉚釘对接
— with single strap, butt 同 joint with single cover plate riveting butt
— with staggered rivets, double riveted lap 間行鉚双面鉚釘搭接
jointer 1.接合物; 2.接縫鉋
—, saw 連鋸器
jointing 1.填料; 2.接合
—, asbestos 石棉塡料
—, hemp 蔴塡料
—, metal 金屬塡料
—. metallic 同jointing, metal
joist 擱柵
jolter 同machine, jolt molding
joule 焦耳
—, absolute 絶对焦耳
—, international 国际焦耳
journal 軸頸
—, adjustable thrust 調整止推軸頸
—, axle 同 journal
—, ball 球軸頸
—, collar 有环軸頸
—, conical 錐形軸頸
—, crank 曲柄軸頸
—, cylindrical 圓柱軸頸
—, end 端軸頸
—, forked 叉形軸頸
—, inserted 装入軸頸
—, main 主軸頸
—, neck 同 journal
—, neck-collar 同 journal, collar
—, pivot 枢軸頸
—, pointed 同 journal, conical
—, seamy 有縫軸頸
—, self lubricating 自潤軸頸
—, shaft, 同 journal
—, spherical 同 journal, ball
—, tail 尾軸頸
—, tapered 同 journal, conical
—, thrust 止推軸頸
—, universal joint 万向节軸頸
—, vertical 同 journal, pivot
— with collar 同 journal, collar
—, worn-in 磨合軸頸
journal-box 同 box, journal
jumper 长凿
—, flat 同chisel
—, saw 鋸齿器
junction 1.接合，2.連接点
junk 废料

K

kaolin 陶土,高岭土
kedge 小錨

kedge-anchor 同 kedge
keel 龙骨(船身的)
—, airship 飞艇龙骨
—, bilge 船底龙骨
—, false 假龙骨
—, flat 单底(船的)
keelson 內龙骨
keeper 保位物
—, elevator wrist pin 升降机肘节銷定位螺釘
—, oil 油承
kentledge 压块(船底的)
kerf 切縫(气割的)
kerosene 1.煤油; 2.火油{化}
kettle 小汽鍋
—, pouring 浇注勺
key 1.鍵;2.楔;3.鑰匙
—, axle 軸鍵
—, axle stop 止軸鍵
—, brake shoe 閘瓦鍵
—, cap 同 spanner box
—, center 拆錐套楔
—, chuck 夾头鑰匙
—, cock 旋塞鑰匙
—, coiled 旋簧鍵
—, cone 圓錐鍵
—, cotter 扁銷鍵
—, crank axle 曲軸鍵
—, cross 橫向鍵
—, cross head 十字头鍵
—, draw 活动鍵
—, drift 同 key, center
—, drive 錐柜横楔
—, eye bolt and同bolt, cotter
—, feather 同 key, sliding
—, flat 平鍵
—, floating 浮鍵
— for chuck 同 key, chuck
—, forelock 开口鍵
—, friction 摩擦鍵
—, hollow 空底鍵
—, hub 轂鍵
—, ignition switch 发火开关鑰匙
—, king pin draw 中心立軸活动鍵
—, knuckle arm 关节臂鍵
—, locking 鎖紧鍵(輪箍的)
—, longitudinal 长方鍵
—, pin 銷鍵
—, piston 活塞鍵
—, pulley 皮带輪鍵
—, rail 軌条固定楔(軌座的)
—, rear axle hub 后軸轂鍵
—, rear axle shaft 后軸軸鍵
—, ring 环鍵
—, rotary valve 迴轉閥鍵
—, round 圓鍵
—, saddle 鞍形鍵
—, screw 螺旋鍵
—, shaft 軸鍵
—, sliding 滑鍵
—, square 方鍵
—, standard 标准鍵
—, steel 鋼鍵
—, steering head lock 轉向鑰匙
—, steering wheel 操向輪鍵
—, sunk (sink) 埋头鍵
—, tangent 切向鍵
—, taper 斜鍵
—, thrust washer 止推环鍵
—, tightening 斜扁銷
—, tubular 管形螺絲扳手
—, valve spring cap 同 key, valve spring retainer
—, valve spring retainer 閥簧抵座銷

key, vertical stirrer 竪立攪拌器鍵
—, whistle lever shaft 汽笛杆軸鍵
—, whistle lever shaft arm 汽笛杆軸臂鍵
—, wood (en) 木楔
—, woodruff 半圓鍵
key-bolt 同 bolt, key
key-hole 同 hole, key
key-seat 同 keyway
keyway 鍵槽
kg. 同 kilogram
kick 反冲
—, back 同 back, kick
kicker, vacuum wind shield wiper pivot 眞空风挡水刮旋軸
kiln, alternate working 輪燒窰
—, continuous working 常燒窰
—, dolomite calcining 白云石燒炉
—, lumber 烘木炉
—, revolving tubular 轉管窰,轉窰
—, rotary 迴轉窰
— with overlying beds 层窰
kilocalorie, international 国际千卡
kilocycle 千週{电}
kilogram 公斤
kilogram-meter (kilogram-metre) 公斤米
kiloliter (kilolitre) 千升
kilometer (kilometre) 公里,千米
—, ton(ne) 吨公里
—, train 列車公里
—, useful ton(ne) 可用吨公里
kilowatt 千瓦〔特〕
—, absolute 絶对千瓦〔特〕
killowatt-hour 千瓦〔特小〕时
kinematics 运动学
— of machinery 机械运动学
kinetic 动的
kinetics 动力学
— of reaction 反应动力学
king-post 同 post, king
kit 用具包
—, ignition tool 发火修理工具包
—, installation 装置工具
—, spare parts 零件箱
—, tool 工具箱
—, tyre repair 补台工具
kite, power 同 aeroplane
km. 同 kilometer
kneader 同 machine, kneading
knee 1.弯头〔管〕;2.膝〔形〕杆;3.〔工具机的〕直角的
—, beam 樑尾接鉄(船的)
—, tank 艙底接角
knife 刀
—, carving 雕刻刀
—, draw 同 knife with, two handles
—, erasing 刮刀
—, hollowing 弧刮鉋
—, interchangeable 同 cutter, interchangeable
—, planishing 手拉平口鉋
—, riving 縫楔(木工撐鋸縫用)
—, shear 剪刀
—, slicer 切片刀
—, striking 三棱刮皮刀
— with, two handles 双柄拉鉋

knife, wood machine planing 木工机器鉋鉄
knob 揑手
—, adjusting 調节鈕
—, caging 鎖鈕
—, catch 带动鎖鈕
—, clutch 离合鈕
—, control 控制鈕
—, door 門把
—, friction 摩擦鈕
—, gear shift lever 变速杆揑手
—, hand brake lever latch rod 手閘杆弹鍵杆鈕
—, head light switch 头灯开关鈕
—, horn 喇叭鈕
—, instrument panel light switch 仪表灯开关鈕
—, lamp switch 灯开关鈕
—, lighting switch 同 knob, lamp switch
—, lock 鎖鈕
—, longitudinal feed friction 縱进摩擦揑手
— of key 鍵扣
—, pedal push rod 踏板杆头
—, regulating 調整揑手
—, reversing 回动揑手
—, riveting 同 die, riveting
—, setting 調置鈕
—, trim 調整片鈕
knock 爆击
—, carbon 碳爆击
—, combustion 燃燒爆击
—, engine 发动机爆声
—, fuel 燃料爆击
—, gas 气体爆击
—, piston 活塞爆击
— rating 爆击率
—, spark 火花爆击
knocking 爆击
knock-out 同 out, knock
knot 1.結节扣；2.海里
—, ebonite 硬橡皮扣
knuckle 1.关节；2.鈎爪
—, coupler 車鈎关节
—, slide operating handle 滑板操作柄关节
—, steering 轉向关节
—, universal joint 万向接头关节
knuckle-gear 同 gear, knuckle
knuckle-gearing 同 gearing, knuckle
knuckle-joint 同 joint, hinge
knuckle-tooth 同 tooth, knuckle
knurl(ing) 滾花
knuling, rhombic 菱紋滾花刀
konslantan 康銅
kw. hr. 同 kilowatt-hour
kyanizing 汞剂防腐法
kymograph 轉动記录器（如測录脉搏等）

L

label 标籤
laboratory 实験室
—, aerodynamic 空气动力学实験室
—, chemical 化学实験室
—, cutting 切削实験室
—, metalograph 金相实験室
—, oil 油脂实験室
lacing 1.束紧；2.束带
—, belt 皮带接头
—, hood 〔发动〕机罩衬带

—, radiator shell 散热器壳衬带
lacquer 漆
lacquering, spray 噴漆
ladder 梯
—, accommodation 登机梯
—, bridge 舵樓梯
—, extension 伸縮梯
—, folding 摺疊梯
—, refueling 加油梯
—, rope 繩梯
—, upper berth 上鋪梯
laden 装載
ladle 1.鋳勺;2.鋳桶;3.鉄水包
—, bulk 大鋳勺
—, casting 鋳勺
— for smelting 熔勺
—, hand 手勺
—, melting 同 ladle for smelting
—, soldering 焊勺
lag 1.外套;2.落后
—, altimeter 高度差
—, ignition 发火落后
—, injection 噴射落后
— of a flame cut 同 drag of a flame cut
— of boiler 鍋炉〔外〕套
— of ignition 同 lag, ignition
—, time 时間落后
—, valve 閥迟关
lagging 同 lag
—, asbestos 石棉外套
—, boiler 同 lag of boiler
—, boiler wood 鍋炉木外套
—, cylinder 气缸外套
—, pipe 同 covering, pipe
—, steam cylinder 汽缸外套
laminate 层疊
lamination 层疊
—, armature 电轉子鉄片
lamp 灯
—, Argand 阿氏管心灯
—, battery control 充电指示灯
—, black-out head 暗光头灯
—, blow 噴灯
—, built-in head 內装头灯
—, car 車灯
—, combination tail and stop 車尾及停車組合灯
—, comparison 比較灯
—, Davy 德氏安全灯(矿山的)
—, dome 頂灯
—, electric(al) 电灯
—, engine head 机車头灯
—, fender 保护板灯
—, flash 閃光灯
—, gas 煤气灯
—, hand 手灯
—, head 头灯
—, heating 加热灯
—, high voltage 高压电路試驗灯
—, hood 机罩灯
—, indicator 指示灯
—, inspection 检查灯
—, instrument board 仪器板灯
—, landing 降落灯
—, locomotive 机車灯
—, locomotive head 机車头灯
—, navigation 航行灯
—, oil 油灯
—, oil gas 油气灯
—, parking 同 lamp, stop
—, rear 后灯
—, riding 椗灯
—, safety 安全灯

lamp, side 边灯
— , **signal(ing)** 信号灯
— , **soldering** 焊灯
— , **spot** 反光灯
— , **step** 脚踏灯
— , **stop** 停車灯
— , **tail** 尾灯
— , **tender** 煤水車灯
— , **test** 試驗灯
— , **trouble** 探查灯
— , **turn signal** 轉动示向灯
lance, oxygen 氧气烧鎗
land 同 land of cutting tool
— **of cutting tool** 刀刃的厚度
— , **straight** 鋒后导緣(剃刀的)
— , **valve** 閥面
landing 1.〔着地〕降落；2.登陆
— , **blind** 盲目降落
— , **braked** 刹車降落
— , **drifted** 側偏降落
— , **forced** 强迫降落
— , **hot** 高速降落
— , **level** 同landing,two point
— , **normal** 同 landing, three point
— , **power stall** 动力失速降落
— , **side** 同 landing, drifted
— , **spot** 定点降落
— , **three point** 三点降落
— , **three wheel** 同 landing, three point
— , **two point** 两点降落
— , **two wheel** 同 landing, two point
landplane 陆上飞机
lane, air 气廊
— , **steam** 汽廊
lantern 灯
— , **signal** 同 lamp, signal
lap 1.余面;2.搭接
— , **exhaust** 排气余面
— , **inside** 內余面
— , **negative** 負余面
— **of valve** 閥余面
— , **outside** 外余面
— , **riveted** 鉚釘搭接
— , **slide valve inside** 滑閥內余面
— , **slide valve outside** 滑閥外余面
— , **steam** 蒸汽余面
— , **valve** 同 lap of valve
lapping 1.擦准；2.搭接
— , **centerless** 无心擦准法
— , **cramp** 紧夾擦准法
— , **cylindrical** 圓柱体擦准法
— , **equalizing** 配合擦准法
— , **forming** 定形擦准法
— , **gear** 齿輪擦准法
— , **hole** 內擦准法
— , **internal** 同 lapping, hole
— , **spherical** 球面擦准法
lapwork 搭接工
larry 搖車
lash, back 同 lash, gear back
— , **gear back** 輪齿隙
last, tyre 輪胎耐久性
latch 1.閂;2.弹鍵
— , **ball joint cover** 球节盖閂
— , **cleaning hole cover** 清洁孔盖閂
— , **disengaging** 分离鍵
— , **door** 門閂
— , **down** 下閂
— , **dynamo door** 发电机門閂
— , **fire door** 炉門閂
— , **gear shift reverse** 倒車閂

latch, hand brake lever 手閘杆閂
—, hand lever 手杆閂
—, hood 机罩閂
—, hood lock 机罩鎖閂
—, push button type door 按鈕式門閂
—, quadrant 掣手子弧形板
—, reverse 倒閂
—, reverse lever 回动杆閂
—, reversing screw 回动螺旋閂
—, safety 安全閂
—, shovel box cover 鏟箱盖閂
—, throttle lever 节流杆閂
—, up 上閂
latent 潛伏的
lateral 横的,側面的
lath 板条
lathe 車床,鏇床
—, apron 拖板箱車床
—, automatic 自动車床
—, automatic engine 自动机力車床
—, automatic screw 自动螺紋車床
—, automatic turret 自动六角車床
—, axle 同 lathe, axle turning
—, axle turning 制軸車床
—, backing off 鏟齿車床
—, ball 制球車床
—, bar 两脚車床
—, bench 台上車床
—, boring 鏜床
—, brake drum 閘鼓車床
—, bulging 旋压車床
—, car wheel 車輪車床
—, center 頂針車床
—, chasing 螺紋車床
—, chuck 夾盘車床
—, copying 倣形車床
—, core turning 型心車床
—, crank pin 曲柄銷車床
—, crank shank 曲軸車床
—, cylinder 气缸車床
—, dead center 死頂尖車床
—, dead Pole 同 lathe, dead center
—, double 复式車床
—, double axle 双軸車床
—, double wheel 同 lathe, double wheel tyre
—, double wheel tyre 輪箍双車床
—, drill 卧式鑽床
—, duplex 同 lathe, double
—, eccentric 偏心車床
—, engine 机动車床
—, face 落地車床
—, flat turret 平轉塔車床
—, foot 脚踏車床
—, foot operating 同 lathe, foot
— for turning wheel centres 輪心車床
—, forge 鍛件粗車床
—, forming 同 lathe, copying
—, four spindle 四軸自动車床
—, gage (gauge) 样板車床
—, gantry (gauntry) 同 lathe, bar
—, gap 凹口車床
—, geared head engine 齿輪箱車床
—, gun turning 枪炮車床

lathe, hand 手搖車床
—, hand tool 手搖工具車床
—, high speed 高速車床
—, horizontal 臥式車床
—, hydraulic boring 水力鏜床
—, ingot 鋳錠車床
—, leading screw 絲槓車床
—, longitudinal automatic single spindle 自动单軸縦車床
—, metal turning 金工車床
—, nut 螺母車床
—, pattern making 制模車床
—, pole 足踏木車床
—, power 同lathe, engine
—, precision 精密車床
—, propeller 螺旋桨車床
—, pulley 滑車式車床
—, quick change gear 快换輪車床
—, relieving 同lathe, backing off
—, repetition 同 lathe, copying
—, reproducing 同 lathe, copying
—, screw cutting 同 lathe, chasing
—, self-acting 同 lathe, automatic
—, shaft turning 同 lathe, axle turning
—, simple power 簡单动力車床
—, simple treadle 单踏式車床
—, single spindle automatic 单軸自动車床
—, six spindle hydroelectrical automatic 油压电动六軸自动車床
—, slicing 截切車床
—, slide 滑架車床
—, sliding and screw cutting 滑架絲槓車床
—, speed 同lathe, high speed
—, spindle 心軸車床
—, stud 柱螺栓車床
—, surfacing 成面車床同lathe, face
—, thread cutting 同 lathe, chasing
—, tiny jewler's 玉工車床
—, tool maker 工具車床
—, treadle 同 lathe, foot
—, turning 同 lathe
—, turret 六角車床,轉塔車床
—, universal 万能車床
—, universal wood turning 万能木車床
—, vertical 立式車床
—, vertical turret 立轉塔車床
—, watch maker's 鐘表車床
—, wheel 同 lathe, car wheel
—, wheel tyre 同lathe, car wheel
—, with lead screw 同 lathe, leading screw
—, wood 1.木工車床; 2.木車床
—, wood ball turning 木球車床
—, wood turning 同 lathe, wood
—, wood working 同 lathe, wood
lather 肥皂泡沫
latitude 緯度
lattice 格子

launch 敞汽艇
  —, steam 小汽船
launching 1.下水;2.騰空;3.投射
law 定律
  —, Avogadro's 阿伏伽德罗定律
  —, Boyle's 玻意耳定律
  —, cosine 余弦定律
  —, Charles' 查理定律
  —, Dalton's 道耳頓定律
  —, empirical 經驗定律
  —, experimental 实驗定律
  —, gas 气体定律
  —, Gay-Lussac's 盖·呂薩克定律
  —, Hooke's 胡克定律
  —, Joule's 焦耳定律
  —, Kepler's 开普勒定律
  — of belting 帯的配置定律
  — of conservation of energy 能量不灭定律
  — of continuity 連續定律
  — of cooling 冷却定律
  — of corresponding speed 相当速度定律
  — of dynamical similarity 动似定律
  — of error 差誤定律
  — of independence of forces 力的独立作用定律
  — of inertia 慣性定律
  — of motion 运动定律
  — of partial pressure 分压定律
  — of radiation 幅射定律
  — of thermodynamics 热力学定律
  — of thermodynamics, first 热力学第一定律
  — of thermodynamics, second 热力学第二定律
  — of universal gravitation 万有引力定律
  — Ohm's 欧姆定律
  —, Pascal's 帕斯卡定律
  —, perfect-gas 理想气体定律
  —, periodio 週期定律
  —, square 平方定律
  —, straight line 直綫定律
  —, Torricelli's 托里拆利定律
lay 1.位置; 2.方向 3.繩索的撚向; 4.层
  — of cutting 切削层
layer 1.焊层;2.涂层
  —, boundary 边层
  —, buffer 緩冲层,过渡层
  —, carburized 滲炭层
  —, isothermal 同 stratosphere
  — of cutting 同 lay of cutting
  —, pipe 鋪管工人
  —, turbulent boundary 紊流附面层
  —, viscous 粘滞边层
laying 敷設
  —, pipe 鋪管
  —, truck 軌道敷設
layout 1.設計;2.設計图案
  —, blank 坯件佈置
  —, typical 范式佈置
lazy-tongs 同 tongs, lazy
lead 1.鉛{化};2.导程;3.导引
  —, black 黑鉛{矿}
  —, cast-in oil 附鑄油管
  —, control 操縱管
  —, current 电綫
  —, fabric inflating 布制充气

管

lead, field coil 磁場綫圈引綫{电}

— of valve 閥导柱

—, oil 油道

—, pig 生鉛

—, red 紅鉛{化}

—, sheet 鉛板

—, soft 軟鉛

—, starter brush 起动机刷引|

—, tough 韌鉛

—, valve 同 lead of valve

—, welding 电焊引綫

—, white 白鉛{化}

leader 导桿

lead-hammer 同 hammer, lead

leading 引导

leadman 錘手

lead-screw 同 screw, guide

leaf 叶

—, falling 落叶式

—, fish back spring 魚背弹簧片

—, main spring 主弹簧片

— of a laminated spring 同 plate of a laminated spring

—, spring 簧片

leaf-valve 同 valve, leaf

leak 1.漏; 2.泄

—, air 漏气

—, oil 漏油

leakage 1.漏; 2.泄

—, electrical 漏电

—, gas 漏气

—, tip 頂部漏气

leather 皮革

—, belt 带皮

—, packing 塡密皮

—, piston packing 活塞塡密皮

leg 床脚

—, compression 压柱

—, fillet 同 leg of fillet weld

— of fillet weld 角焊的角边

—, oleo 1.油压减震柱;2.油筒腿

—, shear 1.剪股; 2.剪形起重机支柱

—, tank water 水柜旁肢

—, telescopic 伸縮腿架

—, iron 段鉄

—, sheer 剪形起重机

length 1.长度;2.〔持续〕时间

—, arc 弧长

—, chord 弦长

—, curve 曲綫长

—, cutting 割削长度

—, face 面长

—, focal 焦〔点〕距〔离〕

—, gage (gauge) 計量长度

—, inside 内长

—, inside pitch line 齿根高度

—, natural wave 固有波长

— of armature 电轉子长

— of cut 同 length, cutting

— of engagement 啮合长度

— of increment 焊段长度

— of run 滑走长度

— of stroke 冲程长度

— of tooth 同 height of tooth

—, outside pitch line 齿頂高度

—, over 过长

—, overall 全长

—, planing 鉋程

length, total 总长
—, true 实长
—, wave 波长
lens 透鏡
—, cowl lamp 罩灯玻璃
—, filter 濾光鏡
—, head lamp 头灯玻璃
—, head light 同lens, head lamp
—, lamp 灯玻璃
—, light 同 lens, lamp
— of head light 同 lens, head lamp
—, parking light 停車灯玻璃
—, red 紅透鏡
—, stop and tail light 停車灯及尾灯玻璃
—, white 白透鏡
lettering 字法
—, single stroke 单笔字法
letters, compressed 密集字
—, extended 展开字
—, inclined 斜体字
—, inclined Roman 斜体罗馬字
—, modern Roman 近体罗馬字
—, old Roamn 古体罗馬字
—, steel 鋼字
—, vertical 立体字
level 1.水平面;2.同 gage, level; 3.水准;4.級
—, adjustable bench 可調整枱用水准仪
—, air 气泡水准仪
—, aluminum line 鋁綫水平
—, balance 衡准器
—, bench 台用水准仪
—, constant 常度
—, cross test 縱橫水准仪
—, electricians' 电工水准仪
—, float 浮筒水准綫
—, focus 焦点水平
—, fore and aft 前后水准仪
—, frame 框形水准仪
—, fuel 燃料油位
—, ground 地面高度
—, gyroscopic 迴轉水准仪
—, low 低水面
—, oil 油位
—, plate 板准器
—, pocket 小型水准仪
—, precision 精密水准仪
—, rail 測軌水准仪
—, rocking 搖杆(天平杆)
—, round spirit 圓水准仪
—, sea 海平面
—, slope 斜准器
—, spirit 1.酒精水准仪; 2.气泡水准
—, square (type) 方形水准仪
—, track gage and 軌距水准仪
—, water 1.水准仪; 2.水平面
level(l)er 校平器
level(l)ing 1.水准測量; 2.校平
levelness 水平度
lever 1.杆;2.槓杆;3.柄
—, accelerator pump 加速泵杆
—, aileron 副翼杆
—, air inlet valve 进气閥杆
—, air intake 进气杆
—, air shutter 关气杆
—, air valve control 气閥控制杆
—, arresting 同 lever, stop

lever, balanced weight 衡重杆
—, ball 浮球杆
—, ball and socket type gear shift 球窩变速杆
—, bell crank 同 crank, bell
—, bent 同 crank, bell
—, binder 系杆
—, blocking 同 lever, locking
—, booster operating 助力器操作杆
—, booster power 助力器动力杆
—, brake 閘杆
—, brake cam 閘凸輪杆
—, brake cam shaft 閘凸輪軸杆
—, brake cylinder 閘筒杆
—, brake foot 脚踏閘杆
—, brake hand control 手控閘杆
—, brake operating 閘操作杆
—, brake operation 同 lever, brake operating
—, brake shaft 閘軸杆
—, cam 凸輪杆
—, cam follower 凸輪从动杆
—, check valve 止回閥杆
—, chisel bar 撬桿杆
—, choke 吸气閥杆(汽車的)
—, clasp nut engaging 双开螺母开关杆
—, clutch 离合器杆
—, clutch control 离合器控制杆
—, clutch foot 离合器脚踏杆
—, clutch operating shaft 离合器操作軸杆
—, clutch pedal shaft 离合器踏板軸杆
—, clutch pressure 离合器压杆
—, clutch release 离合器分离杆
—, clutch throwout 离合器推杆
—, combination 联合杆
—, commuting 交換杆
—, compound 复杆
—, connecting 联接杆
—, contact 接触杆
—, control(ling) 控制杆
—, control valve operating 控制閥操作杆
—, conveyer reverse 輸送机回动杆
—, crank 同 crank
—, cranked 同 crank
—, crescent shaped 月牙杆
—, cylinder cock 气缸旋塞杆
—, cylinder cook operating 气缸旋塞操作杆
—, damper rigging 抽閥开关杆
—, dashpot 緩冲杆
—, dead 固定杆
—, dead brake 固定閘杆
—, dead load 起重杆
—, declutch shift 分离杆
—, decompression 减压杆
—, decompression release 同 lever, decmpresson
—, disengaging 同 lever, declutch shift
—, double 双槓杆
—, double armed 双臂杆
—, double rocking 双搖杆
—, drop 落下杆

lever, elbow jointed 肘节杆
—, **elevator** 升降舵杆
—, **elevator contral** 升降舵控制杆
—, **emergency brake** 紧急閘杆
—, **engaging** 开动杆
—, **float** 1. 浮筒杆；2. 同 lever, floating
—, **floating** 浮装杆
—, **floating brake** 浮装閘杆
—, **follower** 从动杆
—, **foot** 〔脚〕踏杆
—, **foot rest** 同 lever, foot
—, **fork** 叉杆
—, **forked end** 叉头杆
—, **forward and reverse** 前进回动杆
—, **friction** 摩擦杆
—, **front axle control** 前軸控制杆
—, **front brake** 前閘杆
—, **fuel control** 燃料控制杆
—, **fuel pump priming** 燃料泵給油杆
—, **gab** 凹节杆
—, **gas** 气塞杆
—, **gate type gear shift** 格式变速杆
—, **gear** 变速杆
—, **gear shift** 同 lever, gear
—, **governor** 調节杆
—, **graduating valve** 递开閥杆
—, **hack** 架杆
—, **hand** 手杆
—, **hand brake** 手閘杆
—, **hand brake cam** 手閘凸輪杆
—, **hand brake operating** 手閘操作杆
—, **hand brake transfer** 手閘传力杆
—, **hand operating** 手操作杆
—, **hand throttle** 手节流杆
—, **handle** 手柄杆
—, **hanger** 吊架杆
—, **harness** 系杆
—, **heat control valve** 暖汽閥杆
—, **heat regulating** 調热杆
—, **heater valve** 同 lever, heat control valve
—, **hoist pump operating** 起重机油泵操作杆
—, **ignition** 点火杆
—, **ignition control** 点火控制杆
—, **ignition switch** 点火开关杆
—, **interrupter** 断續杆
—, **key** 鍵杆
—, **lap and lead** 滑閥控制杆
—, **lifting** 提升杆
—, **link** 提环杆
—, **live** 同 lever, floating
—, **live brake** 浮装閘杆
—, **locking** 联鎖杆
—, **long transverse** 长横杆
—, **low and high shift** 同 lever, gear
—, **master cylinder** 主缸杆
—, **mixture control** 混合控制杆
—, **mixture selector** 同 lever, mixture contral
—, **needle control** 針控制杆
—, **nippling** 鉗杆
—, **nozzle oscillating** 嘴摆动杆

lever of force 同 arm of force
— of the third order 第三类槓杆
—, operating (operation) 操作杆
—, operating rod 操作杆臂
—, operating valve 操作閥杆
—, oscillating 摆动杆
—, oscillating crank 摆动曲柄杆
—, pedal 同 lever, foot
—, pedal cross shaft 踏板横軸杆
—, pivoted 迴轉杆
—, point 轉轍杆
—, power feed 机动进給杆
—, power take-off 去力杆
—, priming 初給杆
—, projecting 引长杆
—, pump 泵杆
—, ratchet 棘輪柄
—, rear brake 后閘杆
—, rear brake extension 后閘伸杆
—, reciprocating 往复杆
—, reciprocating shaft 往复軸杆
—, regulating 調整杆
—, releasing 放松杆
—, remote control 遙控杆
—, reverse (reversing) 回动杆
—, reverse shaft 回动軸杆
—, reversing switch 同 handle, reversing switch
—, rocker 搖臂杆
—, rocking 同 lever, rocker
—, rudder 舵杆
—, safety reverse 安全回动杆
—, safety valve lifting 安全閥提升杆
—, sand box 砂箱杆
—, sand box short 砂箱短杆
—, shaft 軸杆
—, shafting testing 驗軸水平
—, shaking grate 搖动炉篦杆
—, shift (ing) 同 lever, gear
—, short transverse 短横杆
—, side 边杆
—, side car buffer 边車緩冲杆
—, signal 信号杆
—, simple 单槓杆
—, single armed 单臂杆
—, slide valve 滑閥杆
—, spark 同 lever, ignition
—, spark control 同 lever, ignition control
—, spark time 发火定时杆
—, speed changing 同 lever, gear
—, spring 弹簧杆
—, square 同 crank, bell
—, starter control 起动机控制杆
—, starter shift 起动机变速杆
—, steering 轉向杆
—, stop (stopping) 止动杆
—, switch 1.轉轍杆; 2.开关杆
—, swivelling 轉动杆
—, tension 扳紧柄
—, throttle 节流杆，风門杆
—, throttle control bell crank 操縱节流直角杆
—, throttle hand control 节流手控制杆
—, throttle valve 节流閥杆
—, throwing 閘杆

lever, throwout 推杆
—, timber track 起軌木棍
—, timing 定时杆
—, toggle 肘节杆
—, toggle joint同lever, toggle
—, track 起軌杆
—, transmission 同lever, gear
—, transversing slide 横动滑杆
—, trip 触摆杆
—, turning 旋杆
—, two speed adapter 双速接头杆
—, tyre 装胎杆
—, uncoupler 起鉤杆
—, uncoupling 1. 互鉤开关杆;2.离合器开关杆
—, union 联結杆
—, valve 閥杆
—, valve shaft 閥軸杆
—, weigh 秤杆
—, weighted 均重杆
—, whistle 汽笛杆
—, winch 絞車杆
—, winch shift 絞車变速杆
—, with counter-weight switch 带錘轉轍杆
—, with horizontally moving counter-weight, switch 横动錘轉轍杆
—, with reversing counter-weight, switch 回动錘轉轍杆
—, zero adjusting 零度調整杆
leverage 槓杆率
—, loosening 松杆率
—, spinning 旋杆率
lewis 吊楔
lewisson 同 lewis
liberation of heat 放热
lid 盖
—, axle box同cover, axle box
—, dome 同 covre, dome
—, journal box 同 cover, journal box
—, sand box 同cap, sandbox
—, screw 螺旋盖
life 寿命
—, average 平均寿命
—, mean 同 life, average
— of tyre in kilometres 輪胎里程寿命(以千米計)
—, tool 工具寿命
lifetime of neutrons 中子寿命
lift 1. 同 force lifting; 2.升程;3.升降机
—, active 作用升力
—, actual 实际升力
—, air 气力升降机
—, airship gross 飞艇总升力
— and conveyer 同conveyer. lift and
—, available 可用升力
—, bogie 轉向架提升器
—, bottom lock 底銷提臂
—, car 升車机
—, disposable 同lift, **effective** ive
—, disposal 同 left, effective
—, drag by 同 ratio, drag-lift
—, dynamic 冲动升力
—, effective 有效升力
—, electric 电梯，电力升降机
—, freight 貨物起卸机
—, gross 总升力
—, hydraulic(al) 水力升降机
—, hydrodynamic 水动升力
—, inclined 斜行升降机

lift, lock 鎖銷提臂
—, lock and lock 鎖銷与鎖銷提臂
—, negative 負升力
—, net 凈升力
— of a valve 同 lift, valve
— of cam 凸輪升程
— of gas 气体升力
— of the pump suction 同 head of the pump suction
—, pneumatic 同 lift, air
—, positive 正升力
—, profile 〔翼〕剖面升力
—, running 滑走升力
—, sand 揚砂管
—, specific gross 比总升力
—, static 靜升力
—, steam driven 蒸汽升降机
—, suction 吸引升力
—, top lock 頂銷提臂
—, twin post 双柱升降机
—, useful 同 lift, effective
—, valve 閥升程
lifter 1.举揚物；2.升降机；3.起重机
—, battery 起电池器
—, belt 1.起带器；2.带动式起重机
—, bottom 提底臂
—, compression type valve 压力式起閥器
—, lock 同 lift, lock
—, rail 起軌器
—, tool 提刀架
—, top 提頂臂
—, track 同 lifter, rail
—, universal valve 通用起閥器
—, valve 起閥器
—, valve spring 起閥簧器
lifting 上升
lifting-jack 同 jack
lifting-screw 同 jack, screw
lift-pump 同 pump, lift
lift-valve 同 valve, lift
light 1.同 lamp；2.輕的；3.光；4.车窗
—, aisle way 过道灯
—, amber 琥珀灯
—, anchor 椗留灯
—, anti-dazzle head 避眩头灯
—, approach 进場灯
—, beacon 同 beacon
—, blackout marker 防空标志灯
—, blackout stop and tail 防空停車及尾灯
—, body 車內灯
—, boundary 界灯
—, cabin 艙灯
—, ceiling 艙頂灯
—, code 号灯
—, combined stop and reverse 停車倒車組合灯
—, compass 罗盘灯
—, course 航路灯
—, dash 仪表板灯
—, dim 小光灯
—, dimming 同 light, dim
—, direction indicator 示向灯
—, dome 同 lamp, dome
—, driving blackout 防空探路灯
—, emergency 紧急灯
—, field 飞机場标灯
—, firewarning 火警灯
—, fixed 固定灯
—, flashing 同 lamp, flash

light, flickering 同 lamp, flash
—, flood 瀾光灯
—, fluorescent 荧光灯
—, head 同 lamp, head
—, identification 标志灯
—, instrument 仪表灯
—, instrument panel 同 light, instrument
—, intermittent 断续灯
—, landing 同 lamp, landing
—, leading edge 前缘照明灯(机翼的)
—, license 牌照灯(汽车的)
—, monochromatic 单色光
—, navigation 同 lamp, navigation
—, neon 霓虹灯
—, obstruction 障碍灯
—, occulting 断续蔽光灯
—, overhead 顶灯
—, panel 同 light, instrument
—, parking 同 lamp, stop
—, passing 过境灯
—, pilot 指示灯
—, polychromatic 多色灯
—, position 同 lamp, navigation
—, rear 1. 同 lamp, rear; 2. 后窗(车身的)
—, running 同 lamp, navigation
—, search 探照灯
—, side 同 lamp, side
—, signal 同 lamp, signal
—, spot 同 lamp, spot
—, stop 同 lamp, stop
—, tail 同 lamp, tail
—, taxi(ing) 滑行灯
—, taxy(ing) 同 light, taxi
—, warning 警〔告〕灯
—, water flow indicator 水流指示灯
—, wing tip 翼梢灯
lighter 同 lighter, spark; 2. 驳船
—, cigar 燃烟器
—, spark 点火器
lighting 1.点灯; 2.减重
—, aerial 航空线标灯
—, passenger train 客车电灯
lightweight 轻
lignin 木质
lignite 同 coal, brown
lignumvitae 铁梨木{植}
ligroin 轻石油{化}
limb 分度弧
lime 石灰
limestone 石灰石
limit 1.极限; 2.限度
—, allowable 允许极限
—, elastic 弹性限度
—, endurance 持久极限
—, endurance fatigue 疲劳极限
—, explosive 爆炸极限
—, flow 同 point, yield
—, high 最大限度
—, inferior 同 limit, lower
—, low 同 limit, lower
—, lower 最小限度
— of compression 压缩限度
— of elasticity 同 limit, elastic
— of friction 摩擦限度
— of inflammability 可燃限度
— of precision 精密限度
— of proportionality 比例极限
— of strotching strain 伸长限度

limits of detonability 爆震极限
limit, speed 速度极限
—, superior 同 limit, high
—, supersaturation 过飽和极限
—, surface endurance 表面持久极限
—, temperature 温度极限
—, upper 同 limit,high
limitation of length 长度极限
— of length of path 1.冲程限度; 2.路程限度
— of length of stroke 同limitation of length of path
— of the movement 运动限度
limitator 限制器
—, voltage 电压限制器
limiter, current 电流限制器
—, load 載荷限制器
—, speed 限速器
limonite 褐鉄矿{矿}
limousine 轎車
line 1.綫;2.管路;3.路綫
—, abutment 同line, closing
—, actual 实綫
—, addendum 齿頂綫
—, adiabatic 絶热綫
—, agonic 零磁差綫
—, ahead clutch 前进离合器气管
—, air 1.航空綫;2.气管路
—, alcohol 酒精管路
—, anchor 錨鏈
—, arc 弧綫
—, astern clutch 后退离合器气管
—, atmospheric 大气压力綫
—, azimuth 方位角綫
—, base 基綫
—, boundary 边界綫
—, bow 帆脚索
—, bow steadying 同 guy, yaw
—, brake 閘气管
—, breather 通气管
—, broken 虛綫
—, buttcock 尾綫
—, camber 中心綫
—, center 中心綫
—, chain 鏈綫
—, check 校对綫
—, chord 〔翼〕弦綫
—, closing 閉綫
—, combustion 燃燒綫
—, compression 压縮綫
—, condensate 汽水管路
—, conjugate 共軛綫
—, constant entropy 同 isentropic 2.
—, constant moisture 等湿綫
—, constant pressure 同 isobar I.
—, constant super-heat 等过热綫
—, constant temperature 同 isotherm
—, constant volume 同 isochore
—, construction 作图綫
—, contour 1.等高綫; 2.輪廓綫
—, control 控制綫
—, curved 曲綫
—, datum 基准綫
—, dead 1.限期; 2.安全界綫
—, deck 甲板綫

line diagonal 对角綫
—, **dimension** 尺度綫
—, **diminishing** 縮綫
—, **distributing** 分配管路
—, **dotted** 同 line, broken
—, **double** 1.双綫;2.双軌
—, **elastic** 弹性綫
—, **extension** 延伸綫
—, **faulty** 錯誤綫
—, **feed (feeding)** 进給綫
—, **feeder** 同 line, feed
—, **filler** 充灌管
—, **fine** 細綫
—, **formation** 施工綫
—, **fuel** 燃料管
—, **full** 同 line, actual
—, **gago** 軌綫
—, **generating** 母綫
—, **geodesic(al)** 同 line, geodetic
—, **geodetic(al)** 最短綫{数}
—, **grab** 牵索
—, **ground** 地平綫
—, **handling** 同 line, grab
—, **helical** 螺旋綫
—, **horizontal** 水平綫
—, **hydraulic grade** 流水压力綫
—, **in** 成行
—, **influence** 影响綫
—, **intersecting** 交綫
—, **isocline** 同 limit, high
—, **isodynamic** 等力綫
—, **isogonic** 等偏角綫
—, **isothermal** 同 isotherm
—, **leak oil** 漏油管
—, **level** 水平綫
—, **life** 生命綫
—, **liquid** 液体綫
—, **load water** 負載吃水綫
—, **longitudinal center** 縱向中心綫
—, **lubber** 罗盘准綫(航海的)
—, **main** 干綫
—, **main hauling** 同 line, main mooring
—, **main mooring** 主系索,主纜
—, **main pipe** 总管系
—, **mast bow steadying** 同 guy, mast yaw
—, **mast main hauling** 同 line, mast main mooring
—, **mast main mooring** 主桅索
—, **mast yaw** 同 guy, mast yaw
—, **match** 配合緣(上下模的)
—, **medial camber** 中弧綫
—, **medium** 中間綫
—, **mooring** 系索
—, **neutral** 中和綫
—, **neutral lift** 中和升力綫
—, **nominal pitch** 标称节綫
—, **normal** 法綫{数}
—, **nose steadying** 同guy, yaw
—, **oblique** 斜綫
— **of action** 作用綫
— **of action of force** 力的作用綫
— **of centers** 連心綫
— **of connection** 連接綫
— **of contact** 接触綫
— **of curvature** 曲率綫
— **of deflection** 撓曲綫
— **of equilibrium** 平衡綫
— **of flight** 飞行路綫
— **of flow** 流綫
— **of force** 力綫

line of intersection 交綫
— **of orbit centers** 軌道中心綫
— **of pressure** 压力綫
— **of pull** 拉力綫
— **of rails, inner** 軌內沿
— **of rails, outer** 軌外沿
— **of sight** 視綫
— **of the crossing, center** 轍叉中綫
— **of the frog, center** 同 line of the crossing, center
— **of thrust** 同 line, thrust
— **of track, center** 軌道軸綫
— **of transference** 轉移綫
—, **oil** 滑油管
—, **oil pump outlet** 油泵出油管
—, **operating** 操作管
—, **parachute shroud** 降落伞吊綫
—, **parallel** 平行綫
—, **parting** 分綫(上下模的)
—, **perpendicular** 垂直綫
—, **pipe** 1.管系;2.导管
—, **piping** 同 line, pipe
—, **pitch** 节綫
—, **plumb** 鉛垂綫
—, **polar** 极綫
—, **power transmission** 传力綫
—, **pressure** 压力管
—, **primer** 初給管
—, **projecting** 投影綫
—, **receding** 退縮綫
—, **receiver** 1.接受綫; 2.接受管路
—, **red guide** 紅准綫
—, **reference** 参考綫
—, **return** 1.回綫; 2.回管
—, **rhumb** 方位綫
—, **rigging** 吊索
—, **rigging datum** 配装据綫
—, **root** 齿根綫
—, **sand bag** 沙包索
—, **saturated liquid** 飽和液体綫
—, **saturated vapor** 飽和蒸发綫
—, **saturation** 飽和綫
—, **secondary** 支綫
—, **shade** 影綫
—, **sheer** 艇弧綫
—, **shroud** 吊伞索
—, **side** 側綫
—, **single** 单綫
—, **speed** 1.速度綫;2.加速气管
—, **spiral** 同 line, helical
—, **straight** 直綫
—, **stream** 同 streamline
—, **stretch-out** 直伸线
—, **suction** 吸管
—, **supply** 同 line, feed
—, **surge** 喘振綫
—, **suspension** 吊索
—, **synchronizing** 等速气管
—, **thrust** 推力綫
—, **trail** 退曳綫
—, **train** 列車风管
—, **vacuum** 同 curve,vacuum
—, **valve** 閥綫
—, **vent** 同 line, breather
—, **vertical** 同 line, perpendicular
—, **visual** 同 line of sight
—, **vortex** 旋渦綫

line, warp 翘曲綫
—, water 吃水綫
—, yaw 同 guy, yaw
—, zero lift 无升力綫
linear 綫的{物}
linearity 直綫性
linen 麻布
—, aeroplane 飞机麻布
—, tracing 描图布
lineograph 描綫規
liner 衬垫
—, adjustable hub 調整輪轂衬
—, aerial 定期飞机
—, bearing 軸承〔里〕衬
—, check valve hole 止回閥孔衬圈
—, chimney 烟囱內套
—, cold water cylinder 冷水筒衬
—, crank bearing 曲柄軸〔承〕瓦
—, cross head 十字头衬瓦
—, cylinder 气缸衬筒
—, dome 汽室垫
—, eccentric 偏心輪衬面
—, eccentric strap 偏心环衬
—, elevator 升降机衬垫
—, flow 流紋(金属材料的)
—, hot water pump cylinder 热水泵缸衬
—, hub 轂衬
—, iron 鉄衬
—, lay-out 划綫(工件上的)
—, piston valve 活塞閥衬
—, smoke stack 同 liner, climney
—, steel 鋼衬
—, valve 同 bush, valve
—, waist sheet angle 鍋炉托板角鉄垫
lining 衬
—, asbestos brake 石棉閘衬
—, Babbit 巴氏合金衬层
—, brake 同 facing, brake
—, brake band 閘带衬层
—, brake shoe 閘瓦衬层
—, cab 司机室衬板
—, canvas 帆布衬
—, clutch 同 facing, clutch
—, cotton brake 閘带棉衬
—, fan clutch disk 风扇离合器圓片
—, furnace 炉壁衬层
—, hand brake 手閘衬层
— of bearing 軸承衬层
—, section 断面綫法
—, steering clutch 轉向离合器摩擦片
—, white metal 白合金衬层
link 1.联杆;2.鏈节
link, attachment 联接杆
—, back 后杆
—, bent coupling 互鈎环
—, bogie 轉向器連接架
—, booster power lever 增压器动力杆联杆
—, box 夾板滑环
—, brake 閘联杆
—, brake beam strap 閘樑系带环
—, brake shoe 閘瓦联杆
—, chain 鏈节
—, clutch pedal adjusting 离合器踏板調整联杆
—, clutch pedal adjustment

同 link,clutch pedal adjusting

link, combination 联接杆

—, compound 复式鏈节

—, compression 受压联杆

—, connecting 联結杆

—, connection 同 link, connecting

—, control valve support operating 控制閥支架操作联杆

—, coupling 同 link, connecting

—, cowl ventilator adjuster 車罩通风器調整杆

—, cross head 十字头联杆

—, crown bar 頂杆鏈节

—, curved 弧形鏈节

—, damper 减震器联杆

—, drag 同 bar,draw

—, draw 同 bar, draw

—, drive 传动杆

—, eccentric 偏心联杆

—, expansion 伸縮杆

—, feeder drive 进給传动杆

—, feeder ratchet stop 进給棘輪停止杆

—, fixed 固定杆

—, fork(ed) 叉形杆

—, fuel pump rocker arm 燃料泵搖臂联杆

—, hand brake operating lever 手閘操作杆联杆

—, lifting 提升联杆

—, looped coupling 互鈎环

—, master 主联杆

—, master cylinder connecting 同 rod, master cylinder piston push

—, motion 运动鏈系

—, nozzle tube yoke 嘴管軛联杆

— of chain 同 link, chain

—, parking brake adjusting 停車閘調整联杆

—, pedal adjusting 踏板調整联杆

—, plane 平面杆

—, pump 同 link, pump connecting

—, pump connecting 泵联接杆

—, recording 記录杆

—, regulator 調节器联接杆

—, reverse 同 lever, reverse

—, reverse lever latch 回动杆閂联杆

—, rocker arm 搖臂联杆

—, shackle 叉端联杆

—, shock absorber 减震器联杆

—, simple 单节

—, slotted 槽孔鏈节

—, spare track 备用履带节

—, spring 弹簧联杆

—, steering 轉向联杆

—, Stephenson 斯蒂芬遜联杆

—, straight 直綫滑槽联杆

—, strap 带端鏈节

—, suspension 吊杆

—, swing 摆杆

—, swing bolster 摆动承樑联杆

—, timing chain connecting 定时鏈联杆

—, toggle 肘杆

—, track 履带鏈节

—, track auxiliary 履带副鏈节

link track main 履带主鏈节
  —, transverse lever 横杆联接杆
  —, tyce chain repair 胎鏈备修鏈节
  —, union 联結环
  —, ventilator 通风器联杆
  —, wheel cylinder connection 輪閘儲气筒联結杆
  — with roller, governor 調节器滾輪联杆
linkage 1.鏈系; 2.联动装置
  —, brake 閘联动装置
  —, clutch operating 离合器操作联动装置
  —, conic 圓錐鏈系
  —, conic four bar 圓錐四杆鏈系
  —, four bar 同 chain, quadric crank
  —, isoceles 等腰鏈系
  —, non-parallel crank four bar 不平行四杆迴轉鏈系
  —, parallel crank four bar 平行四杆迴轉鏈系
  —, sliding block滑块鏈系
  —, sliding slot 滑槽鏈系
  —, sliding slot four bar 滑槽四杆鏈系
  —, swing block 搖块鏈系
  —, swing block four bar 搖块四杆鏈系
  —, throttle 节流联动装置
  —, toggle 肘节鏈系
  —, turning block 轉块鏈系
  —, turning block four bar 轉块四杆鏈系
link-motion 同 link, motion
linkwork 同 linkage
linseed 亚麻仁
lintel, cab window 司机室窗楣
lip 唇
  —, interchangeable 可換鑄嘴(压鑄机的)
  —, locking 制动唇(軸承衬圈的)
  — on tyre 輪箍唇
  —, overflow 溢口
  —, retaining ring 扣环唇
liquation 1.溶解; 2.部份溶解分析
liquefaction 液化
liquid 液体
  —, cooling 冷却液
  —, damping 阻尼液
  —, impregnating 同 fluid, preservative
  —, non-saturated 未飽和液体
  —, preservative 同 fluid, preservative
  —, primary 原液体
  —, saturated 飽和液体
  —, sealing 封鎖液
  —, secondary 副液体
  —, subcooled 过冷液体
  —, supercooled 过冷液体
  —, superheated 过热液体
  —, undercooled 同 liquid, supercooled
liquidation 清理
liquor, gas 煤气液
list, packing 装箱单
  —, parts 零件单
liter (litre) 升
lithium 鋰{化}
live (living) 活动
load 負載,載荷
  —, accelerating 加速負載

load, additional 附加負載
—, allowable 許可負載
—, alternating 交变負載
—, artificial 人造負載
—, axial 軸向負載
—, axle 軸負載
—, balancing 平衡負載
—, base 基本負載
—, basic 同 load, base
—, beam 横樑負載
—, bearing 軸承負載
—, brake 閘負載
—, breaking 断裂負載
—, cantilever 悬臂負載
—, carrying 运送負載
—, center 中心負載
—, compression 压縮負載
—, compressive 同 load, compression
—, concentrated 集中負載
—, constant 定負載
—, consumable 消耗負載
—, continuous 連續負載
—, crank pin 曲柄銷負載
—, dead 〔本〕底〔負〕載
—, design 設計負載
—, disposal 可用負載
—, distributed 分佈負載
—, dive 俯冲負載
—, dynamic 动負載
—, eccentric 偏心負載
—, economy 經济負載
—, end 末端負載
—, equivalent 相当負載
—, fixed 固定負載
—, flying 飞行負載
—, full 滿負載
—, full flight 滿飞行負載
—, full weight 滿重負載
—, gradually applied 漸加負載
—, half 半負載
—, heavy 重負載
—, impact 突加負載
—, inertia 慣性負載
—, intermittent 間歇負載
—, landing 降落負載
—, lateral 横負載
—, live (living) 活負載
—, maximum 最大負載
—, maximum breaking 最大断裂負載
—, maximum continuous 最大連續負載
—, minimum 最小負載
—, most economic 最經济負載
—, movable 同 load, travelling
—, normal 正常負載
—, normal full 正常滿負載
— on axle 軸上負載
— on spring 簧上負載
— on the wheel 輪上負載
—, oscillating 摆动負載
—, oscillator 同 load, oscillating
—, oscillatory 同 load, oscillating
—, over 过量負載
—, part 部分負載
—, partial 同 load, part
—, pay(ing) 有酬負載
—, peak 同 load, maximum
—, performance 性能負載
—, permissible 同 load, allowable
—, practical 同 load, service
—, propeller 螺旋桨負載

load, quiescent 同 load, dead
—, **radial** 径向負載
—, **rated** 額定負載
—, **rolling** 滚动負載
—, **running** 同load, travelling
—, **safe** 安全負載
—, **service** 实用負載
—, **shock** 同 load, impact
—, **side** 同 load, lateral
—, **single** 单負載
—, **static** 同 load, dead
—, **steady** 稳恆負載
—, **sudden** 驟加負載
—, **suddenly applined** 同 load, sudden
—, **tail** 尾部負載
—, **test** 試驗負載
—, **thrust** 推力負載
—, **torsion(al)** 扭轉負載
—, **total** 总負載
—, **traffic** 行車負載
—, **train** 列車負載
—, **travelling** 行动負載
—, **tyre** 輪胎負載
—, **ultimate** 极限負載
—, **unbalanced** 不平衡負載
—, **uniform** 均匀負載
—, **uniformly distributed** 同 load, uniform
—, **uniformly varying** 等变負載
—, **useful** 有用負載
—, **variable** 变动負載
—, **varying** 同 load, variable
—, **wheel** 輪負載
—, **wind** 风压負載
—, **worst dynamic** 危险动負載
loader 1.装貨器; 2 装弹器
—, **car** 装車机
—, **tractor** 牵引装載机
loading 1.同 load; 2. 装載
—, **artificial** 人工装載
—, **central** 同 loda, center
—, **crank pin** 同 load, crank pin
—, **eccentric**同load, eccentric
—, **horse power** 馬力負載
—, **maximum permissible** 最大許可負載
—, **moving** 同load, travelling
—, **parasite** 废阻負載
—, **power** 动力負載
—, **rotor** 轉子負載
—, **span** 翼展負載
—, **spar** 翼樑負載
—, **surface** 表面負載
—, **thrust power** 推进动力負載
—, **total** 同 load, total
—, **wing** 翼面負載
—, **wing surface** 同loading, wing
loam 粘土
—, **molding (moulding)** 造型黏土
lobe 凸角
—, **cam** 凸輪的凸角
local 局部的
localizator 1.定位器; 2.抑制剂
locating 1.定位;2.定位法
—, **sight** 观察定位法
location 位置
— **of work piece** 对准工件位置
—, **valve** 閥位
locator 測位器
lock 1.水閘;2.鎖;3.閂

lock, air 气塞
—, bolt 螺栓保险
—, canal 水闸
—, control surface 操縱面夾板
—, dead stop track 止車閉塞器
—, differential 差速器鎖
—, differential drive pinion bearing 差速器主动齿輪軸承鎖
—, door 門鎖
—, double (crank) 双曲柄閉塞器(鉄路的)
—, friction 摩擦閘
—, gear 齿輪保险〔装置〕
—, gland 压盖保险〔装置〕
—, gust 防风門
—, hood 机罩鎖
—, hydraulic 液阻塞
—, ignition 点火开关
—, latch 弹鍵鎖
—, lift 升船水閘
—, nut 螺母保险
—, operating lever 操作杆門
—, piston ring 活塞环端接合
—, positive 确門(起落架用)
—, ring 环鎖
—, safety 安全鎖
—, seal 同 plug
—, signal 号志鍵
—, snap 同 lock, spring
—, spring 弹簧鎖
—, spring shackle bolt 弹簧吊銷保险
—, steam 汽封
—, steering gear adjusting nut 轉向裝置調准螺母保险
—, steering head 轉向头保险
—, strap 皮带結合，皮带鎖合
—, tail wheel 尾輪鎖
—, timing chain 定时鏈鎖节
—, transmission 变速齿輪箱鎖
—, turret 轉塔鎖
—, tyre 胎鎖
—, valve spring cap 同 key, valve spring retainer
—, vapor 同 lock, steam
locking 鎖
—, automatic 自动鎖
—, handle 手柄鎖
—, nut 同 lock, nut
—, self 同 locking, automatic
—, vapor 同 lock, vapor
lockout 1.闭厂;2.切断;3.分离
lockpin 同 pin, lock
lockwasher 同 washer, locking
lockwire 同 wire, safety
locomobile 自动机車
locomotion 交通机关
locomotive 机車
—, accumulator 同 locomotive, storage battery
—, air 空气机車
—, alternating current 交流机車
—, articulated 关节式机車
—, bogie 轉向机車
—, compound 复式机車
—, compressed air 压气机車
—, consolidation 2-8-0式机車{鉄}
—, continuous current 同 locomotive, direct current
—, crane 起重机車
—, cross compound 同 locomotive, two cylinder

compound

locomotive, Diesel 狄賽尔机車，柴油机車

—, direct current 直流机車

—, double ended 双头机車

—, double ended tank 双头水柜机車

—, electric(al) 电力机車

—, electric express 同 locomotive, eletric high speed

—, electric high speed 高速电力机車

—, electric mine 矿用电力机車

—, express 高速机車

—, express train 快車机車

—, fireless 无火机車

— for negotiating curves 同 locomotive, bogie

—, four cylinder 四缸机車

—, four cylinder compound 四缸复脹机車

—, freight 貨运机車

—, freight train 同 locomotive, freight

—, gas power 煤气机車

—, gasoline 汽油机車

—, goods 同 locomotive, freight

—, inside cylinder 內缸机車

—, light 輕便机車

—, mining 矿用机車

—, outside cylinder 外缸机車

—, Pacific 太平洋式机車

—, passenger 客运机車

—, passenger train 同 locomotive, passenger

—, petroleum 石油机車

—, fack 齿輪机車

—, radial 同locomotive, bogie

—, road 列車机車

—, saddle tank 鞍形水柜机車

—, saturated steam 飽和蒸汽机車

—, shunting 同 locomotive, switching

—, simple 单脹式机車

—, single phase current 单相〔电流〕机車

—, six wheel 六輪机車

—, steam 蒸汽机車

—, storage battery 蓄电池机車

—, superheated steam 过热蒸汽机車

—, switching 調車机車

—, tank 水柜式机車

—, tender 煤水机車

—, three cylinder 三缸机車

—, three cylinder compound 三缸复脹机車

—, three phase current 三相〔电流〕机車

—, train 列車机車

—, transformer 变流机車

—, turbine 汽輪机車

—, two cylinder 双缸机車

—, two cylinder compound 双缸复脹机車

locus 軌迹

—, state point 状态軌迹

log 1.木料;2.測程器

—, air 航空日記

—, maintenance 保养时程表

—, saw 鋸架

logarithm 对数{数}

—, Brigg's 常用对数

logarithm common 同 logarithm, Brigg's
—, **hyperbola** 双曲綫对数{数}
—, **hyperbolic** 同 logarithm, hyperbola
—, **Napierian** 同 logarithm, natural
—, **natural** 自然对数{数}
logarithmic 对数的
longeron 同 longeron, fuselage
—, **body** 同longeron, fuselage
—, **fuselage** 机身縱樑
longitude 經度
longitudinal 1.縱的; 2.縱枕木; 3.縱樑
—, **main** 主縱樑
loom 1.織布机;2.桨柄
—, **hand** 手織机
—, **needle** 針織机
—, **power** 动力織机
loop 1.迴綫;2.环道
—, **climbing** 上升圈飞
—, **expansion** 膨脹圈
—, **hysteresis** 迟滞迴綫
—, **inside** 内圈飞{航空}
—, **inverted** 倒圈飞{航空}
—, **mooring** 系留圈
—, **normal** 正翻飞{航空}
—, **outside** 外圈飞
—, **pumping** 排吸綫圈(内燃机示功图的)
—, **safety** 保险圈
—, **sandbag** 砂包圈
—, **spiral** 螺旋圈飞{航空}
—, **steel** 鋼环
—, **upside down** 倒飞跟斗{航空}
—, **wire** 綫环,鋼絲圈
loose 松的
looseness 松度
lorry 1.手車;2.运貨汽車
—, **army** 同 lorry, military motor
—, **flying** 运貨飞机
—, **military motor** 軍用貨車
—, **steam** 蒸汽貨車
loss 損失
—, **blade** 叶片損失
—, **blade tip** 叶梢損失
—, **bucket** 叶片損失
—, **clearance** 余隙損失
—, **contraction** 收縮損失
—, **copper** 銅損失
—, **core** 鉄心損失
—, **direct heat** 直接热損失
—, **disk friction** 圓盘摩擦損失
—, **due to roasting** 焙燒損失
—, **eddy current** 渦流損失
—, **end** 末端損失
—, **energy** 能的損失
—, **enlargement** 扩大損失
—, **exhaust** 排气損失
—, **exhaust blow down** 排气噴洩損失
—, **exhaust stroke** 排气冲程損失
—, **friction(al)** 摩擦損失
—, **guide blade** 导叶損失
—, **heat** 热損失
—, **hysteresis** 迟滞損失
—, **impact** 冲击損失
— **in watts per cubic decimeter** 每立方分米的瓦特損失
—, **iron** 鉄損失
—, **leakage** 漏汽損失
—, **leaving** 余速損失
—, **marginal** 同loss, wing tip

loss, mechanical 机械损失
—, mechanical friction 机械摩擦损失
—, melting 熔化损失
—, no load 无載損失
—, nozzle 噴嘴損失
— of head 位差損失
— of heat 同 loss, heat
— of power 动力損失
— of pressure 压力损失
— of tension 张力損失
— of time 时間損失
— of voltage 电压損失
— of work 工作損失
—, outlet 出口損失
—, over all heat 热量总損失
— per squar decimeter of radiating 每平方分米表面散热損失
—, power 同loss of power
—; profile 叶型損失
—, pump(ing) 排吸損失
—, radiation 散热損失
—, residual velocity 余速損失
—, rotational 轉动損失
—, spatter 濺損(焊条的)
—, starting friction 起动摩擦損失
—, steam friction 蒸汽摩擦損失
—, throttling 节流損失
—, windage 风阻損失
—, wing tip 翼梢损失
lossening 放松
lot, parking 停車站
loudspeaker 同 speaker, loud
louver 放气窗，放气孔
—, engine 发动机放气孔
—, radiatcr 散热器放气孔
louvre 同 louver
low 低
lower 1.下部的;2.使低
loxodrome 同 line, rhumb
L-square, bare 直角尺
—, beveled edge 斜边角尺
—, double双用角尺
—, graduated 刻度角尺
—, seated 連座角尺
lubricant 潤滑剂
—, grease 同 grease
—, lapping 擦准潤滑剂
—, liquid 液体潤滑剂
—, rope 縄索潤滑剂
—, solid 固体潤滑剂
—, sulfurified 含硫潤滑剂
lubricants 潤滑剂
lubricate 潤滑
lubricated 潤滑的
lubrfcating 润滑
—, self 自潤
lubrication 潤滑法
—, automatic 自动潤滑法
—, central 同 lubricatiyn, centralized
—, centralized集中潤滑法
—, chassis 車盘潤滑法
—, circulating 循环潤滑法
—, combined force-feed and splash 压給飞濺合用潤滑法
—, complete 同 lubrication, complete film
—, complete film 完整油膜潤滑
—, continuous 連續潤滑法
—, crank pin bearing 曲柄銷承潤滑
—, cylinder 气缸潤滑

lubrication, drip 滴油潤滑法
—, **drop**同 lubrication, drip
—, **emergency** 应急潤滑
—, **flooding system** 溢流潤滑法
—, **force feed** 压流潤滑法
—, **force feed nonsplash** 压流不濺潤滑法
—, **forced** 同 lubrication, forced feed
—, **fresh oil** 新油潤滑法
—, **graphite** 石墨潤滑法
—, **gravity** 重力潤滑法
—, **grease** 滑脂潤滑
—, **hand** 手力潤滑
—, **hard fat** 同 lubrication, grease
—, **internal** 內部潤滑法
—, **liquid** 液体潤滑
—, **main bearing** 主軸承潤滑
—, **needle** 針孔潤滑法
—, **oil** 油潤滑
—, **partial film** 部分油膜潤滑法
—, **periodic** 週期潤滑法
—, **piston** 活塞潤滑
—, **pressure** 同 lubrication, force feed
—, **pressure feed** 同 lubrication, force feed
—, **pump** 泵潤滑
—, **ring** 油环潤滑法
—, **separate** 个别潤滑法
—, **solid** 固体潤滑
—, **splash** 飞濺潤滑法
—, **splash system** 同 lubrication, splash
—, **steam** 蒸汽潤滑
—, **thick film** 厚油膜潤滑
—, **thin film** 薄油膜潤滑
—, **waste pad** 絨墊潤滑
—, **wrist pin bearing** 活塞銷承潤滑

lubricator 潤滑器
—, **angle** 轉角潤滑器
—, **automatic** 自动潤滑器
—, **centrifugal** 离心力潤滑器
—, **cylinder** 气缸潤滑器
—, **flap** 垂片潤滑器
—, **force feed** 压油潤滑器
—, **four feed** 四路給油潤滑器
—, **gas pressure** 气压潤滑器
—, **gravity feed** 重力給油潤滑器
—, **high pressure** 高压潤滑器
—, **hydrostatic** 液压潤滑器
—, **mechanical** 机力潤滑器
—, **needle** 針孔潤滑器
—, **rotating crank** 迴轉曲柄潤滑器
—, **self acting** 同lubricator, automatic
—, **separate** 个别潤滑器
—, **sight feed** 明給潤滑器
—, **sight feed siphon** 明給虹吸潤滑器
—, **Stauffer** 滑脂杯潤滑器;牛油杯潤滑器
—, **steam cylinder** 汽缸潤滑器
—, **valveless mechanical** 无閥机力潤滑器
—, **wick** 油繩潤滑器
—, **wick feed** 同 lubricator, wick

lug 1.耳;2.突緣;3.拖拉
—, **ash pan damper** 灰盘挡板耳
—, **attaching** 系耳

lug, boiler lagging plate band 炉衣板带头
—, cap 帽耳
—, clamping 压耳
—, damper 挡板拉耳
—, female 凹耳
—, guide 导耳,导緣
—, tender back 煤水車后端定位鉄
—, tender front tank 煤水車水箱前定位鉄
—, tractor grip 拖拉机履带蹄齿
—, wing 翼耳
—, wiring 装綫耳
lumber 木材
lumber-mill 同 mill, lumber
lump 块
luster 1.蠋台; 2.光泽
—, metallic 金属光泽
lustre 同 luster
lute 封泥
lysimeter 渗水計

M

M-tooth M形鋸(齿)
macadam 1.碎石; 2.碎石路
machinability 切削性
—, relative 相对切削性
machinary, excavating 挖掘机械
machine 1.机器; 2.机器加工
—, adjustable drilling 可調整鑽床
—, adjustable riveting 可調整鉚机
—, advanced training 高級教練机{航}
—, agriculture 农业机器
—, air 1.通风机; 2.同 aeroplane
—, air compressing 同 compressor, air
—, all purpose 万能工具机
—, angle iron bending 角鉄折弯机
—, angle iron shearing 角鉄剪切机
—, angle iron straightening 角鉄压直机
—, arch bar drilling 弓柄鑽机
—, armored 同 aeroplane, armored
—, automatic 自动机器
—, automatic bar type 杆式自动車床
—, automatic boring 自动鏜床
—, automatic chucking 用夾头自动車床, 自动夾头車床
—, automatic milling 自动銑床
—, automatic punching 自动冲压机
—, automatic screw 自动螺絲車床
—, automatic selecting 自动揀选机
—, automatic squeezer 自动压榨机
—, axle centering 車軸定心机
—, balancing 平衡〔試驗〕机
—, band saw(ing) 带鋸机
—, band sharpening 磨带鋸机
—, bar bending 弯条机
—, bar shearing 剪条机
—, barrel lapping 精研缸机
—, beam bending 弯樑机
—, bearing liner casting 鋳軸

衬机

machine, bed type milling 床身式銑床

—, belt driven riveting 皮带传动鉚机

—, bench drilling 台鑽〔机〕

—, bending 〔折〕弯机

—, bending and straightening 弯直两用机

—, bent wood turning 弯式木車床

—, bevel shearing 斜剪机

—, blowing 1.同blower; 2. bellows forge

—, board cutting 鋸板机

—, boiler drilling 同machine, boiler shell drilling

—, boiler plate bending 鍋炉板〔折〕弯机

—, boiler plate flanging 鍋炉板摺边机

—, boiler riveting 鍋炉鉚机

—, boiler shell drilling 鍋炉鑽机

—, bolt 制螺栓机

—, bolt and nut making 制螺栓螺母机

—, bolt screwing 螺栓割絲机

—, boring 鏜床

—, boring and facing 鏜孔車面机

—, boring and turning 鏜孔車面机,鏜車两用机

—, box lifter molding 昇箱制型机

—, brake lining riveting 閘衬鉚机

—, brick making 制磚机

—, broach 同machine, broaching

—, broaching 1.剝孔机; 2.鉸孔机; 3.拉床

—, cabin 同aeroplane, cabin

—, calculating 計算机

—, calculation 同machine, calculating

—, calking 凿密器

—, cambering 弯面机

—, car box boring

—, car wheel boring 車輪鏜床

—, car wheel drilling 車輪鑽床

—, casting 浇铸机

—, casting cleaning 铸件清理机

—, ceiling drilling 悬装鑽机

—, centering 定心机

—, centering moulding 定心制型机,定心造型机

—, centerless grinding 无心磨床

—, centrifugal casting 离心浇铸机

—, chain cutter moulding 鏈刀起槽机,鏈刀造型机

—, chamfering 倒稜机

—, channelling 滚槽机

—, circular grinding 圓磨床

—, circular milling 圓銑床

—, close coupled type 同 aeroplane, close coupled type

—, coiling 盘〔弹〕簧机

—, cold sawing 冷鋸机

—, column and knee type milling 柱式角台銑床

—, combat 同 aeroplane,

fighter

machine, combination 联合机

—, combined curve and side planing 曲面側面鉋床

—, combined punching and shearing 冲剪两用机

—, compound swivel wall drilling 复式轉臂墻鑽机

—, compression testing 压縮試驗机

—, conveyer type sand blast 輸送机式噴砂机

—, copy milling 靠模銑床

—, copying 倣形机，摹倣机

—, core making 〔制〕型心机

—, core rod straightening 型心鉄条整直机

—, corrugation 制波紋机

—, counting 計数机

—, crab 同 crab

—, cramp folding 同machine, flanging

—, crank boring 曲柄鏜床

—, crank planing 曲柄鉋床

—, crank shaft grinding 曲柄軸磨床

—, crank shaping 曲柄牛头鉋床

—, crank slotting 曲柄立鉋床

—, crocodile hand lever shearing 顎魚式手柄剪机

—, cross cut saw 横割鋸机

—, crushing 压碎机，粉碎机

—, curve milling 弧銑床

—, cutter and tool grinding 工具磨床

—, cutting 切削机

—, cutting off 切断机

—, cutting off and centering 切断定心机

—, cutting off and facing 切断車面机

—, cylinder boring 气缸鏜床

—, cylinder boring and honing 气缸鏜磨床

—, cylinder grinding 气缸磨床

—, cylinder reboring 同machine, cylinder boring

—, cylinder riveting 圓筒鉚机

—, cylinder shaping 气缸〔牛头〕鉋床

—, deck landing 同aeroplane deck landing

—, die casting 〔鋼模〕压鑄机

—, die slotting 冲模插床，鋼模立鉋床

—, digging 采掘机

—, dipping 1.浸机；2.淬冷机

—, ditto 复印机

—, double buffing 复式抛光机

—, double hinged swivel wall drilling 同machine, compound swivel wall drilling

—, double horizontal milling 复式臥銑床

—, double jointed swivel wall drilling 同machine, compound swivel wall drilling

—, double milling 同machine, double spindle milling

—, double punching 复式冲床，复式冲压机

—, double shaping 复式牛头鉋床

—, double spindle milling 双軸銑床

machine, drafting 絵图机
—, drawing 同machine, drafting
—, dredging 挖泥机
—, drill 鑽床,鑽机
—, drill grinding 鑽头磨机, 鑽头磨床
—, drill pointing 鑽头磨尖机
—, drilling 同 machine, drill
—, drilling grinding 鑽磨两用机
—, driven 从动机
—, drying 干燥机
—, duplex boring 复式鏜床
—, duplex milling 同machine, double spindle milling
—, edge knurling 滾花机
—, edging 1.削边机(木工的); 2. 同 machine, flanging
—, electric arc welding 电弧焊机
—, electric hand drilling 手用电鑽
—, electric riveting 电力鉚机
—, electric tooltipping 电焊刀片机
—, electric welding 电焊机
—, electrical drilling 电鑽机
—, emery grinding 金刚砂磨床
—, external grinding 外圓磨床
—, fast 同 aeroplane, high speed
—, felling 伐木机
—, felloe 制輞机
—, fighter 同aeroplane, fighter
—, filing 銼机
—, flanging 摺边机
—, flap-wing 扑翼飞机
—, flapping wing 同machine, flap-wing
—, fluid pressure 流体压力机
—, fluting 同machine, groove cutting
—, flying 同 aeroplane
— for curves, planing 曲面鉋床
— for drilling rails 鋼軌鑽机
— for longitudinal seams, drilling 縱鉚縫多軸鑽机
— for parquetry work 鑲木机
— for small arms, boring 枪管鏜床
—, forging 鍛机
—, frame sawing 架鋸机
—, freezing 冷凝机
—, full universal radial drilling 万能旋臂鑽机
—, gadding 同machine, drill
—, gas welding 气焊机
—, gear cutting 切齿机, 制齿轮机
—, gear moulding 同machine, gear wheel moulding
—, gear slotting 齿輪插床, 齿輪立鉋床
—, gear teeth burnishing 輪齿軋光机
—, gear testing 輪齿試驗机, 齿輪測驗机
—, gear wheel moulding 齿輪制型机
—, glazing 抛光机
—, grinding 磨床

machine, grinding wheel testing 磨輪試驗机
—, groove cutting 开槽机
—, gun boring 炮管鏜床
—, gun rifling 鎗管拔来复綫机
—, hammer riveting 鏈鉚机
—, hand 手力机
—, hand drill 手搖鑽机
—, hand lever shearing 手柄剪机
—, hand milling 手銑床
—, hand mortising 手工制筍眼机
—, hand punching and shearing 手力压剪机,手力冲剪机
—, hand riveting 手鉚机
—, hardness testing 硬度試驗机
—, harvesting 收割机
—, hauling 牵引机
—, heading 压头机
—, hearth ring 炉圈翻砂机
—, heavy duty transport 重載运輸机
—, herring-bone gear milling 人字齿輪銑床
—, high speed drilling 高速鑽床
—, high speed milling 高速銑床
—, high speed planing 高速鉋床
—, hobbing 滚齿机
—, hoisting 同hoist
—, honing 条石磨孔机
—, horizontal 臥式机器
—, horizontal boring 臥式鏜床
—, horizontal boring and drilling 臥式鏜鑽床
—, horizontal boring and milling 臥式鏜銑床
—, horizontal centrifugal casting 臥式离心澆铸机
—, horizontal die slotting 臥式冲模插床,鋼模牛头鉋床
—, horizontal milling 臥式銑床
—, horizontal plane 臥式鉋床
—, horizontal punching 臥式冲床,臥式冲压机
—, horizontal shaping 同 machine, shaping
—, horizontal slotting 臥式插床
—, hydraulic 水压机
—, hydraulic boring 水力鏜床
—, hydraulic moulding 水力造型机
—, hydraulic plate bending 水力弯板机
—, hydraulic punching 水力冲床,水力冲压机
—, hydraulic riveting 水力鉚机
—, hydraulic shearing 水力剪机
—, I-iron shearing 工字鉄剪机
—, ice 制冰机
—, ice-making 同machine, ice
—, ideal 理想机
—, impact testing 冲击試驗机
—, induction 感应电机
—, interlocking 联鎖机
—, internal grinding 內圓磨

床

machine, jarring 冲击机

—, jig boring 同 **borer, jig**

—, jigging 同 **jigger**

—, jointing 接合机,接榫机

—, joist shearing 同 machine, I-iron shearing

—, jolt molding 震实制型机

—, jolting 1.頓鍛机; 2.震实造型机

—, key seating 开鍵槽机

—, keyway cutting 同 machine, keyseating

—, keyway planing 同 machine, keyseating

—, keyway slotting 同 machine, keyseating

—, kneading 捏和机

—, land 同 aeroplane, land

—, left hand copying 左向摹倣机

—, levelling 平路机

—, lever riveting 杆鉚机

—, line boring 鑽軸机

—, long distance reconnaissance 长途偵察机

—, long type 同 aeroplane, long type

—, Maag grinding 馬格磨齿机

—, material testing 材料試驗机

—, measuring 測长机,量具測准机

—, metal cutting 金屬切削机

—, metal milling 金屬銑床

—, metal working 金屬加工机

military 同 aeropane, military

—, milling 銑床

—, mimeograph 油印机

—, mixer 混合机

—, mixing 同 machine, mixer

—, molding 造型机, 制型机

—, mortar mixing 砂浆混合机

—, mortising 制榫机

—, mounted on swinging jib, drilling 同 machine, radial drilling

—, multi drill head 排鑽机, 多軸鑽床

—, multi spindle drilling 同 machine, multi drill head

—, multiple spindle automatic 多軸自动車床

—, multiple spindle boring 多軸鏜床

—, multiple spindle drilling 同 machine, multi drill head

—, multiple-drilling 同 machine, multi drill head

—, multiple-punching 多头冲床,多头冲压机

—, nail 制釘机

—, nave boring 鏜轂机

—, nibbling 步冲輪廓机

—, night reconnaissance 夜間偵察机

—, nine spindle milling 九軸銑床

—, nut tapping 攻螺母机

— of the first kind, perpetural 第一类永动机

— of the second kind, perpetural 第二类永动机

—, oil grinding 磨油机

machine, oscillating-spindle lapping 摆軸精研机
—, overhead travelling drilling 悬动鑽机
—, parallel planing 平行鉋床
—, pattern drawing 起模机
—, perforating 穿孔机
—, picking 采摘机〔农〕
—, pile driving 打樁机
—, pillar drilling 柱式鑽床
—, pillar shaping 柱架鉋床，柱架牛头鉋床
—, pipe bending 弯管机
—, pipe cutting and threading 截管車紋机
—, pipe scale scrapping 刮管垢机
—, piston ring grinding 活塞环磨床
—, piston type die casting 活塞式〔鋼模〕压铸机
—, plain grinding 普通磨床，外圓磨床
—, plain milling 普通銑床
—, plain radial drilling 普通搖臂鑽床
—, planer milling 鉋銑床
—, planer type 同 machine, planer type milling
—, planer type milling 鉋式銑床，龙門銑床
—, planning 鉋床
—, plate bending 弯板机
—, plate cutting 同 machine, plate shearing
—, plate edge planing 板边鉋床
—, plate shearing 剪板机
—, plate straightening 直板机
—, plunger-type die casting 同 machine, piston type die casting
—, pneumatic boring 同 machine, pneumatic drilling
—, pneumatic drilling 风动鑽机，气动鑽机
—, pneumatic punching 风动冲压机，气动冲床
—, pneumatic riveting 风动鉚机，气动鉚机
—, polishing 同 machine, glazing
—, portable 輕便机器
—, portable boring 輕便鏜床
—, portable drilling and tapping 輕便鑽孔及攻螺机
—, portable electrical drilling 輕便电鑽机
—, portable rail bending 輕便弯軌机
—, portable riveting 輕便鉚机
—, portable slotting 輕便插床，輕便立鉋床，輕便鍘床
—, power 同 engine
—, power driven crocodile shearing 机动剪机
—, prefile grinding 靠模磨床
—, profiling 靠模銑床，靠模工具机
—, propeller balancing 螺旋桨平衡試驗机
—, propeller testing 螺旋桨試驗机
—, pulley moulding 皮带轮造型机
—, pumping 同 pump

machine, punching 冲床,冲压机
—, punching and shearing 冲剪两用机
—, quartering 曲柄軸鑽孔机
—, quenching 淬火机
—, radial drilling 搖臂鑽床
—, rail bending 弯軌机
—, rail cutting 切軌机
—, rail drilling 同 machine for drilling rails
—, rail milling 刮軌机
—, rail straightening 直軌机
—, ram type bending 压头式弯机
—, ratting 抗磨試驗机
—, reconnaissance 同aeroplane, scout
—, refacing 修面机
—, refrigerating 冷冻机,制冷机
—, relieving 鏟齿車床
—, retreading 輪胎翻制机
—, revolving shearing 迴轉剪机
—, rivet 制鉚釘机
—, riveting 鉚机
—, road levelling 平路机
—, rock boring 同 machine, rock driling
—, rock drilling 鑽岩机
—, rod 制条机
—, rod boring 杆式鏜床
—, roll 滾軋机
—, roll fluting 輥开槽机
—, roll forming 滾形机
—, roll over 翻型机(鋳工的)
—, rope 制縄机
—, rope spinning 同machine, rope
—, rotary bending 轉模弯机
—, rotary pipe bending 轉模弯管机
—, rotary table sand blasting 迴轉台式噴砂机
—, rounding 車圓机
—, ruling 划綫机
—, running-in 配轉擦准机
—, sand mixing 混砂机
—, sandblast 噴砂机
—, saw 鋸机
—, saw setting 整鋸机
—, saw sharpening 磨鋸机
—, sawing 同 machine, saw
—, scrap shearing 同machine, scrap-iron shearing
—, scrap-iron shearing 废鉄剪机
—, screening 篩机
—, screw 制螺釘机
—, screw riveting 螺旋鉚机
—, screw thread rolling 螺紋滾軋机
—, screw-cutting 制螺旋机
—, screwing 同 machine, screw cutting
—, self acting drilling 自动鑽床
—, self acting boring 同 machine, automatic boring
—, self acting milling 同 machine, automatic milling
—, self-contained vertical drilling 独立立式鑽床
—, sensitive drilling 手压鑽床
—, service 实用飞机
—, sewing 縫級机
—, shaft straightening 直軸机

machine shape-cutting 定形氧割机
—, shaping 牛头鉋床
—, shearing 剪机
—, shearing and punching 同 machine, punching and shearing
—, shell bearing boring 軸承壳車孔机
—, shockloss jarring 无震冲击机
—, side planing 边鉋机
—, sieve 同 machine, screening
—, simple 簡单机械
—, single bay 单对支柱飞机
—, single column planing 单柱鉋床
—, single purpose 单用工具机
—, single spindle boring 单軸鏜床
—, single spindle drilling 单軸鑽床
—, single spindle milling 单軸銑床
—, slab milling 大平面銑床
—, sleeper drilling 軌枕鑽机
—, slotting 插床,立鉋床,釧床
—, smoothing planing 細鉋床
—, soaring 同 aerodone
—, soldering 焊机
—, speed record 速度記录机
—, spline miliing 多鍵軸銑床
—, splint cutting 割木片机
—, split pattern molding 拼合模制型机
—, spoke planing 輪軸鉋床
—, spring bending 弯簧机
—, squaring up 方边鉋床(木工的)
—, squeezer 压榨机
—, standard drilling 标准鑽床
—, starting 起动机
—, stationary riveting 固定鉚机
—, steam driven riveting 汽力鉚机
—, straightening 整直机
—, stranding 同 machine, rope
—, stripping plate 抽模制型机
—, superfinishing 精擦机，超精加工机
—, surface grinding 平面磨床
—, surface milling 平面銑床
—, surface planing 平面鉋床
—, swaging 环形滚軋机
—, table planing 龙門鉋床
—, tapping 攻螺紋机
—, tenoning 制筍机(木工的)
—, testing 試驗机
—, thread grinding 螺紋磨床
—, thread milling 螺紋銑床
—, three-roll bending 三輥弯板机
—, ticket dating 印票期机
—, ticket printing 印票机
—, ticket stamping 軋票机
—, tie drilling 同 machine, sleeper drilling
—, toggle joint riveting 肘节鉚机
—, tonguing and grooving 同 machine, tenoning
—, tool grinding 工具磨床
—, toothed wheel shaping 齿輪式〔牛头〕鉋床
—, tracer milling 同 machine, copy milling

machine, training 同 aeroplane, training
—, transport 同 aeroplane, transport
—, transportable riveting 同 machine, portable riveting
—, transverse shaping 橫式〔牛头〕鉋床
—, treadle drilling 脚踏鑽机
—, trimming 修整机
—, tube 制管机
—, tube and pipe bending 同 machine, pipe bending
—, tube welding 焊管机
—, turning 車床
—, turnover type molding 翻板造型机
—, turret head boring 轉塔式鏜床
—, twin motored 同 aeroplane, twin engined
—, two spindle boring 双軸鏜床
—, two spindle centering 双軸定心机
—, tyre bending 輪箍弯机
—, tyre vulcanizing 輪胎热补机
—, universal boring 万能鏜床
—, universal boring and drilling 万能鏜鑽床
—, universal drafting 万能絵图机
—, universal grinding 万能磨床
—, universal milling 万能銑床
—, universal radial drilling 万能搖臂鑽床
—, universal strength testing 万能强度試驗机
—, universal tool grinding 万能工具磨床
—, universal upsetting and welding 万能頓鍛焊接机
—, unloading 卸載机
—, upsetting 同 machine, jolting
—, valve refacing 磨閥面机
—, valve resurfacing 同 machine, valve refacing
—, ventilating 通风机
—, vertical bending 立式弯板机
—, vertical boring 立式鏜床
—, vertical boring and turning 立式鏜車床
—, vertical centrifugal casting 立式离心浇铸机
—, vertical die slotting 同 machine, die slotting
—, vertical drilling 立式鑽床
—, vertical lapping 立式精研机
—, vertical milling 立式銑床
—, vertical planing 立式鉋床 同 machine, slotting
—, vertical rotary planing 立式轉鉋床
—, vertical spindle rotary planing 同 machine, vertical rotary planing
—, vertically and horizontally adjustable riveting 垂直和水平調整鉚机
—, vulcanizing 补胎机
—, wagon weighing 衡車机
—, wall drilling 墙装鑽机
—, warming 煖气机

machine, washing 洗滌机
— **water scooping** 吸水机
—, **weighing** 衡量机
—, **weld** 焊机
—, **welding** 同 machine, weld
—, **wheel cutting** 同 machine, gear cutting
—, **wheel moulding** 同machine, gear wheel moulding
— **with fixed blocks, bending** 固定型块弯机
— **with jointed arm, drilling** 同 machine, with pivoted arm, drilling
— **with pivoted arm, drilling** 节臂鑽床
—, **wood bending** 弯木机
—, **wood boring** 同 machine, wood drilling
—, **wood drilling** 鑽木床
—, **wood planing** 木鉋床
—, **wood rim bending** 木輞弯机
—, **wood splitting** 劈木机
—, **wood working** 木工机
—, **working** 工作机
—, **worm gearing milling** 蝸輪銑床
machinery 机械
—, **auxiliary** 輔助机械
—, **boring** 鏜孔机械
—, **combination** 联合机械
—, **electric** 电力机械
—, **flange** 起緣机械
—, **flange and riveting** 起緣鉚釘机械
—, **hoisting** 起重机械
—, **ice making** 制冰机械
—, **metal working** 金工机械
—, **paper manufacturing** 造紙机械
—, **pneumatic** 风动机械
—, **pumping** 抽水机械
—, **refrigerating** 冷冻机械
—, **steam** 蒸汽机械
—, **sugar manufacturing** 制糖机械
—, **textile** 紡織机械
—, **traction** 曳引机械
—, **transport** 运輸机械
—, **woodworking** 木工机械
machining 同 machine 2.
—, **oxygen** 氧气切削
machinist 1.机工；2.机械师
—, **erecting** 装配机工
magazine 1.仓庫；2.料斗
—, **electrically controlled** 电动料斗
—, **mechanical controlled** 机动料斗
magdynamo 磁石发电机
magnaflux 同 method of inspection, mangetic particle
magnesia 氧化鎂
—, **sintered** 熔結氧化鎂
magnesite 菱鎂矿
magnesium 鎂{化}
—, **aluminum** 鋁鎂合金
magnet 磁鉄
—, **bar** 棒磁鉄
—, **blow-out** 吹熄磁鉄
—, **brake** 閘磁鉄
—, **crane** 起重磁鉄
—, **electro** 电磁鉄
—, **field** 場磁鉄

magnet, horse-shoe 馬蹄形磁鉄
—, lifting 同 magnet, crane
—, motor brake 电动机閘磁鉄
—, natural 天然磁鉄
—, permanent 永久磁鉄
—, single phase 单相电磁鉄
—, steel 磁鋼
—, temporary 暫时磁鉄
—, tension 节动磁鉄
magnetic 磁〔性〕的
magnetism 1.磁学;2.磁性;3.磁力
—, residual 余磁
magnetite 磁鉄矿
magnetization 1.磁化; 2.磁化强度
magnetize 同 magnetization
magneto 磁电机
—, armature type 电轉子式磁电机
—, automatic timed 自动定时磁电机
—, booster 助力磁电机
—, direct current 直流磁电机
—, flywheel type 飞輪式磁电机
—, handle 手搖磁电机
—, high frequency 高頻率磁电机
—, high tension 高压磁电机
—, ignition 发火磁电机
—, ignition and lighting 发火及照明磁电机
—, induction type 感应式磁电机
—, inductor 同 magneto, induction type
—, low tension 低压磁电机
—, right hand 右轉磁电机
—, rotary 旋轉式磁电机
—, rotary sleeve inductor type 轉套感应式磁电机
—, rotating magnet 同 magneto, rotating pole type
—, rotating pole type 轉极式磁电机
—, rotating sleeve type 轉套式磁电机
—, shielded 隔电磁电机
—, starter 起动磁电机
—, starting 同 magneto, starter
—, timing 定时磁电机
—, twin spark 双发火磁电机
magnetograph 磁針自記器
magnetometer 磁力計
magnification 放大
magnitude 大小
mahogany 桃花心木
mailplane 同 aeroplane, postal
main 1.总綫; 2.总管(水管的); 3.主要的, 总的
—, gas 总气管
—, hydraulic 总水管
—, service 給水总管
—, supply 同 main, service
maintenance 維持,保养,維护
maker 制造者,工人
—, boiler 鍋炉工人
—, core 型心工人
—, pattern 制模工人
make-up 組成,制成
making, die 制鋼模法
—, pattern 制木模法
mall 同 hammer, sledge
malleability 韌性
malleable 韌性的
mallet 同 hammer, wooden

mallet, hand 手木鎚
—, **rawhide** 皮槌
—, **round** 同 hammer, wooden
—, **rubber** 橡皮槌
—, **wooden** 同 hammer, wooden
man, motor 司机
management 管理
—, **industrial** 工业管理
—, **production** 生产管理
—, **scientific** 科学管理
—, **shop** 1.車間管理; 2.工厂管理
mandrel 1.紧軸; 2.心軸
—, **automatic expanding** 自动脹开心軸
—, **built-up** 組合心軸
—, **expanding** 脹开心軸
—, **expansion** 同 mandrel, expanding
—, **fixed** 定径心軸
—, **gang** 串疊心軸
—, **hollow** 空心心軸
—, **lathe** 車工心軸
—, **nut** 螺母心軸
—, **press** 压进心軸
—, **roll** 滚軋心杆
—, **slide cone** 滑錐心軸
—, **splined** 花鍵心軸
—, **standard** 标准心軸
—, **taper** 錐形心軸
—, **taper shank** 錐柄心軸
—, **threaded** 螺紋心軸
mandrels for pipe bending 弯管用的心杆
maneton 1.同 journal; 2.可卸曲柄夾板
maneuver 操縱,运用
maneuverability 可操縱性,可运用性
manganese 锰{化}
—, **phosphor** 磷锰
—, **silicon** 硅锰
mangle 轧板机
manhole 人孔
man-hour 工时
manifold 歧管
—, **air cooled exhaust** 气冷式排气歧管
—, **branch** 多歧管
—, **carburetor** 汽化器歧管
—, **cylinder water** 气缸水歧管
—, **ejector type exhaust** 噴射式排气歧管
—, **exhaust** 排气歧管
—, **exhaust and intake** 排气及进气歧管
—, **exhaust gas** 同 manifold exhaust
—, **governor** 調节器歧管
—, **hoist pump** 起重机油泵歧管
—, **hot spot intake** 借热进气管
—, **hydraulic pressure** 液压歧管
—, **induction** 吸气歧管
—, **inflation** 充气歧管
—, **inlet** 进气歧管
—, **intake** 同 manifold, inlet
—, **suction** 同 manifold, induction
—, **water** 水歧管
—, **water cooled exhaust** 水冷式排气歧管
manifolding 歧管装置
manograph 記压器

manometer 压力計
—, air 空气压力计
—, cistern 液槽压力計
—, low pressure 同 gage, low pressure
—, mechanical type 机械式压力計
—, mercury 水銀压力計
—, pressure 同 manometer
—, single liquid type 单液式压力計
—, U-tube U 形管压力計
—, water 水柱压力計
mansory、brickwork 磚工
mantel 壁炉額{建}
mantel-piece 同 piece, mantel
manual 手工的
manufactory 制造厂
manufacture 制造
manufacturer 制造者
manufacturing 制造的
—, interchangeable 互换性制造
—, machine 机器制造
map, contour 等高綫图
—, railway 同 diagram, railway
margin of drill 鑽鋒圓边
— of lift 升力限度
— of power 动力限度
— of safety 安全限度
marine 船用的
mark 标志，記号
—, bench 水准标志
—, center 定中心点
—, core 型心記号
—, finish 加工記号
—, prick punch 同 mark, center
—, slippage 滑动記号
—, timing 定时記号
—, tool withdrawal 退刀伤痕
—, tyre deflection 胎压記号
—, water 水綫标志
—, zero 零位記号
marker, pipe 管子曲綫規
—, sea 海面标志
marking, aerodrome 机場标志
martempering 馬丁淬火
martensite 馬丁散鉄
—, hard 硬質馬丁体(金相)
mask, arc welding 电弧焊遮罩
—, instruments 仪表罩
mass 質量
—, apparent 外表質量
—, balance 平衡質量
—, counter 同 mass, counter-balancing
—, counter-balancing 抵衡質量
—, critical 临界質量
—, effective 有效質量
—, gravitational 引力質量
—, inertia 惯性質量
—, inertial 同 mass, inertia
—, longitudinal 縱質量
—, proper 原質量
—, reciprocating 往复質量
—, relative effective 相对有效質量
—, rotating 迴轉質量
—, transversal 横質量
mast 柱，桅
—, brake 同 bar, brake
—, mooring 系留柱
—, pitot 空速管柱
—, rotor 轉动柱
—, rudder 方向舵杆

mast, self propelling mooring 自动式击柱
—, **stub mooring** 同 mast, mooring
—, **wing** 翼柱
—, **wireless** 无綫电信柱
master, control 检査工长
mastic, rubber 同 cement, rubber
masticator 1. 割碎机; 2. 同 machine kneading
masut (masout) 同 oil, heavy
mat, step 踏板毯
match 假型
—, **green sand** 湿砂假型
—, **permanent oil** 耐久油假型
—, **sand** 砂假型
matching, dual 双組配合
— **of tyre** 輪胎配合
material 材料
—, **acid** 酸性材料
—, **acid resisting** 耐酸材料
—, **active** 活性材料
—, **basic** 碱性材料
—, **binder** 同 material, cementing
—, **carburization** 同 carburizer
—, **cementing** 粘結材料, 胶結材料
—, **cold short** 冷脆材料
—, **excess** 过剩材料
—, **facing** 复面材料
—, **fissionable** 可分裂物質
—, **fragile** 脆弱材料
—, **gasket** 垫衬材料
—, **grinding** 磨料
—, **neutral** 中性材料
—, **organic** 有机材料
—, **packing** 填密材料
—, **padding** 同 material, packing
—, **plastic** 塑料, 塑胶材料
—, **raw** 原料
—, **refractory** 耐火材料
—, **rejected** 退料
—, **rigid** 刚性材料
—, **sound-proof** 隔音材料
—, **spring** 弹簧材料
—, **textile** 紡織材料
—, **top** 頂料
—, **tyre repair** 补胎材料
materials of construction 构造材料
matrix 1.杂矿石; 2.基块{冶}; 3.模型
matter 物質
—, **combustible** 可燃物質
—, **volatile** 揮发物質
mattock, carpenters' 鶴嘴斧
maul 同 hammer, sledge
—, **spiking** 同 hammer, sledge
maximum 最大
mean 中間的, 平均的
measure 1.測量; 2.量器
—, **circular** 弧度法
—, **coal** 量煤器
—, **folding pocket** 摺尺
—, **liquid** 液体量法
—, **map** 測图器
— **of resistance** 阻力測定
—, **shrnking** 1.收縮度; 2.放尺
—, **tape** 卷尺
measurement 1.量度; 2.測定
—, **absolute** 絶对測定法, 絶对量度
—, **comparative** 比較測定法, 比較量度

measurement, discharge 流量測定
— of quantity 量的測定
—, surface quality 表面質量測定
—, surface roughness 表面糙度測定
—, three wire 三綫測螺紋法
measuring 測量
mechanic 1.机〔械〕工〔人〕; 2.机械的
mechanical 同 mechanic 2.
mechanics 力学
—, analytical 解析力学
—, applied 应用力学
—, automobile 自动車机械学
—, engineering 工程力学
— of materials 材料力学
—, theoretical 理論力学
mechanism 1.机构; 2.机构学
—, adjusting 調整机构
—, automatic-spark advance 火花迟早自节器
—, beam and crank 横樑曲柄机构
—, belt shifting 移带机构
—, bomb release 投弹器
—, compound 复式机构
—, constructive 构造机构学
—, control 控制机构
—, counter 記数机构
—, countershaft 副軸机构
—, counting 同 mechanism, counter
—, crank 曲柄机构
—, cross slide feed 横动台进程机构,横动台进給机构
—, dial type feed 轉盘式进料机构
—, disengaging 分离机构
—, door bolt 門栓机构
—, double crank 双曲柄机构
—, double lever 双杆机构
—, drag-link 拉杆机构
—, driving 主动机构
—, driving and reversing 进退机构
—, dumping 傾卸机构
—, external reversing 外部換向机构
—, feed 1.进料机构; 2.进給机构,进刀机构
—, feeding 同 mechanism, feed
—, flap 摺翼机构
—, four link 四联杆机构
—, gear shift 調档机构
—, gyrotraverse 同 mechanism, turret gyrotraverse
—, hopper type feed 漏斗式进給机构
—, indexing 轉位机构(自动車床的)
—, interlocking 联鎖机构
—, load-and-fire 装发机构(枪炮子弹的)
—, lock 閉鎖机构
—, parallel crank 平行曲柄机构
—, parallel motion 平行运动机构
—, printing 印刷机构
—, pure 純粹机构学
—, quick return 急回机构
—, rack 齿条机构

mechanism, ratchet 棘輪机构
—, reaction 反应机构
—, recording 記录机构
—, reel type feed 圓車式进料机构
—, release 放出机构
—, reversing 換向机构
—, rocker 搖杆机构
—, roll type feed 滚柱式进給机构
—, shifting 移动机构
—, simple 簡单机构
—, slider crank 滑子曲柄机构
—, spheric 球面运动机构
—, spiral gear drive 螺旋齿輪传动机构
—, steering 轉向机构
—, stop and release 停放机构
—, straight line 同 mechanism, straight line motion
—, straight line motion 直綫运动机构
—, swinging block slider crank 摆杆滑子曲柄机构
—, tool 工具机构
—, transmission 传动机构
—, transversing 横动机构
—, turning block slider crank 同 gear, rotating crank
—, turret gyrotraverse 轉塔回轉机构
—, turret rotating 同 mechanism, turret gyrotraverse
—, turret traversing 同 mechanism, turret gyrotraverse
—, vacuum retarding 眞空减速机构
—, valve 同 mechanism, valve operation
—, valve operation 閥动机构
—, wabbler 搖摆机构
—, wobbler 同 mechanism, wabbler
mechanist 机工
mechanization 机械化
medium 1.媒質; 2.中間的
—, cooling 冷却剂
—, filter 过滤剂
—, quenching 淬冷剂
—, thermodynamic 热工作介質
—, working 工质
megger 同 ohmmeter
megohm 兆欧(电阻)
melter, babbit 熔巴氏合金炉
melting 熔化
— in crucible 用坩堝熔化
member 构件
—, axial-loaded 縱載构件
—, brake beam compression 閘樑受压条
—, brake beam tension 閘樑受拉条
—, center cross 中央横樑
—, clutch driven 同 disk, clutch driven
—, compression 抗压构件
—, cross 1.横构件;2.横樑(車架的)
—, diagonal 斜构件
—, driven 从动构件
—, driving 主动构件
—, extra sliding 特别滑动构件
—, frame 車架构件
—, frame cross 車架横樑
—, frame side 車架边樑
—, front cross 前横档

member, full cross 同member, frame cross
—, radiator cross 散热器横条
—, rear frame 后横樑
—, rear frame 后架樑
—, revolving 迴轉构件
—, side 大樑(机車的)
—, tension 抗张构件
—, torque 抗扭构件
—, vertical 垂直构件
—, wing 翼构件
—, X-cross X形横樑
membrane 隔膜
mending 修补
meniscus 1.弯月面(由表面张力而起的); 2.凸凹透鏡
mercury 汞{化}，水銀
meridian 經綫，子午綫{天文}
—, principal 正經綫{天文}
merit 1.灵敏;2.特征;3.价值
mesh 1.網眼;2.網;3.嚙合(齿輪)
—, steel 鋼網
—, wire 綫網
meshing 嚙合
metacenter 定傾中心(浮体的)
—, longitudinal 縱稳定中心
—, transverse 横稳定中心
metacentric 定傾中心的
metal 金屬
—, aerial 航空金屬
—, antifriction 减摩金屬
—, Babbitt 同 Babbitt
—, base 底层金屬
—, bearing 軸承合金
—, bell 造鐘青銅，鋳鐘合金
—, box 同 metal, bearing
—, brazing 硬焊合金
—, calking 塡隙合金
—, compound 同 alloy
—, deposit 沉淀金屬
—, drawn 拉制金屬
—, ductitled 靱金屬
—, expanded 網形鉄
—, ferrous 鉄合金
—, filler 同 metal, calking
—, free-cutting 易割金屬
—, fusible 易熔金屬
—, gun 炮銅
—, heavy 重金屬
—, hot 高热金屬(取自高炉的)
—, ingot 金屬錠
—, joural 軸頸合金
—, light 輕金屬{冶}
—, liquid 液态金屬
—, melten 同 metal, fusible
—, Monel 孟乃尔合金
—, non-ferrous 非鉄金屬
—, parent 同 metal, base
—, polishing 抛光金属
—, red 紅銅
—, rib 肋鉄
—, rustless 不銹金屬
—, sheet 金屬板,金屬皮
—, speculum 鏡用青銅
—, three-ply 三层金屬板
—, weld 焊条金屬
—, welded 焊接金屬
—, white 白合金
metallic 金屬的
metallization 同 coating, metal
metallizing 同 coating, metal
metallography 金相学
metallurgy 冶金学
—, powder 粉末冶金学
metals, preheating liquid 預热液态金屬
metastable 暫时稳定
meteorograph 气象自記仪

meteorology 气象学
—, **aeronautical** 航空气象学
meter 1.米; 2.计，表，仪，
—, **air** 同 aerometer
—, **air speed** 同 anomometer
—, **alkalinity** 碱度斗
—, **ampere-hour** 安培小时計
—, **angle** 測角器
—, **current** 流速計
—, **diaphragm accelero** 膜式加速計,膜盒加速計
—, **drift** 偏航計
—, **electric current** 电流計
—, **fuel consumption** 燃料消耗計
—, **fuel-flow** 燃料流量計
—, **gas** 煤气計
—, **gradient** 同gradometer
—, **ground speed** 地速計
—, **incidence** 傾角計
—, **kilogram** 公斤米
—, **knock** 爆燃仪
—, **mile** 同 speedometer
—, **phase** 相位計
—, **rate of climb** 上升率計
—, **recording air speed** 风速記录計
—, **slope** 同 meter, gradent
—, **speed** 速度計
—, **steam** 量汽計
—, **steam consumption** 蒸汽消耗計
—, **strain** 应变仪
—, **superheat** 过热計
—, **surface** 表面仪
—, **tautness** 紧度計
—, **tension** 张力計
—, **thrust** 推力計
—, **torsion** 扭力計
—, **true air speed** 实际空速計
—, **vacuum** 眞空計
—, **Venturi** 汾丘里流量計
—, **viscosity** 粘度計
—, **visibility** 能見度計
—, **volt** 伏特計，电压計
—, **waste** 漏水計
—, **water** 水量計，水表
—, **watt-hour** 瓦〔特小〕时計
—, **wheel alignment** 同aligner, wheel
—, **wind** 风力計
—, **yaw** 同 meter, drift
metering 計量
meter-kilogram 米公斤
methane 甲烷
method 方法
—, **air turbulence** 空气扰动法
—, **analytical** 解析法
—, **back step welding** 逐步退焊法
—, **bar** 长条施工法
—, **bomb calorimeter** 燃弹測热法
—, **brake** 闸測法
—, **briquetting** 压块法
—, **chucking** 夾持法(用夾头施工法)
—, **combination** 同 method, combined
—, **combined** 联合法
—, **cracking** 热裂法
—, **cross section** 剖面法
—, **curve plotting** 曲綫画法
—, **cut and try** 試探法
—, **delay** 延迟法
—, **direct injection** 直接噴射法

method, generating 滚齿法
—, graphic 图示法
—, graphical 同 method, graphic
—, hit and miss 断續法(内燃机調节的)
—, impression 印模法
—, installation 装置法
—, line reversal (of temperature measurement) 迴綫法(测温用)
—, metacentric 定傾中心方法
— of approaches 漸近法
— of approximation 同 method of approaches
— of compensation 补整法
— of connection 連接法
— of development 展开法
— of image 反映法
— of impregration 浸滲法
— of instpection, magnetic particle 磁鉄粉检查法
— of least square 最小二乘法
— of moment 力矩法
— of roasting 焙燒法
— of rotation 轉动法
— of working 工作法
—, offset 1.偏装法; 2.永久变形测定法
—, packing 包装法
—, pin 同 inspection, pin method gear
—, progressive block 連續块焊法
—, production 生产方法
—, quality 变質法(調整内燃机发出动力的)
—, quantity 变量法(調整内燃机发出动力的)
—, regenerative 再生法,回热法
—, scavenge 换气法
—, spray 噴射法
—, step back 分段反向焊法
—, straified charge 层式进气法
—, straight edge shadow 直边阴影法
—, throttling 节流法
—, tracer 針描氧割法
—, trial and error 試錯法
—, two-color (of temperture measurement) 二色法(测温用)
—, volumetric 容积法
—, wandering block 同 method, progressive block
metric 1.公制的; 2.度量的
mica 云母
micarta 胶木
microgram 微克
micro-interferometer 显微干涉仪
micrometer 测微計,千分尺
—, annular 圓径千分尺
—, bench 台用千分尺
—, bifilar 复絲千分尺
—, circular 同 micrometer, annular
—, eyepiece 目鏡千分尺
—, filar 同 micrometer, bifilar
— for inside measuring 同 micrometer, inside
—, inside 内径千分尺
—, outside 外径千分尺
—, ring 同 micrometer, an-

nular
micrometer, scale 同micrometer
—, screw 螺旋千分尺,螺紋千分尺
—, screw thread 同micrometer, screw
—, spark
—, tenthousandth 万分尺
—, vernier 游标千分尺
—, wedge 楔形千分尺
micrometry 測微法
micron 微米
microphone 扩音器
microscope 显微鏡
—, comparator 比較显微鏡
—, micrometric 微分显微鏡
—, tool maker's 工具制造者显微鏡
microscopic 显微的,高倍〔放大〕的
microstructure 同 structure, microscopic
middle 中間
mid-position 中間位置
midship 中部(船的)
mid-wing 同 wing, middle
mil 千分之一吋
mile 哩,英里
—, aeronautical 航空哩
—, air 同 mile, aeronautical
—, car 車哩
—, gallon 加侖哩
—, nautical 浬,海哩
miles per gallon 同 mile, gallon
— per hour 每小时哩数
—, ton 吨哩
—, train 列車哩
mileage 哩程
—, transport 运輸哩程
milk of lime 石灰乳
mill 1.碾磨;2.碾磨机; 3.〔碾磨厂〕;4.銑;5.銑刀;6.銑床;7.mill, rolling
—, attrition 同 mill 2.
—, adjustable hollow 可調整空心銑刀
—, armour plate 甲板滾軋机
—, armour plate rolling 同 mill, armour plate
—, ball 球磨机
—, blooming 开坯机
—, boring 同machine, boring
—, cement 水泥厂
—, cleaning 同 barrel, tumbling
—, cogging 开坯机
—, cotter 同cutter, cotter mill
—, crushing 同 crusher
—, cylinder 圓筒碾磨机
—, disc 同mill, wheel rolling
—, double-end 双端銑刀
—, Dowlais 复式双輥滾軋机
—, edge 輪磨机
—, end 同 cutter, end mill
—, face 同 cutter, face milling
—, flattening 軋平机
—, gang 排銑机
—, grinding 碾磨机
—, hand 手磨机
—, high speed type end 高速端銑刀
—, hollow 空心銑刀
—, looping 同mill, wire
—, lumber 鋸木厂
—, paper 造紙厂
—, plain hollow 普通空心銑刀
—, plate 軋板机

mill, pug 攪拌机
—, reversing 回动滚軋机
—, rod 1.同 mill, wire; 2.棒料滚轧机
—, rolling 1.同mill 3.;2.滚軋机
—, roughing 同 mill, cogging
—, saw 鋸木厂
—, shank end 带柄端銑刀
—, sheet rolling 同mill, plate
—, shell end 圓筒端銑刀
—, slitting 滚剪机
—, spiral cut end 螺槽端銑刀
—, stamp 搗碎机
—, steel 軋鋼厂
—, stone 磨石机
—, straddle 跨距銑刀
—, stright shank end 直柄端銑刀
—, train 同 train, mill
—, tread 脚踏軋机(如軋花机等)
—, tube 同 mill, tube rolling
—, tube rolling 軋管机
—, twin rolling 双輥滚軋机
—, two high 同 mill, twin rolling
—, two lip 同 cutter, two-lip end milling
—, two lipped end 同 cutter, two lip end milling
—, two lipped slotting end 同cutter, two lip end milling
—, tyre 輪箍厂
—, tyre rolling 輪箍滚軋机
—, universal 同 machine, universal milling
—, vertical boring 同machine, vertical boring
—, vertical boring and turning 同 machine, vertical boring and turning
—, water 同 wheel, water
—, wet emery 金刚砂湿磨机
—, wet-tube 湿管磨机
—, wheel 同 wheel, grinding
—, wheel rolling 輾輪滚軋机
—, wire 綫材滚軋机
— with spiral teeth, end 同 mill, spiral cut end
— with straight teeth, end 直齿端銑刀，直槽端銑刀
miller, bench 台銑床
—, planetary thread 行星式螺紋銑床
millibar 毫巴
milligram 毫克
milliliter 毫升
millimeter 毫米
millimicron 毫微米
milling 銑〔法〕
—, angular 角銑
—, circular 圓銑
—, copying 靠模銑
—, down 顺銑
—, face 銑面
—, face and side 平側銑法
—, form 同 milling, formed cutter
—, formed cutter 成形銑刀銑法
—, gang 排銑
—, hand 手銑
—, horizontal 平銑
—, longitudinal 縱銑
—, longsway 同 milling, longitudinal

milling of grooves 銑槽
　—, plain 平面銑法
　—, slab 同 milling, plain
　—, straddle 跨銑
　—, up 逆銑
millwright 装配工人
minute 1.分;2.精密的
mirror 鏡
　—, back view 望后鏡
　—, glare proof 望眩鏡
　—, long arm 长臂〔望后〕鏡
　—, observation 观察鏡
　—, rear view 同mirror, back view
　—, rear-vision 同mirror, back view
　—, side 側鏡
misalignment 不对准(直綫)
miscibility 可混性〔物〕
misfire 不发火
misfiring 同 misfire
misfiring, engine 发动机不发火
missing of ignition 不着火
miter 成45°角斜接
　—, square 同 square, miter
　—, wheel 同 gear, miter
mitre 同 miter
mitre-box 同 box, miter
mixed 混合的
mixer 1.同machine, mixer; 2.混合器
　—, air and gas 煤气混合器
　—, batch sand 滚筒和砂机
　—, cement 水泥混合机
　—, centrifugal 离心混合机
　—, color 調色机
　—, concrete 混凝土攪拌机
　—, continuous 連續混合机
　—, dolomite 云石混合机
　—, gas-air 同mixer, air and gas
　—, intermittent 間歇混合机
　—, paint 調漆机
　—, pig iron 生鉄混合器
　—, pug 同 mill, pug
　—, pug mill 同 mill, pug
　—, road 筑路拌料机
　—, tar 柏油調和器
mixing 混合
　—, incomplete 混合不匀
mixture 混合物
　—, air-coal 空气煤粉混合体
　—, anti-freezing 防冻剂
　—, best power 最大动力的混合气
　—, burning 可燃混合气
　—, chemically correct 化学正确混合气
　—, combustible 同 mixture, burning
　—, core 型心混合料
　—, correct 正确混合气
　—, explosive 爆炸混合气
　—, free burning 自燃混合气
　—, freezing 冷冻剂
　—, fresh 新鮮混合物
　—, fuel 同 mixture, fuel air
　—, fuel air 燃料空气混合气
　—, fuel vapor 同 mixture, fuel air
　—, gas 混合气
　—, heavy 重混合气
　—, ignition 同mixture, burning
　—, inflammable 同 mixture, burning
　—, lean 稀混合气
　—, normal 正常混合气

mixture of ores and fluxes 鑛砂熔剂混合物
—, **overrich** 过浓混合气
—, **poor** 同 mixture, lean
—, **rich** 浓混合气
—, **saturated** 飽和混合气
— **starting** 起动混合气
—, **theoretical** 理論混合气
—, **weak** 同 mixture, lean
—, **working** 工作混合气
mobile 1.运动物体；2.运动的
mobilgrease 同 grease
mobility 1.运动性；2.迁移率{物}
mobiloil 同 oil, mobile
model 1.模型,标本；2.式样
—, **full scale** 实尺模型
—, **full size** 同 model, full scale
—, **liquid-drop** 液滴型
— **of coking** 炼焦模型
— **of vibration** 振动模型
—, **pilot** 試选样品
moderator 减速剂，慢化剂
modification 1.改造；2.变化情状
modified 改良的
modifier spark advance 发火提早装置(眞空式)
modulator 調幅器
module 同 modulus
modulus 模数，模量{物}
—, **bulk** 体积弹性模数
—, **fineness** 細度模数
— **of longitudinal elasticity** 同 modulus of longitudinal elasticity
— **of elasticity** 弹性模数
— **of longitudinal elasticity** 縱弹性模数
— **of resilience** 回能模数
— **of rigidity** 刚性模数
— **of rupture** 断裂模数
— **of shearing** 剪断模数
— **of sliding movement** 滑动模数
— **of traverse elasticity** 横弹性模数
— **of volume elasticity** 同 modulus, bulk
—, **section** 剖面模数
—, **shear** 同 modulus of shearing
moisture 湿气,水份
mol 同 mole
mole 克分子〔量〕
mold 1.型；2.造型
—, **casting** 鑄型
—, **cement** 水泥型
—, **chill** 冷鑄型
—, **close** 閉型
—, **dry sand** 干砂型
—, **iron** 鉄型
—, **floor** 地鑄型
—, **gang** 連型
—, **ground** 同 mold, floor
—, **ingot** 鑄錠型
—, **loam** 泥型,粘土型
—, **metal** 金屬型
—, **nailing** 加釘型
—, **open** 開型
—, **permanent** 永久型
—, **plaster** 膏型
—, **reverse** 倒型
—, **ring shaped** 环型
—, **semi-permanent** 半永久型
—, **skin dried** 面干型
—, **sweeping loam** 刮泥型

molder 铸工
molding 1.造型〔法〕; 2.嵌条
—, **bakelite** 电木造型
—, **band** 运輸带上造型法
—, **bench** 台上造型
—, **compression** 压实造型法
—, **corner** 折角掩条
—, **dry sand** 干砂造型
—, **green sand** 潮沙造型
—, **half round** 半圓掩条
—, **hand** 手工造型
—, **headlight** 同 door, head lamp
—, **hood** 发动机罩嵌綫装飾
—, **injection** 噴射造型法
—, **loam** 粘土造型
—, **louvre** 綴模
—, **machine** 机器造型
—, **open sand** 开沙造型
—, **pattern plate** 模板造型
—, **pit** 地板造型
—, **plate** 用板造型
—, **radiator grill** 散热器护柵嵌条
—, **radiator shell** 散热器罩嵌条
—, **rodding** 加杆造型
—, **sweep** 同 molding, templet
—, **templet** 刮板造型
—, **transfer** 移轉造型法
—, **tub** 框內造型
molecule 分子
—, **gram** 克分子
—, **straight chain** 直鏈結构分子
molybdenum 鉬{化}
moment 〔力〕矩
—, **bending** 弯〔曲〕矩
—, **control surface** 1.控制面力矩; 2.舵力矩
—, **damping** 阻尼力矩
—, **disturbing** 扰动力矩
—, **diving** 俯冲力矩
—, **effective torsional** 有效扭矩
—, **equivalent bending** 等量弯矩
—, **equivalent twisting** 等量扭矩
—, **first** 初矩
—, **fixing** 固定力矩
—, **geometrical** 几何面矩
—, **hinge** 鉸鏈力矩
—, **mean turning** 平均轉动矩
—, **negative torsional** 負扭矩
— **of area** 同 moment, geometrical
— **of displacement** 排水量的力矩
— **of area of transverse** 横剖面积力矩
— **of area of water-plane** 水平面面积力矩
— **of couple** 力偶矩
— **of flexion** 同 moment, bending
— **of flexure** 同 moment, bending
— **of force** 力矩
— **of friction** 摩擦力矩
— **of gyration** 同 moment, turning
— **of inertia** 慣性矩,轉动慣量
— **of momentum** 动量矩
— **of resistance** 阻力矩
— **of rupture** 断裂力矩
— **of sparking** 同 time of

ignition

moment of stability 安定力矩

— of torsion 扭〔力〕矩

—, overturning 翻倒力矩

—, pitching 俯仰力矩

—, processional 同moment of inertia

—, resisting 同 moment of resistance

—, restoring 回复力矩

—, righting 同 moment, restoring

—, rolling 滚动力矩

—, sagging 下垂力矩

—, secondary 副力矩

—, static(al) 静力矩

—, tilting 同 moment, overturning

—, torsional 同 moment of torsion

—, trimming 平衡力矩

—, turning 轉动力矩

—, twisting 同 moment of torsion

—, useful torsiona同moment, effective torsional

—, yawning 偏航力矩

momentum 动量

—, angular 角动量

—, generalized 广义动量

monelmetal 同 metal, monel

mono-clinal 单斜层〔的〕{地}

mono-control 单控制

monocoque 硬壳机身

—, metal 金屬壳机身

nomograph 記录

—, power 功率图

monomotor 单发动机

monooxide 一氧化物

monoplane 单翼〔飞〕机

—, all-wing 全翼单翼机

—, cantilever 张翼单翼机

—, equivalent 等量单翼机

—, externally-braced 外张单翼机

—, high-wing 高翼单翼机

—, long-wing 长翼单翼机

—, long-wing 同 monoplane, low-wing

—, low-wing 低翼单翼机

—, middle-wing同 monoplane, mid-wing

—, mid-wing 中翼单翼机

—, ordinary 普通单翼机

—, parasol 伞形单翼机

—, strutbraced 支柱单翼机

—, tandem 串翼单翼机

—, trimotored 三发动机单翼机

—, wire braced 拉綫式单翼机

—, wireless 无綫式单翼机

mono-seaplane 同 hydro-monoplane

monospar 单樑

monowheel 单輪

monoxide, carbon 一氧化碳

mooring 系留

—, three-point 三点系留

—, three wire 同 mooring, three point

mop 地板擦

—, cloth bottom 布擦

—, cloth finishing 抹光布輪

—, floor 同 mop

mortar 1.研缽{化};2.砂浆{建};3.迫击炮

—, cement 水泥砂浆

—, clay 黏土砂浆

mortise 筍眼

mortise, chisel 同chisel, mortise
mortising 接笋
motion 1.运动;2.动作;3.运动机构
—, **absolute** 絶对运动
—, **accelerated** 加速运动
—, **aggregate** 集合运动
—, **ahead** 前进运动
—, **alternating** 往复运动
—, **alternative** 同 motion, alternating
—, **angular** 角运动
—, **angular harmonic** 角諧运动
—, **apparent** 外表运动
—, **approximate parallel** 近似平行运动
—, **approximate straightline** 近似直綫运动
—, **assymmetric** 不对称运动
—, **axial** 軸向运动
—, **circular** 圓周运动
—, **clokwise** 順时針方向轉动, 右轉动
—, **constrained** 同 motion, restricted
—, **continuous** 連續运动
—, **counter** 逆动
—, **counter-clock-wise** 反时針方向轉动,左轉动
—, **cross** 横向运动
—, **cross traverse** 同 motion, cross
—, **curvilinear** 曲綫运动
—, **cutting** 切削运动
—, **damped harmonic** 阻尼諧动
—, **differential** 差动
—, **discontinuous fluid** 不連續活动
—, **eccentric** 偏心运动
—, **eccentric feed** 偏心进給运动
—, **eddy** 渦动
—, **eddying** 同motion, eddy
—, **elliptic** 椭圓运动
—, **feed** 进給运动
—, **fluid** 流体运动
—, **four-bar** 四杆运动
—, **friction feed** 摩擦給动
—, **geneva** 日內亚运动(在下死点有充分停止时間的动作)
—, **gyratory** 迴轉运动
—, **gyroscopic** 同 motion, gyratory
—, **harmonic** 諧和运动
—, **helical** 螺旋运动
—, **horizontal** 水平运动
—, **intermittent** 間歇运动
—, **irrotational** 非旋轉运动
—, **jib** 同 motion, tappet
—, **laminar** 层状运动
—, **lateral** 同 motion, cross
—, **lever** 槓杆运动
—, **link** 联杆运动
—, **longitudinal** 縱向运动
—, **longitudinal sliding** 縱向滑动
—, **lost** 空动
—, **main** 主体运动
—, **oscillator** 摆动
—, **oscillatory** 同 motion, oscillator
—, **parabolic** 抛物綫运动
—, **parallel** 平行运动
—, **periodic** 週期运动
—, **perpetual** 恆动,永动
—, **piano** 鋼琴运动

motion, piston 活塞运动
—, **plane** 平面运动
—, **planetary** 行星运动
—, **positive** 确动
—, **potential** 位置运动
—, **progressive wave** 前进波动
—, **projectile** 同 motion, parabolic
—, **quick-return** 急回运动
—, **radial** 沿径运动;径向运动
—, **reciprocating** 同 motion, alternating
—, **rectilinear** 同 motion, straight line
—, **relative** 相对运动
—, **repeating** 重复运动
—, **restricted** 限制运动
—, **restrictive** 同 motion, restricted
—, **resultant** 合成运动
—, **retarded** 减速运动
—, **reverse** 同 motion, counter
—, **rocking** 摇动
—, **rotary** 轉动
—, **rotating** 同 motion, rotary
—, **rotational** 同 motion, rotary
—, **screw** 同 motion, helical
—, **simple harmonic** 簡諧运动
—, **simple periodic** c 簡諧运动
—, **sliding** 滑动
—, **space** 空間运动
—, **spherical** 球面运动
—, **steady** 稳定运动
—, **Stephenson link** 斯蒂芬遜联杆运动
—, **straight reciprocating** 直綫往复运动
—, **straight line link** 直綫环节运动
—, **straight link** 同 motion, straight line link
—, **straight reciprocating main** 同 motion, straight reciprocating
—, **streamline** 流綫运动
—, **swing** 同 motion, rocking
—, **swinging block quick return** 摆杆急回运动
—, **symmetric(al).** 对称运动
—, **tappet** 挺杆运动
—, **three dimensional** 三向运动
—, **translational** 直綫移动
—, **transversal** 同 motion, cross
—, **triangular** 三角形运动
—, **turbulent** 紊流运动
—, **turning** 同 motion, rotary
—, **two dimensional** 二向运动
—, **uniform** 等速运动
—, **uniform accelerated** 等加速运动
—, **uniform acceleration** 同 motion, uniform accelerated
—, **uniform circular** 等速圓周运动
—, **uniformly accelerated** 同 motion, uniform accelerated
—, **uniformly retarded** 等减速运动
—, **unsteady** 不稳定运动
—, **valve** 閥动
—, **variable** 变速运动
—, **variable accelerated** 变加速运动
—, **varying accelerated** 同

motion, variable accelerated
motion, varying acceleration 同 motion, variable accelerated
—, vertical 竖直运动
—, vibratory 振动
—, vortex 同motion, eddy
—, wave 波动
—, whirling 同 motion, eddy
—, working 同 motion, main
motometer 同 tachometer
motor 1. 电动机，馬达；2. 同 engine, internal combustion
—, aeroplane 同 aeroengine
—, air 同engine, air
—, air cooled 同 engine, air cooled
—, airplane 同 aeroengine
—, alcohol 同engine, alcohol
—, asynchronous 异步电动机
—, axle driving 車軸电动机
—, bipolar electric 双极电动机
—, cascade 串接电动机
—, compound 同 motor, compound wound
—, compound wound 复繞电动机
—, constant pressure 等压内燃机
—, continuous railway 同 metor, direct urrent railway
—, control 調整电动机
—, Diesel 同engine, Diesel
—, direct current railway 鉄路用直流电动机
—, double diameter piston 双径活塞内燃机
—, electric 同 motor 1.
—, enclosed type electric 閉式电动机
—, four cylinder 四缸发动机
—, four pole 四极电动机
—, gas 同engine, gas
—, gasoline 同engine, gasoline
—, hand 手电动机
—, high compression 同engine, high voltage
—, high speed 1.高速电动机；2.同 engine, high speed
—, high voltage 高压电动机
—, high-tension 同 motor, high voltage
—, horizontal 1.卧式电动机；2.卧式内燃机
—, induction 感应电动机
—, internal combustion 同engine, internal combustion
—, low compression 同 engine, low compression
—, low tension 同 motor, low voltage
—, low voltage 低压电动机
—, main 主电动机
—, mine-railway 矿区鉄道用电动机
—, multiphase 多相电动机
—, oil 同engine, oil
—, outboard 船舷发动机
—, overhead valve 頂閥发动机
—, paraffin 石腊发动机
—, petrol 同engine, gasoline
—, pneumatic 气力发动机
—, prime 原动机
—, principal 同motor, main
—, revolving cylinder 同 engine, revolving cylinder
—, series 串联电动机

motor, series commutator 串联整流电动机
—, **shunt** 同 motor, shunt wound
—, **shunt wound** 分激电动机
—, **single** 单发动机
—, **single cylinder** 同 engine, one cylinder
—, **single phase** 单相电动机
—, **single phase commutator** 单相整流电动机
—, **single phase series** 单相串联电动机
—, **six cylinder** 同engine, six cylinder
—, **six pole** 六极电动机
—, **slow speed** 低速发动机
—, **squirrel cage** 鼠籠式电动机
—, **starter** 起动电动机
—, **starting** 同 motor, starter
—, **synchronous** 同步电动机
—, **three-phase** 三相电动机
—, **traction** 同engine, traction
—, **twelve cylinder** 十二汽缸发动机
—, **twin cylinder** 同 engine, double cylinder
—, **two cylinder** 同 engine, double cylinder
—, **universal** 交流直流两用电动机
—, **vertical** 同 engine, vertical
—, **water** 同 engine, hydraulic
—, **water cooled** 同 engine, water cooled
—, **wind** 风力发动机
—, **wiper** 刮水器电动机
motor-coach 同 car, motor 2.
motorcycle 同 cycle, motor
—, **chain drive** 鏈动机器脚踏車
—, **shaft drive** 軸动机器脚踏車
motor-generator 同 generator, motor
motorization 机械化
mould 同 mold
moulder 同 molder
mount 架
—, **ball** 球架
—, **cope and drag** 型箱架
—, **cowling** 整流罩架
—, **detachable** 可卸式架
—, **engine** 发动机架
—, **motor** 同 mount, engine
—, **rubber insulated body** 橡皮絶緣体架
—, **shock** 减震架
mounting 1.架置;2.座
—, **beam** 樑架
—, **boiler** 鍋炉架
—, **engine** 同 mount, engine
—, **gun** 炮架
—, **radiator** 散热器座
—, **rigid** 硬机架
—, **rubber engine** 发动机橡皮垫
—, **spider** 星形机架
—, **spring** 弹簧垫架
—, **steering column** 轉向柱套管托架
—, **tripod** 三脚架
—, **tyre** 輪胎架
mouth of chimney 烟囱架
— **of hook** 鈎口
— **of shears** 剪口
— **of the plane** 鉋口

mouth of the trongs 鉗口
mouthpiece 口罩
movable 活动的
movement 1.同 motion;2.动程
—, **angular** 同motion, angular
—, **end** 端移动
—, **lateral** 同 motion, cross
—, **mechanical** 机械运动
— **of valve** 同 motion, valve
—, **pitch line** 节綫运动
—, **pitching** 俯仰运动
—, **quick** 快速运动
—, **restricted** 同 motion, restricted
mover 同engine
—, **artillery prime** 炮車
—, **earth** 运土車
—, **prime** 原动机
mower 割草机
—, **hand** 手力割草机
—, **lawn** 同mower
mudguard 同 guard, mud
—, **side-car** 边車挡泥板
—, **front** 前挡泥板
mudhole 除泥孔
muff 套筒
—, **hutt** 对接套筒
—, **heating** 加热套筒
—, **radiator** 散热器套
muffler 减声器
—, **concentric cylinder** 集筒式消声器
—, **exhaust** 排气消声器
—, **exhaust gas** 同 muffler, exhaust
—, **gas pipe** 气管消声器
—, **intake** 进气消声器
—, **main** 主消声器
—, **oval** 椭圓形消声器
—, **small-tube** 小管消声器
mule, hydraulic 液力供压机
multi-cellular 多气囊的
multi-crank 多曲柄
multi-cylinder 多缸式
multi-engine 同 engine, multi-crank
multimeter 多用电表
multiplane 多翼飞机
multiplier, speed 倍速器
multi-point 多点式
multi-stage 多級式
multitool 多刀工具
multitude 多倍

N

N-girder N形樑
N-truss N形构架
nacelle 飞艇的短艙
—, **nose gear** 前輪艙
nail 釘
—, **calking(caulking)** 嵌密釘
—, **chaplet** 型心撑釘
—, **copper** 銅釘
—, **cut** 切釘
—, **dog** 道釘
—, **draw** 起模釘
—, **hook** 鉤釘
—, **lead** 鉛釘
—, **screw** 同 screw, wood
—, **secret** 隐釘
—, **spike** 道釘
—, **spring draw** 弹簧起模釘
—, **square** 方釘
—, **wire** 圓鉄釘
—, **wood** 木釘
—, **wrought** 鍛釘
nailery 制釘厂

naphtha 石脑油{化}
naphthalene 萘{化}
natural 自然的
nave 同 hub
— of wheel 同 hub, wheel
—, propeller 同 hub, propeller
—, wheel 同 hub, wheel
navigability 适航性
navigation 航行
—, air 航空学
navvy 挖泥机
—, hydraulic 水利挖泥机
—, steam 蒸器挖泥机
neck 頸
—, axle 同 journal
—, bearing 軸承頸
—, bolt 螺栓頸
—, filler 漏斗頸
— of hook 鈎柄
— of shaft 同 journal
—, thermic syphon 受热虹吸管頸
needle 針
—, adjusting 調准針
—, carburetor adjusting 汽化器調整針,汽化器調准針
—, cement 水泥硬固检驗針
—, dotting 点孔針
—, feed 进給針
—, float 浮針
—, float chamber 浮筒針
—, fuel injection 噴油針
—, fuel splash push 喷油顶针
—, hand 手縫針
—, idling adjusting 空轉調整針,空轉調准針
—, indicating 指針
—, machine 机器〔縫〕針
—, nozzle 噴嘴針
—, recording 記录針
—, slightly curved 微弯穿針
—, spray 噴霧針
—, straight 直穿針
—, valve 閥針
needle-like 針狀的
needle-loom 同 loom, needle
negative 負的
neon 霓虹光 氖{化}
nephoscope 量云器
—, comb 梳篦式量云器
nest, roller 滚柱窩
net 1,網; 2,淨的
—, balloon 气球網
—, free balloon 自由气球網
—, gas cell 气囊網
—, inflation 打气網
—, radio 无綫电網{电訊}
netting 1.同 net 1; 2,結網
—, ash pan 灰盘網
—, ash pan front sheet 灰盘前網
—, ash pan side sheet 灰盘側網
—, chimney 烟囱網
—, cord 繩網
—, gas cell 同 net, gas cell
—, smoke stack 同 netting, chimney
—, wire 鉄絲網
network 同 net 1.
—, mooring 系留網
—, radio 同 net, radio
neutral 1.中和的;2.中性的;3.中立的
neutralizer, crank shaft impulse 曲軸冲力平衡器
neutrino 中微子
neutron, delayed 延发中子

neutron, fast 快中子
—, thermal 热中子
nib 尖头
—, diamond 金鋼鑽尖
nibbling 步冲輪廓法
nick 刻痕
nickel 鎳{化}
—, aluminum 鋁鎳合金
—, cast 铸鎳
nickelage 鍍鎳
nickel-plated 鍍鎳的
nippers 1.鉗子; 2.同 nippers, cutting
—, adjustable cut 活刃剪鉗
—, cutting 剪鉗
—, end cutting 中心剪絲鉗
—, nail 起釘鉗
—, plain cut 普通剪鉗
—, wire 剪絲鉗
—, with spring, cut 弹簧剪鉗
nipple 1.螺紋接套; 2.噴灯噴嘴
—, air brake hose 气閘軟管螺紋接套
—, close 螺紋接口(管)
—, connecting 同 nipple
—, coupling 車鈎突筍
—, double 双螺紋接套
— for auxiliary steam connecting 副汽管螺紋接套
—, gas inlet 进气管螺紋接套
—, grease 滑脂嘴
—, handhole flange 手孔凸緣螺紋接套
—, hose 軟管螺紋接套
—, inlet 进口螺紋接套
—, outlet 出口螺紋接套
—, outlet union 同 nipple, outlet
—, pipe 管的螺紋接套
—, rear axle bearing lubricant 后軸軸承加油嘴
—, spoke 輪輻鋼絲螺帽
—, union 同 cone, union
—, universal joint lubricating 万向节加油嘴
nitralloy 氮化鋼
nitration 硝化{化}
nitriding 氮化法
nitro 硝基{化}
nitro-alloy 同 nitralloy
nitrogen 氮{化}
node 結
—, vibration 振动結
noise 噪声
—, engine 发动机噪音
—, thumping 敲击噪声
nominal 标称的
nomogram 同 nomograph
nomograph 图解
nonagon 九边形
non-condensing 不凝結
non-conductor 非导体
non-expansion 不膨脹
non-ferrous 非鉄的
non-fouling 不污結
non-glare 防眩
non-injector 同 injector, non-lifting
non-metal 非金屬
non-oscillatory 不摆动的
non-periodic 无周期的
non-rattling 減震
non-refuelling 不加油
non-rigid 非刚性的
non-rotating 不迴轉的
non-sinusoidal 非正弦的
non-skid 同 anti-skid

non-skid, removable 活动防滑器
non-slip 同 anti-skid
non-spinning 不旋轉
non-vibrating 不振动
normal 1.法綫〔的〕;2.正常〔的〕
—, common 公〔共〕法綫
normalizing 正常化,正常煨火
north, magnetic 磁北极
nose 1.鼻子; 2.凸头; 3.机头; 4.艇头
—, aeroplane 飞机头
—, airship 飞艇头部
— of cam 凸輪尖
— of the punch 冲模头
— of tool 刀尖
— of wing 翼前緣
—, pointed 尖形头
—, rounded 圓形头
—, spindle 軸头
—, wing 同 nose of wing
nose-heavy 同 heavy, bow
nose-up 昂头飞
nosing, pilot 排障器鼻〔机車的〕
—, smoke stack 同 bead, smoke stack
notation 記法
notch 1.凹; 2.凹口
—, demounting 除胎凹口〔汽車胎〕
—, iron 出鉄槽
—, saw 鋸痕
—, slag 出渣槽
notching 做凹口法
noting, tonnage 載重計算法
nowel 同 drag 2.
nozzle 噴嘴
—, air 噴气嘴
—, annular spraying 环列噴嘴
—, ball 球形噴嘴
—, blast 1.噴气嘴; 2.噴砂嘴
—, blast pipe 吹管嘴
—, burner 噴灯嘴
—, carburetor 汽化器噴嘴
—, choke 阻气噴嘴
—, closed type 密閉式噴嘴
—, combining 連合噴嘴
—, conical spray 錐形噴霧嘴
—, contracting 收縮噴嘴
—, convergent 收斂噴嘴
—, convergent-divergent 斂散噴嘴
—, converging 同 nozzle, convergent
—, converging-diverging 同 nozzle, convergent divergent
—, cutting 噴割嘴
—, cylinder head water 缸盖噴水嘴
—, delivery 輸出噴嘴
—, divergent 发散噴嘴
—, drip 滴嘴
—, exhaust 同 nozzle, exhaust steam
—, exhaust pipe 排气管噴嘴
—, exhaust steam 排气噴嘴〔机車的〕
—, feed 进給嘴
—, flange 凸緣噴嘴
—, fuel 同 nozzle, fuel injection
—, fuel injection 噴油嘴
—, gage cock 驗水塞嘴
—, ideal 理想噴嘴
—, in one piece 单噴嘴
—, injection 噴嘴
—, injector combining 噴射器連合嘴
—, intermediate 中間噴嘴

nozzle, jet 同 nozzle
—, Laval 拉伐噴嘴
—, made in several piece 复噴嘴
—, main fuel spary 主噴油嘴，主燃料噴嘴
—, mechanically operated 机动噴嘴
—, mixing 同 nozzle, combining 混合噴嘴
—, multi-orifice 多孔噴嘴
—, oil 噴油嘴
—, open fuel 开式燃料噴嘴
—, open type 开式噴嘴
—, pintle-type fuel 針式燃料噴嘴
—, precision 准割噴嘴
—, pressure 压力噴嘴
—, pump 噴吸嘴
—, rivet-cutting 割鉚釘噴嘴
—, sand blowing 噴砂嘴
—, sight feed 明进給嘴
—, single jet 单口噴嘴
—, spigot jet 錐塞噴嘴
—, spray 噴霧嘴 「嘴
—, sprinkler hose 洒水器軟管
—, steam 蒸汽噴嘴
—, supplementary live steam 补助进汽嘴
—, top 上噴嘴
—, Venturi 汾丘里噴嘴
—, water 噴水嘴
— with removable head 同 nozzle with removalbe nipple
— with removable nipple 換头噴嘴
—. convergent 收縮噴管
—, divergent 扩张噴管
—, supersonic 超声速噴管
nuclei 核(复数)
nucleons 核子
nucleus 原子核
—, compound 复核
—, daughter 子核
— of condensation 凝結核
nuisance, smoke 烟害
number 1.数字；2.号数
—, abrasive grit 砂輪的粒度号数
—, atomic 原子序数
—, Avogadro's 阿伏伽德罗常数
—, Brinnell 同 hardness, Brinell
—, climbing 上升系数
—, Diesel index 狄賽尔指数
—, lead 导数
—, octane 辛烷值{化}
number of ampereturns 安匝数{电}
— of cylinders 气缸数
— of engine 发动机号数
— of gears 齿輪数
— of lamina 层片数
— of leaves 同 number of lamina
— of lines of force 〔磁〕力綫数{电}
— Mach 馬赫数
—, mass 質量数
— of plates 同 number of lamina
— of ply 胎层数
— of poles 极数
— of punchings 冲数
— of revolution 轉数
— of sping leaf 弹簧片数

number of teeth 齿数
— of teeth, virtual 虚齿数
— of turns 1. 匝数; 2. 轉弯数
— of vibration 振动数
— of windings 同 number of turns
—, part 件号
—, pitch 节数
—, Reynolds' 雷諾系数
—, serial 序号
—, stage 級数
—, viscosity-gravity 黏性重力数
nut 螺母
—, adjusting 調整螺母
—, air cylinder valve packing 气缸閥填密螺母
—, air union 气管接合螺母
—, anchor 同 nut, anchor bolt
—, anchor bolt 系紧螺栓的螺母
—, application graduating stem 操縱递开桿螺母
—, application piston 操縱活塞螺母
—, armature shaft 电轉子軸螺母
—, arresting 止动螺母
—, attaching 配合螺母
—, auxiliary spring 副簧螺母
—, auxiliary steam valve spindle and 副汽閥柄及螺母
—, auxiliary valve 副閥螺母
—, axle 車軸螺母
—, back 抵座螺母
—, back head brace bolt and 外門板拉条螺栓及螺母
—, ball bearing 滚珠軸承螺母
—, binding post 縛杆螺母
—, blind 同nut, cap
—, body 体螺帽
—, bolt 螺栓的螺母
—, bolt and 螺栓与螺母
—, bottom lock 下部鎖紧螺母
—, box 盖形螺母
—, brace bolt and 拉条螺栓及螺母
—, bracket stud and 托架的柱螺栓及螺母
—, brake tube tee 閘管T形管螺母
—, bronze 青銅螺母
—, bucket spindle stud and 斗軸柱螺栓及螺母
—, butterfly 蝶形螺母
—, cam shaft 凸輪軸螺母
—, cam shaft packing 凸輪軸填密螺母
—, cap 螺帽
—, capped 同nut, cap
—, carriage 車架螺母
—, casing bolt and 罩的螺栓及螺母
—, castellated 同 nut, castle
—, castle 槽頂螺母
—, center bearing companion yoke 中心軸承連軛螺母
—, check 防松螺母
—, clapper 警鐘鎚悬杆螺母
—, clasp 同 nut, half
—, collar 圓緣螺母
—, commutator 整流器螺母
—, compression 压紧螺母

nut, control piston 控制活塞螺母
—, coupling 联結螺母
—, crank shaft 曲柄軸螺母
—, cross member clinch 横樑扭緊螺母
—, crown 同 nut, castle
—, cup 杯形螺母
—, cylinder head bolt and 缸盖的螺栓及螺母
—, damper pipe union 减震器管联接螺母
—, delivery bolt and 輸送端螺栓及螺母
—, diaphragm 隔膜螺母
—, diaphragm valve 隔膜閥螺母
—, die 螺絲鋼板螺母
—, differential 差动螺母
—, double 双螺母
—, drag link ball 拉杆球形螺母
—, drain valve pipe 洩閥管螺母
—, drive pinion adjusting 传动小齿輪調准螺母
—, driven shaft 从动軸螺母
—, emergency valve 紧急閥螺母
—, eye bolt and 眼螺栓及螺母
—, fan pulley 风扇及带輪螺母
—, feed valve packing 进給閥填密螺母
—, feed valve stem 进給閥杆螺母
—, finger 指形螺母
—, flange 凸緣螺母
—, flush 平頂螺母
—, fly 同 nut, butterfly
—, follower 从动板螺母
—, follower cap 从动板螺帽
—, follower stud and 从动板柱螺栓及螺母
— for circulating pipe, pipe union 循环管联节螺母
— for excess pressure head check 超压位防松螺母
— for maximum pressure head check 最大压位防松螺母
— for overflow valve 溢閥螺母
— for plain cylinder cap, cap 簡单汽缸罩螺母
—, front spring clamp bolt 前弹簧夾螺栓的螺母
—, fulcrum pin castle 支銷槽頂螺母
—, galvanized 鍍鋅螺母
—, governor union 調节器联节螺母
—, governor valve lock 調节閥防松螺母
—, graduating stem 递开桿螺母
—, grease plug lock 滑脂堵防松螺母
—, grip 夾紧螺母
—, guiding 导螺母
—, half 对开螺母
—, hand wheel 手輪螺母
—, handle bar end 把手端螺母
—, handle lock 手柄防松螺母

nut, hexagon(al) 六角螺母
—, hexagon check 六角防松螺母
—, hexagonal lock 同 nut, hexagonal check
—, hold down 固脚螺母
—, holding 支承螺母
—, inlet union 进口管联节螺母
—, jam 同 nut, check
—, key 鍵螺母
—, knuckle arm 关节臂螺母
—, knuckle pin 关节銷螺母
—, knurled 滚花螺母
—, lever bracket holt and 杆托螺栓及螺母
—, lever shaft 槓軸螺母
—, lock 1. 同 nut, check; 2. 同 nut, half
—, longitudinally split 縱裂螺母
—, lower 下螺母
—, lower cap 下部螺帽
—, main shaft 主軸螺母
—, main shaft driven gear 主軸从动齿輪螺母
—, main valve stem 主閥杆螺母
—, milled 銑制螺母
—, mounting stud lock 装置柱螺栓防松螺母
—, nipple 錐端接管螺母
—, oil pressure relief valve 油压安全閥螺母
—, oscillating screw 往复螺釘的螺母
—, outlet union 出口管联节螺母
—, packing 填密螺母
—, packing gland 填密函盖螺母
—, pedal spindle 脚踏軸螺母
—, piston 活塞螺母
—, piston push rod check 活塞推杆防松螺母
—, piston rod bottom 活塞杆底螺母
—, piston rod stuffing box 活塞杆填料函螺母
—, piston rod top 活塞杆頂螺母
—, piston stom 活塞杆螺母
—, plain 普通螺母
—, post sealing 极柱螺帽
—, pressure screw check 压力螺釘防松螺母
—, propoller 螺旋桨螺母
—, pull rod 拉杆螺母
—, pull rod adjusting 拉杆調整螺母
—, radiator closing 散热器螺帽
—, radiator support bracket clinch 散热器托架扭紧螺母
—, radiometer gland 輻射計压盖螺母
—, ratchet 棘輪螺母
—, rear axle 后軸螺母
—, rear spring clip 后弹簧夾螺母
—, regulating 調节螺母
—, regulating valve cap 調节閥螺帽
—, regulator check 調节器防松螺母
—, regulator lever fulcrum pin 回动杆支銷螺母
—, rim 輪輞螺母

nut, ring 环形螺母
—, screw 同 nut
—, screw bolt and 同 nut, bolt and
—, sealing 封螺母
—, self lock(ing) 自鎖螺母
—, serrated 細齿螺母
—, shock absorber gland 减震器压盖螺母
—, slack adjuster worm 减速調准器蝸杆螺母
—, sleeve 套筒螺母
—, slotted 有槽螺母
—, small union 小联节螺母
—, spherical flanged 圓緣球底螺母
—, spindle 軸螺母
—, split 拼合螺母
—, spring seat bearing adjusting 弹簧座軸承調准螺母
—, square 方螺母
—, stay 撐条螺母
—, steam packing 蒸气塡密螺母
—, steam valve disk lock 汽閥盘防松螺母
—, steam valve packing 汽閥塡密螺母
—, steering arm 轉向臂螺母
—, steering gear adjusting 轉向齿輪調准螺母
—, steering wheel 轉向輪螺母
—, stop 同 nut, check
—, stud 柱螺栓螺母
—, stud hexagonal 柱螺栓六角螺母
—, stuffing box 塡料函螺母
—, supporting 同 nut, holding
—, tail 尾管螺母
—, thrust 推力螺母
—, thumb 同 nut, butterfly
—, tie rod ball 横联杆球头螺母
—, toggle 肘节螺母
—, top 同nut, upper
—, top connection 上端連接螺母
—, top lock 上端防松螺母
—, tri-slot 三槽螺母
—, union 联管螺母
—, unit bolt 螺栓螺母組合
—, upper 上螺母
—, upper cap 上螺帽
—, valve 閥螺母
—, valve adjusting 閥調准螺母
—, valve adjusting screw lock 閥調准螺釘防松螺母
—, valve packing 杆閉塡密螺母
—, valve stem 閥杆螺母
—, valve stem lock 閥杆防松螺母
—, waste cock 排洩旋塞螺母
—, water valve bonnet 水閥帽螺母
—, water valve packing 水閥塡密螺母
—, wheel hub bolt and 輪轂螺栓及螺母
—, wheel hub stud 輪轂柱螺栓及螺母
—, wheel retaining 輪体扣紧螺母
—, wing 同 nut, butterfly
—, worm and 蝸杆与螺母
—, worm bearing adjusting 蝸杆軸承調整螺母
—, worm recirculating ball

蝸杆球螺母
nut, wrist pin 肘节銷螺母

O

obliquity of action 作用斜度
oblong 1.长方形；2.闊橢圓形
observation, meteorological 气象观測
—, weather 同 observation, meteorological
obstruction of the ignition tube 发火管阻塞
obtuse 鈍角的
ocher 赭石{矿}
—, buffing 擦光赭石粉
—, polishing 同 ocher, buffing
ochre 同 ocher
octagon 八边形
octane 辛烷{化}
octant 八分仪
odometer 同 speedometer
odometry 測程法
odontograph 画齿規
—, three point 三点齿規
odorscope
off, blow 同blow-off
—, engine 停机
—, flow 流去
—, switch 关(指用器断电而言)
—, turning 車削
office, drawing 絵图室
offlet 放水管
offset 1.偏置;2.支距
offsetting 偏置法
ogee S 形嵌綫
ohm 欧〔姆〕{物}
ohmmeter 欧姆計
oil 油
—, acid-free 无酸油
—, asphaltic base 瀝青基油
—, axle 軸油
—, banana 香蕉油
—, bleached 无色滑油
—, blended 混合油
—, caster 蓖麻油
—, coal 煤餾油
—, crude 原油{化}
—, cutting 切削油
—, cylinder 气缸油
—, Diesel 1.柴油;2.柴油机润滑油
—, Diesel fuel 同oil, Diesel
—, distilled 蒸餾油
—, drying 催干油
—, earth 同 oil, petroleum
—, engine 机器油
—, fixed 硬化油
—, free from asphalt 无瀝青的油
—, free from rosin 无松香的油
—, fuel 燃料油
—, gas 气油
—, grinding 潤磨油,磨削油
—, heavy 重油
—, heavy bodied 重体油
—, high grade 高級油
—, hydraulic 液力油
—, kerosene 煤油
—, lamp 灯油
—, lard 猪油
—, light 輕油
—, light engine 輕机油
—, linseed 亚麻仁油，亚麻〔子〕油
—, lube 同 oil, lubricating

oil, lubricant 同oil, lubricating
—, **lubricating** 潤滑油
—, **machine** 同 oil, engine
—, **mineral** 矿物油
—, **mobile** 同 oil, engine
—, **non-fluid** 同 greese
— **of turpentine** 同 turpentine
—, **paraffin** 石腊油
—, **petroleum** 石油
—, **pickling** 防銹油
—, **rape** 菜油
—, **refiltered** 重濾油
—, **refined** 重炼油
—, **rock** 同 oil, petroleum
—, **solar** 同 oil, mineral
—, **soluble** 調水油
—, **sour** 酸油
—, **special** 同oil, high grade
—, **spindle** 錠子油 「axle
—, **summer** 同 oil, summer
—, **summer axle** 夏季軸油
—, **superheated cylinder** 过热气缸油
—, **tar** 柏油
—, **thick** 稠油
—, **thin** 稀油
—, **transformer** 变压器油
—, **transmission** 变速器油
—, **vacuum** 眞空油
—, **vaseline** 凡士林油
—, **vegetable** 植物油
—, **viscous** 同 oil, thick
—, **volatile** 揮发油
—, **watch-maker's** 鐘表油
—, **winter** 同 oil, winter axle
—, **winter ,axle** 冬季軸油
oil-can 同 can, oil
oilcloth 同 cloth, oil
oil-coat 同 cloth, oil
oiler 加油器
—, **automatic flange** 自动凸緣加油器
—, **bronze** 靑銅油壶
—, **chain** 炼加油器
—, **collar** 环加油器
—, **distributor** 配电器油杯
—, **drop** 滴油器
—, **end plate** 末端板加油器
—, **hand** 手注油器
—, **ring** 同 oiler, collar
—, **self** 同 lubricator, automatic
—, **sight feed** 明給加油器
—, **spring** 弹簧加油器
—, **starter end plate** 起动机末端板加油器
—, **water pump** 水泵加油器
oil-gage 同 gage, oil
oil-hole 同 hole, oil
oiliness 潤滑性
oiling 1.加油；2.加油法
—, **automatic** 自动加油法
—, **continuous** 連續加油法
—, **cylinder** 气缸加油法
—, **hand** 手工加油法
—, **intermittent** 間歇加油法
—, **piston** 活塞加油法
—, **self** 同 oiling, automatic
—, **separate** 个别加油法
—, **wick** 油繩加油法
oil-press 同press, oil
oilskin 同 cloth oil
oilstone 油石
oil-tank 同tank, oil
oilway 油路
oleometer 油重計
omnibus 同**bus**

omnigraph 縮图器
on 1.接通; 2.开动
—, engine 开动发动机
—, switch 开(指用器通电而言)
on-center 同 center, onopen, exhaust 排气閥开
—, inlet 进口开
—, maximum 滿开
opener, box 开箱器
—, knuckle 鈎爪鑰
—, spring 开簧器
opening 1.口; 2.开度
—, admission 同 opening, induction
—, air induction 同 opening, air intake
—, air intake 进气口
—, cab window 司机室窗口
—, exhaust 排气口
—, filling 同 hole, filling
— for spark plug 火花塞口
—, grate 炉篦縫
—, induction 进口
—, intake同 opening, induction
— of cook 旋塞开度
— of wrench 同 jaw of spanner
—, root 焊縫底距
—, slide valve 滑閥口
—, steam port 汽口开度
—, ventilation 通风口
operameter 动数計
operating 操作
operation 同operating
—, adiabatic 絕热操作
—, cycle 循环操作
—, cyclic 同 operation, cycle
—, flanging 摺緣操作
—, isothermal 等温操作
—, lock seaming 鎖縫操作
—, multiple turning 多道車工程序
—, transient 瞬时操作
—, valve 閥操作
operator, lathe 车工
—, machine 机器工人
—, milling machine 銑工
—, welding 焊工
opisometer 曲綫計
opposite 对置的
optical 光学的
optimum 最适宜的
orbit 軌道
order 次序
—, engine firing 发动机发火次序
—, firing 发火次序
—, ignition 同 order, firing
—, numerical 表数次序
— of connection 联接次序
— of fire 同 order, firing
— of inking 上墨次序
—, purchase 購貨单
—, running 运轉次序
ordinate 縱坐标
ore, iron 鉄矿{矿}
—, spathic iron 菱鉄矿{矿}
organization 組織
—, works 工厂組織
orientation 定向
orifice 口
—, blast 鼓风口
—, cock 旋塞口
—, cylinder cock 气缸旋塞口
—, exhaust 同 opening, exhaust
—, idling fuel 空轉燃料口

orifice, injection 噴射口
—, **metering** 測流口
—, **sharp-edged** 銳緣口
—, **square** 方口
—, **steam** 蒸汽口
—, **submerged** 潛口
—, **triangular** 三角口
—, **variable fuel** 可变燃料口
origin 原点
— **of coodinates** 坐标原点{数}
— **of force** 着力原点
— **of vector** 矢量原点
ornament 飾件
—, **radiator** 散热器飾件
—, **radiator grille** 散热器护栅飾件
ornithopter 搏翼式飞机
orthocenter 垂心{数}
orthograph 正視图
oscillate 摆动
oscillating 摆动的
oscillation 摆动
—, **damped** 阻尼摆动
—, **double** 双摆动
—, **forced** 强迫摆动
—, **free** 自由摆动
—, **fundamental** 基本摆功
—, **harmonic** 諧和摆动
—, **lateral** 横向摆动
—, **longitudinal** 縱向摆动
—, **natural** 自然摆动,固有摆动
—, **parachute** 降落伞摆动
—, **phugoid** 起伏摆动(飞机的)
—, **self** 自身摆动
—, **single** 单摆动
—, **stable** 稳定摆动
—, **stable phugoid** 稳定起伏摆动(飞机的)
—, **undamped** 不阻尼摆动
—, **unstabled** 不稳定摆动
—, **unstabled phugoid** 不稳定起伏摆动(飞机的)
oscillator 摆动器
oscillograph 示波器
oscillometer 示波計
oscilloscope 同 oscillograph
out, blow 1.爆裂; 2.同 off, blow
—, **break** 破裂
—, **burn** 烧尽
—, **grinding** 磨去
—, **knock** 1.凿出;2.抛出
—, **laying** 設計
—, **of alignment** 不对准的
— **of balance** 不平衡的
— **of step** 失步
—, **run** 1.溢流; 2.偏轉
—, **turning** 車出
—, **worn** 磨損
outboard 外側(飞机或船的)
outermost 最外层
outfit 备用工具
—, **gas welding** 气焊机
—, **oxy-acetylene welding** 乙炔气焊机
—, **repair** 修理工具
—, **tie tamping** 塡实枕木工具
—, **tool** 成套工具箱
outflow 流出
outlet 出口
—, **cooling water** 冷水出口
—, **cylinder head water** 气缸盖出水口
—, **engine water** 发动机出水口
—, **exhaust** 排汽出口
—, **exhaust steam** 排气出口
—, **fresh water** 淡水出口

outlet, fuel 燃料出口
—, fuel tank 燃料箱出口
—, gas 出气口
—, gas filter ash 煤气濾器出灰口
—, jacket 水套出口
—, muffler 减声器出口
—, oil 出油口
—, relief 放洩口
—, water 出水口
outline 1.外形,輪廓;2.大綱
—, tooth 齿外形
output 出量
—, battery 电池出量
—, brake 閘出量
—, continuous 連續出量
—, effective 有效出量
—, energy 能出量
—, indicated 指示出量
—, internal 內部出量
—, maximum 最大出量
—, nominal 标称出量
—, normal 正常出量
—, power 功率輸出
—, rated power 額定动力出量
—, specific 比出量
—, torque 扭力出量
outrigger 外伸叉架(船的)
—, bottom 下部外伸叉架(船的)
—, mooring cone 系留錐架
—, tail 尾部构架(飞机的)
—, top 上部外伸叉架
outward 向外的
outwear 过耗
oval 1.椭圓形; 2.椭圓形的
oven 炉
—, annealing 退火炉
—, coke 炼焦炉
—, continuous 連續炉
—, core 烘型心炉
—, drying 烘干炉
—, mould drying 砂型干燥炉
—, change 轉換
—, nose (nosing) 倒翻,倒栽
— of shear blades 剪片重叠
—, riveted 鉚固
—, rolling 翻
—, set 1.偏置; 2.偏置数
—, turning 正轉(飞机的)
—, wing 横轉(飞机的)
overall 1.全部的;2.工作外衣
overarm 同 arm, over
overbalance 同 balance, over
overcharge 同 charge, over
overdrive 超速传动
overflow 溢流
—, radiator 散热器溢流
overhang 外伸
—, cab rear 司机室后簷
overhaul 修理
—, general 同 overhaul, major
—, major 大修
—, minor 小修
—, top 初步修理
overhead 1.头上的;2.架空的
overheat 过热
overheating 同 overheat
overhours 加班时間
overinflation 同 inflation, over
—, tire 輪胎过度打气
overland 陆路的
overlap 重叠
—, power 动力重叠
—, valve 閥重叠
overlapping 同 overlap
overlength 同 length, over
overload 过載

overmeasure 留量
overloading 同 load, over
overpressure 同 pressure, over
overrate 定額过高
overrich 过浓(混合气体的)
overrun 超限运动
overshoot 越标,不命中
oversize 过大
overspeed 同 speed, over
overstrain 同 strain, over
over-stretch 同 stretch over
overtaking 超过
overtime 同 overhours
overturn 傾复
overweight 同 weight, over
overwelding 同 welding, over
oxidation 氧化{化}
oxide, iron 氧化鉄{化}
—, **nitric** 氧化氮{化}
—, **nitrous** 一氧化二氮{化}
oxidizing 氧化〔的〕{化}
oxy-acetylene 氧乙炔{化}
oxygen 氧{化}
oxy-hydrogen 氢氧{化}

P

pachometer 測厚計
pachymeter 同pachometer
pack 包
—, **parachute** 降落伞包
packer 1.打包机;2.压土机
packing 1.塡料; 2.衬垫; 3.包装
—, **annular** 环状密垫
—, **asbestos** 1.石棉塡密法; 2.塡密石棉
—, **asbestos rope** 1.石棉繩塡密法; 2.塡密石棉繩
—, **axle** 軸孔塡密
—, **ball bearing felt** 滚珠軸承阻油氈
—, **booster piston** 助力器活塞塡密物
—, **bowl cover** 杯盖密垫
—, **box** 箱的塡密法
—, **carburator** 汽化器塡密物
—, **cold water pump piston** 冷水泵活塞塡密物
—, **copper** 銅密垫
—, **cord** 1.繩塡密法; 2.塡密「绳
—, **crank shaft bearing over** 曲軸軸承盖密垫
—, **cup leather** 皮碗塡密法
—, **double U leather** 双皮碗塡密法
—, **elastic core** 弹性心子塡密物
—, **exhaust pipe** 排气管塡密物
—, **feed valve** 进給閥塡密物
—, **felt** 塡密氈
—, **flange** 凸緣密垫
—, **float chamber flange** 浮室凸緣密垫
— **for threaded plug** 螺紋塞的密垫
—, **fuel suction hood** 燃料吸进帽密垫
—, **fuel tank cap** 燃料油箱盖密垫
—, **gear box cover** 变速箱盖密垫
—, **head** 头部塡密
—, **hemp** 1.蔴塡密;2.蔴垫
—, **hoist cylinder** 起重机缸塡綫圈

packing, inlet pipe輸入管填密圈
—, joint 接合填密
—, journal 軸頸填密圈
—, labyrinth 曲折阻漏
—, leather 皮垫
—, lever shaft 槓軸填密
—, metallic 金屬填密
—, metallic piston rod 活塞杆金屬填密
—, metallic valve stem 閥杆金屬填密
—, nozzle tube 嘴管填密
— of the sleeper 同 tamping of the sleeper
— of the tie 同 tamping of the sleeper
—, oil cut-off valve 油开关閥填密
—, oil pan 油盘填密
—, oil scavenger pump 迴油泵填密
—, oil scavenger pump body 同 packing, oil scavenger pump
—, pipe 接管填密
—, piston 活塞填密
—, piston rod 活塞杆填密
—, pitman shaft 联接杆軸填密
—, propeller shaft housing 螺旋桨軸壳填密
—, rope 填密縄
—, rubber 橡皮垫
—,rubber ring 填密橡皮圈
—, sheet 填密片
—, spun varn 填密綫板
—, starter casing cover 起动器箱盖密垫
—, steam valve 汽閥填密
—, steering shaft bearing 轉向軸座填密
—, turbine cover 渦輪罩填密
—, V-ring metallic V形金屬填密环
—, valve housing cover 閥室盖填密
—, water pump 水泵填密
—, water pump bushing 水泵衬套填密

pad 垫
—, axle 軸垫
—, belt support rubber 支栓橡皮垫
—, check valve hole 同 liner, chock valve hole
—, clutch pedal 离合器踏板垫
—, commutater end head felt 整流子端盖阻油毡
—, cushion 同 pad
—, drag link dust cover 拉杆防尘盖垫
—, engine stabilizer 发动机安定垫
—, expansion 伸縮垫
—, foot board rubber 脚踏板橡皮垫
—, foot pedal 脚踏板垫
—, headlight bracket 头灯托架垫
—, hood 罩垫
—, jack 起重器垫，千斤頂垫
—, mudgard lamp rubber 挡泥板灯橡皮垫
—, oil 油垫
—, pedal 踏板垫
—, radiator mounting 散热器座垫
—, radiator support 同 pad, radiator mounting

pad, scuff 擦鞋底垫
— , **seat** 座垫
— , **spring** 弹簧垫
— , **track** 履带块
— , **turret** 转塔垫
— , **waste** 绒垫
paddle 1.桨; 2.踏板
— , **brake** 闸踏板
— , **feathering** 活桨叶
paddle-box 同 box, paddle
paddle-wheel 同 wheel, paddle
pail, water 水桶
paint 油漆,涂料{化}
— , **aluminium** 银色油漆
— , **anti-corrosive** 防锈油漆
— , **anti-fouling** 防腐油漆
— , **asbestos** 石棉油漆
— , **black lead** 黑铅油漆
— , **brown** 棕色油漆
— , **celluloid** 透明油漆
— , **enamel** 瓷漆{化}
— , **gray lead** 灰铅油漆
— , **green lead** 绿铅油漆
— , **luminous** 发光油漆{化}
— , **metallic** 金属油漆
— , **oil** 油漆
— , **red lead** 红铅油漆
— , **tyre** 轮胎漆
— , **white**同paint, white lead
— , **white lead** 白铅油漆
— , **yellow lead** 黄铅油漆
— , **zinc** 含锌油漆
painter 油漆工人
painting, spray 喷漆
paintwork 油漆工
pair 对偶,副
— , **closed** 限定对偶(链系的)
— , **high** 同 pair, higher
— , **higher** 线点对偶(链系的)
— , **incomplete** 不完对偶(链系的)
— , **kinematic** 运动对偶
— , **lower** 面接对偶(链系的)
— **of bellows** 同 bellows
— **of compasses** 同 compass
— , **preasure** 压接对偶(链系的)
— , **screw** 螺旋对偶
— , **sliding** 滑动对偶(链系的)
— , **tension** 牵力副
— , **turning** 迴转对偶(链系的)
— , **vortex** 涡动副
pallet 1.棘爪; 2.鎚垫
— , **anvil** 同 plate, anvil
— , **interchangeable anvil** 同 face, interchangeable anvil
— , **tup** 鎚下钢垫
pan 盘
— , **ash** 灰盘
— , **chip** 承屑盘
— , **clutch housing** 离合器下壳
— , **crank case oil** 曲轴箱油盘
— , **drain** 放油盘
— , **drip** 承屑盘
— , **engine** 发动机盘
— , **engine dust** 发动机防尘盘
— , **hopper ash** 斗形灰盘
— , **mud** 泥盘
— , **oil** 同 disk, oil
— , **scale** 秤盘
— , **tool** 工具盘
— , **under** 底盘
pancaking 平落(飞机的)
pane of a hammer 锤的顶边
panel 1.板条; 2.同panel, wing
— , **center** 中央翼片(飞机的)
— , **control** 控制板
— , **cowl** 车头罩板(汽车的)
— , **door** 门板条

panel, electrical 配电板
—, **form** 模板
—, **hood side** 车头罩侧板(汽车的)
—, **hood top** 车头罩顶板
—, **hydraulic** 液力操纵板
—, **instrument(al)** 仪表板
—, **junction** 连接板
—, **lower** 下翼片
—, **outer** 翼外板片(飞机的)
—, **overhead** 舱顶配电板
—, **radio** 无线电仪表板
—, **rip** 裂幅
—, **sliding** 滑动板
—, **upper** 上翼片
—, **ventilater sliding** 通风滑板
—, **wing** 翼片
panelling, wood 镶木
pant, wheel 轮罩
pantagraph 同 pantograph
pantograph 1.缩放仪; 2.方形接电杆架(电车的)
paper 纸
—, **abserbent** 吸纸
—, **asbestos** 石棉纸
—, **blue print** 蓝图纸
—, **coordinate** 坐标纸
—, **drawing** 绘图纸
—, **emery** 砂纸
—, **glass** 玻璃砂纸
—, **grease proof** 不透油纸
—, **impermeable sand** 同 paper, waterproof sand
—, **insulated** 绝缘纸
—, **packing** 1.垫纸; 2.包装纸
—, **paraffin** 蜡纸
—, **printing** 印图纸
—, **sand** 同 paper, emery
—, **sketching** 草图纸
—, **tracing** 描图纸
—, **transfer** 复图纸
—, **water-proof sand** 不透水砂纸
paper-mill 同 mill, paper
parabola 抛物线
parabolic 抛物线的
paraboloid 抛物线体
—, **hyperbolic** 双曲抛物线体
parachute 降落伞
—, **automatic** 自开降落伞
—, **back pack** 背包降落伞
—, **chest pack** 胸包式降落伞
—, **free type** 自由式降落伞
—, **lap pack** 膝包式降落伞
—, **manually operated** 手开式降落伞
—, **quick connector type** 速接式降落伞
—, **seat pack** 座包式降落伞
—, **triangular** 三角形降落伞
paraffin(e) 1.石蜡; 2.煤油
parallax 视差{天文}
parallel 1.平行; 2.平行铁
—, **adjustable** 活动平垫铁
—, **degree** 斜平行垫铁
parallelism 平行度
parallelogram 平行四边形
— **of forces** 力的平行四边形
— **of velocities** 速度的平行四边形
parallelometer 平行仪
parallelopiped 平行六面体
parallelopipedon 同 parallelopiped
parameter, design 设计参数

parasite 1.废阻力(同 drag, parasite); 2.寄生物
parking 1.停车;2.停车场
part 部分
—, available 可用部分
—, cleaner insert 滤器心子
—, current carrying 导电部分
—, movable 活动部分
—, nonlifting 无升力部分
—, rotating 迴轉部分
—, unavailable 不可用部分
particle, incandescent 发光粒子
—, incident 入射質点
partition 隔板
parts 零件
—, automatic fire door 自动炉門零件
—, component 組合零件
—, cycle valve 气嘴
—, engine 发动机零件
—, exchangeable 可換零件
—, filter insert 同parts, cleaner insert
—, frame 車架零件
—, identical 同 parts, interchangeable
—, interchangeable 可互換零件
—, machine 机件
—, major 主要零件
—, molded (moulded) 模制件
—, moving 运动机件
— of machine, general 普通机件
—, plastic 塑料零件
—, reciprocating 往复运动机件
—, replacement 替換零件
—, spare 备件
pass 同 caliber 3.
—, box 同 pass, closed
—, closed 两旁封閉式軋輥型縫
—, diamond 軋輥方形縫
—, girder 桁樑軋輥型縫
—, groove 型縫(軋輥的)
—, open 两旁开式軋輥型縫
—, straight 展长軋輥型縫
passage 通路
—, admission 进路
—, air 气路
—, atomizer 同 passage, spraypipe
—, by 旁路
—, cylinder 气缸口
—, discharge 放洩道
—, exhaust 排气通路
—, grease 油脂通路
—, guide 导路
—, inlet 同 passage, admission
—, live steam 进汽路
—, lower intake 下部进路
—, lower steam 下部汽路
— of current 电流通路
— of heat 热的传佈
—, oil 同 hole, oil
—, pressure 同 port, pressure
—, S shaped S形通路
—, spray pipe 噴霧管路
—, steam 〔蒸〕汽〔通〕路
—, suction 同 port, suction
—, upper intake 上部进路
—, upper steam 上部汽路
passameter 外径指示規
passimeter 內径指示規 「的)
paste 1.浆糊;2.有效物质(蓄电池
—, grinding 同 compound,

grinding
pasty 浆状
patch 1.挡布；2.同 patch, tyre
—, **channel** 槽形补綴
—, **finger** 挡指布
—, **eta** 乙搭〔补〕綴,枫形补綴
—, **fabric reinforcing** 織料补胎片
—, **rubber** 橡皮补綴
—, **suspension** 悬吊补綴
—, **tube** 內胎补綴
—, **tyre** 补胎片
—, **tyre hot** 热补胎胶
patching 补綴
patent 1.专利； 2.专利权
patenting 拉后退火(綫材的)
path 路綫,途径
—, **aggregate** 集合路
—, **air** 同 passage, air
—, **by** 同 passage, by
—, **chafing** 摩擦挡布
—, **cam** 凸輪槽
—, **circular cutting** 环形刀路
—, **continuous** 連續路
—, **crank pin** 曲柄圓
—, **feed** 进給路
—, **friction** 摩擦路
—, **mean free** 平均自由路径
— **of chain** 鏈路
— **of contact** 接触綫
— **of projectile** 弹道
— **of quickest descent** 速降路綫
— **of shear** 切屑的裂程
— **of spindle** 軸的路程
—, **piston** 同 stroke of piston
—, **reversible** 可逆途径
—, **roller** 滚柱系(进給的)
—, **vacuum flight** 眞空弹道
—, **wind** 风路
—, **working** 同stroke, working
pattern 模型,模
—, **build up** 組合模
—, **flat back** 平接模
—, **flow** 活动模
—, **gypsum** 石膏模
—, **herring bone** 人字焊紋
—, **iron** 鉄模
—, **master** 范模
—, **metal** 金屬模
—, **sectional** 同 pattern, built up
—, **split** 同 pattern, built up
—, **standard** 标准模
—, **stucco** 灰泥模
—, **wax** 蜡模
pattern-shop 同 shop, pattern
paul 同 pawl
paulin, roof 篷布
paver 1.砌路机；2.筑路工人
—, **road** 同 paver
pavier 同 paver
pavior 同 paver
pawl 1.爪;2. 棘爪
—, **catch** 挡爪
—, **check** 止回棘爪
—, **disengaging** 分离爪
—, **double acting** 双动爪
—, **forward conveyor** 輸送器前进爪
—, **forward elevator** 升降机前进爪
—, **friction** 摩擦爪
—, **gravity** 重力爪
—, **hand brake lever** 手閘桿爪
—, **over drive clutch** 超速传动离合器爪

pawl, ratchet and 棘輪与爪
—, reverse elevator 升降机回动爪
—, reverse conveyer 輸送器回动爪
—, reversible 可逆爪
—, spring 弹簧爪
—, stationary 固定齿輪爪
—, winch 絞車爪
payload 同 load, pay
peak 1.尖点；2.錨爪
peak, after 船尾水艙
pear 梨木
pearlite 珠层体{冶}
peat 同 peat, turf
—, turf 泥煤
peck 1.配克(二加侖)；2.喙孔，喙痕
—, iron 鉄斗
pedal 踏板
—, accelerator 加速踏板
—, adjustable 調整踏板
—, brake 閘踏板
—, clutch 离合器踏板
—, control 控制踏板
—, foot 脚踏板
—, push 推板
—, reverse 回动踏板
—, rudder 舵板
—, rudder-brake 舵閘踏板
—, starter 起动踏板
—, starting 同 pedal, starter
—, stirrup type 蹬形踏板
—, treadle 同 pedal
pedestal 1.軸架；2.支座
—, after
—, compass 罗盘座
—, control 控制座
— for block instrument 閉塞器座
—, front truck 导輪軸箱架
—, main 总軸架
—, plain 同 bearing, solid journal
—, solid 同 bearing, solid journal
pedomotor 足动机
peel, moulder's 鋳工鏟凿
peeling 凿凈鋳件
peen 尖头(鎚的)
—, ball 圓头(鎚的)
—, cross 横头(鎚的)
—, straight 直头(鎚的)
peening 用鎚尖敲击
—, shot 弹射增韌法
peg 木釘
—, draw 同 screw, draw
—, guy 牵樁
—, hat 帽釘
pelorus 覌星罗盘針修正器
pen 笔
—, bow 小圓規
—, contour 画地形綫笔
—, dotting 虛綫笔
—, double line 复綫笔
—, drawing 絵图笔
—, parallel line 同 pen, straight line
—, ruling 同 pen, straight line
—, sketch 草图笔
—, straight line 直綫笔
—, swivel 曲綫笔
pencil 鉛笔
—, bow 小圓規(带鉛笔的)
—, drawing 絵图鉛笔
—, hard 硬鉛笔
—, soft 軟鉛笔

pendant, sighting 了望标
pendent, sighting 瞄准錘
pendulum 摆
 —, ballistic 弹道摆
 —, bifilar 双絲摆
 —, circular 圓路摆
 —, coincidence 符合摆
 —, compensated 补整摆
 —, compound 复摆
 —, conical 錐摆
 —, coupled 偶合摆
 —, cycloidal 摆綫摆
 —, Foucault's 传科摆
 —, gridiron 栅状摆
 —, physical 同 pendulum, compound
 —, resonance 共振摆
 —, reversible 可逆摆
 —, senconds 秒摆,单摆
 —, simple 簡单摆
 —, torsion (al) 扭轉摆
pene 同 peen
penetration 穿透度
 — of the tool 吃刀
 —, spray 噴霧射程
penetrometer 透光計
penstock 給水管
pentagon 五角形
pentode 五极管{电訊}
percentage, error 誤差百分数
perch 架
 —, front spring 前弹簧架
percolation 滲濾
percussion 撞击
percussion-grinder 同 grinder, percussion
perforating-machine 同 machine, perforating
perforation 鑽孔
perforator 鑽孔器
performance 性能
 —, aeroplane 飞机性能
 —, alitude 高度性能
 —, bearing 軸承性能
 —, boiler 鍋炉性能
 —, duration 耐航性能
 —, engine 发动机性能
 —, high 高性能
 — of boiler 同 performance, boiler
 — of locomotive 机車性能
 —, water 水上性能
 —, welding 焊接性能
pericycloid 周摆綫
perimeter 周边
period 1.周期;2.时期
 —, accelerating 加速时期
 —, apparent 明显时間
 —, breaking-in 試車时期
 —, delay 迟延时期
 —, delivery 排气时期
 —, dephosphorizing 除磷时期
 —, domestic system 家庭工业时代
 —, factory system 工厂制度时代
 —, family production 家庭生产时代
 —, handicraft 手工业时代
 —, induction 准备期
 —, inlet 进气时期
 — of acceleration 同 period, accelerating
 — of charge 同 duration of charging
 — of contact 接触时期
 — of discharge 放电时期
 — of motion 运动周期

period of oscillation 同 duration of oscillation
— **of rapid combustion** 急燃时期
— **of retardation** 同 period delay
— **of simple harmonic motion** 簡諧运动周期
— **of vibration** 振动周期
—, **re-expansion** 重膨脹时期
—, **scavenging** 淸除时間
—, **seag forming** 熔碴构成时間
—, **suction** 吸入时期
—, **vibration** 同 period of vibration
periodic(al) 周期的
peripheral 周围的
periphery 周綫
— **of armature** 电轉子周围
permanent 永久的
permeability 1.透过性；2.透气性
— **for gas** 透气性
—, **magnetic** 导磁率{物}
permeance 磁导{物}
peroxide 过氧化物{化}
—, **lead** 过氧化鉛{化}
— **of iron** 过氧化鉄
— **of lead** 同 peroxide, lead
— **of manganese** 过氧化錳
perpendicur 垂直的
perpendicurity 垂直性
persistence 持久性
perspective 透視
—, **angular** 斜透視
—, **isometric** 等角透視
—, **linear** 直綫透視
—, **one point** 一点透視
—, **parallel** 平行透視
—, **two point** 再点透視
perturbation 微扰
petcock 小型旋塞(放洩用)
petrol 同 gasoline
—, **ethyl** 含四乙鉛汽油{化}
—, **medium heavy** 中級重汽油{化}
petroleum 石油
—, **crude** 同 oil, crude
petticoat, valve 閥裙
phaeton 敞式汽車
phase 相
—, **control** 控制相位
—, **in** 同相
—, **split** 分相
—, **valve** 閥相位
phasemeter 同 meter phase
phosphor 磷{化}
photomicrograph 显微照相
photomicroscope 照相显微鏡
pick 风鎬
—, **beater** 搗击鎬
—, **coal** 凿煤风鎬
—, **hammer** 鎚尖
picker 弹棉机
—, **fire** 挑火鈎
pickling 浸酸
pick-up 粘着
— **of metal** 金屬粘着（拉模口的）
— **of valve seat** 閥座翘陷
piece 片,块
—, **awkward working** 笨重工作件
—, **bed** 〔机〕床身
—, **boiler band joint** 鍋炉带

接合板
piece, boiler lagging plate joint 鍋炉套板接合板
—, boiler lagging spacing 鍋炉套墊片
—, center 中心件
—, clamping 夾片
—, control valve center 控制閥中心块
—, cross 十字架
—, distance 隔片
—, double coupling 复式联接件(如复式車鈎)
—, end 同piece, tail
—, feed valve center 进給閥中心块
—, field 同 gun, field
—, filling 塡隙片
—, inlet tail 进汽尾管
—, junction 接合块
—, keel 龙骨构件
—, lengthening 接长料
—, mantel 罩套构件
—, neck 頸部构件
— of work 工作件
—, outlet tail 出汽尾管
—, packing 塡密片
—, pole 极片
—, protecting 护板
—, setting up 固定墊片
—, spacing 定距片
—, spark extinguishing contact 消除火花接触片
—, spring end filling 簧端塡片
—, steam tail 进汽部尾管
—, steam valve center 汽閥中心件
—, stiffening 助力片
—, tail 尾端件
—, tail pipe center 尾管中心件
—, test 試件
—, tongue 舌片
—, tool packing 刀墊
—, unwieldy working 同 pilce, awkward working
—, waste cock tail 排洩旋塞尾管
—, water tail 进水部尾管
—, work 同 piece of work
—, york 軛架
piercer 同 punch
—, mill-stone 石輥凿
piercing 冲孔
piezometer 压縮計
pig 同 iron, pig
—, Bessemer 貝氏生鉄
—, cold blast 冷风生鉄
—, forge 攪炼生鉄
—, foundry 同 iron, gray pig
—, hematite 赤鉄矿生鉄
pig lead 同 lead, pig
pigment 顏料
pile 堆
—, bearing 支樁
—, dry 同 cell, dry
pile-drawer 拔樁机
pile-driver 同 driver, pile
pillar 柱
—, boring machine 同 column, boring machine
—, door 門柱
—, drilling machine 同 column, drilling machine
—, end 端柱
—, front 前柱

pillar, guide 导柱
 —, side 边柱
 —, wind shield 风挡柱
pillow 1.軸枕; 2.垫座
pilot 1.〔机車〕排障器; 2.飞行員;3.引导
 —, automatic 自动駕駛器
 —, front 前导(拉刀的)
 —, gyro 同 Pilot, automatic
 —, locomotive 同 pilot 1.
 —, vibration damper 減震器导杆
pilotage 駕駛术
pin 1.銷;2.針
 —, air compressor piston 空气压縮机活塞銷
 —, anchor 带动銷(鏜杆的)
 —, angle locking 角鉄鎖銷
 —, angle ring rod 角鉄环杆銷
 —, application valve 操縱閥銷
 —, arm fulcrum 臂支銷
 —, armature spider 电轉子十字架銷{电}
 —, articulating 关节銷
 —, ash pan slide rod 灰盘滑板杆銷
 —, auxiliary spring nut 副簧螺母銷
 —, axle 軸銷
 —, back crank 后曲柄銷
 —, belaying 系索栓
 —, bogie wheel gudgeon 轉向架輪耳軸銷
 —, bouncing 跳針
 —, brake connection rod 閘連杆銷
 —, brake cylinder lever fulcrum 閘筒桿支銷
 —, brake hanger bracket 閘吊架托銷
 —, brake head 閘瓦托銷
 —, brake operating 閘操作銷
 —, brake shoe adjusting cam 閘瓦調整凸輪銷
 —, brake shoe anchor 閘瓦固定銷
 —, brake shoe guide 閘瓦导柱
 —, brake shoe link 閘瓦联杆銷
 —, brake shoe roller 閘瓦滾柱銷
 —, brake shoe stop 閘瓦止动銷
 —, brush-holder 刷柄銷
 —, catch 1.档杆; 2.带动銷
 —, center 中心銷
 —, chain 鏈銷
 —, clevis U形夾銷
 —, clutch pressure plate 离合器压板銷
 —, clutch release lever 离合器放松杆銷
 —, conical 錐形銷
 —, connecting 連接銷
 —, connecting rod 連杆銷
 —, connecting sleeve 連接套銷
 —, contact 触針
 —, conveyer pawl 輸送机爪銷
 —, conveyer pawl reverse 輸送机爪回动銷
 —, cotter 1. 同 pin, split; 2.扁銷
 —, counter poise 平衡法碼銷

pin, coupler pivot 車鈎枢銷
—, coupling 联結銷
—, coupling knuckle 車鈎关节銷
—, crank 曲柄銷
—, crank disk including 带銷曲柄盘
—, crank shaft 曲軸銷
—, cross head 十字头銷
—, cross head wrist 十字头关节銷
—, crown bar 頂杆銷
—, crown bar link 頂杆联杆銷
—, cup head 圓头銷
—, damper rigging lever fulcrum 挡板槓支銷
—, damper rigging rod 挡板杆銷
—, differential thrust block 差速器止推座銷
—, door check 門制銷
—, door plate 門板銷
—, door plate fulcrum 門板回轉支銷
—, dowel 同 dowel
—, drawbore 筍銷
—, drawing 图釘
—, drift 尖冲釘
—, drive 同 pin, catch 2.
—, drivng 同 pin, catch 2.
—, driving plate 带动盘銷
—, dynamo door latch 发电机門弹鍵銷
—, eccentric 偏心銷
—, ejector 推釘
—, elevator pawl 升降机爪銷
—, elevator pawl shifting 升降机爪移裝銷
—, elevator wrist 升降机关节銷
—, end 尾銷
—, exhaust valve 排气閥銷
—, expansion link 伸縮杆銷
—, feeder ratchet ball 进給棘輪球銷
—, feeder ratchet stop 进給棘輪止动銷
—, feeler 探針
—, flat head clevis U形平头銷
—, flat head tubular 平头管状針
—, float hinge 浮筒枢銷
—, float lever 浮筒杆銷
—, floating gudgeon 浮式活塞銷
—, floating piston 同 pin, floating gudgeon
—, foot pedal lock 脚踏板鎖銷
— for diaphragm valve nut 隔膜閥螺母銷
— for fixing tie rod 系杆插銷
—, front end hinge 前端鉸銷
—, front spring 前弹簧銷
—, front truck pivot 前轉向架枢銷
—, front truck pivot center 前轉向架枢中心銷
—, fuel pump rocker arm 燃料泵搖臂銷
—, fulcrum 支銷
—, governor link roller 調节器杆滾輪銷
—, groove 槽針

pin, guard 护銷
—, gudgeon 1.耳軸銷；2.活塞銷
—, guide 导銷
—, gyro center 迴轉中心銷
—, hair 細銷
—, hand brake lever pawl 手閘杆爪銷
—, hand brake operating lever link 手閘操作杆联节銷
—, handle 手柄銷
—, hanger 挂鈎銷
—, heat treated track 热处理履带銷
—, hinge 鉸銷
—, hollow crank 空心曲柄銷
—, hood fulcrum 罩支銷
—, ignition 发火針
—, index 指度針
—, intermediate crank 中間曲柄銷
—, intermediate draw bar 中間拉杆銷
—, joint 連接銷
—, journal 軸頸
—, king 1.同bolt,king;2.转向銷
—, knock-out 頂出針
—, knuckle 关节銷
—, latch handle 弹鍵柄銷
—, lateral 横銷
—, lever 杆銷
—, lever handle 杆手柄銷
—, lifting 頂升針
—, link 联节銷
—, link foot 联节足銷
—, link saddle 联节鞍銷
—, locating 定位銷(工件的)
—, lock 鎖銷
—, main crank 主曲柄銷
—, metering 量針
— of universal joint 万向节銷
—, oil pump drive shaft gear 油泵传动軸齿輪銷
—, oil pump idler gear 油泵空轉齿輪銷
—, pawl 爪銷
—, pedal 踏板銷
—, pintle lock 联节銷的鎖銷
—, piston 活塞銷
—, piston connecting link 活塞联节銷
—, piston lock 活塞鎖銷
—, piston rod 活塞杆銷
—, piston rod split 活塞杆开尾銷
—, pivot 枢銷
—, pivot pin lock 枢銷鎖銷
—, plain 平銷
—, plunger 同 pin, bouncing
—, pole 杆銷
—, pressure 受压銷
—, punch 冲头
—, push 推針
—, push rod 推杆銷
—, push rod holder 推杆托銷
—, ratchet 棘輪銷
—, regulator 調节器銷
—, retainer 抵住銷
—, reverse cylinder valve arm 回动气缸閥臂銷
—, reverse lever fulcrum 回动杆支銷
—, reverse lever latch handle 回动杆弹鍵手柄銷
—, reverse lever latch link 回动杆弹鍵联节銷

pin, rocker 搖臂銷
—, **rocker arm** 同 pin, rocker
—, **rod jaw** 叉杆銷
—, **roller** 滾針
—, **round** 圓銷
—, **S-shaped lock** S 形鎖銷
—, **safety** 安全銷
—, **sand box lever** 砂箱杆銷
—, **sand valve connection** 砂閥連接銷
—, **screw** 螺旋銷
—, **seal** 同 plug
—, **set** 固定銷
—, **shackle** 鈎环銷
—, **shaft** 軸銷
—, **shaft arm** 軸臂銷
—, **shear** 安全銷
—, **shifting yoke** 移动軛銷
—, **shock absorber link** 減震器联节銷
—, **side rod crank** 边杆曲柄銷
—, **sleeve** 套筒銷
—, **slide valve** 滑閥銷
—, **smoke box door hinge** 烟箱門鉸銷
—, **split** 开尾銷
—, **split cotter** 同 pin, split
—, **split taper** 錐形开尾銷
—, **spring** 弹簧銷
—, **spring guide** 簧导銷
—, **spring hanger** 弹簧挂鈎銷
—, **spring seat lock** 弹簧座鎖銷
—, **spring shackle** 弹簧鈎环銷
—, **steel cotter** 1.鋼扁銷；2.鋼开尾銷
—, **steering and ignition lock** 操向发火电鑰匙（汽車的）
—, **steering king** 操向主銷
—, **stop** 止銷
—, **striking** 同 knife, striking
—, **suction valve bolt and split** 吸入閥螺栓及开尾銷
—, **support** 支釘
—, **swing** 轉銷
—, **swing link** 摆杆銷
—, **tank valve shaft** 柜閥軸銷
—, **taper(ed)** 1.錐形銷；2.斜銷
—, **tapping** 浇口抽动棒
—, **throat brace** 喉板撐銷
—, **throttle lever fulcrum stud** 节流杆支杆的柱螺栓銷
—, **throttle lever handle** 节流杆手柄銷
—, **thumb** 同 pin, drawing
—, **time (timing)** 定时針
—, **torque rod end** 扭力杆端銷
—, **track** 履带銷
—, **universal center** 万向节中心銷
—, **universal joint** 同 pin of universal joint
—, **universal joint center ball** 万向节中心球銷
—, **valve** 閥銷
—, **valve lever** 閥槓杆銷
—, **valve stem** 閥杆銷
—, **ventilator clamp** 通风器夾銷
—, **ventilator link bracket** 通风器联节托銷
—, **winch sheer** 絞車安全銷

pin, wrist 1.同 pin, piston; 2.肘节銷
—, yoke 軛銷
—, zero adjusting offset 零点調整偏置銷
pincers 鉄鉗
pine 松木
—, Oregon 同 spruce, Douglas
—, white 白松
pinion 小齿輪
—, armature 电轉子小齿輪
—, axle 車軸小齿輪
—, axle drive bevel 車軸传动的小伞齿輪
—, barometric adjusting 气压計調整小齿輪
—, bevel 小伞齿輪
—, bevel drive 主动小伞齿輪
—, clamp 紧夾小齿輪
—, cone 同 pinion, bevel
—, conveyer drive 輸送机传动小齿輪
—, crusher drive 軋碎机传动小齿輪
—, differential 差速器小齿輪
—, differential drive 差速器传动小齿輪
—, differential spider 差速架小齿輪
—, differential spur drive 差速器传动小正齿輪
—, double 双小齿輪
—, drive 主动小齿輪
—, driving 同 pinion, drive
—, elevator 升降机小齿輪
—, gear 同pinion
—, governor drive 調速器传动小齿輪
—, helical 螺旋小齿輪
—, lantern 灯籠式小齿輪
—, main 主小齿輪
—, main drive 主动小齿輪
—, main driving 同 pinion, main drive
—, main shaft differential spider 主軸分速十字架小齿輪
—, main shaft drive 主軸传动小齿輪
—, lazy 空轉小齿輪
—, motor 电动机小齿輪
—, motor drive shaft and 电动机传动軸連小齿輪
—, planet 行星小齿輪
—, pump 泵小齿輪
—, rack and 齿条与小齿輪
—, speedometer drive 里程計传动小齿輪
—, spur 小正齿輪
—, starter 起动小齿輪
—, winch 絞車小齿輪
pinion-file 同 file, pinion
pinion-gearing同 gearing, pinion
pint 品脫(英制液体单位)
pintle 1.扣針; 2.扣釘
pipe 管
—, admission 进入管
—, air 气管
—, air cleaner 濾气器管
—, air intake 进气管
—, air suction 吸气管
—, air through 空气通管
—, angle 角管
—, annular blast 环形吹管
—, anti-priming 防止汽水併合管
—, asbestos 石棉管
—, automatic choke to

manifold 自动阻气門至歧管連接管(汽車的)

pipe, auxiliary 副管

—, auxiliary live steam 副进汽管

—, auxiliary standard 副标准管

—, auxiliary steam 副汽管

—, bellows blow 风箱吹管

—, bent 弯管

—, bilge 船底水管

—, blast 吹管

—, blow 同 pipe, blast

—, blower 同pipe, blast

—, blower steam 吹风进汽管

—, blow-off 放洩管

—, boiler feed 鍋炉給水管

—, brake 閘管

—, brake cylinder 閘缸管

—, brake hose 閘軟管

—, branch 支管

—, brass 黃銅管

—, breather 通气管

—, breathing 同pipe, breather

—, breeches 叉管

—, brine 盐水管

—, bustle 环形风管(高炉的)

—, butt welded 平焊接管

—, by pass 旁通管

—, by pass valve escape 旁通閥洩管

—, by pass valve steam 旁通閥汽管

—, capped 帽管

—, cast iron 铸鉄管

—, cast steel 铸鋼管

—, check valve to booster 止回閥至助力器管

—, check valve to manifold 止回閥至歧管的管

—, cinder valve and 卸渣閥及管

—, circulating 循环管

—, clay 瓦管

—, closed 閉管

—, coil 盘管

—, collecting 聚积管

—, collector 集合器管

—, conduit 导管

—, control valve to check valve 控制閥至止回閥管

—, control valve to operating chamber 控制閥至操作室管

—, conveyer 輸送管

—, cooling 冷却管

—, cooling water 冷水管

—, copper 銅管

—, communicating 連通管

—, compensating 补整管

—, connecting 連管

—, corrugated 波紋管

—, coupling hose 联結軟管

—, crank shaft bearing oil 曲軸軸承油管

—, cross 十字管

—, cross steam 十字形汽管

—, cylinder bottom steam 缸底汽管

—, cylinder drain 汽缸洩水管

—, cylinder oil 气缸油管

—, cylinder top steam 缸上汽管

—, delivery 輸出管

—, discharge 放出管

—, distributing 分配管

—, distribution 同 pipe, distributing

—, divided blast 組成吹管

pipe, donkey drain 副洩水管
—, down 同 pipe, stand
—, drain 同 pipe, discharge
—, drainage 同 pipe, discharge
—, drip 滴管
—, drive 主动管
—, dry 干汽管
—, eduction 同 pipe, exhaust
—, elbow 同 elbow, l.
—, engine exhaust 发动机排气管
—, equalizing 平衡管
—, escape 放出管
—, exhaust 排气管
—, exhaust branch 排气支管
—, exhaust collector 同 manifold, exhaust
—, exhaust steam 排汽管
—, exhaust steam supply 排汽供給管
—, exhaust suction 同 injector, exhaust steam
—, exhaust water 排水管
—, expansion 伸縮管
—, extra strong 特强管
—, feed 进給管
—, feed valve 进給閥管
—, feed water 給水管
—, flange(d) 凸緣管
—, flared 喇叭管
—, flexible 軟管
—, flexible steam 軟汽管
—, force 压力管
—, four way 四通管
—, fuel 燃料管
—, fuel feed 燃料进給管
—, gage cock drip funnel drain 驗水位旋塞漏斗洩水管
—, galvanized iron 鍍鋅鉄管
—, gas 煤气管
—, gas blow 吹气管
—, gas filter inlet 煤气濾器輸入管
—, gas filter outlet 煤气濾器輸出管
—, gasoline 汽油管
—, hawse 錨鏈孔
—, heater discharge 热水器放水管
—, heating 暖气管
—, high pressure 高压管
—, high pressure exhaust 高压排汽管
—, hose 同 pipe, flexible
—, hot water suction 热水吸管
—, hydraulic 液压管
—, induction 同 pipe, inlet
—, injection 噴射管
—, injection spray 噴霧管
—, injector delivery 噴射器輸出管
—, injector steam 噴射器进汽管
—, inlet 进入管
—, inside exhaust 內排气管
—, inside hot water 內热水管
—, intake 进气管
—, iron 鉄管
—, jet 噴管
—, joint 接合管
—, knee 曲管
—, lap welded 搭焊管
—, lead 鉛管
—, lip 唇管
—, live steam 同 pipe, main

steam
pipe lower tail 下端尾管
—, lubricating 同 pipe, lubricatin oil
—, lubricating oil 潤滑油管
—, main 总管
—, main air 总空气管
—, main gas 总煤气管
—, main oil 总油管
—, main reservoir 总儲器管
—, main steam 主汽管
—, muffler outer 减声器外管
—, muffler outlet 消声器出气管
—, muffler tail 同 pipe, muffler outlet
—, offset 偏置管
—, oil 油管
—, oil delivery 送油管
—, oil distributing 配油管
—, oil filler 加油管
—, oil filter inlet 滤油器进油管
—, oil filter outlet 滤油器出油管
—, oil pot siphon 油壶虹吸管
—, oil pressure relief valve drain 油压安全閥放油管
—, oil pump outlet 油泵出油管
—, oil pump suction 油泵吸油管
—, oil return 回油管
—, open 开管
—, operating valve exhaust 操作閥排气管
—, operating valve live steam 操作閥进汽管
—, outlet 排出管,出管
—, overflow 溢流管
—, petrol 同 pipe, gasoline
—, petti-coat 烟罩
—, play 游管
—, priming 起动进油管
—, pump 泵管
—, pump delivery 泵輸出管
—, pump exhaust 同 pipe, pump exhaust steam
—, pump exhaust steam 泵排汽管
—, pump steam 泵汽管
—, pump suction 泵吸管
—, radiator outlet 散热器出水管
—, radiator vent 散热器通风管
—, raising 升管
—, reducing 漸縮管
—, release 放洩管
—, reservoir steam 儲汽器汽管
—, return 回管
—, ribbed 加肋管
—, riser 同 pipe, raising
—, riveted 鉚合管
—, rose 滤吸管
—, rubber 橡皮管
—, runner 流通管
—, sand 砂管
—, scavenge 排气管(內燃机的)
—, scum 出浮滓管
—, seamless 无縫管
—, serpentine 蜿蜒管
—, service 同 pipe, feed
—, sewer 下水管

pipe, shrinkage 收縮管
—, **side** 側管
—, **signal** 信号管
—, **siphon** 虹吸管
—, **smoke** 烟管
—, **socket** 套节管
—, **soldered** 錫焊管
—, **spark ejector steam** 吸除火花器汽管
—, **special** 特种管
—, **spiral** 螺盘管
—, **spiral welded** 螺旋焊管
—, **stand** 立管
—, **standard** 标准管
—, **steam** 汽管
—, **steam circulating** 循环汽管
—, **steam discharge** 同 pipe, exhaust steam
—, **steam exhaust** 同 pipe, exhaust steam
—, **steam heating** 暖汽管
—, **steam inlet** 进汽管
—, **steam supply** 給汽管
—, **steel** 鋼管
—, **stub** 短管
—, **submerged** 潜管
—, **suction** 吸管
—, **supplementary live steam** 輔助进汽管
—, **supply** 供給管
—, **tail** 尾管
—, **tail water** 尾端水管
—, **tank vent** 柜通气管
—, **taper** 錐形管
—, **three-way** 三通管
—, **throttle** 节流管
—, **throttle stand** 节流閥立管
—, **tin lined** 衬錫管
—, **train** 列車閘管
—, **trunnion** 耳軸管
—, **vacuum** 眞空气管
—, **vacuum gage** 眞空計管
—, **vent** 通气管
—, **ventilating** 通风管
—, **ventilator** 通风器管
—, **ventilator outlet** 通风器出气管
—, **voice** 通話管
—, **waste** 排洩管
—, **waste steam** 废汽管
—, **water** 水管
—, **water discharge** 放水管
—, **water drain** 同pipe, water discharge
—, **water drawing** 同 pipe, water discharge
—, **water gage steam** 水位表汽管
—, **water gage water** 水位表水管
—, **water jacket drain** 水套放水管
—, **water pump outlet** 水泵出水管
—, **water service** 通水管
—, **water supply** 給水管
—, **welded** 焊接管
—, **welding blow** 气焊吹管
—, **weldless** 同 pipe, seamless
—, **worm** 蝸形管
—, **wrought iron** 熟鉄管
piping 同line, pipe
—, **hydraulic** 水管系
—, **line** 同 line, pipe
—, **steam** 汽管系
—, **water** 同 piping, hydraulic
—, **signal** 信号鎗

piston 活塞
—, **air** 空气活塞
—, **air compressor** 空气压縮机活塞
—, **aluminum** 鋁質活塞
— **and stem, main valve** 主閥活塞及杆
—, **applicat'on** 操縱活塞
—, **balance (balancing)** 平衡活塞
—, **brake** 閘活塞
—, **by pass valve** 旁通閥活塞
—, **cast alloy steel** 合金鑄鋼活塞
—, **cavity** 凹头活塞
—, **cold water pump** 冷水泵活塞
—, **composite** 复料活塞
—, **concave head** 同 piston, cavity
—, **control** 控制活塞
—, **convex head** 凸头活塞
—, **cork** 軟木活塞
—, **damper cylinder** 减震筒活塞
—, **damping** 减震活塞
—, **dashpot**同piston, damping
—, **differential** 差径活塞
—, **disk** 盘形活塞
—, **divided skirt** 导緣开縫活塞
—, **domed top** 同 piston, convex head
—, **double diameter** 双径活塞
—, **dummy** 假活塞,平衡活塞
—, **emergency** 紧急活塞
—, **emergency valve** 紧急閥活塞
—, **equalizing**同piston balance
—, **front wheel cylinder** 前輪閘缸活塞
—, **full skirted** 全側緣活塞
—, **grooved** 带槽活塞
—, **grooved water** 带槽水泵活塞
—, **ground and polished** 研磨及抛光活塞
—, **hammer** 汽鎚活塞
—, **hand control valve** 手控制閥活塞
—, **hemp packed** 蔴塡密活塞
—, **high pressure** 高压活塞
—, **hoist** 起重机活塞
—, **hollow** 空心活塞
—, **hot water pump** 热水泵活塞
—, **hydraulic** 水力活塞
—, **hydraulic cylinder** 液压缸活塞
—, **hydraulic relay valve** 液压継动閥活塞
—, **inner** 內活塞
—, **large main valve** 主閥大活塞
—, **low pressure** 低压活塞
—, **main** 主活塞
—, **master cylinder** 主缸活塞
—, **needle** 針形活塞
—, **opposed** 对动活塞
—, **outer** 外活塞
—, **oversize** 加大活塞
—, **plunger** 同 plunger
—, **pump** 泵活塞
—, **quick action valve** 速动閥活塞
—, **shock absorber** 减震器活塞
—, **skirted** 側緣活塞

piston, slipper 滑屐活塞
—, small main valve 主閥小活塞
—, solid 同 piston, disk
—, solid skirt 导緣实心活塞
—. spare 备用活塞
—, split skirt 同 piston, divided skirt
—, standard size 标准尺寸活塞
—, steam 蒸汽活塞
—, step-up 加力活塞
—, stepped 級形活塞
—, T-slot T槽活塞
—, tandem 串連活塞
—, triple valve 三通閥活塞
—, trunk 同 plunger
—, valve balancing 閥平衡活塞
—, vent valve 通风閥活塞
—, water 水泵活塞
—, wheel cylinder 輪閘儲气缸活塞
— with leather packing 皮碗填密活塞
— with metallic packing 金屬填密活塞
pit 地窖
—, air 通气坑
—, ash 同cellar, ash
—, casting 鑄坑
—, cinder 煤渣坑
—, coal 煤坑
—, cuttings 同shoot, cuttings
—, engine 修車坑
—, foundry 同 pit, casting
—, silencing 減声坑
—, traverser 移車台坑
—, wheel 輪坑
pitch 1.螺距；2.齿节；3.瀝青；4.节距
—, actual 实际螺距
—, adjustable 活螺距
—, aerodynamic 气动〔力〕距〔离〕
—, airscrew 螺旋桨螺距（飞机的）
—, apparent 外表螺距
—, axial 軸向节距
—, chain 鏈距
—, circular 圓周齿节，周节
—, circumferential 同pitch, circular
—, coarse 大螺距
—, constant 同pitch, fixed
—, constant geometrical 几何等螺距
—, controllable 同 pitch, adjustable
—, diametral 径节(齿輪的)
—, diametric 同 pitch, diametral
—, dynamic 动力螺距
—, effective 有效螺距
—, experimental 实驗螺距
—, experimental mean 实驗平均螺距
—, fine 小螺距
—, fixed 固定螺距
—, geoetrical 几何螺距
—, geometrical mean 几何平均螺距
—, high 高螺距(螺旋桨的)
—, linear 直线节距
—, low 低螺距（螺旋桨的）
—, mean 平均螺距
—, mean effective 平均有效螺距

pitch, mean experimental 同 pitch, experimental mean
—, mean geometrical 同 pitch, geometrical mean
—, nominal 标称螺距
—, normal 法向节距
—, normal circular 规定周节
—, normal diametral 规定径节
— of centers 1. 顶尖高度；2.轴心高度
— of cutter teeth 铣刀齿节
— of drills 钻头轴距
— of holes 孔间距
— of propeller 螺旋桨螺距
— of rivet 铆钉距
— of screw 螺距
— of sleepers 轨枕距
— of the thread 同 pitch of screw
—, pole 极距
—, propeller 同 pitch of propeller
—, relative 相对螺距
—, rivet 同 pitch of rivet
—, screw 同 pitch of screw
—, slot 槽距
—, standard 标准螺距
—, stay bolt 螺撑距
—, tooth 齿节
—, tube 管心距
—, variable 同 pitch, adjustable
—, virtual 虚螺距
—, zero thrust 无推力螺距
—, zero torque 无扭力螺距
pitching 前后颠簸,俯仰
pith 木髓
pitman 联接杆
—, pressure 受压联接杆
pitot 同 tube, Pitot's
pivot 支枢
—, antifriction 减摩枢
—, central 中枢
—, check pawl 止回爪枢
—, conical 锥形枢
—, fixed 固定枢
—, heel 轨跟枢(岔轨的)
—, hollow 空心枢
—, inclined knuckle 斜关节枢
—, knuckle 关节枢
—, moving 移动枢
— of arm 杆枢
— of king bolt. central 中心立轴枢
— of turntable, central 转盘中心枢
—, pillow 同 pivot, spherical center
—, ring 环形支枢
—, single 单枢
—, spherical center 球面中心支枢
—, spring 弹簧支枢
—, threaded 螺纹枢
place 地位
—, fire 炉灶
—, gapping 间隙
—, starting 起点
placement 方位
plan 计划
—, general 1. 总计划；2.同 drawing, general
— of pipe-installation 同 plan, piping
— of wiring 线路图
—, piping 管路图
—, rough 1. 初步计划；2.设计草图

plan, sheer 側面图(船壳的)
—, velocity 速度图
—, working 工作程序图
plane 1.平面;2.鉋;3.同 aeroplane
—, adjustable circular 可調整的圓鉋
—, adze 刮鉋
—, air mail 同 aeroplane, postal
—, air mapping 航空測量飞机
—, ambulance 同 aerolane ambulance
—, amphibian 水陆〔两用〕飞机
—, angle 角鉋
—, armored 同 aeroplane, armored
—, astragal 圓線鉋
—, attack 同 aeroplane, attack
—, auxiliary 輔助平面
—, auxiliary picture 輔助画面
—, balancing 平衡翼
—, battle 同 aeroplane, fighter
—, bead 同 plane, astragal
—, bench 台鉋
—, bombardment 同 aeroplane bombing
—, bombing 同 aeroplane, bombing
—, bottom 同 wing, lower
—, bottom center 下翼中段
—, cabin 同 aeroplane, cabin
—, cambered 同 wing, cambered
—, canard 同 aeroplane, tail first
—, cargo 同 aeroplane, cargo
—, carpenter's 木工鉋
—, carpenter's jack 木工粗鉋
—, carpenter's smooth 木工細鉋
—, carpenter's trying 同 plane, carpenter's jack
—, center 同 wing, center
—, center main 中央主翼
—, central 同 wing, center
—, chaser 同 aeroplane, fighter
—, circular 圓鉋
—, civil 同 aeroplane, civil
—, close coupled type 同 aeroplane, close coupled type
—, closed 同 aeroplane totally inclosed
—, combat 同 aeroplane, fighter
—, commercial 同 aeroplane, commercial
—, compass 曲面鉋
—, concave 凹底鉋
—, co-ordinate 坐标面
—, core-box 型心盒鉋
—, corrugated bottom wood bench 波紋底木鉋
—, cutting 切削平面
—, datum 基准面
—, division 分面
—, double grip high angle smooth bottom wood bench 双握手高角平底木鉋
—, double grip low angle smooth bottom wood bench 双握手低角平底木鉋
—, double grip regular smooth bottom wood bench 双握

手普通平底木鉋
plane, double inclined 双斜面
—, double iron 双鉄手鉋
—, dual motored 同 aeroplane, twin ongined
—, duck type 同 aeroplane, duck type
—, edge 同 plane, edge trimming
—, edge trimming 修緣鉋
—, extension 同 wing, extension
—, fast 同 aeroplane, high speed
—, fighter 同 aeroplane, fighter
—, fighting 同 aeroplane, fighter
—, fillet 同 plane, astragal
—, fillister 同 fillister 1.
—, flat 平面翼
—, float 浮筒式飞机
—, fluting 同 fillister 1.
—, following 同 aeroplane, tanden
—, force 粗鉋
—, gage 样板鉋
—, giant 同 aeroplane, giant
—, grooving 槽鉋
—, gusset 角撑板
—, hand 手鉋
—, hand grooving and tonguing 手用槽鉋和舌鉋
—, high angle smooth bottom steel bench 高角平底鋼鉋
—, high power 同 aeroplane, high power
—, high speed 同 aeroplane, high speed
—, horizontal 水平面
—, hover 地上練习机
—, hydro sail 水上滑翔机
—, inclined 斜面
—, jack 大鉋
—, jet 同 aeroplane, jet
—, land 同 aeroplane, land
—, leading 領队飞机
—, light 同 aeroplane, diminutive
—, long type 同 aeroplane, long type
—, longitudinal vertical 縱直縱平面
—, low angle smooth bottom steel bench 低角平底鋼鉋
—, lower 同 wing, lower
—, main 同 wing, main
—, main bottom 下主翼
—, main middle 中主翼
—, main top 上主翼
—, match 合筍鉋
—, medium speed 中速飞机
—, middle 中翼(三翼飞机的)
—, military 同 aeroplane, military
—, miter 同 plane, miter cutting
—, miter cutting 斜割鉋
—, molding 同 plane, gage
—, monomotor 同 aeroplane, single engined
—, motorless 同 aeroplane, motorless
—, multi-engined 同 aeroplane, multiengined
—, neutral 中和平面
—, non-staggered 非交錯翼飞机

plane, normal 法綫面
—, **observation** 同 aeroplane, observation
— **of incidence** 入射面
— **of oscillation** 摆动面
— **of projection** 投射面
— **of reference** 参考面
— **of rotation** 轉动面
— **of rupture** 折断面
— **of shear** 剪断面
— **of symmetry** 对称面
— **of vibration** 振动面
—, **open** 同 aeroplane, open
—, **overhanging** 1. 外伸翼；2. 同 aeroplane overhanging
—, **paddle** 蹼翼机
—, **picture** 画面
—, **principal** 同 wing, main
—, **profile** 側面
—, **pursuit** 同 aeroplane, fighter
—, **pusher** 同 aeroplane, pusher
—, **rabbet** 同 plane, grooving
—, **racing** 同 aeroplane, racing
—, **rail** 軌鉋
—, **reconnaissance** 同 aeroplane, scout
—, **reference** 同 plane of reference
—, **regular smooth bottom steel bench** 普通平底鋼鉋
—, **rocket** 火箭飞机
—, **round** 同 plane, circular
—, **round and hollow** 圓空鉋
—, **rounding** 同 plane, circular
—, **routor** 曲槽鉋
—, **sail** 同 aerodone
—, **sash** 起綫鉋
—, **scout** 同 aeroplane, scout
—, **secant** 切断平面
—, **section** 剖面
—, **service** 同 aeroplane, millitary
—, **ship** 同 aeroplane, deck landing
—, **side** 边鉋
—, **side rabbet** 边槽鉋
—, **single engined** 同 aeroplane, single engined
—, **single grip high angle smooth bottom wood bench** 单握手高角平底木鉋
—, **single grip low angle smooth bottom wood bench** 单握手低角平底木鉋
—, **single grip regular smooth bottom wood bench** 单握手普通平底木鉋
—, **single seater** 同 aeroplane, single seater
—, **sleeper** 同 aeroplane, sleeper
—, **smooth(ing)** 細鉋
—, **scaring** 同 aeroplane, scaring
—, **speed** 同 aeroplane, high speed
—, **spoke shave** 輻鉋
—, **sport** 运动飞机
—, **stabilizing** 安定面（飞机的）
—, **staggered** 交錯翼飞机
—, **starboard** 同 wing, right
—, **starboard main** 右主翼
—, **stratospheric** 同温层飞机

plane, stub 同 wing, stub
—, **superbattle** 特种战斗机
—, **superposed** 重疊翼
—, **surface** 鉋面机
—, **sustaining** 支持面
—, **tail** 横尾翼
—, **tangent** 切面
—, **tapered** 斜形平面
—, **three engined** 同 aeroplane, three engined
—, **tonguing and grooving** 舌鉋和槽鉋
—, **top** 同 wing, upper
—, **torpedo** 同 aeroplane, torpedo
—, **totally inclosed** 同 aeroplane, totally inclosed
—, **touring** 同 aeroplane, touring
—, **tourist** 同 aeroplane, touring
—, **tractor** 同 aeroplane, tractor
—, **training** 同 aeroplane, training
—, **transport** 同 aeroplane, transport
—, **transverse vertical** 横直横平面
—, **trimotor** 同 aeroplane, three engined
—, **twin engined** 同 aeroplane twin engined
—, **two motored** 同 aeroplane, twin engined
—, **two seater** 双座飞机
—, **upper** 同 wing, upper
—, **vertical** 竖直面
—, **water** 同 aerohydroplane

planeness 平面度
planer 鉋床
—, **convertible open side** 活动支架单柱鉋床
—, **double face** 双面鉋床
—, **double housing** 龙門刨床
—, **duplex plate** 复式板鉋床
—, **high speed** 同 machine, high speed planing
—, **hydraulic** 液压鉋床
—, **metal** 金屬鉋床
—, **open side** 同 machine single column, laning
—, **pit** 地坑鉋床
—, **radius** 同 machine for curves paning
—, **road** 平路面机
—, **single face** 单面鉋床
—, **vertical rotary** 同machine, vertical rotary planing
—, **wood** 同 machine, wood planing
planiform 平面的
planimegraph 比例規,縮图器
planimeter 面积仪
—, **compensation** 补整面积仪
—, **disk** 圓盘面积仪
—, **hatchet** 斧状面积仪
—, **polar** 定极面积仪
—, **rolling ball** 滚珠面积仪
—, **rolling disk** 滚盘面积仪
—, **suspended** 吊盘面积仪
planimetry 測面法
planing 1.鉋工;2鉋的
—, **angle** 斜鉋法
—, **angular** 同 planing, angle
—, **circular** 圓鉋法
—, **internal circular** 鉋圓孔法
—, **round** 同 planing, circular

planing, vertical 垂直鉋法，鍘鉋法
plank 板条
—, **bolster spring** 車架承簧板
—, **hanger** 吊架板
—, **spring** 簧板
planking 鋪板条
planning 計划
planometer 平面規
plant 1.工厂,車間;2;装置,設备
—, **assembling** 装配車間，装配厂
—, **Bessemer** 貝塞麦炉炼鋼厂
—, **blast furnace** 炼鉄厂
—, **boiler coaling** 鍋炉加煤設备
—, **central** 总动力厂
—, **central power** 同 plant, central
—, **condensing** 凝汽設备
—, **dressing** 选矿厂
—, **dual-cycle reactor** 双循环反应堆发电厂，双循环反应堆发电站
—, **electric power** 电力厂
—, **elevator** 升降机制造厂
— **for smoke absorption**吸烟装置
—, **gas power** 煤气动力厂
—, **hydraulic power** 同 plant, hydro-electric
—, **hydro-electric** 水电厂，水电站
—, **manufacturing**,制造厂
—, **noncondensing power**不凝式发电厂,不凝式发电站
—, **power** 动力厂
—, **pumping**泵水厂
—, **recooling** 重冷却設备
—, **steam** 蒸汽厂
—, **steam electric** 蒸汽发电厂,火力发电厂
—, **steam power** 同 plant, steam electric
—, **tar distillation** 瀝青蒸餾設备
—, **turboalternator**汽輪交流发电厂
plaster 烧石膏{化}
plastic 1.可塑〔的〕; 2.粘滞〔的〕3.塑料,塑胶
plasticity 1.受范性,可塑性;2.受范性学,塑性学
plasticizer 增韌剂 {化}
plastics 塑料,塑胶 {化}
—, **fabric filled** 含布塑料
—, **laminated** 塑料层板
—, **thermosetting** 热塑塑料
plate 1.盘,2.板;3.片;4.鍍
—, **adjustable contact** 調整触片
—, **adjusting** 調整板
—, **adjustment** 同 plate, adjusting
—, **air shutter** 阻风器板
—, **airscrew** 螺旋桨轂板（飞机的）
—, **anchor** 系定板
—, **angle** 角板
—, **anvil** 砧面垫片
—, **armor** 甲板
—, **ash** 灰板
—, **ash an slide connecting** 灰盘滑板連接板
—, **auxiliary spring** 輔助弹簧垫片
—, **back** 后板
—, **back-up** 垫片

plate, baffle 遮护板
—, balance (balancing) 平衡板
—, base 底板
—, battery 电池鉛板
—, battery negative 电池阴极板
—, battery positive 电池阳极板
—, bearing 垫板
—, bed 同 plate base
—, bench 台板
—, bent 弯板
—, black iron 黑鉄皮
—, bluing 同 plate, master
—, boiler 鍋炉板
—, boiler end 鍋炉端板
—, boiler lagging 鍋炉套板
—, boiler washout hand hole 洗鍋炉手孔盖
—, bolster 承梁板
—, boss 轂板
—, bottom 底板
—, bracing 撑板
—, brake backing 閘后支板
—, brake chamber non-pressure 閘室无压力板
—, brake chamber pressure 閘室压力板
—, brake foot同 paddle, brake
—, brake rubber 閘橡皮板
—, brake side閘側板
—, breaker 1. 断电器板;2.同 plate crusher
—, breast 胸板
—, bridge 架接板
—, bucking 同 board, bucking
—, buckle 托箍板
—, buffer 緩冲板
—, buffing 同 plate, buffer
—, cam 同 disk, cam
—, cam shaft gear thrust 凸輪軸齿輪止推板
—, cam shaft thrust 凸輪軸止推板
—, carburetor throttling 汽化器节流板
—, carrying 承板
—, center 中心板
—, chafing 防擦板
—, chair 座板
—, channeled 条紋板
—, check 止动板
—, checkered 網紋板
—, chequered 同 plate, checkered
—, chuck 夾盘板
—, circuit breaker 断闭器板，断电器板{电}
—, clamp(ing) 夾板,压鉄
—, clutch 离合器鋼片
—, clutch back 同 cover, clutch
—, clutch driven 离合器从动片
—, clutch foot 离合器脚踏板
—, clutch housing dust scal 离合器壳防尘板
—, clutch pressure 离合器压力板
—, colour 色板
—, commutator end 同 late, commutator end cover
—, commutator end cover 整流子端盖板
—, composed of small bars, die 小杆組成的印模

plate, connecting 連接板
—, **contact** 接触板
—, **control valve dial** 控制閥刻度板
—, **conveyer hopper bearing** 輸送煤斗承板
—, **conveyer screw thrust** 輸送螺旋止推板
—, **cope** 上型箱板
—, **copper** 銅板
—, **core** 型心板
—, **corner** 角板
—, **corrugated** 波紋板
—, **counter** 对面板
—, **counter shaft end** 副軸端板
—, **cover** 盖板
—, **crank** 同 cheek, crank
—, **crown** 頂板
—, **crusher** 軋碎板
—, **current collector base** 集电器座板
—, **curved** 曲面板
—, **cushion** 緩冲板
—, **cutout and voltage regulator mounting** 断流器及电压調整器座板
—, **cylinder support(ing)** 筒座板
—, **dash** 緩冲板
—, **dead** 固定板
—, **deck** 1. 同 deck 1; 2. 同 plate foot
—, **deflecting** 折向板
—, **deflector** 同 plate, deflecting
—, **dial** 指針板
—, **die** 印模
—, **diffuser** 扩散器板
—, **direction** 方向板
—, **disengaging** 脫离板
—, **distributor** 配电板
—, **distributor breaker** 配电器断閉板
—, **distributor terminal** 配电器端片
—, **dividing** 分度盘
—, **division** 隔板
—, **door** 門板
—, **drag** 下型箱板
—, **drainage** 排洩板
—, **draw** 起模板(鑄工)
—, **draw back** 抵拉板
—, **drive (driving)** 带动盘
—, **drive end** 传动端片
—, **drop** 同 plate, dump
—, **dump** 卸渣炉篦
—, **elevator casing wearing** 升降机罩衬板
—, **emergency brake carrier** 紧急閘座板
—, **end** 末端板
—, **engine** 同 plate, engine supporting
—, **engine front** 发动机前板
—, **engine rear** 发动机后板
—, **engine supporting** 发动机座板
—, **equivalent flat** 当量面积
—, **eye** 眼板
—, **face** 1.面板; 2.花盘
—, **fall** 渡板
—, **felloe** 輞板
—, **femal center** 有孔中心板
—, **filling** 同 plate, packing
—, **fire** 火板
—, **fire box crown** 火箱頂板
—, **fire door** 炉門板

plate, fish 魚尾板
—, flange 凸緣板
—, flat 平板
—, flitch 脊板
—, floating tube 浮动管板
—, floor 地板
—, foot 脚踏板
— for fixing work 固定工件夹板
—, foundation 基板
—, frame 架板
—, friction 摩擦板
—, front tube 前管板（鍋炉的）
—, fuel pump cover 燃料泵盖板
—, fuel pump pad cover 燃料泵墊盖板
—, furnace dead 固定炉板
—, gear case cover 齿輪箱盖板
—, generator bearing retainer 发电机軸承抵板
—, generator brush end 发电机电刷盖
—, generator end 发电机端板
—, ground 接地板
—, guide 导板
—, gusset 同 gusset
—, gusset joint 角接板
—, hand hole 手孔板
—, hanger 吊板
—, head 頂板
—, hinged 鉸鏈装合板
—, holding down 压板
—, homegeneous steel 均質鋼板
—, hood lock 机罩鎖板
—, hooked sole 鉤形底板
—, horizontal face 水平旋台
—, horn button base 喇叭按鈕座板
—, horn support 喇叭支板
—, hot 加热板
—, housing 壳板
—, hub 同 liner, hub
—, hull 1.船身板;2.车身装甲板
—, hull armor 船身甲板
—, hull batten 船身鑲板
—, hull intermediate 船身中間板
—, hull reinforcement 船身加强板
—, hull sloping 船身斜板
—, hull turret 船身轉塔板
—, impact 冲击板
—, index 1.同 plate, dividing 2.說明牌
—, indicator 指示板
—, inner fish 內魚尾板
—, inspection 检查板
—, instrument face 仪表面板
—, instrument mounting 仪表座板
—, insulating 絶緣板
—, intercepter 拦截板
—, intermediate 中間板
—, iron 鉄板
—, jam 同 plate, lock
—, jaw 顎板
—, junction 接合板
—, lapping 精研板
—, lighting switch 灯开关板
—, link 鏈节板
—, lobed 凸輪板
—, lock 鎖板
—, locomotive 机車鋼板
—, lower diaphragm 下隔膜

板

plate, magneto end 磁电机端板

—, main 主板

—, main tube 主管板

—, margin 艙底緣板

—, mark(ing) 标志板

—, master 測平板

—, master cylinder piston stop 主缸活塞限止圈

—, match 假型板

—, metal 金屬板

—, mild steel 軟鋼板

—, molding 造型板

—, motor brush end 电动机电刷端盖

—, motor rear end 电动机后端盖

—, muffler 減声板

—, name 名牌

—, nave 同 plate, hub

—, negative 阴极板

—, negative battery 蓄电池阴极板

—, notch 1.凹口板;2.棘轮

—, number 号数板

— of a laminated spring 疊板簧片

— of firebox, back 火箱后板

—, oscillating 摆动板

—, outer fish 外魚尾板

—, overdrive housing adapter 超速器壳接板

—, overdrive stationary gear cover 超速固定齿輪盖板

—, packing 填密板

—, pattern 模板

—, pedal 同 plate, foot

—, perforated 多孔板

—, pinch 扣板

—, piston filler 同 plate, piston packing

—, piston head 活塞頂板

—, piston packing 活塞填密板

—, plunger link 柱形活塞鏈节板

—, polishing 同 glazer

—, porthole swivel 观察口轉板

—, positive 阳极板

—, pressure 压力板

—, protecting 护板

—, punch 冲头板

—, punched 冲孔板

—, radiator grille ornament 散热器格柵飾片

—, radiator name 散热器名牌

—, radiator support 散热器支板

—, rapping 同 plate, draw

—, rear brake housing 后閘壳板

—, rear lamp bracket reinforcing 后灯托架加强板

—, reinforced 加强板

—, reinforcing 加强板

—, reverse idler and countershaft lock 回动空轉輪及副軸鎖板

—, reversing 回动板

—, reversing valve 回动閥板

—, revolving 迴轉板

—, rigid type clutch 硬式离合器板

—, rocking 搖板

—, rolled 軋板

—, roller 滾筒板

—, running 同 plate, floor

—, run-off 助焊板

plate, saddle 鞍板
—, scale 刻度板
—, screw 螺絲鋼板
—, serration 細齿板
—, set thrust 推力挡板
—, shell 同 plate, boiler
—, shifter 开关板
—, shouldered sole 同 plate, hooked sole
—, shouldered tie 同 plate, hooked sole
—, side 側板
—, side car frame angle 边車架角板
—, sleeper fish 縦軌枕魚尾板
—, slide 滑板
—, sloping 斜板
—, slotted adjustment 槽形調整板
—, smoke baffle 隔烟板
—, smoke box tube 烟箱管板
—, sole 底板
—, spark blow out 灭火花板
—, spectacle 双孔板
—, splash 挡濺板
—, spring 弹簧板
—, spring center clutch 弹簧心离合器板
—, spring clip 弹簧夾板
—, spring wedge 弹簧楔片
—, sprinkler 噴射板
—, sprocket safety 鏈輪安全板
—, starter center bearing 起动机中心軸承板
—, stay 撑板
—, steam chest balance 汽柜平衡板
—, steam gage 汽压計座
—, steel 鋼板
—, steel spring 鋼簧板
—, steering clutch 轉向离合器鋼片
—, steering clutch pressure 轉向离合器压板
—, steering gear clamp 轉向齿輪夾板
—, steering gear housing end 轉向齿輪壳端盖
—, stiffening 加强板
—, stool 垫板
—, stress 应力板
—, strike (striking) 冲击板
—, stripping 抽模挡沙板
—, stud wheel 柱栓齿輪板
—, suction 吸板
—, superheater header end 过热汽联管箱端板
—, supporting 支板
—, surface 平板
—, swash 旋轉斜盘
—, switch 轉轍器座板
—, swivel 轉盘
—, tank corner brace 柜角撑板
—, tank floor 柜底板
—, tank side 柜側板
—, tank valve 柜閥板
—, tender side 煤水車側板
—, terminal 接綫板
—, terminal stud insulating 綫端接栓絶緣板
—, thickening 加厚板
—, throat 喉板
—, throttle 节流板
—, throttling 同 plate, throttle
—, thrust 止推板
—, thrust block 止推座板

plate, tie 同 plate, sole
—, tin 錫板
—, top 同 plate, head
—, top diaphragm 上隔膜板
—, track adjusting jack 履带調整撑板
—, tube 管板
—, tube supporting diaphragm 托管板
—, turn 轉車台
—, turret 轉塔板
—, turret cover 轉塔盖板
—, turret port-hole swivel 轉塔观察口轉板
—, universal face 通用花盘
—, universal joint bushing 万向节衬套盖
—, univeral joint bushing locking 万向节衬套鎖盖
—, upper cover 上盖板
—, upper diaphragm 同 plate, top diaphragm
—, vacuum cylinder reinforcing 眞空气缸加强板
—, vacuum piston 眞空活塞板
—, vertical brace 垂直撑板
—, vertical face 立式花盘
—, vibrating 振动片
—, vibration damper 减震板
—, waist 腰部托板
—, wall 墙板
—, water pump cover 水泵盖板
—, wear 防磨耗板
—, welded 焊合板
—, wheel 輪板
—, wiring 佈綫板
— with serrated base shouldered tie 底齿鈎板
—, wobble 搖摆板
—, wrist 肘板
—, wrought iron 熟鉄板
—, zinc 鋅板
plated, chrome 镀鉻的
—, nickel 鍍鎳的
—, silver 鍍銀的
platen 1.压印板(印書机的); 2.台板
—, planing machine 同 table, planing machine
plater 鋼板工人
plates 板材
platform 1.平台; 2.站台
—, end 后平台
—, gun 射击台
—, leadsman's 測水台(船的)
—, lifting 上升平台
—, observation 观察台
—, tilting 傾卸台
—, tipping 同 platform, tilting
plating 镀
—, brass 镀黄铜
—, chromium 鍍鉻
—, copper 鍍銅
—, hard chromium 鍍硬鉻
—, nickel 鍍鎳
—, zine 鍍鋅
platinum 鉑{化},白金
platometer 同 planimeter
play 隙
—, end 端隙
—, gage 軌隙
— of valve 閥隙
plenum 压力通风系統
pliability 可撓性
pliers 手鉗
—, belt punch 接合皮带冲鉗
—, brake 閘鉗

pliers, combination 同 pliers, combination cut
—, **combination cut** 剪鉗
—, **cutting** 剪鉗
—, **expanding** 扩边鉗
—, **flat** 平鉗
—, **flat nose** 平头鉗
—, **forming** 軋印鉗
—, **gas** 同 tongs, gas pipe
—, **gas burner** 煤气灯头鉗
—, **gas pipe** 同 tongs, gas pipe
—, **globe** 球鉗
—, **gripping** 夾管鉗
—, **insulated** 胶柄鉗
—, **long nose** 长头鉗
—, **metal wire** 同 nippers. wire
—, **pipe** 管鉗
—, **piston ring** 活塞环张口鉗
—, **plat** 同 pliers, flat
—, **punch** 軋孔鉗
—, **round** 夾圓鉗
—, **round nose(d)** 圓头鉗
—, **saw setting** 整鋸鉗
—, **side cutting** 旁剪鉗
—, **slip joint** 鯉魚鉗
—, **spark plug** 火花塞鉗
—, **swage** 同 pliers, forming
—, **tyre chain** 胎鏈鉗
—, **tyre chain reparing** 胎鏈修理鉗
—, **universal cutting** 万能剪鉗
—, **wire** 同 nippers, wire

plotting 絵图
plough 同 plow
plow 犂
—, **mechanical snow** 排雪机
—, **revolving snow** 同 plow, rotary snow
—, **rooter** 掘雪犂
—, **rotary snow** 旋轉雪犂
—, **single blade snow** 单叶雪犂
—, **snow** 雪犂
—, **steam** 汽犂
—, **vee-type snow** V 形雪犂

plug 1.〔旋塞的〕孔堵; 2.塞; 3.插头{电}
—, **accelerating jet channel** 加速噴口油道塞
—, **accelerator pump discharge passage** 加速泵放出塞
—, **air cylinder valve** 气筒閥塞
—, **arch tube** 拱管塞
—, **aviation** 航空机火花塞
—, **ball seat** 球座塞
—, **battery** 电池塞
—, **battery filling** 电池注液塞
—, **blind** 废堵
—, **boiler** 鍋炉塞(易熔的)
—, **bottom** 底塞
—, **bottom cleaning** 底部清除塞
—, **bowl drain** 油杯放油塞
—, **brake adjusting aperture** 閘的調整口塞
—, **cam shaft bearing** 凸輪軸軸承塞
—, **cap** 盖塞
—, **catch** 同 bolt, catch
—, **choke** 阻塞
—, **cleaning** 淸除塞
—, **clutch housing hole** 离合器壳孔塞

plug, condenser 凝汽器塞
—, conical 錐形塞
—, control valve 控制閥塞
—, controlling valve 同 plug, control valve
—, cork 軟木塞
—, crank case drain 曲軸箱放油塞
—, cylinder 气缸塞
—, cylinder head 气缸盖塞
—, dead spark 同plug, weak spark
—, dehydrator 除水器塞
—, differential carrier inspection 分速器座架检查塞
—, discharge pasage 放出道塞
—, distributor cap rubber 配电器盖橡皮塞
—, distributor terminal slot 配电器綫头槽塞
—, drag link end 拉杆端塞
—, drag link safety 拉杆安全塞
—, drain 放洩塞
—, drain valve 放洩閥塞
—, drainage 同 plug, drain
—, eccentric strap cleaning 偏心环清除塞
—, economizer jet passage 經济噴口油道塞(汽化器的)
—, end 端塞
—, expansion 膨脹塞
—, filler 注入塞
—, filling 注入塞
—, fire 同 hydrant, fire
—, fly wheel housing drain 飞輪壳放洩塞
— for filling hole 注入孔塞
— for water pipe 水管塞
—, fuel drain 放油塞
—, fuel level line 燃料油位塞
—, fuel tank drain燃料箱放洩塞
—, fuse 保险絲塞
—, fuse connector 保险絲接头塞
—, fusible易熔塞
—, gas cooler drain 煤气冷却器放洩塞
—, gas inlet 进气口塞
—, glow 热綫引火塞
—, grease 滑脂塞
—, grease hole 滑脂口塞
—, handle bar 把手塞
—, high tension spark 高压火花塞
—, hoist cylinder filler 起重机缸注入塞
—, hydraulic cylinder 液压缸塞
—, idle tube passage 空轉管通道塞(汽化器的)
—, ignition 同 piug, spark
—, indicator connection 指示器接头塞
—, jet passage 噴口通道塞
—, knuckle 同 pin, knuckle
—, lamp 灯插头
—, lead 鉛塞
—, lever shaft槓軸塞
—, locking 閉鎖塞
—, low tension spark 低压火花塞
—, magnetic spark 磁性火花塞
—, main discharge jet 主噴

口塞
plug, main vent tube passage 主通风管通道塞
—, manifold 歧管塞
—, master cylinder 主缸塞
—, master cylinder cover 主缸盖塞
—, master cylinder outlet 主缸出口塞
—, mica sparking 云母火花塞
—, mud 泥孔塞
—, non-spilt vent 防溢通风塞
—, oil 油塞
—, oil channel 油道塞
—, oil distributor line 分油管塞
—, oil drain 放油塞
—, oil filler 注油塞
—, oil filter drain 滤油器放油塞
—, oil hole 油孔塞
—, oil pan drain 油盘放油塞
—, oil pipe 油管塞
—, oil pressure relief valve 油压保安閥塞
—, oil pump expansion 油泵膨脹塞
—, operating tube 操作管塞
—, petticoat spark 裙罩式火花塞
—, pipe 管塞
—, porcelain sparking 瓷火花塞
—, porous 多孔塞
—, power jet passage 动力噴口油道塞(汽化器的)
—, power jet passage drain 动力噴口通道放油塞(汽化器的)
—, priming 起动灌注塞(泵的)
—, radiator 散热器塞
—, radiator test 散热器試驗塞
—, reducing 減縮塞
—, reservoir 儲筒塞
—, reservoir drain 儲筒放洩塞
—, return valve 回水閥塞
—, safety 安全塞
—, screened sparking 遮护式火花塞
—, screw(ed) 螺旋塞
—, shock absorber filler 減震器注入塞
—, side 側塞
—, slotted 有槽塞
—, smooth 光面塞
—, spark 火花塞
—, sparking 同 plug, spark
—, speedometer adapter bearing 里程計接头軸承塞
—, spring 簧塞
—, standard 标准插头(电工的)
—, steam pipe 汽管塞
—, steering gear housing 轉向装置壳塞
—, steering gear housing oil filler 轉向装置壳注油塞
—, sump 同plug, sump drain
—, sump drain 貯槽放洩塞
—, test 1.試驗插头(电工的); 2.試驗放洩塞
—, top cleaning 頂部清除塞
—, track rod ball 横联杆球塞
—, transfer case drain 分动箱放油塞
—, transmission case drain 传动箱放油塞

plug, transmission case filler 变速箱注油塞
—, **tube** 同 plug, pipe
—, **valve** 閥塞
—, **valve chamber cover** 閥室盖塞
—, **vent** 通风孔塞
—, **washing** 同 plug, cleaning
—, **washing out** 同 plug, cleaning
—, **washout** 同 plug, cleaning
—, **water filling** 注水塞
—, **water jacket** 水套塞
—, **weak spark** 弱火花塞
— **with double spark** 双火花塞
plumb 1.測深鉛錘;2.垂直
plumber 白鉄工〔人〕
plumbing 1.鉛管类;2.装設鉛管
plumb-line 同 line, plumb
Plummet 鉛錘
plunger 柱塞
—, **accelerator** 加速器柱塞
—, **ball** 球塞
—, **buffer** 緩冲柱塞
—, **cam shaft thrust** 凸輪軸止推塞
—, **check valve** 止回閥柱塞
—, **control** 控制柱塞
—, **distributor cap contact spring** 配电器盖接触弹簧柱塞
—, **fuel feed pump** 給油泵柱塞,油泵柱塞
—, **fuel pump** 燃料油泵柱塞
—, **gear shift reverse** 变速回动柱塞
—, **handle bar** 把手柱塞
—, **injection pump** 噴油泵柱塞
—, **main valve** 主閥柱塞
—, **mold (mould)** 阳模
— **of pump** 同plunger, pump
—, **oil pressure relief valve** 油压保安閥柱塞
—, **oil pump** 油泵柱塞
—, **press** 压机柱塞
—, **pump** 泵筒柱塞
—, **rocker arm** 搖臂柱塞
—, **seat post rod** 座垫杆柱塞
—, **shift lever interlock** 变速杆联鎖柱塞
—, **slack adjuster worm** 減速調整器蝸杆柱塞
—, **spring** 弹簧柱塞
—, **valve** 閥柱塞
plush 毛絨
plutonium 鈈{化}
ply 层
—, **extra** 附加层
—, **three** 三层的
plyers 同 pliers
plywood 层板
pneudyne 气动变向器
pneumatic 气力的,风力的
pocket 袋
—, **air** 气袋
—, **cinder** 煤渣穴
—, **clearance** 隙囊
—, **coal** 煤穴
—, **collection** 聚集袋
—, **coupler** 車鈎匣
—, **cylinder head** 气缸盖凹頂
—, **dirt** 除尘室
—, **draw bar** 拉杆匣
—, **eccentric strap oil** 偏心环油槽
—, **gas** 同 hole, blow

pocket, spring 弹簧套
—, steam 汽囊
—, tender draw bar 煤水車拉杆匣
—, valve 閥套
—, water 水囊
point 1.点;2.尖端
—, anchor 錨点
— and crossing 轍尖及轍叉(鉄路的)
—, aniline 苯胺点{化}
—, auxiliary 輔助点
—, bearing 支承点
—, boiling 沸点
—, bow mooring 船头系留点
—, branching 歧点
—, breaker 断閉点{电}
—, breaker contact 断閉触点{电}
—, breaking 断裂点
—, burble 同point, burbling
—, burbling 旋渦点{航空}
—, burning 燃燒点
—, cardinal 基点
—, center 1.中心点;2.中心尖端
—, change 变异点
—, cold 冷点
—, compressive yield 受压屈伏点
—, contact 接触点
—, control 1.控制点;2.基准点
—, critical 临界点
—, cut-off 停截点(蒸汽的,电的)
—, cutout braker 断閉器截电点
—, cutting 刀口
—, danger 危点
—, datum 基点
—, dead 死点
—, dew 露点
—, distributor 配电器触点{电}
—, double slip 双向岔道
—, drop 1.划綫針;2.滴点
—, end 終点
—, eutectic 易熔点
—, eutectoid 易融点
—, external 尖端(螺絲攻的)
—, fiducial 标准点
—, fire 燃燒点,着火点
—, fixed 定点
—, flash(ing) 閃点
—, fore dead 前死点
—, freezing 冰点,凝固点
—, fusion 熔点
—, hot 热点
—, ice 同point, freezing
—, ignition 燃点
—, initial 始点
—, intermediate 中間点
—, internal 定心孔(螺丝攻的)
—, intersection 交点
—, jig 基点
—, junction 接合点
—, kindling 同point, ignition
—, locating 定位点(工件的)
—, magneto breaker arm 磁电机断閉器臂接触点
—, magneto fixed breaker 磁电机固定断閉器接触点
—, making-breaking 断續点
—, measuring 尺尖
—, melting 同point, fusion
—, mooring 系留点
—, moving 动点
—, neutral 中性点

point, normal 正位点
—, normal boiling 正常沸点
— of action 作用点
— of admission 进汽点
— of application 作用心，施力点
— of blade 叶片尖端
— of break 折断点
— of burst 爆裂点
— of change of gradient 坡度变点
— of compression 压縮点
— of contact 同point, contact
— of contraflexure 反曲点
— of crossing 交叉点
— of curve 曲綫点
— of cut-off 同point, cut-off
— of ignition 同 point, ignition
— of incidence 入射点
— of inflection 同 point of contraflexure
— of in flexion 同 point of contraflexure
— of interruption 中断点
— of intersection 同 point, intersection
— of intersection of tangents 切綫交点
— of release 排洩点(排汽，排气的)
— of sight 視点
— of support 支点
— of tangency 切点
— of the switch 轉轍器尖
— of view 同point of sight
— of weld 焊接点
—, pitch 节点
—, pivoting 支枢点
—, platinum contact 铂触点
—, pour 1.浇主点;2.凝固点
—, power 动力点
—, principal 主点
—, reference 参考点
—, reversing 回动点
—, safety 安全点
—, saturation 飽和点
—, single slip 单向岔道
—, slip 道岔
—, solidifying 凝固点
—, sparking 同 point, ignition
—, spring 弹簧轍尖
—, stagnation 滞流点
—, starting 起点
—, state 物态点
—, stationary 同 point, fixed
—, stylus 記綫針
—, test 試針
—, timer contact 正时器接触点
—, tool 刀鋒
—, tracing 描絵点
—, trammel 大圓規尖針
—, transition 轉变点
—, triple 三态度
—, turning 轉点
—, upper freezing 上凝固点
—, vanishing 消灭点
—, vapor 蒸发点
—, visual 同 point of sight
—, vulnerable 同 point, weak
—, weak 弱点
—, working 同 point of application
—, yield 屈服点
—, zero 零点
pointer 指針
—, distributor advance 配电器

提早发火指針
pointer, engine timing 发动机定时指針
—, needle 同 pointer
—, water level 同 gage, water level 1.
—, faced 对向轉轍器
—, facing 同 points, faced
—, trailing 背向轉轍器
pointsman 轉轍工人
poise 法碼
—, counter 平衡法碼
poison 毒化
poker 火鉗
—, hook 火鈎
—, straight 直火鉗
polar 极的
polarity 极性
—, battery 电池极性{电}
—, electric 电极性
—, magnetic 磁极性
—, reversed 反极性
polarization 极化
pole 1.杆;2.极
—, center 中央柱
—, electric 电极
—, feeder ratchet 进給器棘輪杆
—, horn shaped 角形极
—, magnetic 磁极{电}
—, main 主极
—, negative 阴极{电}
—, north 北极
—, positive 阳极{电}
—, push 推杆
—, revolving trolley 〔电車〕轉动接电杆
—, shipper 移动皮带杆
—, south 南极
—, trolley 同 pole, revolving trolley
polish 1.抛光;2.抛光剂
—, brillian 同 polish 2.
—, chromium 鉻抛光剂
—, metal 金屬抛光剂
—, stove 擦炉粉
polisher 1.抛光工人;2.抛光机
—, electric 电力抛光机
polygon 多边形{数}
—, equilibrium 平衡多边形{数}
—, force 力的多边形
—, funicular 同 curve, funicular 2.
— of force 同 polygon, force
— of velocities 速度的多边形
—, regular 正多边形{数}
—, stability 同 polygon, equilibrium
polymeter 多能湿度計
polytropic 多变的
pommel 球端，圓头
pond, cooling 冷却池
—, spray 噴射冷却水池
pontoon 浮筒
—, wing tip 翼梢浮筒
pool, molten 熔穴
pop, center 同 mark, center
poppet 同 head, puppet
porcelain 瓷器
—, spark plug 火花塞瓷套
pore 細孔
porosity 多孔性
porous 多孔的
port 1.口;2.左舷
—, admission 进汽口
—, air 风口

port, air admission 进气口
—, **annular** 环状口
—, **auxiliary** 輔助口
—, **auxiliary air** 輔助风口
—, **auxilliary, exhaust** 副排气口
—, **coaling** 上煤艙口
—, **cylinder** 同passage, cylinder
—, **delivery** 輸送口
—, **delivery valve** 輸送閥口
—, **discharge** 放出口
—, **drain** 洩口
—, **eduction** 同 opening, exhaust
—, **equalizing** 平衡口
—, **exhaust** 同 opening, exhaust
—, **gas** 气口
—, **ignition** 发火口
— **in piston** 活塞口
—, **induction** 同 port, admission
—, **inlet** 同 port, admission
—, **inspection** 检查口
—, **intake** 同 port, admission
—, **introduction** 同 port, admission
—, **left main exhaust** 左側排气主口
—, **lower adjusting** 下調整口
—, **lower adjusting valve** 調整閥下口
—, **lower auxiliary steam** 下部副汽口
—, **lower main steam** 下部主汽口
—, **lower steam inlet** 下进汽口
—, **main exhaust** 排汽主口
—, **outlet** 出口
—, **Pitot** 皮氏管口
—, **pressure** 压气入口
—, **relief** 放汽口
—, **scavenge** 换气口
—, **slide valve** 同 opening, slide valve
—, **steam** 汽口
—, **suction** 吸口
—, **transfer** 輸气孔
—, **upper adjusting** 上調整口
—, **upper adjusting valve** 調整閥上口
—, **upper auxiliary steam** 上部副汽口
—, **upper main steam** 上部主汽口
—, **upper steam inlet** 上部进汽口
—, **valve** 閥口
—, **vent** 同 port, air
—, **warming** 暖气口
—, **wash** 艙面排水口

portable 輕便的

porthole 1.观察口;2.炮眼;3.舷窗

position 位置
—, **contact** 接触位置
—, **dead center** 死点位置
—, **emergency** 紧急位置
—, **emergency application** 紧急操縱位置
—, **flying** 飞行位置
— **for moderate application** 适中操縱位置
—, **full release** 全松位置
—, **holding down** 放平位置(例如电車接电桿的)

position, lap 遮断位置（蒸汽机滑閥的）
—, latch raise 松閂位置
—, mean 平均位置
—, mid 中間位置
—, neutral 中和位置
—, null 零位
— of equilibrium 平衡位置
—, off 断路位置
—, relative 相对位置
—, release 放松位置(例如閘的）
—, rigging 装配位置
—, runnig 行动位置
—, service 开車位置
—, shunt 分流位置{电}
—, stop 停止位置{电}
—, switch 联接位置{电}
—, transition 轉变位置{电}
—, trolley 电車位置
—, valve 閥位
—, working 工作位置
—, zero 同 position, mull
positive 1.正的;2.确定的;3.阳性的
positron 阳电子
post 柱,杆
—, batter 斜柱
—, binding 1.縛杆;2.同 post, terminal
—, body queen 卓身內柱
—, bumper 緩冲柱
—, bumping 同 post, bumper
—, crane 起重机柱
—, derrick 人字起重机柱
—, direction 方向杆
—, field terminal 磁場綫头接柱
—, hand-rail 同 bracket, hand-rail
—, hitching 系留柱
—, intermediate 中柱
—, jewel 鑽石柱
—, king 主柱
—, lamp 灯柱
—, large hole binding 大孔縛杆
—, movement 移动柱
—, queen 桁架副柱
—, rail 軌条柱
—, rudder 方向舵柱
—, rudder king 方向舵主柱
—, side 边柱
—, signal 号志柱
—, small hole binding 小孔縛杆
—, spark plug 火花塞柱
—, starter terminal 起动机綫头接栓
—, starting cable terminal 同 post, starter terminal
—, steering 轉向柱
—, stern 船尾柱
—, swivelling tool 迴旋刀架
—, tail 尾柱
—, terminal 綫头接栓
—, tool 同 rest 3.
—, whistle 笛柱
post-annealing 氧割后的退火
pot 罐,筒
—, annealing 退火罐
—, chimney 同 cap, chiemney
—, dash 同 dashpot
—, glue 調胶罐
—, measuring 量杯
—, oil 油罐
—, soldering 焊罐
—, vacuum dash 眞空緩冲筒

potential 1.势,位;2.同potential, electric
—, **electric(al)** 电势,电位
—, **gravitational** 引力势,引力位
—, **thermal** 热势,热位
—, **thermodynamic** 热力势,势力位
—, **velocity** 速度势,速度位
potentiometer 1.电势計,电位計;2.分压器
pouch 盒,袋
pound 磅
—, **foot** 呎磅
poundal 磅达{物}
—, **foot** 呎磅达
pounding of valve seat閥座砰击
pour 浇注
pouring 浇注
powder 粉
—, **alundum** 刚鋁石粉{化}
—, **borax** 硼砂粉{化}
—, **burnishing** 擦光粉,磨光粉
—, **coal** 煤粉
—, **emery** 金刚砂粉
—, **gun** 同 gunpowder
—, **ignition** 发火葯粉
—, **magnesite** 菱鎂矿粉{矿}
—, **polishing** 抛光粉
—, **priming** 起爆葯粉
—, **red lead** 紅鉛粉{化}
—, **stone** 石粉
—, **union-melt** 合熔焊粉
—, **welding** 焊粉
—, **zinc** 鋅粉{化}
power 1.功率;2.动力
—, **absorbing** 吸收力
—, **absorptive** 同 power, absorbing
—, **actual** 同 power, effective
—, **actual horse** 同 power, effective horse
—, **ascending** 升力
—, **atomic** 原子动力
—, **available** 可用功率
—, **available horse** 同 power, effective horse
—, **bearing** 支力
—, **binding** 結合力
—, **body horse** 机身馬力
—, **boiler horse** 鍋炉馬力
—, **brake horse** 刹車馬力
—, **braking** 閘力
—, **calorific** 发热量
—, **candle** 烛光
—, **climbing** 同 power, ascending
—, **coking** 焦結力
—, **cruising** 巡航动力
—, **cutting** 切削能力
—, **delivered** 同 power, output
—, **design thrust horse** 設計推进馬力
—, **destructive** 破坏力
—, **driving** 推进力
—, **effective** 有效功率
—, **effective horse** 有效馬力
—, **effective tractive** 有效牽引力
—, **electric** 电力
—, **engine** 发动机动力
—, **estimated horse** 估計馬力
—, **evaporative** 蒸发力
—, **excess** 剩余动力
—, **excess horse** 剩余馬力
—, **existing** 存在力
—, **expansive** 膨脹力

power, floating 1.浮力;2.減震彈簧架
—, foot 脚力
—, friction horse 摩擦馬力
—, frictional 摩擦功率
—, full 全力
—, gross 总动力
—, gross tractive 总牵引力
—, ground horse 地面馬力
—, guaranteed horse 保証馬力
—, hand 手力
—, heating 热力
—, horse 馬力
—, hydraulic 水力
—, indicated 指示功率
—, indicated horse 指示馬力
—, indicated tractive 指示牵引力
—, indicator horse 同 power, indicated horse
—, input 輸入功率
—, international horse 国际馬力
—, international rated horse 国际額定馬力
—, isothermal horse 等温馬力
—, lifting 同 power, ascending
—, man 人力
—, marine 船上动力
—, maximum 最大动力
—, maximum boost horse 最大升压馬力
—, maximum horse 最大馬力
—, mechanical 机械动力
—, metric horse 公制馬力
—, minimum horse 最小馬力
—, monochromatic emissive 单色輻射力
—, motive 同 power 2.
—, moving 同 power 2.
—, net 淨动力
—, net horse 淨馬力
—, nominal 标称动力
—, nominal horse 标称馬力
— of traction 同 power, tractive
—, output 輸出功率
—, parasite horse 废阻馬力 {航空}
—, piston 活塞动力
—, propulsive horse 推进馬力
—, pulling 同 force, pulling
—, radiating 輻射力
—, rated 額定动力
—, rated horse 額定馬力
—, rating 同 power, rated
—, required 需要功率
—, required horse 需要馬力
—, rim horse 輪輞馬力
—, sea level horse 海平〔面〕馬力
—, shaft horse 軸馬力
—, starting 起动力
—, steam 汽力
—, surplus 同 power, excess
—, surplus horse 同 power, excess horse
—, sustaining 持續力
—, thrust 推进动力
—, thrust horse 同 power, propulsive horse
—, torque horse 轉矩馬力
—, total emissive 全輻射能量
—, towing 曳力
—, traction 同 force, pulling
—, tractive 同 force, pulling

power, turning 迴轉力
—, **unit horse** 单位馬力
—, **water** 同 power, hydraulic
—, **water horse** 水馬力
—, **wind** 风力
—, **wing** 翼力
—, **wing horse** 翼馬力
power-brake 同brake, power
practice 实习
—, **foundry** 鋳工实习
pre-admission 預进
prebend 預先弯曲
preboiler 預热鍋炉
pre-burning 同 pre-combustion
precession 进动
—, **gyroscopic** 陀螺前进性
precipitation 沉澱
—, **selective** 选择沉澱
precision 精度
pre-combustion 預燃
pre-compression 預压縮
pre-evaporation 初步蒸发
preheat(ing) 預热
preheater 預热器
—, **air** 空气預热器
preignition 同ignition, advanced
preliminary 初步的,預备的
pre-liquefier 初步液化器
preparation, edge 边緣整理
—, **plate edge** 板緣整理
pre-springing 預弯(焊件的)
press 1.印刷机;2.压机;3.压床;4.冲床
—, **arbor** 手扳压床
—, **automatic** 自动压机
—, **baling** 打包机
—, **bench** 台式压床
—, **bending** 压弯机
—, **brick** 压磚机
—, **briguette** 压煤磚机
—, **cam type** 凸輪式压机
—, **circular flanging** 摺圓边压机
—, **clay** 压黏土机
—, **column** 柱式压机
—, **copy** 压字机
—, **crank shaft straightening** 曲軸压直机
—, **crank type** 曲柄式冲床
—, **double action** 复动式冲床
—, **drawing** 拉拔式压床
—, **drill** 鑽床
—, **drop** 同 hammer, drop
—, **eccentric** 偏心压机
—, **filter** 压濾机
—, **flanging** 摺边压机
—, **fly** 同 press, screw
—, **folding and seaming** 摺縫压机
—, **forge** 鍛压机
—, **forging** 同 press, forge
—, **friction** 磨擦压机
—, **gang** 联成压机
—, **glue** 胶夾(木工的)
—, **gradually working flanging** 漸进摺边压机
—, **hand** 手压机
—, **hand arbor** 同press, arbor
—, **hand power screw punching** 手动螺旋压孔机
—, **high speed** 高速压机
—, **hydraulic** 水压机
—, **hydraulic down-stroke** 水力下行压机
—, **hydraulic flanging** 水力摺边压机
—, **hydraulic forging** 水力鍛压机

press, hydraulic molding 水力压型机
—, hydraulic up-stroke 水力上行压机
—, hydraulic wheel 水力压輪机
—, inclined gap frame 斜式凹座压机
—, lead cable 电纜包鉛压机
—, lubricating 同 pump, oil
—, machine 压床
—, mandrel 同 prass, arbor
—, moulding (molding) 压型机
—, multiple drill 同 machine, multi-drill head
— of a jointer's bench 木工台夾
—, oil 榨油机
—, packing 同 press, baling
—, perfecting 两面印刷机
—, percusion power 撞压机
—, printing 印刷机
—, punch 冲床
—, rail 压軌机
—, scrap baling 废鉄压块机
—, screw 螺旋压机
—, single action 单动式冲床
—, steam heated vulcanizing 蒸汽加热硫化压机
—, steam hydraulic 蒸汽水压机
—, steam power forging 汽力鍛压机
—, straightening 压直机
—, streching 拉延压机
—, templet shaping 压样板机
—, toggle 同 press toggle lever
—, toggle lever 肘杆式拉拔床
—, toggle type 同 press, toggle lever
—, triple action 三动式冲床
—, tyre 輪胎压机
—, upright drill 同 drill, upright
—, water 同 press, hydraulic
—, wheel 压輪机
—, wood 压木机
press-in 压入
pressing 压
—, cold 冷压
—, hot 热压
—, hot and cold 热压及冷压
pressure 压力
—, absolute 絶对压力
—, absolute initial 絶对初压力
—, actual 实际压力
—, actual mean 实际平均压力
—, air 空气压力
—, allowable 許用压力
—, atmospheric 大气压力
—, back 反压力
—, barometric 同 pressure, atmospheric
—, bearing 1.軸承压力；2.支力
—, bearing counter 軸承反压力
—, bleeding 放出压力
—, blowing off 吹除压力
—, boiler 鍋炉压力
—, boost 升压〔力〕
—, brake 閘压力
—, brake mean effective 閘的〔平〕均〔有〕效压力
—, bursting 破裂压力

pressure, carburetor 汽化器压力
—, **clutch** 离合器压力
—, **combustion** 燃燒压力
—, **compression** 压縮压力
—, **constant** 定压
—, **constant boost** 定升压〔力〕
—, **corresponding** 对应压力
—, **counter**
1.同 pressure, bearing 2.
2.同 pressure, back
—, **critical** 临界压力
—, **critical surface** 临界表面压力
—, **cutting** 切削压力
—, **cylinder** 气缸压力
—, **detonating** 爆燃压力
—, **detonating compression** 爆燃压縮压力
—, **detonation** 同 pressure, detonating
—, **Dissel mean effective** 狄賽尔平均有效压力
—, **differential** 差压式
—, **downward** 向下压力
—, **driving** 推动压力
—, **dynamic** 动压力
—, **eccentric** 偏心压力
—, **effective** 有效压力
—, **effective initial** 有效初压力
—, **effective mean** 同 pressure, mean effective
—, **equalized** 平衡压力
—, **even** 均匀压力
—, **exhaust** 排气压力
—, **exhaust pipe** 排气管压力
—, **explosion** 爆发压力
—, **external** 外压力
—, **extra high** 特别高压力
—, **final** 终压力
—, **fluid** 流体压力
—, **fuel** 燃料压力
—, **full** 全压力
—, **gas** 气体压力
—, **gaseous** 同 pressure, gas
—, **gauge** 计示压力
—, **grain** 结晶颗粒压力
—, **gross** 总压力
—, **ground** 地面压力
—, **high** 高压
—, **horizontal** 水平压力
—, **hydraulic** 液压力
—, **hydrodynamic** 液体动压力
—, **hydrostatic** 液体静压力
—, **idle oil** 空轉油压
—, **impact** 冲击压力
— **in air receiver** 儲空气器内压力
—, **indicate(d)** 指示压力
—, **indicated mean effective** 指示平均有效压力
—, **inflation** 充气压力
—, **inertia** 慣性〔力所引起的〕压力
—, **initial** 初压力
—, **initial absolute** 絶对初压力
—, **injection** 噴射压力
—, **internal** 内压力
—, **journal** 軸頸压力
—, **lateral** 横压力
—, **local** 局部压力
—, **low** 低压
—, **manifold** 歧管压力
—, **manometer** 压力計压力
—, **mass** 質量压力
—, **maximum** 最大压力

pressure, maximum allowable 最大许可压力
—, **maximum permissible boost** 最大许可升压
—, **mean** 平均压力
—, **mean effective** 平均有效压力
—, **mean indicated** 平均指示压力
—, **mean referred** 平均参考压力
—, **negative** 负压力
—, **normal** 正常压力
— **of atmosphere** 同 pressure, atmospheric
— **of top roll** 上辊压力
—, **oil** 油压力
— **on the bosh** 炉腰压力
—, **osmotic** 渗透压力
—, **over** 过压
—, **partial** 分压力
—, **peak**同pressure, maximun
—, **pipe** 管压力
—, **piston** 活塞压力
—, **Pitot** 皮氏管压力
—, **positive** 正压力
— **produced by the fan** 通风压力
—, **pump** 泵压力
—, **rated boost** 额定升压
—, **receiver** 受器压力
—, **relative** 相对压力
—, **release** 放松压力
—, **riveting** 铆压力
—, **saturation** 饱和压力
—, **scavenge** 换气压力
—, **slide block** 滑块压力
—, **specific** 比压
—, **stage** 级间压力(蒸汽透平的)
—, **stagnation** 滞止压力
—, **standard atmospheric** 标准大气压力
—, **static** 静压力
—, **steam** 汽压〔力〕
—, **suction** 吸入压力
—, **tangential** 切线压力
—, **tangential cut** 切线切削压力
—, **terminal** 端压力
—, **throttle** 节流压力
—, **total** 同 pressure, gross
—, **tyre** 轮胎气压
—, **uniform**同pressure, even
—, **upward** 上压力
—, **vapor** 蒸发汽压
—, **water** 水压力
—, **wheel** 同 load, wheel
—, **wind** 风压力
—, **working** 工作压力
—, **zero** 零压〔水〕
prestressed 预受力
pre-superheater 预过热器
preventer, leak 防漏剂
—, **rust** 防锈剂
prevention, rust 防锈
preventive 防止的
pricker 刺孔针
primary 1.初次的; 2.原始的
primer 1.初给器; 2.底火(弹药的)
—, **engine** 发动机起动注油器
—, **hand** 手打油杆
priming 1.起爆药; 2.汽水併发; 3.底漆
principal 主要的
principle 原理
—, **basic** 基本原理

principle, Carnot 卡諾原理
—, D'Alembert's 达朗伯原理
— of least constraint 最少約束运动原理
— of similitude 相似原理
— of superposition 疊加原理
— of the increase of entropy 熵值續增原理
— of virtual work 虛功原理
— of work 工作原理
—, similarity 相似原理
—, two cycle 二程循环原理
print 1.同 rint, core; 2.晒图
—, blue 蓝图
—, brown 棕色图
—, core 型心座
—, top 同 mark, core
—, white 白色图
printing, blue 晒蓝图
prism 1.棱柱〔式〕;2.稜鏡{物}
—, angle 測角稜鏡
—, heptagonal 七角稜鏡
—, hexagonal 六角稜鏡
—, index 指数稜鏡
—, oblique 斜稜鏡
—, pentagonal 五角稜鏡
—, reflector 反射稜鏡
—, regular 正稜鏡
—, right 同 prism, regular
probability, resonance escape 逃出共振吸收的概率
probe 探針
procedure, welding 焊接程序
process 1.过程;2.〔方〕法;3.手續
—, acid 酸法{化}
—, adiabatic 絶热过程
—, aluminothermic welding 鋁粉热焊法
—, anodic 阳极法
—, anodic oxidation 阳极氧化法
—, automatic welding 自动焊接法
—, basic 1.鹻性法(炼鋼的); 2.基本制法
—, Bessemer 貝氏炉〔炼鋼〕法
—, cementation 滲碳法
—, cementing 同 process, comentation
—, combustion 燃烧过程
—, compression 压縮过程
—, constant entropy 等熵过程
—, constant pressure 等压过程
—, constant temperature 等溫过程
—, constant volume 等容过程
—, converter 轉炉〔炼鋼〕法
—, cracking 热裂法
—, crucible 坩堝法
—, cyclic 循环过程
—, direct heat 直接加热法
—, dry 干法
—, Ehrhardt's pressing 爱氏压管法
—, electric arc 电弧焊法
—, electrolytic 电解法
—, electrothermic 电热法
—, equivalent 相当过程
—, exhaust 排气过程
—, expansion 膨脹过程
—, fining 精制法
—, form grinding 定型磨法
—, hardening 硬化法
—, hydrogenation 氫化法
—, induction 吸入过程
—, irreversible 不可逆过程

process, irreversible throttling 不可逆节流过程
—, **isentropic** 同 process, constant entropy
—, **isobaric** 同 process, constant pressure
—, **isometric** 同 process, constant volume
—, **isothermal** 同 process, constant temperature
—, **Mannesman** 斜輥軋管法
—, **manufacturing** 制造法
—, **mechanical** 机械过程
—, **molding** 造型法
—, **natural** 自然过程
—, **non-knocking** 无爆过程
— **of charging** 充电程序
— **of intermediate, fusing** 熔焊法
— **of refrigeration** 冷冻过程
— **of separation** 分选程序
— **of welding** 焊接法
—, **open hearth** 平炉法(炼鋼)
—, **polytropic** 多变过程
—, **puddle** 1.攪炼法;2.攪拌法
—, **reversible** 可逆过程
—, **revensible adiabatic** 可逆絶热过程
—, **rubber pad forming** 橡胶板压形法
—, **sand-molding** 砂型法
—, **Siemens Martin** 同 process, open hearth
—, **sinter** 熔結法
—, **stifmud** 硬泥法
—, **thermodynamic** 热力过程
—, **throttle (throttling)** 节流过程
—, **turbulent** 紊流过程
—, **vacuum** 眞空法
—, **washing** 洗法
—, **welding** 同 process of welding
—, **wet** 湿法
producer 1.同 producer, gas; 2.发生器
—, **cross draft gas** 平吸式煤气发生炉
—, **down draft gas** 下吸式煤气发生炉
—, **gas** 煤气发生炉
—, **pressure gas** 压力式煤气发生炉
—, **single chamber** 单室煤气发生炉
—, **spark** 发火花器
—, **suction** 同 producer, suction gas
—, **suction gas** 吸入式煤气发生炉
—, **up draft gas** 上吸式煤气发生炉
product 1.产品;2.积{数}
—, **burnt** 同product, combustion
—, **combustion** 燃烧产物
— **of combustion** 同product, combustion
production 生产
—, **excess** 超額生产
—, **large lot** 同 production, mass
—, **mass** 大量生产
productivity 生产量，生产能力
products, fission 分裂产物
profile 輪廓,靠模
—, **active** 有效齿廓
—, **aero-foil** 同section, aerofoi

profile, arifoil 同section, aerofoil
—, **bi-curve**同section, bi-curve
—, **circular arc** 圆弧轮廓
—, **theoretical** 理论轮廓
—, **tooth** 齿廓,齿形
—, **velocity** 速度分佈綫
—, **wing** 同 section, aerofoil
profiler 同 machine, profiling
profilograph 表面光度计
profilometer 验平仪
program 程序表
programme 同 pragram
project 1.計划;2.投影{数};3.投射
projectile 弹丸
—, **signal** 信号弹
projection 1.投影;2.投影图 3.投影法
—, **auxiliary** 輔助投影
—, **axonomatric** 不等角投影
—, **central** 同 projection, gnomonic
—, **conical** 圓錐投影
—, **cylindrical** 圓柱投影
—, **first angle** 第一角投影法
—, **geometric** 几何投影法
—, **gnomonic(al)** 心射切面投影
—, **horizontal** 水平投影
—, **inclined** 斜投影
—, **isometric(al)** 等角投影
—, **oblique** 同 projection, inclined
—, **orthogonal** 正投影
—, **orthographic** 同projection, orthogonal
—, **parallel** 平行投影
—, **perspective** 透視投影
—, **polar** 极投影
—, **polyconic** 多圓錐投影
—, **spherical** 球投影
—, **trimetric** 三度投影
—, **vertical** 垂直投影
projector 映画器,幻灯,放映机
—, **ceiling** 测云高度射光器
proof, acid 耐酸的
—, **fire** 耐火的
—, **heat** 耐热的
—, **leak** 防漏的
—, **oil** 耐油的
—, **rust** 防銹的
—, **shock** 防震
—, **sound** 隔音的
—, **water** 防水的
proofing 1.防护剂; 2.防护; 3.証明
proof-staff 金屬直規
propagation 传播
—, **flame** 火焰传播
—, **rectilinear** 直綫传播
—, **wave** 波的传播
propellant 推进剂
—, **bi-** 双質推进剂
—, **mono-** 单質推进剂
propeller 螺旋桨
—, **adjustable pitch** 調距螺旋桨
—, **aerial** 同propeller, aeroplane
—, **aeroplane** 飞机螺旋桨
—, **air** 同propeller, aeroplane
—, **automatic** 自动調距螺旋桨
—, **auxiliary** 輔助螺旋桨
—, **clockwise** 順时針轉螺旋桨
—, **co-axial** 同軸螺旋桨
—, **constant speed** 定速螺旋桨
—, **contra** 导叶
—, **controllable pitch** 同 propeller, adjustable pitch

propeller, counter clockwise 反时針轉螺旋桨
—, **direct drive** 直接传动螺旋桨
—, **electric** 电动螺旋桨
—, **fan** 扇形螺旋桨
—, **feathering** 活叶螺旋桨
—, **fixed** 同 propeller, fixed pitch
—, **fixed pitch** 定距螺旋桨
—, **four blade** 四叶螺旋桨
—, **full feathering** 全活叶螺旋桨
—, **geared** 齿輪减速螺旋桨
—, **hole steel** 中空鋼制螺旋桨
—, **hollow steel** 同 propeller, hole steel
—, **hudraumatic** 液压式螺旋桨
—, **left bladed** 同propeller, counter clockwise
—, **left hand(ed)** 同propeller, counter clockwise
—, **metal** 金屬螺旋桨
—, **metal sheathed** 金屬外皮螺旋桨
—, **metal tipped** 金屬鑲端螺旋桨
—, **non-feathering** 非活叶螺旋桨
—, **pusher** 推进式螺旋桨
—, **reversible** 同 propeller, feathering
—, **reversing** 同 propeller, feathering
—, **right bladed** 同propeller, clockwise
—, **right hand(ed)**同propeller clockwise
—, **screw** 同 propeller
—, **semi-feathering** 半活叶螺旋桨
—, **steel** 鋼質螺旋桨
—, **tandem** 串置螺旋桨
—, **three blade** 三叶螺旋桨
—, **tilting** 傾斜式螺旋桨
—, **tractor** 牵引式螺旋桨
—, **twin screw** 双螺旋桨
—, **two blade** 双叶螺旋桨
—, **variable** 同 propeller, adjustable pitch
—, **wind tunnel** 风洞螺旋桨
—, **wooden** 木螺旋桨
property 性質
—, **aerodynamic** 空气动力性質
—, **emulsifying** 乳化性質
—, **hot hardness** 热硬性質
—, **lubricating** 潤滑性質
—, **mechanical** 机械性質
—, **physical** 物理性質
—, **static** 受静力时性質
proplasm 同 mold
proportion 比例
—, **extreme** 外比例
proportional, third 第三比
propulsion 推进
—, **jet** 噴射推进
propulsive 推进的
proton 質子
protection, rear axle 后軸护板
protector 保护器
—, **car lightning** 同 arrester, car lightning
—, **cover** 1.外胎保护器; 2.同 proctector
—, **glass tube** 玻璃管护罩
—, **mud** 同 guard, mud
—, **tip** 尖头保护器
—, **tube** 內胎保护器护管罩

protector, wire netting 綫網护罩
protractor 量角器,分度規
—, **bevel** 活动量角器
—, **double** 双斜量角器
—, **draftsmen's** 絵图量角器
—, **horn** 角質量角器
—, **optical** 光学量角器
—, **semi-circular** 半圓量角器
—, **sine** 正弦量角器
—, **universal bevel** 万能活动量角器
—, **V edge** V形量角器
—, **vernier** 游标量角器
—, **vernier bevel** 游标活动量角器
prow 船头
psychrometer 湿度計,干湿球
—, **sling** 悬式湿度計
puddle 1.攪炼；2.攪拌
puddle-ball 1.攪炼鉄块;2.攪拌鉄球
pull 1.拉力;2.拉
—, **draw bar** 拉杆拉力
—, **effective** 有效拉力
puller 拉出器
—, **bearing** 軸承拉出器
—, **bearing race** 軸承座圈拉出器
—, **car** 拖車絞盘
—, **gear** 齿輪拉出器
—, **key** 拔鍵器
—, **lever nail** 拔釘杆
—, **nail** 拔釘器
—, **spike** 同 drawer, spike
—, **toggle motion nail** 肘节拔釘器
—, **universal** 万能拉出器
—, **wheel** 拆輪器
pulley 1. 滑輪；2. 同 pulley, belt；3.滑車
—, **adjustable** 可調整滑車
—, **air compressor** 空气压縮机皮带輪
—, **backing** 回行皮带輪
—, **band** 带輪
—, **bell cord** 警鐘拉繩滑輪
—, **belt** 皮带輪
—, **brake** 同 wheel, brake;
—, **cast iron belt** 鑄鉄皮带輪
—, **chain** 鏈輪
—, **click** 同 wheel, ratchet
—, **compound** 复式滑車
—, **cone** 1.錐輪；2.宝塔〔皮带〕;3.塔輪
—, **conical** 同 pulley, cone
—, **conical disk** 錐形活动皮带輪
—, **cord** 繩索輪
—, **counter** 中間皮带輪
—, **counter shaft cone** 副軸宝塔輪
—, **crank shaft** 曲軸皮带輪
—, **crowning** 凸面皮带輪
—, **curved armed** 曲輻皮带輪
—, **dead** 游滑輪
—, **differential** 差动滑車
—, **double speed** 两速滑車
—, **driven** 从动輪
—, **driving** 主动輪
—, **driving cone** 1.主动錐形輪;2.主动塔輪
—, **eccentric** 偏心皮带輪
—, **expanding** 伸縮輪
—, **expansible** 同 pulley, expanding
—, **fan** 风扇皮带輪
—, **fan driving** 风扇主动皮带輪

pulley, fast 固定輪
—, **fast and loose** 固定輪和游滑輪
—, **feed** 同 pulley, driving
—, **feed cone** 进刀錐形輪，进給塔輪
—, **fixed** 同 pulley, fast
—, **flange** 凸緣輪
—, **flat face** 平面皮带輪
—, **follow up** 同pulley, driven
—, **friction** 摩擦輪
—, **generator** 发电机皮带輪
—, **grooved** 槽輪
—, **guide** 导輪
—, **head stock cone** 車床头宝塔輪，床头塔輪
—, **idle** 空轉輪
—, **jockey** 同 pulley, guide
—, **loose** 同 pulley, dead
—, **movable** 滑动輪
—, **multiple grooved** 多槽輪
—, **multiple grooved cord** 多槽繩索輪
—, **multistep cone** 多級塔輪
—, **parting** 拼合輪
—, **pump** 泵輪
—, **rope** 同 pulley, cord
—, **single** 单体滑車
—, **solid belt** 整体皮带輪
—, **speed** 变速皮带輪
—, **split** 同 pulley, parting
—, **split belt** 拼合皮带輪
—, **step (ped)**同 pulley, cone 2.
—, **straight armed** 直輻皮带輪
—, **tension** 张力輪
—, **tight** 同 pulley, fast
—, **tight and loose** 同pulley, fast and loose
—, **water pump** 水泵皮带輪
—, **winding** 繞綫滑輪
—, **wire rope** 鋼絲索輪
—, **with two sets of arms** 重輻輪
—, **wood belt** 木皮带輪
—, **wrought iron belt** 熟鉄皮带輪
pulley-block 同 block, pulley
pulley-sheave 同 sheave, pulley
pulsate 脉动
pulsating 同 pulsate
pulsation 1.同pulsate;2.間断法
pulse 脉搏
pulsometer 蒸汽吸水机
pulverization 磨碎
pulverizer 粉碎器
—, **roll mill** 煤粉压榨机
—, **steam-jet** 噴汽式制煤粉机
pumice 輕石
pummel 同 pommel
pump 泵，抽机{物}
—, **accelerating** 加速泵
—, **acceleration** 同 pump, accelerating
—, **accelerator** 同 pump, accelerating
—, **air** 〔空〕气泵
—, **air extracting** 抽气泵
—, **air pressure** 同 compressor, air
—, **atmospheric** 同 pump, air extracting
—, **atomizing** 噴霧泵
—, **automatic tyre** 自动輪胎打气泵
—, **auxiliary** 輔助泵
—, **auxiliary feed** 輔助进給泵
—, **auxiliary lubrication** 輔助潤滑油泵

pump, axial piston 軸向活塞泵
—, **ballast** 水載泵(船的)
—, **bilge** 船底排水泵
—, **bi-rotor** 双轉子泵
—, **boiler** 同 pump, boiler feed
—, **boiler feed** 鍋炉給水泵
—, **booster** 增压泵
—, **brine** 盐水泵
—, **carburetor anti-icer** 汽化器防冰泵
—, **cavitation** 水泵气蝕
—, **centrifugal** 离心泵
—, **centrifugal booster** 离心式增压泵
—, **centrifugal type** 同 pump, centrifugal
—, **centrifugal water** 离心式水泵
—, **centripetal** 向心泵
—, **chain** 鏈泵
—, **charging** 供給泵
—, **circulating** 循环泵
—, **circulating water** 循环水泵
—, **cold water** 冷水泵
—, **condensate** 冷凝泵
—, **constant displacement** 定排量泵
—, **cooling** 冷却泵
—, **cooling water** 冷却水泵
—, **deep well** 深井泵
—, **differential** 差动泵
—, **direct acting** 直接联动泵
—, **discharge** 排出泵
—, **donkey** 同pump, auxiliary
—, **double acting** 复动泵
—, **double air** 复式气泵
—, **drainage** 排洩泵
—, **draining** 同pump, drainage
—, **dry air** 干空气泵
—, **duplex** 双缸泵
—, **duplex air** 双缸气泵
—, **eccentric sliding vane** 偏心滑叶泵
—, **ejector** 噴气式水泵(引射式水泵)
—, **electric(al)** 电力泵
—, **electric booster** 电力增压泵
—, **electromagnetic** 电磁泵
—, **evaporator feed** 蒸发器給水泵
—, **excavating** 同 pump, discharge
—, **extraction** 同 pump, air extracting
—, **fan** 风扇式泵
—, **feathering** 順桨泵(調整螺旋桨的)
—, **feed** 进給泵
—, **feed water** 給水泵
—, **fire** 灭火泵
—, **fire and bilge** 灭火及船底排水泵
—, **fixed** 固定泵
—, **foot** 脚踏泵
—, **force(d)** 压力泵
—, **forced lubrication** 压力潤滑泵
—, **fresh water** 淡水泵
—, **fuel** 燃油泵
—, **fuel booster** 燃油增压泵
—, **fuel circulating** 燃油循环泵
—, **fuel hand** 燃油手泵
—, **fuel injection** 燃〔料〕油噴射泵

pump, feul oil 燃油泵
—, fuel oil transfer 燃油传送泵
—, fuel pressure 燃油压力泵
—, fuel transfer 同 pump, fuel oil transfer
—, gas 气泵
—, gasoline 汽油泵
—, gasoline feed 給汽油泵
—, gasoline pressure hand 汽油压力手泵
—, gear 齿輪泵
—, gear oil 齿輪油泵
—, gear type 同 pump, gear
—, gear type oil 同 pump, gear oil
—, governor 調速器泵
—, grease 油脂泵
—, hand 手泵
—, hand air 手动气泵
—, heat 同 pump, steam
—, high pressure 高压泵
—, hgih pressure plunger 高压柱塞泵
—, hoist 起重机油泵
—, horizontal 臥式泵
—, horizontal air 臥式气泵
—, hot water extraction 热水抽吸泵
—, hot well 热水池泵
—, hydraulic 水力泵
—, injection 噴射泵
—, internal combustion 內燃泵
—, jet 同 pump, injection
—, lift 升水泵
—, lubricating oil 滑油泵
—, lubricating oil cooler 滑油冷却泵
—, lubricating oil transfer 滑油传送泵
—, lubrication 同 pump, lubricating oil
—, main circulation 主循环泵
—, make up 补充泵
—, mercurial air 水銀〔抽气〕泵
—, metering 限量泵
—, motor driven oil 电动油泵
—, oil 油泵
—, oil circulating 循环油泵
—, oil feed 給油泵
—, oil fuel 同 pump, fuel oil
—, oil fuel feed 給燃油泵
—, oil fuel injecting 燃油噴射泵
—, oil pressure 油压力泵
—, oil scavenger 迴油泵
—, oscillating 擺动泵
—, petrol 同 pump, gasoline
—, piston 活塞泵
—, piston rotary 活塞迴轉泵
—, piston type 同 pump, piston
—, piston valve 活塞閥泵
—, pistonless steam 同 pulsometer
—, plunger 柱塞泵
—, plunger type 同 pump, plunger
—, portable 輕便泵
—, positive displacement 正排量泵
—, power driven 动力带动泵
—, power tyre 机力輪胎打气泵
—, pressure 同 pump, force
—, prime 起动注油泵

pump, primer 同 pump, prime
—, priming 同 pump, prime
—, propeller anti-icer 螺旋桨防冰泵
—, pulsating steam 同 pulsometer
—, radial piston 径向活塞泵
—, reciprocating 往复泵
—, reciprocating steam 往复蒸汽泵
—, rotary 迴轉泵
—, rotary type circulating water 迴轉式循环水泵
—, rough 初步抽气机
—, salvage 援救水泵
—, sand 揚砂泵
—, sanitary 卫生水泵
—, scavenge 換气泵
—, scavenging 同 pump, scavenge
—, screw 螺旋泵
—, sea water 海水泵
—, self priming centrifugal 自吸离心泵
—, service 备用泵
—, single acting 单动泵
—, single acting air 单动气泵
—, sludge 排泥泵
—, spiral 同 pump, screw
—, stage 多級泵
—, steam 汽泵
—, steam pressure 汽动压力泵
—, submerged oil 浸沒式油泵
—, suction 同 pump, air extracting
—, tail 尾泵
—, test 試驗泵
—, transfer 传送泵
—, tri-rotor 三轉子泵
—, turbine 渦輪泵
—, two stage air 双級气泵
—, tyre 輪胎打气泵
—, tyre hand air 輪胎打气筒
—, vacuum 真空泵
—, valveless type 无閥式泵
—, vane 叶輪泵
—, vane type 同 pump, vane
—, vane type oil 叶輪式油泵
—, variable delivery 变量輸送泵
—, variable displacement 变量泵
—, vertical 立式泵
—, vertical air 立式气泵
—, volute 同 pump, screw
—, wash out 冲洗泵
—, washing 同 pump, wash out
—, water 水泵
—, water circulating 水循环泵
—, wet air 湿气泵
—, wet vacuum 湿真空泵
—, wind 同 pump, wind mill
—, wind mill 风車泵
—, wobble 手搖泵
pumping 抽动
punch 1. 冲孔; 2. 同 machine, puching; 3. 冲头
—, bel 鐘形冲压机
—, belt 皮带冲压机
—, center(ing) 中心冲头
—, counter
—, draw 拉冲头
—, duplex 二重冲压机
—, figure 数字冲压机
—, flat 平冲压机
—, flat bottom 平底冲头
—, gang 排冲压机

punch, hand 手力冲压机
—, hollow 空心冲头
—, knurled grip center 滚花中心冲头
—, letter 字体冲压机
—, lever 槓杆冲压机
—, multiple 复式冲压机
—, nail 釘形冲头
—, pin 尖冲头
—, prick 同 punch, center
—, rail 鋼軌冲压机
—, ratchet 棘輪冲压机
—, rivet 鉚釘冲头
—, screw 螺旋冲压机
—, sharp point 同 punch, pin
—, spacing center 校距中心冲头
—, spring center 弹簧中心冲头
—, ticket 軋票机
—, tyre valve 胎閥冲头
—, washer 垫圈冲头
— with corrugated nose 波形冲头
— with fluted nose 同 punch with corrugated nose
— with V-shaped nose V形冲头
punching 同 punch 1.
puncture 刺伤孔
purchase-block 同 block, purchase
pure 純的
purification 凈化法
—, gas 煤气凈化法
purifier 凈化器
—, automatic 自动凈化器
—, lubricating oil 滑油凈化器
—, oil 凈油器
—, oil pump 油泵净油器
—, water 凈水器
purifying 凈化
purity 純度
—, gas 气体純度
— of gas 同 purity, gas
pursuit 驅逐
push 1.推;2.推力
pusher 1. 推进器; 2. 后推机車; 3. 同 aeroplane, pusher
—, car 推車器
—, coal 推煤器
—, stock 装炉推料器
putty 油灰
pycnometer 比重計
pylon 1.标塔;2.标杆
pyramid 稜錐体
—, regular 正稜錐体
—, right 同 pyramid, regular
—, truncated 截头稜錐体
pyroelectricity 热电{物}
pyrometer 高温計{物}
—, air 空气高温計
—, electric 电阻高温計
—, expansion 膨脹高温計
—, fusion 熔化高温計
—, industrial 工业高温計
—, mechanical 机械高温計
—, metallic 金屬高温計
—, optical 光測高温計
—, photometric 光度高温計
—, radiation 輻射高温計
—, recording 自記高温計
—, resistance 电阻高温計
—, thermoelectric 热电高温計
—, viscosity 黏性高温計
pyrometry 高温測定学

Q

quadrangle, steering axle 前軸方形轉向架(汽車的)
quadrant 1.扇形体;2.象限{物};3.象限仪{物};4.四分仪
—, conveyor reverse 輸送机回行扇形齿輪
—, elevator 升降机扇形齿輪
— for adjusting ignition 調整发火扇形齿輪
—, regulator 調整器扇形齿輪
—, reverse lever 回动杆扇形齿輪
—, rudder 方向舵扇形体
—, throttle lever 节流杆扇形板
quadric 二次曲面
quadrilateral 四边形
quadriplane 四翼飞机
quadro, plane 同 quadriplane
quality 1.性質; 2.質量
—, anti-detonating 抗爆性
—, anti-knock 同 quality, anti-detonating
—, climbing 上升性
—, ignition 发火性
—, lubricating 同 property, lubricating
—, machining 同 machinability
— of steam 蒸气質量
— of tolerance 同 grade of tolerance
—, surface 表面質量
quantity 数量
—, flow 流量
—, imaginary 虚量
—, negative 負量
— of dust 尘量
— of heat 热量
— of heat given up 輸出热量
— of heat supplied 同 quantity of heat given up
— of motion 动量
—, positive 正量
— to be conveyed 同 quantity to be hauled
— to be hauled 运輸量
—, vector 矢量,向量
quart 四分之一加侖
quarter, starboard 右舷艙
quartering 四分法
quartz 石英
queen-post 同 post, queen
quench 淬火
—, harden 淬硬
—, isothermal 等温淬火
—, local 部分淬火
—, oil 油淬火
—, step 阶段淬火
—, water 水淬
quenched 淬冷
quenching 同 quench
—, double 复淬
—, flame 火焰淬熄
—, flush 冲水淬
—, oil 同 quench, oil
—, water 同 quench, water
quill 套管軸
quirk 深槽{建}

R

rabbet 槽口{建}
race 1.座圈(滚珠軸承的); 2.竞賽;3.滑流
—, ball 滚珠座圈
—, bearing 同 race, ball

race, inner 内座圈
—, outer 外座圈
—, propeller 螺旋桨滑流
—, worm bearing ball 蜗杆軸承滚珠座圈
racer 竞賽{飞}机
—, aeroplane 同 racer
racing 竞賽
rack 1.架;2.齿条
— and pinion 齿条和小齿輪
—, assembly 装配架
—, baggage 行李架
—, bomb 炸弹架
—, bucket 桶架
—, chart 图架
—, circular 圓齿条
—, double 双齿条
—, elevator driving 升降机主动齿条
—, feed 进給齿条
—, gear 同 rack 2.
—, generating 齿条形鉋齿刀
—, helical 螺旋齿条
—, luggage carrier 同 rack, baggage
—, parts 零件架
—, pin 銷齿条
—, screw 同 rack, helical
—, sector 扇形齿条
—, service 洗車台
—, stake 栅栏
—, steering 轉向齿条
—, toothed 同 rack 2.
—, tyre 輪胎架
radial 径向{物}
radian 弧度{数}
radiant 輻射〔的〕
radiation 1.輻射; 2.放射; 3.放射物;4.輻射綫;5.放射綫
—, electromagnetic 电磁輻射
— of heat 热輻射
radiator 散热器
—, beehive type蜂窠式散热器
—, car 車用散热器
—, cast tank type 鑄箱式散热器
—, cellular 同 radiator, beehive type
—, cellular type 同 radiator, beehive type
—, coiled 盘管式散热器
—, crossflow 横流散热器
—, fin 翅片式散热器
—, filled 同 radiator, ribbed
—, fin and tube type 片管式散热器
—, finned tubular 同radiator, fin and tube type
—, flanged tube 凸緣管散热器
—, flat tube 扁管散热器
—, flat tubular 同 radiator, flat tube
—, front mounted 前置散热器
—, gilled tube 網管式散热器
—, honeycomb 同 radiator, beehive type
—, leading edge 翼前緣散热器
—, nose 机头散热器
—, nosepiece 同 radiator, nose
—, oil 油散热器
—, oil cooling 冷油散热器
—, perfect 理想輻射器(黑体輻射器)
—, pressed shell type 压殼式散热器
—, retractable 可伸縮散热器

radiator, ribbed 肋片散热器
—, **round tube** 圓管式散热器
—, **sectional core type** 分段式散热器
—, **steam** 蒸汽散热器
—, **surface** 表面散热器
—, **tube and fin** 同radiator, fin and tube type
—, **tubular** 同 radiator, tubular type
—, **tubular type** 管式散热器
—, **underslung** 下悬式散热器
—, **vee** V形散热器
—, **Vee front** 同 radiator, vee
—, **wing** 翼面散热器
— **with round tube** 同 radiator, round tube
radical, free 自由基
radio 无綫电
radiogram 同 radiotelegram
radiograph 射綫照相{物}
radiography 射綫照相术{物}
radiometer 輻射計
radiotelegram 无綫电报
radium 鐳{化}
radius 半径{数}
—, **crank** 曲柄半径
—, **critical** 临界半径
—, **cruising** 巡航半径
—, **eccentric** 偏心半径
—, **effective** 有效半径
—, **flight** 飞行半径
—, **formative** 成形半径
—, **load** 載重半径
—, **maximum** 最大半径
—, **navigation** 航行半径
— **of action** 活动半径(飞机的)
— **of curvature** 曲率半径
— **of curve** 弧綫半径
— **of gyration** 迴轉半径
— **of rupture** 断裂半径
— **of root** 同 radius, root
— **of torsion** 扭轉半径
— **of turn** 旋轉半径
—, **root** 根部(圓势)半径
—, **tip** 翼梢半径
—, **torsion** 同radius of torsion
—, **turning** 同 radius of turn
rag 擦布
rag-bolt 同 bolt, stone
ragstone 1.綴石; 2.粗砂岩{地質}
raider 袭击机
—, **air** 同 raider
rail 1.栏杆;2.軌〔条〕;3.鋼規
—, **adhesion** 附着軌条
—, **belley** 魚腹軌条
—, **belt** 带軌条
—, **body** 机身縱樑
—, **bridge** 桥形軌条
—, **Brunel** 同 rail, bridge
—, **bull headed** 双头鋼軌
—, **cab hand** 司机室扶杆
—, **cant** 斜鋪軌条
—, **center** 中央軌
—, **chair** 同 rail, bull-headed
—, **channel** 沟形軌条
—, **check** 护軌
—, **cog** 齿軌
—, **conductor** 导电軌
—, **crab** 起重絞車軌
—, **cross** 橫軌
—, **curved** 弯軌
—, **dead-stop** 止車軌
—, **docking** 碇泊軌
—, **door bottom** 滑門軌
—, **door roller** 同 rail, door bottom

rail, double 同 rail, twin
—, double headed 同rail, bull headed
—, edge 护輪軌
—, flange 同 rail, flat bottom
—, flat 平軌
—, flat bottom 平底軌
—, flat grooved 平槽軌
—, flat headed 平头軌
—, gangway 同 rail 1.
—, gear shift 同 lever, gear
—, girder 同 rail, flat bottom
—, grooved 槽形軌
—, guard 同 rail, check
—, guide 同 rail, check
—, hand 同 handrail
—, head 机头导軌
—, inner 內軌
—, inside guard 內护軌
—, junction 接合軌(轉轍的)
—, lead 导軌
—, light 輕軌
—, lower frame 車架下樑
—, outer 外軌
—, plate 同 rail, flat
—, power 动力軌条
—, rack 同 rail, cog
—, ramp 坡接軌
—, saddle 鞍形軌
—, shift 同 rail, switch
—, single headed 单头軌
—, sliding door 同 rail, door bottom
—, steel 鋼軌
—, stock 本軌
—, switch 轉轍軌
—, tank hand 水柜扶栏
—, tram 电車軌
—, tramway 同 rail, tram
—, twin 并头軌
—, U-shaped U形軌
—, upper frame 車架上樑
—, vignoles同 rall,flat bottom
—, wing 翼軌
— with compound web 双腰軌
rail-clamp 同 clamp, rail
rail-guard 同 guard, life
railroad 1.鉄路,鉄道;2.电車道
—, electric 1. 同 railroad; 2. 电力鉄道
—, gravity 重力鉄道
—, portable 輕便鉄道
railway 同 railroad 1.
—, cable 纜車鉄道
—, electric同railroad, electric 2.
—, elevated 架空鉄道
—, factory 工厂鉄道
—, field 同 railroad, portable
—, mine 矿区鉄道
—, mono-rail 同railway, singlerail
—, mountain 山区鉄道
—, narrow gage 窄軌鉄路
—, portable 同 railroad, portable
—, rack 齿軌鉄路
—, single rail 独軌鉄路
—, suspended 同 railway, elevated
—, tube 同 railway, underground
—, underground 地下鉄道
—, works 同 railway, factory
raiser, track 扛軌器
rake 1.耙; 2.耙路綫; 3.傾斜〔度〕
—, fire 火耙

rake, front 前角,前傾角
—, **negative** 負傾角,負前角
—, **negative top front** 同rake, negative
— **of blade** 桨叶斜度
— **of tubes** 管斜度
—, **positive** 正前角
—, **positive top front** 同rake, positive
—, **propeller** 螺旋桨斜度
—, **side** 側斜度,側傾角
—, **top front** 同 rake, front
—, **top side** 頂側傾角
—, **wing tip** 翼梢斜度
raker, fire 同 rake, fire
ram 1.夯; 2.鎚体; 3.压头; 4.冲头; 5.冲压
—, **hydraulic** 液力压头
— **of shaper** 牛头鉋床的鉋头
—, **pneumatic** 1.气力夯;2.气动鎚体
—, **slotting machine** 插床冲头,立鉋床冲头
ram-jet 冲压式噴气机
rammer 同 ram
—, **flat** 平夯
—, **hand** 手夯
—, **hydraulic** 同ram, hydraulic
—, **pavement** 鋪路夯
—, **pneumatic** 同 ram, pneumatic
ramming 夯,击,捣
—, **butt** 对头击,对搗
—, **hard** 重搗,重击
—, **jolt** 震动搗击
— **of the sand** 搗实型砂
ramp 1.滑行台;2.凸輪滑边
—, **descending** 降落滑台
—, **rerailing** 复軌器
—, **seaplane** 水面飞机滑行台
range 1.范围;2.射程; 3.航程; 4.距离
—, **air** 同 range of flight
— **at full speed** 高速航程
—, **cruising** 巡航范围
—, **effective** 有效射程
—, **gliding** 滑翔范围
—, **horizontal** 水平射程
—, **maximum** 1.最大射程; 2.最大航程
—, **maximum cruising** 最大巡航范围
—, **medium** 中距离
—, **minimum** 最小距离
—, **normal** 正常航程
— **of flight** 飞行航程
— **of oscillation** 摆幅
— **of stability** 稳定范围
— **of vision** 視界
—, **speed** 速度范围
—, **still air** 无风航程
—, **thermal critical** 热临界带
—, **working** 工作范围
rapidity 迅速度
— **of combustion** 燃烧〔迅〕速度
— **of ignition** 发火〔迅〕速度
rapping 輕击
rasp 木銼
—, **bastard flat wood** 粗扁木銼
—, **bastard round wood** 粗圓木銼
—, **half-round wood** 半圓木銼
—, **second cut flat wood** 中扁木銼
—, **smooth flat wood** 细扁木

鏟

ratch 同 wheel, ratchet

ratchet 1.同 pawl; 2.棘輪机构

— **and pawl** 同 ratchet 2.

—, **cowl ventilator** 車头罩通风器棘輪机构

—, **crank shaft** 曲柄軸棘爪

—, **feeder** 进料器棘輪机构

—, **friction** 摩擦棘輪机构

—, **reversible** 可逆棘輪机构

—, **silent** 无声棘輪机构

—, **starting crank** 起动曲柄棘輪机构

—, **straining** 棘輪拉紧器

rate 率

—, **actual steam** 实际耗汽率

—, **air** 空气率

—, **charging** 1.充电率; 2.充气率; 3.进料率

—, **climbing** 上升率

—, **combustion** 燒燃率

—, **critical cooling** 临界冷却率

—, **dry adiabatic lapse** 干空气絶热温度直减率

—, **estimated steam** 估計耗汽率

—, **finish** 完成率

—, **heat release** 放热率

—, **ideal steam** 理想耗汽率

—, **lapse** 温度直减率

—, **melting** 熔化率

—, **metal removal** 切削率

— **of change** 变化率

— **of charge** 同rate, charging

— **of climb** 同 rate, climbing

— **of climb, maximum** 最大上升率{航空}

— **of climb, vertical** 垂直上升率{航空}

— **of combustion** 同 rate, combustion

— **of cooling** 冷却率

— **of deposition** 澱积率

— **of descent** 下降率

— **of discharge** 放电率

— **of evaporation** 蒸发率

— **of expansion** 膨脹率

— **of feed** 进給率

— **of flame travel** 火焰扩展率

— **of flow** 流动率

— **of gasification** 气化率

— **of heat release** 放热率

— **of oscillation** 摆动率

— **of pressure rise** 压力升高率

— **of rotation** 轉率

— **of speed** 速率

— **of tread wear** 輪胎磨耗率

—, **quenching** 淬冷率

—, **sinking** 下沉率

—, **starting** 起动率

—, **steam** 耗汽率

—, **temperature lapse** 同rate, lapse

—, **water** 耗水率

rated 定額的

rating 1.同 rate; 2.定額

—, **anti-knock** 防爆率

—, **displacement** 排量率

—, **gross** 总定率

—, **iso-octane** 等辛烷率

—, **knock** 爆击率

—, **octane** 辛烷率

—, **performance** 性能率

—, **power** 动力率

—, **tonnage** 載重率

ratio 比〔率〕

ratio, adiabatic compression 絶热压縮比
—, advance 前进比
—, air-fuel 空气燃料比
—, allowable compression 許用压縮比
—, anvil 砧鎚重量比
—, aspect 展弦比,形数比
—, axial 軸比
—, blade-width 叶径寬比
—, camber 弧度比
—, capacity 容量比
—, charging 充电比
—, chemically correct fuel-air 理論恰当混气比
—, climbing 上升比
—, compression 压縮比
—, compression volume 同 ratio, compression
—, contact 接触比
—, contraction 收縮比
—, convexity 圓度比
—, critical-compression 临界压縮比
—, critical pressure 临界压力比
—, cut-off 停点比
—, cutting 切屑厚度比
—, cylinder 汽缸容积比
—, disk 盘面比
—, drag-lift 阻升比
—, drift-lift 同 ratio, drag-lift
—, drive 传动比
—, effective 有效比
—, effective aspect 有效展弦比
—, efficiency 效率比
—, endurance 耐久比
—, equivalent aspect 相当展弦比
—, equivalent monoplane aspect 相当单翼展弦比
—, expansion 膨脹比
—, fineness 細度比
—, force 力比
—, fuel 燃料比
—, fuel air 混气比
—, gap chord 翼隔翼弦比
—, gap span 翼隔翼展比
—, gear 齿輪速比
—, gear reduction 齿輪减速比
—, glide 滑翔比
—, high aspect 高展弦比
—, higher compression 較高压縮比
—, highest useful compression 最高有效压縮比
—, lean fuel-air 稀混气比
—, length diameter 长度直径比
—, lift-diameter 升程直径比
—, lift drag 升力阻力比
—, low aspect 低展弦比
—, mean blade width 平均叶寬比
—, melting 熔化比
—, mixture 混合比
—, nominal pitch 标称螺距比
—, notch sensitivity 凹口敏感比(材料的)
— of admission 进汽比
— of climbing 同 ratio, climbing
— of combustion 燃烧比
— of compression 同 ratio, compression
— of expansion 同 ratio, expansion

ratio of gear 同 ratio, gear
— of grate area to heating surface 炉篦面和受热面比
— of gross to tare weight 总重皮重比
— of mixture 同 ratio, mixture
— of revolution 轉数比
— of stroke to diameter 冲程直径比
—, optimum compression 最好压縮比
—, optional gear 可变齿輪速比
—, pitch 同 ratio, pitch diameter
—, pitch diameter 螺距直径比
—, power 动力比
—, pressure 压力比
—, propeller advance 螺旋桨前进比
—, propeller camber 螺旋桨弧度比
—, propeller pitch 螺旋桨螺距比
—, propeller slip 螺旋桨滑流比
—, propeller width 螺旋桨寬度比
—, rear axle 后軸比
—, reduction 減速比
—, rich-fuel-air 浓混气比
—, safety climbing 安全上升比
—, safety landing 安全降落比
—, scavenging 换气比
—, slenderness 同 ratio, length diameter
—, slip 滑动比
—, speed 速比
—, standard gear 标准齿輪速比
—, steering gear 轉向装置速比
—, strength-weight 强度重量比
—, stroke-bore 冲程缸径比
—, thickness 厚度比
—, thickness chord 翼厚翼弦比
—, thrust power 推力比
—, top gear. 最高齿輪速比
—, total propeller-width 螺旋桨总寬度比
—, total width 总寬度比
—, transmission gear 传动齿輪速比
—, transmitting 传动比
—, useful compression 有效压縮比
—, vapor-air mixture 汽气〔混合〕比
—, velocity 同 ratio, speed
—, water to steam 水汽比
—, weight-pewer 重量动力比
—, weight-strength 重量强度比
—, width 寬度比
—, worm gear 同ratio, worm gear drive
—, worm gear drive 蝸輪传动比
—, yield-stress 屈服应力比
ratiometer 比率表
rattling 拍击
rawhide 生皮
ray 射綫

ray gamma (γ-ray) γ-射綫
— of spark 火花射綫(研磨的)
reactance 电抗{物}
reaction 1.反作用{物}; 2.反应作用{化}; 3.反应力
—, bearing 軸承反应力
—, chain 連鎖反应
—, chemical 化学反应
—, exothermal 放热反应
—, gas phase 气相反应
—, order of 反应之級
—, photonuclear 光致核反应
—, precombustion 预燃反应
—, preflame 预燃反应
—, scattering 散射反应
—, thermo-chemical 热化学反应
—, thermonuclear 热核反应
—, torque 轉矩反应力
—, torsional 同 reaction, torque
reactivity 反应性
reactor 1.电抗器{电}; 2.反应器{化}
—, boiling-water 沸水反应堆
—, fast-breeder 快速增殖堆
—, gas-cooled 气冷反应堆
—, heterogeneous moderated 非均匀减速的反应堆
—, homogeneous 均匀反应堆
—, pressurized-water 压力水反应堆
—, sludge contact 泥渣接触反应器
—, sodium-graphite 鈉-石墨反应堆
—, swimming pool 游泳池式反应堆
reading 讀数
—, final 末次讀数
—, initial 初次讀数
readjust 重調整
ream 絞孔
reamer 1.鉸刀;2.鉸床
—, adjustable 可調整鉸刀
—, adjustable blade 調整刀片鉸刀
—, angular 斜鉸刀
—, block-type 盘形鉸刀
—, burring 去毛头鉸刀
—, carbide tipped 鑲硬質合金的鉸刀
—, center 心孔鉸刀
—, chucking 同 reamer, machine
—, conical 圓錐鉸刀
—, cylinder 气缸鉸刀
—, cylindrical 圓柱鉸刀
—, end 前鋒鉸刀
—, expanding 同 reamer, expansion
—, expansion 扩脹〔式〕鉸刀
—, expansion hand 扩脹式手鉸刀
—, firebox 火箱鉸刀
—, floating 浮动式鉸刀
—, fluted 带槽鉸刀
—, fluted chucking 机用带槽鉸刀
— for camshaft aligning 凸輪軸孔校正鉸刀
—, ground 磨整鉸刀
—, hand 手鉸刀
—, hand adjustable 可調整手鉸刀
—, hand precision 精密手鉸刀

reamer, hand taper 錐形手鉸刀
—, inserted blade 鑲片鉸刀
—, machine 机用鉸刀
—, main bearing 主軸承鉸刀
—, multidiameter 多径鉸刀
—, parallel 平行鉸刀
—, pilot 导径鉸刀
—, pipe 管鉸刀
—, piston pin hole 活塞銷孔鉸刀
—, pivot 同 reamer, floating
—, plug 塞形鉸刀
—, rose 玫瑰形鉸刀
—, rose chucking 玫瑰形机用鉸刀
—, shell 套形鉸刀
—, solid 实体鉸刀
—, solid hand 实体手鉸刀
—, solid hand spiral flute 实体螺槽手鉸刀
—, spiral fluted 螺槽鉸刀
—, spiral fluted expansion 扩脹式螺槽鉸刀
—, spiral fluted expansion hand 扩脹式螺槽手鉸刀
—, spiral fluted taper 螺槽錐形鉸刀
—, square 方鉸刀
—, straight fluted 直槽鉸刀
—, straight fluted round shank taper 圓柄直槽錐形鉸刀
—, stub screw machine 短型机用鉸刀
—, T-handle taper 丁字柄錐形鉸刀
—, taper 同 bit, taper
—, toper pin hole 錐形銷孔鉸刀
—, valve guide 閥导承鉸刀
—, valve guide expansion 閥导承扩脹鉸刀
—, valve seat 閥座鉸刀
— with helical flutes 同 reamer, spiral fluted
— with spiral flutes 同 reamer, spiral fluted
— with staggered straight flutes 不等分直槽鉸刀
— with straight flutes 同 reamer, straight fluted
reaming 鉸孔
reassembly 重装配
rebabbitting 重澆巴氏合金
rebore 重鏜孔
reborer, connecting rod bearing 連杆孔修括机
reboring 同 rebore
rebound 回跳
rebuild 重建,修复
recalking 重凿縫
recarburization 重碳化
recast 重鑄
receiver 1.〔接〕受器; 2.接收机{物}
—, air 儲空气器
—, gas 儲气器
—, heat 受热器
—, oil 儲油器
receptacle 1.容座; 2.插座{物}
—, electrical connector 电插座
recess 凹座
recharger, oxygen 充氧器
re-charging 重充电
reciprocal 1.倒数{数}; 2.倒易的{物}; 3.往复的
reciprocating 往复的

reciprocation 往复
reckoning, dead 位置推測法
recoil 1.反冲{物},后座; 2.反冲力,后座力
reconditioning 重整
recooling 重冷却
record 1.記录;2.录声;3.登記
—, **accelerator** 加速器記录
—, **load** 負載記录
—, **operating** 操作記录
—, **time study** 工时研究
recorder 記录表
—, **airspeed** 风速記录器
—, **autographic** 同 recorder
—, **flight** 飞行記录器
—, **mile** 哩数記录器
—, **mileage** 同 recorder, mile
—, **pressure** 压力記录器
—, **pressure wave** 压力波記录器
—, **speed** 速度記录器
—, **surface finish** 表面光洁度記录
recording 記录
recovery, waste-heat 废热回收
rectangle 长方形,矩形
rectifier 1.精餾器;2.整流器{物} 3.糾正仪{物}
—, **alternating current** 交流电整流器
—, **chemical** 化学精餾器
—, **oil** 油精餾器
rectilinear 直〔綫〕的
recuperation of current 电流的复得
recuperator 隔道加热器
red, cherry 樱桃紅色
reducer 1.还原剂; 2.还原器; 3.漸縮管;4.减压閥
—, **pipe** 同 reducer 3.
—, **shock** 同 absorber, shock
—, **union** 漸縮管接头
reducing, gear 齿輪减速
reduction 1.减速;2.减少
—, **double** 复式减速
—, **final drive** 最后传动减速
—, **final gear** 最后齿輪减速
—, **gear** 同 reducing, gear
— **of area** 面积縮小
— **of heat** 减热
—, **performance** 性能减少
—, **single** 单式减速
—, **total** 1.总减速; 2.总减縮
reed, horn 喇叭簧
reef 摺疊
reel 1.卷;2.卷軸;3.卷綫車
—, **aerial** 天綫卷軸
—, **cable** 卷索軸
—, **hand operated** 手搖卷綫車
re-evaporation 重蒸发
refacer 光面器
—, **brake lining** 閘衬光面器
—, **valve** 閥面磨光机
—, **valve seat** 閥座磨光机
refacing 光面
—, **valve** 修光閥面
refiner 1.精制器; 2.重炼器
refinery 精制厂
refining of iron, electric 鋼的电炉精炼法
refinish 返工修光
reflection 反射
— **of heat** 热的反射
reflectivity 反射率
reflector 1.反射鏡;2.反射器{物}
—, **cloud** 測云鏡
—, **cowl lamp** 罩灯反射鏡

reflector, electric lamp 电灯反射鏡
—, **head lamp** 头灯反射鏡
—, **headlight** 同reflector, head lamp
—, **lamp** 同reflector, electric lamp
—, **parking light** 停車灯反射鏡
—, **red** 紅反射鏡
reflux 回流〔的〕
refraction 折射
refractoriness 耐火性
refrigerant 冷冻剂
refrigerating 冷冻的
refrigeration 冷冻法
—, **mechanical** 机力冷冻
refrigerator 1.冰箱; 2.冷冻器
—, **household** 家庭冰箱
—, **ice** 同 refrigerator 1.
refuel(ing) 加燃料
refuse 废品
regenerant 再生剂
regeneration 1.再生;2.回热
regenerative 回热的
regenerator 回热器
region, dead water 水死区域
—, **isothermal** 同 stratosphere
—, **superheat** 过热区域
—, **transition** 过渡区
—, **turbulent** 紊流区域
register 1.同 recorder;2.調风器
—, **air** 同 register 2.
—, **draft regulating** 同register 2.
—, **gas** 气压自記器
—, **pressure** 同 recorder, pressure
regrinding 重磨
regroover, tyre 輪胎压槽器
regulation 1.調节;2.調整率{电工};3.规则,条例
—, **hand** 手調节
—, **heat** 热量調节
—, **lubrication pressure** 潤滑压力調节
—, **measurement** 量船規則
— **of the air current** 气流調节
—, **pressure** 压力調节
—, **resistance** 电阻調节
—, **speed** 速度調节
—, **valve** 閥調节
—, **voltage** 电压調节
regulator 調节器
—, **air** 同 register 2.
—, **air pressure** 空气压力調节器
—, **automatic damper** 自动风档調整器
—, **coal feed** 喂煤調节器
—, **current** 电流調节器{电}
—, **current voltage** 电压調节器
—, **damper** 挡板調整器
—, **door window** 門窗調整器
—, **draft** 1.牵引力調节器; 2.同 register 2.
—, **exhaust** 排气調节器
—, **exhaust valve** 排气閥調整器
—, **feed** 給料調节器
—, **feed water** 給水調节器
—, **fire** 火力調节器
—, **generator** 发电机調整器
—, **hand controlled** 手动調整器
—, **heat** 調热器

regulator, hydraulic pressure 液压調节器
 —, locomotive 机車調节器
 —, oil pressure 油压調节器
 —, oil temperature 油温調节器
 —, oxygen 氧气調节器
 —, pressure 压力調节器
 —, speed 速度調节器,調速器
 —, steam 蒸汽調节器
 —, synchronization 同步調速器
 —, tripod 三脚架調节器
 —, vibrating type 振动式調节器
 —, voltage 电压調节器
 —, voltage type 电压式調节器
 —, water 同 regulator, feed water
 —, windshield 风挡調整器
 —, window 車窗調整器
reheat(ing) 重热
reheat, friction 摩擦重热
reheater 1.重热器;2.重热炉
reinforce(ing) 加强
reinforcement 1.加强法;2.加强物
 —, cross member 横樑加强板
 —, longitudinal 縱加强
 — of weld 焊接加强
remainder of exhaust gases 排余气体
removal, carbon 除碳
 —, dust 除尘
 — of tar 除焦油
remover, frost 除霜器
 —, grease 除脂器
 —, pin 拔銷器
 —, piston 卸活塞器
 —, piston ring 卸涨圈器
 —, rust 除銹器
 —, snow 除雪車
 —, valve 卸閥器
renewal 換新
repair 修理
repairman 修理工人
repeater 1.同 relay 1.; 2.連发枪
replacement 替換
replacer 換装器
 —, lock key 鎖鍵換装器
 —, lock ring remover and 鎖环換装器
report 1.报告; 2.爆裂声
repose 靜止
representation 表示法
 —, conventional 慣用表示法
 —, diagrammatic 图示法
 —, graphic 同 representation, diagrammatic
 —, orthographic 正視表示法
 —, perspective 透視表示法
repulsion 1.推斥;2.斥力{物}
requirement 1.需要〔量〕;2.〔必要〕条件
 —, mixture 混气条件
requisition, materials 材料具領单
rerailer 复軌器
reseating 座的修整(如閥座)
reservoir 1.儲器; 2.蓄水池
 —, air 儲气筒
 —, auxiliary 副儲筒
 —, auxiliary air 副儲气筒
 —, auxiliary exhaust 排汽副儲筒
 —, brake valve air 平均风箱
 —, depositing 澄清池
 —, distributing 配水池
 —, divided 分間儲筒
 —, double chamber 双室儲

筒

reservoir, equalizing 均衡儲筒

—, exhaust 排汽儲筒

—, heat 蓄热器

—, hydraulic 同 accumulator, hydraulic

—, lubricator oil 滑油儲器

—, main 主儲筒

—, main air 主儲气筒

—, master cylinder 主缸儲器

—, oil 儲油器

—, pillar 直立儲筒

—, steam 儲汽筒

—, storing 同 reservoir 1.

residual 剩余的

residue 1.滤渣；2.剩余

—, lixiviation 灰汁滤渣

residues of combustion 燃烧残烬

resilience 回弹,回能{物}

—, elastic 弹性回能

— of beam 樑的回能

resin 树脂{化}

resistance 1.阻力;2.电阻

—, acceleration 加速阻力

—, aerodynamical 气动阻力

—, air 空气阻力

—, air churning 空气扰动阻力

—, bearing 軸承阻力

—, body 机身阻力

—, brush contact 电刷接触电阻

—, choking 阻塞阻力

—, coil 綫圈电阻

—, core 湍流核心阻力

—, curve 曲綫阻力

—, cutting 切削阻力

—, damping 阻尼阻力

—, demagnetising 去磁阻力

—, density 密度阻力

—, dynamic 动阻力

—, eddy(ing) 渦流阻力

—, electric(al) 同 resistance 2.

—, external 外阻力

—, fatigue 抗疲劳性

—, film 膜层阻力

—, fire 耐火性

—, form 形状阻力

—, friction(al) 摩擦阻力

—, grade 坡度阻力

—, head 头部阻力

—, induced 誘导阻力

—, intake 进气阻力

—, internal 內阻力

—, irreversible 不可逆阻力

—, lateral 横〔向〕阻力

—, longitudinal 縱〔向〕阻力

—, mean 平均阻力

—, no-load 无載〔重〕阻力

—, non-inductive 非感应电阻

— of air 同 resistance, air

— of friction 同 resistance, friction

— of rivet 鉚釘阻力

— of spark-gap 火花隙电阻

—, parasite 同 drag, parasite

—, phase 相阻

—, pipe 管阻力

—, profile 翼剖面阻力

—, residual 余阻力

—, rolling 滚动阻力

—, rope guiding 导繩阻力

—, rotary 轉动阻力

—, rotational 同 resistance, rotary

—, running 1. 运轉阻力; 2.行駛阻力

—, short circuit 短路电阻

—, skin 表面阻力

resistance, skin friction 表面摩擦阻力
—, **sliding** 滑动阻力
—, **slip** 同 resistance, sliding
—, **slippage** 同 resistance, sliding
—, **starting** 起动阻力
—, **starting and regulating** 起动調节电阻
—, **stopping** 停止阻力
—, **strap** 带形电阻
—, **strip** 同 resistance, strap
—, **structural** 同 drag, structural
—, **supporting** 支承阻力
—, **surface** 同 drag, surface
—, **tangential** 切綫阻力
— **to axial compression** 軸向压縮阻力
— **to bending strain** 彎曲阻力
— **to compressive strain** 压縮阻力
— **to cutting** 切削阻力
— **to flow** 流阻
— **to flow through valve** 閥流阻力
— **to opening of valve** 开閥阻力
— **to shearing strain** 同 strength, shearing
— **to suction** 吸阻
— **to wear** 耐磨性
—, **tool** 刀具阻力
—, **total** 总阻力
—, **track** 軌道阻力
—, **traction** 牵引阻力
—, **tractive** 同 resistance, traction
—, **train** 列車阻力
—, **translatory** 移动阻力
—, **turbulent** 紊流阻力
—, **unit** 单位电阻
—, **valve** 同 resistance to flow through valve
—, **viscosity** 粘性阻力
—, **viscous** 同 resistance, viscosity
—, **water** 水阻力
—, **wave making** 波动阻力
—, **wind** 风阻力
—, **wing** 翼阻力
—, **working** 工作阻力
resister 同 resistor
resisting, acid 抗酸性
—, **corrosion** 抗腐蝕性
—, **erosion** 同 resisting, corrosion
—, **heat** 耐热性
resistor 电阻器
—, **spark plug** 火花塞电阻器
—, **variable** 可变电阻器
resolution 分解〔法〕{物}
— **of force (s)** 力的分解法
— **of strain** 应变分解法
— **of stress** 应力分解法
— **of vector** 矢量分析
— **of velocity** 速度分解法
resonance 1.共振;諧振;2.共鳴{物}
—, **spring** 弹簧共振
respirator, aluminium dust and spray proof 鋁制防尘和噴漆呼吸器
—, **automatic oxygen** 自动給氧呼吸器
—, **oxygen** 給氧呼吸器
—, **rubber dust and spray proof** 橡皮防尘和噴漆呼吸器

rest 1.〔扶〕架;2.座;3.刀架
—, **arm** 扶手
—, **back** 后刀架
—, **ball forming** 同 rest, ball turning
—, **ball turning** 車球刀架
—, **center** 中心架
—, **compound** 复式刀架
—, **curve forming** 弧形刀架
—, **follow** 同 rest, follower
—, **follower** 随行中心架
—, **foot** 脚架
—, **forming** 样板刀架
—, **grinder** 磨床座架
—, **hand slide** 手动刀架
—, **hand tool** 同 T-rest
—, **head** 头枕
—, **narrow T** 狹丁字刀架(木工車床)
—, **rail** 軌座
—, **reverse lever foot** 回动杆踏板
—, **seat arm** 椅扶手
—, **slide tool** 滑动刀架
—, **steady center** 固定中心架
—, **tee** 同 T-rest
—, **tool** 同 rest 3.
—, **tooth** 支齿点(磨工具用)
—, **top** 同 rest 3.
—, **top slide** 同 rest, slide tool
—, **tripod** 三脚架
—, **universal back** 万能后支架
restitution 恢复
restoring 复原
resultant 1.总和;2.合力;3.合量{物};4.組合{物}
— **of force** 同 resultant 2.
resuperheat 重过热
retainer 1.护圈;2.抵住物
—, **armature shaft oil** 电轉子軸护油圈
—, **ball** 球护圈
—, **bearing** 軸承护圈
—, **coil spring** 盘簧抵圈
—, **crank pin roller** 曲柄銷滾柱軸承护圈
—, **crankshaft oil seal** 曲柄軸护油圈
—, **differential drive pinion bearing** 差速器主动齿輪軸承护圈
—, **drag link grease** 拉杆护脂圈
—, **drive end bearing** 主动端軸承护圈
—, **drive end felt washer** 主动端毡护圈
—, **driven shaft bearing** 从动軸軸承护圈
—, **driving gear** 主动齿輪保位环
—, **felt** 毡护圈
—, **filter bowl** 滤杯护圈
—, **flywheel dowel** 飞輪定縫釘扣
—, **front wheel grease** 前輪护脂圈
—, **fuel pump valve** 燃油泵閥护圈
—, **grease** 护脂圈
—, **horn button** 喇叭按鈕护圈
—, **idler shaft bearing** 空轉軸軸承护圈

retainer, light glass 灯玻璃护圈
—, main drive gear bearing 主动齿輪軸承护圈
—, main shaft bearing 主軸軸承护圈
—, oil 护油圈
—, oil pump screen 油泵濾網护圈
—, packing 同 gland, packing
—, piston pin 活塞銷护圈
—, radiator rod 散热器拉杆护圈
—, split collar 拼合环座圈
—, spring 弹簧座圈
—, stuffing box packing 同 gland, stuffing box packing
—, transmission bearing 传动軸軸承护圈
—, universal joint knuckle 万向节肘护圈
—, valve guide 閥导承护圈
—, valve guide bushing 閥导承衬套护圈
—, valve spring 閥簧座圈
—, water pump bearing 水泵軸承护圈
—, water pump felt 水泵毡护圈
—, wheel bearing oil seal 輪軸承护油圈
retard(ing) 1.減速;2.延迟
—, ignition 发火延迟
—, spark 火花延迟
retardation 1.減速度{物}; 2.延迟; 3.減速作用
retarded 1. 減速的; 2. 延迟的
retarder 阻滞剂{化}
—, boiler 鍋炉阻流板
retentivity 頑磁性{物}
retiming 重定时
retort 蒸餾甑
—, multiple 多甑式
—, single 单甑式
retractable 可收縮的
retreading 輪胎翻新
return 1.回行; 2.回程
—, quick 急回运动
—, swinging block quick 搖块急回运动
reverberator 返焰炉{化}
reversal 1.反向;2.反的
—, magnetic 逆磁化
— of a machine 机械的反向
— of current 1.电流的反向; 2.反流
— of curvature 反曲率
— of magnetism 同 reversal, magnetic
— of stroke 反冲程
reverse(ing) 1.换向; 2.回动
—, automatic 自动换向
—, bevel gear 伞齿輪换向法
—, conveyor pawl 輸送机棘爪回动法
—, instantaneous 瞬时换向
—, power 动力回动
—, turbine 渦輪机换向
reversibility 可逆性
—, mechanical 机械可逆性
—, thermal 热能可逆性
reversing, belt 皮带换向
— by belt 同 reversing, belt
—, forced 强迫换向
—, gear wheel 齿輪换向法
—, positive 确动换向
revolution 迴轉

revolution, counter 反轉
revolutions, engine 发动机轉数
 —, maximum 最大轉数
 —, maximum permissible 最大許可轉数
 —, normal 正常轉数
 — per minute (r.p.m.) 每分鐘轉数
 —, permissible 許可轉数
 —, rated 額定轉数
revolver, engraving disc 輪形旋刻刀
rheostat 变阻器{电}
 —, revolving 旋轉变阻器
rib 肋
 —, box 盒形肋
 —, compression 受压肋
 —, cooling 冷却肋
 —, curved 曲肋
 —, cylinder 气缸肋
 —, dividing 分肋
 —, false 假肋
 —, flange 凸緣肋
 —, flexible 可伸縮肋
 —, flywheel 飞輪輻
 —, form 保形肋
 —, former 同 rib, form
 —, intermediate 中間肋
 —, intermediate false 中間假肋
 —, laminated 片肋
 —, lightening 輕肋
 —, main 主肋
 —, nose 机头肋
 — of cylinder cover 气缸盖肋
 — of piston 活塞肋
 — of valve 閥肋
 —, piston inner 活塞內肋
 —, radiating 散热肋片
 —, stiffening 加强肋
 —, tip 末梢肋
 —, wheel 輪輻
 —, wing 翼肋
ribbed, transversally 有横肋的
ribbon 帯
ribbon-brake 同 brake, ribbon
rich 浓
 —, full 全浓
riddle 篩(粗眼的)
rider 游碼{物}
ridge 1.隆起綫;2.脊
rifle 来复綫(枪管的)
rigger 装配工人
 —, parachute 降落伞装配工人
rigging 1.装配;2.索具(船的)
 —, brake 車閘
 —, compensation brake 同 gear, equalization brake
 —, internal 內部吊索
 —, running 活动吊索
 —, spring 弹簧均重机构
 —, uncoupling 开鈎机构
right 1.右;2.直
rigid 硬的,刚的
rigidity 刚性{物}
 —, torsional 扭轉刚性
rim 1.緣;2.輪輞
 —, broken 破裂輪輞
 —, built up 組合輪輞
 —, clincher 紧鉗輪輞(汽車輪的)
 —, demountable 可卸輪輞(汽車的)
 —, detachable 同 rim, demountable

rim, divided 同 rim, built up
—, **drop center** 凹槽輪輞
—, **drum** 鼓形輪輞
—, **extra** 外加輪輞
—, **flat base** 平底輪輞
—, **flywheel** 飞輪輞
— **for solid tyre** 实胎輪輞
—, **front wheel** 前輪輞
—, **gear** 齿輪輞
—, **hollow** 空心輪輞
—, **hollow steel** 空心鋼輞
—, **main** 主輪輞
— **of flywheel** 同 rim, flywheel
— **of gear** 同 rim, gear
— **of gear wheel** 同 rim, gear
— **of pulley** 皮带輪輞
—, **plain steel** 簡单鋼輪輞
—, **pneumatic tyre** 气胎輪輞
—, **quick detachable** 速卸式輪輞
—, **semi-drop center** 半凹槽輪輞
—, **spare** 备份輪輞
—, **split** 拼合輪輞
—, **standard** 标准輪輞
—, **steel** 鋼輪輞
—, **stecring wheel** 轉向輪輞
—, **straight side flat** 直边平輪輞
—, **sub-standard** 窄口輪輞
—, **tooth wheel** 同 rim, gear
—, **tyre** 同 rim 2.
—, **water tank** 水柜边緣
—, **wheel** 同 rim 2
—, **wide base** 闊口輪輞
rimer, 同 reamer
ring 1.环;2.圈
—, **adjustable lapping** 可調整的精研圈
—, **adjusting** 調整环
—, **air compressor piston** 空气压縮机活塞环
—, **air piston** 空气活塞环
—, **anchor** 錨环
— **and holder, anti-friction** 減摩环及托
—, **angle** 同 ring, angle iron
—, **angle iron** 角鉄环
—, **angle iron boiler** 鍋炉角鉄环
—, **anti-drag** 減阻环
—, **anti-drag speed** 減阻增速环
—, **antifriction** 減摩圈
—, **axle** 軸环
—, **Babbitt packing** 巴氏合金填密圈
—, **back end angle** 后端角鉄环
—, **balance** 平冲圈
—, **balancing** 同 ring, balance
—, **ball** 同 collar, ball
—, **base** 底座圈
—, **bearing** 軸承套圈
—, **bevel** 斜环
—, **blackout driving light** 防空探路灯环
—, **boiler shell** 鍋壳圈
—, **boss** 轂箍
—, **bushing** 衬环
—, **butt jointed shell** 同 course, butt jointed shell
—, **by-pass valve** 旁通閥环
—, **cam** 凸輪环
—, **centering** 定心环
—, **chain** 鏈环
—, **check** 同 ring, lock

ring, circumferential butt joint 周边对接圈
—, clamping 夹圈
—, clutch pressure 离合器压环
—, clutch spring 离合器弹簧圈
—, collector 集电环
—, compression 压〔缩〕环
—, compression piston 同 ring, piston compression
—, concentration 集索圈
—, concentric 同心环
—, concentric piston 同心活塞环
—, conducting 导环
—, conical shell 同 course, conical shell
—, conveyor angle 輸送机角鉄环
—, cord junction 同 ring, concentration
—, coupling 联接圈
—, curk 轉盘(起重机的)
—, cylinder cover 气缸盖衬圈
—, diagonal cut piston 斜口活塞环
—, diaphragm 隔膜环
—, disc 盘环
—, distance 定距环
—, draft 通风圈
—, drain valve pipe nut 洩閥管螺母环
—, drift alignment 偏航对准环
—, drilled packing 填料
—, drip 滴油圈
—, dry pipe clamping 干汽管夾环
—, dust 防尘圈
—, eccentric 偏心环
—, eccentric piston 偏心活塞环
—, elevator screw split 升降机螺旋开口环
—, elevator split 升降机开口环
—, emergency piston 紧急活塞环
—, equalizing piston 平衡活塞环
—, equalizing piston packing 平衡活塞填密圈
—, exhaust 排气圈
—, exhaust collection 排气集合环
—, exhaust collector 同 ring, exhaust collection
—, expanding 同 ring, expansion
—, expansion 伸縮圈
—, face 面部环
—, feed glass packing 进給玻管填密圈
—, fire box 火箱底圈
—, fire door hole 炉門衬圈
—, fire door protection 炉門护圈
—, fire hole 同 ring, fire door hole
—, flanged 凸緣环
—, float chamber spring 浮筒室弹簧圈
—, fly wheel thrust 飞輪止推环
— for copper pipe 銅管接环
—, foundation 底圈
—, friction 摩擦圈

ring, front end angle 前端角鉄环
—, gas 气环
—, gasket 同 ring, packing 2.
—, graduated 刻度圈
—, graphite slip 石墨滑环
—, grinding 磨环
—, guard 护圈
—, guy 同 ring, concentration
—, hammered piston 鎚打活塞环
—, handle bar clamping 把手杆夾圈
—, headlight bulb retainer 头灯灯泡护圈
—, helve 柄圈
—, high compression 高压环
—, hoist piston 起重机活塞环
—, hoisting 吊环
—, horn 喇叭圈
—, index 分度圈
—, india rubber 橡皮圈
—, insulating 絶緣环
—, intermediate and high clutch 中速高速离合环
—, junk 同 gland, stuffing box
—, lap-ended piston 疊口活塞环
—, large main valve piston 主閥大活塞环
—, leather 皮圈
—, leather packing 皮填密圈
—, lifting 同 ring, hoisting
—, load 同 ring, concentration
—, lock 鎖环
—, locking 同 ring, lock
—, main piston 主活塞环
—, main shaft snap 主軸开口环
—, main shaft speed gear retainer 主轴变速齿轮扣环
—, main valve 主阀环
—, master cylinder piston secondary cup 主缸活塞副皮碗环
—, metallic packing 金属填密圈
—, mica 云母圈
—, mica band 带形云母环
—, mica taper 錐形云母环
—, mica tapet 同 ring, mica taper
—, miter cut 斜口环
—, mixture chamber thread 混合室螺紋圈
—, mooring 系留环
—, mounting 装置环
—, mounting prop 装置支环
—, mud 同 ring, mud hole
—, mud hole 除泥孔环
—, neck 頸环
—, obturator 紧塞圈
— of compressed cardboard 紙板环
—, oil 同 ring, oil control
—, oil control 护油圈
—, oil regulating 油調节圈
—, oil scraper 括油环
—, oil seal 同 ring, oil control
—, oil throw 抛油圈
—, oversize piston 加大活塞环
—, packing 1.脹圈；2.填密环
—, pipe 管环
—, piston 活塞圈
—, piston compression 活塞压环

ring, piston junk 活塞填料函压盖
—, **piston oil** 活塞括油环
—, **piston packing** 活塞填密环
—, **piston packing expander** 活塞填密脹圈
—, **piston pin lock** 活塞銷鎖环
—, **piston pin retaining** 同 ring, piston pin lock
—, **piston pin snap** 同 ring, piston pin lock
—, **piston rod stuffing box gland** 活塞杆填密函压盖圈
—, **piston Tee** 活塞丁字环
—, **piston valve** 同 ring, piston valve packing
—, **piston valve packing** 活塞閥填密环
—, **pot cast piston** 罐式整铸活塞环
—, **pressure** 同 ring, compression
—, **relieving** 同 ring, safety
—, **retaining** 扣环
—, **revolving** 轉环
—, **rocker joint** 搖杆节衬环
—, **rolling** 滚环
—, **rope** 同 ring, concentration
—, **rubber** 同 ring, mica
—, **rubber packing** 橡皮填密圈
—, **safety** 保险环
—, **safety spring** 保险弹簧环
—, **seal** 封閉环
—, **sealing** 同 ring, seal
—, **seamless shell** 同 course, seamless shell
—, **shift** 移动环
—, **shock** 减震环
—, **shock absorber packing** 减震器填密环
—, **shroud** 包箍
—, **shrunk** 縮圈
—, **shrunk-on** 同 ring, shrank
—, **side** 边环
—, **sliding plate** 垫圈
—, **slinger** 吊环
—, **slip** 滑环
—, **slit** 同 ring, split
—, **small main valve piston** 主閥小活塞环
—, **smokebox and boiler** 烟箱鍋炉接口衬圈
—, **smokebox front** 烟箱前环
—, **smokebox joint** 同 ring, smoke box and boiler
—, **snap** 同 ring, split
—, **spacer** 隔圈
—, **speed** 速度环
—, **spider bushing** 十字叉衬环
—, **split** 开口环
—, **spoke** 輻环
—, **spoke fixing** 輪輻固定圈
—, **spring** 弹簧圈
—, **sprocket shift claw press** 鏈輪移动爪压圈
—, **standard piston** 标准活塞圈
—, **starter clutch lock** 起动机离合器鎖环
—, **steam piston** 蒸汽活塞环
—, **steel commutator** 整流器鋼环
—, **steel taper** 錐形鋼环

ring, stiffening 加强环
—, **stop** 止环
—, **stop-cut** 止割环
—, **stuffing box** 塡密函环
—, **stuffing box packing joint** 塡密函連接环
—, **tank valve stuffing box** 柜閥塡密函环
—, **taper** 錐形圈
—, **taper shell** 同 course, conical shell
—, **telescopic shell** 疊接鍋炉筒
—, **thrust** 止推环
—, **tool post** 刀架圈
—, **tow** 拖拉环
—, **tube** 管圈
—, **tube sheet** 管板圈
—, **tyre lock** 同 ring, tyre retaining
—, **tyre retaining** 輪箍扣环
—, **union** 联管节环
—, **universal joint spider bushing** 万向节十字叉衬环
—, **valve** 閥环
—, **valve packing** 閥塡密圈
—, **valve stem packing** 閥杆塡密圈
—, **vent valve piston** 通风閥活塞环
—, **verge** 罗盘頂轉环，鐘錶摆輪
—, **vertical** 垂直环
—, **vortex** 渦环
—, **water valve stem** 水閥杆圈
—, **wedge** 楔形圈
—, **weight** 重量环
—, **welded shell** 同 course, welded shell
—, **wheel bearing retaining** 輪軸承扣环
—, **wheel grease retainer** 輪护脂圈
—, **winch drum thrust** 绞筒止推环
—, **wipe** 擦油圈
—, **wire locking** 綫鎖环
—, **yoke** 軛环
ringbolt 同 bolt, ring
ringer, bell 鳴鐘器
rip 切开，撕开
ripper, road 割土机
ripsaw 同 saw, rip
rise, dead 甲 板 橫向凸度(船的)
riser 1.同head, rising; 2.升降器
—, **blind** 埋式冒口(鑄件的)
—, **seat** 座位升降器
rivet 鉚釘
—, **binding** 結合用鉚釘(临时用)
—, **brake lining** 閘衬鉚釘
—, **brake shoe lining** 同 rivet, brake lining
—, **brazer head** 扁头鉚釘
—, **burnt** 燒坏鉚釘
—, **button head** 同 **rivet, cup head**
—, **chain** 鏈鉚釘
—, **cold** 冷鉚釘
—, **cone head** 錐头鉚釘
—, **conical** 同 rivet, cone head
—, **countersunk** 埋头鉚釘
—, **countersunk flat head** 埋头平頂鉚釘
—, **countersunk head** 同

rivet, countersunk
rivet, countersunk over head 埋头圓頂鉚釘
—, crosshead 十字头鉚釘
—, crown sling stay eye 頂部吊撑眼鉚釘
—, cup head 圓头鉚釘
—, diaphragm 隔膜鉚釘
—, double 同 rivet, double row
—, double row 双行鉚釘
—, double shear 双面剪鉚釘
—, dummy 同 rivet, binding
—, eye bolt 有眼螺栓鉚釘
—, facing 复面鉚釘
—, flat countersunk 同 rivet, countersunk flat head
—, flat head 平头鉚釘
—, flat head straight neck 平头直頸鉚釘
—, flattened 同 rivet, flat head
—, flush 同 rivet, flat head
—, friction disc 摩擦片鉚釘(离合器的)
—, galvanized iron 鍍鋅鉄鉚釘
—, hand brake lining 手閘衬片鉚釘
—, iron 鉄鉚釘
—, loose 松鉚釘
—, multiple row 多行鉚釘
—, multiple shear 多面剪鉚釘
—, oval 同 rivet, oval head
—, oval countersunk 椭圓頂埋头鉚釘
—, oval countersunk head 同 rivet, oval countersunk
—, oval head 椭圓头鉚釘
—, oval head brass 椭圓头铜鉚釘
—, oval head split 椭圓头开口鉚釘
—, oval head tubular 椭圓头管鉚釘
—, panhead 盘头鉚釘
—, pipe 管形鉚釘
—, round head 同 rivet, cup head
—, round head knurled 圆头滚花鉚釘
—, screw 螺旋鉚釘
—, screwed 同 rivet, screw
—, single 同 rivet, single row
—, single row 单行鉚釘
—, single shear 单面剪鉚釘
—, snap head 半圓头鉚釘
—, solid 实心鉚釘
—, split 开口鉚釘
—, staggered 間行鉚釘
—, steel 鋼鉚釘
—, steeple head 尖头鉚釘
—, tacking 同 rivet, binding
—, tapered 錐形鉚釘
—, tinner's 鉄皮鉚釘
—, tubular 同 rivet, pipe
—, wrought iron 熟鉄鉚釘
riveted, double 双行鉚的
—, hot 热鉚的
—, single 单行鉚的
—, zigzag 交錯鉚的
riveter 1.鉚器;2.鉚工工人
—, hand portable 輕便手力鉚器
—, hydraulic 水力鉚机
—, jam 窄处鉚机
—, pneumatic 风动鉚机

riveter, portable輕便铆机
riveting 铆
—, **butt** 对接铆
—, **chain** 并列铆
—, **close** 密铆
—, **cold** 冷铆
—, **cross** 交叉铆
—, **double** 同 riveting, double row
—, **double cover-plate** 双盖板铆
—, **double row** 双行铆
—, **double shear** 双面剪铆
—, **electric** 电铆
—, **hand** 手铆
—, **hot** 热铆
—, **hydraulic** 水力铆
—, **in groups** 組铆法
—, **lap** 搭接铆
—, **machine** 机力铆
—, **multiple** 同 riveting, multiple row
—, **multiple row** 多行铆
—, **pneumatic** 风动铆
—, **power** 同 riveting, machine
—, **quadruple** 四行铆
—. **reeled** 同 riveting, zigzag
—, **single** 同 riveting, single row
—, **single cover-plate** 单盖板铆
—, **single row** 单行铆
—, **single shear** 单面剪铆
—, **snap** 窩模铆
—, **strength** 强度铆
—, **tight** 紧密铆
—, **treble** 三行铆
—, **triple** 同 riveting, treble
—, **zigzag** 交错铆
roadmixer 同 mixer, road
roadster 跑車
roasting 焙燒
—, **oxidizing** 氧化焙燒
rocker 搖杆
— **and trunnion** 搖杆和耳軸
—, **crank** 曲柄搖杆
—, **exhaust** 排气搖杆
—, **inlet** 进气搖杆
—, **valve** 閥搖杆
rocket 火箭
—, **signal** 信号火箭
rocking 搖动
rockwell B 洛氏B級硬度
rockwell C 洛氏C級硬度
rod 杆
—, **accelerator** 加速杆
—, **accelerator pedal** 加速踏板杆
—, **actuating** 作用杆
—, **adjusting** 調整杆
—, **air compressor connecting** 空气压縮机連杆
—, **angle ring** 角鉄环杆
—, **articulated** 同 rod, articulated connecting
—, **articulated connecting** 活节連杆
—, **ashpan slide** 灰盘滑杆
—, **automatic brake** 自动閘杆
—, **auxiliary** 輔助杆
—, **auxiliary connecting** 輔助連杆
—, **auxiliary operating** 輔助操作杆
—, **backing eccentric** 后行偏心杆
—, **balanced connecting** 平衡

連杆
rod, ball 球杆
—, base 基綫测杆
—, binding 系杆
—, blower 鼓风机开閉杆
—, body support 車身支杆
—, boring 鏜杆
—, brace 撑杆
—, brake 閘杆
—, brake chamber push 閘室推杆
—, brake connection 閘連杆
—, brake head adjusting spring 閘瓦托調整簧杆
—, brake lever 閘槓杆
—, brake lever coupling 同 bar, brake lever coupling
—, brake operating 司閘杆
—, brake pull 拉閘杆
—, by-pass valve piston 旁通閥活塞杆
—, carbon 炭条
—, catch 1.联携杆;2.档杆
—, centering spring 中心弹簧杆
—, choke 同 lever, throttle
—, choke control pull 阻风門控制杆
—, clutch pedal 离合器踏板杆
—, clutch pull 离合器拉杆
—, clutch push 离合器推杆
—, clutch release arm 离合器放松臂杆
—, coated welding 涂剂焊条
—, compensating push 补整推杆
—, connecting 連杆
—, contact 接触杆
—, control 同 lever, control
—, control valve 控制閥杆
—, control valve piston 控制閥活塞杆
—, core 型心軸
—, counter-balance operating 抵衡操作杆
—, coupling 同bar, coupling
—, cross 横杆
—, cylinder cock lifting 气缸洩水塞提杆
—, cylinder cock reach 气缸洩水塞拉杆
—, cylinder piston 气缸活塞杆
—, cylinder push 气缸推杆
—, diaphragm pull 隔膜拉杆
—, dip 量油杆
—, dipper 同 rod, dip
—, door 門撑
—, drag 同 bar, draw
—, draw 同 bar, draw
—, draw-in 拉入杆
—, drill 鑽杆
—, ebonite 胶木棒
—, eccentric 偏心輪杆
—, emergency brake 紧急閘杆
—, enclosed guide 閉式导杆
—, end measuring 同gage, end
—, engine radius 发动机半径杆
—, extension 伸长杆
—, eye 眼杆
—, feed 1.进給杆; 2.进刀杆
—, feeding 同 rod, feed
—, filler 1.焊条; 2.嵌条
—, floating lever 浮动槓杆
—, focusing 焦点配准杆
—, foot brake 脚踏閘杆

rod for spacing sleepers 同 gage for sleepers, distance
— for spacing tie 同 gage for sleepers, distance
—, forked 叉头杆
—, forked connecting 叉头連杆
—, forward eccentric 前行偏心杆
—, front axle control 前軸控制杆
—, front connecting 前連杆
—, fuel pump push 燃油泵推杆
—, gage 量杆
—, gear shift 同 lever, gear
—, gear shift reverse latch 調档倒車鍵杆
—, guide 同 bar, guide
—, guy 同 bar, draw
—, hand brake 手閘杆
—, hand brake lever 同 rod, hand brake
—, hand brake lever pawl 手閘棘爪杆
—, hand brake support tie 手閘支架系杆
—, hand sander reach 手拉撒砂器传动杆
—, hard facing 鍍硬面焊条
—, high pressure connecting 高压連杆
—, high pressure piston 高压活塞杆
—, hinged type connecting 鉸式連杆
—, hoist piston 起重机活塞杆
—, hoist pump control 起重机油泵控制杆
—, hood connecting 車篷連杆
—, hooked 有鈎杆
—, hydraulic cylinder piston stop 液压缸活塞止动杆
—, ignition 发火杆
—, intermediate connecting 中間連杆
—, latch 鍵杆
—, level 同 rod, dip
—, lighting 避雷針
—, link 联杆
—, low and high shift 同 lever, gear
—, low pressure connecting 低压連杆
—, low pressure piston 低压活塞杆
—, lower brake 下閘杆
—, main 主杆
—, main pull 主拉杆
—, master 同 rod, main
—, master connecting 主連杆
—, master cylinder piston push 主缸活塞推杆
—, measuring 同 rod, gage
—, metering 同 rod, dip
—, offset connecting 偏置連杆
—, oil dip gage 同 rod, dip
—, operating 同 lever, control
—, oscillating 摆动杆
—, parallel 平行杆
—, pedal 踏板杆
—, pedal pull 踏板拉杆
—, pedal push 踏板推杆
—, piston 活塞杆
—, piston push 活塞推杆

rod, plain connecting 平連杆(V形发动机的)
—, plug 同 rod, piston
—, plunger connecting 柱塞連杆
—, pull 同 bar, draw
—, pump push 泵的推杆
—, pursuit pull 同 bar, draw
—, push 推杆
—, push and pull 推拉杆
—, radiator brace 散热器撑杆
—, radiator bumper 散热器防冲杆
—, radiator stay 同 rod, radiator brace
—, radiator tie 同 rod, radiator brace
—, radius 1.半径杆;2.旋臂
—, reach 同 bar, draw
—, rear axle tie 后軸系杆
—, rear connecting 后連杆
—, rear radius 后半径杆
—, regulator 調整杆
—, regulator valve 調整閥杆
—, reverse shaft counter balance 回动軸抵衡杆
—, reverse shaft counter balance spring 回动軸抵衡簧杆
—, reverse valve 回动閥杆
—, reversing 回动杆
—, reversing valve 同 rod, reverse valve
—, rigging 同 rod, operating
—, sand box 砂箱杆
—, screw 螺旋杆
—, seat post 座杆
—, self adjusting brake pull 自动調整閘拉杆
—, self braking 同 rod, automatic brake
—, shaking grate 炉篦摇杆
—, shipper 移动杆
—, shipping 同 rod, shipper
—, side 边杆
—, side-by-side connecting 并列式連杆
—, slack adjuster pull 松紧調整器拉杆
—, slide 滑杆
—, slide valve 滑閥杆
—, slipper type connecting 滑动式連杆
—, spark control 火花控制杆
—, spring 弹簧杆
—, starter switch push 起动机开关推杆
—, starting switch push 同 rod, starter switch push
—, stay 同 rod, brace
—, steering 轉向杆
—, steering clutch push 轉向离合器推杆
—, steering connecting 轉向联杆
—, steering damper 轉向减震杆
—, steering drag 轉向拉杆
—, stop 止动杆
—, stop and reverse 止动回动杆
—, straddle type 同 rod, forked
—, straddle type connecting 同 rod, forked connecting
—, straight connecting 直連

杆

rod, stretcher 尖軌系杆

—, strut 同 strut

—, subsidiary 同 rod, auxiliary

—, switch 同 rod, stretcher

—, tapered 尖杆

—, tappet 同 rod, push

—, tension 张力杆

—, throttle 同 lever, throttle

—, throttle control 同 lever, throttle

—, throttle control bell crank 同 lever, throttle control bell crank

—, throttle controll pull 同 lever, throttle

—, throttle pull 同 lever, throttle

—, tie 1.系杆; 2. bar, gauge

—, toggle 肘杆

—, torque 扭轉杆

—, tow 同 bar, draw

—, track 同 bar, tie

—, transmission 传动杆

—, truss 构架支柱

—, tubular connecting 管形連杆

—, tungsten 鎢条

—, underwater cutting 水底割条

—, valve 閥杆

—, valve push 推閥杆

—, vent 通风杆

—, ventilator clamp 通风器夾杆

—, welding 焊条

—, wiper 刮水器杆

—, wooden 木杆

—, zinc 锌条

rods 条材

roll 1.滚动; 2.滚轧; 3.滚筒; 4.輥

—, barrel 1.横滚（飞行术）; 2.筒形輥

—, bending 同 rolls, plate bending

—, chilled 冷硬滚筒

—, cold 冷滚軋

—, conical 錐形滚筒

—, crushing 軋碎滚筒

—, double 双滚筒

—, finishing 終輥道

—, friction 摩擦滚筒

—, guide 导輥

—, hot 热軋

—, intermediate 中輥道

—, lifting 提升輥

—, stepped 級輥

—, stretch 延伸滚軋

rolled, cold 冷軋的

roller 1.滚柱;2.同 roll

—, antifriction 减摩滚柱

—, belt 同 wheel, belt

—, brake shoe 閘瓦滚柱

—, cam 凸輪滚柱

—, carrying 移动滚柱

—, compression 压滚柱

—, conical 錐形滚柱

—, contact 同 wheel, trolley

—, conveyor 輸送机滚柱

—, copy 靠模滚柱

—, countershaft gear cluster bearing 副軸齿輪組軸承滚柱

—, crank pin 曲柄銷滚柱

—, cylindrical 圓筒形滚柱

—, cylindrical planing 圓柱形木工滚鉋

roller, declutch shaft gear 离合軸齿輪滾柱
—, disk and 圓盘与滾柱
—, door 同 roller, sliding door
—, drawing 抽輥
—, drawing in 引入輥
—, eccentric 偏心滾柱
—, feed 进給滾柱
—, fiber 纖維滾柱
—, finished 磨光滾筒
—, flat 平滾筒
—, fluted 有槽滾筒
—, friction 摩擦滾柱
—, grooved 同 roller, fluted
—, guide 同 roll, guide
—, magnetic tracer 磁导輪(氧割机的)
—, main shaft bearing 主軸軸承滾柱
—, main shaft gear 主軸齿輪滾柱
—, main shaft speed gear 主軸变速齿輪滾柱
—, needle 滾針(軸承的)
—, oil 油滾柱
—, pinking 压花滾刀
—, plate 滾板机
—, printing 印刷滾柱
—, rail 鋼軌滾軋机
—, road 滾路机
—, road tamping 同 roller, tamping
—, rocker 搖杆滾輪
—, sheep-foot 1.羊蹄形滾筒;2.羊蹄形压路机
—, side bearing 边承滾輪
—, sliding door 滑門滾輪
—, slitting 滾剪
—, smooth 光輥
—, spiral fluted 螺槽輥
—, spring 弹簧滾柱
—, steam 蒸汽滾筒
—, steel 鋼輥
—, stone 石輥
—, street 压路机
—, tamping 夯实压路机
—, tandem 串列滾筒
—, tappet 挺杆滾輪
—, turret 轉塔滑輪
—, tyre repair 补胎滾筒
—, universal joint 万向节滾柱
—, upper idle 上空轉滾筒
—, valve tappet 閥挺杆滾輪
rolling 1.滾动的;2.同 roll 2.;3.滾轧法
—, flat die thread 平模滾軋螺紋法
—, hot forge 鍛工热滾軋法
—, pure 純滾动
—, thread 滾軋螺紋法
—, three cylindrical-die thread 三圓柱模滾軋螺紋法
—, tube 滾軋管子法
—, two cylindrical-die thread 双圓柱模滾軋螺紋法
rollpass 同 caliber 3.
rolls, bending and straightening 同 machine, bending and straightening
—, forging 鍛工滾軋机
—, intermediate 中間軋道
—, mixing 同 machine, mixer
—, plate bending 彎板机
—, plate straightening 直板机

rolls, roughing 粗滚軋机
roof 1.頂;2.車頂
—, cab 司机室頂
—, furnace 同 crown, furnace
—, high arched 高拱頂
— of wind channel 风洞頂
—, sliding 滑頂
roofing malthoid 油毡頂
room, boiler 鍋炉房
—, chart 图表室
—, chip 去屑槽(工具的)
—, cold storage 冷藏室
—, drawing 絵图室
—, dry 乾燥室
—, engine 发动机房
—, exhaust 排汽室
—, finishing 1.完工車間; 2.油漆間
—, model 模型室
—, operating 工作房
—, pump 泵室
—, sand blast cleaning 噴砂清洁室
—, steam 汽室
—, stock 儲藏室
—, tool 工具室
—, work 同 shop
root 根
—, mean square 均方根
— of tooth 齿根
— of weld 焊接根
—, propeller 螺旋桨根
—, serrated 鋸齿形根(叶片)
—, wing 翼根
rooter, road 掘土机
rope 1.繩;2.索
—, accelerating 加速繩
—, asbestos 石棉繩
—, bow retrieving 弓繩
—, cable 同 cable
—, carrying 吊重繩
—, controlling 同 cable, control
—, core 型心繩
—, cotton 棉繩
—, crane 起重机吊索
—, drag 同 cable, drag
—, driving 传动繩
—, elevator 同 cable, elevator
—, flexible 同 rope, flexible steel wire
—, flexible steel wire 撓性鋼索
—, grab 系索
—, guide 导繩
—, guy 同 guy
—, hay 草繩
—, hemp 蔴繩
—, landing 降落索
—, load 同 rope, carrying
—, locked 同 cable, locked
—, main 主繩
—, mooring 同 cable, mooring
—, pull 同 cable, drag
—, restraining 同 cable, mooring
—, retarding 减速繩
—, safety 安全繩
—, spiral 紋繩
—, steel 同 rope, steel wire
—, steel wire 鋼絲索
—, suspension 同 cable, suspension
—, tail 尾繩
—, tow 同 cable, drag
—, traction 同 cable, drag
—, traction suspension 牵引吊索
—, trail 同 cable, drag

rope, transmission 同 rope, driving
—, **trolley** 同 cord, trolley
—, **twisted** 同 rope, spiral
—, **winch** 紋車索
—, **winding** 同 cable, hoisting
—, **wire** 同 rope, steel wire
—, **working** 同 rope, driving
ropeway 同 cableway
rose 1.濾器（吸水管末端的）；2.撒水器
—, **compass** 罗盘面
—, **wind** 风标
rosin 松香
rotary 旋轉，轉动
rotating 同 rotary
rotation 同 rotary
—, **absolute** 絶对旋轉
—, **anti-clockwise** 反时針方向旋轉
—, **clockwise** 順时針方向旋轉
—, **counter clockwise** 同 rotation, anticlockwise
—, **left-handed** 左向旋轉
—, **race** 空轉
—, **right hand** 同 rotation, right handed
—, **right handed** 右向旋轉
rotor 1.轉动体；2.转子
—, **disc** 盘形轉动体
—, **distributor** 配电器电枢
—, **drum** 鼓形轉动体
—, **feathering** 轉翼
—, **induction** 感应电枢
—, **laminated** 层疊式电枢
—, **rigid** 整体轉筒
—, **tilt adjusting** 调整斜向转翼
—, **turbine** 叶轮机转子
rouge 鉄丹
rough, engine 发动机轉动不稳
roughing 粗加工
roughness 粗糙度
— **of surface** 表面粗度
—, **surface** 同 roughness of surface
round 1.圓片；2.圓
—, **fillet and** 內圓角与外圓角
roundhouse 同 house, round
rounding 1做圓；2.圓的
roundness 圓度
route 路綫
—, **air** 同 line, air
row 行，排
— **of rivets** 鉚釘行列
—, **two** 双行
rub 擦
rubber 1.橡皮；2.橡胶；3.粗銼；4.磨石
—, **brake** 刹車橡皮
—, **compressing** 压縮橡皮
—, **crude** 生橡皮
—, **foot rest** 脚踏橡皮
—, **hard** 硬橡皮
—, **india** 同 rubber
—, **natural** 天然橡皮
—, **pedal** 同 rubber, foot rest
—, **reclaimed** 再生橡胶{化}
—, **shock absorber** 减震器橡皮
—, **shock absorber conical** 减震器錐形橡皮
—, **side car buffer** 边車緩冲橡皮
—, **sponge** 海綿状橡皮
—, **starter pedal** 起动机脚踏橡皮
—, **synthetic** 合成橡胶

rubber, valve grinding 磨閥橡皮头
　—, virgin 同 rubber, natural
　—, vulcanized 硫化橡胶{化}
rubbing 摩擦
rudder 舵
　—, air 风舵
　—, balance(d) 平衡舵
　—, boat 船舵
　—, box 箱形舵
　—, diving 同 elevator 2.
　—, float 同 rudder, water
　—, gyroscopically controlled 迴轉控制舵
　—, horizontal 同 elevator 2.
　—, left 左〔操向〕舵
　—, off-set 偏置舵
　—, right 右〔操向〕舵
　—, split 拼合舵
　—, top 上〔操向〕舵
　—, vertical 垂直舵
　—, water 水中舵
　—, wing tip 翼梢方向舵（无尾飞机的）
ruff 同 collar, axle
rule 1.規則;2.尺
　—, adjustable hook 可調整鈎头尺
　—, batter 定斜器
　—, blacksmiths' 鍛工尺
　—, caliber 同 caliper, sliding
　—, caliper 同 caliper, sliding
　—, carpenter's 木工尺
　—, common 普通尺
　—, flexible 捲尺
　—, folding 摺尺
　—, folding pocket 同 rule, folding
　—, foot 英尺
　—, hook(ed) 鈎尺
　—, keyseat 鍵槽尺
　—, left hand 左手規則
　—, measuring 量尺
　—, narrow 窄尺
　—, narrow hook 窄鈎尺
　—, pocket folding 同 rule, folding
　—, shrinkage 縮尺
　—, slide 計算尺
　—, slide caliper 同 caliper, sliding
　—, sliding 同 rule, slide
　—, stainless steel 不銹鋼尺
　—, steel 鋼尺
　—, steel folding 鋼皮摺尺
　—, three-square 三稜尺
　— with holder 带柄尺
　—, wood 木尺
　—, zigzag 曲尺
ruler 直規
　—, parallel 平行規
　—, steel 鋼制直規
ruling 刻度,划綫
rumbler 齿轮换向器
run 1.滑走;2.运轉(机器的)
　—, back 1.反轉; 2.背面焊縫
　—, idle 同 idle, running
　—, landing 降落滑程
　—, long test 长期試驗
　—, no-load 无載运轉(鉄路)
　— of mine coal 原煤
　—, production 生产过程
　—, sparkless 无火花轉动
　—, take-off 起飞滑走
　—, test 試車
runner 1.浇口; 2.滑撬
　—, central 中央流道

runner, edge 同 wheel, grinding
—, **engine** 司机
running, steady 稳定轉动
running-in 試轉
runway 跑道
—, **crane** 起重机走道
rupture 断裂
rust 銹
—, **iron** 鉄銹
rustless 不銹的
rymer 同 reamer

S

S-hook S 形鈎
S-shackle S 形鈎环
S-turn S 形轉弯
S-turn, split 拼合 S 形轉弯
saddle 1.鞍座;2.座板;3.滑动座架
—, **axle** 軸鞍
—, **cross gantry** 横动桥形座架
—, **cutter** 刀架
—, **cylinder** 鞍形气缸座
—, **lathe** 同 carriage, lathe
—, **link** 滑动鞍,月牙板鞍
—, **main** 同 carriage, main
—, **principle** 主座板
—, **revolving tool box** 轉搭刀架
—, **second** 副座板
—, **sliding** 同 saddle 3.
—, **spring** 弹簧鞍座
safeguard 同 guard, safety
sag 1.下垂;2.垂度
—, **axle** 軸垂
— **of the rope** 絹的垂度
sagging 同 sag 1.
sailer, air 同 aerodone
salinometer 1.盐液密度計; 2.盐液比浮計{物}; 3.〔电导〕調浓器
sample 样品
—, **test** 試〔驗〕样〔品〕
—, **trepanned** 鑽出样品
sampling 取样
—, **shaft** 挖井取样
sand 砂
—, **backing** 塡背砂
—, **bank** 岸砂
—, **beach** 海滨砂
—, **black** 黑砂
—, **burnt** 燒过砂
—, **coarse** 粗砂
—, **core** 型心砂
—, **dry** 干砂
—, **facing** 复面砂
—, **filter** 濾砂
—, **fine** 細砂
—, **fire** 耐火砂
—, **foundry** 同 sand, molding
—, **free** 散砂
—, **green** 湿砂
—, **heap** 堆砂
—, **iron** 鉄砂
—, **lake** 湖砂
—, **lime** 同 sand, lime stone
—, **lime stone** 灰石砂
—, **match** 假型砂
—, **molding** 型砂
—, **new** 新砂
—, **normal** 标准砂
—, **old** 旧砂
—, **parting** 分离砂
—, **pit** 坑砂
—, **quartz** 石英砂
—, **river** 河砂

sand, sharp 尖角砂
—, **spray** 噴砂
—, **strong** 强粘力砂
—, **tempering** 回火砂
sander 撒砂器
—, **air** 同 sander, pneumatic
—, **pneumatic** 气力噴砂器
sanding 砂紙打光
sandpaper 同 paper, emery
sandspreader 同 spreader, sand
sandstone 同 stone, sand
sash 框
—, **cab window** 司机室窗框
—, **saw** 同 frame, saw
sassafras 黃樟
saturated 飽和的
saturation 1.飽和; 2.章度{物-色度学}
— **of air** 空气飽和
— **of iron** 鉄的飽和
saving of heat 热的节省
saw 1.鋸;2.鋸机
—, **annular** 同 saw, circular
—, **arch** 拱鋸(木工的)
—, **arm** 同 saw, hand
—, **back** 脊鋸
—, **band** 1.带鋸;2.带鋸机
—, **banded** 同 saw, band
—, **belt** 同 saw, band
—, **bench** 抬鋸
—, **blade** 片鋸
—, **board** 同 saw, veneer
—, **bow** 弓鋸
—, **circular** 圓鋸
—, **circular cross cut** 横割圓鋸
—, **cold** 冷鋸
—, **cold circular** 冷圓鋸
—, **compass** 斜形狹圓鋸
—, **concaved circular** 凹圓鋸
—, **corner** 角鋸
—, **cross-cut** 横割鋸
—, **crown** 同 saw, cylinder
—, **cylinder** 筒形鋸
—, **disk** 圓盘鋸
—, **double handed cross cut** 双手柄横割鋸
—, **dovetail** 鳩尾鋸
—, **drum** 同 saw, cylinder
—, **edging** 边鋸
—, **electric circular** 电动圓鋸
—, **end** 截头鋸
—, **endless** 同 saw, band
—, **felling** 同saw, tree felling
—, **fine** 細鋸
— **for two man** 二人鋸
—, **frame(d)** 框鋸
—, **framed-whip** 急动框鋸
—, **fret** 同 saw, scroll
—, **friction** 摩擦鋸
—, **gang** 排鋸
—, **grit** 同 saw, stone
—, **grooving** 同 saw, slitting
—, **gullet** 鈎齿鋸
—, **hack** 同 saw, bow
—, **hand** 手鋸
—, **hand back** 同saw, hand
—, **hot** 热鋸
—, **inserted tooth** 嵌齿鋸
—, **inserted tooth circular** 嵌齿圓鋸
—, **iron** 同 saw, iron cutting
—, **iron cutting** 截鉄鋸
—, **jigger** 同 saw, scroll
—, **jump** 升降圓鋸机
—, **key-hole** 鍵孔鋸
—, **lightning tooth cross cut** 閃齿横割鋸

saw, log 鋸木机
—, long 长鋸
—, metal 金工用鋸
—, metal slitting 金屬开槽鋸
—, pad 嵌鋸
—, pendulum 摆鋸
—, piercing 同 saw, compass
—, pit 坑鋸
—, plain tooth cross cut 通常齿横割鋸
—, portable 輕便鋸机
—, power hack 动力弓鋸
—, rail 軌鋸
—, razor 剃鋸
—, reversible 两刃鋸
—, ribbon 同 saw, band
—, rim 同 saw, circular
—, ring 同 saw, circular
—, rip 縱割鋸
—, ripping 同 saw, rip
—, sash 同 saw, frame
—, scroll 綫鋸
—, skew back hand 弯背手鋸
—, slash 同 saw, slitting
—, slide 滑鋸
—, slitting 开槽鋸
—, span 同 saw, frame
—, steam 汽力鋸
—, steel 鋼鋸
—, stone 石鋸
—, straight 直鋸
—, straight back hand 直背手鋸
—, taper 同 saw, compass
—, taper back hand 斜背手鋸
—, tenon 筍鋸
—, tree felling 伐木鋸
—, veneer(ing) 鑲板鋸
—, warm 同 saw, hot
—, weak 弱粘力砂
—, wood 木鋸
—, wood working circular 木工圓鋸
sawing 鋸法
—, contour 輪廓鋸法
—, external contour 外輪廓鋸法
—, flat 平鋸法
—, internal contour 內輪廓鋸法
scab 瑕,疵
scaffolding 鷹架,脚手架{建}
scald 同 scab
scale 1.刻度;2.尺;3.秤;4.附着品;5.水垢,水銹
—, Baume 玻美比重表
—, boiler 鍋炉水垢
—, centigrade 摄氏温度标
—, color 火色温度計
—, comparative 比較計
—, diagonal 斜綫尺
—, drafting 制图尺
—, drawing 同 scale, drafting
—, Fahrenheit 华氏温度标
—, flat 平尺
—, folding 同 rule, folding
—, forge 鍛鉄鱗
—, full 实尺
—, funnel 量斗(漏斗形的)
—, graduated 分度尺
—, hammer 同 scale, forge
—, incrustation 同 scale 5.
—, iron 同 scale, forge
—, logarithmic 对数尺
—, measuring 同 rule, measuring
—, metric 米尺
—, mill 軋屑

scale of fusibility 熔度标
— **of hardness** 硬度标
— **of temperature, absolute** 絶对温标
— **of temperature, thermodynamic** 热力温标
— **of thermometer** 温度标
— **of turbulence** 扰动尺寸
— **offset** 偏置尺
—, **oil** 油表
—, **pan** 盘秤
—, **platform** 台秤
—, **plotting** 同 scale, drafting
—, **proportional** 比例尺
—, **protractor** 同 scale, graduated
—, **reduced** 同 scale, proportional
—, **representative** 代表比例尺
—, **sliding** 同 rule, sliding 黄銅計算尺
—, **statement** 說明比例尺
—, **suspending beam** 悬樑秤
—, **three-square** 三稜尺
—, **triangular** 同 scale, three-square
—, **vernier** 游标尺
—, **weighing** 秤
scaler, tube 刷管器
scaling 起〔氧化〕皮
scallop 扇形
scarf 1.嵌接；2.斜嵌槽
scarifier 翻路机{建}
scarph 同 scarf
scatter, coal 分煤設备
scattering, elastic 弹性散射
—, **inelastic** 非弹性散射
scavenge 1.清除；2.换气
scavenger, oil 迴油器
scavenging 同 scavenge
—, **crankcase** 曲柄箱换气法
—, **cross** 横流换气法
—, **loop** 迴流换气法
—, **port** 孔的清除
—, **return-flow** 同 scavenging, loop
—, **through** 直通清除
schedule, weight 重量表
scheduling 編制目录，制表
scheme 1.計划图表；2.系統
—, **kinematic** 运动系統
— **of wiring** 线路图
scissors 剪刀
—, **electricians'** 电工剪
—, **grass cutting** 割草剪
sclerometer 肖氏硬度計
scleroscope 同 sclerometer
scoop 1.杓；2.穴，口
—, **air** 空气口
—, **hand** 同 ladle, hand
—, **oil** 油杓
—, **propeller** 螺旋桨后进空气口
—, **ventilator** 通风口
—, **water** 水杓
scooter, motor 小型摩托车
score 伤紋
scoring 斵痕
scotch 止轉棒(車輪的)
scout, air 同 aeroplane, scout
—, **high speed** 高速偵察机
scram 〔自动〕刹車
scrap 切屑
scrape 刮
scraper 1.刮刀；2.刮除机
—, **bearing** 軸承刮刀
—, **bottom hollow ground**

scraper, carbon 同 scraper, soot
—, **curved** 凹磨圓形刮刀
—, **double head flat** 双头平刮刀
—, **flat** 平刮刀
—, **flue** 烟道刮刀
—, **fluted**同 scraper, trianguler
—, **half-round** 半圓刮刀
—, **hauling** 拖曳刮土机{建}
—, **heart** 心形刮刀
—, **hollow ground on side triangular** 空边三角刮刀
—, **hook** 鈎形刮刀
—, **horizontal edge L-head half round** 弯頸平刃半圓刮刀
—, **ice** 刮冰机
—, **iron** 刮鉄刀
—, **mark** 划綫器
—, **metal** 刮金屬刀
—, **mud** 刮泥机{鉄}
—, **oil** 刮油刀
—, **paint** 刮漆刀
—, **road** 刮路机{建}
—, **single head flat** 单头平刮刀
—, **soot** 刮炭刀
—, **steel** 刮鋼刀
—, **straight half round** 直头半圓刮刀
—, **three cornered** 同 scraper, triangular
—, **three square** 同 scraper, triangular
—, **triangular** 三角刮刀
—, **triangular solid** 实边三角刮刀
—, **tube** 刮管刀
—, **universal** 万能刮刀
—, **vertical edge L-head half round** 弯頸立刃半圓刮刀
scraping 刮工
scratch 刮痕
—, **chip** 屑痕(磨面上的)
screen 1.篩子; 2.挡; 3.濾網
—, **air cleaner** 濾气器濾網
—, **ballast** 石碴篩{建}
—, **clear view** 透視屏
—, **coal** 煤篩
—, **draft** 风口挡
—, **drum** 鼓形篩
—, **dust** 防尘網
—, **exhaust** 排气挡板
—, **filter** 濾網
—, **front** 同 shield, wind
—, **fuel pump** 燃料泵濾網
—, **fuel tank filler** 燃料箱油斗濾網
—, **glass** 同 shield, wind
—, **honey comb** 整流格
—, **horn projector** 喇叭放音器防尘網
—, **hydraulic** 压力油濾網
—, **intensifying** 加强膜
—, **mesh** 同 screen 1.
—, **oil** 濾油網
—, **oil cleaner** 濾油器濾油網
—, **oil pump** 油泵濾網
—, **oil reservoir** 貯油器濾網
—, **pump** 泵濾網
—, **rack** 栏柵網
—, **radiator** 散热器护柵
—, **slag** 熔渣篩
—, **vibrating** 同 screen, vibration
—, **vibration** 振动篩
—, **welding** 电焊遮光罩
—, **wind** 同 shield, wind

screening 遮护
screw 1.螺釘;2.螺旋,螺絲
—, **adjustable stop** 可調整止动螺釘
—, **adjusting** 調整螺釘
—, **aerial** 同 propeller, aeroplane
—, **air** 同 propeller, aeroplane
— **air governor adjusting** 气压調节器調节螺釘
—, **air intake adjusting** 进气調节螺釘
—, **air valve** 气閥螺釘
—, **air valve handle set** 气閥手柄止动螺釘
—, **air vent** 通气螺釘
—, **anti-friction ring holder** 减磨环托螺釘
—, **Archimedean** 螺旋升水器
—, **armature lock** 电轉子紧鎖螺釘
—, **attachment** 装合螺釘
—, **ball bearing cap** 滾珠軸承盖螺釘
—, **base** 底座螺釘
—, **bell** 鐘形螺釘(例如鑽井工具的)
—, **bench** 同 vice, bench
—, **binder** 同 screw, clamp
—, **binding** 同 screw, clamp
—, **binding head** 扁头結合螺釘(特别指电器上的)
—, **binding post** 接綫螺釘(电器的)
—, **blast cap** 鼓风盖螺釘
—, **boiler lagging plate set** 鍋炉套板止动螺釘
—, **bottom plate** 底板螺釘
—, **brake** 閘螺桿
—, **brass wood** 黃銅木螺釘
—, **breaker arm adjusting** 断电臂調整螺釘
—, **brush spring adjuster** 电刷簧調整器螺釘
—, **bush set** 衬套止动螺釘
—, **button head** 同 screw, button head cap
—, **button head cap** 圓头螺釘
—, **buttress thread** 斜方紋螺釘
—, **calibration** 校准螺釘
—, **cap** 有头螺釘(直径在11m/m以上者)
—, **capstan** 絞盘螺釘
—, **carburetor idler adjusting** 汽化器空轉噴嘴調整螺釘
—, **centering** 定中心螺釘
—, **cheese head** 同 screw, button head cap
—, **clamp** 夾紧螺釘
—, **clutch adjusting** 离合器調整螺釘
—, **clutch pressure plate** 离合器压板螺釘
—, **coach** 同 screw, lag
—, **coarse thread** 粗紋螺釘
—, **compound** 复式螺旋
—, **compression** 压紧螺釘
—, **cone** 錐形螺釘
—, **connecting rod** 連桿螺釘
—, **connection** 連接螺釘
—, **contact** 接触螺釘
—, **conveyer** 輸送螺旋
—, **counter sunk** 埋头螺釘
—, **counter sunk head** 同 screw, counter sunk
—, **coupling** 同 screw, con-

nection
screw, cross recess head 十字槽头螺釘
—, **cross slide** 横动台螺桿
—, **cross surfacing** 同 screw, cross slide
—, **cross traverse** 同 screw, cross slide
—, **cross-feed** 横进刀螺桿
—, **cup head**同 screw, button head cap
—, **cup head wood** 圓头木螺釘
—, **cup point set** 尖端止动螺釘
—, **current regulator contact** 电流調节器接触螺釘
—, **cylinder jacket** 气缸套螺釘
—, **dial** 針盘螺釘
—, **differential** 差动螺旋
—, **differential drive gear thrust** 同 screw, differential ling geay thrust
—, **differential pinion case** 差速器小齿輪壳螺釘
—, **differential ring gear thrust** 差速器环齿輪推力螺釘
—, **distributor adjusting** 分配器調整螺釘
—, **distributor elbow set** 分配器肘管止动螺釘
—, **double thread** 双紋螺釘
—, **draw** 起拉螺釘
—, **drive** 传动螺桿
—, **earth** 同 borer, earth
—, **eccentric sheave set** 偏心滑輪止动螺釘
—, **elevating endless** 升降蜗桿
—, **elevator** 升降机螺旋
—, **endless** 同 worm
—, **external** 同 screw,male
—, **eye** 环首螺釘
—, **fastening** 紧固螺釘
—, **feathering** 活叶螺旋桨
—, **feed** 进給螺桿
—, **feeding** 同 screw, feed
—, **female** 阴螺旋
—, **field frame** 磁場架螺釘
—, **filler** 漏斗螺絲
—, **fillister** head 有槽凸圓头螺釘
—, **fine thread** 細紋螺釘
—, **fixed** 固定螺釘
—, **fixed pitch** 定距螺旋
—, **fixing** 同 screw, set
—, **flat** 同 screw, flat head
—, **flat counter-sunk head** 平頂埋头螺釘
—, **flat head** 平头螺釘
—, **flat head machine** 平头机器螺釘(直径在11m/m以下)
—, **foot** 地脚螺釘
— **for adjusting slide** 調整滑板螺釘
— **for return spring casing** 回动簧箱螺釘
—, **forcing** 紧迴螺釘
—, **front** 前螺釘
—, **fuel inlet** 燃料进口螺釘
—, **galvanized** 鍍焊螺釘
—, **gas valve** 气閥螺釘
—, **generator frame through** 发电机架长螺桿
—, **governor adjusting** 調节器調整螺釘

screw, governor arm 調节器臂螺釘
—, governor link 調节器联桿螺釘
—, grub 同 screw, headless
—, guide 导螺桿
—, hand 同 jack, hand
—, hand brake band anchor bar adjusting 手閘带錨定桿調整螺釘
—, hand brake locating bracket adjusting 手閘定位托架調整螺釘
—, handle set 車輛止动螺釘
—, headless 无头螺釘
—, headless set 无头止动螺釘
—, hexagonal head 六角头螺釘
—, hexagonal head cap 同 screw, hexagonal head
—, hollow 空心螺釘
—, hub cover 輪轂盖螺釘
—, hydraulic cylinder bleeder 液压缸放出管螺釘
—, idle tube adjusting 空轉油管調整螺釘
—, iron wood 鉄制木螺釘
—, jack 千斤頂螺桿
—, jacket band 套带螺釘
—, key 螺絲把
—, knuckle stop 关节止动螺釘
—, lag 扳头尖端木螺釘
—, lane connection 程桿螺釘
—, latch 弹鍵螺釘
—, latch bracket 弹鍵托螺釘
—, lead 同 screw, guide
—, leading 同 screw, guide
—, left 同 screw, left-handed
—, left-handed 左轉螺旋
—, leveling 校平螺釘
—, lever latch cap 手柄弹鍵盖螺釘
—, lift 同 jack, screw
—, lifting 同 jack, screw
—, lock 鎖紧螺釘
—, locking 同 screw, lock
—, locking plate 鎖板螺釘
—, locking spring 鎖簧螺釘
—, machine 机器螺釘(直径在11m/m以下用于金工者)
—, main pin brass cotter set 主銷銅衬扁銷止动螺釘
—, main valve head cap 主閥盖有头螺釘
—, male 阳螺旋
—, master 标准螺旋
—, metal 金屬螺釘
—, micrometer 測微螺旋
—, micrometric 同 screw, micrometer
—, milled 同 screw, slotted
—, milled edge thumb 銑边翼形螺釘
—, mixture chamber fixing 混合室固定螺釘
—, mounting 装置螺釘
—, mud draining 排泥螺釘
—, multiple-threaded 多紋螺旋
—, mushroom head 菌头螺釘
—, nozzle adjusting 噴嘴調整螺釘
—, oil cup cover 油杯盖螺釘
—, oil pressure adjusting 油压調整螺釘
—, oil pressure switch 油压开关螺釘
—, oil reservoir· cover set

儲油器蓋止动螺釘
screw, oscillating 摆动螺釘
—, oval counter-sunk 楕圓埋頂头螺釘
—, oval head 楕圓头螺釘
—, packing 軟垫螺旋
—, perpetual 同 worm
—, persian 螺旋排水机
—, piston head set 活塞头止动螺釘
—, piston stop 同 screw, piston head set
—, plain 簡单螺釘
—, pressure 压力螺釘
—, pressure adjusting 压力調整螺釘
—, propeller 同 propeller, pusher
—, push 同 propeller, pusher
—, pusher 同 propeller, pusher
—, quadruple 四紋螺旋
—, quick motion 速动螺旋
—, raised head 突头螺釘
—, regulating 調节螺旋
—, regulating stem set 調节桿止动螺釘
—, retaining 同 screw, fixed
—, reversing 回动螺旋
—, right 同 screw, right hand
—, right and left 左右轉螺旋
—, right-hand(ed) 右轉螺旋
—, round head 同 screw, button head cap
—, round head wood 同 screw, cup head wood
—, round wood 同 screw, cup head wood
—, self tapping 自攻螺釘
—, series field 串联电場螺釘
—, set 固定螺釘,定位螺釘
—, set and locking 止动及鎖紧螺釘
—, setting 同 screw, stop
—, sheet metal 金屬板螺釘
—, shock absorber filler 同 plug, shock absorber filler
—, short 短螺釘
—, shunt field connecting
—, side-car connecting arm 边車連接臂螺釘
—, slide thumb 滑动翼形螺釘
—, slotted 有槽螺釘
—, slotted head 槽头螺釘
—, small armature lock 小电轉子鎖紧螺釘
—, socket 凹头螺釘
—, socket head 凹头螺釘
—, spring 弹簧螺釘
—, spring adjusting 弹簧調整螺釘
—, square 方紋螺旋
—, square head 方头螺釘
—, square threaded 方紋螺旋
—, steel coach 鋼制扳头木螺釘
—, steering clutch adjusting 轉向离合器調整螺釘
—, step 止桿螺釘
—, stop 止动螺釘
—, stuffing box 填料箱螺釘
—, sunk 同 screw, counter sunk
—, surface 同 screw, cross slide
—, tandem air 串联式飞机螺旋桨
—, tapping 同 screw, self

tapping

screw, telescopic 套筒螺旋

—, throttle adjusting 风門調整螺釘

—, throttle plate 节流板螺釘

—, thrust 推力螺釘

—, thumb 同 screw, wing

—, tickler 弹性推針螺釘

—, tight fitting 紧合螺釘

—, tightening up 扣紧螺釘

—, tommy 虎鉗螺旋

—, top plate 頂板螺釘

—, tractor 同 propeller, pucher

—, transmission attaching 变速器接合螺釘

—, triple 同 screw, triple threaded

—, triple threaded 三紋螺旋

—, tubular 管形螺釘

—, turbine 渦輪螺釘

—, turbing generator 汽渦輪发电机螺釘

—, turn 同 driver, screw

—, twin 双螺旋桨

—, union 对动螺旋

—, V-threaded V 紋螺旋

—, valve adjusting 閥調整螺釘

—, valve body cap 閥体盖螺釘

—, vent port 通风口螺旋

—, ventilating 通风螺釘

—, ventilator clamp thumb 通风器夾紧翼形螺釘

—, voltage regulator contact 电压調节器接触螺釘

—, warning valve set 警閥止动螺釘

—, water pump fixing 水泵固定螺釘

—, wheel 手輪鎖紧螺釘

—, wick 灯心螺旋

—, wing 翼形螺釘

—, wood 木螺釘

—, wooden 1.木螺旋桨；2.木質螺釘

—, worm thrust 蝸桿推力螺釘

—, wrist pin brass wedge set 肘节銷銅衬楔止动螺釘

scriber 画綫針

—, long bent point 长弯尖画綫針

—, short bent point 短弯尖画綫針

—, straight point 直尖画綫針

scribing 画綫

scroll 渦〔形〕管

—, induction 吸入渦管

—, inductor 同 scroll, induction

scrubber 1.洗滌器；2.滌气器{化}

—, air 同 scrubber 2.

—, coke 焦炭洗滌器

— of furnace gas 炉气的洗滌法

scupper 排水口(甲板的)

scuttle 煤斗

—, coal 同 scuttle

seacraft 同 aerohydroplane

seadrome 水面飞行場

seal 1.密封；2.封口

—, air 气封

—, air cleaner air 滤气器气封

—, conduit 綫管壳

—, drag link dust 拉桿防尘

盖
seal, crank bearing oil 曲軸承护油圈
—, crank shaft bearing oil 曲柄軸軸承油封
—, drive pinion oil 主动小齿輪油封
—, exhaust pipe flange 排气管凸緣气封
— for grease lubrication 滑脂潤滑的封口
— for oil lubrication 油潤滑的封口
—, gear shift lever oil 变速桿油封
—, headlight reflector 头灯反射鏡封垫
—, hydraulic cylinder 液压缸油封
—, main shaft bearing oil 主軸軸承油封
— of bearing 軸承油封
—, oil 油封
—, pump oil 泵的油封
—, rear axie bearing oil 后軸軸承油封
—, rear main bearing oil 主軸承后油封
—, stem, on valves 閥桿密封
—, tie rod dust 系桿防尘盖
—, tie rod end ball 同 socket, tie rod end ball
—, valve 閥封
—, water 水封
—, water pump 泵的水封
—, wheel hub grease 輪轂脂封
sealing 同 seal
seam 縫
—, angle 角縫
—, boiler 鍋炉接縫
—, brazing 焊縫
—, caulked 凿密縫
—, caulking 同 seam, caulked
—, circumferential 圓周接縫
—, flanged 凸緣接縫
—, flat folded 平摺縫
—, horizontal 同 seam, circumferential
—, longitudinal 縱縫
—, projecting folded 突出摺縫
—, rivet 鉚縫
—, riveted 同 seam, rivet
—, soldering 同 seam, brazing
—, transverse 同 seam, circumferential
—, welded 同 seam, brazing
seaplane 同 aerohydroplane
—, boat 船形水上飞机
—, float 浮筒式水上飞机
—, light 輕型水上飞机
—, triple float type 三浮筒式水上飞机
—, twin float type 双浮筒式水上飞机
search-light 同 light, search
seasoning 干燥
—, air 风干
—, artificial 人工干燥
—, hot air 热风干燥
—, natural 天然干燥
—, smoke 燻干
—, steam 蒸干法
—, water 水浸法
seat 座
—, air pump choke 气泵阻塞門座
—, air valve 气閥座

seat, auxiliary 副座
—, auxiliary valve 輔助閥座
—, axle 軸座
—, back 后座
—, ball 球座
—, bolster spring 承樑簧座
—, box 箱座
—, bucket 斗形座
—, cabin 艙座
—, canvas 帆布座
—, centering spring 中心弹簧座
—, check valve 止回閥座
—, check valve ball 止回閥球座
—, conical 錐形座
—, crank pin 曲柄銷座
—, cylinder 气缸座
—, dickey 車后座
—, discharge valve 放水閥座
—, drag link ball 拉桿球座
—, drag link spring 拉桿弹簧座
—, driver 司机座
—, driver's 同 seat, driver
—, eccentric rod 偏心桿座
—, eccentric strap 偏心套环座
—, emergency valve 紧急閥座
—, flat valve 平閥座
—, float needle valve 浮子針閥座
—, folding 摺座
—, front 前座
—, fuel pump bowl 燃料泵抽杯座
—, gear shift lever spring 变速桿簧垫
—, grooved ball 有槽球座
—, headlight bulb mounting 头灯灯泡座
—, inlet valve 进气閥座
—, inserted 同 seat, inserted valve
—, inserted valve 嵌入閥座
—, journal box spring 轴颈箱簧座
—, key 同 keyway
—, leather 皮座
—, lower valve 下端閥座
—, master cylinder valve 主气缸閥座
—, needle valve 針閥座
—, oil cut-off valve 断油閥座
— on the sleeper rail 軌枕軌座
—, piston 活塞座
—, pressure spring 压力簧座
—, pump suction valve 泵吸入閥座
—, pump valve 泵閥座
—, quick release valve spring 快洩閥簧座
—, radial truck sliding 单軸轉向架滑座
—, rear 同 seat, back
—, rear axle spring 后軸弹簧座
—, rear spring 后弹簧座
—, rear spring pivot 后弹簧支枢座
—, removable ring 活动环座
—, return valve 回流閥座
—, roller 輥座
—, rotary valve 迴轉閥座
—, rubber 橡皮座
—, rubber valve 橡皮閥座
—, rumble 車后座

seat, saddle 鞍形座
—, safety valve 安全閥座
—, side by side 并列式座
—, slide valve 滑閥座
—, sliding 滑动座
—, smokebox 烟箱座
—, spindle 軸座
—, spring 同 bearing, spring
—, stagger(ed) 交錯座
—, suction and discharge valve 吸水和放水閥座
—, suction valve 吸水閥座
—, tandem 串列座
—, thimble 套管座
—, upper valve 上端閥座
—, valve 閥座
—, valve spring 閥簧座
—, vent valve 通风閥座
—, ventilator valve spring 通风閥簧座
—, water valve 水閥座
—, wheel 輪座
seated, double 双座式
—, single 单座式
—, spherically 球〔形〕座式
seater, double 双座式
—, four 四座式
—, side-by-side two 并列双座式
—, single 单座式
—, tandem two 串列双座式
—, three 三座式
—, two 同 seater, double
seating 1.同seat;2.設座
—, boiler 鍋炉座
—, double row 双行座
—, engine 发动机座
— for cross stay 横撑座
—. key 鍵槽
— of boiler 同 seating, boiler
— of engine 同 seating, engine
—, spring 同 bearing, spring
—, thrust block 同 block, thrust
—, valve 同 seat, valve
seaworthiness 适航性{船}
seaworthy 适航{船}
second 1.第二; 2.秒
secondary 1.二次的; 2.副的
section 1.剖面; 2.部分
—, aerofoil 翼剖面
—, angle 角形剖面
—, axial 軸向剖面
—, bi-convex 两凸翼剖面
—, bi-curve 两曲翼剖面
—, blower 增压器部分
—, bulbous 球形剖面
—, center 中心剖面
—, channel 槽形剖面
—, conic 圓錐剖面
—, conical 同 section, conic
—, cross 横剖面
—, dangerous 危险剖面
—, engine 发动机部分
—, flange 凸緣剖面
—, fuselage center 机身中部
—, geometric cross 几何横断面
—, half 半剖面
—, half round 半圓剖面
—, horizontal 水平剖面
—, insufficient 同 section, dangerous
—, intermediate 中部
—, longitudinal 縱剖面
—, main cross 主横剖面
—, midship 船体中部剖面图
—, normal 正剖面

section, nose 机头部分
— **of blade** 叶剖面
— **of bosh** 炉腰剖面
— **of pass** 同 caliber 3.
— **of shear** 剪切面积
— **of the rail** 鋼軌剖面
— **of the rail, cross** 同 section of the rail
—, **overhead-line** 架空綫剖面
—, **parachute** 降落伞幅
—, **passage cross** 通路横剖面
—, **power** 动力部分
—, **principal** 主剖面
—, **propeller** 螺旋桨剖面
— **rail** 同 section of the rail
—, **rear** 后部
—, **revolved** 迴轉剖面
—, **shearing** 同 section of shear
—, **spherical conic** 球錐剖面
—, **strut** 支柱剖面
—, **tail** 尾部
—, **tee** 同 T-section
—, **top center** 上翼中段(飞机)
—, **transverse** 同 section, cross
—, **tyre cross** 輪胎横剖面
—, **vertical** 垂直剖面
—, **weak** 同 section, dangerous
—, **wing** 同 section, aerofoil
—, **wing center** 翼中段
—, **working** 工作剖面
sectioning, taper 斜剖面法
sector 1.同 quadrant；2.扇形{数}
—, **gear** 扇形齿輪
—, **hand brake lever** 手閘桿扇形齿輪
—, **steering worm** 轉向器扇形蝸輪
—, **timing** 正时扇形
—, **toothed** 同 quadrant 1.
—, **worm** 扇形蝸輪
sedan 1.轎車;2.轎
—, **armored** 装甲轎車
—, **convertible** 活頂轎車
—, **open** 同 sedan, convertible
—, **touring** 遊历轎車
sediment 1.沉澱; 2.渣滓
seepage 滲出{化}
—, **oil** 油滲出
segment 扇形体
—, **commutator** 整流器扇形片
—, **copper** 扇形銅片
—, **distributor** 配电器扇形分触器
—, **gear** 同 quadrant 1.
—, **mica** 云母片
—, **toothed** 同 quadrant 1.
segregation 1.分凝;2.离析性
seismograph 地震〔仪〕{物}
selective 选择的
selector, gear shift bar 变速选择杆
—, **turbo-boost** 輪机压风选择器
self-act 自动
self-centering 自动定心
self-contained 整装〔在底板上〕的
self-feed 自給
self-feeder 自給器
self-ignition 自发火
self-induction 自感应
self-registering 自記的
self-regulating 自动調节
selsyn 直流自协調
semaphore 信号机
semi 半

semi-automatic 半自动的
semi-cantilever 半悬臂
semi-circle 半圓
semi-conductor 半导体
semi-elliptic 半橢圓式
semi-finishing 半精加工
semi-floating 半浮式
semi-monocoque 半硬殼机身
semi-opened 半开式
semi-rigid 半硬式
semi-steel 半鋼質
semi-trailer 半拖車
semi-trailer, van tendem 箱式串輪半拖車
sensitiveness 同sensitivity
sensitivity 灵敏度
—, **notch** 凹口灵敏度
separation, dry 干分法
separator 1.分离器;2.隔板
—, **battery** 蓄电池隔板
—, **battery rubber** 蓄电池橡皮隔板
—, **battery wood** 蓄电池木隔板
—, **cedar wood battery** 蓄电池柏木隔板
—, **grease** 滑脂分离器
—, **magnetic** 磁力分鉄机
—, **oil** 分油器
—, **rubber** 橡皮隔板
—, **shavings** 切屑分离器
—, **steam** 分汽器
—, **water** 分水器
—, **wood** 木隔板
sequence 1.叙列{数}; 2.順序; 3.結果
—, **back step** 分段后向法
—, **build-up** 組合程序
—, **cascade** 串列順序
—, **pass** 焊道程序
—, **welding** 焊接程序
series 1.串联{物}; 2.串{物}; 3.級{数}; 4.系,組
—, **actinium** 錒系{化}
—, **coarse thread** 粗螺紋系
—, **fine thread** 細螺紋系
—, **radioactive** 放射系
—, **uranium** 鈾系{化}
serpentine 1.螺旋形的,盘旋的; 2.蛇紋岩{矿};3.盘管
serration 細齿
—, **external** 外細齿
—, **internal** 內細齿
service 1.服务; 2检修,保养
—, **brake** 脚踏閘
—, **extra** 額外服务
—, **line** 綫路保养
—, **main** 总配水管
—, **overnight** 过夜检修
—, **through** 过站检修
—, **transient** 对外检修
—, **trip** 普通检修
serviceability 适用性
servo 継动
servo-amplifier 継动扩大器
servo-brake 継动閘
servo-brake, vacuum 眞空継动閘
servo-control 継动控制
servomotor 1.伺服电动机; 2.継动器
servo-rudder 継动舵
sesqui-biplane 翼半飞机（上翼大于下翼一倍）
sesqui-plane 翼半飞机
set 1.組; 2.安置; 3.凝固;4.用具
—, **auxiliary generating** 輔助发电用具

set, calking 凿密具
—, caulking 同 set, colking
—, cold 1.冷作用具;2.冷凝固
—, crank shaft alignment 曲柄軸对准器
—, die 成套冲模
—, die stock 全套螺絲鋼板
—, facing 面凿
—, friction gear 摩擦輪組
—, gear 齿輪組
—, head 耳机
—, hot 1.热鍛用具; 2.热凝固
—, number stamp 数碼冲模
— of drawing instruments 制图仪器
— of teeth 鋸齿偏側度
— on center 安……与中心看平
—, permanent 同 deformation, permanent
—, planetary gear 行星齿輪組
—, radio 无綫电装置
—, rivet 鉚釘用具
—, riveting 同 set, rivet
—, saw 整鋸器
—, smiths' cold 鍛工冷作用具
—, snap 同 die, snap head
—, standard 标准变形
—, stencil 印字模板
—, test 試驗組
setter, course 定程器
—, stud 装双端螺栓工具
setting 1.装置; 2.凝固; 3.变定{物}
—, altimeter 高度計装置
—, air 空气凝固
—, barometer 气压計装置
—, initial 初凝固
— of valve 閥的装配
—, power 动力装置
—, pressure 压力装置
—, stabilizer 安定面装置（飞机）
—, tail plane 尾翼装置(飞机)
—, teeth 同 set of teeth
—, throttle 风門装置
setting-up 固定
setting, valve 同 setting of valve
—, wing 翼装角
sextant 六分仪
—, bubble 气泡六分仪
shackle 鈎环
—, anchor 錨鈎环
—, closed 閉式鈎环
—, double 两鈎环
— of coupling 联接器鈎环
—, pressed 压制鈎环
—, rear spring 后弹簧鈎环
—, rubber spring 橡皮弹簧鈎环
—, spring 同 hanger, spring
shaft 1.軸;2.柄;3.矿井; 4.烟囱身
—, accelerator cross 加速器横軸
—, accessory 附軸
—, adjustable intermediate 可調整中軸
—, admission cam 进气凸輪軸
—, after crank 后曲柄軸
—, aileron knob 副翼控柄軸
—, air 通风井
—, air compressor crank 空气压縮机曲柄軸
—, air intake 进气軸
—, air shutter 阻风器軸
—, airscrew 同 shaft, propeller

shaft, armature 电轉子軸
—, ash pan slide rod 灰盘滑桿軸
—, auxiliary 同 shaft, counter
—, axle 車軸
—, axle drive 車軸主动軸
—, axle drive pinion 車軸主动小齿輪軸
—, basic 基軸
—, beater 打棉机軸
—, booster operating lever 增压器操作桿軸
—, brake 閘軸
—, brake cross 閘横軸
—, brake intermediate 閘中軸
—, built-up crank 組合曲柄軸
—, cam 凸輪軸
—, cam lever 凸輪桿軸
—, cardan 万向軸
—, central 中心軸
—, chimney 烟囱身
—, choke valve 阻气閥軸
—, climbing 攀登柱
—, clutch 离合器軸
—, clutch operating 离合器操縱軸
—, clutch pedal 离合器踏板軸
—, clutch release 离合器分离軸
—, clutch release fork 离合器分离叉軸
—, commutator 整流器軸
—, compensating 补整軸
—, control 控制軸
—, control valve operating 控制閥操縱軸
—, conveyer drive 輸送机主动軸
—, conveyer flexible drive 輸送机撓性主动軸
—, conveyer screw 輸送机螺旋軸
—, conveyer screw drive 輸送机螺旋主动軸
—, counter 副軸
—, counter balanced crank 平衡曲柄軸
—, counter drive 副传动軸
—, coupling 联結軸
—, coupling propeller 传动軸接軸
—, crane 起重机軸
—, crank 曲軸
—, cross 横軸
—, crusher drive 軋碎机主动軸
—, damper 减震器軸
—, declutch 分离軸
—, declutch shift 分离移动軸
—, deviation 差軸
—, differential 差动軸
—, differential idler gear 差速器空轉齿輪軸
—, differential pinion 同 cross, differential pinion
—, differential sliding clutch shift 差速器滑动离合器移动軸
—, differential spur drive pinion cross 差速器减速主动齿輪横軸
—, disengaging 同 shaft, declutch
—, distribution 配力軸
—, distributor 配电器軸
—, distributor drive 配电器主

动軸
shaft, distributor lower drive 配电器下軸
—, double throw crank 双弯曲柄軸
—, drilled out crank 鑽空曲軸
—, drive (driving) 主动軸
—, drive pinion and 主动小齿輪及軸
—, driven 从动軸
—, drop 傾卸軸
—, eccentric 偏心軸
—, elevator 升降机軸
—, enclosed cam 閉式凸輪軸
—, engine 发动机軸
—, engine crank 发动机曲柄軸
—, exhaust cam 排气凸輪軸
—, fan 风扇軸
—, fan driving 风扇主动軸
—, feed 同 rod, feed
—, feeder 进給器軸
—, fire door 炉門軸
—, fixed brake 固定閘軸
—, flexible 撓性軸
—, floating axle 浮动車軸
—, floating brake 浮动閘軸
—, floating cardan 活动万向軸
—, fluted 槽軸
—, four throw crank 四弯曲柄軸
—, front axle 前輪車軸
—, front propeller 前螺旋桨軸
—, front wheel driving 前輪传动軸
—, gas 气囱
—, gear 齿輪軸
—, gear input 齿輪进力軸
—, gear output 齿輪輸力軸
—, gear shift 同 shaft, gear shift lever
—, gear shift fork 变速叉軸
—, gear shift lever 变速杆軸
—, gear wheel 齿輪軸
—, generator 发电机軸
—, governor pump gear 調节泵齿輪軸
—, gyro 迴轉軸
—, half speed 半速軸
—, half time 半速轴
—, hammer 鎚柄
—, hand brake cross 手閘橫軸
—, heat control valve 暖汽閥軸
—, helical gear 螺旋齿輪軸
—, helicoidal wheel 螺狀輪軸
—, hoist pump drive 起重机泵主动軸
—, hoist pump intermediate 起重机泵中間軸
—, hollow 空心軸
—, hollow crank 空心曲柄軸
—, horizontal 水平軸
—, idler 空轉輪軸
—, idler gear 空轉齿輪軸
—, ignition distributor 发火配电器軸
—, impeller 叶輪軸
—, inter-axle 后传动軸
—, intermediate 中間軸
—, intermediate axle 中間車軸
—, jack 起重器軸
—, lay 同 shaft, counter

shaft, lever 槓軸
— **, lifting** 升軸
— **, line** 天軸
— **, lubricator driving** 潤滑器主动軸
— **, magneto** 磁电机軸
— **, main** 主軸
— **, main drive** 主动軸
— **, master cylinder lever** 主缸桿軸
— **, middle** 同 shaft, intermediate
— **, midship** 船的中軸
— **, midship propeller** 船中間螺旋桨軸
— **, multiple spine** 多鍵軸
— **of a hammer** 同 handle, hammer
— **of an axe** 同 handle, axe
— **, offset crank** 偏置曲柄軸
— **, oil pump** 油泵軸
— **, oil pump drive** 油泵主动軸
— **, oil pump idler gear** 油泵空轉齿輪軸
— **, oil scavenger pump** 迴油泵軸
— **, outer** 外軸
— **, over drive** 超速传动軸
— **, overhead cam** 上凸輪軸
— **, overhead counter** 架空副軸
— **, paddle** 桨叶軸
— **, pedal** 踏板軸
— **, pedal cross** 踏板橫軸
— **, pendulum** 摆軸
— **, pinion** 小齿輪軸
— **, pinion drive** 小齿輪传动軸
— **, pitman** 連接桿
— **, power** 动力軸
— **, power take-off drive** 去力机驅动軸，脫力传动軸
— **, power take-off shifter** 去力机更換軸，脫力移〔动〕軸
— **, primary** 初动軸
— **, principal** 同 shaft, main
— **, profile** 〔特〕形軸
— **, propeller** 螺旋桨軸
— **, propeller drive** 螺旋桨传动軸
— **, pump** 泵軸
— **, pump plunger** 泵柱，塞軸
— **, rear axle** 后輪軸
— **, rear brake operating** 后閘操作軸
— **, rear main** 后主軸
— **, rear propeller** 后螺旋桨軸
— **, rear screw** 后螺旋軸
— **, reciprocating** 往复軸
— **, regulator** 調节器軸
— **, release** 分离軸
— **, reverse** 回动軸
— **, reverse gear shifter** 回动齿輪变速軸
— **, reverse idler** 回动空轉輪軸
— **, reverse idler gear** 回动空轉齿輪軸
— **, reverse lifting** 回动升軸
— **, reverse pedal** 回动踏板軸
— **, reversing** 同 shaft, reverse
— **, revolving** 迴轉軸
— **, rigid drive** 固定主动軸
— **, rock (ing)** 同 shaft, rocker
— **, rocker** 搖臂軸
— **, rocker arm** 同 shaft, rocker
— **, screw** 螺旋軸
— **, sector** 扇形齿輪軸

shaft, shaking grate lever 搖动炉篦桿軸
—, shift lever 变速桿軸
—, shifting 移动軸
—, shifting cam 移动凸輪軸
—, shifting fork 移动叉軸
—, shovel 鏟柄
—, side 側軸
—, single throw crank 单弯曲柄軸
—, skew 歪軸
—, slide 滑动軸
—, slip joint 滑动接合軸
—, slow speed 低速軸
—, solid 实心軸
—, solid crank 实心曲柄軸
—, speedometer drive 速度計主动軸
—, speedometer driven 速度計从动軸
—, speedometer flexible 速度計撓性軸
—, spline 多鍵軸
—, splined feed 多鍵进給軸
—, spring cross 弹簧横軸
—, sprocket 鏈輪軸
—, square 方軸
—, starter 起动机軸
—, stationary 固定軸
—, steering 轉向軸
—, steering arm 轉向臂軸
—, steering controlling 轉向控制軸
—, steering gear 轉向轴
—, steering wheel 轉向輪軸
—, stern 尾軸
—, stiff 刚性軸
—, stirrer 攪拌器軸
—, swiveling counter 旋轉副軸
—, tail 尾軸
—, tank valve 柜閥軸
—, taper 斜軸
—, telescopic 伸縮軸
—, three bearing crank 三軸承曲柄軸
—, stud 栓軸
—, throttle 同 shaft, throttle valve
—, throttle valve 节流閥軸
—, throw 扳动軸
—, thrust 止推軸
—, timer 定时器軸
—, timing adjusting 定时調整軸
—, torsion 扭轉軸
—, track wheel 履带輪軸
—, transfer case to front axle 分动箱至前車軸的传动軸
—, transfer case to intermediate axle 分动箱至中間車軸的传动軸
—, transfer case to pillow block 分动箱至軸枕的传动軸
—, transmission 传动軸
—, transmission counter 传动副軸
—, transmission main 传动主軸
—, transmission to transfer case 变速器至分动箱的传动軸
—, transverse 横軸
—, tubular drive 管式转动轴
—, tumbling 滚轉軸
—, tunnel 隧道軸

shaft, two bearing crank 双軸承曲柄軸
—, two speed over-head counter 双速架空副軸
—, universal driving 联动轴
—, universal jointed 联接軸
—, upper idler roller 上空轉輥柱軸
—, valve 閥軸
—, valve rocker arm 閥搖臂軸
—, ventilating 通风道
—, vertical 立軸
—, uncoupling lever 分离桿軸
—, water pump 水泵軸
—, water pump driving 水泵主动軸
—, weigh 秤軸
—, wheel 輪軸
—, wheel cylinder adjusting pinion 軸閘儲气筒調准小齿輪軸
—, whistle lever 笛槓軸
—, wincch drive 絞車主动軸
—, winch drum 絞車卷筒軸
—, winch worm 絞車蝸桿軸
—, winding 卷軸
—, worm 蝸桿軸
shafting 軸系
—, hanger 吊軸系
—, flexible 撓性軸系
—, marine 船用軸系
shake 搖动
shakeproof 同 proof, shake
shaker 搖动器,篩
—, application of steam grate 汽力炉篦搖动机的操作
—, grate 炉篦搖动器
—, sand 砂篩
—, steam grate 汽力炉篦搖动机
shaking 搖动
shale 頁岩{地質}
shank 1.車鈎身; 2.項,柄
—, blade 桨叶附根
—, coupler 車鈎項
—, crucible 坩堝夾柄
—, cylinder cock 气缸旋塞項
—, lubricator 潤滑器項
— of drill 鑽头柄
— of rivet 鉚釘体
— of tool 刀具柄
shank, round taper 圓形斜柄
—, stay bolt 同 body, stay bolt
—, straight 直柄
—, taper 錐柄
shape 1.形态,形象;2.形成
—, diamond 金鋼鑽形
—, irregular round 不規則圓形
—, streamline 流綫形
—, wing 翼形
shaped, fork 叉形的
shaper 1.牛头鉋床; 2.成形机
—, crank 曲柄牛头鉋床
—, gear 鉋齿机
—, generating gear 銜轉鉋齿机
—, hydraulic 水压牛头鉋床
—, pillar 柱形成形机
—, road 路鉋
—, transverse 横鉋机
—, vertical 立式牛头鉋床
—, wood-working 木工成形机
shaping 修鉋, 成形

sharpen 刃磨
sharpener, cutter 刀具刃磨器
—, **pencil** 鉛笔刀
shave 鉋，剃
—, **curved spoke** 曲刃刮鉋
—, **draw** 同 knife with two handles
—, **spoke** 輻鉋片
—, **straight spoke** 直刃刮鉋
shaving 1.剃齿；2.刮
— ,**crossed-axes** 交軸剃削齿面法
—, **parallel-axes** 平行軸剃削齿面法
—, **rack** 齿条刀剃削齿面法
—, **rotary crossed axis** 轉动交軸剃齿法
—, **wood** 鉋花
shear 1.剪； 2.切变〔物〕;3.切力{物}
—, **transverse** 橫切力
—, **vertical** 垂直切力
shearing 剪断
shears, alligator 鰐牙剪
—, **angle** 剪角鉄机
—, **angle lever** 角鉄桿剪机
—, **arc** 弧剪机
—, **bench** 台剪机
—, **billet** 剪鉄条机
—, **block** 1.剪块机；2.手剪机
—, **bookbinders** 訂書剪机
—, **circular** 圓剪
—, **complex** 1.复剪；2.复剪面的
—, **double** 1.双剪;2.双剪面的
—, **double angle** 双角剪机
—, **double lever** 双桿剪机
—, **electric** 电剪机
— **for cutting holes** 孔剪
—, **frame** 架剪
—, **hand** 手剪
—, **lever** 桿剪机
—, **metal** 金屬剪
—, **parallel** 平行剪
—, **parting** 剪槽鉄机
—, **plate** 剪板机
—, **printers** 同 shears, bookbinders
—, **purchase** 扩力剪
—, **rotary** 滾輪剪机
—, **single** 单剪
—, **stock** 同 shears, bench
—, **wire** 綫剪
sheath, leather 皮套
sheathing 1.复套,包皮； 2.复梢；3.外膜
—, **lead** 包鉛
sheave 滑車輪
—, **belt** 同 pulley, belt
—, **cable** 电纜絞輪
—, **differential** 同pulley, differential
—, **eccentric** 同 pulley, eccentric
—, **jib** 挺桿滑車(起重机的)
—, **pulley** 滑車滑輪
—, **rope** 同 pulley, rope
—, **solid eccentric** 实体偏心輪
shed 1. 同 hangar 2. 棚厂
—, **aeroplane** 飞机庫
—, **aircraft** 航〔空〕器庫
—, **airship** 飞艇庫
—, **converter** 轉化炉厂
—, **engine** 发动机庫
—, **locomotive** 机車庫
—, **mixing** 混合室
—, **portable** 可移棚厂
—, **punning** 机車房

shed, round locomotive 圓形机車庫
—, **running** 車輛修养厂
shedder 卸件装置
sheet 1.片板；2.张；3.表，图表
—, **alphabet printing model** 字母印片
—, **aluminum** 鋁板
—, **asbestos** 石棉板
—, **ash pan** 灰盘板
—, **ash pan back** 灰盘后板
—, **ash pan front** 灰盘前板
—, **ash pan side** 灰盘側板
—, **back** 后板
—, **back tube** 后管板
—, **bracing** 加强板
—, **brass** 黄銅板
—, **bronze** 青銅板
—, **celluloid** 賽璐珞片
—, **cinder** 渣板
—, **clothing** 包衣(汽鍋的)
—, **copper** 銅板
—, **corrugated** 波紋板
—, **corrugated iron** 瓦楞鉄皮
—, **crown** 頂板(火箱的)
—, **delivery** 送料片
—, **displacement** 吃水量指示板(船的)
—, **fibre** 纖維紙板
—, **fire box** 火箱板
—, **fire box back** 火箱后板
—, **fire box crown** 同 plate, fire box crown
—, **fire box inside** 火箱內板
—, **fire box outside** 火箱外板
—, **fire box side** 火箱側板
—, **fire box throat** 火箱喉板
—, **fire box tube** 火箱管板
—, **floor** 踏板
—, **flue tube** 烙管板
—, **front tube** 同 plate, front tube
—, **galvanized** 同 sheet, galvanized iron
—, **galvanized iron** 鍍鋅鉄皮，白鉄皮
—, **guard** 护板
—, **inclosur back weather board side** 围棚挡风側板
—, **inside fire box** 內火箱板
—, **inside throat** 火箱喉板
—, **inspection** 检驗单
—, **instruction** 說明片
—, **lead** 鉛皮
—, **leather** 皮衬
—, **metal** 金屬板
—, **mica** 云母片
—, **number printing model** 号碼印片
— **of fire box back** 同 sheet, fire box back
— **of fire box, door** 火箱門板
—, **operation** 工序卡
—, **outside fire box** 外火箱板
—, **packing** 填齿片
—, **planished steel** 輾平鋼皮
—, **protecting** 同 sheet, guard
—, **pyralin** 怕热凝板{化}
—, **roof** 頂板(鍋炉的)
—, **rubber** 橡皮板
—, **smoke box front** 烟箱前板
—, **smoke box tube** 烟箱管板
—, **stiffening** 同 sheet, bracing
—, **stress** 应力表
—, **tank floor** 柜踏板
—, **thickening** 加厚板

sheet
—, **throat** 喉板
—, **tin** 錫片
—, **tube** 同 plate, tube
—, **vortex** 渦片
—, **waist** 同 plate, waist
—, **work** 工作单
—, **zinc** 鋅板
shelf, mantel 炉額棚
—, **tool** 同 pan, tool
shell 1.殼；2.套；3.罩
—, **air cleaner** 滤气器壳
—, **bearing** 軸承壳
—, **boiler** 同 barrel, boiler
—, **burnishing** 同 broach, burnishing
—, **cab** 司机室壳
—, **ceramic** 陶瓷壳
—, **closed buffer** 同 case, closed buffer
—, **containment** 屏蔽
—, **cowl panel** 車头罩板壳
—, **cut-off** 断电器壳{电}
—, **dome** 汽室壳
—, **door** 門壳
—, **drum** 鼓輪壳
—, **fire box** 火箱壳
—, **fuel filter** 燃料油滤器壳
—, **gas filter** 煤气滤器壳
—, **generator** 发电机壳
—, **head light** 头灯壳
—, **horn** 喇叭壳
—, **motor** 电动机壳
— **of boiler** 鍋炉壳
— **of firebox, outside** 火箱外壳
— **of pipe** 管壁
—, **oil filter** 滤油器壳
—, **outside** 外壳
—, **parking light** 停車灯壳
—, **pulley** 皮带輪罩
—, **radiator** 散热器壳
—, **rifled** 槽鋼壳
—, **sand box** 砂箱壳
—, **spark plug** 火花塞壳
—, **spherical** 球形壳
shellac 虫胶片，洋干漆
—, **white** 白虫胶片
—, **yellow** 黃虫胶片
shield 1.遮护板，护罩；2.挡
—, **armature bearing** 电轉子軸承护片
—, **biological** 生物保护
—, **booster cylinder boot** 增压气缸护片
—, **brake drum dust** 閘輪防尘罩
—, **brake drum oil** 閘輪防油罩
—, **brake dust** 閘防尘罩
—, **brake grease** 同 baffle, brake grease
—, **brake support** 閘支板
—, **center bearing dust** 中心軸承防尘罩
—, **dash light** 仪表板灯罩
—, **door** 〔炉〕門挡〔板〕
—, **dust** 防尘板
—, **electric defroster** 电力除霜器壳
—, **end** 机油滤清器內盖头
—, **engine** 发动机罩
—, **engine support oil** 发动机支架防油罩
—, **exhaust pipe** 排气管罩
—, **face** 面罩(焊工的)
—, **fender** 挡泥板壳
—, **fender splash** 保护板防濺罩

shield, fire door 炉門护板
—, fly wheel housing 飞輪壳护罩
—, foot protection 足护板
—, fuel pump heat 燃料油泵阻热罩
—, gas 气蔽
—, glare 防眩板
—, grease 同 baffle, grease
—, hand 手持护目罩(焊工的)
—, head 护目头罩(焊工的)
—, helmet 同 shield, head
—, iron 鉄屏
—, protecting 同 plate, protecting
—, oil 护油罩
—, oil pump 油泵护片
—, operating tube 操作管套
—, rubber dust 橡皮防尘板
—, running board 登車板护罩
—, splash 防濺板
—, spring 弹簧罩
—, starter commutator 起动机整流器护罩
—, sun 遮阳板
—, tender tank man hole 煤水車水柜人孔罩
—, valve oil 閥防油罩
—, water gage 水表护套
—, wind 风挡
—, wooden dust 木質防尘罩
shielding, generator 发电机罩
—, ignition 发火罩
—, radio 隔波处理
shift(ing) 1.移动; **2.**同 shift, gear
—, ball and socket gear 球窩式变速桿
—, electric(al) gear 电动变速器
—, finger-tip gear 指力变速
—, four speed gear 四挡变速
—, gate type gear 格式变速器
—, gear 1.变速,調挡; 2.变速器
—, magnetic 磁力移动
—, magnetic gear 磁力变速器
—, manual 人力移动
—, reverse gear 倒車挡
—, vacuum gear 真空变速
shifter, 1.移动装置; **2.**开关
—, belt 移带器
—, conveyer pawl 輸送机棘爪开关
—, elevator pawl 升降机棘爪开关
—, gear 变速桿
shifting, ball and socket gear 球窩調挡
—, down 变慢(汽車調挡)
—, gear 同 shift, gear
shifting-up 变快(汽車調挡)
shill, center 中樑
—, end 端樑
—, side 側樑
shim 填隙片,墊片
—, bearing 軸承墊片
—, connecting rod 連桿墊片
—, laminated 叠层薄墊
—, radius rod 半径桿墊片
—, spring 弹簧墊片
shimmy 擺动
ship 1.船; **2.**艇; **3.**艦
—, aeroplane mother 同 carrier, aeroplane
—, air 同 airship
—, aircraft mother 同 carrier,

aeroplane
ship, balloon 气球母艦
—, cargo steam 蒸气貨輪
—, carrier 航空母艦
—, crane 起重机船
—, fabric 同 airship, fabrie covered
—, fly(ing) 飞船
—, helium 氦气艇
—, hydrogen inflated 氢气艇
—, loggy 笨重飞机
—, mother 同 ship, carrier
—, non-rigid 同 airship, non-rigid
—, seaplane 水面飞机母艦
—, single plane 单翼飞船
—, steam 汽船,輪船
shipplane 同 aeroplane, deck landing
shock 震动
—, combustion 燒震
—, thermal 热冲击
shoe 1.履；2.瓦形物
—, brake 閘瓦
—, cast steel brake 铸鋼閘瓦
—, cross head 十字头滑瓦
—, cross head bottom 十字头下瓦
—, cross head side 十字头边瓦
—, cross head slide 同 shoe, cross head
—, cross head top 十字头上瓦
—, de-icer 除冰橡皮罩
—, feeder shaft brake 进給器軸閘瓦
—, friction 摩擦瓦
—, generator pole 发电机磁极瓦
—, guide 导瓦
—, hand brake cam 手閘凸輪瓦
—, hand brake operating lever 手閘操作桿瓦
—, heat treated track 热处理履带瓦
—, parking brake 停車閘瓦
—, pole 同 piece, pole
—, renewable brake 可換閘瓦
—, rigid 硬瓦
—, slide (slinding) 滑瓦
—, slipper 同 shoe, slide
—, starter pole 起动机磁极瓦
—, steering brake 轉向閘瓦
—, tail skid 尾滑瓦
—, thrust bearing 止推軸承瓦
—, track 履带瓦
—, tractor 拖拉机履带片
—, wooden 同block, wooden brake
—, wooden brake 同 block, wooden brake
shoot, ash 斜灰槽
—, cinder 同 hopper, cinder
—, cuttings 刀屑坑
shooting, trouble 故障分析
shop 車間,工厂
—, assombly 装配車間
—, automobile machine 汽車厂
—, axle turning 車軸車間
—, blacksmith 鍛工車間
—, boiler 鍋炉厂
—, boiler making 同 shop, boiler
—, coppersmith 銅工車間

shop, engine 1. 发动机制造厂；2.发动机車間
—, **erecting** 装配車間
—, **fire tube** 火管車間
—, **fitting** 同 shop, erecting
—, **forge** 同 shop, blacksmith
—, **foundry** 鋳工車間，翻砂車間
—, **heat treatment** 热处理車間
—, **heavy mobile machine** 重型活动修理車
—, **laboratory** 試造車間
—, **light mobile machine** 輕型活动修理車
—, **locomotive** 机車制造厂
—, **machine** 机器車間
—, **machine repair** 机器修理車間
—, **milling** 銑工車間
—, **mobile machine** 同 shop, mobile repair
—, **mobile repair** 活动修理車
—, **paint** 油漆車間
—, **pattern** 制模車間
—, **pattern makers** 同 shop, pattern
—, **plate** 制板工厂
—, **points** 尖軌厂
—, **preparing** 准备車間
—, **repair** 修理厂
—, **repairman** 同 shop, repair
—, **tool** 工具車間
—, **tool maker's** 同 shop, tool
—, **turning** 車工車間
—, **wheel** 車輪厂
—, **work** 同 shop
shore 支柱(船的)
short 1.短；2.脆
—, **cold** 冷脆
—, **hot** 热脆
—, **red** 同 short, hot
short-circuit 同 circuit, short
shortening of the melting period 熔期减短
shortness, cold 冷脆性
—, **hot** 热脆性
—, **red** 同 shortness, hot
short-ton 同 ton, short
shot 1.硬粒；2.击
shoulder 肩
—, **bolt** 螺栓肩
—, **heavy** 厚胎緣
—, **shear** 桨叶附根
—, **tapered** 同 collar, conical
— **to square up** 鑽平孔底
—, **tyre** 胎肋
—, **wheel** 輪肩
shove spoke 圓鉋
shovel 鏟
—, **boiler** 鍋炉鏟
—, **casting** 鋳工鏟
—, **coal** 煤鏟
—, **fire** 火鏟
—, **locomotive** 机車用煤鏟
—, **long hand** 长柄鏟
—, **long handle** 同 shovel, long hand
—, **mud** 泥鏟
—, **road grader cramshell** 平路蟹壳鏟
—, **sieve** 篩鏟
—, **steam** 汽力鏟
—, **stove** 炉鏟
shrink 收縮
shrinkage 1.收縮量；2.收縮
—, **allowance for** 許可收縮量

shrinkage, interior 內部收縮
shroud 1.罩；2.側板(水車的)
 —, **canvas** 帆布罩
 —, **fan** 风扇遮罩
 —, **preheat** 預热罩(排气管的)
shunt 1.分流器；2.調軌{鉄路}；3.分路
shunting 調車
shut, cold 冷塞
shut-down 同 down, shut
shut-off 停止
 —, **gasoline** 汽油关閉
shutter 1.百叶窗；2.快門(照相机)
 —, **air** 阻风器
 —, **horizon** 地平圈
 —, **oil cooler** 冷油器操縱門
 —, **radiator** 散热器百叶窗
side 1.端；2.側；3.边
 —, **approaching** 进入側
 —, **crank** 曲柄端
 —, **flesh** 肉面(皮带的)
 —, **frame** 边架
 —, **go** 通端
 —, **hair** 毛面(皮带的)
 —, **head** 缸盖端
 —, **hull** 船側
 —, **not-go** 止端
 — **of a hammer, flat** 同 face, hammer
 — **of the angle** 角的边
 —, **receding** 退出側
 —, **slack** 松緩側
 —, **starboard** 右舷
 —, **suction** 吸入边
side-car 边車
sideslip 同 slip, side
sieve 篩
 —, **filling** 注入濾網
 —, **fuel drain cock** 燃料油放出旋塞濾網
 —, **fuel filling** 燃料油注入濾網
 —, **fuel tank filling** 燃料箱注油濾網
 —, **mechanical** 机动篩
 —, **mixing** 混合篩
 —, **rotary** 迴轉篩
 —, **shaking** 搖篩
 —, **water** 水篩
 —, **wire** 綫篩
sift(ing) 篩
 —, **power** 机力篩
sifter 篩
 —, **sand** 砂篩
sight 1.瞄准器；2.观測器
 —, **bomb** 投弹瞄准器
 —, **course setting** 航路指示器
 —, **course setting bomb** 定向轟炸瞄准器
 —, **drift angle** 偏航角观測器
 —, **periscopic drift-angle** 潛望式偏航角观測器
 —, **periscopic wind gage** 潛望式风速观測器
 —, **tail drift** 机尾偏流指示器
 —, **torpedo** 魚雷瞄准器
 —, **torpedo direct** 魚雷直接瞄准器
 —, **wind gage** 风速計观測器
sign, aerial 航綫标識
signal(ing) 信号，号志
 —, **alarm** 警号
 —, **automatic** 自动信号
 —, **brake** 閘信号
 —, **electric** 电力信号
 —, **mechanical** 机力信号
 —, **semaphore** 臂形信号

signal, warning 同 signal, alarm
signal-lamp 同 lamp, signal
signalling, automatic train 列車自动信号
—, **wig-wag** 单旗信号
silencer 消声器
—, **air** 空气消声器
—, **exhaust** 排气消声器
—, **water cooled** 水冷式消声器
silicon 硅{化}
—, **aluminum** 硅鋁合金
—, **metallic** 金屬硅{冶}
sill 1.檻；2.樑(車体底框的)
—, **back door** 后門檻
—, **back end** 后部端樑（車底框的）
—, **cab window** 司机室窗檻
—, **centre** 中樑(車底框的)
—, **end** 端樑(車底框的)
—, **front end** 前部端樑(車底框的)
—, **side** 側樑(車底框的)
—, **tender side** 煤水車側樑
silver 銀
—, **German** 白銅
—, **nickel** 鎳銀
—, **quick** 汞,水銀
similarity, dynamical 动似
sink, counter 1.埋头孔,錐口孔；2.同drill, counter sink
sinkage of valve 閥陷
sinking of the rivet holes, counter 鑽鉚孔斜口
sintered 烧結的
sinusoidal 正弦曲綫的
siphon 同 syphon
—, **glass** 玻璃虹吸管
—, **water** 虹吸
six, double 双六式
size 大小，尺寸，体积
—, **actual** 实际尺寸
—, **critical** 临界体积
—, **grain** 粒度
—, **medium** 中等尺寸
—, **nominal** 标称尺寸
— **of jaw** 扳口开度
— **of weld** 焊件的大小
—, **over** 过大
—, **standard** 标准尺寸
—, **theoretical** 理論尺寸
—, **under** 过小
skate, side tracking 側道滑鞋
skeleton 骨架
—, **core** 型心骨架
—, **duralumin** 杜拉鋁骨架
—, **wing** 机翼骨架
sketch 草图
—, **free hand** 徒手草图
sketching 画草图
skew 歪扭
skid 1.橇；2.溜滑
—, **aircraft** 航空器滑行橇
—, **double** 复式橇
—, **kangaroo** 袋鼠式尾橇
—, **landing** 降落橇
—, **non-tail** 无尾橇
—, **spring tail** 弹簧尾橇
—, **tail** 尾橇
—, **track** 履带滑动架
—, **under carriage** 起落架橇
—, **wing** 同 skid, wing tip
—, **wing tip** 翼梢橇
skidding of the wheels 輪滑
skim 1.成渣,成沫；2.渣沫；3.去渣,去沫
skimmer 撇沫器
—, **oil** 撇油沫器

skimming 撇沫法
skin 表皮
—, **corrugated** 波紋表皮
—, **gold beaters** 槌金皮
—, **metal** 金屬皮
— **of casting** 鑄件表皮
—, **oil** 油皮
skip 起重箱
skirt of piston 活塞側緣
—, **parachute** 降落伞裙
—, **piston** 同 skirt of piston
slab 板
—, **front end** 前端接板
—, **reinforced concrete** 鋼筋混凝土板
slack 1.煤炭屑；2.使緩慢
slag 熔渣
—, **basic** 碱性熔渣
—, **themas** 同 slag, basic
slagging 化渣
slap, piston 活塞松动
slat 狹条
slate 石板
—, **asbestos** 石棉板
sledge 同 hammer, sledge
—, **straight peen** 縱稜鎚
—, **uphand** 同 hammer, sledge
sledge-hammer 同 hammer, sledge
sleeking 修光
sleeper 1.枕木,軌枕；2. 同 **cars, leep**
—, **bevelled rectangular** 同 tie, bevelled rectangular
—, **cross** 同 sleeper 1.
—, **ferro-concrete** 鉄筋混凝土軌枕
—, **half-round** 半圓軌枕
—, **iron** 鉄軌枕
—, **longitudinal** 縱軌枕
—, **rectangular** 长方軌枕
—, **timber** 同 sleeper 1.
sleeve 套〔筒〕
—, **armature** 电轉子套筒
—, **automatic stop** 自动停止套筒
—, **axle** 軸套
—, **axle drive pinion adjusting** 車軸传动小齿輪調整套
—, **ball** 球套
—, **ball bearing** 同 sleeve of ball bearing taper clamping
— **cam shaft** 凸輪軸衬套
—, **chasis wiring terminal** 底盘接綫柱管
—, **chrome leather** 鉻革套
—, **claw coupling** 同 sleeve, dog clutch
—, **clutch** 离合器套
—, **clutch operating shaft** 离合器操作軸套
—, **clutch release bearing** 离合器放松軸承套
—, **clutch release fork** 离合器放松叉套
—, **clutch shifter** 离合器移动「套筒
—, **conical** 錐形套筒
—, **connecting** 連接套〔筒〕
—, **connecting rod** 連桿衬套
—, **control** 油量調节套(柴油机油泵的)
—, **control lever** 控制桿衬
—, **crusher shaft bearing** 軋碎机軸軸承套
—, **cylinder** 气缸套筒
—, **deflation** 放气套筒
—, **differential gear shift**

变速器变速套筒
sleeve, dog clutch 爪形离合器套筒
—, draw bar guide 拉桿导套
—, drill 鑽〔头〕套〔筒〕
—, driving 传动軸套
—, filling 同 sleeve, inflation
— for taper shank drill 錐孔鑽套
— for tube, strengthening 管加强套
—, governor 調节器套筒
—, graduating 递开袖管
—, grinding wheel spindle 磨輪軸套
—, hub 轂套
—, index 分度筒
—, inflation 充气套筒
—, inlet 吸气套筒
—, intermediate gear 中間齿輪套筒
—, intermediate shaft bearing 中間軸軸承套筒
—, lock 鎖套
—, main drive shaft bearing 主动軸軸承套
—, main shaft 主軸套
—, main shaft speed gear 主軸变速齿輪套
—, main shaft synchronizer gear 主軸同步齿輪套
—, motor drive shaft 起动电动机軸套
— of ball bearing, taper clamping 錐形滚珠軸承座套
— of puppet head 随轉尾座套筒
— of tail stock 同 sleeve, tailstock
—, oil pump drive gear 油泵主动齿輪套
—, outer 外筒
—, overflow tank inlet tube 溢流箱进水管套
—, pintle 扣釘套
—, pipe 管套
—, pump 泵套
—, roller bearing 滚柱軸承套
—, shaking 搖动套筒
—, shock absorber eye bolt 减震器有眼螺栓套
—, sliding bearing 滑动軸承「套
—, slip joint 伸縮接合套
—, speedometer flexible shaft 里程計撓性軸套
—, spindle 軸套
—, steam pipe 汽管套
—, steering worm eccentric adjusting 轉向蝸桿偏心調整套
—, tailstock 頂針座套筒
—, taper 錐套
—, thrust 推力衬管
—, tyre 胎套
—, vent 通气筒
—, wheel 磨輪套筒
—, wire connector 綫接头套
—, worm eccentric adjusting 蝸桿偏心調整套
slew 旋轉
slewer, rail 移軌器
slice 1.同 slice, fire; 2.片
—, fire 长柄火鏟
slick 1.修光; 2.修光工具
slicker 同 slick 2.
—, spoon 匙形刮刀(鑄工)
—, bead 小圓刮刀(鑄工)
slide 1.滑; 2.〔滑〕橇,滑板

slide, air 空气活塞
—, ash pan 灰盘滑板
—, ash pan hopper 灰盘斗滑板
—, bed 同 slide of saddle, bottom
—, bogie 轉向架滑座
—, bottom 底部滑板
—, capstan head 轉塔滑台(車床)
—, coal board 煤滑板
—, cross 横向滑板
—, dark 遮光滑板
—, free cross 自由横滑板
—, grinding wheel 磨輪活座
—, hopper 漏斗滑板
—, interchangeable 可互換导板
—, inverted vee 倒V形滑槽
—, longitudinal 縱向滑板
—, multiple tool 复式刀架滑台
— of puppet head bottom 随轉尾座底板(車床的)
— of saddle, bottom 刀架底板(車床的)
— of shaper 同 ram of shaper
— of tail stock bottom 尾座底板
—, plain V V形导槽
—, porthole taper 观察口斜滑板
—, shear blade 剪刀片滑座
—, table 同 guide, table
—, tail 尾滑
—, taper 斜滑
—, tool 刀架滑台
—, tool head 同 slide, tool
—, tool holder 同 slide, tool
—, top 頂部滑板
—, transverse 同 slide, cross
—, traverse 同 slide, cross
—, turret taper 轉塔斜滑板
—, ventilator clamp 通风器夾滑板
—, vertical 垂直滑板
slider 滑子
—, revolving 迴輪滑板
—, tool 刀具滑座
slide-valve 同 valve, slide
sliding 滑动
—, specific 比滑(齿面間相对滑动)
sling 1.吊带；2.鏈鈎
—, arm 臂悬
—, gin 三脚起重机吊索
slinger 1.吊环；2.吊索；3.抛擲装置
—, center bearing mud 中心軸承除泥罩
—, crank bearing oil 曲柄軸承抛油环
—, crank shaft oil 同 thrower, crank shaft oil
—, drive end plate 主动端抛油环
—, main drive gear bearing oil 主动齿輪軸承抛油环
—, main shaft bearing oil 主軸軸承抛油环
—, oil 同 thrower, oil
—, sand 抛砂机(鑄工)
—, water pump shaft 水泵軸抛油环
slip 1.滑；2.滑率
—, airscrew 螺旋桨滑流(飞机的)
—, forward 前滑
—, inside 內滑

slip, interchangeable 同 slide, interchangeable
—, inverted vee 同 slide, inverted vee
—, plain V 同 slide, plain V
—, propeller 螺旋桨滑流
—, relative 相对滑流
—, side 側滑
—, tail 尾滑
—, turning 轉弯滑流
—, vee 同 slide, plain V.
—, wing 翼滑
slippage 滑动量,滑程
slipper 1.滑屐; 2.滑动部分
—, inner piston 內活塞活动部分
—, piston 活塞活动部分
slipping 滑动
— of belt 传动皮带的滑动
— of brake 閘的滑动
— of clutch 离合器的滑动
—, side 側滑
slipstream 同 stream, slip
slipway 滑台,滑路
slit 1.縫; 2.槽
slope 斜度,坡度
—, effective wave 波的有效傾斜
—, tender 煤水車斜度
slot 1.縫; 2.槽; 3.开縫
—, anchor pin 带动梢槽(鐙桿)
—, armature 电轉子槽〔电〕
—, auto 自动翼縫
—, automatic 自开縫
—, automatic wing tip 自开翼梢縫
—, cam 凸輪槽
—, circular 圓槽
—, closed 閉槽
—, double 双重翼縫(飞机)
—, dovetail 鳩尾槽
—, drift 斜形槽
—, expansion 脹槽
—, fixed 固定縫
—, fixed wing 固定翼縫
—, front 前翼縫(飞机)
—, guide 导槽
—, key 鍵槽
—, locating 定位槽(工件的)
—, movable wing 活动翼縫
—, open 开槽
—, partly closed 局部閉合槽
—, rear 后翼縫(飞机)
—, rim 輪緣槽
—, slack adjuster 松弛調整桿槽
—, slide valve 滑閥槽
—, tapered 斜槽
—, triple 三重翼縫(飞机)
—, wing 翼縫
—, wing tip 翼梢縫
—, wing up 同 slot, wing
slotter 同 machine, slotting
slotting 立鉋,鍘
sludge 淤泥
sludging 塞泥,挖泥
sluice 1.水門沟; 2.同 gate, sluice
—, waste 废水閘門
sluice-gate 同 gate, lock
slurring 型心黏合法
slurry 型心黏合液
smelter 熔鑄工
smelting 熔化
smith, black 鍛工
—, copper 同 coppersmith
—, iron 同 smith, black

smith, tin 同 tinsmith
smithy 鍛工車間
　—, copper 鍛銅車間
　—, main 总鍛工車間
　—, spring 弹簧車間
smoke 烟
smoke-stack 同 chimney
smooth 光滑
smoother 同 slick 2.
snagging 琢磨
snap 1.鉚头模；2.窩模
　—, hand steel 手用鋼鉚釘模
　—, riveting 鉚釘模
　—, spider roller bearing race 十字叉滾柱軸承固定环
snap-lock 同 lock, spring
snapsack 背囊
snips 平头剪
　—, circular 圓剪
　—, crossing curved blades 双弯刃剪
　—, curved blades 弯刃剪
　—, handle side straight blades 歪柄直刃剪
　—, normal straight blades 直刃剪
　—, straight 平剪
snubber 1.減震器；2.減声器；3.緩冲器
soaking 1.煨透;2.浸透
soapstone 滑石
soarer 同 aerodone
soaring 1.滑翔；2.滑翔术
　—, blind 盲目滑翔
　—, dynamic 动力滑翔术
sock, wind 风向袋
socket 1.承窩,座；2.套节
　—, ball 球窩
　—, ball and 球和窩
　—, bearing 軸承承窩
　—, blade 叶根套
　—, centre pin 中心銷承窩
　—, cowl lamp 罩灯座
　—, diminishing 縮小套节
　—, double 双窩
　—, drag link ball 拉桿球窩
　—, drill 同 sleeve, drill
　—, ebonite 同 base, ebonite
　—, electric lamp 电灯座
　—, flanged 凸緣套节
　—, governor 調节器套节
　—, handle 手柄窩
　—, head light 头灯座
　—, instrument panel light 仪器板灯座
　—, iron 鉄套节
　—, jaw 同 jaw, vice
　—, keying 鈕凿
　—, lamp 灯座
　—, oil feeding 給油套节
　—, pipe 管套
　—, pivot 同 bearing, pivot
　—, plug 插座
　—, radius rod ball 半径桿球座
　—, ratchet wrench 棘輪扳手套筒
　—, reducing 同 socket, diminishing
　—, screwed 螺旋套节
　—, spring 簧套
　—, strut 撐桿座
　—, test 試驗座
　—, tie rod end ball 系桿端球窩
　—, U-sheet cover U形板盖窩承
　—, union 联管套节

socket, universal 万向节座
softener 軟化剂
  —, water 軟水剂
solder 焊料
  —, brazing 黃銅焊料
  —, flux 熔焊料
  —, hard 硬焊料
  —, silver 銀焊料
  —, soft 軟焊料
  —, spolter 同 solder, zinc
  —, tin 錫焊料
  —, tin lead 錫鉛焊料
  —, wire 焊綫
  —, zinc 鋅焊料
soldering 軟焊,錫焊
  —, autogenons 氧鉄軟焊
  —, bronze 青銅焊
  —, hard 硬焊
  —, silver 銀焊
  —, soft 軟焊
  —, sweat 同 soldering, soft
  —, tin 錫焊
sole, tubular 底部管樑
solenoid 螺綫管{电}
soleplate 同 plate, sole
solid 1.固体; 2.固态的
  —, elastic 弹性固体
  —, fluidized 流体化固体
  — of revolving 轉成体
  —, revolving 同 solid of revolving
solidification 凝固
solidified 固体化
solidify 凝固
solidity 桨叶〔桨〕盘面积比
solution 溶液
  —, antifreezing 防冻溶液
  —, battery 电池溶液
  —, brake 同 fluid, brake
  —, fluid rubber 同 solution, rubber
  —, non-freezing 不冻溶液
  —, radiator antifreeze 散热器防冻溶液
  —, rubber 橡胶溶液
  —, solid 固体溶液
  —, zinc chloride 氯化鋅溶液
solvent 溶剂
  —, rubber 橡皮溶剂
soot 烟炱
sorbite 索氏体
sorption 吸收作用
sound, hissing 嘶声
  —, pinging 咻声
  —, whistling 嘯声
soundproof 同 proof, sound
source 源
  —, heat 热源
space 空間,間隔
  —, air 气隙
  —, allowed for expansion 脹隙(如軌的)
  —, back water 后面水空間
  —, chip 屑槽(刀具的)
  —, clearance 余隙空間
  —, combustion 同 chamber, combustion
  —, compression 同 chamber, compression
  —, cushion 緩冲空間
  —, cylinder clearence 气缸余隙空間
  —, expansion 膨脹空間
  —, heating 加热空間
  —, jacket 水套空間
  —, loading 載荷空間
  — of teeth 齿間隔
  —, overflow 溢水房

space, packing 填密空間
—, side water 側面儲水空間
—, steam 蒸汽空間
—, teeth 同 space of teeth
—, water 儲水空間
—, water jacket 水套空間
spacer 隔离物
—, clutch pedal 离合器踏板隔片
—, metal 金屬隔片
—, pilot bearing 导軸承隔片
—, spring clip bar 弹簧夾横閂隔片
—, spring shackle 弹簧鈎簧隔片
—, starter armature shaft 起动机电轉子軸隔片
—, steering post 轉向柱隔片
—, stud 柱螺栓隔片
—, superheater tube support and 过热器管托及隔片
—, water pump bearing 水泵軸承隔管
—, wheel 輪隔片
spacing 間距
—, cascade 柵距
— of boiler tubes 鍋炉管距
— of condenser tubes 凝結器管距
— of the rivets 鉚釘間隔
—, rib 肋間隔
—, rim 輪輞間隔
—, rivets 同 spacing of the rivets
—, strut 撑桿間隔
—, teeth 齿距
spad, wheel 輪罩
spade 鋤,鏟
—, round 圓头鏟
—, square 方鏟
span 1.跨距; 2.同 span, wing
—, aeroplane 飞机翼展
—, aileron 副翼展
—, effective 有效翼展
—, efficient wing 同 span, effective
—, equivalent 相当翼展
—, equivalent monoplane 相当单翼机翼展
—, extreme 全翼展
—, lower 下翼展
—, maximum 最大翼展
—, mid 中部翼展
— of an aeroplane 同 span, aeroplane
— of jaw 鉗口开度
—, over-all 同 span, extreme
—, rotor 轉动翼展
—, upper 上翼展
—, wing 翼展
spanner 1.扳紧器;2.扳手
—, adjustable 活动扳手
—, bent 弯头扳手
—, box 套筒扳手
—, cock 旋塞扳手
—, clyburn 活搬手
—, crocodile 鳄头扳手
—, double 同 spanner, double end
—, double end(ed) 双头扳手
—, fitter 装配扳手
—, fork 叉形扳手
—, hexagon ring 六角孔扳手
—, hook 鈎形扳手
—, one end hook 一头鈎状扳手
—, pin 同 spanner, fork
—, set screw 止动螺釘扳手

spanner, shifting 活口扳手
—, single end (ed) 单头扳手
—, socket 同 spanner, box
—, spark plug 火花塞扳手
—, square 方头扳手
—, track 軌道扳手
—, tube 管子扳手
—, two-end hook 两头鈎形扳手
spanwise 翼展方向
spar 1.同 spar, wing ; 2.晶石{矿};3.桅桿
—, aileron 副翼樑
—, auxiliary 輔助翼樑
—, box 箱形翼樑
—, composite 組合翼樑
—, continuous 連續翼樑
—, double wing 双翼樑
—, front 前翼樑
—, hole 同 spar, hollow
—, hollow 空心翼樑
—, I-section 工字翼樑
—, laminated 叠层翼樑
—, leading 同 spar, front
—, main 主翼樑
—, metal wing 金屬翼樑
—, plane 同 spar, wing
—, rear 后翼樑
—, single 同spar, single wing
—, single wing 单翼樑
—, solid 实心翼樑
—, subsidiary 同 spar, auxiliary
—, two 双翼樑
—, wing 翼樑
spare 备件
spark 火花
—, advanced 提前火花
— at braking 断电火花
—, branched 分支火花
—, break(ing) 同 spark at breaking
—, early 同 spark, advanced
—, electric 电火花
—, hot 同spark, powerful
—, ignition 发火火花
—, jump 跳跃火花
—, late 迟火花
—, powerful 强火花
—, retard(ing) 同 spark, late
—, short circuit 短路火花
— to blow out the interruption 吹灭断电弧
sparking, brush 电刷火花
—, imperfect 不完全发火
spat 流綫形輪盖
speaker, loud 1.扩音器; 2.喇叭
special 特别的
specialization 专业化
specific 比,比較的
specification 1.規格;2.工作单,說明書
—, fuel 燃料規格
specimen 1.样品;2. 試料
spectacles, coloured(colored) 有色眼鏡
—, grinding wheel 磨輪眼鏡
—, protective 保护眼鏡
spectroscope 分光鏡{物}
spectrum 光譜{物}
—, fission 裂变波譜
speed 速度
—, absolute 絶对速度
—, aeroplane 飞机速度
—, air 空气速度
—, alighting 同 speed, landing

speed, average 平均速度
—, **back** 退速
—, **best climbing** 最好上升速度
—, **blades allowable** 叶片的允許速度
—, **bursting** 爆裂速度
—, **climbing** 上升〔飞行〕速度
—, **clockwise** 順时針速度
—, **constant** 等速
—, **corresponding** 相当速度
—, **critical** 临界速度
—, **cruising** 巡航速度
—, **cutting** 切削速度
—, **diving** 俯冲速度
—, **double landing** 二重降落速度
—, **economic(al)** 經济速度
—, **economical cruising** 經济巡航速度
—, **engine** 机速，发动机轉速
—, **equivelent cutting** 当量切削速度
—, **excess** 过量速，过量速度
—, **falling** 落速，下落速度
—, **first** 头档速度
—, **flame** 火焰速度
—, **flight** 飞行速度
—, **forward** 前进速度
—, **fourth** 四档速度
—, **free air** 自由空速
—, **full** 全速
—, **getting-off** 起飞速度
—, **gliding** 滑翔速度
—, **engine governed** 发动机限速
—, **ground** 对地速度
—, **half** 半速
—, **high** 高速〔度〕
—, **highest** 最高速
—, **hump** 界限速度
—, **idling** 空轉速度
—, **indicated air** 指示空速
—, **intermediate** 中速
—, **landing** 降落速度
—, **launching** 1. 騰空速度; 2.落水速度
—, **linear** 綫速度
—, **low** 低速
—, **maximum** 最高速度
—, **maximum engine** 最高发动机轉速
—, **maximum flying** 最高飞行速度
—, **mean** 同 speed, average
—, **mean flame** 平均焰速
—, **mediate** 中速
—, **medium** 中速
—, **minimum** 最低速度
—, **normal** 正常速度
—, **normal engine** 正常发动机轉速
— **of table** 同 speed, falling
— **of lifting** 上升速度
— **of rotation** 轉速
— **of spindle** 軸轉速
—, **of table** 工作台速度
—, **over** 超速
— **per hour** 每小时速率
—, **peripheral** 同 speed, periphery
—, **periphery** 圓周速度
—, **piston** 活塞速度
—, **pitch** 节距速度
—, **planing cutting** 鉋削速率
—, **propeller** 螺旋桨速度
—, **propeller shaft** 螺旋桨軸速

speed, rated 額定速度
—, rated engine 額定发动机轉速
—, relative cutting 相对切削速度
—, return 回程速度
—, rim 輪輞速度
—, rubbing 摩擦速度
—, run-away 无[负]载最大速度
—, second 二档速度
—, sinking 下沉速度
—, slow 同 speed, low
—, sonic 声速
—, stalling 失速速度
—, standard 标准速度
—, subsonic 亚声速
—, supersonic 超声速
—, surface 面速，表面速度
—, take-off 同 speed, getting off
—, terminal 終速
—, third 三档速度
—, tip 〔桨叶〕梢速
—, top 同 speed, maximum
—, transonic 同 speed, subsonic
—, travelling 移动速度
—, trial 試驗速度
—, trimming 修整速度
—, turbine blade 渦輪叶速度
—, turning 轉变速度
—, uniform 等速
—, variable 变速
—, wheel 輪速
—, wind 风速
—, working 工作速度
speedometer 1.速度計；2.里程計
—, clock type 鐘式速度計
—, magnetic type 磁力式速度計
speed-up 增速
spelter 1.同 zinc; 2.同 soldor, zinc
sphere 球,球面
—, oblate 扁楕圓球
—, universal joint centerin 万向节中心球
spherical 球形的
spheroidizing 球状化
spherometer 球径計
spider 1. 星形輪;2.十字叉
—, armature 电轉子十字架{电}
—, differential 差速器十字架
—, differential pinion 同 cross, differential pinion
—, lighting switch operating 灯开关操作十字架
—, main shaft differential 主軸差速器十字架
—, operating 操作十字架
—, piston valve 活塞閥十字輻
—, steering wheel 轉向輪十字架
—, torque 扭力輻
—, universal joint 同 cross, universal joint
—, universal joint bushing and ring 万向节衬套及球十字架
spigot 同 plug
—, bearing 軸承塞
—, engine 发动机塞
—, union 同 cone, union
spike 1.大釘;2.同 nail spike
—, barbed 棘釘

spike, bayonet-shaped 劍形道釘
—, **cut** 大切釘
—, **dog** 同 spike, dog-headed
—, **dog-headed** 狗头道釘
—, **double headed** 双头釘
—, **draw** 起模釘(鋳工)
—, **hand** 槓杆
—, **iron** 大鉄釘
—, **jog** 鬼釘
—, **lag** 螺絲釘
—, **nail** 同 nail, spike
—, **rail** 同 nail, spike
—, **railway** 同 nail, spike
—, **round** 圓道釘
—, **screw** 螺旋道釘
spin 1.繞轉,围旋;2.旋压
—, **flat** 平旋
—, **normal** 正常繞轉
—, **steady** 稳定繞轉
—, **tail** 尾旋
—, **vertical** 垂直繞轉
—, **wheel** 輪滑轉
spindle 1.心軸;2.指軸;3.錠子
—, **adjustable multiple** 活配多鑽軸机
—, **armature** 电轉子心軸
—, **auxiliary milling** 銑床副軸
—, **auxiliary steam valve** 副汽閥柄
—, **boring** 鏜桿
—, **bucket** 斗軸
—, **copy** 样板靠軸
—, **cutter** 同 bar, cutter
—, **diaphragm** 隔膜桿
—, **dividing** 分度軸
—, **drill** 鑽軸
—, **drilling machine** 同 spindle, drill
—, **driving** 主动軸
—, **dummy** 型桿
—, **eccentrically bored** 偏心鑽桿
—, **exhaust valve** 排气閥軸
—, **fan** 风扇軸
—, **feed** 同 rod, feed
—, **flanged** 凸緣軸
—, **float(ing)** 同 needle, float
— **for regulating** 調程軸
— **for cing** 压力軸
—, **front wheel** 前輪軸
—, **fuel valve** 燃料閥軸
—, **grinding** 磨輪軸
—, **grinding wheel** 同 spindle, grinding
—, **guide** 导軸
—, **head stock** 机头座軸
—, **hollow** 空心軸
—, **hollow draw-in** 空心內柱軸
—, **intermediate** 中間軸
—, **lathe** 車床軸
—, **main** 总軸
—, **main milling** 主銑軸
—, **mill** 銑軸
—, **mooring** 系軸
— **of streamline section** 流綫剖面軸
— **of the governor** 調节器軸
—, **oil cut-out valve** 同 stem, oil cut-off valve
—, **pedal** 脚踏軸
—, **piston valve** 同 stem, piston valve
—, **pump** 泵軸
—, **reversing** 同 shaft, reverse
—, **revolving hollow** 旋轉空心軸

spindle, rotor 轉子軸
　—, saw 鋸軸
　—, screw 螺旋柄
　—, sleeve 套軸
　—, slide valve 滑閥杆
　—, steam 同 spindle, steam valve
　—, steam valve 汽閥軸
　—, steering 轉向杆
　—, stop 止动杆
　—, suction 吸針
　—, tail 頂尖軸
　—, tail gear 尾輪軸
　—, tapering 錐形軸
　—, telescopic 套筒指軸
　—, throttle valve 节流閥軸
　—, top 上端手柄杆
　—, valve 閥軸
　—, wheel 輪軸
　— with collar 有环心軸
　— with rack, drill 带齿条鑽軸
　— with screw feed dril 螺旋进力鑽軸
spinner 1.同 cap, bow;2.紡紗机
　—, wheel 轉向盘六向器
spinning 1.旋压;2.紡
　—, cold 冷旋压
　—, hot 热旋压
　—, metal 金屬旋压法
spiral 螺旋,螺綫
　—, handle bar 把手螺旋
　—, heating 热盘管
　—, logarithmic 对数螺綫
　—, resistince 电阻螺旋
　—, tooth 齿旋
spirit 酒精
　—, methylated 含甲醇酒精〔化〕
　—, motor 汽油
　—, petroleum 汽油
spivot 尖軸
splash 飞濺
splash-board 同 board, dash
splasher 1.濺灑器;2.同 board, dash
　—, wheel 輪罩
splayeder 斜形油盒
splice 絞接,鑲接
　—, frame 車架鑲接
　—, rope 縄絞接
　—, soldered 焊接头
splicing 接縄
spline(s) 花鍵
　—, external 外花鍵
　—, internal 內花鍵
　—, involute 漸开綫花鍵
split 1.裂口; 2.拼合的, 裂口的
　— in the felloe 輪輞裂口
splitter 劈裂机
spoiler 扰流器
　—, aileron 副翼扰流器
　—, leading edge 前緣扰流器
spoke 輻
　—, bent 曲輻
　—, curved 同 spoke, bent
　—, flat iron 扁鉄輻
　—, hollow 空心輻
　—, radial 径向輻
　—, tangential 切綫輪輻
　—, tubular 管形輻
　—, wheel 輪輻
　—, wire 綫輻
　—, wooden 木輻
spoke-shave 同 shave, spoke
sponson 船旁保护装置
spool 卷絲筒

spool, magnet 同 coil, magnet
— , **spring** 弹簧卷筒
— , **trim tab** 平衡調整片卷筒
— , **valve** 閥(塞)槽
— , **winch** 絞筒
spoon, oil 油匙
— , **tyre** 撬胎棒
spot 点，疵点
— , **hard** 硬点
— , **high** 高点
— , **hot** 热点
spot-face 同 face, spot (螺釘孔刮平面)
spotter 1.測位仪;2.定心鑽
— , **automatic** 同 autospotter
— , **fleet** 編队射弹观測仪
— , **gunnery** 弹着点測定器
spotting 1.測定点位;2.鑽定心孔
spout 1.〔壶的〕嘴;2.出鉄口;3.斜槽;4.〔运送液体的〕管
— , **water** 水噴嘴
sprag 斜撑
— , **drop type** 墮式斜撑
spray 1.噴霧;2.噴霧器
— , **fuel** 燃料噴霧
— , **oil** 油霧
— , **paint** 噴漆器
sprayer 噴霧器
— , **liquid** 液体噴霧器
spread 1.距;2.撒
— **of axles** 軸距
— **of wheels** 輪距
— , **overall** 全翼展
— , **wing** 同 span, wing
spreader 1.扩张器;2.传播器
— , **ballast** 撒石渣車
— , **casing** 外胎展扩器(汽車)
— , **road** 筑路撒料机
— , **sand** 撒砂机
— , **tyre** 同 spreader, casing
spring 1.弹簧;2.发条
— , **accelerator** 加速器弹簧
— , **adjusting** 調整弹簧
— , **air** 气垫
— , **air cleaner** 滤气器弹簧
— , **air intake adjusting** 进气調整弹簧
— , **air valve** 气閥弹簧
— , **angle ring** 角鉄环簧
— , **anti-rattler** 防震弹簧
— , **application graduating** 控制递开簧
— , **application valve** 控制閥簧
— , **auxiliary** 副弹簧
— , **auxiliary governor** 副調节簧
— , **auxiliary rear** 副后弹簧
— , **auxiliary valve** 副閥簧
— , **back** 后簧
— , **backlash** 档隙簧
— , **balance** 平衡弹簧
— , **ball bearing drive** 滾珠軸承主动簧
— , **ball seat** 球座弹簧
— , **band** 板簧
— , **bearing** 承簧
— , **bogie** 轉向架弹簧
— , **bogie volute** 轉向架螺环弹簧
— , **bolster** 承樑弹簧
— , **bottom** 底簧
— , **brake** 閘簧
— , **brake band anchor clip** 閘带紧夾弹簧
— , **brake block** 閘瓦弹簧
— , **brake chamber push rod** 閘室推杆弹簧

spring, brake head adjusting 閘瓦托調整簧
—, brake hose suspension 閘軟管悬簧
—, brake pedal retracting 閘踏板拉簧
—, brake retracting 閘拉簧
—, brake rod 閘杆弹簧
—, brake shoe 閘瓦弹簧
—, brake shoe adjusting cam 閘瓦調整凸輪弹簧
—, brake shoe adjusting pin 閘瓦調整銷弹簧
—, brake shoe guide 閘瓦导簧
—, brake shoe pull 閘瓦拉簧
—, brake shoe return 閘瓦复位弹簧
—, breaker 断閉器弹簧
—, breaker arm 断閉器臂弹簧
—, brush 电刷弹簧
—, brush-holder 刷柄簧
—, bucket disc 斗盘簧
—, buffer 緩冲弹簧
—, button head 鈕头弹簧
—, by-pass valve 旁通閥簧
—, cantilever (cantalever) 悬臂弹簧
—, car 車弹簧
—, carriage 車架弹簧
—, catch 档簧
—, chassis 底盘弹簧
—, check valve 止回閥弹簧
—, check valve ball 止回閥球弹簧
—, check valve lever 止回閥杆弹簧
—, choke valve 阻气閥弹簧
—, clutch 离合器弹簧
—, clutch diaphragm 离合器隔膜弹簧
—, clutch disengaging 离合器分离弹簧
—, clutch disk torsion 离合器盘扭轉弹簧
—, clutch foot lever 离合器脚踏杆弹簧
—, clutch pedal retracting 离合器踏板拉簧
—, clutch pedal return 离合器踏板复位簧
—, clutch pressure 离合器压力弹簧
—, clutch pressure plate retracting 离合器压板拉簧
—, clutch release 离合器放松弹簧
—, clutch release bearing 离合器放松軸承簧
—, clutch release lever 离合器放松桿弹簧
—, clutch release yoke ball stud 离合器放松軛球头螺柱弹簧
—, cock 旋塞弹簧
—, coil(ed) 盘簧
—, compensating 同 spring, balance
—, compound 复式弹簧
—, compression 同 spring, pressure
—, conical 錐形盘簧
—, conical spiral valve 錐形螺旋閥簧
—, connection bolt 連接螺栓弹簧
—, contact 接触弹簧
—, control valve 控制閥簧

spring, controlling 控制弹簧
—, conveyer pawl 輸送机爪簧
—, counter 同 spring, counter balance
—, counter balance 抵衡弹簧
—, cowl lamp socket 罩灯座簧
—, cross 横弹簧
—, current regulator armature 电流調节器电轉子弹簧
—, cushion 座墊弹簧
—, cutout relay armature 断流継电器电轉子弹簧
—, cylindrical 圓柱弹簧
—, cylindrical spiral 圓柱形螺旋簧
—, delivery valve 輸送閥簧
—, diaphragm 隔膜簧
—, diaphragm valve 隔膜閥簧
—, disk 盘簧
—, discharge valve 放出閥簧
—, disengaging 分离弹簧
—, distributor breaker arm 配电器断閉器臂弹簧
—, distributor cap clamp 配电器盖鈎弹簧
—, distributor cap contact 配电器盖接触弹簧
—, distributor governor control 配电器調节器控制弹簧
—, distributor vacuum brakc 分配器眞空閘弹簧
—, double 同 spring, double plate
—, double elliptic 双椭圓弹簧
—, double plate 双叠板簧
—, draft 牵引簧
—, drag 牵簧
—, drag link ball 牵杆弹簧
—, drain valve 放洩閥簧
—, draw 同 spring, drag
—, drive 主动弹簧
—, driver 传动輪弹簧
—, driving 同 spring, drive
—, eight leaves 八叶弹簧
—, electric horn 电喇叭弹簧
—, elevator pawl 升降机爪簧
—, elliptic(al) 椭圓形弹簧
—, emergency brake lever 紧急閘桿弹簧
—, engine stabilizer 发动机稳定器弹簧
—, engine support 发动机支架弹簧
—, equalizer 平衡器弹簧
—, equalizing 同 spring, balance
—, equalizing buffer 均衡緩冲弹簧
—, exhaust valve 排气閥簧
—, expansion 膨脹弹簧
—, extend working 同 spring, draw
—, extension 同 spring, drag
—, extra heavy 特重弹簧
—, fan clutch 风扇离合弹簧
—, feeder ratchet ball 进給器棘輪球簧
—, feeder shaft brake shoe 进給器軸閘瓦簧
—, flat 扁簧
—, float lever 浮筒桿簧
—, float check 浮筒止回簧
—, floating cantilever 浮臂弹簧

spring for governor 調节器弹簧
— for grip chuck 套爪夾头弹簧
— for watch 鐘表发条
—, front 前弹簧
—, front fork 前叉形弹簧
—, fuel filter 燃料油濾器弹簧
—, fuel needle valve 燃料油針閥弹簧
—, fuel pump diaphragm 燃料泵隔膜弹簧
—, fuel pump priming lever 燃料泵初給杆弹簧
—, fuel pump rocker arm 燃料泵搖臂弹簧
—, fuel pump valve 燃料泵閥簧
—, full elliptic 同 spring, elliptic
—, gas valve 煤气閥簧
—, gear shift lever 变速杆弹簧
—, gear shift reverse latch 变速回动閂弹簧
—, gear shift rod lock ball 变速杆鎖球弹簧
—, gear shift shaft 变速桿弹簧
—, generator brush 发动机电刷弹簧
—, governor 調节器弹簧
—, governor high limit 調节器高速限制弹簧
—, governor idling 調节器空轉弹簧
—, governor valve 調节器閥簧
—, graduating 节制弹簧
—, graduating valve 递开閥簧
—, hair 細弹簧,游絲
—, half elliptic 半橢圓形弹簧
—, half polished 半拋光弹簧
—, hand brake adjusting bolt 手閘調准螺栓簧
—, hand brake band anchor clip 手閘帯碇夾弹簧
—, hand brake compression 手閘压縮弹簧
—, hand brake lever grip 手閘杆握柄弹簧
—, hand brake lever operating 手閘杆操作弹簧
—, hand brake lever pawl 手閘杆爪弹簧
—, hand brake lever operating 手閘杆回縮弹簧
—, hand brake release 手閘放松弹簧
—, hand control graduating 手控制递开弹簧
—, hand oiler 手注油器簧
—, heavy duty 重載弹簧
—, helical 同 spring, coil
—, hoist cylinder piston 起重机缸活塞簧
—, hood lock handle 机罩鎖把弹簧
—, horizontal 水平簧
—, horn push button 喇叭撳鈕弹簧
—, hydraulic cylinder return 液压缸回动弹簧
—, hydraulic relay valve diaphragm 液压式継动閥隔膜弹簧
—, hydraulic relay valve return 液压式継动閥回动弹簧

spring, idle adjusting screw 空轉調整螺釘弹簧
—, **idler** 空轉輪弹簧
—, **inclined** 斜簧
—, **india rubber** 橡胶簧
—, **indicator** 示功器弹簧
—, **inlet valve** 进給閥簧
—, **inner** 內弹簧
—, **insulated** 絶緣弹簧
—, **interrupting** 断續弹簧
—, **journal box** 軸頸箱弹簧
—, **journal box lid** 軸頸箱盖簧
—, **kickstarter** 足蹬起动器弹簧
—, **knuckle flange felt** 关节凸緣毡弹簧
—, **laminated** 同 spring, laminated leaf
—, **laminated leaf** 叠板簧
—, **lamp socket** 灯座弹簧
—, **latch** 閂簧
—, **leaf** 片〔弹〕簧
—, **lens retainer** 透鏡护圈簧
—, **limiting valve** 限制閥簧
—, **little** 小弹簧
—, **loaded** 負載簧
—, **lock(ing)** 鎖簧
—, **locomotive** 机車弹簧
—, **longitudinal** 縱弹簧
—, **magneto gear** 磁电机齿輪弹簧
—, **main** 主弹簧
—, **main nozzle retainer** 主噴嘴扣紧簧
—, **main valve** 主閥簧
—, **master cylinder piston return** 主缸活塞回动簧
—, **master cylinder valve** 主缸閥簧
—, **metering rod** 量油杆弹簧
—, **multiple** 复式弹簧
—, **multiple leaf** 多片簧
—, **needle** 針弹簧
—, **needle valve** 針閥簧
—, **nut lock** 鎖紧螺母簧
— **of adjuster** 調整器弹簧
— **of carriage** 車架弹簧
— **of curve** 曲綫起点
— **of locomotive** 同 spring, locomotive
—, **oil cup cover** 油盃盖簧
—, **oil filter cartridge** 濾油器心子弹簧
—, **oil filter cover** 濾油器盖弹簧
—, **oil pressure relief valve** 油压安全閥簧
—, **oil pump** 油泵簧
—, **oil pump relief valve** 油泵安全閥簧
—, **oil pump retaining** 油泵扣紧簧
—, **operating valve** 操作閥簧
—, **oval section volute** 橢圓錐形螺簧
—, **overdrive clutch pawl return** 超速离合器爪回动弹簧
—, **overhang** 外伸弹簧
—, **overload** 过載弹簧
—, **overslung** 軸上弹簧
—, **packing** 塡密簧
—, **packing gland lock** 塡密函盖鎖簧
—, **packing retainer** 塡密函盖弹簧
—, **pawl** 爪簧

spring, pawl operating 棘爪操作簧
—, pedal pull back 踏板拉后弹簧
—, pedal return 踏板回动弹簧
—, pedal rod return 踏板桿回动弹簧
—, pintle 扣釘弹簧
—, piston 活塞弹簧
—, piston governor valve retaining 活塞調节閥扣紧簧
—, plate 板簧
—, plate form 同 spring, plate
—, platform 平台弹簧
—, plunger 柱塞簧
—, plunger control 柱塞控制簧
—, plunger return 柱塞回动弹簧
—, pole 桿簧
—, polished 抛光簧
—, post 桿簧
—, power take-off shifter ball 脫力移〔动〕球簧
—, press working 冲压弹簧
—, pressure 压力弹簧
—, pressure adjusting 压力調整弹簧
—, pressure button 压鈕簧
—, propeller shaft compensating 螺旋桨軸补整弹簧
—, propeller shaft thrust 螺旋桨軸推力弹簧
—, pull back 拉回弹簧
—, pull rod 拉杆弹簧
—, pump 泵簧
—, pump check 泵止回簧
—, pump valve pressing 泵閥压紧簧
—, quarter elliptic 四分之一椭圓形弹簧
—, quick action valve 速动閥簧
—, quick release valve 快放閥弹簧
—, radiator mounting 散热器座弹簧
—, rear 后弹簧
—, rear axle 后軸弹簧
—, recoil check 后座弹簧，复位弹簧
—, rectangular section volute 方体錐形螺簧
—, regulating 調整弹簧
—, regulating valve 調整閥簧
—, relay valve diaphragm 継动閥隔膜簧
—, relay valve supply valve 継动閥供給閥簧
—, release 放松弹簧
—, release valve 放洩閥簧
—, relief 保险弹簧
—, relief valve 安全閥簧
—, retaining 扣紧簧
—, retracting 同 spring, return
—, return 回动弹簧
—, return valve 回动閥簧
—, reverse 同 spring, return
—, reverse cylinder valve 汽缸回动閥弹簧
—, reverse lever 回动杆簧
—, reverse lever catch 回动杆接档簧
—, reverse lever latch 回动杆閂簧

spring, reverse shaft counter balance 回动軸抵衡簧
—, reversing screw latch 回动螺旋閂簧
—, ring 环簧
—, rocker arm 摇臂簧
—, rocker arm plunger 摇臂柱塞簧
—, rotary valve 迴轉閥簧
—, round bar spiral 圓条螺簧
—, S-shaped S形弹簧
—, saddle 鞍座弹簧
—, safety reverse lever 安全回动杆簧
—, safety valve 安全閥簧
—, seat 座弹簧
—, seat cushion 座垫弹簧
—, secative 扁条双錐弹簧
—, semi-cantilever 半悬臂弹簧
—, semi-elliptic truck 半椭圓車架弹簧
—, semi-elliptical 同 spring, half elliptic
—, shifter shaft lock ball 移动軸鎖球弹簧
—, shifting lever 移动杆弹簧
—, shock absorber intake valve 减震器进給閥弹簧
—, shock absorber recoil valve 减震器反冲閥弹簧
—, side-car leaf 边車叠片弹簧
—, slack adjuster worm plunger 减速調整器蝸杆柱塞弹簧
—, slide valve 滑閥弹簧
—, sliding 滑簧
—, soft 軟簧
—, spare 备用弹簧
—, spider 十字形弹簧
—, spiral 同 spring coil
—, spiral power 发条
—, spiral press working 螺旋冲压弹簧
—, spray valve 噴霧閥簧
—, square bar spiral 方条螺簧
—, square spiral 同 spring, square bar spiral
—, starter 起动机弹簧
—, starter brush 起动机电刷簧
—, starter clutch 起动机离合弹簧
—, starter motor drive 起动馬达传动簧
—, starter shift 起动机移动叉弹簧
—, steel 鋼簧
—, steel spiral 鋼螺簧
—, step up piston 加力活塞弹簧
—, stop 止动弹簧
—, stuffing box packing retainer 填密函扣紧簧
—, suction and discharge valve 吸水与放洩閥簧
—, suction valve 吸入閥簧
—, supply valve 供給閥簧
—, support(ing) 同 spring, bearing
—, suspended 悬簧
—, tail skid 尾撬悬簧
—, tempered 回火簧
—, tension 同 sping, drag
—, three quarter elliptic

四分之三椭圓形弹簧
spring, throttle control bell crank 风門控制直角槓杆弹簧
—, throttle lover latch 节流杆閂弹簧
—, tickler 推針弹簧
—, tie rod end ball 系杆端球簧
— to break 断电弹簧
— to pull off 反拉簧
—, top 上端簧
—, torsion(al) 扭轉簧
—, torsion rod 受扭桿簧
—, trailing truck 后車架弹簧
—, transfer case mounting 分动箱座弹簧
—, transverse 橫弹簧
—, triangular 三角簧
—, truck 車架弹簧
—, truck bearing 車架軸承簧
—, tube 管簧
—, tubular 同 spring, tube
—, turn working 同 spring, torsion
—, two-speed adapter diaphragm 双速接头隔膜弹簧
—, underhung 同 spring, suspended
—, underslung 軸下悬簧
—, vacuum cylinder piston 眞空缸活塞弹簧
—, valve 閥簧
—, valve inner 閥內簧
—, valve lifter 起閥弹簧
—, valve outer 閥外簧
—, valve rocker arm 閥搖臂弹簧
—, valve rocker arm shaft 閥搖臂軸弹簧
—, vent valve 通风閥簧
—, ventilator valve 同 spring, vent valve
—, vibrating 振动弹簧
—, voltage regulator armature 电压調节器电轉子弹簧
—, volute 錐形簧
—, wagon 貨車弹簧
—, warning valve 警告閥簧
—, water pump impeller 水泵叶輪弹簧
—, water pump packing 水泵填密弹簧
—, water pump seal thrust 水泵封圈推力弹簧
—, wheel cylinder piston cup 輪閘儲气筒活塞皮碗弹簧
—, winch brake band 絞車閘带弹簧
—, window 窗帘弹簧
— with semi-rigid suspension 半定悬簧
springing 1.弹动；2.弹性装置
— of the axle 車軸弹性装置
—, oleo tail 尾撬油压弹性装置
—, tail skid 尾撬弹性装置
—, undercarriage 起落架弹性装置
sprinkle 1.洒器；2.洒
sprinkler 洒水器
—, automatic 自动洒水器
—, coal 煤洒水器
—, road 洒水車
—, street 同 sprinkler, road
sprinkling 撒佈
sprocket 鏈輪
—, cam shaft 凸輪軸鏈輪
—, clutch 离合器鏈輪

sprocket, counter shaft 副軸鏈輪
—, **crank shaft** 曲軸鏈輪
—, **drive** 主动鏈輪
—, **driven** 从动鏈輪
—, **feeder** 进給器鏈輪
—, **motor** 电动机鏈輪
—, **winch chain and** 鉸車鏈及鏈輪
spruce 樅{植物}
—, **Douglas** 洋松
—, **silver** 銀樅{植物}
sprue 澆口
spur, non-slipping 同 block, non-slipping
square 1.正方形; 2.平方; 3.直角尺
—, **adjustable angle** 活动角尺
—, **angle** 角尺
—, **back** 定綫器(測量用)
—, **beam** 横樑角尺
—, **bevel** 斜角規
—, **caliber** 測径尺
—, **carpentor's** 木工角尺
—, **center** 中心角尺
—, **combination** 組合角尺
—, **fitter** 装配工角尺
—, **least** 最小二乘方{数}
—, **machinist's** 机工角尺
—, **miter** 斜角尺
—, **normal** 矩規
—, **protractor set** 分度三角板
—, **rail** 軌道角尺
—, **set** 三角板
—, **steel** 鋼角尺
—, **tee** 同 T-square
—, **trial** 驗方角尺
—, **triangular set** 同 square, set
—, **try** 同 square, trial
squareness 垂直度
squaring 刨方
squeezer 同 machine, squeezer
—, **alligator** 同 alligator 2.
—, **crocodile** 同 alligator 2.
—, **hand** 人力压榨机
—, **jolt ramming** 冲击机
—, **power** 机力压榨机
stability 稳定〔性〕
—, **asymmetric** 不对称稳定性
—, **automatic** 自动稳定性
—, **automatic lateral** 自动横向稳定性
—, **automatic longitudinal** 自动縱向稳定性
—, **directional** 方向稳定性
—, **dynamic(al)** 动力稳定性
—, **flame** 火焰稳定性
—, **free control** 放手稳定性
—, **inherent** 固有稳定性
—, **initial** 初稳定性
—, **lateral** 横向稳定性
—, **longitudinal** 縱向稳定性
—, **natural** 同 stability, inherent
—, **negative** 負稳定性
—, **negative water** 負水上稳定性
—, **neutral** 中性稳定性
—, **of crane** 起重机稳定性
—, **over** 过稳定
—, **pendulum** 悬摆稳定性
—, **positive water** 正水上稳定性
—, **relative** 相对稳定性
—, **speed** 速度稳定性
—, **static(al)** 静力稳定性
—, **static longitudinal** 縱向靜

力稳定性 「定性
stability, symmetric(al) 对称稳
—, transverse 同 stability, lateral 「性
—, true inherent 眞固有稳定
—, tyre 輪胎稳定性
—, water 水上稳定性
—, weather cock 风标稳定性
stabilizator 同 stabilizer
—, horizontal 水平稳定面
stabilizer 1. 稳定器；2. 横尾翅（飞机的）；3. 稳定剂
—, adjustable 可調整稳定面
—, aerostat 浮空器稳定面
—, automatic 自动稳定器
—, gyroscopic 迴轉稳定器
—, horizontal 水平稳定面（飞机的）
—, hydraulic 水力稳定器
—, inertia 慣性稳定器
—, mechanical 机械稳定器
—, negative 負稳定面（飞机的）
—, pendulum 悬摆稳定器
—, stub wing 附根翼稳定器
—, vertical 垂直稳定面
stable 稳定的
stack 1.烟囱；2.〔高炉的〕炉身
—, chimney 同 chimney
—, exhaust 排气器
— of water tubes 水管联管箱
—, smoke 同 chimney
staff brake 閘螺杆
—, offset 偏置杆
—, proof 金屬直規
—, technical 技术人員
—, train 路签(鉄道的)
stage 1.台;2.級;3.期
—, boiling 沸騰期
—, Curtis 寇的司級
—, melting 熔解期
—, multiple 多級式
—, multi-pressure 多压級
—, multi-velocity 多速級
—, pressure 压力分級法
—, pressure and velocity 压力速度联合分級法
—, Rateau 拉托級
—, reaction 反应期
—, single 单級
—, single pressure 单压級
—, single velocity 单速級
—, two 双級
—, velocity 速度分級
stagger 斜罩
—, back 后向斜罩
—, backward 同 stagger, back
—, forward 前向斜罩
—, front 同 stagger, forward
—, negative 負斜罩
—, positive 正斜罩
—, zero 无斜罩
staggered 交錯的
staging 1.构架;2.分級法
stagnation 滯流
stainless 不銹
stairway, travelling 移动梯
stake 1.标樁;2.同 stake, anvil
—, anvil 樁砧
—, hatchet 曲鉄桩砧
—, rack 栏栅桿
—, round head 1.圓头樁；2.圓头砧
staking 打标樁
stalk, crane 起重机柱
stall 1.失速;2.矿坑;3.敞式矿

砂焙燒炉
stall, circular 圓形矿坑
—, closed 閉式矿坑
—, conical 錐形矿坑
—, open 敞式矿砂焙燒炉
stalled 失速的
stalling 失速
—, wing tip 翼梢失速
stamp 1.压印；2.搗矿鎚
—, atmospheric 气鎚
—, board drop 同 hammer, board drop
—, drop 同 hammer, drop
—, flexible belt drop 皮带落鎚
—, number revolving 数字迴轉打印机
stamping 鎚击
—, armature 电枢塡板
—, drop hammer 落鎚鎚击法
stanchion 支柱
stand 座,台,架
—, anvil 同 bed, anvil
—, assembling 装合座
—, axle assembling 車軸装合座
—, balancing 平衡架
—, bearing 軸承台
—, bell 警鐘座
—, cycle 脚踏車架
—, dial gage 指度表架
—, engine 发动机台
—, floor 地軸架
—, gage 表座，規座
—, head light casing 头灯壳座
—, lever 同 stand, switch
—, lubricator 潤滑器座
—, micrometer 1. 測微計座；2.千分尺座
—, nozzle testing 噴嘴試驗器
—, planer and 鉋床及床架
—, radiator 散热器架
—, reaming 扩孔架
—, rear and front axle 前后車軸架
—, roll 同 standard, roller
—, roller 同 standard, roller
—, seat 座台
—, service 工作梯
—, sliding 滑动台
—, steam gage 同 plate, steam gage
—, supporting 支架
—, switch 轉轍机
—, test 試驗台
—, wheel 磨輪架
—, whirling 迴轉架
—, working 同 stand, service
standard 1.标准；2.机架
—, air 空气标准
—, boring machine 同 column, boring machine
—, C-form C形机架
—, cast teeth 铸齿标准
—, cold air 冷空气标准
—, contact 接触架
—, drilling 同 column, drilling machine
—, end 頂端标准
—, hammer 同 frame, hammer
—, hot air 热空气标准
—, ideal air 理想空气标准
—, line 綫标准
—, national 国家标准

standard, real mixture 实际混合气标准
—, roller 滚柱架
—, secondary 副标准
—, supporting 同 stand, supporting
—, taper pin 斜銷标准
—, United States 美国标准
—, Whitworth 惠氏标准
— with cranked bent 同 column with cranked head
— with cranked head 同 column with cranked head
— with over-hanging arm 悬伸臂机架
standardization 标准化
stander 机架
staple 肘釘
star, signal 信号星
starboard 右舷
starboard, bow 船头右舷
start 开动
starter 起动机
—, acetylene 乙炔起动机
—, air 空气起动机
—, automatic 自动起动机
—, automobile 汽車起动机
—, aviation 航空起动机
—, cartridge 弹葯式起动机
—, compressed-air 压縮空气起动机
—, direct cranking 同 crank, starting
—, electric(al) 电力起动机
—, electric inertia 电动慣性起动机
—, engine 发动机起动机
—, foot 脚踏起动机
—, gas 煤气起动机
—, ground 地上起动机
—, hand 手摇起动机
—, hand drive 同 starter, hand
—, hand inertia 手搖慣性起动机
—, impulse 冲击起动机
—, inertia 慣性起动机
—, kick 反冲式起动机
—, mechanical 机力起动机
—, mechanical self 机力自动起动机
—, motor 电动起动机
—, portable 輕便起动机
—, self 同 starter, automatic
starting 起动
—, air 空气起动
— by means of compressed air 压縮空气起动
—, cold 冷起动
—, hand 手搖起动
—, self 自动起动
state 状态
—, critical 临界状态
—, equilibrium 平衡状态
—, equivalent 相当状态
—, final 終态
—, gaseous 气态
—, initial 初态
—, liquid 液态
—, metastable 亚稳状态
—, normal 正常状态
— of aggregation 聚集状态
—, plastic 塑性状态
—, solid 固态
—, standard 标准状态
—, steady 稳恆状态
—, thermal 热态

state, unstable 不稳定状态
—, zero 零态
static(al) 静力的
statics 静力学
—, analytical 解析静力学
—, graphic(al) 图解力学
station 站,厂
—, air 航空站
—, air pump 气泵站
—, airship 飞艇站
—, automobile service 汽車服务站
—, block 閉塞操縱室
—, central 总站,总厂
—, charging 充电站
—, electric power 电力站,变电所
—, filling 加油站
—, generating 发电厂,发电站
—, hydraulic central 水电总站
—, isolated 独立站
—, mobile 活动站
—, power 1. 动力厂; 2. 同 station, generating
—, principal 同 station, central
—, pumping 抽水厂, 抽水站
—, radio 无綫电台
stationary 固定的
stator 〔固〕定子
—, uniformly slotted 等槽定子
statoscope 微动气压計
—, bubble 气泡微动气压計
stave, stud 标樁
stay 1.撐条; 2.拉条
—, angle 角鉄撐条
—, angle iron 同stay, angle
—, back 背撐(机車鍋炉的)
—, belly 腹撐(机車鍋炉的)
—, boiler 鍋炉撐条
—, buffer 緩冲桿
—, chain 鏈拉条
—, cord 繩拉条
—, cross 横撐条
—, crown 頂撐
—, crown sling 頂板吊撐
—, diagonal 斜撐条
—, fire box cross 火箱横撐条
—, fixed 固定撐条
—, flexible 撓性撐条
—, fork 叉形撐条
—, girder 桁撐
—, gusset 角板撐条
—, jack 同: jackstay
—, longitudinal 縱撐
—, longitudinal crown 縱頂撐
—, longitudinal roof 同 stay, longitudinal crown
—, mudguard 挡泥板撐条
— of arm 臂撐
—, palm 掌形撐(机車鍋炉的)
—, radial 輻射撐条
—, roof bar 頂桿撐
—, screwed 螺旋撐条
—, seat 座撐
—, side 側撐
—, sling 吊撐
—, spring 弹簧撐条
—, throat 喉撐(机車鍋炉的)
—, torque 轉矩撐条
—, transverse 同 stay, cross
—, transverse crown 同bar, transverse crown
—, transverse roof 同 bar, transverse crown

stay, travelling同rest, follower
stay-bolt 同 bolt, stay
staybolt, expansion 伸縮撑条螺栓
staying, 撑
—, **crown bar** 頂杆撑法
—, **roof bar** 同 staying, crown bar
steady 稳定
steam 蒸汽
—, **condensed** 凝結蒸汽
—, **cushion** 垫汽
—, **dry** 干蒸汽
—, **dry saturated** 干飽和蒸汽
—, **exhaust** 排汽
—, **high** 同 steam, high pressure
—, **high pressure** 高压蒸汽
—, **live** 新汽
—, **low pressure** 低压蒸汽
—, **main** 主要蒸汽
—, **process** 制造蒸汽
—, **reheat** 蒸气再热
—, **saturated** 飽和蒸汽
—, **sealing** 封汽
—, **supercooled** 过冷蒸汽
—, **superheated** 过热蒸汽
—, **supersaturated** 过飽和蒸汽
—, **undercooled** 同 steam, supercooled
—, **unsaturated** 未飽和蒸汽
—, **waste** 废汽
—, **wet** 湿蒸汽
steam-coal 同 coal, short flame
steamer 汽船
—, **locomotive** 机車汽船
—, **merchant** 商船
—, **paddle** 明輪汽船
steel 鋼
—, **acid** 酸性鋼
—, **air hardening** 气冷硬化鋼
—, **all** 全鋼
—, **alloy** 合金鋼
—, **aluminum** 鋁鋼
—, **aluminum chromium** 鋁鉻鋼
—, **angle** 角鋼
—, **annealed** 退火鋼
—, **austenitic** 奧氏体鋼
—, **basic** 碱性鋼
—, **Bessemer** 同 steel, acid
—, **billet** 坯段鋼
—, **blister** 泡面鋼
—, **bridge** 桥用鋼
—, **burnt** 燒鋼
—, **carbon** 碳鋼
—, **case hardened** 滲碳鋼,表面硬化鋼
—, **cast** 鑄鋼
—, **cement(ed)** 同 steel, case hardened
—, **cemented templet** 滲碳样板鋼
—, **channel** 槽形鋼
—, **channel section** 同 steel, channel
—, **chilled** 冷鋼
—, **chrome** 鉻鋼
—, **chrome molybdenum** 鉻鉬鋼{冶}
—, **chrome-nickel** 鉻鎳鋼{冶}
—, **chrome-silican** 鉻硅鋼{冶}
—, **chrome-tungsten** 鉻鎢鋼{冶}
—, **chrome-vanadium** 鉻釩鋼{冶}

steel, chromium 銘鋼
—, **cold drawn** 冷拉鋼
—, **cold pressed** 冷压鋼
—, **cold rolled** 冷軋鋼
—, **cold working** 冷作鋼
—, **complex** 多元鋼
—, **compressed** 压鋼
—, **construction** 构造鋼
—, **copper** 銅鋼
—, **corrosion resistant** 抗蝕鋼
—, **crucible** 坩堝鋼
—, **drawn** 拉制鋼
—, **electric** 电鋼
—, **ferritic** 弗来体鋼
—, **ferro-vanadium** 釩鋼〔冶〕
—, **file** 銼刀鋼
—, **flange** 凸緣鋼
—, **flat** 扁鋼
—, **flat spring** 扁簧鋼
—, **forged** 鍛鋼
—, **free cutting** 自由切削鋼
—, **H-beam** H形樑鋼
—, **hard** 硬鋼
—, **hardened** 硬化鋼
—, **heat resisting** 耐热鋼
—, **heat resisting alloy** 耐热合金鋼
—, **high** 同 steel, high carbon
—, **high carbon** 高碳鋼
—, **high speed** 高速鋼，风鋼
—, **high speed tool** 高速工具鋼
—, **homogeneous** 均質鋼
—, **hot-rolled** 热軋鋼
—, **ingot** 錠鋼
—, **joist** 樑鋼
—, **low carbon** 低碳鋼
—, **low machinability** 难加工鋼
—, **machine** 机器鋼
—, **magnetic** 磁性鋼
—, **manganese** 錳鋼
—, **martensitic** 馬丁散体鋼
—, **medium** 1. 同 steel, medium carbon; 2. 同 steel, medium hard
—, **medium carbon** 中碳鋼
—, **medium hard** 中硬鋼
—, **mild** 軟鋼，低碳鋼
—, **molybdenum** 鉬鋼
—, **molybdenum-chrome alloy** 鉬銘合金鋼
—, **nickel** 鎳鋼
—, **nickel chrome** 鎳銘鋼
—, **nitralloy** 可氮化鋼
—, **nondeforming** 不变形鋼
—, **non-rust** 不銹鋼
—, **oil hardened** 油淬硬鋼
—, **open-hearth** 平炉鋼
—, **pressed** 压制鋼
—, **puddled** 攪炼鋼
—, **quarternary** 四元鋼
—, **quenched** 淬硬鋼
—, **rapid** 同 steel, high speed
—, **refined** 精炼鋼
—, **rivet** 鉚釘鋼
—, **rolled** 軋制鋼
—, **round** 圓鋼
—, **rustless** 同 steel, non-rust
—, **self-hardening** 自硬鋼
—, **shear** 剪鋼
—, **Siemens-Martin** 同 steel, open hearth
—, **silchrome** 硅銘鋼
—, **silicon** 硅鋼
—, **silicon-manganese** 硅錳鋼
—, **soft** 同 steel, mild

steel, special alloy 特种合金鋼
—, spring 弹簧鋼
—, square 方鋼
—, square spring 方弹簧鋼
—, stainless 同 steel, non-rust
—, stainless clad 不銹包鋼
—, strip 带鋼
—, structural 結构鋼
—, substitute high speed 代用高速鋼
—, supercarbon 超碳鋼
—, tee 丁字鋼
—, tempered 回火鋼
—, tempering 回火鋼
—, ternary 三元鋼
—, Thomas 同 steel, basic
—, tool 工具鋼
—, tungsten 鎢鋼
— tungsten chrome 鎢鉻鋼
—, vanadium 釩鋼
—, weld(ing) 焊鋼
—, wolfram 同 steel, tungsten
—, wrought 熟鋼
steel-clad 同 clad, steel
steelyard 杆秤
steerability 可駕駛性
steering 操縱方向,轉向
—, pivot 支枢轉向
—, right hand 右座轉向
stellite 鎢鉻鈷合金{冶}
stem 杆,柄
—, air cylinder valve 气筒閥杆
—, air valve 气閥杆
—, application graduating 递开操縱杆
—, calibrating 校准杆
—, check valve 止回閥杆
—, cock 塞杆
—, cylinder cock 气缸旋塞杆
—, drain 放洩杆
—, feed 进給杆
—, feed valve 进給閥杆
—, glass 玻璃杆
—, graduating 递开杆
—, guide 导杆
—, lifting 提杆
—, lower diaphragm plate and valve 下部隔膜板及閥杆
—, main valve 主閥杆
—, oil cut-off valve 給油停閉閥杆
—, piston valve 活塞閥杆
—, regulating 調节杆
—, regulating valve 調节閥杆
—, release valve 放松閥杆
—, reverse cylinder valve 回动閥杆
—, reverse lever latch spring 回动桿閂弹簧杆
—, sand valve 砂閥杆
—, steam valve 汽閥杆
—, tappet 同 rod, push
—, throttle 节流杆
—, valve 閥杆
—, vent 孔杆
—, waste cock 排洩旋塞杆
—, water valve 水閥杆
stencil 鏤花模板{印}
step 1.踏板;2.級;3.軸瓦
—, back-current 同 step, counter
—, box 車梯
—, brake 閘踏板
—, counter 逆流級{电}
—, crank pin 曲柄銷軸瓦
—, engine 車阶

step, foot 脚蹬
—, head light 头灯级
—, lower pilot 下排障器踏阶
—, pilot 排障器踏阶
—, resistance 电阻级
—, running 起动级
—, sand box 砂箱阶
—, second 第二级
—, short circuit 短路级{电}
—, shunt 分流级
—, tender foot 煤水车踏阶
—, tender side 煤水车侧阶
—, transition 变级
stern 1.船尾；2.尾部
sternpost 船尾柱
stick 棒，杆
—, bolt 塞口棒
—, control 控制杆
—, dead 死杆
—, dip 量油杆
—, draw 起模棒
—, emery 砂条
—, hanging 悬杆
—, joy 同 stick, control
—, marine gear dip 船齿轮量油杆
—, oil gage 同 stick, dip
sticking 胶着，滞着
—, sand 砂疤
—, valve 阀胶着
stiffener 支肋，加强板
—, bottom 底面支肋
—, bow 艇头加强板
—, nose 同 stiffener, bow
—, side 侧面加强板
stiffness 同 rigidity
— of rope 绳的刚性
sting 架针
stirrer 搅拌器
—, elevator 升降机搅动器
—, sand 搅砂器
—, spring 同 band, spring
stitcher 钉书机
—, corrugated 曲缝针
—, tyre repair 补胎缝针
stitching 钉合法
stock 1.台，座；2.鉆柄；3.备料；4.成品库
—, adjustable head 活动机头座
—, anvil's 同 bed, anvil
—, bit 鉆柄
—, double gear head 双套齿轮床头
—, fast head 固定床头
—, fixed head 同 stock, fast head
—, flat 扁形工作物
—, foot 顶座
— for die 螺絲钢板手把
—, gear head 齿轮箱床头
—, grinding machine head 磨床头
—, head 1. 车床〔的〕头〔座〕；2. 机头座
—, loose head 同 head, puppet
—, mandrel 同 stock, head 1.
—, movable head 活配鏇床头
—, plane 鉋床架
—, poppet head 同 head, puppet
—, power tail 动力顶尖座
—, rolling 1.轨上运输工具；2.轧制材料
—, screw 同 stock for die
—, sliding head 同 carriage,

sliding
stock spindle head 同 stock, head 1.
—, tail 同 block, foot
— with claw coupling, head 爪形离合軸床头
— with dog clutch 同 stoch with claw coupling, head
— with pin coupling, head 銷接軸床头
stoichiometric 化学当量的
stokehold 鍋炉艙
stoker 1.加煤机；2.燒火工人
—, automatic 自动加煤机
—, chain grate 鏈炉篦加煤机
—, duplex mechanical 双机力加煤机
—, Elving mechanical 爱氏机动
—, hand 手力加煤机
—, mechanical 机力加煤机
—, over feed 火上加煤机
—, under feed 火下加煤机
stoking 添煤
—, mechanical 机力加煤
stone 石
—, argillaceous sand 泥砂石
—, coarse grained 粗磨石
—, emery 金鋼砂石
—, emery grinding 金鋼砂磨石
—, fine grained grinding 細磨石
—, flat oil 扁油石
—, grinder's oil 同 stone, oil
—, grinding 磨石
—, half round oil 半圓油石
—, hard grinding 硬磨石
—, iron 鉄矿〔矿〕
—, Kansas (Arkansas stone) 康塞斯石(产在美国康塞斯城的一种細油石)
—, lime 同 limestone
—, magnesia 鎂氧石〔矿〕
—, medium grained grinding 中粗磨石
—, oil 油石
—, rag 1. 綴石；2. 粗砂岩{地質}
—, rough grinding 同 stone, coarse grained
—, round oil 圓油石
—, sand 砂石
—, siliceous sand 玻璃砂
—, soft grinding 軟磨石
—, square oil 方油石
—, three square oil 三角油石
—, turkey 土耳其石,磨石
—, whet 油石
stool 踏脚凳
stop 1.停止器；2.停止
—, adjustable 調整止块
—, automatic 自停装置
—, brake lever 閘槓导板
—, buffer 止冲器
—, clamping ring 止动夾环
—, claw 止爪
—, counter 触止
—, dead 完全停止
—, depth 限深規(工具上的)
—, equal 对称触止
—, feed 进給停止器
—, feeder ratchet 进給器的棘輪停止器
—, finger 指触止
—, fuel 燃料停止器
—, full 同 stop, dead

stop, hand brake lever operating 手閘杆操作止点
—, inner hand wheel 內手輪止杆
—, iron bench 木工台档夹
—, key 鍵止杆
—, master cylinder piston 主缸活塞停止器
—, outer hand wheel 外手輪止杆
—, pedal 踏板停止器
—, piston 活塞止杆
—, positive 承停止档
—, radiator leak 散热器防漏剂
—, return spring 回动簧止杆
—, reverse 回动止杆
—, rubber 橡皮触止
—, star 星形触止
—, star shaped 同 stop, star
—, stirrup 触止鐙
—, swing 轉动定位器
—, tank cock 柜塞触止
—, tank valve handle 柜閥手柄触止
—, thread 車螺紋停止器
—, thread cutting 同 stop, thread
—, unequal 不对称触止
—, water check 水道堵
stoppage, automatic 自停
stopper, 1.停止器；2.塞
—, tube 管塞
stopping, self 自停
storage, electrode 杆条庫
—, petrol 汽油庫
store 庫房
stove 暖炉
—, air 暖气炉
—, annealing 回火炉
—, core drying 型心烘炉
—, Cowper's 顧白氏热风器
—, drying 烘干炉
—, gas 煤气炉
—, hot blast 热风炉
—, hot water 同 heater, hot water
—, oil 油炉
—, standard 标准炉
—, transportable basket drying 可移籃式烘干炉
straight 直
— between two curves 两弧間直綫
—, turned 車直
straight-eight 直八式（直綫八缸式）
straightener 同 device, straightening
—, fender 保护板整直器
straightening 整直
straightness 1.正直度；2.平直度
strain(ing) 应变
—, bending 弯曲应变
—, breaking 断裂应变
—, compressive 压縮应变
—, coplanar 同平面应变
—, elastic 弹性应变
—, homogeneous 均匀应变
—, lateral 同 strain, transverse
—, local 局部应变
—, longitudinal 縱应变
—, maximum 最大应变
— of flexure 撓曲应变
—, over 过度应变
—, principal 主应变

strain, pure 单純应变
—, shearing 剪应变
—, simple 簡单应变
—, tensile 抗拉应变
—, tensive 同 strain, tensile
—, torsional 扭应变
—, transverse 横应变
—, uniform 同 strain, homogeneous
—, unit 单位应变
—, volumetric 容积应变
strainer 1.濾器；2.篩
—, air 濾气器
—, air pipe 气管濾器
—, bottom 下端濾器
—, bowl 杯濾網
—, brake pipe 闸管濾气器
—, branch pipe 支管濾器
—, carburetor 汽化器濾網
—, circulating oil 循环濾油器
—, cleaning 濾淨器
—, combined 組合濾器
—, filling hole 注孔濾器
—, fuel 燃料濾器
—, fuel filter 燃料濾器濾網
—, fuel tank outlet 燃料箱出口濾網
—, gas 濾气器
—, lubricator oil 潤滑油濾器
—, oil 濾油器
—, oil filler 濾油器濾網
—, piston governor valve 活塞調节閥濾器
—, pump 泵濾網
—, reducing valve 减压閥濾器
—, sand box 砂箱濾器
—, signal pipe 号志管濾器
—, steam 濾汽器
—, tank 水柜濾器
—, top 上端濾器
—, water 濾水器
strake, garboard 龙骨条板
—, sheer 干舷条
strand 緝股
strap 1.狹带条；2.索
—, battery ground 蓄电池接地片
—, boiler lagging brass 鍋炉套銅带
—, boot 皮套带条
—, brake 同 band, brake
—, butt 对接搭板
—, clutch driving 离合器传动片
—, double butt 双对接搭板
—, eccentric 偏心环
—, ejector 噴吸器带条
—, equalizer safety 平衡器安全环
—, filler neck 注口頸圈
—, fuel tank 燃料箱带条
—, generator adjusting 同 arm, generator adjusting
—, gin 三脚起重机吊索
—, ground 接地片
—, inside butt 內对接搭板
—, longitudianl butt 縱对接搭板
—, main rod 主桿套
—, master cylinder boot 主缸皮套带条
—, metal 金屬带条
—, muffler 消声器传带
—, nailing 釘条
—, nickel 鎳带
— of the brake 同 band, brake

strap, outside butt 外对接搭板
—, single butt 单对接搭板
—, timer lever 定时桿带
—, tyre 輪胎衬带
—, wind shield 风档嵌条
strata, air 空气层
—, wind 风层
stratosphere 同温层{气}
stream 流
—, air 同 flow, air
—, arc 弧流
—, energy 能流
—, slip 滑流
—, stationary 靜流
streamline 流綫
street, vortex 渦道
stremmatograph 道床压力自記仪{鉄路}
strength 1.强度;2.浓度
—, allowable 許可强度
—, bearing 承受强度
—, bending 抗弯强度
—, breaking 抗断强度
—, cold tensile 冷拉强度
—, compression 抗压强度
—, compressive 抗压强度
—, compressive ultimate 极限抗压强度
—, crushing 抗碎强度
—, discharging current 放电流强度
—, electric field 电場强度{电}
—, endurance 同 strength, fatigue
—, fatigue 疲劳强度
—, flexural 同 strength, bending
— for extension 同 strength, tensile
—, hot 热强度
—, longitudinal 縱向强度
—, mixture 混合强度
— of brake current 閘电流强度
— of draft 通风强度
— of flexure 同 strength, bending
— of materials 材料强度
— of mixture 同 strength, mixture
— of rope 繩索强度
— of structure 結构强度
— of vortex 渦流强度
—, shear 同 strength, shearing
—, shearing 抗剪强度
—, shock 抗震强度
—, tensile 抗拉强度
—, torsional 抗扭强度
—, transverse 橫强度
—, traverse 同 strength, transverse
—, ultimate 极限强度
—, ultimate tensile 极限抗拉强度
—, uniform 均匀强度
—, working 工作强度
strengthening 加强
stress 应力
—, allowable 許可应力
—, alternate 交变应力
—, axial 軸向应力
—, bending 弯曲应力
—, breaking 断裂应力
—, breathing 通气应力
—, bursting 爆发应力
—, centrifugal 离心应力
—, circumferential 圓周应力
—, combined 同 stress,

compound

stress, compound 复应力
—, compressive 压縮应力
—, conjugate 共軛应力
—, coplanar 同平面应力
—, counter 对应力
—, crushing 压碎应力
—, cumulative 累积应力
—, dead load 静載应力
—, direct 直接应力
—, displacement 位移应力
—, distorting 扭轉应力
—, dynamic 动力应力
—, equivalent simple 相当簡单应力
—, erection 安装应力
—, extreme fiber 最外纖維应力
—, fiber 纖維应力
—, flange 凸緣应力
—, hoop 同 stress, circumferential
—, impact 冲击应力
—, inclined 傾斜应力
—, initial 初应力
—, internal 內应力
—, lateral 横向应力
—, life-load 活載应力
—, limiting 极限应力
—, local 局部应力
—, local locked-up 局部紧鎖应力
—, maximum shear 最大剪应力
—, normal 垂直应力
—, normal component 垂直分应力
— of ultimate tenacity 极限抗牽应力
—, permissible 同 stress, allowable
—, principal 主应力
—, proof 試驗应力
—, repeated 反复应力
—, residual 剩余应力
—, resultant 合成应力
—, specific compressive 比压应力
—, secondary 副应力
—, shearing 剪应力
—, shock blow 同 stress, impact
—, shrinkage 收縮应力
—, simple 簡单应力
—, skin 表皮应力
—, tangential 切綫应力
—, temperature 温度应力
—, tensile 抗拉应力
—, thermal 热应力
— to rupture 断裂应力
—, torsional 扭应力
—, transverse 同 stress, lateral
—, uniform 均匀应力
—, ultimate 极限应力
—, ultimate shearing 极限剪应力
—, uniformly varying 等变应力
—, unit 单位应力
—, wind 风压应力
—, working 工作应力

stretch 伸长
—, over 过度伸长

stretcher 1. 同 bar, gage; 2.伸张器
—, belt 皮带伸张器

stretching 展鍛,伸张
strickle 刮型器
strike 1.罢工；2.打击
striker, steam 汽鎚
string 絃,細縄
　—, vent 通风縄
stringer 长桁(木工)
strip 条,带
　—, backing 背垫条
　—, breaker contact 断閉器接触片
　—, contact 接触片
　—, degree 斜度条
　—, drip 同 band, drip
　—, ground 同 strap, ground
　—, hold down 压条
　—, landing 降落狹道
　—, leading edge 前緣条
　—, metal 同 strap, metal
　—, nailing 同 strap, nailing
　—, packing 塡密片
　—, parallel 平行条
　—, radiator clamping 散热器夾条
　—, rib 翼肋条
　—, sand 研砂槽
　—, sheathing 掩条
　—, spray 浪花条
　—, taxi 滑行道
　—, trailing edge 后緣条
　—, turret weather 轉搭阻风雨带
　—, tyre breaker 輪胎隔带
　—, tyre chafing 輪胎擦带
　—, Vee V形条
　—, weather 阻风雨带
stripper 冲孔模板
　—, fixed 固定模板
stroboscope 頻閃观測器{物}
stroke 冲程
　—, accelerated return 加速回程
　—, admission 进气冲程
　—, air inlet 同 stroke, admission
　—, back 回程
　—, backward 同 stroke, back
　—, combustion 燃燒冲程
　—, compression 压縮冲程
　—, compressive 同 stroke, compression
　—, cutting 鉋程
　—, cylinder 气缸冲程
　—, delivery 輸送冲程
　—, double 双程
　—, down 下行冲程
　—, eduction 排洩冲程
　—, exhaust 排气冲程
　—, expansion 膨脹冲程
　—, explosion 爆发冲程
　—, file 銼程
　—, forward 前进冲程
　—, four 四冲程
　—, full 全程
　—, hammer 鎚程
　—, idle 空程
　—, induction 吸入冲程
　—, inlet 同 stroke, induction
　—, intake 同 stroke, induction
　—, long 长冲程
　—, lower 低冲程
　— of machine 机器冲程
　— of piston 活塞冲程
　— of punch 冲程
　— of shear blade 剪片冲程
　— of slide valve 滑閥冲程
　— of table 工作台冲程
　— of the piston, backward

活塞回程
stroke of the piston, forward 活塞进程
—, piston 同 stroke of piston
—, power 动力冲程
—, pump 泵冲程
—, quick return 急回冲程
—, return 同 stroke, back
—, scavenging 清除冲程
—, short 短程
—, slide valve 同 stroke of slide valve
—, square 等径冲程
—, suction 同 stroke, induction
—, two 二冲程
—, up 上行冲程
—, upper 上冲程
—, valve 閥冲程
—, working 工作冲程
structure 結构,构造
—, armature 电轉子构造
—, crystalling 晶形結构
—, ingot 錠的結构
—, light 輕結构
—, microscopic 显微結构
—, minimum fixed 最小固定結构
—, skeleton 骨架結构
—, supporting 支持結构
—, wing 翼結构
strut 1.支柱;2.軌撑
—, actuating 作用支柱
—, adjustable 可調整支柱
—, aero rubber shock absorber 空气橡胶减震柱
—, aero spring shock absorber 空气弹簧减震柱
—, aerofoil section 翼剖面支柱
—, aileron 副翼支柱
—, airfoil (aerofoil) 翼面支柱
—, bracing 支柱
—, brake beam 閘樑支柱
—, buffer 緩冲支柱
—, built-up 組合支柱
—, cabane 翼間支柱
—, center 中心支柱
—, clutch toggle lever 离合器肘节桿支柱
—, compression 压縮支柱
—, connecting 連接支柱
—, diagonal 斜支柱
—, drag 阻力支柱
—, faired 减阻支柱
—, float 浮筒支柱
—, fuselage 机身支柱
—, I-form 工字形支柱
—, inclined 斜支柱
—, inner interplane 翼間內支柱
—, internal drag 內阻力支柱
—, inter-plane 翼间支柱
—, jury 应急支柱
—, landing 降落支柱
—, landing gear 降落架支柱
—, lift 升力支柱
— of axle guard 車軸护档支柱
—, outer interplane 翼間外支柱
—, pneumatic shock absorber 气压減震柱
—, radiator 散热器支柱
—, rear 后支柱
—, rubber shock absorber 橡胶减震柱
—, second interplane 翼間第二支柱

strut, shock absorber 减震支柱
—, **solid** 实体支柱
—, **spring shock absorber** 弹簧减震柱
—, **stagger** 斜罩支柱
—, **straight** 直支柱
—, **streamline** 流綫形支柱
—, **tapered** 錐形支柱
—, **tubular** 管形支柱
—, **under carriage** 起落架支柱
—, **wing** 翼支柱
stub 残端,残根
—, **strap** 同 end, strap
—, **wing** 翼残根
stud 双端螺栓,柱螺栓
—, **armature terminal** 电轉子綫头接柱
—, **binder** 結合柱螺栓
—, **boiler** 鍋炉柱螺栓
—, **bumper** 緩冲柱螺栓
—, **clutch release yokeball** 离合器放松軛球头柱螺栓
—, **crank case** 曲軸箱双端螺栓
—, **cylinder head** 气缸盖柱螺栓
—, **discharge valve** 放出閥柱螺栓
—, **distributor terminal** 配电器綫头接柱
—, **drag link ball** 拉杆球头柱螺栓
—, **eccentric fastening** 偏心輪紧固柱螺栓
—, **feeder drive link** 进給器传动杆柱螺栓
—, **field terminal** 磁場綫头接柱螺栓
—, **fire box** 火箱柱螺栓
—, **governor union** 調节器联管节柱螺栓
—, **holding** 支架柱螺栓
—, **idle gear** 空轉齿輪柱螺栓
—, **intake manifold** 进气歧管柱螺栓
—, **junction block insulator terminal** 接綫块絶緣綫头接柱螺栓
—, **mounting** 装架柱螺栓
—, **number plate** 号牌柱螺栓
—, **operating valve body** 操作閥体柱螺栓
—, **pump piston collar** 泵活塞环柱螺栓
—, **release valve** 放松閥柱螺栓
—, **shackle** 鈎环柱螺栓
—, **shock absorber ball** 减震器球头柱螺栓
—, **shouldered** 有肩双端螺栓
—, **small union** 小联管节柱螺栓
—, **starter terminal** 起动机綫头接柱螺栓
—, **steam chest head** 汽柜盖柱螺栓
—, **steam pipe** 汽管柱螺栓
—, **steering arm ball** 轉向臂球头柱螺栓
—, **stone** 同 bolt, stone
—, **stuffing box gland** 填料函压盖柱螺栓
—, **superheater header** 过热器联管箱柱螺栓
—, **support** 支架柱螺栓
—, **throttle lever fulcrum** 节流杆支軸柱螺栓

stud, tie rod ball 系杆球头螺栓入
—, timer lever 定时杆柱螺栓
—, union 联管节柱螺栓
—, volute spring compressor 錐形簧压縮柱螺栓
—, wheel hub 輪轂柱螺栓
— with nut, cylinder 气缸柱螺栓及螺母
stuffing 填料
—, metallic 金屬填料
—, wing 同 stub, wing
sub-assembly 局部装配
subbase 底盘座
sub-cooling 局部冷却
subcritical 低于临界的
sub-frame 副架
sublayer laminar 次层流
submarine 1.海底的;2.同 boat, submarine
sub-press 小压机
—, arch type 拱門式小压机
—, overhanging type 悬伸式小压机
subscript 注脚
subsidence 沉澱
—, pure 純淨沉澱
substance, antiknock 防爆剂
—, antiseptic 防腐剂
—, working 工作物
substitution 代入法
suck 吸
suction 1.吸;2.吸力 「入
—, atmospheric 大气压力下吸
—, bilge 船底吸水管
—, effective 有效吸力
suitability 适合性
sulphating 硫酸化{化}
sulphide, manganese 硫化錳{化}
sulphur 硫〔黃〕{化}
sump 貯槽
—, battery 电池液槽
—, crank case 曲柄箱槽
—, dry 干槽
—, fuel oil 燃料油槽
—, oil 油槽
—, water collecting 集水槽
—, wet 湿槽
—, wing 翼下槽
sundries 杂件
sun-wise 日轉向
super-charge 增压
supercharger 增压器
—, centrifugal 离心式增压器
—, exhaust driven 排气传动增压器
—, exhaust gas turbo 排气渦輪增压器
—, exhaust turbine 同 supercharger, exhaust gas turbo
—, exhaust turbine driven 同 supercharger, exhaust gas turbo 「器
—, gear driven 齿輪传动增压
—, low duty 小力增压器
—, piston 活塞增压器
—, positive displacement 同 supercharger, positive type
—, positive driven type 确动式增压器 「器
—, positive type 确給式增压
—, reciprocating-type 往复式增压器
—, Root's type 罗氏增压器
—, rotary blower 同 supercharger, rotary blower

type
supercharger, rotary blower type 旋轉鼓风式增压器
—, single stage two speed 单級双速增压器
—, turbo 同 supercharger, turbo type
—, turbo type 渦輪式增压器
—, two stage 双級增压器
—, vane 同 supercharger, vane type
—, vane type 轉叶式增压器
supercharging 增压作用
super-compression 过度压縮
supercooling 过冷
supercritical 超临界
superfinish(ing) 超精加工
superheat(ed) 过热
superheater 同 unit, superheater
—, chimney 烟囱过热器
—, combustion chamber 燃燒室过热器
—, convection 对流式过热器
—, downtake 鍋后过热器
—, fire tube 火管式过热器
—, furnace flue 烟道过热器
—, independently fired 同 superheater, separately fired
—, radiant 輻射过热器
—, separately fired 分燒式过热器
—, smoke box 烟箱过热器
—, smoke tube 烟管过热器
—, steam 蒸汽过热器
—, waste gas 废气过热器
—, waste heat 废热式过热器
— with division of the steam current 汽流分路过热器
superheating 过热
superpressure 超压
super-refining 超精炼
supersaturated 过飽和的
supersaturation 过飽和
superstructure 上层建筑
supervision of construction 工程管理
supply 供給
—, oil 給油
—, over 过量供給
—, vacuum fuel 眞空給油
—, water 給水
support 1.支架;2.支柱
—, air tank 空气箱支架
—, anchorage 拉牢支柱
—, arbor 柄軸支架
—, arm 臂支柱
—, ashpan 灰盘托
—, ash pan back 灰盘后托
—, ash pan front 灰盘前托
—, battery 电池支架
—, bearing 軸承支架
—, boiler 鍋炉支座
—, bolt 支栓
—, brake 閘支架
—, brake rod 閘桿支架
—, bumper 緩冲器支架
—, clutch release yoke ball stud 离合器放松軛球头柱螺栓座
—, conveyer hopper 輸送机煤斗支座
—, conveyer slide 輸送机滑行托
—, coupler draft spring 車鈎牽引簧托
—, crusher frame 軋碎机架支座

support, distributor cap spring 配电器盖簧座
—, **drill spindle** 鑽軸支架
—, **engine** 发动机支架
—, **engine front** 发动机前支架
—, **engine rear** 发动机后支架
—, **exhaust pipe** 排气管支架
—, **fan** 风扇支架
—, **feed arm** 給臂支架
—, **feed pipe** 进給管座
—, **feeder trough** 进給槽支架
—, **fender** 保护板支架
—, **fire box** 火箱架
—, **foot board** 踏板支架
—, **front license** 前执照架
—, **fuel tank** 燃料箱支架
—, **fulcrum** 同 fulcrum
—, **generator** 发电机支架
—, **hand brake** 手閘支架
—, **head lamp** 头灯架
—, **hood** 机罩支架
—, **inking wheel** 墨輪架
—, **immovable** 固定刀架（鏇床）
—, **instrument board** 仪表板支架
—, **knuckle** 关节支架
—, **lamp** 灯架
—, **leading screw** 导螺杆軸承
—, **license** 执照支架
—, **link** 鏈节托
—, **movable** 跟刀架(車床)
—, **muffler** 减声器支架
—, **muffler tail pipe** 减声器尾管支架
—, **non-cylindrical** 非圓柱形架
— **of motor** 电动机支座
—, **oil filter cartridge** 濾油器心子支架
—, **oil pump drive shaft** 油泵主动軸支架
—, **oil tank base** 油箱底座
—, **outboard** 外端支架
—, **pillar** 柱架
—, **pipe** 管架
—, **propeller shaft** 螺旋桨軸承
—, **radiator** 散热器支架
—, **radiator core** 散热器心子支架
—, **radiator guard** 散热器护栅支架
—, **radiator shell** 散热器壳支架
—, **reverse lever quadrant** 回动杆扇形齿輪座
—, **roller** 滚筒架
—, **rocker arm** 搖臂支架
—, **rod** 杆托
—, **rope** 繩架
—, **shifter shaft** 移动軸支架
—, **shock absorber** 减震器支架
—, **shovel box cover** 鏟箱盖托
—, **shovel box cover latch** 鏟箱盖閂托
—, **splayeder** 斜形油盒托
—, **spring** 簧架
—, **steam pipe** 汽管架
—, **superheater header** 过热器联管箱支架
—, **superheater unit anchorage** 过热器拉牢架
—, **table** 工作台支架
—, **tool** 同 rest, tool
—, **transverse lever** 横槓托

support, tube 同 support, pipe
—, valve rocker arm 閥搖臂支架
—, wedge 同 support, wedge bolt
—, wedge bolt 楔螺拴架
—, wheel brake 輪閘支座
—, wheel carrier 輪架支柱
—, winch 絞車支架
—, wing 翼支柱
—, work piece 工件支架
suppression of spark 火花的遏制
suppressor, detonation 防爆剂
—, radio spark 无綫电火花制止器
surface 〔表〕面
—, adjustable 可調整面
—, adjusting 調整面
—, aerodynamic balanced 气动平衡面
—, armature 电轉子面
—, auxiliary 輔助面
—, balance(d) 平衡面
—, bearing 軸承面
—, boiler heating 鍋炉受热面
—, bottom 底面
—, brake 閘面
—, cam 凸輪面
—, cambered 弧面
—, compensating 同 surface, auxiliary
—, conduction heating 传热面
—, contact(ing) 接触面
—, control(ling) 控制面
—, cooling 冷却面
—, cooling water 冷水面
—, curved 曲面
—, direct heating 直接受热面
—, double curved 双曲面
—, exposed to the air 露气面
—, externalheating 外受热面
—, faced 刨光面
—, faying 接合面
—, finned 翼片散热面
—, fire 热面
—, fixed 固定面
—, flat 平面
—, flat lower 平底面
—, flue 烟道面
—, flue heating 烟道受热面
—, friction 摩擦面
—, front 前面
—, grate 炉篦面
—, gray 灰体表面
—, grinding 磨面
—, heating 受热面
—, helical 螺旋面
—, helicoidal同surface, helical
—, horizontal tail 水平尾翼面
— in contact同surface, contact
—, indirect heating 間接受热面
—, internal heating 內受热面
—, keel 龙骨面
—, lifting 升力面
—, locating 定位面(工件的)
—, lower 下面
—, machined 已加工面
—, main 主〔表〕面
—, main supporting 主承面
—, metal 金屬面
—, neutral 中性面
— non-cylindrical 非圓柱形面

surface of bed 床面
— of boiler, heating 鍋炉受热面
— of rail, running 軌的滾行面
— of revolution 迴轉面
— of solubility 溶解面
— of the fire box, heating 火箱受热面
— of tubes, heating 管受热面
— of valve seat, contact 閥座接触面
—, pitch 〔齿〕节面
—, radiant 輻射传热面积
—, radiating 輻射面
—, radiation heating 輻射受热面
—, reference 基面
—, refractory 耐热磚
—, rubbing同surface, friction
—, screw 同surface, helical
—, secondary 副面
—, separate 分离面
—, separation 同 surface, separate
—, single curved 单曲面
—, sliding 滑面
—, slip 同 surface, sliding
—, stabilizing 稳定面
—, steering 轉向面
—, streamline 流綫面
—, superheating 过热面
—, supporting 支持面
—, sustention 同 surface, supporting
—, tail 尾面
—, thrust 推力面
—, total 总〔表〕面
—, total heating 总受热面
—, tube plate heating 管板受热面
—, turning 車削面
—, under 下面
—, unfaced 未光面
—, upper 上面
—, vaporizing 蒸发面
—, warped 撓曲面
—, water 水面
—, wave 波面
—, wearing 磨損面
—, wetted 浸湿面
—, wing 翼面
—, working 工作面
surfacer 同machine, surface planing
surfacing 1.削面;2.鍍面
surge 1.浪;2.波动
—, spring 弹簧顫动
survey 測量,調查
—, aerial 航空測量
surveying 測量学
suspension 吊,悬置
—, axle 軸悬
—, bifilar 双綫悬置
—, car 艇悬置
—, center of gravity 重心悬置法
—, four point 四点悬置
—, front axle 前軸悬置
—, independent 个别悬置
—, individual 同 suspension, independent
—, lug 同 suspension, nose
—, motor 电动机悬置
—, nose 鼻端悬置法
—, overhead 架空悬置
—, spring 弹簧悬置法

suspension, strong springing 强簧悬置法
—, three point 三点悬置
—, track 履带悬置
—, weak springing 弱簧悬置法
—, winch 绞盘悬置
—, yoke 轭悬置法
swab 1.拖把；2.敷水笔（铸工用）
—, piston rod 鞲鞴杆套圈
swabbing 抹水
swage 陷型模(鍛工用的)
—, bottom 下陷型模
—, top 上陷型模
swaging 型鍛
swarf, grindstone 磨石屑
swashplate 同 plate, swash
sweep 1.同 strickle；2.掠
sweepback 掠后
sweeper, patrol 巡逻扫路车
—, snow 扫雪机
—, street 扫路机
sweep-forward 掠前
swell 膨起
swept, back 同 backswept
swing 1.搖摆；2.车床〔最大〕摆
— over bed 床面以上的摆度(车床)
— over compound rest 刀架滑座以上的摆度(车床)
— over gap 凹处摆度(车床)
swinging 摆动
— of the compass 罗盘迴转校准法
swirl 涡动
—, air 空气涡动
switch 1.开关； 2.转辙器
—, automatic 1. 自动开关；2.自动转辙器
—, battery 电池组开关
—, block 闭塞转辙器
—, button 按钮开关
—, cell 电池开关
—, change over 换向开关
—, combined 组合开关
—, derailing 同 switch
—, dimmer 减光器开关
—, dimmer light 减光灯开关
—, double pole double throw 双刀双投开关
—, double pole single throw 双刀单投开关
—, double slip 双向转辙器
—, drum 鼓式转辙器
—, electric 电开关
—, emergency brake 紧急闸开关
—, facing point 对向转辙器
—, four motor 四电动机开关
—, head light 头灯开关
—, heater 加热器开关
—, high tension 高压开关
—, high tension oil 高压油开关
—, horn 喇叭按钮
—, ignition 发火开关
—, instrument panel light 仪表板灯开关
—, interlocked 联锁转辙器
—, jumping 跳跃开关
—, knife 刀开关
—, lamp 灯开关
—, light(ing) 同 switch, lamp
—, line 电路开关
—, magneto 磁电机开关
—, magnetic starting 磁力起动开关

switch, master 总开关
—, momentary contact 暫触开关
—, motor 发动机开关
— on and off 开閉开关
— on the steering wheel 操向輪开关
—, overdrive solenoid control 超速器电磁控制开关
—, pneumatic 气力开关
—, point 尖端轉轍器
—, polarity 极性开关
—, portable 輕便轉轍器
—, push and pull 推拉开关
—, push button 同 switch, button
—, quick break 急断开关
—, rack 齿軌轉轍器
—, ring type horn 环式喇叭按鈕
—, selector 选路开关
—, signal lamp 信号灯开关
—, single pole double throw 单刀双投开关
—, single pole single throw 单刀单投开关
—, starter 起动机开关
—, starter toggle 起动机肘节开关
—, starting 起动开关
—, steering and ignition lock 操向及发火电鑰
—, step 級开关
—, stop light 停車灯开关
—, tail and signal light 尾灯及信号灯开关
—, terminal 同 switch, line
—, toggle 肘节开关
—, windscreen wiper 风档刮水器开关
—, windshield wiper 同 switch, windscreen wiper
— with spring tongues 弹簧轍尖轉轍器
switcher 調車机車
—, four-wheel 四輪調車机車
—, eight-wheel 八輪調車机車
—, six-wheel 六輪調車机車
switch-off 同 off, switch
switch-on 同 on, switch
swivel 1.轉体; 2.旋轉
—, air union 气管轉动联管节
—, bell crank to carbureter 曲臂接縱綫接头
—, compound 复式轉座
—, dart union 接头
—, double hinged 同 swivel, compound
—, double jointed 同 swivel, compound
—, exhaust by-pass valve control wire 排气旁通閥控制綫轉环
—, pipe 管的旋轉接头
—, sideway 侧旋轉
—, small 小旋轉接头
—, steam pipe 汽管旋轉接头
—, steering 轉向旋轉节
—, union 旋轉联管节
—, conventional 习用符号
symmetric(al) 对称的
symmetry 对称
synchromesh 同步配合
—, reverse idler 回动空轉輪同步配合
—, transmission 传动同步配合

synchronization 整步
synchronizer 同 synchronoscope
—, gun 射击同步器
—, transmission 传动整步器
synchronoscope 整步器{电}
synchronous 同步的
synchroscope 同synchronoscope
synthetic 合成的{化}
syntonizer 共振器{电訊}
syphon 虹吸
—, oil 芯吸潤滑器
syringe 注射器
— for lubrication 潤滑注射器
system 系統,制,法
—, accumulator 儲蓄器系統
—, air cooling 气冷系統
—, air intake 进气系統
—, anti-icer 防冰系統
—, autosyn 自动同步系統
—, basic hole 基孔制
—, basic shaft 基軸制
—, battery 电池系統
—, battery ignition 同 system, battery
—, bevel gear 伞齿輪系
—, body 体系
—, bonus 奖金制
—, booster 助力器系統
—, bow 弓形制
—, brake 閘系
—, braking 制动系統
—, British 英制
—, carburetor manifold 汽化器歧管系統
—, cascade 串联系統
—, circulating pump 循环泵潤滑系統
—, closed cooling 封閉式冷却系統
—, column control 杆式控制系統
—, combustion 燃燒系統
—, common rail 共轨系統
—, common rail injection 共軌噴射制
—, condensing 凝汽系統
—, conservation 保守系統
—, constant level splash 定油面飞机潤滑系
—, continuous 連續制(繩輪的)
—, continuous rope 連續繩制
—, continuous rope drive 連續繩輪传动制
—, control 控制系統
—, cooling 冷却系統
—, cranking 起重系
—, cycloidal 摆綫制
—, day work 日工制
—, de-icer 去冰系統
—, direct fuel injection 直射燃料系統
—, double ignition 双发火制
—, double pressure 双級施压法
—, double unit 双机制
—, double unit ignition 双塞发火系統
—, double wire 双綫制
—, dry sump 干槽制
—, dual 复式
—, dual control 复式控制系統
—, dual ignition 同system, double unit ignition
—, duplex ignition 同system, double unit ignition

system, dynamic 动力系統
—, efficiency 效率制
—, electric(al) 电气系統
—, electric ignition 电发火系統
—, electric lighting 电光系統
—, engine 发动机系統
—, exhaust 排气系統
—, external 外部系統
—, F.P.S. 呎磅秒制
—, feed heating 給水加热系統
—, feeding 1.进給系統；2.力程传动系統
—, five wire 五綫制
—, float feed 浮筒进給法
—, fluidized 流体化系統
—, force feed 压力进給系統
—, force feed lubrication 压流潤滑系統
—, forced cooling 压流冷却系統
—, forced lubricating 同 system, force feed lubrication
—, fuel 燃料系統
—, fuel feed 燃料供給系統
—, fuel injection 燃油噴射系統
—, full depth 全高制
—, full force feed lubrication 全部压流潤滑系統
—, gas lighting 煤气发光系統
—, gas starter 气体起动系統
—, Gleason 格氏制齿法
—, governing 調节系統
—, gravity 重力法
—, heating 加热系統
—, high pressure lubricating 高压潤滑系
—, high tension 高压制
—, horseshoe vortex 馬蹄形渦流系
—, hydraulic 液力系統
—, hydraulic braking 水力閘系
—, ignition 发火系統
—, individual pump 个别泵系統
—, induction 吸入系
—, inertia 慣性系
—, injection 噴射系
—, involute 漸开綫制
—, jump spark 跳跃火花制
—, lighting 灯光系統
—, long and short addendum 长短齿頂高齿輪系
—, low tension 低压制
—, lubricating 潤滑系統
—, lubrication 同 system, lubricating
—, magneto ignition 磁电机发火系統
—, make and break ignition 断續发火系統
—, mechanical 机械系統
—, meter kilogram second 米公斤秒制
—, metric 公制
—, multiple rope 多繩制
—, natural circulation cooling 自然循环冷却系統
—, non-isolated 不独立系統
—, non-vibrator ignition 非振动式发火制
— of fit 配合制
— of rating 定額制度
— of unit absolute 絶对单

位制

system of unit, British 英国单位制

—, oil 滑油系統

—, oil feeding 給油系統

—, oil injection 射油系統

—, oil purifying 凈油系統

—, oiling 同 system, oil

—, one wire 1.单綫制; 2.加油法

— open cooling 开式冷却制

— open surge ignition 断路电浪式点火系統

—, optical 光学系統

—, oxygen 供氧系統

—, paint spraying 噴漆法

—, pay box 付款箱制

—, petrol 汽油系統

—, piece work 計件制

—, pneumatic 空气压力系統

—, premium 同 system, bonus

—, pressure 压力系統

—, pressure feed 同 system, forced feed

—, pressure fuel 压給燃料法

—, primer 起动注油系統

—, priming 同 system, primer

—, pump 泵送制

—, purification 凈化系統

—, refrigerating 致冷系統

—, refuel 加燃油系

—, refueling 同system, refuel

—, regenerative 回热制

—, scavenging 清除系統

—, self oiling 自动加油法

—, shielded ignition 遮蔽发火法

—, side-by-side dual control 并列复式控制系

—, sight feed 显給法

—, simple splash 簡单濺油法

—, single cord 单編制

—, single ignition 单发火制

—, single unit 单机制

—, single unit starting and lighting 单組起动及照明系統

—, single wire 同 system, one wire

—, siphon cooling 虹吸冷却法

—, splash 飞濺法

—, splash lubrication 飞濺潤滑法

—, spray finishing 噴漆光亮法

—, star connected 星形接法

—, starting 起动系統

—, starting air 起动空气系統

—, steam cooling 蒸汽冷却系統

—, steering 轉向系統

—, stub tooth 短齿制

—, suction 同 system, induction

—, supercharging 增压系統

—, thermodynamic 热力系統

—, thermostat-controlled cooling 恆温器控制的冷却系統

—, thermo-syphon cooling 温差环流冷却系統

—, three unit starting and lighting 三組起动及照明系統

—, three wire 三綫制

—, timed pump 定时泵制

—, timed valve 定时閥制

—, train control 列車控制法

—, transmission 传遞系統,传

动系統
system, trolley 滾輪制
—, two unit starting and lighting 双組起动及照明系統
—, two wire 同 system, double wire
—, unequal addendum 不等齿頂制
—, vacuum 眞空系统
—, valveless 无閥制
—, ventilation 通风系統
—, vibrator ignition 振动发火法
—, water circulating 水循环系統
—, water cooling 水冷系統
—, wave 波的系統
—, wiring 接綫系統

T

T-bar 丁字〔形〕鉄
T-beam 丁字〔形〕樑
T-bolt 丁字〔形〕螺栓
T-engine 同 engine, T-head cylinder
T-fixture 丁字〔形〕夾具
T-handle 丁字〔形〕手柄
T-head 丁字〔形〕头
T-iron 同 T-bar
—, double 同 H-iron
T-joint 丁字〔形〕接头
T-pipe 同 tee, pipe
T-plate 丁字〔形〕板
T-rest 丁字〔形〕刀架(木工車床)
—, broad 寬的丁形刀托(木工車床的)
T-section 丁字〔形〕剖面
T-slot 丁字〔形〕槽
—, inverted 倒T形槽
T-socket 丁形套筒
T-square 丁字〔形〕尺
—, adjustable bead 活头丁字〔形〕尺
T-wrench 丁字扳手
tab 1.調整翼片(飞机的); 2.鍵形物
—, aileron 副翼調整片(飞机的)
—, balancing 平衡調整片(飞机的)
—, fixed 固定調整片(飞机的)
—, fixed trimming 固定平衡調整片(飞机的)
—, flight 飞行調整片(飞机的)
—, rudder trim 方向舵平衡調整片(飞机的)
—, spring 弹簧調整片(飞机的)
—, trim 同 tab, balancing
table 1.表; 2.台
—, adjustable drawing 活动制图桌
—, adjustment 調准表
—, angle 三角桌(工具机上的)
—, automatic revolving 自轉台
—, automatic spacing 自动定距鑽孔台
—, ballast control 压載配置表
—, carriage turn 轉車台
—, chart 图桌
—, circular 圓桌
—, compound 組合台

table, drawing 絵图桌
—, dressing 整修台
—, drilling machine 鑽台
—, drop 降重台
—, engine turn 机車轉台
—, filing 同 bench, file
—, grooved setting up 槽面装置台
—, inflation 輪胎充气表
—, knee 同 table, angle
—, logarithmic 对数表
—, milling machine 銑床台
— of limits 限度表,公差表
—, overhung 外伸台
—, performance 性能表
—, planing machine 鉋床台
—, power feed rotary 机动轉台
—, revolving 轉台
—, round 同 table, circular
—, saturated liquid 飽和液体表
—, saw 鋸台
—, shearing machine 剪机台
—, sliding 滑台
—, steam 蒸汽表
—, steam operated transfer 同 table, steam operated traversing
—, steam operated traversing 汽力移車台
—, swivel 同 table, revolving
—, tilting 傾斜台
—, tool 工具台
—, transverse 横动台
—, turn 同 table, revolving
—, universal 万能工作台
—, universal saw 万能鋸台
—, vapor 蒸发汽表
—, whirling 旋动台
— with cross sliding table, drilling machine 横动鑽台
— with vertical adjustment, drilling machine 垂直調整鑽台
—, working 工作台
tachograph 速度記录器
tachometer 轉数計
—, air drag 气阻式轉数計
—, air leak 漏气式轉数計
—, centrifugal 离心式轉数計
—, chronometric 时計式轉数計
—, electric 电力轉数計
—, magnetic 磁力数数計
—, magnetic drag 同 tachometer, magnetic
—, viscosity 黏性轉数計
tack 小釘,图釘
—, tin 錫釘
—, wire 鉄絲釘,洋釘
tack-hammer 同hammer, tack
tackle 滑車
—, block and 同block and tackle
—, differential chain 差动鏈滑車
tag 标籤
tail 尾
—, aeroplane 机尾(飞机的)
—, carrying 升力尾翼(飞机的)
—, conical 錐形尾翼(飞机的)
—, coupler 互鈎尾
—, floating 同tail, non-lifting
—, horizontal 同plane, tail
—, lifting 同tail, carrying

tail, negative 負角尾翼(飞机的)
—, non-carrying 同 tail, non-lifting
—, non-lifting 无升力尾翼(飞机的)
—, rounded 圓形尾翼(飞机的)
—, self starting 自起动尾翼(飞机的)
—, starting 起动尾翼(飞机的)
—, union 联結尾管
—, vertical 直尾(飞机的)
tailing 尾部操縱(飞机的)
—, fish 摆尾(飞机的)
—, swish 同 tailing, fish
tailless 无尾
tailplane 尾翼
—, air cylinder valve delivery 气筒閥輸送尾管
tailpiece of the piston rod 同 end, piston rod
—, overflow 溢水部尾管
tailrace 出水道(水車的)
tailskid 尾撬
tailstock 尾座
taken-up 收紧
take-off 起飞(飞机)
talc, tyre 胎粉
tallow 〔动物〕脂,牛脂{化}
tamper 1.夯; 2.护持物
—, sheep-foot 同 roller, sheep-foot
tamping 填塞;搗塞
— of the sleeper 軌枕的垫实
— of the tie 同tamping of the sleeper
tandem 串联的
—, single 单串式
—, twin 双串式
tang 柄舌(鑽物)
—, twist 同 tang
tangent 切綫
tangential 切綫的{数}
tank 1.箱,柜; 2.坦克車
—, adjusting 調整箱
—, air 空气箱
—, air borne 航空战車
—, alcohol 酒精箱
—, amphibian 水陆战車
—, armored 装甲战車
—, auxiliary 輔助箱
—, auxiliary fuel 輔助燃料箱
—, balancing 平衡箱
—, ballast 压載箱
—, boiling 洗煮箱
—, cleaning 同 tank, boiling
—, combat 战車
—, compensating 补整箱
—, cooling 冷却箱
—, cowl 罩箱
—, dumpable 可放洩箱
—, emergency 应急箱
—, emergency fuel 应急燃料箱
—, emergency gasoline 应急汽油箱
—, engine cylinder oil 发动机气缸油箱
—, expansion 膨脹箱
—, feed 进給箱
—, feed and filter 进給过濾箱
—, feed water 給水箱
—, fixed fuel 固定燃料箱
—, float 浮式箱
—, fresh water expansion 淡水膨脹箱

tank, fuel oil 燃料油箱
—, **fuel reserve** 燃料儲存箱
—, **gas** 〔儲〕气箱，汽油箱
—, **gas storage** 儲气箱
—, **gasoline** 汽油箱
—, **gravity** 重力油箱
—, **gravity gasoline** 重力汽油箱
—, **heavy combat** 重型战車
—, **heeling** 引傾水柜(破冰船的)
—, **higher hot water** 上热水箱
—, **iron** 鉄箱
—, **lower** 下箱
—, **lower hot water** 下热水箱
—, **lubricating oil drain and cooler** 滑油冷却放洩箱
—, **lubricating oil reserve** 滑油儲存箱
—, **lubrication oil** 滑油箱
—, **main** 主箱
—, **main fuel** 主燃料箱
—, **main water** 主水箱
—, **master cylinder supply** 主缸供給箱
—, **naval** 試船水箱
—, **oil** 油箱
—, **oxygen** 儲氧箱
—, **petrol** 汽油箱
—, **pressure** 压力箱
—, **pressure feed** 压力进給箱
—, **pressure system gasoline** 压流式汽油箱
—, **pressurizing** 压力稳定器
—, **radiator** 散热器水箱
—, **radiator header** 散热器上水箱
—, **radiator lower** 散热器下水箱
—, **radiator overflow** 散热器溢流箱
—, **radiator upper** 同 tank, radiator header
—, **rear fuel** 后燃料箱
—, **refueling** 給油箱
—, **reserve** 备用箱
—, **reserve gasoline** 备用汽油箱
—, **reserve lubrication oil** 同 tank, lubricating oil reserve
—, **reserve oil** 备用油箱
—, **reserve water** 备用水箱
—, **riveted** 1.鉚接坦克車; 2.鉚合箱
—, **self sealing** 自封箱
—, **self sealing fuel** 自封燃料箱
—, **service** 常用箱
—, **service gravity** 常用重力油箱
—, **settling** 澄清箱
—, **slip fuel** 滑落燃料箱
—, **steam vulcanizing** 蒸汽硫化箱
—, **storage** 儲存箱
—, **supply** 供給箱
—, **surge** 調剂箱
—, **tender** 煤水車水箱
—, **testing** 試験水箱
—, **top** 上箱
—, **trimming** 同 tank, balancing
—, **twin engine** 双发动机坦克車
—, **upper** 同 tank, top
—, **vacuum** 眞空箱

tank, vacuum feed 眞空进給箱
— , **vacuum reserve** 备用眞空箱
— , **waste** 漏水箱
— , **water** 水箱
— , **water supply** 同 tank, feed water
— , **wing** 翼內油箱
tankage 箱容量
— , **petrol** 汽油箱容量
tanker, oil 运油船
tap 1.螺絲攻; 2.塞; 3.絲錐
— , **air** 气嘴
— , **adjustable** 調整螺絲攻
— , **bent shank tapper** 弯柄螺母螺絲攻
— , **bit brace** 搖鑽螺絲攻
— , **bottoming** 平底螺絲攻
— , **collapsible** 同 tap, collapsible screw
— , **collapsible screw** 伸縮螺絲攻
— , **finisher** 精割螺絲攻
— **for wood** 木用螺絲攻
— , **gun** 枪式螺絲攻
— , **gun hand** 枪式手螺絲攻
— , **gun machine screw** 枪式机器螺絲攻
— , **hand** 手用螺絲攻
— , **hand bottoming** 手用平底螺絲攻
— , **hand plug** 塞状手螺絲攻
— , **hand taper** 手用錐形螺絲攻
— , **hook** 同tap, bent shank tapper
— , **inserted chaser taper pipe** 梳刀錐形管子螺絲攻
— , **international screw** 公制螺絲攻
— , **machine** 机用螺絲攻
— , **master** 标准螺絲攻
— , **mud** 泥孔螺絲攻
— , **nut** 螺母螺絲攻
— , **patching** 修理用螺絲攻
— , **pipe** 管子螺絲攻
— , **plug** 塞状螺絲攻
— , **plug machine screw** 机用塞状螺絲攻
— , **pulley** 皮带輪螺絲攻
— , **regular hand** 普通手用螺絲攻
— , **rougher** 粗割螺絲攻
— , **screw** 同 tap
— , **serial** 成套螺絲攻
— , **serial hand** 成套手用螺絲攻
— , **serial machine screw** 成套机用螺絲攻
— , **spindle stay bolt** 軸式撑螺螺絲攻
— , **spiral pointed** 螺尖螺絲攻
— , **stay bolt** 撑螺栓螺丝攻
— , **stove bolt** 炉用螺栓螺絲攻
— , **straight pipe** 直式管用螺絲攻
— , **straight shank tapper** 直柄螺母螺絲攻
— , **taper** 錐形螺絲攻
— , **taper machine screw** 錐形机用螺絲攻
— , **taper pipe** 錐形管子螺絲攻
— , **tapered** 同 tap, taper
— , **tapper** 同 tap, nut
tape 1.带; 2. tape, line
— , **adhesive** 胶布带
— , **asbestos** 石棉带
— , **cellulose** 纖維素带

tape, chain 測量鏈
—, emery 砂带
—, fabric 布質卷尺
—, flexible 軟卷尺
—, friction 摩擦带
—, hand 远距鋼皮卷尺
—, insulating 絶緣带
—, line 卷尺
—, linen 同 tape, fabric
—, masking 胶紙带
—, measuring 同 tape, line
—, metallic 金屬卷尺
—, oil gaging 垂标鋼皮卷尺
—, pocket 同 tape, line
—, reel 紡車式卷尺
—, steel 鋼卷尺
—, tyre 胎带
taper 1.錐形;2.斜;3.錐度
—, Morse 莫氏錐度
— of reamer, starting 鉸刀导錐
tapered 1.錐形的; 2.斜的
tappet 挺杆
—, exhaust 排气閥挺杆
—, feed pump 进給泵挺杆
—, inlet 进給閥挺杆
—, negative 单向挺杆, 負挺杆
—, plunger 柱塞挺杆
—, positive 双向挺杆,正挺杆
—, valve 閥挺杆
tapping 攻螺絲
tar 焦油{化}
—, coal 煤焦油{化}
tare 皮重
tarpaulin 防水布
tarry 煤胶物質
taseometer 应力計
tautness 紧固度
tautochrone 等时降落軌跡
taxi 1.滑走; 2.同 taxicab
taxicab 出租汽車
teak 柚木
technician 技术員
technics 技术
technology 工艺学
tee T 形, 丁字形
—, back head brace 同 angle, back head brace
—, booster hose 助力器軟管丁字管节
—, brace 丁字撑杆
—, brake tube 閘管丁字管节
—, brake valve 閘閥丁字管节
—, bulb 圓头丁字鉄
—, cast iron 鋳鉄丁字管节
—, pipe 丁字管节
—, reducing 异径丁字管节
—, sling stay 吊撑丁字头
—, steam pipe 汽管丁字管节
—, steam reducing 汽管縮径丁字管节
—, tube sheet brace 管板丁字撑杆
telephone 电話{电信}
—, air 无綫电話{电信}
telescope 望远鏡
—, pyrometric 高温計望远鏡
telescopic(al) 1.望远鏡的; 2.套筒的
tell-tale 1.信号装置; 2.舵位表示器{航}; 3.計算器
temper(ing) 同 anneal 2.
temper, oil 同 tempering, oil
temperature 温度
—, abnormal 反常温度
—, absolute 絶对温度
—, air 气温

temperature, apparent 外表温度
—, boiling 沸点温度
—, carburetor air 汽化器气温
—, casting 铸造温度
—, combustion 燃烧温度
—, compression 压縮温度
—, constant 定温,等温
—, critical 临界温度
—, critical hardening 临界淬硬温度
—, cutting 切削温度
—, cylinder 气缸温度
—, cylinder head 气缸盖温度
—, cylinder wall 气缸壁温度
—, dangerous 危险温度
—, detonating 爆发温度
—, detonation 同 temperature, detonating
—, drawing 回火温度
—, equivalent 相当温度
—, exhaust 排气温度
—, exhaust gas 同 temperature, exhaust
—, exit 出口温度
—, expansion 膨脹温度
—, explosion 爆炸温度
—, film 膜层温度
—, forge 鍛造温度
—, fusion 熔化温度
—, heater 加热器温度
—, ignition 发火温度
—, initial 初温度
—, inlet 进口温度
—, intake 同 temperature, inlet
—, jacket water 水套温度
—, kindling 同 temperature, ignition
—, mean 平均温度
—, medium 1.中間温度; 2.介質温度
—, normal 正常温度
— of vaporization 蒸发温度
—, oil 油温度
—, outlet 同 temperature, exit
—, piston 活塞温度
—, pouring 澆注温度
—, roasting 焙燒温度
—, room 室温
—, saturation 飽和温度
—, self ignition 自发火温度
—, solution 溶解温度
—, stagnation 滞止温度
—, static 靜温
—, super heating 过热度
—, throttle 节流温度
—, total 总温
—, tyre 輪胎温度
—, uniform 均匀温度
—, vaporization 同 temperature of vaporization
—, wall 同 temperature, cylinder wall
—, water 水温度
—, welding 同 heat, weld
—, zero 零度
tempering, complete 完全回火
—, high 高温回火
—, low 低温回火
—, multiple 多次回火
—, oil 〔用〕油回火
template 样板
— for boring 鏜孔样板
— for nibbling 步冲輪廓样板
—, gage 同 template
—, lettering 字体样板
—, rail gage 軌距規

template, screw 螺紋样板
—, superelevation 超高規
templet 同 template
tenacity 1.韌度；2.靭性
tender 1.煤水車；2.供应艦
—, aeroplane 飞机供应艦
— of locomotive 机車煤水車
—, seaplane 水上飞机供应艦
tenon 筍,榫
tenoner 同 machine, tenoning
tensile 张力的
tensimeter 同 tensiometer
tensiometer 张力計
tension 1.张力；2.同 voltage
—, belt 皮带张力
—, centrifugal 离心张力
—, diagonal 斜张力
—, electric 同 voltage
—, high 高压{电}
—, hoop 环箍张力
—, initial 初张力
—, low 低压{电}
—, maximum 最大张力
—, normal 正常张力
— on belt 同 tension, belt
—, rope 繩张力
—, surface 表面张力
—, track 履带张力
—, vapor 汽压
tensioner, chain 拉鏈器
tenuity 稀薄(气体的)
term 术語,专用語
terminal 1.端；2.終点站(鉄路的)；3.綫端,綫接头{电}
—, battery 电池綫接头{电}
—, cable 电綫接头{电}
—, chassis wiring 底盘电綫接头
—, controller 控制器端鈕
—, discharge 放电綫接头{电}
—, generator 发电机綫接头{电}
—, ignition coil primary cable 发火綫圈低压綫接头
—, ignition coil secondary cable 发火綫圈高压綫接头
—, make and break 断續〔电路〕綫接头{电}
—, negative 阴极綫接头{电}
—, positive 阳极綫接头{电}
—, series wire 串联綫接头{电}
—, spark plug cable 火花塞綫接头
—, wire 綫接头
test 試驗,检驗
—, absorption 吸收試驗
—, acid 酸性試驗
—, acid heat 酸热試驗
—, actual flying 实际飞行試驗
—, air 空气試驗
—, balancing 平衡試驗
—, bend(ing) 弯曲試驗
—, block 台上試驗(汽車发动机的)
—, blow pipe 吹管試驗
—, boiler 鍋炉試驗
—, brake 閘試驗
—, breaking 断裂試驗
—, Brinell hardness 勃氏硬度試驗
— by water pressure 水压試驗
—, capacity 能率試驗
—, carbon residue 剩余碳碴試驗
—, cascade 叶柵試驗

test, chemical 化学試驗
—, climb(ing) 上升試驗
—, coking 焦化試驗
—, cold 冷試驗
—, composite 併合試驗
—, consumption 消耗試驗
—, control 控制試驗
—, crushing 压碎試驗
—, descent 下降試驗
—, destruction 破坏試驗
—, detail 分部試驗
—, distillation 蒸餾試驗
—, dive 俯冲試驗
—, drop 落錘試驗
—, duty 同 test, capacity
—, dynamometer 測功試驗
—, elasticity 弹性試驗
—, elevated temperature impact 高温冲击試驗
—, elongation 伸长試驗
—, emulsion 乳化試驗
—, endurance 耐久試驗
—, engine 发动机試驗
—, engine on steam 发动机蒸汽試驗
—, excess speed 超速試驗
—, fatigue 疲劳試驗
—, final 最后試驗
—, flaxural 反复弯折試驗
—, flexural loading 震盪受力疲劳試驗
—, forge 鎚击試驗
—, fracture 同 test, breaking
—, free bend 自由弯曲試驗
—, fuel economy 燃料經济試驗
—, full load 全載試驗
—, ground 地上試驗
—, grueling 疲劳試驗
—, hammer(ing) 同 test, forge
—, hardness 硬度試驗
—, heating 加热試驗
—, hot-air 热气試驗
—, hydraulic 水力試驗
—, impact 冲击試驗
—, knocking 爆击試驗
—, leakage 漏气試驗
—, light 光隙检驗
—, load 負載試驗
—, low temperature impact 低温冲击試驗
—, mandrel 紧軸压入試驗
—, mechanical 机械試驗
—, metallographic 金相試驗
—, model 模型試驗
—, monotron hardness 定陷硬度試驗
—, motoring 空轉試验
—, motoring ring 带动試驗
—, navigability 适航性試驗
—, no-load 无載試驗
—, notched bar 同 test, notched bar impact
—, notched bar impact 凹口冲击試驗
—, notched bar impact bending 同 test, notched bar impact
— of ailerons and elevators 副翼升降舵試驗
— of engine 同 test, engine
— of fuselage 机身試驗
— of spars 翼樑試驗
— of under carriage 起落架試驗
—, official 正式試驗
—, operational 操作試驗
—, partial climbing 部分上升

試驗
test, performance 性能試驗
—, **petrol** 汽油試驗
—, **physical** 物理試驗
—, **physicochemical** 理化試驗
—, **polarity** 极性試驗
—, **pour point** 流点試驗
—, **power** 动力試驗
—, **preliminary** 初步試驗
—, **pressure** 压力試驗
—, **proof** 安全試驗
—, **propeller whirling** 螺旋桨旋轉試驗
—, **punch(ing)** 冲压試驗
—, **qualification** 合格試驗
—, **radiographic** 放射綫照相試驗
—, **rated boost** 定額助力試驗
—, **road** 道路試驗
—, **Rockwell hardness** 洛氏硬度試驗
—, **running in** 空轉試驗(发动机的)
—, **sand** 用砂試驗
—, **sand bag** 砂袋試驗
—, **scleroscope hardness** 肖氏硬度試驗
—, **shear** 剪力試驗
—, **spark** 火花試驗
—, **speed** 速度試驗
—, **speed dive** 速度俯冲試驗
—, **static** 靜力試驗
—, **strength** 强度試驗
—, **stress** 应力試驗
—, **tank** 水箱試驗
—, **tensile** 张力試驗
—, **tensile impact** 张力冲击試驗
— **tension** 同 test, tensile
—, **thrust** 推力試驗
—, **tilting** 傾斜試驗
—, **torsion** 扭力試驗
—, **type** 型式試驗
—, **ultrasonic** 超声波检驗
—, **Vickers hardness** 維氏硬度試驗
—, **viscosity** 黏性試驗
—, **water** 水試驗
—, **whirl** 旋轉試驗
—, **wind tunnel** 风洞試驗
tester 試驗器
—, **air** 驗气器
—, **battery** 蓄电池試驗器
—, **battery cell** 单电池試驗器
—, **bond** 接合試驗器
—, **brake** 閘試驗器
—, **brake shoe** 閘瓦試驗器
—, **cell** 单电池試驗器
—, **cement** 水泥試驗器
—, **center** 中心試驗器
—, **condenser** 电容器試驗器
—, **distributor** 配电器試驗器
—, **engine** 发动机試驗器
—, **fuel pump** 燃油泵試驗器
—, **gasoline** 汽油試驗器
—, **gear** 齿輪試驗机
—, **hardness** 硬度試驗器
—, **ignition circuit** 发火綫路試驗器
—, **ignition coil** 发火綫圈試驗器
—, **lamp** 灯試驗器
—, **low voltage** 低电压試驗器
—, **magneto armature** 磁电机电轉子試驗器
—, **oil** 驗油器
—, **phone receiver** 受話筒試驗器{电訊}

tester, portable coil 輕便綫圈試驗器
—, **rail** 軌条試驗器
—, **Rockwell** 同 tester, Rockwell's hardness
—, **Rockwell's hardness** 洛氏硬度試驗器
—, **scleroscope** 同 sclerometer
—, **spark plug** 火花塞試驗器
—, **spark plug and cable** 火花塞及电綫試驗器
—, **spark plug compression** 火花塞压縮試驗器
—, **spark plug resistance** 火花塞电阻試驗器
—, **starting motor torque** 起动电动机轉矩試驗器
—, **valve and clutch spring** 閥及离合器弹簧試驗器
—, **wheel camber and caster alignment** 輪弧及小脚輪对准器
testing 1.試驗的; 2.同 test
—, **cement** 水泥試驗
—, **destructive** 同 test, destruction
—, **material** 材料試驗
—, **non-destructive** 无破坏試驗
— **of boiler** 同 test, boiler
— **of engine** 同 test, engine
—, **performance** 同 test, performance
texture 組織,构造
theodolite 經緯仪
theorem 定理
—, **Bernoulli's** 伯努利定理
—, **Lami's** 拉密定理
—, **mutual drag** 互阻定理
— **of circulation** 循环定理
— **of three moments** 三矩定理
—, **Pi** π 定理
—, **stagger** 斜罩定理
theoretical 理論的
theory 〔学〕說,〔理〕論
—, **Bernoulli's** 伯努利理論
—, **blade element** 叶片微段理論
—, **circulation** 循环理論
—, **corposcular** 微粒說{物}
—, **induced drag** 誘导阻力理論
—, **inorganic** 无机成因說
—, **maximum principal strain** 最大主应变說
—, **maximum prinicipal stress** 最大主应力說
—, **maximum shear stress** 最大剪应力說
—, **molecular kinetic** 分子运动說{物}
—, **monoplane** 单翼理論
— **of circulation** 同 theory, circulation
— **of dimensions** 因次理論
— **of locomotives** 机車理論
— **of machines** 机械原理
— **of plasticity** 塑性原理
—, **organic** 有机成因說
—, **phugoid** 起伏說(飞机滑行的)
—, **vegetable** 植物成因說
—, **volcanic** 火山成因說
—, **vortex** 渦动理論
—, **wing** 机翼理論
—, **wing profile** 翼剖面理論
thermal 热的

thermit(e) 鋁热剂
—, **sinter** 烧結鋁热剂
thermocouple 温差电偶,热电偶{物}
thermocurrent 热电流{电訊}
thermodynamics 热力学
—, **engineering** 工程热力学
thermo-efficiency 同 efficiency, thermal
thermoelectricity 1.热电; 2.热电学{物}
thermo-electrometer 热电計
thermograph 自記温度計
thermometer 温度計
—, **air** 空气温度計
—, **alcohol** 酒精温度計
—, **bimetallic** 双金屬温度計
—, **centigrade** 摄氏温度計
—, **electric resistance** 电阻温度計
—, **electrical** 电力温度計
—, **engine cooling** 发动机冷却温度計
—, **extension** 引伸温度計
—, **free air** 大气温度計
—, **gas** 气体温度計
—, **maximum and minimum** 最大最小温度計
—, **mercurial** 水銀温度計
—, **metallic** 金屬温度計
—, **pyrometer metallic** 同 pyrometer, metallic
—, **radiator** 散热器温度計
—, **recording** 同 thermograph
—, **thermoelectric** 热电温度計
—, **wet and dry bulb** 干湿球温度計
—, **wet bulb** 湿球温度計
thermometry 測温法
thermopile 温差电堆{物}
thermoplastic 1.热塑性; 2.热塑性塑料
thermoscope 驗温器{物}
thermosiphon 温差环流系統
thermosphere 温度圈
thermostat 恆温器{物}
—, **automatic water** 自动水恆温器
—, **heater valve** 加热閥恆温器
—, **water** 水恆温器
thickness 厚度
—, **angular** 同 thickness, arc
—, **arc** 弧綫厚度(齿輪的)
—, **chordal** 弦綫厚度(齿輪的)
—, **circular** 同 thickness, arc
— **of chip** 切屑厚度
— **of cutting** 切削厚度
— **of drill tip** 鑽尖厚度
— **of flange** 凸緣厚度
— **of pipe** 管厚
— **of thread** 螺紋厚度
— **of tooth, normal** 正常齿厚
—, **tooth** 齿厚
—, **tread** 胎面厚度
—, **uniform** 均匀厚度
thimble 套管
—, **drag spring** 牵簧套管
—, **guy** 牵索套管
—, **pipe** 管套
—, **slide valve** 滑閥套管
—, **steel** 鋼套管
—, **taper** 斜套管
thinner 冲淡剂{化}
thorium 釷{化}
thread 螺紋
—, **Acme** 爱克母螺紋

thread, aero 航空机鑲嵌螺紋
—, **American standard** 美国标准螺紋
—, **angular** 三角螺紋
—, **automobile** 汽車螺紋
—, **Brigg's standard pipe** 布立格标准管螺紋
—, **British standard** 英国标准螺紋
—, **buttress** 鋸齿螺紋
—, **coarse** 粗牙螺紋
—, **differential** 差动螺紋
—, **double** 双头螺紋，双綫螺紋
—, **effective** 有效螺紋
—, **external** 外螺紋
—, **fastening** 紧固螺紋
—, **female** 阴螺紋
—, **fine** 細牙螺紋
—, **French standard** 法国标准螺紋
—, **gas** 同 thread, pipe
—, **gas pipe** 同 thread, pipe
—, **inside** 內螺紋
—, **internal** 同 thread, inside
—, **international standard** 国际标准螺紋
—, **left hand** 左旋螺紋
—, **Lowenherz** 罗万合螺紋
—, **male** 阳螺紋
—, **metric** 公制螺紋
—, **multiple** 多綫螺紋，多头螺纹
— **of screw** 同 thread
—, **pipe** 管螺紋
—, **pitch** 齿节螺紋
—, **right hand** 右旋螺紋
—, **round** 圓螺紋
—, **screw** 同 thread
—, **Seller's** 塞勒螺紋
—, **sharp V** 同 thread, angular
—, **single** 单〔綫〕螺紋
—, **spark plug** 火花塞螺紋
—, **square** 方螺紋
—, **trapezoidal** 梯形螺紋
—, **triangular** 同 thread, angular
—, **triple** 三綫螺紋
—, **U. S. standard** 同 thread, American standard
—, **Whitworth** 惠氏螺紋
—, **Whitworth standard** 惠氏标准螺紋
—, **worm** 蝸杆螺紋

throat 1.喉；2.弯喉(机床的)；3.鉤喉
—, **nozzles** 噴管喉部
— **of fillet weld** 凹角焊喉
— **of flange** 車輪凸緣喉
— **of furnace** 炉喉
— **of injector** 噴射器喉
— **of threading die** 螺絲鋼板导口
— **of weld** 同 throat of fillet weld

throating 滴水槽{建}

throttle 1.节流閥；2.风門；3.节流
—, **automatic** 自动节流閥
—, **barrel** 筒形节流閥
—, **engine** 发动机节流閥
—, **foot** 脚踏风門
—, **full** 1.全节流；2.全开风門
—, **gate** 节流門
—, **hand** 手风門
—, **part** 1.部分节流；2.部分

开风門
throttle, partial 同 throttle, part
throttled 节流〔的〕,減压的
throttling 节流
—, crank 曲柄弯程
—, throw 开程,弯程
throw 1.投擲；2.行程；3.摆度
—, aileron 副翼摆幅
—, crank 曲柄行程
— of crank 同 throw, crank
— of eccentric 偏心輪行程
— of the point 軌尖摆幅
thrower, ballast 卸載器
—, crank shaft oil 曲軸抛油圈
—, generator oil 发电机抛油圈
—, knuckle 关节拆开器
—, oil 抛油圈
thrust 推力
—, airscrew 螺旋桨推力(飞机的)
—, axial 軸向推力
—, ball 鋼珠推力
—, bearing 軸承推力
—, effective 有效推力
—, effective propeller 螺旋桨有效推力
—, end 軸端推力
—, horizontal 水平推力
—, lateral 横向推力
—, maximum 最大推力
—, minimum 最小推力
—, net 凈推力
— of propeller 螺旋桨推力
—, positive 正推力
—, propeller 同 thrust of propeller
—, radial 径向推力
—, side 側推力
—, static 靜推力
—, static propeller 螺旋桨靜推力
—, theoretical 理論推力
—, turbine 渦輪机推力
tickler 同 primer 1.
tie 同 sleeper 1.
—, arm 擔箍
—, bevelled rectangular 斜角軌枕
—, cross 1.同 sleeper 1.; 2.同 bar, gage 2.
—, ferro-concrete 同 sleeper, ferro-concrete
—, frame cross 底架横撑
—, halve round 同 sleeper, half-round
—, iron 同 sleeper, iron
—, leaf spring 片簧箍
—, rectangular 同 sleeper, rectangular
—, radius bar cross 半径杆横撑
tie-down 栓系
tie-rod 同 rod, tie
tight 紧密
—, air 气密
—, gas 同 tight, air
—, oil 油密
—, steam 汽密
—, water 水密
tightener, belt 紧带輪
tighting, oil 油密法
tightness 紧密度
—, air 气密性
—, gas 同 tightness, air
—, water 水密性
tile 瓦

tiller 舵杆
tilt 傾斜
—, axle 軸傾斜
timber 木材
—, draw 車船板条木料
—, plied 层疊木材
time 时,时間
—, auxiliary 补助时間
—, combustion 燃燒时間
—, control reaction 控制反应时間
—, cutting 切削时間
—, flying 飞行时間
—, lifting 上升时間
—, lowering 下降时間
—, machine handling 刀架进退时間
— of ignition 发火时間
— of oscillation 同 duration of oscillation
— of vibration 振动时間
—, operation 操作时間
—, piece handling 工件装卸时間
—, preflame 焰前时間
—, residence 居留期
—, set-up 装工具时間(工作母机上)
—, take-off 起飞时間(飞机的)
—, warming up 加温时間
timer 定时器
—, distributor 配电器定时器
—, spark 火花定时器
timing 定时
—, advanced 提早定时
—, breaker 断电定时
—, distributor 配电〔器〕定时
—, exhaust valve 排气閥定时
—, ignition 发火定时
—, magneto 磁电机定时
—, valve 閥定时
tin 錫{化}
—, tetra ethyl 四乙〔基〕錫
tinning 鍍錫
tinsmith 白鉄工人
tip 梢,尖
—, automatic coal 自动卸煤器
—, blade 叶梢
—, coal 卸煤器
—, cutting 割尖(氧割器的)
—, dihedral wing 上反翼梢
—, elliptical 橢圓形梢
—, feed 喂針
—, negative rake 負斜梢
—, negative wing 負翼梢
— of blade 同 tip, blade
— of pole shoe 极片尖
—, piston spring 活塞弹簧尖端
—, positive rake 正斜梢
—, propeller 螺旋桨叶片梢
—, rake wing 斜翼梢
—, raked 斜梢
—, round 圓梢
—, shaft 軸梢
—, square 方梢
—, square wing 方翼梢
—, torch 吹管嘴
—, up-filed wing 同 tip, dihedral wing
—, up-tilting wing 同 tip, dihedral wing
—, welding 同 tip, torch
—, welding blow 同 tip, torch
—, wing 翼梢
tipper, electric tool 同 machine,

electric tool-tipping
tipping 1.包梢;2.傾卸
—, copper 銅包梢(桨叶的)
—, propeller 螺旋桨包梢
tire 同 tyre
tirecut 輪胎割痕
titanium 鈦{化}
title 名称,标題
toe 1.斜釘(木工);2.趾
— of weld 焊金趾
—, tyre bead 輪胎緣趾
toe-in 內向(輪胎)
—, tyre 輪胎內向
toeing 斜向(起落輪)
toe-out, tyre 輪胎外傾
toggle 肘节
—, brake 閘肘节
toggle-joint 同 joint, elbow
tolerance 〔配合〕公差
—, basic 基本公差
—, bilateral 双向公差
—, close 紧〔的〕公差
—, gage 量規公差
—, manufacturing 制造公差
— on fit 配合公差
—, unilateral 单向公差
toluene 甲苯{化}
ton 吨
—, long 长吨,英国吨
—, metric 公吨
—, short 短吨,美国吨
tongs 鉗
—, band jaw 鍛工鉗
—, chisel 鏨鉗(鍛工的)
—, close mouth 密口鉗(鍛工的)
—, crucible 坩鍋鉗
—, double hollow bit (鍛工)十字空心鉗
—, draw 同 tongs, drawn
—, drawn 拔鉗
—, flat 同 tongs, flat mouth
—, flat mouth 平口鉗(鍛工)
— for nails 起釘鉗
—, forge 鍛工鉗
—, gas pipe 气管鉗
—, hollow bit 空心鉗(鍛工的)
—, lazy 惰鉗
—, open mouth 开口鉗
—, pickup 拾取鉗(鍛工的)
—, pin 同 tongs, sliding
—, pipe 管鉗
—, punching 冲孔鉗
—, rail 軌鉗
—, riveting 鉚釘鉗
—, round mouth 圓口鉗(鍛工的)
—, round side mouth 圓边口鉗(鍛工的)
—, shoulder carrying 槓軌鉗
—, side mouth 边口鉗 (鍛工的)
—, sliding 带箍的鉗(鍛工用)
—, smith 同 tongs, forge
—, soldering 焊鉗
—, spike 道釘鉗
—, square mouth 方口鉗(鍛工的)
—, universal 万能鉗(鍛工的)
tongue 舌
—, flame 火舌
—, joint 同 feather 1.
—, spring 同 point, spring
—, switch 同 blade, switch
tonnage 吨数
—, gross 总吨数
—, rating 額定吨数

tons per inch of immersion 每吋吃水吨重

tool 1.工具;2.刀具

—, **adjustable** 同 cutter, adjustable

—, **air** 气动工具

—, **angle cutting** 角刀具

—, **armature turning and cutting** 电轉子車削刀具

—, **ball nose spinning** 球端旋压工具

—, **bead(ing)** 捲边工具

—, **bench type tyre chain repair** 台式胎鏈修理工具

—, **bent** 弯头刀具

—, **bent lathe** 弯头車刀

—, **bent spotting** 弯头打中心眼刀

—, **bent threading** 弯头割螺紋刀

—, **bit** 刀头刀具

—, **boiler scaling** 去水銹工具

—, **bordering** 摺边工具

—, **boring** 鏜孔刀具

—, **boring finishing turning** 鏜孔光車刀

—, **boring turning** 鏜孔車刀

—, **brake adjusting** 閘調整工具

—, **brass finishing turning** 黃銅光車刀

—, **brass roughing turning** 黃銅粗車刀

—, **broad nosed finishing** 闊头光車刀

—, **builder's** 建筑工具

—, **carbide** 碳化物刀具

—, **carpenter's** 木工工具

—, **cast iron finishing turning** 鋳鉄細鏇刀,鋳鉄光車刀

—, **caulking** 同 chisel, calking

—, **centering** 定中心工具

—, **chain** 鏈工具

—, **chasing** 同 tool, screw

—, **circular form** 成形圓切刀

—, **circular threaded** 細紋圓切刀

—, **connecting rod bending** 連杆校弯器

—, **copper** 銅刀

—, **corner** 修角工具

—, **crank shaft returning** 曲軸絞光刀

—, **cranked** 曲柄刀

—, **cutting** 1.切削工具; 2.同 tool 2

—, **cutting off turning** 切断鉋刀

—, **cutting off iurning** 切断車刀

—, **cutting-in** 切进刀

—, **cutting-off** 截刀

—, **diamond** 金鋼石刀

—, **diamond spinning** 尖头旋压工具

—, **diamond-point** 尖头車刀

—, **down bent roughing** 弯头粗車刀

—, **down-cutting** 鍘刀

—, **drilling** 同 tool, boring

—, **dutch nose** 同 tool, shovel-nose

—, **edge** 削边刀

—, **external screw cutting turning** 同 tool, male screw cutting

—, **facing** 車面刀

tool, female screw cutting 阴螺紋車刀
—, final finishing 最后完工刀具
—, finishing 1.光車刀; 2.完工刀具
—, finishing hook 完工鈎形工具
—, finishing slotting 細鍘刀
—, flat 平口刀
—, flat finishing 完工平口刀
—, forged 鍛制刀具
—, forged lathe 鍛制車刀
—, form(ing) 成形刀,样板刀
—, formed threading 成形螺紋切刀
—, formed turning 成形車刀
—, four squared 四稜刀
—, front axle aligning 前軸对准工具
—, gear burnishing 齿輪滾光輪
—, gear cutting 齿輪切削刀具
—, general finishing turning 普通光車刀
—, general hand 普通手工具
—, goose-neck 鵝頸刀
—, goose-neck spring 鵝頸弹簧刀
—, graving 同 graver
—, hand 手工具
—, hand turning 手工車刀
—, heading 制头工具, 鍛头工具
—, high speed pneumatic 高速气动工具
—, high speed turning 高速車刀
—, hollow milling 同 cutter, hollow milling
—, hook 鈎形刀具
—, hub 修轂工具
—, inside chasing 同 tool, femal screw cutting
—, inside recessing 內凹槽車刀
—, inside screw cutting 同 tool, femal screw cutting
—, inside threading 同 tool, femal screw cutting
—, inside turning 內車刀
—, intermittent cutting 断續切削刀
—, internal screw cutting turning 同 tool, femal screw cutting
—, keyway cutting slotting 鍵槽插刀
—, knife shaping 刀头鉋刀
—, knife turning 刀头車刀
—, knurling 滾花刀具
—, lathe 車刀
—, left hand 左削車刀
—, left hand facing 左削平面車刀
—, left hand roughing 左削粗車刀
—, left hand side 左削側刀
—, machine 工具机
—, machine knurling 机用滾花刀具
—, main bearing boring 主軸承鏜刀
—, male screw cutting 阳螺紋車刀
—, marking 划綫工具
—, master 1.基础工具;2.量具原器

tool, measuring 測量工具
—, metal working 金工工具
—, milling 同cutter, milling
—, miscellaneous 杂項工具
—, molder's 造型工具
—, molding (moulding) 同 tool, molder's
—, necking 开槽刀
—, nurling 刻边工具
—, offset 同 tool, goose-neck
—, outside screw cutting 同 tool, male screw cutting
—, parting 同tool, cutting-off
—, parting planing 切断鉋刀
—, parting slotting 切断插刀
—, perforating 穿孔工具
—, pioneer 野外修理工具
—, pipe 修管工具
—, planer 鉋刀
—, planing 同 tool, planer
—, ploughing 同 graver
—, pneumatic 同 tool, air
—, pneumatic caulking 气力密縫鏨
—, pointed 尖头工具
—, pointed hook 尖头鈎形工具
—, polishing 抛光工具
—, portable machine 輕便工具机
—, portable tyre chain repair 輕便胎鏈修理工具
—, precision 精密工具
—, punching 冲孔工具
—, radial 同 tool, segment
—, radius 同 tool, segment
—, raised face 凸面刀具
—, rapid-steel 高速鋼工具
—, recessing 凹槽車刀
—, regular turning 普通車刀
—, relining 換衬工具
—, right hand 右削車刀
—, right hand bend 右削弯头刀
—, right hand diamond point 右削尖头車刀
—, right hand side 右削側刀
—, rim 輪輞工具
—, riveting 鉚釘工具
—, roller 滚輪工具
—, roughing 粗刀具,粗車刀具
—, roughing crank planing 曲柄粗鉋刀
—, roughing planing 粗鉋刀
—, roughing slotting 粗插刀
—, roughing special slotting 特种粗插刀
—, roughing turning 粗車刀
—, round faced roughing 圓面粗車刀
—, round-nose(d) 圓头刀具
—, round-nose chipping 圓头鏨
—, round-nose cutting 圓头切刀
—, round-nose hand 圓头手工具
—, round-nose lathe 圓头車刀
—, round-nose spinning 圓头旋压工具
—, scraping 同 scraper 1.
—, screw 割螺紋刀具，螺紋刀具
—, screw chasing 同chaser 1.
—, screw cutting 同 tool,

screw

tool, segment 圓角切刀

—, **shear** 剪鉋刀

—, **shoulder** 割肩刀具

—, **shovel-nose** 寬头刀

—, **side** 側刀

—, **side roughing planing** 側粗鉋刀

—, **side roughing turning** 側粗車刀

—, **single** 单刀

—, **skiving** 定形切向刀

—, **slotting** 插刀

—, **smith** 鍛工工具

—, **snap** 同 set, rivet

—, **soldering** 焊接工具

—, **solid** 整体刀具

—, **spark plug gap setting** 火花塞隙校正器

—, **spinning** 旋压工具

—, **splayed horing** 同 jumper

—, **spotting** 同 tool, centering

—, **spring** 弹簧刀

—, **square hole cutting slotting** 方孔插刀

—, **square-nose** 方头刀具

—, **squaring** 同 tool, square-nose

—, **stone drawing** 挖石工具

—, **straight** 直鋒刀具

—, **straight faced roughing** 直面粗車刀

—, **straight roughing shaping** 直粗鉋刀

—, **tangential** 切向刀

—, **taper turning** 斜車刀

—, **tapping** 同 tap 1.

—, **thread(ing)** 同 tool, screw

—, **thread cutting** 同 tool, screw

—, **three square** 三稜刀

—, **tipped** 鑲片刀具

—, **tongue** 舌形旋压工具

—, **track connecting** 履带連接工具

—, **tube beading** 管头捲边工具

—, **turbine** 渦輪工具

—, **turning** 同 tool, lathe

—, **tyre valve stem finishing** 輪胎閥杆完工刀具

—, **under-cutting turning** 沉割車刀

—, **valve converting** 換閥工具

—, **valve core removing** 閥心拆卸工具

—, **valve reseating** 同 tool, valve converting

—, **valve seat insert replacing** 閥座裝卸工具

—, **welding** 同 tool, soldering

—, **wood turning** 木工車刀

—, **wood working** 同 tool, carpenter's

—, **wroughtiron finishing turning** 熟鉄光車刀

toolmaker 工具工人

tool-post 同 rest 3.

tooth 1.齿; 2.牙

—, **armature** 电轉子齿{电}

—, **briar** 偏鋒齿,鈎齿(鋸的)

—, **cast** 铸成齿

—, **celerity** 有孔鋸齿

—, **commutating** 換向齿,整齿

—, **conjugate** 共軛輪齿

tooth, cut 割成齿
—, **cycloid gear** 摆綫輪齿
—, **cycloid wheel** 同 tooth, cycloid gear
—, **cycloidal** 摆綫齿
—, **cylindrical** 圓柱形齿
—, **double** 复齿(鋸)
—, **double helical** 人字齿
—, **epicycloidal** 外摆綫齿
—, **epicycloidal and hypocycloidal gear** 內外摆綫輪齿
—, **epicycloidal wheel** 外摆綫輪齿
—, **external** 外齿
—, **gear** 輪齿
—, **gullet** 同 tooth, briar
—, **helical** 螺旋齿
—, **herringbone** 同 tooth, double helical
—, **hunting** 追逐齿
—, **internal** 內齿
—, **involute** 漸开綫齿
—, **involute gear** 漸开綫輪齿
—, **involute wheel** 同 tooth, involute gear
—, **knuckle** 圓頂齿
—, **machine cut** 同 tooth, cut
—, **milled** 銑成齿
—, **milled without play** 无隙銑成齿
—, **mortice wheel** 木輪齿
— **of broacher, finishing** 拉刀的精削齿
— **of broacher, roughing** 拉刀的粗削齿
— **of broacher, semi-finishing** 拉刀的半精削齿
— **of the cutter** 銑刀齿
— **of wheel** 輪齿
—, **planed** 鉋成齿
—, **quadrant** 扇形輪齿
—, **raker set** 交錯偏撓鋸齿
—, **rectilineal face** 直面輪齿
—, **rough** 粗制齿
—, **saw** 鋸齿
—, **straight** 直齿
—, **straight set** 逐齿偏撓鋸齿
—, **stub** 短齿
—, **triangular** 三角齿(鋸)
—, **wavy set** 波紋偏撓鋸齿
—, **wood** 木齿
top 1.上部;2.頂
—, **canopy** 天盖式車頂
—, **canvas** 帆布頂
—, **chimney** 同 cap, chimney
—, **closed** 閉式炉口
—, **dome** 汽室頂
—, **folding** 摺頂
— **of furnace** 炉頂
— **of rail** 軌面
—, **regulating** 調整器上部
—, **sand box** 砂箱頂
—, **sliding** 活頂(車身的)
—, **smoke stack** 同 cap, chimney
—, **spinning** 陀螺
—, **steel** 鋼頂
—, **straight** 平頂
—, **wagon** 車頂
tope, petrol 同 cock, gasoline
topping-up 充气
torch 吹管
—, **acetylene welding** 乙炔〔焊接〕吹管
—, **blow** 同 torch
—, **cutting** 截割吹管
—, **gasblow** 煤气吹管

torch, gasoline blow pipe 汽油吹管
—, machine cutting 机力截割吹管
—, machine welding 机力焊接吹管
—, oxyacethylene 氧乙炔噴焊「器
—, starting 起动吹管
—, welding 焊接吹管
torpedo 魚雷
—, aerial 空中魚雷
torque 1.轉矩;2.扭轉
—, airscrew 螺旋桨轉矩（飞机的）
—, brake 閘轉矩
—, effective torsional 同 moment, effective torsional
—, engine 发动机轉矩
—, negative 同 moment, negative torsional
—, propeller 同 torque, airscrew
—, rudder 舵轉矩
—, starting 起动轉矩
—, useful torsional 同 moment, effective torsional
torsiogram 扭振图
torsiograph 扭振自記器
torsion 同 torque
torsion, track 履带轉矩
torsional 扭轉的
torsionmeter 扭力計
toss 上冲,上揚
total 总的
tough 韌,坚
toughness 韌性
tourer 同 aeroplane, touring
tower 塔
—, conning 舵楼
—, control 控制塔
—, cooling 冷却塔
—, elevator 升降塔
—, mooring 同 mast, mooring
—, transporter 运輸塔
—, water 水塔
towing 拖〔曳〕
—, chain 鏈拖
trace 1.交点;2.微量;3.描图
tracer 描图員
—, form 定形靠模
traces of line 綫交点
— of plane 面交綫
tracing 描图
track 1.跨距;2.軌道;3.径跡;4.軌距;5.履带
—, axle 軸道
—, cylinder 气缸內径
—, dirt 泥道
—, heat treated steel 热处理鋼履带
—, ladder 梯綫(鉄路)
—, landing gear 起落架輪跡
—, loose 松履带
—, oiled 油滑軌
—, prismatic 同 guide, prismatic
—, railway 軌道綫
—, table 同 guide, table
—, testing 試驗軌道
—, wheel 輪距
traction 1.牽引;2.牽引力
—, cable 纜牽引
—, effective 有效牽引力
—, pneumatic 气力牽引
—, power 动力牽引
—, steam 汽力牽引
tractor 1.拖拉机,牽引車;2.牽

引式飞机
tractor, agricultural 农用拖拉机
—, **caterpillar** 履带牵引車
—, **creeper type** 履带牵引車
—, **farm** 同 tractor, agricultural
—, **gasoline-electric** 汽油电力牵引車
—, **midget** 小型牵引車
—, **ordnance** 曳炮車
—, **plow** 犁田拖拉机
—, **track laying** 开路牵引車
—, **wheel type** 輪式牵引車
trailbuilder 筑路机
trailer 同 car, trail
—, **commercial** 商用拖車
—, **low platform** 低平台拖車
—, **multi-axle** 多軸拖車
—, **oil tank** 油柜拖車
—, **platform** 平台拖車
—, **truck** 載重拖車
—, **two wheel(ed)** 双輪拖車
—, **water tank** 水柜拖車
train 1.列車;2.系
—, **aerial** 空中列車
—, **armoured** 装甲列車
—, **bevel epicyclic** 伞齿輪周轉輪系
—, **change gear** 变速輪系
—, **combat** 战斗列車
—, **compound gear** 复式輪系
—, **differential bevel epicyclic** 差动伞齿輪周轉輪系
—, **down** 下行列車
—, **epicyclic** 周轉輪系
—, **epicyclic bevel gear** 周轉伞齿輪系
—, **epicyclic gear** 同 train, epicyclic
—, **express** 特别快車
—, **freight** 貨物列車
—, **gear** 輪系
—, **goods** 同 train, freight
—, **intermediate** 同 rolls, intermediate
—, **mill** 軋道
—, **mixed** 混合列車
—, **non-stop** 直达列車
— **of mechanism** 机构系
— **of rolls** 同 train, mill
— **of wheels** 同 train, gear
— **passenger** 客运列車
—, **rail** 有軌列車
—, **relief** 救援列車
—, **reverted cyclic** 回行循环輪系
—, **reverted cyclic gear** 同 train, reverted cyclic
—, **simple gear** 单式輪系
—, **trial trip** 試运轉列車
—, **up** 上行列車
—, **wave** 波列
—, **wheel** 同 train, gear
trainer 教練飞机
—, **advanced** 高級教練机
—, **basic** 基本教練机
—, **primary** 初級教練机
train-ferry 同 ferry, train
training 教練
trajectory 弹道
—, **wave like** 波形軌道
trally 同 trolley
trambler 电震板
trammel 1.横木規;2.同 trammel, elliptic
—, **elliptic** 椭圓規
—, **steel beam** 鋼杆規

tramway, aerial 架空电車道
transcendental 超越性的
transfer 传递
　—, heat 传热
transform 变換
　—, heat 热的变換
transformation 变換
　—, cyclic 循环变換
　— of energy 能的变換
transformer 变压器
　—, air 空气变压器
　—, auxiliary 副变压器
　—, car 車用变压器
　—, regulating 調节变压器
　—, single phase oil insulated 单相油变压器
　—, starting 起动变压器
　—, step 分級变压器
　—, step down 降压变压器
　—, step up 升压变压器
transit, level 測平鏡
translation 直綫运动
transmission 1.传动;2.变速器;3.传递
　—, auxiliary 副变速器
　—, chain 鏈传动
　—, electrovacuum 电力眞空传动
　—, flexible 撓性传动
　—, four speed 四級速度变速器
　—, free wheeling 遊輪传动
　—, friction disktype 摩擦盘式变速器
　—, gear power 齿輪传动
　—, heat 热的传递
　—, hydraulic 水力传动
　—, line shaft 天軸传动
　— of energy 能的传递
　— of heat 同 transmission, heat
　— of motion 运动的传递
　— of power 动力传送
　—, planetary 行星变速器
　—, power 同 transmission of power
　—, progressive 級进式传动
　—, progressive type 同 transmission, progressive
　—, rear axle 后軸传动
　—, rope 繩索传动
　—, selective 选择变速器
　—, selective gear 选择齿輪式变速器
　—, selective sliding type 选择滑动式变速器
　—, sliding gear type 滑动齿輪式变速器
　—, speed 变速器
　—, synchromesh 同步配合变速器
　—, three speed 三級速度变速器
　—, two speed 双級速度变速器
　—, variable 变速传动
　—, variable speed 同 transsion, variable
transmit 传递
transmitter 传递器
　—, command 指揮发报机{电訊}
　—, fuel flow 燃油流量传送仪
　—, fuel pressure 燃油压力传送仪

transmitter, fuel quantity 燃油油量传送仪
—, pressure 传压器
transmutation 質变
transom 横樑
transport 1.运輸;2.运輸机
—, bomber 轟炸运輸机
—, cabin 舱式运输机
—, mass 1.质量携带;2.大规模运输
—, motor 汽車运輸
—, passenger 載客机
transposition 移置
transverse 1.横的;2.横樑
—, intermediate 中間横樑
—, main 正横樑
trap 1.阱;2.同 trap, steam
—, air 防气閥
—, cold 冷却俘获器，冷却捕集器
—, drain 放洩弯管
—, drip 滴閥
—, flame 阻焰装置
—, float steam 浮体汽水閥
—, moisture 除潮器
—, oil drain 聚油槽
—, reaction 止回閥
—, sander 聚砂器
—, steam 1.汽水閥;2.凝汽筒
—, water 聚水器
trapezium 梯形
trapezoid 同 trapezium
travel 行程
—, accelerating 加速行程
—, center of pressure 压心行程
—, crank 曲柄行程
—, flame 火焰行程
— of piston 活塞行程
— of slide valve 滑閥行程
— of valve 閥行程
—, piston 同 travel of piston
—, retarding 減速行程
—, slide valve 同 travel of slide valve
—, spindle 軸杆行程
—, valve 同 travel of valve
traveler 同 crane, travelling
traveller 同 traveler
traverse, rapid 快速横动
traverser 移車台
trawler, fishing 捕魚船
tray 1.淺盘;2.垫座
—, ash 同 pan, ash
—, battery 电池盘
—, cutting 切屑盘
—, fuel oil drip 燃油承滴盘
—, oil pan 同 trap, oil drain
—, removable oil pad 活动油芯盘
tread 1.同 tread, wheel 2.切軌面;3.輪輞着地面
—, non-skid 防滑着地面
—, smooth 平滑着地面
—, tyre 輪胎着地面
—, wheel 輪距
treadle 同 pedal
—, brake 同 pedal, brake
—, lathe 車床踏鈑
treated, heat 热处理
treating, cold 同 treatment, cold
treatment 处理
—, anodic oxidation 阳极氧化处理
—, chemical 化学处理
—, cold 冷处理
—, graphical 图解法
—, heat 热处理

treatment, mechanical 机械处理
　—, stress relief heat 消除应力的热处理
treble 三倍的,三层的,三重的
tree, axle 車輪軸
treenail 同 dowel
trefoil 三叶形
trembler 同 blade, trembler
　— for ignition coils 发火綫圈震顫片
trenail 同 dowel
　—, iron 大鉄釘
trenchdigger 同 digger, trench
trencher 掘沟机
tressel 同 trestle
trestle 支架
trestle-board 大图板
trevet 同 trivet
trial 試驗
　—, consumption 消耗試驗
　—, interim 临时試驗
triangle 1.三角形;2.三角板
　—, equiangular 等角三角形
　—, equilateral 等边三角形
　—, isosceles 等腰三角形
　— of forces 力的三角形
　—, polar 极三角形
　—, right 正三角形,直角三角形
　—, scalene 不等边三角形
　—, three arc 弧边三角形
　—, velocity 速度三角形
triangular 三角形的
tribometer 摩擦計
tricar 三輪車
tricycle 三輪脚踏車
trigger 1.扳机(枪炮的); 2.閘柄
　—, gear shift latch 变速弹鍵扳柄
　—, hammer 鎚机扳柄
　—, locking pin 鎖銷扳柄
　—, spring 弹簧扳柄
trigger-guard 同 guard, trigger
trim 整理,修整,平衡調整
　—, body 車身修整
　— by bow 船头整理
　— by stern 尾整理
　— by tail 尾整理
　—, designed 計划吃水差位(船的)
　—, dynamic 动力调整
　—, fore and aft 前后平衡調整
　—, static 静力調整
trimmer 1.修剪器;2.堆煤器
　—, wood 修木机
trimming 同 **trim**
　—, interior 內部整理
trimotor 三发动机
tri-motored 有三发动机的
triode 三极管{电訊}
trip, trigger feed 进刀机构
triplane 三翼机
triple 三层的,三重的,三倍的
triplex 三联的,三倍的
tripod 三脚架
tri-square 曲尺, 矩
trivet 三脚架
trolley 1.手搖車{鉄};2.电車; 3.空中吊运車; 4.滚輪(电車接电杆上端的小槽輪)
　—, docking 淀泊車
　—, hand 手搖車
　—, hoist 吊重行动車
　—, lateral 側滑車
　—, tail 尾欙車
troostite 德魯西体(金相的)
troposphere 对流层{气象}

tropospheric 对流层的{气象}
tropto-meter 測扭計
trouble 故障
—, **engine** 发动机故障
—, **lubrication** 潤滑故障
trough 槽
—, **boom** 构架槽
—, **cable** 纜槽
—, **collecting** 聚积槽
—, **conveyor** 輸送机通行槽
—, **feed** 进給槽
—, **feeder** 同 trough, feed
—, **ink** 墨槽
—, **oil** 油槽
—, **pick-up** 运拾槽
—, **tipping** 傾卸槽
—, **water** 水槽
trowel 修平刀
truck 1.运貨車;2.轉向架
—, **aeroplane crash** 航空救火車
—, **all wheel drive** 全輪驅动运貨車
—, **amphibian** 水陆运貨車
—, **amphibian armored** 水陆装甲車
—, **armored** 同 car, armored
—, **ballast** 同 car, ballast
—, **barrow** 手推运貨車
—, **bogie** 轉向架
—, **captive balloon winch** 系留气球絞車
—, **car** 車輛轉向架
—, **cargo** 运貨車
—, **centre casting** 中心球窩
—, **coal** 同 car, coal
—, **commercial** 同 car, commercial
—, **covered** 同 car, box
—, **crane** 同 car, derrick
—, **Diesel** 柴油运貨車
—, **duck** 同 truck, amphibian
—, **dump** 傾卸运貨車
—, **economy** 簡单轉向架
—, **electric** 电力运貨車
—, **emergency repair** 紧急修理車
—, **equalized pedestal tender** 均衡支架式煤水車轉向架
—, **extra heavy duty** 特重型运貨車
— **for heating boiler** 暖汽鍋車
—, **freight** 同 truck, cargo
—, **front** 前轉向架,导輪(机車的)
—, **garbage** 拉圾車
—, **gasoline tank** 筒式运汽油車
—, **gun** 炮車
—, **gun towing** 拖炮車
—, **half track** 半履带运貨車
—, **hand** 同 truck, barrow
—, **hauling** 拖車
—, **heavy duty** 重型运貨車
—, **kite balloon winch** 同 truck, captive balloon winch
—, **leading** 同 bogie, leading
—, **leading wheel** 导輪架
—, **light** 輕型运貨車
—, **lorry** 同 truck, bogie
—, **mail** 邮政車
—, **medium weight** 中型运貨車
—, **mobile service** 活动服务車
—, **oil tank** 同 car, oil tank

truck, open 敞車
—, panel 鑲板运貨車
—, pickup 小貨車
—, pilot 同 bogie, leading
—, platform 同 car, flat
—, platform and stake rack 平台栏杆車
—, pony 小型轉向架
—, radial 同 bogie, single axle
—, radial trailing 单軸后輪轉向架
—, refrigeration 冷藏車
—, shop 修理車
—, six wheel 同 truck, three axle
—, six wheel drive 六輪驅动載重車
—, stake rack 栏杆車
—, tender 同 bogie, tender
—, three axle 三軸轉向架
—, timber 运木材車
—, trailing 1.拖曳运貨車; 2.同 bogie, trailing
—, two wheel engine 两輪式机車轉向架
—, van 篷式运貨車
—, water carrying 运水車
—, water purification 濾水車
—, water tank 水柜車
—, wrecking 救险車
true-up 校准
truing of grinding wheel 修整砂輪
trumpet, exhaust 喇叭形排气管
trundle 1.无盖貨車;2.灯籠式小齿輪
trunk 1.幹; 2.同 plunger
—, air 通风幹路
—, gas 气幹管
trunnion 耳軸
—, gear shift lever 变速杆支軸
—, knuckle 关节耳軸
— of steam passages 通汽耳軸
—, rear axle 后軸耳軸
truss 同 framework
—, double lift 双升力构架
—, drag 阻力构架
—, lift 升力构架
—, single lift 单升力构架
—, strutless 无柱构架
—, wing 机翼构架
—, wing tip 翼梢构架
—, wireless 无綫式构架
tube 1.管;2.真空管
—, air 同 pipe, air
—, aluminium 鋁管
—, angular 同 pipe, angle
—, arch 拱管
—, axle 軸管
—, back axle 后軸管
—, bent 同 pipe, bent
—, boiler 鍋炉管
—, boiler furnace 鍋炉燃烧处水管
—, boiler stay 鍋炉撐管
—, bracing 撐管
—, brake 同 pipe, brake
—, brass 同 pipe, brass
—, breather 同 pipe, breather
—, brick arch and arch 磚拱及拱管
—, bronze 青銅管
—, burner 噴灯烧管
—, cable 电纜套管
—, cam shaft gear oil 凸輪軸齿輪油管

tube, charging 注入管
—, choke 阻气管
—, circular gas outlet 环状出气管
—, clogged 閉塞管
—, combining 联合管
—, condenser 凝結器管
—, connector 連管
—, control 控制管
—, conveyer同pipe, conveyer
—, copper 同 pipe, copper
—, corrugated 同 pipe, corrugated
—, corrugated smoke 波紋焰管
—, cowl ventilator drain 机罩通风器放水管
—, crimped evacuation 皺形排气管
—, cross 同 pipe, cross
—, curved 同 pipe, bent
—, cylinder block water distributor 气缸組分水管
—, cylinder head water bypass 气缸盖旁通水管
—, delivery 同 pipe, delivery
—, depression 压低管
—, detonate 雷管
—, differential carrier oil distributor 差速器座架配油管
—, distance 定距管
—, distance-sink 同 tube, distance
—, distributor 同 pipe, distributing
—, double reflection 双反射管
—, double Venturi 双汾丘里管
—, draft 通风管
—, drag link 拉杆管
—, drain 同 pipe, discharge
—, drawn 拉制管
—, drying 同 pipe, dry
—, dynamic 动压管
—, elliptical橢圓管
—, engine to oil gage 发动机至油位表管
—, expander 橡皮涨圈
—, fabric filling布制充气管
—, fabric inflation 同 tube, fabric filling
—, feed 同 pipe, feed
—, filler 漏斗管
—, filling 同 tube, charging
—, filter 濾管
—, fire 火管
—, flame 火焰管
—, flanged 同 pipe, flange
—, flared 同 tube, flame
—, flue 同 tube, flame
—, fuel pump to carburetor 燃油泵至汽化器管
—, fuel tank filler 燃油箱漏斗管
—, fuel tank to pump 燃油箱至燃油泵管
—, furnace 炉管
—, gas 同 pipe, gas
—, gas escape 排气管
—, gilled 同 tube, ribbed
—, guide 导管
—, handle bar guide 手柄杆导管
—, hinge 鉸鏈管
—, horn 喇叭管
—, hydraulic 同pipe, hydrau-

lic

tube, idle 同 tube, idling

—, **idling** 空轉油管

—, **ignition** 发火管

—, **ignition cable** 发火电綫管

—, **inflation** 充气管

—, **inlet** 同 pipe, inlet

—, **inner** 內胎

—, **insulating** 絶緣管

—, **interchangeable choke** 可換阻气管

—, **iron** 同 pipe, iron

—, **lead** 同 pipe, lead

—, **lifting** 提升管

—, **light switch** 灯开关管

—, **main vent** 主通风管

—, **manometer** 压力計管

—, **mixing** 混合管

—, **nozzle** 噴管

—, **nursing** 同 tube, inflation

— **of flow** 流管

—, **oil** 同 pipe, oil

—, **oil cooler** 冷油器管

—, **oil filter** 濾油器管

—, **oil gage** 油量計油管

—, **oil level indicator** 油位指示器油管

—, **oil pump to cylinder block** 油泵至气缸体油管

—, **oil retainer** 护油管

—, **oiling** 注油管

—, **outer** 外胎

—, **outlet** 同 pipe, outlet

—, **overflow** 同 pipe, overflow

—, **overflow tank inlet** 溢流箱进水管

—, **piston** 活塞管

—, **piston rod** 活塞杆管

—, **Pitot static** 皮氏靜压管

—, **Pitot's** 皮氏管

—, **porcelain diffuser** 扩散器瓷管

—, **power** 动力管

—, **power Venturi** 动力汾丘里管

—, **pressure** 压力管

—, **propeller shaft** 同 housing, propeller shaft

—, **propeller shaft protection** 螺旋桨軸保护管

—, **puncture seal** 防刺內胎

—, **radiator** 散热器管

—, **radiator outlet** 同 pipe, radiator outlet

—, **radiator overflow** 散热器溢流管

—, **rear axle** 后軸管

—, **return** 同 pipe, return

—, **ribbed** 加肋管

—, **rectifier** 整流管{电訊}

—, **riveted** 同 pipe, riveted

—, **rocker arm shaft overflow** 搖臂軸溢流管

—, **rolled** 軋制管

—, **rubber** 同 pipe, rubber

—, **safety** 安全管

—, **sampling** 取样管

—, **seamless** 同pipe, seamless

—, **seamless drawn** 无縫拉制管

—, **seamless rolled** 无縫軋制管

—, **seamless steel** 无縫鋼管

—, **shaft** 軸管

—, **shock** 冲波管

—, **slit** 有縫管

—, **slow speed** 低速管

—, **smoke** 同 pipe, smoke

tube, smooth 光面管
—, snubber 滯流管
—, solid drawn 同 tube, seamless drawn
—, speaking 通話管
—, speed indicating Venturi 示速汾丘里管
—, spiral welded 同 pipe, spiral welded
—, spray 同 tube, nozzle
—, starting 起动管
—, static 静压管
—, stay 同 tube, bracing
—, steel 同 pipe, steel
—, steering column 同 jacket, steering column
—, stern shaft 船尾軸管
—, stock 装杆管(自动鏇床的)
—, stream 同 tube, streamline
—, streamline 流綫型管
—, streamline section 流綫形剖面管
—, stub 同 pipe, stub
—, suction 同 pipe, suction
—, superheater 过热管
—, superheating 同 tube, superheater
—, supply 同 pipe, supply
—, surface condenser 表面凝結管
—, syphon 虹吸管
—, telescopic 伸縮管
—, test 試管
—, tie rod 系杆管
—, tipping 傾卸管
—, torque 轉矩管
—, trailing Pitot 下垂皮氏管
—, twisted 同 pipe, spiral
—, tyre 同 tube, inner
—, vacuum 眞空管
—, valve core rubber 閥心橡皮管
—, vapour 蒸汽管
—, vent 同 pipe, vent
—, ventilator 同 pipe, ventilator
—, Venturi 汾丘里管

—, visilitity 透視管
—, vitriol 礬水管
—, vortex 渦动管
—, water 同 pipe, water
—, water cooling 水冷管
—, water distributing 分水管
—, welded 同 pipe, welded
—, wheel 同 tube, inner
—, whistle 号留管
—, wiring 装綫管
tubes 管材
tubing 1.管装置;2.管系
—, brass 黃銅管
—, copper 銅管
—, discharge 排气管系
—, flexible metal 撓性金屬管
—, plastic 塑胶管
—, rubber 橡皮管
—, stem brass 杆銅管
—, structural 結构管
tubular 管形
tugboat 拖船
tumble 滾轉
tumbler 1.轉臂;2.轉筒;3.同 gear, tumbler
tungsten 鎢
tuning 調諧
tunnel 1.地道;2.烟囪
—, air 同 channel, wind

tunnel, atmospheric 大气风洞
- —, **closed jet wind** 封閉式风洞
- —, **compressed** 同 tunnel, compressed air
- —, **compressed air** 高压风洞
- —, **density** 同 tunnel, compressed air
- —, **discharge** 排水道
- —, **fullscale** 实物試験风洞
- —, **high density** 同 tunnel, compressed air
- —, **intake** 进水道
- —, **open jet wind** 开口式风洞
- —, **open type wind** 同 tunnel, open jet wind
- —, **propeller shaft** 螺旋桨軸槽
- —, **race course** 跑場式风洞
- —, **refrigerated wind** 冷风洞
- —, **return flow wind** 回流式风洞
- —, **smoke** 同 chimney
- —, **square-section** 方形风洞
- —, **variable density** 变压风洞
- —, **vertical** 竖直风洞
- —, **wind** 风洞

tup 同 ram 2.
- —, **hammer** 同 ram 2.

tupelo 1.灯籠齿輪；2.轉軸头

turbidity 混浊度

turbine 〔叶〕轮机，透平〔机〕
- —, **action** 冲动式叶轮机
- —, **ahead** 推进汽輪机
- —, **air** 空气輪机,空气透平
- —, **astern** 倒車輪机,倒車透平
- —, **auxiliary** 輔助輪机,輔助透平
- —, **axial flow** 軸流式叶輪机,軸流式透平
- —, **back pressure** 背压式汽輪机,背压式透平
- —, **bleeder** 放汽汽輪机,放汽透平
- —, **bleeding** 同 turbine, bleeder
- —, **closed cycle gas** 閉式循环燃气輪机，閉式循环燃气透平
- —, **combination** 混合式汽輪机,混合式透平
- —, **combined flow** 同 turbine, combined flow
- —, **combined reaction and impulse** 冲力及反力式汽輪机，冲力及反力式混合透平
- —, **combustion gas** 燃气輪机，燃气透平
- —, **compound** 复式輪机,复式透平
- —, **condensing** 凝汽式汽輪机，凝汽式透平
- —, **constant pressure gas** 定压燃气輪机，定压燃气透平
- —, **cruising** 巡航輪机,巡航透平
- —, **direct connected** 直接連接輪机，直接連接透平
- —, **double flow** 双流式叶輪机，双流式透平
- —, **exhaust** 排气輪机,排气透平
- —, **exhaust gas** 同 turbine, exhaust
- —, **exhaust steam** 排汽輪机，排汽透平
- —, **extraction** 抽汽式輪机，抽

汽式透平

turbine, four cylinder steam 四座式蒸汽輪机，四座式蒸汽透平

—, gas 同 turbine, combustion gas

—, geared 齿輪联动輪机，齿輪联动透平

—, head light 前灯汽輪机

—, high pressure 高压汽輪机，高压透平

—, high pressure and low pressure 高低压汽輪机，高低压透平

—, hydraulic 水輪机，水力透平

—, ideal 理想輪机，理想透平

—, impulse 冲力式輪机，冲力式透平

—, impulse and reaction 同 turbine, combined reaction and impulse

—, impulse reaction 同 turbine, combined reaction and impulse

—, impulse steam 冲力式蒸汽輪机，冲力式蒸汽透平

—, intermediate pressure 中压汽輪机，中压透平

—, internal-combustion 內燃透平

—, inward flow 心流叶輪机，心流透平

—, low pressure 低压叶輪机，低压透平

—, main 主輪机，主透平

—, marine 船用叶輪机，船用透平

—, mixed flow 混流式叶輪机，混流式透平

—, mixed-pressure 混压叶輪机，混压透平

—, mixed-pressure impulse 混压冲力式叶輪机，混压冲力式透平

—, mixture 混合式輪机，混合式透平

—, multistage 多級叶輪机，多級透平

—, multi-stage gas 多級燃气輪机，多級燃气透平

—, open-cycle gas 开式循环燃气輪机，开式循环燃气透平

—, outward flow 向外流叶輪机，向外流透平

—, parallel flow 幷流叶輪机，幷流透平

—, pressure compound 复式压力叶輪机，复式压力透平

—, pressure stage 压力級叶輪机，压力級透平

—, pressure-velocity compound 复式压力速度級叶輪机，复式压力速度級透平

—, primary 初压汽輪机，初压透平

—, radial 同 turbine, radial flow

—, radial flow 径流式汽輪机，径流式透平

—, reaction 反击式汽輪机，反击式透平

—, reaction steam 反击式蒸汽輪机，反击式蒸汽透平

—, reaction water 反击式水輪机，反击式透平

—, reentry type 重入式叶輪机，重入式透平

—, regenerative 回热式汽輪

机，回热式透平

turbine, reheating 重热式汽輪机，重热式透平

—, semi-closed cycle gas 半閉式循环燃气輪机，半閉式循环燃气透平

—, single cylinder 单座式叶轮机，单座式透平

—, single stage impulse 单級冲力式輪机，单級冲力式透平

—, single-stage 单級式叶輪机，单級式透平

—, single-stage gas 单級燃气輪机，单級燃气透平

—, slow speed 低速叶輪机，低速透平

—, spiral type 螺旋式水輪机，螺旋式透平

—, stage 分級式汽輪机，分級式透平

—, steam 汽輪机，蒸汽透平

—, super-high pressure 超高压汽輪机，超高压透平

—, super-position 重叠式汽輪机，重叠式透平

—, tangential 切向水輪机，切向透平

—, three cylinder 三座式叶輪机，三座式透平

—, two cylinder 两座式叶輪机，两座式透平

—, velocity 速度級式气輪机，速度級式透平

—, velocity compound 同 turbine, velocity stage

—, velocity stage 速度級叶輪机，速度級透平

—, waste steam 废汽汽輪机，废汽透平

—, water同turbine, hydraulic

—, water impulse 冲击式水輪机，水力冲击式透平

—, wind 风力机，风力透平

— with full admission 全部进气式叶輪机，全部进气式透平

— with pressure stage 同 turbine, pressure stage

— with velocity stage 同 turbine, velocity stage

turbo-alternator 汽輪交流发电机，透平交流发电机

turbo-compressor 汽輪式压縮机

turbo-set, unit type 个体汽輪，个体透平

turbosupercharger 渦輪增压器（透平增压器）

turbulence 紊流

—, isotropic 均匀扰动

turbulent 紊流的

turf 同 peat, turf

turn 1.轉弯；2.〔迴〕轉；3.鏇，车削

—, banked 傾斜轉弯

—, best 最佳轉弯

—, climbing 上升轉弯

—, diving 俯冲轉弯

—, flat 平轉

—, flat gliding 滑翔平轉

—, half 半轉

— of bilge 船底轉角

—, quarter 直角轉弯

—, reverse 反轉

—, sharp 急轉弯

—, stalling 失速轉弯

—, steep diving 急降轉弯

—, vertical 垂直轉弯

—, wing-over 横轉

turnbuckle 〔松紧〕螺旋釦
turner 車工
turnery 1.車工工艺;2.車削工作
turning 1.旋轉; 2.車削
turning, copying 仿型車
—, **eccentric** 偏心車削
—, **left handedly** 同 clockwise, counter
—, **metal** 金屬車削
—, **rapid rough** 粗車〔削〕
—, **rough** 同 turning, rapid rough
—, **smooth** 光車〔削〕, 細車〔削〕
—, **spherical** 球体車削
—, **taper** 圓錐体車削
turnmeter 轉率計
turn-out 分道叉
turnplate 同 table, revolving
turns, ampere 安匝
turntable 同 table, revolving
—, **engine** 轉車台(机車用的)
—, **truck** 运貨車轉台
turpentine 松节油
turret 1.轉台;2.六角轉头
—, **cab** 司机棚分汽閥
—, **hexagon** 車床六角轉刀架
—, **lathe** 車床轉刀架
—, **machine gun** 机枪架
—, **square** 車床四方轉刀架
—, **welded** 焊合轉塔
tuyere 风口
—, **alarm** 警器口
—, **blind** 閉口
tweezers 揑鉗
—, **soldering** 焊鉗
twin, asbestos 石棉繩
twine 股繩
twist 扭轉
—, **aerodynamic** 气动扭轉
—, **drag** 扫孔器
—, **hemp** 蔴繩
— **of shaft** 装管器
—, **pipe** 修管器
tympanum 鼓形水車
type 1.型;2.式;3.型式
—, **air cooled** 气冷式
—, **ante-chamber** 前室式
—, **armature** 电轉子式
—, **attached** 附着式
—, **auxiliary air chamber** 副气室式
—, **ball and socket** 球窠式
—, **barrel** 筒式
—, **body** 車身式样
—, **brace** 支撑式
—, **cantilever** 悬臂式
—, **center-float** 中浮式
—, **centrifugal** 离心式
—, **close top** 閉頂式
—, **closed** 閉式
—, **combined** 組合式
—, **compound** 复式
—, **concentric** 同心式
—, **constant pressure** 定压式
—, **constant temperature** 定温式
—, **constant volume** 定容式
—, **contact** 接触式
—, **diaphragm** 膜盒式
—, **differential** 差动式
—, **differential pressure** 差压式
—, **dioptric** 曲折式
—, **direct injection** 直射式
—, **disk** 圓盘式
—, **double flow** 双流式

type, double step 两級式
—, **dry** 乾式
—, **eccentric** 偏心式
—, **evaporative** 蒸发式
—, **explosive** 爆发式
—, **external** 向外式
—, **extra heavy** 特重式
—, **facial** 迎面式
—, **float feed jet** 浮筒进給噴射式
—, **floating** 浮动式
—, **floating packing** 浮动塡密式
—, **four bearing** 四軸承式
—, **frame** 构架式
—, **free floating** 浮游式
—, **gear** 齿輪式
—, **gravity** 重力式
—, **impulse** 冲动式
—, **inboard** 向內式
—, **inductor** 感应式
—, **in-line** 直列式
—, **integral** 整体式
—, **interchangeable anvil** 互换砧式
—, **inverted** 倒置式
—, **jet** 噴射式
—, **loaded** 加重式
—, **low pressure** 低压式
—, **low tension** 同 type, low pressure
—, **mechanical** 机械式
—, **medium pressure** 中压式
—, **mixed** 混合式
—, **molded-on** 模制式
—, **monocoque** 单殼式
—, **monocoque girder** 单殼构架式
—, **multi-path** 多路式
—, **mushroom** 菌形
—, **non-axle** 无軸式
— **of automobile** 汽車型式
— **of boiler** 鍋炉型式
— **of ignition** 发火式样
— **of locomotive** 机車型式
—, **open** 开式
—, **open jet return flow** 开口回流式
—, **oscillating lever** 摆动杆式
—, **outboard** 向外式
—, **overhang** 伸臂式
—, **parasol** 伞式
—, **plate** 平板式
—, **plunger** 柱塞式
—, **pressure** 压力式
—, **propeller** 螺旋桨式
—, **pusher** 推进式
—, **radial** 径向式
—, **reaction** 反动式
—, **return passage** 回路式
—, **return tubular** 回管式
—, **roller** 滚筒式
—, **rotary** 迴轉式
—, **scoop** 戽斗式
—, **screw** 螺旋式
—, **seaplane** 水上飞机型式
—, **sectional** 分段式
—, **segmental** 分裝式
—, **self feed** 自給式
—, **semi-centrifugal** 半离心式
—, **service** 通用式
—, **shaft** 軸式
—, **single chamber** 单室式
—, **single liquid** 单液式
—, **single stage** 单級式
—, **slipper** 滑〔动〕式
—, **split** 拼合式
—, **spray nozzle** 噴嘴式

type, stationary 固定式
—, **straddle** 跨式
—, **straddle mounted** 跨立式
—, **suspended** 悬式
—, **tandem** 串联式
—, **three bearing** 三軸承式
—, **tractor** 牵引式
—, **trunk**同 type, barrel
—, **truss** 构架式
—, **tubular** 管式
—, **two stage** 同 type, double step
—, **two step** 同 type, double step
—, **underneath** 下置式
—, **underslung** 下吊式
—, **universal** 通用式
—, **up-to-date** 最新式
—, **water tube** 水管式
—, **watercooled** 水冷式
—, **wing** 翼型
—, **worm shaft and gear** 蝸軸齿輪式
—, **worm shaft and nut** 蝸軸螺母式
—, **worm shaft and sector** 蝸軸扇輪式
typewriter 打字机
typical 1.范式的;2.典型的
tyre 輪胎,輪箍
—, **aeroplane** 飞机輪胎
—, **balloon** 低压輪胎
—, **band** 实心輪胎
—, **blind** 同 tyre, flangeless
—, **block** 同 tyre, band
—, **bus** 公共汽車輪胎
—, **clincher** 紧嵌式輪胎
—, **combination** 組合輪胎
—, **conic** 錐形輪胎
—, **cord** 繩織輪胎
—, **cover** 外胎
—, **curing** 修补輪胎
—, **cushion** 同 tyre, semi-solid
—, **cylindrical** 圓筒形輪胎
—, **deflated** 放气輪胎
—, **detachable clincher** 可卸紧嵌式輪胎
—, **double** 同 tyre, twin
—, **double tube pneumatic** 双管充气輪胎
—, **dual** 同 tyre, twin
—, **dual rear** 双后輪胎
—, **eight ply** 八层輪胎
—, **extra heavy duty** 特重〔載〕輪胎
—, **fabric tread** 編織輪胎
—, **flangeless** 无凸緣輪胎
—, **flat** 同 tyre, deflated
—, **fluted iron** 槽鉄轮胎
—, **four ply** 四层轮胎
—, **fresh** 新輪胎
—, **grooved iron** 同 tyre, fluted iron
—, **grooved trailer** 开槽拖車輪胎
—, **heat resisting** 耐热輪胎
—, **heavy duty** 重載輪胎
—, **high pressure** 高压輪胎
—, **hub mounted** 装轂輪胎
—, **industrial** 工业用輪胎
—, **iron** 鉄輪箍
—, **lip on** 同 lip on tyre
—, **low pressure** 低压輪胎
—, **lug** 凸緣輪胎
—, **medium pressure** 中压輪胎
—, **metric size** 公制輪胎
—, **mud and snow** 泥雪輪胎

tyre, non-skid 防滑輪胎
—, nylon cord 尼龙綫織輪胎
—, oversize 加大輪胎
—, pneumatic 充气輪胎
—, pressed-on iron 压合鉄輪箍
—, puncture-proof 防刺輪胎
—, rayon cord 人造絲綫織輪胎
—, rear 后輪胎
—, recapped 同 tyre, retreaded
—, reclaimed rubber 再生橡胶輪胎
—, regular clincher 固定紧嵌式輪胎
—, retreaded 翻制輪胎
—, rib tread 肋紋輪胎
—, riveted iron 铆接鉄輪箍
—, rubber 橡胶輪胎
—, semi-solid 半实心輪胎
—, single tube 单管輪胎
—, single tube pneumatic 单管充气輪胎
—, six ply 六层輪胎
—, smooth tread 光紋輪胎
—, soft rubber 軟橡胶輪胎
—, solid 同 tyre, band
—, spare 备份輪胎
—, spare pneumatic 备份充气輪胎
—, springer 弹性輪胎
—, steel 鋼輪箍
—, straight edge 直边轮胎
—, straight side 同 tyre, straight edge
—, studded 叠层輪胎
—, synthetic rubber 合成橡胶輪胎
—, ten ply 十层輪胎
—, traction 牵引輪胎
—, trailer 拖車輪胎
—, twelve ply 十二层輪胎
—, twin 双輪胎
—, twin solid 双实心輪胎
—, two ply 双层輪胎
—, upper idler roller 上空轉滚筒胎
—, wheel 同 tyre
—, wheel-less 无輪胎
—, wooden 木輪箍

U

U-boat 同 boat, submarine
Ubolt U形螺栓
U-clamp 同 clevis
U-iron 同 iron, channel
U-link U形联接环
U-nut U形螺母
U-pipe U形管
U--sheet U形板
U-tube 同 U-pipe
U-vortex 同 vortex, horse shoe
ultimate 1.极限；2.最后
umbra 影区
unbalance force 力的不平衡
—, moment 力矩不平衡
unbalanced 不平衡的
uncage 松鎖
undercarriage 同 carriage, under
—, amphibian 水陆两用起落架
—, divided 拼合式起落架
—, float 浮筒式起落架
—, land 着陆架
—, oleo 油减震式起落架
—, retractable 伸縮起落架

undercarriage, spring 同 undercarriage, steel spring
—, steel spring 鋼簧起落架
—, tripod 三脚起落架
—, trousered 減阻罩起落架
—, vee-type V形起落架
undercooling 過冷
undercut 下部凹陷
undercutting 凹割
underdrain 暗沟，聚水系統
underframe 1.底架；2.底框
—, box section 箱形底架
—, iron 鉄底架
—, locomotive 机車底架
—, timber 木底架
underguard 下部保护物
—, sheet iron 下部护板
under-inflation 打气不足
—, tyre 輪胎打气不足
underpan, engine 发动机底盘
undershield 同 underguard
undulation 1.波动；2.搖动
uniflow 单流
uniformity 均匀性
union 同 union, pipe
—, ball sleve tubing 球套管节
—, blower pipe 吹风管联管节
—, flared 扩口联管节
—, flexible pipe 撓性联管节
— for iron pipe 鉄管联管节
—, fuel pipe 燃料管联管节
—, pipe 联管节
—, steam 汽管联管节
unipivot 单支枢
unisparker 单一发火器
unit 1.单位；2.組
—, absolute 絶对单位
—, antenna tuning 天綫調諧器{电訊}
—, atomic mass 原子質量单位
—, automatic tool retracting 自动退刀装置
—, auto-pilot servo 自动駕駛継动装置
—, auxiliary power 輔助动力組
—, bank and climb gyro control 傾斜升降迴轉控制器
—, British thermal 英〔国〕热单位
—, coil 綫圈組
—, control 控制器
—, conveyer reverse 輸送机变向装置
—, cross slide 橫滑組
—, derived 导出单位
—, directional gyro control 方向迴轉控制器
—, electric 电单位
—, electromagnetic 电磁单位
—, electro-static 靜电单位
—, fire detector 測火器
—, fundamental 基本单位
—, fundamental tolerance 基本公差单位
—, gasket 墊片組
—, gravitational 重力单位
—, gravity 同 unit, gravitational
—, guide-bar 导杆組
—, heat 热单位
—, hydraulic 液力組合
—, ignition 发火組合
—, metering 量流組合

unit, mobile electric generator 活动发电車
—, mobile oil refiner 活动炼油車
—, mobile water purification 活动滤水車
— of capacity 容量单位
— of fit 配合单位
— of force 力单位
— of heat 同 unit, heat
— of mass 質量单位
— of pressure 压力单位
— of stress 应力单位
— of time 时間单位
— of weight 重量单位
— of work 工作单位
—, power 动力組
—, practical 实用单位
—, propulsive 推进裝置
—, rotating cross-feed 轉动横进刀裝置
—, servo 随动装置
—, standard 标准单位
—, superheater 过热器
—, tail 尾部
—, thermal 同 unit, heat
—, tolerance 公差单位
—, vibration isolating mounting 减震架組合
unloader 卸載机
—, car 卸車机
unscrew 擰松
unstable 不稳定的
updraft 同 draft, up
upholstering, side car back 边車背垫
upholstery 椅垫
upper-frame 1.頂架；2.頂框
upright 1.竪立的;2.同 column
—, boring machine 鏜床柱
—, drilling machine 鑽床柱
—, milling machine 銑床柱
upset 縮鍛,頓鍛
—, clamp 弯压鉄（施工时压工件用）
upstream 上升气流
upstroke 上升冲程
uptake 烟喉(通烟到屋外的)
—, gas 气喉
upturned 上翻
upwash 升流
uranium, enriched 浓集鈾{化}，加浓鈾{化}
—, natural 天然鈾{化}
utilization 利用
— of heat 热的利用

V

V-belt V形皮带，三角皮带
V-block 三角槽块，元宝鉄
V-clamp V形夾
V-cylinder V形气缸
V-engine V形发动机
V-8-engine V形八缸式发动机
V-engine, inverted 倒V形发动机
V-motor 同 V-engine
V-sheet V形板
V-strut V形支柱
V-tab V形調整片(飞机的)
V-thread 同 thread, angular
V-wire V形綫
vacuum 眞空
—, absolute 絶对眞空
—, crank case 曲柄箱眞空
—, high 高度眞空
— in the smoke box 烟箱内

眞空

vacuum, low 低度眞空

—, partial 部分眞空

—, theoretical 理論眞空

—, Torricellian 托里拆利眞空

valance 帷

valence 原子价

value 値

—, brake 閘値

—, caloric 含热値

—, calorific 热値

—, effective 有效値

— for interpolation 插入数値

—, fuel 燃料値

—, heat(ing) 同 value, calorific

—, high (higher) calorific 高热値

—, high heat(ing) 同 value, high (higher) calorific

—, higher heating 同 value, high (higher) calorific

—, indicated 指示値

—, isomeric 等容値

—, limiting 极限値

—, low (lower) calorific 低热値

—, lower heat(ing) 同 value, low (lower) calorific

—, lubricating 滑潤値

—, maximum 最大値

—, mean 平均値

—, minimum 最小値

—, octane 辛烷値

— of notched bar, impact 凹口冲击韌度

—, root mean square 均方根値

—, thermal 同 value, calorific

—, train 列値

—, toluene 甲苯値

—, water 水当量

valve 1.閥;2.tube, vacuum

—, accelerator 加速閥

—, acetylene regulator 乙炔調节閥

—, adjusting 調整閥

—, admission 进入閥

—, air 气閥

—, air cylinder 气筒閥

—, air escape 放气閥

—, air inlet 进气閥

—, air inlet clack 进气瓣閥

—, air inlet disk 进气圓盘閥

—, air inlet disk 同 valve, air inlet

—, air outlet 出气閥

—, air pressure 空气压力閥

—, air pump 空气泵閥

—, air release 放气閥

—, air relief 同 valve, air escape

—, air suction 吸气閥

—, air whistle 气笛閥

—, alarm 警报閥

—, alarm check 警报止回閥

—, angle 角閥

—, annular 同 valve, ring

—, annular plate 同 valve, annular

—, application 同 valve, control

—, aspirating 吸引閥

—, atmospheric 通大气閥

—, atmospheric relief 通大气安全閥

valve, automatic 同 auto-valve
—, automatic admission 自动进入閥
—, automatic air 自动气閥
—, automatic ball 自动球閥
—, automatic blow off 自动安全閥
—, automatic brake 自动閘閥
—, automatic control 自动控制閥
—, automatic drain 自动放洩閥
—, automatic drip 同 valve, automatic drain
—, automatic engineer's brake 自动司軔閥
—, automatic exhaust steam 自动排气閥
—, automatic fuel drain 自动放油閥
—, automatic intercepting 自动遮断閥
—, automatic pressure reducing 自动减压閥
—, automatic reducing 同 valve, automatic pressure reducing
—, automatic stop 自动停止閥
—, automatic throttle 自动节流閥
—, auxiliary 輔助閥
—, auxiliary air 輔助气閥
—, auxiliary live steam 进气副閥
—, back-pressure 止回閥
—, balance(d) 平衡閥
—, balance oil 平衡油閥
—, balance pressure reducing 平衡减压閥
—, balanced slide 平衡滑閥
—, balancing 同 valve, balance
—, balancing drifting 輔助助力閥
—, ball 球閥
—, ball check 球止回閥
—, ball relief 球形安全閥
—, ball safety 同 valve, ball relief
—, bell shaped 鐘形閥
—, balloon 气球閥
—, bellowe-sealed 风箱密封閥
—, bent tyre 輪胎弯閥
—, bevel seated 斜形座閥
—, bleed 同 valve, drain
—, blow 通风閥
—, blow-off 吹除閥
—, blow-through 同 valve, blow-off
—, blower 鼓风机閥
—, blower drain 鼓风机放洩閥
—, boiler check 鍋炉止回閥
—, bonnet 帽状閥
—, bottom 底閥
—, bottom drain 底部放洩閥
—, brake 閘閥
—, brake control 閘控制閥
—, brake metering 閘調节閥
—, brass 黄銅閥
—, brine 盐水閥
—, bucket 斗閥
—, butterfly 蝶形閥
—, butterfly throttle 蝶形节流閥
—, by pass 旁通閥
—, cage type 籠形閥
—, carbureting 汽化閥

valve, carburetor fuel 汽化器燃料閥
—, carburetor needle 汽化器針閥
—, cast iron 铸铁阀
—, center 中心閥
—, centrifugal type injection 离心式噴射閥
—, change 轉換閥
—, change over 同 valve, change
—, charge 充气閥
—, check 止回閥
—, choke 阻气閥
—, cinder 卸灰閥
—, clack 瓣閥
—, clap 同 valve, clack
—, clappet 同 valve, clack
—, clear way 全开閥
—, combination 組合閥
—, combined safety and air 安全进气組合閥
—, common slide 普通滑閥
—, concentric 同心閥
—, concentrically placed 同 valve, concentric
—, condenser 凝汽閥
—, conductor's 車守閥
—, cone 錐形閥
—, conical 同 valve, cone
—, conical seat 同 valve, bevel seated
—, control 控制閥
—, controlling 同 valve, control
—, Corliss 考氏摆动閥
—, coupling 联結閥
—, cowl flap control 整流罩通风片控制閥
—, crab-pot 捕蟹器式閥
—, cross 同 valve, change
—, cross-feed 交輸閥
—, cross-over 同valve, change
—, cup 同 valve, bell shaped
—, cut-off 断流閥
—, cylinder by-pass 气缸旁通閥
—, cylinder cock 气缸旋塞閥
—, cylinder drain 气缸放洩閥
—, cylinder head discharge 气缸盖放水閥
—, cylinder release 汽缸放洩閥
—, cylinder relief 气缸安全阀
—, cylinder safety 同valve, cylinder relief
—, cylindrical 柱形閥
—, D-slide D形滑閥
—, damp D放油門
—, dead weight 同 valve, dead weight safety
—, dead weight safety 重量保安閥
—, decompression 洩压閥
—, deflating 放气閥
—, de-icer distributor 去水压力分配閥(飞机的)
—, delivery 輸送閥
—, derichment 减浓閥(煤气或汽油內燃机的)
—, diaphragm 隔膜閥
—, differential 差动閥
—, differential reversing 差动回动閥
—, differential sliding 差动滑閥
—, diffuser 扩散閥
—, director 領导活門

valve, discharge 1.同 valve, release; 2.同 valve, exhaust
—, **discharge water** 放水閥
—, **disconnection** 同 valve, cut-off
—, **disk** 圓盘閥
—, **distributing** 分配閥
—, **distributing slide** 分配滑閥
—, **distribution** 同 valve, distributing
—, **double** 双閥
—, **double beat** 双开閥
—, **double beat poppet** 双层提升閥
—, **double check** 双止回閥
—, **double face** 双面閥
—, **double faced slide gate** 两面滑門閥
—, **double piston** 双活塞閥
—, **double ported** 双口閥
—, **double pressure feed** 双压进給閥
—, **double return** 同 valve, double check
—, **double ring** 双环閥
—, **double safety** 双安全阀
—, **double seat** 双座閥
—, **double seat balanced** 双座平衡閥
—, **double sleeve** 双套閥
—, **double slide** 双滑閥
—, **drain(ing)** 放洩閥
—, **drifting** 淌行閥
—, **driver's brake** 司机閘閥
—, **drop** 墜閥
—, **dual** 双气閥
—, **dump** 放卸閥
—, **eccentrically arranged** 偏置閥
—, **economizer** 省油閥
—, **eduction** 排洩閥
—, **electric control** 电力控制閥
—, **emergency** 紧急閥
—, **emergency relay** 紧急継动閥
—, **end** 尾閥
—, **engineer's brake** 同 valve, driver's brake
—, **enrichment** 加浓閥
—, **equalizing** 同valve, balance
—, **equilibrium** 同 valve, balance
—, **equilibrium slide** 平衡滑閥
—, **escape** 放出閥
—, **exhaust** 排气閥
—, **exhaust by-pass** 排气旁通閥
—, **exhaust cut-out** 排气停截閥
—, **exhaust inlet** 排汽进入閥
—, **exhaust steam** 排汽閥
—, **expansion** 膨脹滑閥
—, **expansion relief** 膨脹安全閥
—, **experimental throttle** 实験式調整閥
—, **explosion relief** 爆发安全閥
—, **extraction regulating** 撤汽調节閥
—, **feed** 进給閥
—, **feed check** 进給止回閥
—, **feed relief** 进給安全閥
—, **feed slide** 进給滑閥
—, **feed water** 給水閥

valve, fire 消火閥
—, flange type everlasting blow-off 凸緣式連續放洩閥
—, flanged brass 凸緣銅閥
—, flap 同valve, clack
—, flapper 同valve, clack
—, flat 平閥
—, flat seat(ed) 平座閥
—, flat slide 平滑閥
—, flexible tube 撓性管閥
—, float(ing) 浮閥
—, float needle 浮針閥
—, flood(ing) 溢流閥
—, foot 底閥
—, forcing 压出閥
—, four-way 四通閥
—, frost 防冻閥
—, fuel 燃油閥
—, fuel admission 燃料进入閥
—, fuel injection 燃油噴射閥
—, fuel inlet 同valve, fuel admission
—, fuel oil over-flow 燃油溢流閥
—, fuel outlet 燃油放出閥
—, fuel pump inlet and outlet 燃料泵进油閥及出油閥
—, fuel tank pressure relief 燃油箱限压閥
—, fuel tank selector 燃油箱选择閥
—, full rich 全浓閥
—, fuse 阻洩閥
—, gage cock 試水位旋塞閥
—, gas 煤气閥
—, gas and gasoline three way 煤气汽油三通閥
—, gas engine inlet 煤气机进气閥
—, gas escape 放气閥
—, gas pipe drain 煤气管洩水閥
—, gas tank 煤气箱閥
—, gasoline 汽油閥
—, gate 閘閥,滑門閥
—, gate gurgle 洩油閥
—, globe 同 valve, ball
—, globe stop 球形停止閥
—, governor 調节閥
—, graduating 遞开閥
—, grate shaker operating 搖动炉篦蒸汽操作閥
—, grid 柵形閥
—, gridiron 格子閥
—, guide remover and inserter 汽門导管装卸器
—, hand control 手控制閥
—, hand oiler 手注油器閥
—, hanging 吊閥
—, heat control 加热控制閥
—, heater 加热閥
—, high pressure safety 高压安全閥
—, high pressure slide 高压滑閥
—, high speed controller and lever safety 高速調节器及柄式安全閥
—, high speed needle 高速針閥
—, high speed reducing 高速减压閥
—, hoist cylinder oil relief 起重机缸油压安全閥
—, hoist pump check 起重机泵止回閥
—, hoist pump control 起重机泵操縱閥

valve, hot water check 热水止回閥
—, **hull drain** 車座排水門
—, **hydrant** 消防龙头閥
—, **hydraulic relay**液压繼动閥
—, **ideal pressure reducing** 理想减压閥
—, **improved triple** 改良三通閥
— **in cage** 同valve, cage type
— **in head** 1.盖上阀;2.头阀
—, **inclined** 傾斜閥
—, **independent brake** 独立閘閥
—, **independent engineer's brake** 独立司机閘閥
—, **induction** 吸入閥
—, **inflation** 充气閥
—, **injection** 噴射閥
—, **injector** 噴射器閥
—, **injector steam** 噴射器汽閥
—, **inlet** 进給閥
—, **intake** 同valve, inlet
—, **intake and exhaust** 进气及排气閥
—, **intercepting** 起动調汽閥(复式蒸汽机的)
—, **interchangeable** 可互換閥
—, **inverted vertical** 倒垂閥
—, **iron** 鉄閥
—, **isolating** 隔离閥
—, **jet** 噴射閥
—, **junction** 連接閥
—, **landing gear control** 起落架操縱閥
—, **lap** 汽閥余面
—, **leaf** 簧片閥
—, **lever release** 槓杆放松閥
—, **lever safety** 槓杆安全閥
—, **lift** 升閥
—, **limiting** 限制閥
—, **line check** 管路止回閥
—, **loaded** 負載閥
—, **locomotive safety** 机車安全閥
—, **low pressure safety** 低压安全閥
—, **low pressure slide** 低压滑閥
—, **low speed needle** 低速針閥
—, **low water** 低水閥
—, **low water safety** 低水安全閥
—, **lower adjusting** 下端調整閥
—, **lubricator feed** 潤滑器給油閥
—, **main** 主閥
—, **main air** 空气主閥
—, **main discharge** 总放水閥
—, **main fuel** 总燃油閥
—, **main shut-off** 总关閉閥
—, **main slide** 主滑閥
—, **main steam** 主汽閥
—, **main stop** 主停止閥
—, **maneuvering** 操纵阀
—, **marine safety** 船用安全閥
—, **master cylinder** 主缸閥
—, **master cylinder bottom** 主缸底閥
—, **metering needle** 調节針閥
—, **miter** 同 valve, cone
—, **mixing** 混合閥
—, **mud** 泥閥
—, **muffled pop safety** 罩式安全閥
—, **multiplate angle** 复片角閥

valve, multiple ring 多环閥
—, multi-ported 多口閥
—, mushroom 菌形閥
—, mushroom suction 菌形吸入閥
—, needle 針閥
—, non-return 同valve, check
—, nozzle 噴嘴閥
—, oil 油閥
—, oil circulation 循环油閥
—, oil compensating relief 滑油补整安全閥
—, oil cut-off 断油閥
—, oil dilution 滑油稀化閥
—, oil drain 洩油閥
—, oil pot relief 油罐安全閥
—, oil pressure 同 valve, oil pressure relief
—, oil pressure adjusting 油压調节閥
—, oil pressure check 油压放止回閥
—, oil pressure release 油压放松閥
—, oil pressure relief 油压安全閥
—, oil pump inlet 油泵进油閥
—, oil pump outlet 油泵出油閥
—, oil pump regulating 油泵調节閥
—, oil pump safety 油泵安全閥
—, oil relief 放油安全閥
—, one-way 单向閥
—, open pop safety 开口式紧急安全閥
—, operating 操作閥
—, orifice check 小孔止回閥
—, oscillating cylindrical 柱形摆动閥
—, outlet 放出閥
—, over power 超力閥
—, overhead 頂閥
—, overhead exhaust 頂上排气閥
—, overload 过載閥
—, overpressure 过压閥
—, oversize 过大閥
—, overflow 溢流閥
—, oxygen regulator 氧压調节閥
—, petticoat 裙形閥
—, pilot 导閥
—, pin 同 valve, needle
—, piston 活塞閥
—, piston governor 活塞調节閥
—, piston sleeve 活塞套閥
—, piston slide 活塞滑閥
—, piston type poppet 活塞式提升閥
—, piston type sliding 活塞式滑閥
—, piston-actuated 活塞駆动閥
—, plain 簡单閥
—, plain slide 簡单滑閥
—, plain triple 簡单三通閥
—, plate 片閥
—, plug 同 cock, plug
—, plug water 同 cock, water
—, plunger 柱塞閥
—, pneumatic 同 valve, air
—, pocketed 同valve, poppet
—, pop 突开閥
—, pop safety 紧急安全閥
—, poppet 提升閥

valve, port 同 valve, Trick
—, positive 正瓣
—, positively actuated- 正动閥
—, positively operated poppet 正动提升閥
—, power enrichment 增力加浓閥
—, power jet 增力噴口閥
—, pressure control 压力控制閥
—, pressure reducing 同 valve, reducing
—, pressure regulator 压力調节閥
—, pressure retaining 保压閥
—, pump 泵閥
—, pump check 泵的止回閥
—, pump inlet 泵吸入閥
—, pump outlet 泵放出閥
—, pump steam stop 泵停止閥
—, quick action 快动閥
—, quick action triple 快动三通閥
—, quick operation blower 快动通风閥
—, quick release 快洩閥
—, receiving 同 valve, inlet
—, recoil 反冲閥
—, reducing 减压閥
—, reduction 同 valve, pressure reducing
—, reflux 回流閥
—, regulating 調节閥
—, regulator 調节器閥
—, relay 継动閥
—, relay air 継动空气閥
—, relay piston 継动活塞閥
—, relay valve supply 継动閥供給閥
—, release 放洩閥
—, relief 安全閥，保险閥
—, relieve 同 valve, relief
—, relieved slide 同 valve, balanced slide
—, reseating 重配閥
—, resistance 阻流閥
—, return 同 valve, reflux
—, reverse (reversing) 回动閥
—, reverse cylinder 汽缸回动閥
—, revolving 同valve, rotating
—, riding cut-off 騎式停汽閥
—, ring 环形閥
—, rot air 截气閥
—, rotary 同 valve, rotating
—, rotary disk 迴轉圓盘閥
—, rotary sleeve 轉筒閥
—, rotary slide 迴轉滑閥
—, rotary throttle 迴轉节流閥
—, rotating 迴轉閥
—, round 圓閥
—, rubber 橡胶閥
—, rubber disk 橡胶圓閥
—, safety 安全閥
—, salt cooled 盐冷气瓣
—, sand 砂閥
—, screw 螺旋閥
—, seasonal manifold heat control 热控制閥
—, selector 选择閥
—, self acting 自动閥
—, self closing 自閉閥
—, self-contained 独立鍋炉止回閥
—, separate cut-off 独立停汽閥

valve, sequence 順序閥
—, servo relief 継动安全閥
—, shock absorber compression 减震器压縮閥
—, shock absorber intake 减震器进气閥
—, shock absorber recoil 减震器回跳閥
—, shut-off 同 valve, cut-off
—, side 旁閥
—, side by side 幷列閥
—, sight-feed drain 显給洩閥
—, silchrome 硅鉻鋼閥
—, single 单閥
—, single beat 单层閥
—, single ported 单口閥
—, single ported slide 单口滑閥
—, single pressure feed 单压进給閥
—, single ring 单环閥
—, single sleeve 单套閥
—, sleeve 同 valve, sleeve type
—, sleeve type 套閥
—, slide 滑閥
—, sliding 同 valve, slide
—, sliding sleeve 滑动套閥
—, sling sluice 滑动閘門閥
—, sling throttle 滑动节流閥
—, sluice 閘門閥
—, snifting 1.噴气閥;2.吸气閥
—, snubber 滞流閥
—, solenoid 电磁閥
—, soulerin 同 valve, double piston
—, speed regulating 調速閥
—, spherical 球形閥
—, spray 噴霧閥
—, spring 同 valve, spring loaded
—, spring and lever loaded 弹簧平衡閥
—, spring balance safety 弹簧平衡安全閥
—, spring controlled float 弹簧操縱浮閥
—, spring loaded 弹簧閥
—, spring loaded safety 弹簧安全閥
—, star 星形閥
—, starting 起动閥
—, starting air 起动气閥
—, steam 汽閥
—, steam cut-off 停汽閥
—, steam gate 同valve, steam cutoff
—, steam heater stop 暖汽停止閥
—, steam heating 暖汽閥
—, steam pipe isolating 汽管隔离保安閥
—, steam reducing 蒸汽减压閥
—, steam regulating 調整汽閥
—, steam stop 同 **valve, steam** cut-off
—, stem 杆閥
—, step 級閥
—, stop 同 valve, cut-off
—, stopping 同 valve, cut-off
—, storm 暴风雨汽門(节汽閥)
—, straight tyre 直口胎閥
—, strainer 滤汽閥
—, suction 吸入閥
—, suction check 吸力止回閥
—, supercharger selector 增压

器选择閥
valve, supplementary air 补充气閥
—, supplementary steam 进气补充閥
—, supply 供給閥
—, surplus 同valve, overflow
—, tail 尾閥
—, tank 柜閥
—, taper seated poppet 斜座提升閥
—, terminal check 管端止回閥
—, test(ing) 試験閥
—, three port slide 同 valve, D-slide
—, three way 三通閥
—, throttle 1.节流閥；2.减压閥
—, throttle expansin 节流膨脹閥
—, throttling 同valve, throttle
—, through way 直通閥
—, timing 正时閥
—, tyre 輪胎閥
—, train air signal 列車号志气閥
—, train air signal car discharge 列車号志車內放气閥
—, train air signal reducing 列車号志减压气閥
—, transfer 輸送閥
—, transforming 同 valve, reducing
—, trap 滤閥
—, treble corted 同 valve, three port shide
—, treble ported slide 同 valve, three port slide
—, Trick 特立克閥
—, triple 同valve, three way
—, triple ported 同 valve, three port slide
—, triple ported slide 同 valve, three port slide
—, triple slide 同 valve, three port slide
—, tube 管閥
—, tungston 鎢鋼閥
—, turning slide 同 valve, rotary slide
—, two-way 两通閥
—, universal 万向閥
—, universal joint cross relief 万向节十字軸溢油閥
—, unloader 同 valve, release
—, unloading 释荷閥
—, upper adjusting 上端調整閥
—, vacuum 眞空閥
—, vacuum breaker 眞空洩漏閥
—, vacuum control check 眞空止回閥
—, vent 通风閥
—, ventilator 通风器閥
—, Venturi ejector 汾丘里噴射閥
—, vertical 垂直閥
—, warning 警閥
—, waste 废水閥
—, water 水閥
—, water drain 放水閥
—, water gate 水門閥
—, water injection 噴水閥
—, water jacket safety 水套安全閥
—, water sealed 水封式閥
—, weight type pressure re-

taining 重量式保压閥
valve, weighted 重量閥
—, weighted safety 重量安全閥
—, wheel cylinder bleeder 輪閘儲气筒放气閥
—, whistle 笛閥
—, wing 圓盘导翼閥
—, wing flap control 翼瓣控制閥
—, wing flap relief 翼瓣安全閥
— with balancing chamber, sliding 减力室滑閥
— with balancing plate, sliding 平衡板滑閥
— with ball seat 球座閥
— with conical seat 錐座閥
—, wooden 木閥
van 1.篷車；2.行李車(鉄道的)
—, brake 司閘車(鉄道的)
—, delivery 輸送篷車
—, dust 拉圾車
—, light railway 輕便軌道車
—, tool 工具車
vanadium 釩{化}
vane 1.风标;2.翼;3.叶片
—, air 风标翼
—, diffuser 散气片
—, front 前叶片
—, guide 导叶
—, moving 动叶片
— on a wheel 輪叶
—, pendulous 摆动片
—, rotary 迴轉片
—, sheet iron 鉄叶片
—, side 側叶
—, stationary 静叶片
—, turning 导向叶片
—, wind 同 vane, air
vanish 消灭
vapor 蒸〔发〕汽
—, aquious 同 vapor, water
—, binary 双汽
—, oil 油汽
—, petrol 汽油汽
—, saturated 飽和汽
—, water 水汽
—, wet 湿汽
vaporization 蒸发
—, partial 部分蒸发
vaporizer 蒸发器
—, fuel 燃料蒸发器
—, hot 热蒸发器
—, steam 蒸汽蒸发器
—, water 水蒸发器
vaporizing 蒸发
vapour 同 vapor
variable 1.〔可〕变的;2.变量
variation 变化
—, magnetic 〔地〕磁变{物}
— of engine power with height 发动机功率随高度而变化{航空}
— of speed 速度变动
— of the crank velocity 曲柄速度变差
—, periodic 週期变化
—, rhythmic 有节拍的变动
—, secular 运动变化(天体的)
variator 变化器
—, speed 变速器
varnish 清漆{化}
—, black 黑清漆
—, clear 透明清漆
vaseline 矿脂,凡士林
vaults, safe-deposit 保险庫
vector 矢量{数}

vector, radius 半径矢量
veer(ing) 変更行駛方向
vehicle 1.媒液{化};2.車輛
—, **all-wheel drive** 全輪驱动車輛
—, **army** 軍用車輛
—, **charcoal burning** 木炭車
—, **combat** 战斗車輛
—, **commercial** 商用車輛
—, **four wheel drive** 四輪驱动車輛
—, **industrial** 工业用車輛
—, **motor** 汽車
—, **motor fire brigade** 救火汽車
—, **steam road** 无軌蒸汽机車
—, **sweeping** 清道車
—, **transport** 运輸車輛
velocimeter 同 speedometer
velocipede 同 bicycle
velocity 速度
—, **absolute** 絶对速度
—, **accelerated** 加速度
—, **aerodynamic** 对空速度
—, **aggregate** 集合速度
—, **angular** 角速度
—, **approach** 来流速度
—, **areal** 面积速度
—, **average** 平均速度
—, **axial** 軸向速度
—, **axial inflow** 軸向流入速度
—, **blade-tip** 叶尖速度
—, **bucket** 叶斗速度(水輪的)
—, **burning** 燃烧速度，火焰传播速度
—, **burning, normal** 正常燃烧速度
—, **burning, turbulent** 湍流燃烧速度
—, **circular** 圓周速度
—, **component** 分速度
—, **constant** 等速度
—, **constant angular** 等角速度
—, **critical** 临界速度
—, **drift** 偏航速度
—, **final** 終速度
—, **generalized** 广义速度
—, **group** 群速度
—, **high** 高速度
—, **induced** 誘导速度
—, **inflow** 流入速度
—, **initial** 初速度
—, **inlet** 进口速度
—, **instantaneous** 瞬时速度
—, **instantaneous linear** 瞬时綫速度
—, **jet** 噴射速度
—, **lateral** 橫向速度
—, **limiting** 极限速度
—, **linear** 綫速度
—, **longitudinal** 縱向速度
—, **mass** 質量速度
—, **maximum** 最大速度
—, **mean** 同velocity, average
—, **minimum** 最小速度
—, **natural** 固有速度
—, **normal** 正常速度
— **of approach** 漸近速度
— **of chip flow** 屑流速度
— **of evaporation** 蒸发速度
— **of flow** 流速
— **of propagation** 传播速度
— **of rotation** 迴轉速度
— **of separation** 分离速度
— **of whirl** 旋轉速度
—, **outlet** 出口速度
—, **peripheral** 同velocity, circular

velocity, phase 相速度
—, piston 活塞速度
—, pitch line 节綫速度
—, probable 近眞速度
—, radial 径向速度
—, relative 相对速度
—, resultant 合成速度
—, retarded 减速度
—, rubbing 摩擦速度
—, space 空間速度
—, stage 級速度
—, striking 冲击速度
—, tangential 切綫速度
—, tangential inflow 切綫流入速度
—, terminal 同 velocity, final
—, theoretical 理論速度
—, translational inflow 移动流入速度
—, uniform 同velocity, constant
—, variable 变速度
—, virtual 虛速度
—, wave 波速度
—, whirl 渦流速度
—, wind 风速度
velograph 速度計
velometer 調速器(船舶用)
veneer 胶合板
vent 1.出口;2.通风孔;3.通路
—, air 气孔
—, battery 电池通风孔
—, flush-mounted static 平装静压通风孔
—, fuel tank 油箱通风孔
— of boiler 鍋炉通风孔
—, parachute 降落伞頂口
—, pressure relief 减压孔
—, shock relieve 减震孔
ventage 孔隙
—, parachute 降落伞孔隙
ventilating 同 ventilation
ventilation 通风
—, artificial 同 ventilation, mechanical
—, mechanical 机械通风
—, natural 自然通风
ventilator 通风器
—, air 通气器
—, automatic 自动通风器
—, cab 司机室通风器
—, cowl 車头〔罩〕通风器
—, crank case 曲軸箱通风管
—, fan 风扇通风器
—, goose-neck 鵝頸式通风管
—, hull 車盘通风器
—, roof 車頂通风孔
—, screw 螺旋通风器
—, suction 吸入通风器
—, torpedo 魚雷形通风器
—, water jet 水射通风器
— with water spray 噴水通风器
venting 通风法
Venturi 汾丘里管
—, air 气流汾丘里管(汽化器的)
—, power 动力汾丘里管
vernier 游标
—, angular 角度游标
—, direct 正游标
—, double 复游标
—, linear 长度游标
—, retrograde 逆游标
vertex 頂,頂点
— of the angle 角的頂点
vertical 垂直的
— of pilot, back 排障器垂杆

vertimeter 上升速度計
vessel 容器
—, **air** 容气器
—, **closed** 密閉容器
—, **composite** 鋼骨木船
—, **pressure** 压力容器
—, **steam** 汽船
—, **zinc** 鋅制容器
vestibule 挡风前房
vibrating 振动
vibration 振动
—, **engine** 发动机振动
—, **forced** 强迫振动
—, **free** 自由振动
—, **isochronous** 同 vibration, resonent
—, **lateral** 横振动
—, **longitudinal** 縱振动
—, **natural** 自然振动
— **of string** 絧振动
—, **resonant** 共鳴振动
—, **self induced** 自感振动
—, **sinusoidal** 正弦振动
—, **sympathetic** 同 vibration, resonent
—, **synchronous** 同 vibration, resonent
—, **torsional** 扭轉振动
—, **transverse** 同 vibration, lateral
vibrator 振动器
vibrograph 示振器{物}
vibrometer 振动計
vibroscope 振动計
vice 老虎鉗
vice, air operated 气动虎鉗
— **and press, universal piston** 万能活塞压鉗
—, **automatic air** 自动气压虎鉗
—, **bench** 台用虎鉗
—, **draw** 拉鉗
—, **fitter** 装配工虎鉗
—, **hand** 手鉗
—, **jaw** 同 vice
—, **leg** 长腿虎鉗
—, **magnetic** 磁性虎鉗
—, **parallel** 平行虎鉗
—, **parallel bench** 平行台用虎鉗
—, **parallel jaw** 同 vice, parallel
—, **pin** 針鉗
—, **pipe** 管子虎鉗
—, **piston** 活塞虎鉗
—, **plain** 簡式虎鉗
—, **pointed hand** 尖头手鉗
—, **quick acting screw** 快动螺旋虎鉗
—, **self-adjusting jaw** 自調口虎鉗
—, **standing** 同 vice, bench
—, **stationary base parallel bench** 台用定座平行虎鉗
—, **swivel** 旋轉虎鉗
—, **swivel base parallel bench** 台用轉座平行虎鉗
—, **swivel bottom** 轉座虎鉗
—, **swivel jaw** 轉口虎鉗
—, **tube** 同 vice, pipe
—, **universal** 万向虎鉗
—, **wood working** 木工虎鉗
view 1.图;2視图
—, **auxiliary** 輔助視图
—, **back** 后視图
—, **bottom** 底視图
—, **end** 側視图
—, **front** 前視图

view, full 全視图
　—, **longitudinal** 縦視图
　—, **part sectioned** 局部剖面图
　—, **rear** 同 view, back
　—, **sectional** 剖面图
　—, **side** 同 view, end
　—, **top** 上視图
　—, **vertical** 俯視图
view-factor 視角因数
viscosimeter 黏度計
　—, **universal** 万能黏度計
viscosity 黏度
　—, **absolute** 絶对黏度
　—, **dynamic** 同 viscosity, kinematic
　—, **eddy** 迴流粘度
　—, **kinematic** 流动黏度
　—, **kinetic** 同 viscosity, kinematic
viscous 黏的
vise 同 vice
visibility 視界
vision 視綫
visor 护目鏡
　—, **anti-glare** 防眩鏡
　—, **head light** 头灯防眩罩
　—, **sun** 遮日板
　—, **wind shield sun** 风挡遮日板
vitreous 玻璃状的
volatile 揮发
volatility 揮发性
　—, **effective** 有效揮发度
　— **of gasoline** 汽油揮发性
volt 伏〔特〕
　—, **electron** 电子伏特
voltage 电压
　—, **arc** 弧电压
　—, **battery** 电池电压
　—, **charging** 充电电压
　—, **high** 高电压
　—, **low** 低电压
　—, **primary** 原电压
　—, **secondary** 副电压
　—, **sparking** 火花电压
voltmeter 伏特計
volume 体积,容积
　—, **aerodynamic** 气流动力容积
　—, **air** 气容积
　—, **clearance** 余隙容积
　—, **constant** 定容
　—, **critical** 临界容积
　—, **cylinder** 气缸容积
　—, **cylinder clearance** 气缸余隙容积
　—, **displacement** 位移容积
　—, **gas** 气体容积
　—, **gram molecular** 克分子容积
　—, **intake** 进气容积
　—, **maximum air** 最大空气容积
　— **of boiler** 鍋炉容积
　—, **piston displacement** 活塞位移容积
　—, **rudder** 方向舵容积
　—, **specific** 体积度
　—, **stroke** 冲程容积
　—, **swept** 扫除容积
　—, **tail** 尾翼容积
　—, **traffic** 运輸〔容积〕量
　—, **working** 动作容积
volumetric 1.容积的；2.体积的
volumetrical 同 volumetric
vortex 渦流
　—, **axial** 軸向渦流
　—, **blade** 叶片渦流
　—, **blade tip** 叶梢渦流
　—, **bound** 附着渦流

vortex, free 自由渦流
—, horse shoe 馬蹄形渦流
—, line 綫形渦动
—, point 点渦
—, starting 起动渦流
—, trailing 后緣渦流
—, wing tip 翼梢渦流
voyage 航行
vulcanite 硬橡皮{化}
vulcanization 1.硫化{化};2.热补(輪胎)
— of rubber 橡胶硫化
vulcanizer 硫化器{化}
—, electric 电热硫化器
—, inner tube 內胎热补机
—, steam 蒸汽硫化器
vulcanizing tyre 輪胎硬化
vulnerability 易損性

W

W-engine W型发动机
Wadding 塡料
wagon 1.四輪〔运〕貨車;2.鉄路貨車
—, all-wheel drive station 全輪驅动客車
—, ash 灰車
—, ballast 石碴車
—, break down crane 救险起重車
—, cistern 同 wagon, tank
—, coal 同 car, coal
—, covered 同 car, box
—, delivery 同 car, delivery
—, express 快行車
—, fire brigade 救火車
—, flat 同 car, flat
— for spraying salt 撒盐車
—, goods 同 wagon
—, heating and lighting 暖汽灯火組合車
—, high sided 高边車
—, high speed engine steam 高速蒸汽机車
—, hopper 同 car, hopper
—, ice 冰車
—, inspection 同 car, inspection
—, live stock 牲畜車
—, low side 低边車
—, motor 机动貨車
—, oil tank 同 car, oil tank
—, open 同 car, open
—, park 厂車
—, platform 同 car, flat
—, repair 同 car, tool
—, saddle bottomed 鞍形底車
—, self discharging 自卸貨車
—, station 客車
—, steam 同 car, steam
—, tank 液柜車
—, tipping 傾卸車
—, tilting 同 wagon, tipping
—, tool 同 car, tool
—, trough tip 傾斗車
—, with hopper bottom 同 car, hopper
wake 同 downwash
wall 壁,墻
—, bridge 壩墻
—, cylinder 气缸壁
—, dividing 隔壁
—, exhaust partition 排气隔板
—, fire 防火壁
—, furnace 炉墻
— of firebox 火箱墻

wall of pipe 同 wall, pipe
—, **pipe** 管壁
—, **piston** 活塞壁
—, **shaft** 矿井墻
—, **stilling** 静止墻
—, **tyre side** 外胎边壁
—, **upper** 上墻
walnut 胡桃木{植}
warcraft 同 aeroplane, fighter
warp 1.翘曲;2.拖船索
warping, wing 翼翘曲
warplane 同 aeroplane, fighter
wash 1.洗流;2.涂浆
—, **back** 同 back, wash
—, **black** 黑浆
—, **clay** 黏土浆
—, **core** 涂心型浆
—, **down** 同 downwash
—, **effective down** 同 down-wash, effective
—, **propeller** 螺旋桨尾流
—, **side** 側面洗流
—, **white** 白浆
washer 1.垫圈; 2.洗凈器
—, **air** 凈气器
—, **air grommet** 篷布护环垫圈
—, **armature drive** 发电子从动衬
—, **armature lock** 电轉子鎖紧垫圈
—, **asbestos** 石棉垫圈
—, **automatic rail** 自动軌条洗凈器
—, **ball bearing brass** 滚珠軸承銅垫圈
—, **bevel** 斜垫圈
—, **brass** 黃銅垫圈
—, **brush holder iron** 刷柄鉄垫圈
—, **car** 洗車机
—, **cast** 铸鉄垫圈
—, **cast iron** 同 washer, cast
—, **clapper hanger** 警鐘鎚吊架垫圈
—, **coach clip** 方头夾垫圈
—, **copper** 銅垫圈
—, **countersunk** 埋头垫圈
—, **crank disk lock** 柄曲盘鎖紧垫圈
—, **diaphragm** 同 washer, diaphram protecting
—, **diaphragm protector** 隔膜护圈
—, **door plate pin** 炉門板鎖垫圈
—, **dust** 防尘垫圈
—, **elastic** 弹性垫圈
—, **elevator shaft thrust** 升降机軸推力垫圈
—, **engine support rubber** 发动机支架橡胶垫圈
—, **equalizing** 平衡垫圈
—, **feed glass** 玻璃眼垫圈
—, **felt** 毡垫圈
—, **fibre** 纖維垫圈
—, **finishing** 光制垫圈
—, **flat** 平垫圈
—, **follower ring and** 从动环及垫圈
— **for turbine generator screws lock** 渦輪发电机螺釘鎖紧垫圈
—, **foundation** 地脚垫板
—, **friction** 摩擦垫圈
—, **front wheel dust** 前輪防尘垫圈
—, **fulcrum pin** 支銷垫圈

washer, galvanized 鍍鋅垫圈
— , **gas** 洗气器
— , **hard fibre** 硬纖維垫圈
— , **horn diaphragm** 喇叭膜护圈
— , **insulating** 絶緣垫圈
— , **internal tooth lock** 內齿銷紧垫圈
— , **iron** 鉄垫圈
— , **key** 鍵垫圈
— , **lock(ing)** 鎖紧垫圈
— , **lock nut** 同 washer, lock
— , **nozzle tube** 嘴管垫圈
— , **nut lock** 同 washer, lock
— **of nut** 螺母垫圈
— , **oil pump** 油泵垫圈
— , **oil-less thrust** 无油止推垫圈
— , **oscillating** 摆动垫圈
— , **outside** 外垫圈
— , **phenol fabric** 苯酚纖維垫圈
— , **pipe end** 管端垫圈
— , **piston stop** 活塞抵冲垫圈
— , **plain** 同 washer, flat
— , **plate** 平板垫圈
— , **punched** 冲制垫圈
— , **ratchet** 棘齿垫圈
— , **rear axle nut** 后軸螺母垫圈
— , **rear axle oil** 后軸防油垫圈
— , **reverse knob** 回动捏手垫圈
— , **roofing** 瓦形垫圈
— , **round** 圓垫圈
— , **round iron** 圓鉄垫圈
— , **rubber** 橡皮垫圈
— , **sand** 洗砂器
— , **screw** 螺旋垫圈
— , **sealing** 封閉垫圈
— , **shaft filler** 軸垫圈
— , **shake proof** 减震垫圈
— , **shake proof lock** 减震鎖紧垫圈
— , **shovel shaft** 鏟軸垫圈
— , **sling stay bolt and** 吊撑螺栓及垫圈
— , **snap** 开口垫圈
— , **soft rubber** 軟橡皮垫圈
— , **spacing** 間隔垫圈
— , **spark plug** 火花塞垫圈
— , **spherical** 球底垫圈
— , **spring** 弹簧垫圈
— , **square** 方垫圈
— , **standard punched** 标准冲压垫圈
— , **stay** 撑条垫圈
— , **superheater unit clamp bolt** 过热管夾螺栓垫圈
— , **superheater unit pipe end** 过热管端垫圈
— , **taper** 錐形垫圈
— , **tension** 张力垫圈
— , **thrust** 同 ring, thrust
— , **track pin** 履带銷垫圈
— , **truss** 端压圈片
— , **tube sheet brace bolt and** 管板撑条螺栓及垫圈
— , **valve** 閥座垫圈
— , **valve rocker arm** 閥搖杆垫圈
— , **water pump seal retainer** 水泵水封垫圈
— , **water pump thrust** 水泵止推环
— , **wrist pin brass wedge** 肘节銷銅楔垫

washer, wrist pin nut 肘节銷螺母垫圈
wash-in 加梢角(飞机的)
wash-out 減梢角(飞机的)
waste 1.棉紗头;2.消耗
—, cotton 同 waste 1.
— of energy 能的消耗
watch 錶
—, stop 停錶,馬錶
—, tyre pressure 輪胎压力錶
water 水
—, acid 酸性水
—, boiler feed 鍋炉給水
—, circulating 循环水
—, condensing 凝結水
—, cooling 冷却水
—, dead 1.靜水;2.船边渦流
—, distilled 蒸餾水
—, eddy 渦流
—, feed 給水
—, glue 胶水
—, heavy 重水
—, injection 噴射水
—, jacket 套內水
—, low 低面水
—, molasses 糖浆水
—, soapy 肥皂水
—, soft 軟水
—, soldering 同 fluid, soldering
—, waste 废水
water-gage 同 gage, water
waterline 吃水綫
—, full load 滿載吃水綫
waterplane 同 aerohydroplane
waterwall 水墻
waterway 水道
watt 瓦〔特〕
wattage 瓦〔特〕数
watt-hour 瓦〔特小〕时
wave 波
—, bow 渦流
—, capillary 表面张力波{物}
—, combustion 燃波
—, continuous 連續波
—, damped 阻尼波{物}
—, detonation 爆震波
—, detonation, spinning 旋轉爆震波
—, diverging 发散波
—, elastic 弹性波
—, electric 电波
—, elementary 元波
—, flat 平波
—, flexural 弯曲波
—, gravitational 重力波
—, long 长波
—, longitudinal 縱波
—, plane 平面波
—, pressure 压力波
—, shock 冲波
—, sine 正弦波
—, sound 声波
—, statical 靜波
—, stationary 驻定波
—, transversal 横波
—, trochoidal 擺动波
—, undamped 无阻尼波
waviness 波度,波形
— of a surface 表面波形
wax 蜡
—, paraffin 同 paraffin
way 道,路
—, air 气道
—, companion 座艙走道
—, eccentric sheave key 偏心皮带輪鍵槽
—, flange 凸緣沟

way, gang 同 gangway
—, guide 导路
—, key 同 keyway
—, ladder 梯路
—, oil 油路
—, passage 通路
—, permanent 軌道{鉄路}
—, slide 滑槽
—, sliding 同 way, slide
—, slot 槽路
—, steam 汽路
—, water 水道
—, wheel key 輪鍵槽
wear 磨損
—, Diesel liner 狄賽尔气缸衬套磨损
—, normal 正常磨損
—, permissible 同 allowance, wear
wearing, elevator pawl casing 升降机棘爪罩磨損
—, quick 快磨損的
weather-board同board, weather
weathercock 同 cock, wind
weathering 风化〔作用〕
weatherstrip 同 strip, weather
—, door window 門窗阻风雨带
—, windshield 风挡阻风雨带
web 1.連結板；2、金屬薄条片(如刀叶鋸片等)
—, crank 曲柄〔連接〕板
—, crank shaft同web, crank
—, end 端腹板
—, oblique crank 斜曲柄〔連接〕板
— of the rail 軌腰
—, saw 同 blade, saw
—, side 腹側板
web, spar 翼樑腹板
—, straight crank 直曲柄〔連接〕板
—, twist 麻花鑽心
webbing 膜
wedge 楔
—, adjusting 調整楔
—, ale box 同 wedge, journal box
—, brake adjusting 閘調整楔
—, brake operating 閘操作楔
—, brass 黃銅楔
—, cam shaft 凸輪軸楔
—, double 双楔
—, emerged 露出楔形
—, folding 同wedge, double
—, fox 紧筍楔
—, immersed 浸入楔形
—, iron 鉄楔
—, jaw 立式导承調整楔
—, journal box 軸頸箱楔
—, main rod brass 主杆銅楔
— of emersion 露楔
— of immersion 浸楔
—, oil cellar 油盒楔
—, rear brake operating 后閘操作楔
—, rim 輪輞楔
—, steel 鋼楔
—, tangent 切向楔
—, transverse 橫楔
—, wooden 木楔
—, wrist pin brass 肘节銷銅楔
weigh 秤
weighing, automatic 自动过秤
weight 1.重量；2.錘
—, adhesion 附着重量
—, aerial 天綫錘

weight, airship consumable 飞艇可卸重量
—, airship dischargeable 同 weight, airship consumable
—, airship disposable 飞艇活动重量
—, airship fixed 飞艇固定重量
—, all-up 满載重量
—, apparent 外視重量
—, atomic 原子量
—, automatically adjusting counter 自动調整平衡錘
—, balance 平衡重,平衡錘
—, balancing 同 weight balance
—, bare 空重,皮重
—, brake counter 閘平衡錘
—, breaking 断裂重量
—, calibrating 校准重量
—, center 中心錘
—, chip 屑重
—, consumable 可卸重量
—, counter 1.配重;2.同weight, balance
—, counter balance 同 weight, balance
—, damper counter 减震器平衡錘
—, dead 靜重
—, dischargeable 同 weight, consumable
—, disposable 活动重量
—, distributor governor 配电器調节錘
—, drop 降球錘
—, dry 干重
—, effective 有效重量
—, empty 同 weight, bare
—, engine 发动机重量
—, fixed 固定重
— for counterbalance 同 weight, balance
—, full 全重
—, governor 調节錘
—, gross 总重
—, gross dry 总干重
— in running order 运轉重
—, lock pin 鎖銷錘
—, medium 中等重量
—, molecular 分子量
—, net 淨重
—, net dry 淨干重
—, non-paying 无酬載重
—, non-structural 非結构載重
—, normal 正常重量
—, normal gross 正常总重
—, over 过重
— per axle, admissible 每軸許重
— per brake horse-power 每閘馬力重量
— per horse-power 每馬力重量
—, permanent 定重
—, ring 同 ring, weight
—, safety valve 安全閥重錘
—, schedule 額定重
—, shipping 运輸重量
—, specific 比重
—, structural 結构重
—, tare 同 weight, bare
—, tension 1.同 weight, balance; 2.张力重
—, total 同 weight, gross
—, true 实重
—, unit 单位重
—, unloaded 无載重量

weights 砝碼
—, **standard** 标准砝碼
weld(ing) 1.〔熔〕焊；2.同 joint, welded
—, **acetylene** 乙炔焊
—, **alternating current arc** 交流电弧焊
—, **aluminithermic** 同 weld, thermit
—, **arc** 同welding, electric arc
—, **atomic hydrogen** 原子氢焊
—, **atomic hydrogen arc** 原子氢电弧焊
—, **autogenous**同 weld, acetylene
—, **automatic** 自动焊接
—, **automatic electric** 自动电焊
—, **backhand** 反手焊
—, **backward** 后退焊
—, **bead** 珠焊
—, **bevel** 斜角焊
—, **bridge seam** 桥綫焊
—, **butt** 对接焊
—, **butt joint** 同 weld, butt
—, **butt seam** 对綫焊
—, **carbon arc** 碳极弧焊
—, **chain intermittent fillet** 鏈式分段角焊
—, **cleft** 裂口焊
—, **continuous** 連續焊
—, **convex fillet** 凸面角焊
—, **deep fillet** 深角焊
—, **double bevel groove** 双斜角槽焊
—, **double groove** 双槽焊
—, **double-J groove** 双J形槽焊
—, **double-U groove** 双U形槽焊
—, **double-V groove** 双V形槽焊
—, **end lap** 搭头焊
—, **fillet** 角焊
—, **flame** 火焰焊接
—, **flash butt** 电阻弧花压接焊
—, **flat** 平焊
—, **flush** 同weld, flat
—, **full fillet** 满角焊
—, **fusion** 熔焊
—, **groove** 槽焊
—, **horizontal** 水平焊
—, **intermittent** 間断焊
—, **jam** 同 weld, butt
—, **lap** 搭焊
—, **lap seam** 搭綫焊
—, **manual** 人工焊接
—, **metal arc** 金屬电弧焊
—, **open square butt**平头开口对接焊
—, **over** 过焊
—, **overhead** 仰焊
—, **plug** 塞焊
—, **projection** 凸焊
—, **resistance butt** 电阻对接焊
—, **saddle** 鞍形焊
—, **scarf** 斜面焊接
—, **seam** 同 welding, line
—, **semi-automatic metal arc** 半自动金屬弧焊
—, **side lap** 側搭焊
—, **single bevel groove** 单斜角槽焊
—, **single-J groove** 单J形槽焊
—, **single-U groove** 单U形槽焊

weld(ing), single-V groove 单V形槽焊
—, **slot** 同 weld, groove
—, **spot** 点焊
—, **square groove** 平头槽焊
—, **staggered intermittent** 錯綜式間断焊
—, **tack** 同weld, intermittent
—, **Tee** T形焊
—, **Tee joint** 同 weld, Tee
—, **thermit** 鋁剂焊接
—, **U-groove** 同weld, single-U groove
—, **V-groove** 同weld, single-V groove
—, **vertical** 垂直焊
weldability 可焊性
— **of metals** 金屬可焊性
welder 1.焊机; 2.焊工
—, **arc**同 welder, electric arc
—, **electric arc** 电弧焊机
welding, block 块焊接
—, **both sides** 双面焊接
—, **braze** 同 soldering, hard
—, **bronze**同soldering, bronze
—, **direct current arc** 直流电弧焊接
—, **down hand** 俯焊接
—, **electric** 电焊接
—, **electric arc** 电弧焊接
—, **electric spot** 电点焊接
—, **field** 場外焊接
—, **finish** 完工焊接
—, **flash** 电阻弧花压焊接
—, **forehand** 順手焊接
—, **forge** 鍛焊
—, **forward** 前进焊接
—, **gas** 气焊
—, **hammer** 同welding, forge
—, **line** 綫焊接
—, **machine** 机器焊接
—, **non-pressure** 无压焊接
—, **one side** 单面焊接
—, **oxy-acetylene** 氧乙炔焊
—, **oxy-hydrogen** 氢氧焊接
—, **pad** 墊块焊接
—, **percussion** 撞击焊接
—, **pipe** 管焊接
—, **plug and slot** 塞槽焊接
—, **point** 同 weld, spot
—, **poke** 刺焊接
—, **position** 定位焊接
—, **pressure** 加压焊接
—, **pressure thermit** 加压鋁热剂焊接
—, **resistance** 电阻焊接
—, **roll** 同 welding, line
—, **seal** 封焊接
—, **shielded carbon arc** 掩护碳极电弧焊接
—, **shielded metal arc** 掩护金屬极电弧焊接
—, **shot** 同 weld, spot
—, **skip block** 跳跃块焊接
—, **tacking** 加釘焊接
—, **thermal** 热焊接
—, **torch** 吹管焊接
—, **tube** 同 welding, pipe
—, **union-melt** 合熔焊接
—, **upset** 頓压焊接
—, **wandering block** 游移块焊接
weldment 焊〔接〕件
weldor 同 welder
well 1.井;2.坑;3.矿井;4.泉
—, **accelerating** 加速油壶
—, **boom** 同 trough, boom
—, **cold** 冷水池

well, fender 备胎斗
—, hot 热水池
—, idling 惰轉油井
—, landing gear 輪穴
—, oil 油井
—, priming 起动注油油井
—, secondary 副油井
—, starting 起动油井
—, starting and idling 起动惰轉油井
—, tail wheel 尾輪穴
—, tank 柜的集垢室
—, tube 管井
—, tunnet 軸洞
—, wheel 輪穴
welt 衬板
—, fender 保护板的衬板
—, inside 內衬板
—, outside 外衬板
wet 湿的
wheel 輪
—, abrasive 同 wheel, grinding
—, aeroplane 飞机輪
—, aileron 副翼〔操縱〕輪
—, air 同 wheel, aeroplane
— and axle 同 windlass, differential 1.
—, and rack 齿輪与齿条
— annular 同 gear, annular
—, anti-friction 減摩輪
—, axle spur 車軸正齿輪
—, balance 摆輪
—, band 同 pulley, band
—, basil polishing 羊皮抛光輪
—, bell shaped chain 同 wheel, cup shaped sprocket
—, bell shaped sprocket 同 wheel, cup shaped sprocket
—, belt 同 pulley, belt
—, bevel 同 gear, bevel
—, bevel gear 同 gear bevel
—, bevel mortise 伞形嵌齿輪
—, big gear 大齿輪
—, bilobed 双叶輪
—, bogie 轉向架輪
—, brake 閘輪
—, brake ratchet 閘棘輪 ┌輪
—, brass wire ring 銅綫圈刷
—, breast 同 wheel, middle shot
—, breast water 同 wheel, middle shot
—, bristle cup 鬃毛杯形刷輪
—, brush 刷輪
—, bucket 戽斗鏈輪(升水用)
—, bull 同 wheel, big gear
—, burnishing 摩擦抛光輪
—, cam 同 cam
—, capstan hand 絞盘手輪
—, car 車輪
—, carborundum grinding 〔金刚〕砂〔磨〕輪
—, cardiac 同 wheel, heart
—, carriage 同 wheel, car
—, cast 铸鉄輪
—, cast iron car 铸鉄車輪
—, chain 同 pulley, chain
—, chamois polishing 鹿皮抛光輪
—, change 同 gear, change speed
—, chilled 冷铸輪
—, chilled cast iron 冷铸鉄輪
—, chilled iron 同 wheel, chilled cast iron
—, circumferential friction 圓摩擦輪

wheel, clutch sprocket 离合器鏈輪
—, **coarse plain emery** 粗砂輪
—, **cog** 嵌齿輪
—, **cone** 同 pulley, cone
—, **coned cutter grinding** 圓錐磨輪
—, **control** 控制輪
—, **controller** 控制器輪
—, **convas polishing** 帆布拋光輪
—, **conveyer drive ratchet** 輸送机主动棘輪
—, **conveyer ratchet** 輸送机棘輪
—、**copper burnishing** 銅拋光輪
—, **counter** 同pulley, counter
—, **combination** 組合輪
—, **core** 輪心(以备嵌齿用者)
—, **coupled** 联动輪
—, **crank** 曲柄輪
—, **crank shaft toothed** 同 gear, crank shaft
—, **crimped brass wire** 摺縐銅綫刷輪
—, **crimped brass wire cup** 摺縐銅綫杯形刷輪
—, **crimped brass wire** 摺縐銅綫刷輪
—, **crimped steel wire cup** 摺縐鋼綫杯形刷輪
—, **crown** 同 gear, crown
—, **cup** 杯形輪
—, **cup emery** 杯形砂輪
—, **cup shaped chain** 同 wheel, cup shaped sprocket
—, **cup shaped sprocket** 杯形鏈輪
—, **current** 同 wheel, water
—, **cylinder emery** 筒形砂輪
—, **cylindrical** 筒形輪
—, **dish** 碟形輪
—, **dish emery** 碟形砂輪
—, **disk** 盘輪
—, **disk friction** 盘形摩擦輪
—, **divided** 分度輪
—, **dotting** 虛綫輪
—, **double** 双輪
—, **double flanged** 双面凸緣輪
—, **double grinding** 双磨輪
—, **double helical spur** 同 gear, double helical spur
—, **double plate** 复板輪
—, **double webbed** 同wheel, double plate
—, **drive (driving)** 同 pulley, driving
—, **drive gear** 同 gear, drive
—, **driven** 同 pulley, driven
—, **drum** 鼓輪
—, **dual** 同 wheel, double
—, **eccentric** 偏心輪
—, **edge** 同 wheel, glaze
—, **elastic** 弹性輪
—, **elastic bond** 弹性胶結磨輪
—, **elevator ratchet** 升降机棘輪
—, **elliptic(al)** 橢圓輪
—, **emery** 同 wheel, carborundum grinding
—, **epicycloidal** 外擺輪
—, **escape** 擒縱輪
—, **face** 平面輪
—, **face grinding** 平面磨輪
—, **fan spoked** 风扇輻輪
—, **feathering** 活叶輪

wheel, feathering paddle 同 wheel, feathering
—, **feed** 进給輪
—, **feed gear** 进給齿輪
—, **fifth** 半拖車接輪
—, **fine plain emery** 細砂輪
—, **flange(d)** 同 pulley, flange
—, **float** 浮輪
—, **fluid fly** 流体飞輪
—, **fly** 飞輪
—, **free** 同 pulley, dead
—, **friction** 同 wheel, friction
—, **front** 前輪
—, **front truck** 貨車前輪
—, **full floating semiautomatic fifth** 全浮半自动式半拖車接輪
—, **gear** 同 gear 1.
—, **gearing** 联动輪
—, **glaze** 研磨輪
—, **gravity** 重力水輪
—, **grinding** 磨輪
—, **grooved** 同pulley, grooved
—, **guide** 同 pulley, guide
—, **gyroscope** 回轉輪
—, **hand** 手輪
—, **heart** 心形輪
—, **heavy duty** 重載輪
—, **helicoidal** 1. 同 gear, helical; 2.螺旋輪
—, **helical** 1.同 gear, helical; 2.螺旋輪
—, **hind** 同 wheel, rear
—, **hollow cast** 空心鑄輪
—, **hollow steel spoke** 空心鋼輻輪
—, **horn toothed** 喇叭齿輪
—, **hub** 轂輪
—, **hyperbolical** 同 gear, hyperbolical
—, **ice removing** 刮冰輪 {鉄路}
—, **idle** 同 pulley, idle
—, **impact** 同 wheel, impulse water
—, **impulse** 同wheel, impulse water
—, **impulse water** 冲动水輪
—, **interchangeable** 同 gear, interchangeable
—, **interchangeable gear** 同 gear, interchangeable
—, **intermediate** 1. 中間輪; 2.中速輪
—, **intermittent** 間歇輪
—, **internal** 同 gear, annular
—, **internal gear** 同 gear, annular
—, **internal tooth** 同 gear, annular
—, **jockey** 同 pulley, guide
—, **knee action** 肘动輪
—, **knuckle** 圓齿頂齿輪
—, **knurl** 滚花輪
—, **landing** 同 wheel, landing gear
—, **landing gear** 起落架輪
—, **lantern** 灯龙形小齿輪
—, **leading** 同 pulley, guide
—, **leather polishing** 牛皮抛光輪
—, **lobed** 叶輪
—, **locomotive** 机車輪
—, **loose** 同 pulley, dead
—, **low pressure** 低压輪
—, **main** 主輪
—, **main driving** 主动輪
—, **maneuvring** 倒順駕駛盘

wheel, mangle 軋干輪
—, masked 带罩棘輪
—, measuring 測輪
—, medium plain emery 中砂輪
—, metal disk 金屬盘輪
—, middle 同 wheel inter-mediate
—, middle shot 中射水輪
—, mild steel disc 軟鋼盘輪
—, mill 同 wheel, water
—, miter 同 gear, miter
—, mixed hair and fibre polishing 髮纖維混合抛光輪
—, mortise (mortice) 同 wheel, cog
—, multiplying 增速輪
—, multirib grinding 多齿磨輪
—, nose 同 wheel, front
—, open plate 开板輪
—, outer hand 外手輪
—, overhang paddle 外伸桨輪
—, overhang grinding 外伸磨輪
—, overshot 同 wheel, over-shot water
—, overshot water 上射水車
—, paddle 桨輪
—, paw 同 wheel, ratchet
—, pilot 同 pulley, guide
—, pin 針輪
—, pinion 同 pinion
—, pipe cutter 截管器輪
—, plain bevel 同 gear, plain bevel
—, plane bevel 同 gear, plain bevel
—, planet gear 同 gear, planet
—, plate 同 wheel, disk
—, polishing 同 buff
—, pressure guide 压导輪
—, pulley 同 Pulley 1.
—, radial 径向桨輪
—, rag 同 buff
—, ratchet 棘輪
—, rawhide 生皮輪
—, reaction 反动輪
—, reaction water 反动式水輪
—, rear 后輪
—, rear idler 后空轉輪
—, rear idler eccentric 后空轉偏心輪
—, record 記录輪
—, regulating 調整輪
—, regulating hand 調整手輪
—, replacement 同 wheel, spare
—, resinoid-bonded 树脂胶結磨輪
—, retractable 伸縮輪
—, reverse gear 回动齿輪
—, reversing 回动輪
—, reversing screw latch 回动螺旋弹鍵輪
—, ribbed disk 加肋盘輪
—, right angle friction 直角擦摩輪
—, rolled steel 軋鋼輪
—, rotating 迴轉輪
—, saucer 淺碟形磨輪
—, scoop 掬水輪
—, screw 1.螺旋輪;2.同 gear, helical
—, sector 同 quadrant 1.
—, segment grinding 鑲片磨輪

wheel, serrated 鋸齿輪
—, shrouded 凸緣小齿輪
—, side fed 側射水輪
—, silicate bond 硅酸盐胶結磨輪
—, single plate 同 wheel, disk
—, single rib grinding 单齿磨輪
—, skew 1.同 wheel, skew bevel; 2.同 gear, helical
—, skew bevel 偏軸斜齿伞齿輪
—, sliding double change speed 滑动双变速輪
—, sliding gear 同 gear, slide
—, soft hair polishing 軟髮拋光輪
—, spare 备份輪
—, spiral 1.同 wheel, screw; 2.同 gear, helical
—, split 同 pulley, parting
—, spoke 輻輪
—, spoked car 有輻車輪
—, spring 弹簧輪
—, sprocket 同 pulley, chain
—, spur 同 gear, spur
—, star 星形輪
—, starter conical 起动伞齿輪
—, starter toothed 起动齿輪
—, steel 鋼輪
—, steel car 鋼制車輪
—, steel sheet disk 鋼板盘輪
—, steel spoke 鋼制輻輪
—, steel wire ring 鋼絲圈刷輪
—, steering 操向輪
—, stepped 同 pulley, cone
—, stiff bristle polishing 硬鬃毛刷輪
—, stiff hair and fibre mixed bristle polishing 硬鬃纖維髮混合拋光輪
—, straight 同 wheel, disk
—, straight brass wire 直黃銅絲刷輪
—, straight brass wire cup 直黃銅絲杯刷輪
—, straight steel wire 直鋼絲刷轮
—, straight steel wire cup 直鋼絲杯形刷輪
—, stud 柱拴齿輪（車床車头軸与导螺杆間換向用）
—, suction guide 吸导輪
—, sun and planet 太阳行星輪
—, switch 开关輪
—, tail 尾輪
—, tangent 同 wheel, tangential water
—, tangential water 切向水輪
—, tapered emery 斜砂輪
—, tender 煤水車輪
—, throw-over 交替式操縱輪
—, tooth(ed) 同 gear 1.
—, tracer 同 wheel, tracing
—, tracing 描跡輪
—, track 履带輪
—, track idler 履带空轉輪
—, track sprocket 履带鏈輪
—, trailer fifth 拖車接輪
—, trailing 同 wheel, rear
—, trailing truck 运貨車后輪
—, trilobed 三叶輪
—, trolley 同 trolley 4.
—, truck 运貨車輪
—, tube 筒形齿輪

wheel, turbine 渦輪
　—, turning 轉輪
　—, twin 同 wheel, double
　—, type 印字輪
　—, tyre faired 減阻罩胎輪
　—, uncoupled 同 pulley, dead
　—, under shot water 下射水輪
　—, vitrified bond 同 wheel, vitrified grinding
　—, vitrified grinding 粘土燒結磨輪
　—, wabbly 摆动車輪
　—, wagon 貨車輪
　—, water 水輪
　—, water turbine 水輪机輪
　—, winch pawl 同 wheel, winch ratchet
　—, winch ratchet 絞車棘輪
　—, wind 风輪
　—, wire 〔鋼〕絲輪
　—, wire spoke 〔鋼〕絲輻輪
　— with papier maché centre 紙心輪
　— with spring spokes 弹簧輻輪
　— with wood center 木心輪
　—, wood 木輪
　—, wood center 同wheel with wood center
　—, wood spoke 木輻輪
　—, wooden 同 wheel, wood
　—, woolen 羊毛刷轮
　—, woolen cup 羊毛杯形刷輪
　—, worm 蝸輪
　—, worm and 蝸杆与蝸輪
　—, worm and worm 同 wheel, worm and
wheelbarrow 独輪小車
wheelbase, fixed 固定輪距
wheeler, four 四輪車
　—, side 边輪式车
　—, six 六輪車
　—, three 三輪車
　—, two 二輪車
wheeling, free 活轉
whet-stone 同 stone, whet
whipping 抖动
　— of crank shaft 曲軸抖动
whipstall 机头急墜失速
whirl 旋轉
whistle 号笛
　—, air 气笛
　—, alarm 警笛
　—, signal 号志笛
　—, steam 汽笛
　—, three toned 三音笛
　—, with double tone 双音笛
wick 灯心,油絹
　—, commutator end felt 整流器端毡心
　—, commutator end oil 整流器端油心
　—, distributor base felt 配电器底盘毡心
　—, distributor cam 配电器凸輪油毡
　— for oil-syphon 潤油心
　—, lamp 灯心
　—, lubricating 潤滑油心
　—, lubricating felt 潤滑油毡心
　—, oil 油絹
　—, syphon 吸油心
widener, road 扩路机
width 寬度
　— between centers 同distance between centers

width, blade 叶片寬度
 —, cutting 切削寬度
 —, face 面寬
 — of cut 同 width, cutting
 — of face 同 width, face
 — of orifice 口寬
 — of planed surface 鉋面寬度
 — of thread 螺紋寬度
 — of tooth 齿寬
 —, over-all 同 width, total
 —, passage 道路寬度
 —, tooth 同 width of tooth
 —, total 全寬
willow 柳木
wimble 同 drill, Archimedian
winch 絞車
 —, balloon 气球收放机
 —, builder 建筑絞車
 —, capstan 同 capstan
 —, cover 絞車套
 —, crab 同 winch
 —, crane 起重絞車
 —, double purchase 双力絞車
 —, electric 电力絞車
 —, hand 手絞車
 —, hydraulic 水力絞車
 —, locomotive 机車絞車
 —, portable 輕便絞車
 —, rail 起軌絞車
 —, single drum 单筒絞車
 —, single purchase 单力絞車
 —, spike drawing 道釘起拔器
 —, steam 蒸汽絞車
 —, suspension 悬置絞車
 —, track 同 winch, rail
 —, two drum 双筒絞車
wind 风
 —, adverse 同 wind, against
 —, against 逆风
 —, apparent 外表的风
 —, cross 側风
 —, down 同 wind, with
 —, head 同 wind, against
 —, into 同 wind, against
 —, relative 相对风
 —, side 同 wind, cross
 —, tail 同 wind, with
 —, with 順风
windage 游隙(炮管內径和炮弹外径的差率)
winder, spring 捲簧器
winding 1.绕组{物}; 2.繞法{物}; 3.绕线
 —, armature 电轉子繞組{电}
 —, auxiliary 輔助繞組{电}
 —, coil 綫圈繞組{电}
 —, compensation 补整繞組{电}
 —, commutating-pole 間极繞組{电}
 —, concentrated 密集繞組{电}
 —, continuous 連續繞組{电}
 —, current regulator 电流調整器繞組{电}
 —, current regulator shunt 电流調整器分流繞組{电}
 —, cutout relay 截止續电器繞組{电}
 —, cutout relay shunt 截止續电器分流繞組
 —, exciting 激磁繞組{电}
 —, field 磁場繞組{电}
 —, high tension 高压繞組{电}
 —, low tension 低压繞組{电}
 —, magnet 磁鉄繞組{电}
 —, non-inductive 无感应繞組{电}

winding, pick-up 检音繞組{电訊}
- **—, primary** 原繞組{电}
- **—, secondary** 副繞組{电}
- **—, simplified stator** 定子簡单繞組〔电〕
- **—, stator** 定子繞組{电}
- **—, two-circuit** 波繞組{电}
- **—, unifilar** 单綫繞組{电}
- **—, voltage regulator** 电压調整器繞組

windlass 捲揚机
- **—, chinese** 轆轤
- **—, differential** 1.差动滑車；2.差动捲扬机
- **—, steam** 蒸汽捲揚机

windmill 风車

window 窗
- **—, cab front** 司机室前窗
- **—, door** 門窗
- **—, drop** 墜窗
- **—, fluorite** 氟石窗
- **—, inspection** 检查窗
- **—, partition** 隔窗
- **—, rear** 后窗
- **—, revolving** 旋轉窗
- **—, screen** 紗窗
- **—, sliding** 滑窗
- **—, stock** 发料窗
- **—, ventilation** 通风窗

windscreen 同 shield, wind

windshield 同 shield, wind
- **—, sloping** 斜置风档
- **—, V shaped** V形风挡

wing 1.同aerobail ；2.翼
- **—, adjustable** 可变翼
- **—, arched** 拱形翼
- **—, back-swept** 掠后翼
- **—, biplane** 双翼
- **—, bottom** 同 Wing, lower
- **—, braced** 支撐翼
- **—, cambered** 曲面翼
- **—, cantilever** 悬臂翼
- **—, center** 中央翼
- **—, collapsible** 可摺翼
- **—, curved** 同 wing, cambered
- **—, dihedral** 上反翼
- **—, double-cambered** 双曲面翼
- **—, double spar** 双樑翼
- **—, equivalent** 相当翼
- **—, extension** 伸出翼
- **—, fabric** 蒙布翼
- **—, fabric covered** 同 wing, fabric
- **—, fixed** 固定翼
- **—, flexible** 挠性翼
- **—, flying** 飞翼
- **—, folding** 摺翼
- **—, full cantilever** 全悬臂翼
- **—, gull** 鷗形翼
- **—, high** 高翼
- **—, infinite** 无限翼
- **—, invertedgull** 同 wing, dihedral
- **—, left** 左翼
- **—, low** 同 wing, lower
- **—, lower** 下翼
- **—, main** 主翼
- **—, mid** 同 wing, middle
- **—, middle** 中翼
- **—, monoplane** 单翼
- **—, monospar** 单樑翼
- **—, multiple cambered** 多段曲面翼
- **—, multi-spar** 多樑翼
- **— of axle guard** 同 strut of axle guard

wing of finite span 同 aerofoil of finite span
— of infinite span 同 aerofoil of infinite span
—, outer 外翼
—, plain 平实翼
—, rectangular 矩翼
—, reflexed 上翘翼
—, right 右翼
—, sea 水翼
—, single spar 同 wing, monospar
—, slotted 开縫翼
—, snow plow (plough) 雪犁翼
—, staggered 交錯翼
—, starboard 同 wing, right
—, stem 同 wing, valve guide
—, stub 附根翼
—, sweepback 同 wing, back-swept
—, tandem 串翼
—, taper(ed) 尖〔端〕翼
—, thick 厚翼
—, top 同 wing, upper
—, treble cambered 同 wing, triple cambered 「翼
—, triple cambered 三段曲面
—, two spar 同 wing, double spar
—, upper 上翼
—, valve guide 閥导翼
—, variable 同 wing, adjustable
—, variable camber(ed) 可变曲面翼
—, variable incidence 可变傾角翼
—, variable lift 可变升力翼
winglet 小翼
wipe 擦，拂
wiper 1.擦器；2.刮水器（汽車风挡的）
—, aerial 天綫
—, electric 电动括水器
—, electric wind-shield 电动风挡刮水器
—, hand 手动括水器
—, oil 刮油器
—, shock absorber 避震器水封
—, transverse wind-shield 横动风挡刮水器
—, vacuum 眞空刮水器
—, vacuum wind shield 眞空风挡刮水器
—, wind screen 风挡刮水器（汽車的）
—, wind shield 同 wiper, wind screen
wire 金屬綫
—, aileron barcing 副翼拉綫
—, air valve control 气閥操縱綫
—, airscrew thrust 螺旋桨推力綫（飞机的）
—, ampere 安綫
—, anti-drag 反阻力綫
—, anti-flutter 减震綫
—, anti-flying 同 wire, landing
—, anti-lift 同 wire, landing
—, anti-rolling 防滚綫
—, anti-warp 抗翘綫
—, axial 軸向綫
—, axle 中軸綫
—, balloon thrust 气球推力綫

wire, barbed 刺綫
—, bead 捲边嵌綫
—, bell 电鈴綫
—, belting 綫带装置
—, bonding 通地綫
—, bracing 拉綫
—, braided 編綫
—, brake hand control 閘手操縱綫
—, brass 黃銅綫
—, bulkhead 隔框拉綫
—, catenary 垂曲綫
—, chord 弦綫
—, circumferential 周围綫
—, clutch control 离合器操縱綫
—, concealed 暗綫
—, conducting 导綫
—, control 控制綫
—, copper 銅綫
—, counter warp 同 wire, anti-warp
—, cross bracing 横拉綫
—, diagonal 斜拉綫
—, diamteral 径綫
—, distribution 分配綫
—, dog 同 wire, barbed
—, drag 阻力綫
—, drift 同 wire, drag
—, earth 地綫
—, electric 电綫
—, enamel(led) 漆包綫
—, exhaust by-pass valve 排气旁通閥控制綫
—, external drag 外阻力綫
—, fairing 同 wire, streamline
—, faller 下垂綫
—, field 被复綫
—, flexible 撓性綫
—, flying 飞行綫
—, fuse 保险絲
—, fuselage 机身拉綫
—, fuselage truss 机身构架拉綫
—, galvanized 鍍鋅綫
—, gas valve control 气閥控制綫
—, generator lead 发电机导綫
—, ground 同 wire, earth
—, guy 同 wire, bracing
—, half round iron 半圓鉄綫
—, hard drawn 冷拉綫
—, hard drawn copper 冷拉銅綫
—, high carbon high tensile steel 高碳高张力鋼綫
—, high tension 高压电綫
—, ignition 发火电綫
—, incidence 傾角綫
—, internal drag 内阻力綫
—, internal drift 同 wire, internal drag
—, iron 鉄絲
—, lamp 1.灯线; 2.灯丝
—, landing 降落綫
—, landing drag 降落阻力綫
—, lead 鉛絲
—, lead in 引入綫
—, lenticular 扁綫
—, lift(ing) 升力綫
—, locking 同 wire, safety lock
—, low tension 低压电綫
—, main mooring 主系留綫
—, main shear 主剪力綫

wire, master cylinder piston stop lock 主缸活塞止动鎖环
—, mesh 網綫
—, netting 同 wire, mesh
—, outer cover support 同 wire, anti-flutter
—, piano 鋼琴綫
—, plate 管带
—, platinum 白金絲
—, radial 径向綫
—, release 投弹綫
—, rolled 軋制綫
—, rudder bracing 方向舵拉綫
—, safety 同 wire, safety lock
—, safety lock 安全鎖綫
—, secondary shear 副剪力綫
—, side guy 同 guy, yaw
—, soft 軟綫
—, spark plug 火花塞綫
—, spring 弹簧鋼絲
—, stagger 傾角綫
—, standing 固定綫
—, steel 鋼綫
—, strand 股綫
—, streamline(d) 順流綫
—, supply 供給綫
—, thrust 推力綫
—, tinned 鍍錫綫
—, top load 落地綫
—, truss 构架拉綫
—, ungalvanized 未鍍鋅綫
—, vent 气孔針
—, warp(ing) 翹翼綫
—, welding 焊条
—, yaw guy 同 guy, yaw
wiredrawing 拉綫,抽絲
—, steam 蒸汽抽絲
wireless 无綫的
wiring 装綫
—, connector 連接綫
—, diagonal 对角拉綫
—, ignition 发火綫
—, lighting switch 灯开关电綫
—, radial 径向拉綫
—, shear 剪力綫
wise, sun 日轉向
wobble, wheel 輪摆动
wolfram 同 tungsten
wood 木
—, aeroplane 飞机木料
—, air 自干木料
—, camphor 樟木
—, ebony 烏木
—, fire 柴薪,燃料木材
—, hard 硬木
—, kiln-dried 烘干木
—, knot 节木
—, laminated 疊层木板
—, multi-ply 多层板
— on iron, gearing 木齿鉄輪
—, plane 鉋身
—, sandal 檀木
—, seasoned 同 wood, air
—, soft 軟木
—, teak 柚木
—, three ply 三层板
—, tough 坚木
—, white 白木
—, yellow sandal 黃檀木
wool, mineral 矿質毛,矿棉
—, slag 同 wool, mineral
work 1.工作;2.功; 3.工作物; 4.工件

work, available 可用功
—, **bay** 結构
—, **bench** 鉗工
—, **black** 同 work, hammered
—, **body** 車身制造
—, **boring-mill** 鏜銑工作
—, **checker** 方格花紋
—, **chilled** 冷硬工作
—, **chuck(ing)** 夾盘工作
—, **cold** 冷作
—, **copper** 銅工
—, **drop forge** 落鍛工作
—, **drove** 粗削(石工)
—, **effective** 有效工作
—, **external** 外功
—, **face** 表面工作
—, **faceplate** 面鍛工作
—, **finished** 完工件
—, **floor** 地上鉗工
—, **flow** 流量功
—, **follow up** 监視工作
—, **foundry** 鑄工
—, **frame** 同 framework
—, **friction** 摩擦功
—, **hammered** 鍛工
—, **heavy** 重工作
—, **hot** 热作
—, **indicated** 指示功
—, **injection** 噴射功
—, **internal** 內功
—, **ladder** 梯工
—, **lap** 搭接工
—, **lathe** 車工
—, **lifting** 上升功
—, **link** 同 chain 2.
—, **machine** 机〔械〕工〔作〕
—, **mechanical** 机械功
—, **metal** 金工
—, **milling** 銑工
—, **net** 純功
—, **no-load** 无載功
— **of deformation, rasilience** 变形弹能
— **of spring** 簧功
—, **paint** 油漆工
—, **panel** 嵌板工
—, **plain frame** 平面构架
—, **planer** 鉋工
—, **planing** 同 work, planer
—, **rack** 齿条机构
—, **rivet** 鉚工
—, **shaper** 牛头鉋床工作
—, **smith** 同 work, hammered
—, **sweep** 刮型工
—, **taper** 斜度工作
—, **three part** 三部砂型
—, **total** 总功
—, **useful** 有用功
—, **virtual** 虛功
—, **warm** 温作
—, **waste** 耗功
—, **wheel** 輪机构
—, **wood** 木工

working 工作
—, **cold** 同 work, cold
—, **continuous** 連續工作
—, **hot** 同 work, hot
—, **intermitent** 間歇工作
—, **metal** 同 work, metal
—, **mixed** 混合工作
—, **wire** 制綫工作

works 工厂
—, **carriage** 車輛厂
—, **gas** 煤气厂
—, **iron** 鉄工厂
—, **lead** 制鉛工厂
—, **locomotive** 机車厂

works, machine 机器厂
—, open hearth 平炉鋼厂
—, railway 鉄路工厂
—, steel 炼鋼厂
—, wagon 車輛厂
—, water 水厂
—, wire 制綫厂，制鋼絲厂
workshop 同 shop
—, carpenter's 木工厂
—, electric 电工車間
—, engineer's 机工厂
worktable 同 table, working
worm 蝸杆
— and gear 蝸杆与蝸輪
— and nut 蝸杆与螺母
— and sector 蝸杆与扇形蝸輪
— and wheel 同 worm and gear
— and worm gear 同 worm and gear
—, dropping 下降蝸杆（鑽床的）
—, main shaft and 主軸与蝸杆
—, slack adjuster 减速調整器蝸杆
—, steering 操向蝸杆
—, steering shaft 操向軸蝸杆
—, winch 絞車蝸杆
— with disengaging motion 分离蝸杆
wound 繞
wrench 扳手
—, adjustable 同 spanner, adjustable
—, adjustable flat 扁平活动扳手
—, alligator 同 wrench, pipe
—, angle 斜口扳手
—, bent 同 spanner, bent
—, bent handle hexagonal fixed socket 弯柄六角固定套筒扳手
—, bent handle single head 弯柄单头扳手
—, box 同 spanner, box
—, brace 曲柄头扳手
—, breaker point 电流开关扳手
—, carriage 同 spanner, box
—, central adjustable handle adjustable 双开活动扳手
—, chain 鏈扳手
—, chain pipe 鏈条管扳手
—, coach 同 wrench, central adjustable handle adjustable
—, cock 同 spanner, cock
—, coes 活动搬子
—, connecting rod 連杆套筒扳手
—, crowfoot single head 同 spanner, single end
—, cylinder 握管器
—, double 同 spanner, double end
—, double end(ed) 同 spanner, double end
—, double head 同 spanner, double end
—, double hexagonal closed single head 套六角环形一头固定扳手
—, double hexagonal normal closed double head 套六角环形两头固定扳手
—, double hexagonal S-shaped

closed double head 套六角环形两头固定扳手

wrench, double hexagonal solid handle box 套六角定柄筒状扳手

—, double square closed single head 套方环形一头固定扳手

—, double square normal closed double head 套方环形两头固定扳手

—, double square S-shaped closed double head 弯柄套方环形两头固定扳手

—, flange 凸緣扳手

—, fork 同 spanner, fork

—, four way 四用扳手

—, free lever hexagonal fixed socket 活柄六角固定套筒扳手

—, free lever square fixed socket 活柄四方固定套筒扳手

—, free lever swinging socket 活柄活动套筒扳手

—, head bent adjustable 弯头活动扳手

—, head side single head 歪頸单头扳手

—, hexagonal closed double head 六角环形双头板手

—, hexagonal closed single head 六角环形单头扳手

—, hexagonal double end tubular 六角双头套筒扳手

—, hexagonal head 六角扳手

—, hexagonal inserted handle box 六角插柄套筒扳手

—, hexagonal S-shaped closed double head S形六角环形双头扳手

—, hexagonal single end tubular 六角单头套筒扳手

—, hexagonal solid handle box 六角实心柄套筒扳手

—, hook 同 spanner, hook

—, hose 軟管扳手

—, machine 机器扳手

—, monkey 同 spanner, adjustable

—, monkey adjustable 同 spanner, adjustable

—, multiple dimentioned double head 多尺度双头扳手

—, normal double head 标准双头扳手

—, normal single head 标准单头扳手

—, nut 螺母扳手

—, off-set socket 弯头套筒扳手

—, open end 开口扳手

—, packing nut 塡密螺母扳手

—, pipe 管扳手

—, piston 活塞扳手

—, propeller shaft turning 螺旋桨軸扳手

—, ratchet 棘輪扳手

—, rear wheel bearing nut 后輪軸承螺母扳手

—, rim 輪緣扳手

—, roll grip pipe 同 wrench, chain pipe

—, screw 螺旋扳手

—, set 同spanner, set screw

—, set screw 同 spanner, set screw

—, shifting 同 spanner,

shifting

wrench, single end(ed) 同 spanner, single end(ed)

—, sleeve pipe 同 wrench, pipe

—, socket 同 spanner, box

—, socket off-set 同 wrench, off-set socket

—, socket ratchet 套筒棘輪扳手

—, socket spark plug 同 wrench, spark plug socket

—, spark plug 同 spanner, spark plug

—, spark plug socket 火花塞套筒扳手

—, speed 快速扳手

—, square 同 spanner, square

—, square closed single head 四方环形单头扳手

—, square head 方扳手

—, square inserted handle box 四方插柄套筒扳手

—, square normal closed double head 四方环形双头扳手

—, square S-shaped closed double head S形四方环形双头扳手

—, square single end tubular 四方单头套筒扳手

—, stuffing box 塡料函扳手

—, T-handle hexagonal fixed socket 丁字柄六角固定套筒扳手

—, T-handle pentagonal fixed — socket 丁字柄五角固定套筒扳手

—, T-handle square fixed socket 丁字柄四方固定套筒扳手

—, T-handle swinging socket 丁字柄活动套筒扳手

—, tap 螺絲攻扳手

—, torque 轉矩扳手

—, torque tension 同 wrench, torque

—, tube 同 wrench, pipe

—, union 联管节扳手

—, universal socket 万能套筒扳手

—, wheel 輪扳手

—, wheel nut 輪螺母扳手

wrenching 扳紧

wrest, saw 絞鋸器

wright 工人

wrist 肘节

wrought 鍛的

X

X-axis X軸綫

X-axle X軸

X-frame 交叉形架, X形架

X-member 交叉形樑, X形樑

X-ray X射綫

X-type 交叉形, X形

Y

Y-axis Y軸綫

Y-curve 叉形曲綫, Y形曲綫

Y-joint 叉形接头, Y形接头

Y-piece 叉形肘管, Y形肘管

Y-pipe 斜角支管, 叉形管

Y-type 叉形, Y形

Y-wing 叉形翼, Y形翼

yard 1.路綫場(鉄道的); 2.碼(英制长度单位); 3.工作場

yard, brick 磚厂
—, dock 造船厂
—, wheel 輪場
yarn, asbestos 石棉綫
—, spun 綫繩
yaw(ing) 1.偏轉; 2.偏航
yawmeter 同 meter, drift
year, horse-power 馬力年
yield 1.退讓;2.屈服
yoke 軛
—, axial 軸軛
—, axle 同 yoke, axial
—, bell 警鐘軛
—, bell crank 警鐘曲柄軛
—, carbon-brush 同 holder, carbonbrush
—, cast steel 鋳鋼軛
—, center bearing companion 中軸承件軛
—, clutch pedal rod adjusting 同 link, clutch pedal adjusting
—, clutch release 离合器分解軛
—, control valve piston rod 控制閥活塞杆軛
—, coupler 車鈎軛
—, coupling 同 yoke, coupler
—, crown bar 頂杆軛
—, differential drive pinion 差速传动小齿輪件軛
—, draw bar 拉杆軛
—, end 尾軛
—, float needle 浮針軛
—, front truck box 前轉向架軸箱軛
—, governor 調节器軛
—, guide 导板軛
—, guide bar 导杆軛
—, hand brake lever 手閘杆軛
—, hand brake lever pull rod 手閘杆拉杆軛
—, hand hole 手孔軛
—, journal box 軸箱軛
—, main shaft companion 主軸伴軛
—, master cylinder push rod 主缸推杆軛
—, nozzle tube 噴管軛
—, operating lever connecting 操作杆連接軛
—, propeller shaft companion 同 coupling, differential drive shaft
—, propeller shaft slip 螺旋桨軸滑軛
—, propeller shaft splined 螺旋桨軸槽軛
—, reverse 回动軛
—, reversing screw guide 回动螺旋导板軛
—, shift(ing) 調挡柄軛
—, spring 弹簧軛
—, starter pinion and clutch 起动机小齿輪及离合器軛
—, tie down 固定軛
—, tie rod 系杆軛
—, transmission 传动軛
—, universal joint flange 万向节凸緣軛
—, valve 閥軛
—, winch sliding clutch shift 绞车滑动离合器移动軛

Z

Z-axis Z軸綫
Z-bar Z字〔形〕鉄;Z形鉄

Z-beam Z字樑,Z形樑
Z-crank Z字曲柄
Z-iron 同 **Z-bar**
Z-section Z字形剖面,Z 形剖面
Z-steel Z字鋼
zerk 加油嘴
zero 冰点,零度
—, **absolute** 絶对零值
—, **arbitrary** 假定零值
zigzag 交錯
zinc 鋅{化}
—, **aluminum** 鋅鋁合金
—, **magnesium** 鋅鎂合金
—, **sheet** 鋅皮
zipper 拉鍊
zirconium 鋯{化}
zone 带,区,层
—, **carburization** 炭化层
—, **combustion** 燃烧层
—, **contact** 接触区
—, **crucible** 熔层
—, **damper** 鍋炉危险部
—, **danger** 危险区
—, **fusion** 熔化区
—, **hard** 硬化区
—, **heat affected** 高热影响区
—, **melting** 熔化层
— **of contact** 同 zone, contact
— **of fracture** 断裂层
— **of saturation** 飽和区
—, **preheat** 預热区
—, **preliminary heating** 預热层
—, **reduction** 还原层
—, **smelting** 熔化层
—, **tolerance** 公差范围
—, **tuyere** 风口层
zoom 攢升
—, **straight** 直上攢升